Verhaltenstherapie

Klinische Psychologie und Psychiatrie

Herausgeber der Reihe: Prof. Dr. med. Dr. phil. Helmut Remschmidt

Verhaltenstherapie

Grundlagen - Methoden - Anwendungsgebiete

Herausgegeben von Anil Batra, Reinhard Wassmann und Gerhard Buchkremer

Mit Beiträgen von
J. Angenendt
G. Arissen
A. Batra
M. Bohus
E.-J. Borgart
G. Buchkremer
A. Fischer
A. Günthner
M. Hautzinger
F. Hohagen
G. Kockott
M. Linden
R. Meermann
E. Okon
U. Riedl
R.-D. Stieglitz
S. Sulz
W. Trabert
C. Veltrup
R. Wassmann
G. Wiedemann
D. Zimmer
D. Zubrägel

41 Abbildungen
54 Tabellen

2000
Georg Thieme Verlag
Stuttgart · New York

Die Deutsche Bibliothek –
CIP-Einheitsaufnahme

Verhaltenstherapie : Grundlagen, Methoden, Anwendungsgebiete ; 54 Tabellen / hrsg. von Anil Batra ... Mit Beitr. von Jörg Angenendt .... – Stuttgart ; New York : Thieme, 2000
(Klinische Psychologie und Psychiatrie)

Wichtiger Hinweis: Wie jede Wissenschaft ist die Medizin ständigen Entwicklungen unterworfen. Forschung und klinische Erfahrung erweitern unsere Erkenntnisse, insbesondere was Behandlung und medikamentöse Therapie anbelangt. Soweit in diesem Werk eine Dosierung oder eine Applikation erwähnt wird, darf der Leser zwar darauf vertrauen, dass Autoren, Herausgeber und Verlag große Sorgfalt darauf verwandt haben, dass diese Angabe **dem Wissensstand bei Fertigstellung des Werkes** entspricht.
Für Angaben über Dosierungsanweisungen und Applikationsformen kann vom Verlag jedoch keine Gewähr übernommen werden. **Jeder Benutzer ist angehalten**, durch sorgfältige Prüfung der Beipackzettel der verwendeten Präparate und gegebenenfalls nach Konsultation eines Spezialisten festzustellen, ob die dort gegebene Empfehlung für Dosierungen oder die Beachtung von Kontraindikationen gegenüber der Angabe in diesem Buch abweicht. Eine solche Prüfung ist besonders wichtig bei selten verwendeten Präparaten oder solchen, die neu auf den Markt gebracht worden sind. **Jede Dosierung oder Applikation erfolgt auf eigene Gefahr des Benutzers.** Autoren und Verlag appellieren an jeden Benutzer, ihm etwa auffallende Ungenauigkeiten dem Verlag mitzuteilen.

Rüdigerstraße 14
D- 70469 Stuttgart
Unsere Homepage: http://www.thieme.de

Printed in Germany

Zeichnungen: Christiane von Solodkow
Umschlaggestaltung: mit freundlicher Unterstützung der Kreativen Werkstatt der Diakonie Stetten e.V.
Gesamtherstellung: Druckhaus Beltz, 69502 Hemsbach

ISBN 3-13-117781-0 1 2 3 4 5 6

Vorwort

Die kognitive Verhaltenstherapie stellt neben der tiefenpsychologischen Psychotherapie ein Hauptverfahren der Psychotherapie dar, das in den Weiterbildungsordnungen der Fachgebiete Psychiatrie und Psychotherapie oder Psychotherapeutische Medizin oder für den Erwerb des Zusatztitels Psychotherapie gefordert wird.

Anders als die tiefenpsychologische Psychotherapie, die sich aus der Psychoanalyse entwikkelte, hat die Verhaltenstherapie erst in den 70er Jahren Einzug in die psychiatrischen Therapiemethoden genommen. Nachdem die Verhaltenstherapie anfangs fast ausschließlich auf den Lerntheorien basierte, hat sie sich zwischenzeitlich rasant weiterentwickelt und mit der „kognitiven Wende" eine wesentliche Erweiterung ihrer Indikationen und damit ihrer Akzeptanz gefunden.

Erstmals im Jahre 1985 wurde ein dreijähriges verhaltenstherapeutisches Weiterbildungscurriculum der Ärztekammer Westfalen-Lippe auf der Nordseeinsel Borkum angeboten. Seit 1995 bzw. 1996 werden nach diesem „Borkumer Modell" durch die Klinik für Psychiatrie und Psychotherapie der Universität Tübingen Weiterbildungscurricula in Thüringen und in Baden-Württemberg durchgeführt.

Das vorliegende Buch entstand aus dieser mehr als zehn Jahre währenden Lehrerfahrung. Die Herausgeber leiten die Curricula, viele der Autoren sind als psychologische oder ärztliche Dozenten in dieser Weiterbildung engagiert.

Verhaltenstherapie setzt auf Veränderungen durch Lernvorgänge. In diesem Sinne soll das Buch ein optimales Lernen ermöglichen. Es wurde versucht, diesem Ziel durch anschauliche Darstellungen, praxisnahe Anleitungen sowie Hinweise auf weiterführende Literatur nahezukommen. Um den Ärzten, die ein sehr theoretisches Studium absolvierten, den Einstieg in die Verhaltenstherapie zu erleichtern, wurden insbesondere die theoretischen Grundlagen praxisnah dargestellt. Die Darstellung der Methoden innerhalb der Verhaltenstherapie im zweiten Teil des Buches bereitet die Anwendung der Verhaltenstherapie bei den verschiedensten psychiatrischen Störungen vor.

Das Buch soll dem Arzt, der am Anfang seiner Weiterbildung steht und die verhaltenstherapeutische Psychotherapie als Erst- oder Zweitverfahren erlernen möchte, einen Einstieg in die psychotherapeutische Behandlung psychischer Störungen ermöglichen. Die Herausgeber hoffen, daß dieses Buch angehende Psychotherapeuten bei diesem Ziel unterstützt, zusätzlich motiviert, Kenntnisse, Erfahrungen und Fertigkeiten in der Verhaltenstherapie zu erwerben und ihnen den Einstieg in die verhaltenstherapeutische Literatur erleichtert.

Die Herausgeber danken allen Mitautoren für ihre wertvollen Beiträge, Frau Waltraud Apfelbach und Frau Marianne Straub für ihre redaktionelle Hilfe und dem Thieme-Verlag, insbesondere Herrn Dr. Fritz Kraemer, für die tatkräftige Unterstützung bei der Verwirklichung dieses Buches.

Tübingen, im Januar 2000

A. Batra
G. Buchkremer
R. Wassmann

Anschriften

Angenendt, Jörg, Dr. Dipl.-Psych.
Universitätsklinik für
Psychiatrie und Psychosomatik
Hauptstr. 5
79104 Freiburg

Arissen, Gabriela, Dipl.-Psych.
Am Kirschgarten 2
91077 Neunkirchen

Batra, Anil, Priv.-Doz. Dr. med.
Universitätsklinik für Psychiatrie
und Psychotherapie
Osianderstr. 24
72076 Tübingen

Bohus, Martin, Dr. med.
Universitätsklinik für Psychiatrie und
Psychosomatik
Hauptstr. 5
79104 Freiburg

Borgart, Ernst-Jürgen, Dr. phil. Dipl.-Psych.
Psychosomatische Fachklinik
Bombergallee 10
31812 Bad Pyrmont

Buchkremer, Gerhard, Prof. Dr. med.
Universitätsklinik für Psychiatrie
und Psychotherapie
Osianderstr. 24
72076 Tübingen

Fischer, Albert, Dipl.-Psych.
Vinzenz-von-Paul-Hospital
Klinik für Psychiatrie , Psychotherapie
und Neurologie
Schwenninger Str. 55
78628 Rottweil

Günthner, Arthur, Dr. med. Dipl.-Psych.
Universitätsklinik für Psychiatrie
und Psychotherapie
Osianderstr. 24
72076 Tübingen

Hautzinger, Martin, Prof. Dr. phil.
Psychologisches Institut der
Eberhard-Karls-Universität
Reutlinger Str. 12
72072 Tübingen

Hohagen, Fritz, Prof. Dr. med.
Universitätsklinik für Psychiatrie
und Psychotherapie
Ratzeburger Allee 160
23538 Lübeck

Kockott, Götz, Prof. Dr. med.
Psychiatrische Universitätsklinik
Klinikum rechts der Isar
Ismaninger Str. 22
81675 München

Linden, Michael, Prof. Dr. med. Dipl.-Psych.
Klinik Seehof
Lichterfelder Allee 55
14513 Teltow

Meermann, Rolf, Prof. Dr. med.
Psychosomatische Fachklinik
Bombergallee 10
31812 Bad Pyrmont

Okon, Eberhard, Dipl.-Psych.
Psychosomatische Fachklinik
Bombergallee 10
31812 Bad Pyrmont

Riedl, Ulrich, Dr. med.
Theodorstr. 5
90489 Nürnberg

Stieglitz, Rolf-Dieter, Priv.-Doz. Dr. rer. nat.
Dipl.-Psych.
Universitätsklinik für Psychiatrie
und Psychosomatik
Hauptstr. 5
79104 Freiburg

Sulz, Serge K.D., Dr. med. Dr. Dipl.-Psych.
Nymphenburger Str. 185
80634 München

Trabert, Wolfgang, Dr. med. Dipl.-Psych.
Sanitas Klinik
Fachklinik für Psychosomatische Medizin
Von-Müller-Str. 12
82467 Garmisch-Partenkirchen

Veltrup, Clemens, Dr. Dipl.-Psych.
Fachklinik Parber
Dorfstr. 3
19217 Parber

Wassmann, Reinhard, Arzt, Dipl.-Psych.
Salzstr. 52
48143 Münster

Wiedemann, Georg, Priv.-Doz. Dr. med.
Universitätsklinik für Psychiatrie
und Psychotherapie
Osianderstr. 24
72076 Tübingen

Zimmer, Dirk, Prof. Dr. Dipl.-Psych.
Tübinger Akademie für Verhaltenstherapie
Schloß Bühl
David-von-Stein-Weg 26
72072 Tübingen-Bühl

Zubrägel, Doris, Dipl.-Psych.
Psychiatrische Klinik und Poliklinik der
Freien Universität Berlin
Eschenallee 3
14050 Berlin

Inhaltsverzeichnis

Methoden der Verhaltenstherapie

Grundlagen der Verhaltenstherapie

1. Was wirkt in der Psychotherapie?

G. Buchkremer, A. Batra

1.1 Einführung

■ Definition der Psychotherapie

Die Frage nach der spezifischen Wirksamkeit von Psychotherapie ist äußerst komplex und wie viele „einfache Fragen" schwer zu beantworten. Schon die Definition der „Psychotherapie" ist nicht leicht, sondern beinhaltet mehrere Annahmen. Die Definition nach Strotzka (1975) ist nur einer von vielen Definitionsversuchen. Sie hat den Vorteil, daß sie grundsätzlich für alle Psychotherapieschulen gültig sein kann:

> Psychotherapie ist
> ein bewußter und geplanter interaktioneller Prozeß zur Beeinflussung von Verhaltensstörungen und Leidenszuständen, die in einem Konsensus (zwischen Patient, Therapeut und Bezugsgruppe) für behandlungsbedürftig gehalten werden, und der mit folgendem arbeitet:
> durch Kommunikation, d.h. mit psychologischen Mitteln, meist verbal, aber auch averbal, in Richtung auf ein definiertes, nach Möglichkeit gemeinsam erarbeitetes Ziel (Symptomverminderung und/oder Strukturänderung der Persönlichkeit) mittels lehrbarer Techniken auf der Basis einer Theorie des normalen und pathologischen Verhaltens.
> In der Regel ist dazu eine tragfähige emotionale Bindung notwendig.

■ Die Entwicklung psychotherapeutischer Verfahren und Forschung

Historisch gesehen gab es bis in die 50er Jahre wenige, klar umschriebene Therapieschulen. Danach kam es zu einer Inflation von Therapieverfahren. In den 60er Jahren konnte man schon 60 voneinander unterscheidbare Therapieformen trennen. In den 80er Jahren waren es 250 Therapiearten und zu Beginn der 90er Jahre ca. 350 - 400 Psychotherapieformen. Der Trend zur Kreation immer neuer Psychotherapieformen hält bis heute ungebrochen an.

Mit der Verbreitung der Psychotherapie entwickelte sich die Psychotherapieforschung. Dabei lassen sich drei Phasen unterscheiden.

In einer *Demonstrationsphase*, die man von 1920 bis etwa 1952 datieren könnte, wurden Psychotherapiemethoden, Einzelfalldarstellungen und Psychotherapieverläufe vorgestellt.

Eysenck stellte 1952 seine These auf, daß der übliche intraindividuelle Prä-/Post-Vergleich die Möglichkeit von andersartigen Verläufen, z.B. von sog. „Spontanverläufen" vernachlässigen würde. Deshalb würden die Ergebnisse der Psychotherapie günstiger dargestellt, als sie in Wirklichkeit seien. Er verband damit die generelle Forderung, in psychotherapeutischen Effektivitätsstudien grundsätzlich eine Kontrollgruppe einzusetzen.

Als zweite Hypothese Eysencks galt, daß Neurosen gelernt werden, aber auch unbehandelt wieder verlernt werden, also „spontan" heilten. Die Sichtung der 1952 noch geringen empirischen Literatur ergab eine 2-Jahres(Spontan-)-Remissionsrate von bis zu 2/3 aller neurotischen Patienten ohne jegliche Psychotherapie. Eysenck hypostasierte, daß neurotische Störungen nach zwei Jahren bis zu 65 % und nach fünf Jahren bis zu 90 % spontan remittieren würden.

Diese, in den 50er Jahren als provokant empfundenen, Behauptungen von Eysenck führten zwischen 1952 und ca. 1970 zur „*Rechtfertigungsphase*". In dieser Zeit wurden vermehrt kontrollierte Psychotherapiestudien durchgeführt und der Beleg erbracht, daß psychische Störungen nicht regelhaft einer „Spontanremission" unterliegen. Eysenck's Thesen haben sich damit falsifizieren lassen. Sie haben jedoch den Grundstein für die auch heute noch gültige Methode der kontrollierten Studien in der Psychotherapieforschung gelegt.

Während bis Mitte der 60er Jahre vor allem Psychotherapieformen, die sich aus der Psychoanalyse entwickelt haben, durchgeführt und erforscht wurden, trat danach die Verhaltenstherapie hinzu. Die Verhaltenstherapie hat sich - anders als die Psychoanalyse oder die tiefenpsychologisch fundierte Psychotherapieform - schon von Beginn an strengen methodologischen Maßstäben verpflichtet gefühlt.

Seit 1970 hält die 3. Phase (*Evaluationsphase*) an. Sie widmet sich der Frage der differentiellen Indikation, d.h. der Frage, welche Psychotherapiemethode bei welchen psychischen Störungen die besten Ergebnisse aufzuweisen vermag.

Aktuelle psychotherapeutische Schulen

In Deutschland werden heute zwei psychotherapeutische Schulen, die tiefenpsychologisch fundierte Psychotherapie (und auch die Psychoanalyse) sowie die kognitive Verhaltenstherapie, als abrechnungsfähige Verfahren anerkannt. In diese beiden Verfahren können ganz verschiedene Psychotherapietechniken integriert werden. Nach heutiger Meinung verfügen nur diese beiden Verfahren über eine ausreichende Krankheitstheorie und eine ausreichend hohe Anzahl von Effektivitäts- und Effizienzstudien, um als „Hauptverfahren" für eine psychotherapeutische Weiterbildung anerkannt zu werden. Es gibt in der Zwischenzeit jedoch zahlreiche Psychotherapiemethoden, die sich in ihrem Selbstverständnis nicht in diese beiden Schulen einordnen wollen, die aber dennoch ihre Wirksamkeit nachgewiesen haben. Z.B. glauben die Gesprächspsychotherapie, die Familientherapie, die Gestalttherapie, die neuropsychologische Therapie, die interpersonelle Therapie u.a. den Beweis erbringen zu können, daß sie unabhängig von den beiden Hauptverfahren erlernt werden können und bei allen oder bei bestimmten Störungsbildern effektiv sein können.

Gegenwärtig wird sehr kontrovers diskutiert, ob es in Zukunft nur noch eine „psychotherapeutische Grundorientierung" in der Weiterbildung geben soll (z.B. integrative Psychotherapie, Allgemeine Psychotherapie oder Psychotherapie der „2. Generation") oder ob die Trennung in die beiden Hauptverfahren aufrecht erhalten bleiben muß. Schon heute kann jedoch gesagt werden, daß der optimale Psychotherapeut der Zukunft sich in den beiden Hauptverfahren und vielleicht noch in zusätzlichen anderen Verfahren ausgebildet haben sollte.

Ob sich der zukunftsweisende Psychotherapieansatz von Grawe durchsetzen wird, der auf eine „allgemeine Psychotherapie" oder eine „psychologische Therapie" (nach Grawe soll dieser Begriff nicht unter berufspolitischen Gesichtspunkten aufgefaßt werden) zielt, hängt vom Ergebnis weiterer Forschung ab. Ansonsten besteht erneut die Gefahr, daß sich eine neue Psychotherapieschule entwickelt, die mehr vom Glauben der Therapeuten als vom wissenschaftlichen Erkenntnisstand geprägt wird.

1.2 Wirkfaktoren der Psychotherapie

Bei der Frage, was denn im einzelnen in der Psychotherapie wirksam ist oder wirksam sein kann, ergeben sich nach der Definition von Strotzka viele Möglichkeiten. Durch folgende Faktoren kann die Wirksamkeit der Psychotherapie beeinflußt werden:

- Interaktion zwischen Patient und Therapeut
- Behandlungsbedürftigkeit (Leidensdruck)
- Psychotherapeutische Methode
- Therapieziele (Symptomverbesserung oder Strukturveränderung der Persönlichkeit)
- Art der psychischen Störung bzw. Erkrankung
- Tragfähigkeit einer emotionalen Therapeut-Patient-Beziehung

Der Effektivitätsnachweis

Nach umfangreichen methodologischen Diskussionen bezüglich der besten Erfassung psychotherapeutischer Effekte hat sich heute als Maß zur Quantifizierung eines experimentellen Effektes die Errechnung der sogenannten „Effektstärke" durchgesetzt.

$$\mathbf{ES} = \frac{M_{Tpost} - M_{Kpost}}{S_{Kpost}}$$

Die Effektstärke (ES) wird berechnet als Quotient der Differenz der Mittelwerte einer Symptomatik der Therapiegruppe (M_{Tpost}) und einer Kontrollgruppe (M_{Kpost}) am Ende einer Behandlungszeit und der Standardabweichung der Symptomatik der Kontrollgruppe (S_{Kpost}) am Ende der Behandlungszeit.

In Deutschland wurde die Effektivität von Psychotherapie durch die katamnestische Untersuchung von Dührsen (1962) belegt. Diese bahnbrechende Studie führte in Deutschland dazu, daß Psychotherapie als Leistung von den Krankenkassen anerkannt wurde.

Dührsen untersuchte 1.004 Patienten fünf Jahre nach einer Psychotherapie und stellte bei 84,5% eine gute Besserung durch die Psychotherapie fest. Sie konnte belegen, daß die psychotherapeutisch behandelten Patienten im Vergleich zu einer Kontrollgruppe und zum Durchschnitt der Bevölkerung eine geringere Rate an „Verschickungen" (z.B. Kuraufenthalte) und an Krankenhausaufenthalten sowie eine bessere Arbeitsfähigkeit aufwiesen. Diese Befunde führten auch unter Kosten-Nutzen-Abwägungen zur Aufnahme psychotherapeutischer Leistungen in die kassenärztliche Versorgung.

Bedingungen einer effektiven Psychotherapie

Dauer der Behandlung

Eine wichtige Frage, die nicht nur die Krankenkassen, sondern auch die Therapieforschung beschäftigt, lautet, wie lange eine Psychotherapie durchgeführt werden müsse bzw. wieviele Psychotherapiesitzungen notwendig seien, um einen möglichst optimalen Therapieerfolg zu erreichen. In Abb. **1.1** ist dargestellt, daß etwa nach 15 Sitzungen das Maximum der Effektivität erreicht wird und daß nach ca. 40 Sitzungen der zusätzliche Erfolg der Psychotherapie zunehmend geringer wird. Ob ein Psychotherapieverfahren wirksam ist oder nicht, entscheidet sich demnach in den ersten Monaten (bei einer ambulanten Verhaltenstherapie etwa zwischen der 5. und 30. Sitzung). Ob die schematische Effektivitätskurve (s. Abb. **1.1**) auch für die tiefenpsychologisch fundierte Psychotherapie in der gleichen Weise wie für die Verhaltenstherapie Gültigkeit besitzt, soll an dieser Stelle nicht weiter vertieft werden. Für die Psychoanalyse und die tiefenpsychologisch fundierte Psychotherapie ergeben sich für die optimale Therapiedauer vermutlich andere Zahlen.

Bis heute ist noch nicht genügend erforscht, welche Störungen bei welchen Patienten von welchen Therapeuten eine höhere Sitzungszahl benötigt. Jedoch ist heute schon absehbar, daß auch in der Verhaltenstherapie, z.B. bei Borderline-Störungen oder bei Zwangserkrankungen, eine höhere Sitzungszahl für einen ausreichenden Therapieerfolg notwendig ist. Möglicherweise sind die Therapieziele zu hoch angesetzt, wenn sie innerhalb von 40 Sitzungen nicht erreicht werden können. Nach dem gegenwärtigen Stand der Forschung sollte eine nichterfolgreiche Therapie nicht zwangsläufig dazu führen, daß die Therapie verlängert wird.

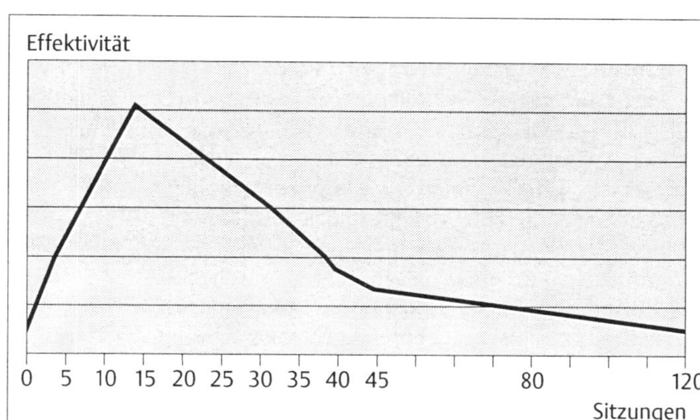

Abb. **1.1** Therapiedauer und Effektivität

Vielmehr sollte das Therapiesetting verändert werden, z.B. durch einen Wechsel des Therapeuten, der Methode oder des ambulanten bzw. stationären Vorgehens. Unerforscht ist bis heute, ob z.B. eine Intervall-Therapie (Kombination von Therapieperioden mit therapiefreien Intervallen) bei manchen Störungen (z.B. Persönlichkeitsstörungen) zu besseren Ergebnissen führt.

Therapiesetting

Psychotherapie/Verhaltenstherapie wirkt am besten, wenn sie dort stattfindet, wo die Symptomatik in Erscheinung tritt. Aus diesem Grunde ist eine ambulante wohnortnahe Psychotherapie einer stationären oder wohnortfernen Therapie vorzuziehen. Tritt die Störung in der Partnerschaft oder in der Familie auf, sollte die Psychotherapie die Bezugspersonen in die Behandlung einbeziehen.

Ambulant oder stationär?

Grundsätzlich ist eine ambulante Behandlung einer stationären Behandlung vorzuziehen. Wenn jedoch eine ambulante Behandlung keinen ausreichenden Therapieerfolg erbringt oder wenn die Störung so ausgeprägt ist, daß eine ambulante Behandlung nicht durchführbar erscheint, sollte eine stationäre Therapie durchgeführt werden. Auch die Frage, ob eine systematische Therapie (z.B. durch eine vorher festgelegte Anzahl von Therapiesitzungen) oder eine Psychotherapie, die sich nach der Situation und dem Bedürfnis des Patienten richtet (z.B supportive Psychotherapie), zu bevorzugen ist, kann nur im Einzelfall beantwortet werden.

Einzeltherapie oder Gruppentherapie?

Einzeltherapie ist bei schwereren Störungen in der Regel wirksamer. Bei Störungen jedoch, die sich in Gruppen manifestiert (z.B. eine soziale Phobie), kann eine Gruppentherapie wirksamer sein. Häufig scheitert das Zustandekommen einer Gruppentherapie an Organisationsproblemen in einer psychotherapeutischen Praxis. Andererseits lassen ökonomische Zwänge es in Krankenhäusern geboten erscheinen, bevorzugt Gruppentherapien durchzuführen.

Spezifische und unspezifische Wirkfaktoren

Bei der Bewertung der Wirksamkeit einer Psychotherapie können spezifische und unspezifische Wirkfaktoren unterschieden werden.

Spezifische Wirkfaktoren

Zu den spezifischen Wirkfaktoren gehören Therapieelemente, die nicht allen Psychotherapieformen in ähnlicher Weise immanent sind und die sich bei spezifischen psychischen Störungen als effektiv erwiesen haben.

Die Anzahl der spezifischen Wirkverfahren wächst. Solange immer neue Erkenntnisse zur Ätiologie von Störungen entstehen, werden auch Psychotherapietechniken und Verfahren entwickelt werden, die diese Störungen immer effizienter und spezifischer behandeln können. Die Aus- oder Weiterbildung in diesen spezifischen Psychotherapietechniken und Psychotherapieverfahren können jedoch eine psychotherapeutische Grundausbildung, die z.Z. noch zumindest in einem der beiden Hauptverfahren gefordert wird, nicht ersetzen.

In der „Psychotherapie der zweiten Generation" nach Grawe werden folgende spezifische Wirkfaktoren angenommen:

- Ressourcenaktivierung
- Problemaktualisierung
- Aktive Hilfe zur Problembewältigung
- Motivationale Klärung

Unspezifische Wirkfaktoren

Die Güte der Therapeut-Patient-Beziehung und die Glaubwürdigkeit des Angebots einer helfenden Beziehung bestimmen unabhängig von der Psychotherapiemethode ganz wesentlich die Wirksamkeit aller Psychotherapieformen.

Gemeinsam ist auch allen Psychotherapieformen, daß sie mittels Psychologisierung eine Problemklärung und Problemlösung anstreben.

Gerade die stationäre Psychotherapie versucht, die unspezifischen Wirkfaktoren möglichst optimal auszunutzen, um einen Therapieerfolg (im Sinne von: Neues Bewußtsein, Zugang zu vermiedenen Gefühlen, größere Handlungsmöglichkeiten) zu erreichen. Da bekannt ist, daß ein Therapieerfolg bei „offenen" und „aufnahmebereiten" Patienten eher zu erwarten ist, versuchen psychiatrische und psychotherapeutische Kliniken durch unspezifische Psychotherapieangebote (wie z.B. Konzentrative Bewegungstherapie, Sporttherapie, Musiktherapie, Ergotherapie etc.) die Patienten für eine Psychotherapie zu motivieren und damit die Basis für einen Therapieerfolg zu schaffen.

Diese unspezifischen Therapieverfahren sind im einzelnen bezüglich ihrer Wirksamkeit nur wenig untersucht. Dennoch wird ihre Wirksamkeit heute nicht mehr bestritten.

„Effektive Psychotherapiemethoden"

Einen neuen Meilenstein in der Erforschung der Psychotherapieeffekte wurde durch das Gutachten von Meyer et al. (1991) gesetzt. In diesem von der Regierung der Bundesrepublik Deutschland in Auftrag gegebenen Gutachten wurden nur die psychotherapeutischen „Hauptverfahren", die tiefenpsychologisch fundierte Psychotherapie und die Verhaltenstherapie, als ausreichend wirksam angesehen und daraufhin in das Versorgungssystem der Krankenkassen aufgenommen.

Die Psychoanalyse, die nur eine geringe Bedeutung für die Krankenversorgung in Deutschland darstellt (unter 5 %), wird vor allem deshalb als unabdingbar angesehen, weil sie die wissenschaftliche Grundlage für die tiefenpsychologisch fundierte Psychotherapie darstellt. Sie konnte ihre Wirksamkeit allerdings nicht ausreichend durch kontrollierte Studien belegen. Eine fast 100-jährige psychoanalytische Forschung mit ihrer speziellen Methodologie führte jedoch zu einem Erkenntnisstand, der dem durch kontrollierte Studien gewonnenen vergleichbar erscheint. Diese Auffassung ist jedoch bis heute heftig umstritten.

Die „analytische Psychotherapie" ist abrechenbar bis zu 300 Therapiesitzungen, die „tiefenpsychologisch fundierte Psychotherapie" bis zu 100 Therapiesitzungen und die „kognitive Verhaltenstherapie" bis zu maximal 80 Therapiesitzungen.

1.3 Die Auswahl einer wirksamen Psychotherapie

Die Einschränkung der Psychotherapiemethoden auf nur zwei Psychotherapiemethoden, die tiefenpsychologisch fundierte Psychotherapie und die kognitive Verhaltenstherapie, wirft zahlreiche weitere Fragestellungen auf:

- Welche Psychotherapie ist für welchen Patienten bei welcher Störung, in welcher Zeit und in welcher Situation, bei welchem Psychotherapeuten am besten? (Geht man der Frage nach, welche Kriterien in der Praxis die Wahl eines Psychotherapieverfahrens bestimmen, so findet man kaum rational begründete Antworten.)
- Warum wurden andere bewährte Psychotherapieverfahren, wie z.B. Gesprächspsychotherapie, Familientherapie, Gestalttherapie oder Hypnotherapie, nicht als Hauptverfahren anerkannt?
- Behindert die Einschränkung auf wenige Verfahren die Entwicklung neuer Psychotherapieformen?

Die „differentielle" Therapieindikation

Wie ein Patient zu einer bestimmten Psychotherapierichtung bzw. zu einer bestimmten Person kommt, die über psychotherapeutische Kompetenz verfügt, unterliegt zahlreichen Faktoren.

- Die öffentliche Meinung, die dem jeweils „neuesten Stand der Wissenschaft" sowie politischen und ökonomischen Einflüssen unterworfen ist, oder der Wunsch des Patienten, seine persönliche Präferenz und bestimmte Eigenschaften, über die er verfügt oder nicht verfügt (z.B. Introspektionsfähigkeit), können die Wahl des Therapieverfahrens beeinflussen. Auch der Wunsch nach einem bestimmten Therapiesetting (z.B. stationäre Psychotherapie oder Einzeltherapie, Paartherapie, Familientherapie, Gruppentherapie) kann die Wahl des Psychotherapieverfahrens beeinflussen. Nur wenige Menschen, die einer Psychotherapie bedürfen und dazu motiviert sind, wissen jedoch selbst, welches Psychotherapieverfahren für sie am besten geeignet ist.

- Wissenschaftlich gesicherte Erkenntnisse über die Effizienz eines Verfahrens bei einer bestimmten Störung beeinflussen die Wahl des Psychotherapieverfahrens nur gering. Allgemein beginnt sich jedoch durchzusetzen, daß eine Phobie besser durch eine kognitive Verhaltenstherapie, eine generalisierte Angststörung jedoch vielleicht eher durch tiefenpsychologisch fundierte Psychotherapie zu behandeln ist. Bei Zwangsstörungen und Suchterkrankungen hat sich eher die Verhaltenstherapie durchgesetzt. Bei narzistischen Störungen wird der tiefenpsychologisch fundierten Psychotherapie eine höhere Effizienz zugesprochen.
- Auch mögliche Nebenwirkungen (z.B. erhöhte Scheidungsrate, erhöhtes Suizidrisiko, psychotische Dekompensation, Verringerung des Selbstheilungspotentials, Abhängigkeitsentwicklung) gehen nur wenig in den Entscheidungsprozeß ein.
- Ein wesentlicher Einflußfaktor liegt in der Identifikation des Psychotherapeuten mit seiner eigenen Methode.
- Am meisten wird die Wahl des Psychotherapieverfahrens jedoch durch die Versorgungslage (regionale Verfügbarkeit verschiedener Psychotherapiemethoden, „Stadt-Land-Gefälle", Spezialisierung einer Psychotherapiepraxis oder eines Krankenhauses) beeinflußt.
- Auch die Praktikabilität eines Psychotherapieverfahrens (z.B. Therapieaufwand, Anfahrtswege zur psychotherapeutischen Praxis etc.) beeinflussen die Entscheidung.
- Schließlich wird auch durch die Art der Vergütung der Psychotherapie die Wahl beeinflussen (Krankenkassenleistung, Kostenerstattung, Zuzahlung, Selbstzahler etc.).

1.4 Ausblick

Durch folgende Forschungsmethoden versucht man gegenwärtig, die Frage nach der differentiellen Indikation zu einer Psychotherapiemethode zu beantworten:

Unter einer *Effektivitätsstudie* wird z.B. eine randomisierte kontrollierte Studie an einer selektierten Patientengruppe unter einer bestimmten Forschungsbedingung verstanden (Phase III-Studie). Eine sich so als effektiv erwiesene Therapiemethode ist noch nicht notwendigerweise auch unter den Bedingungen, unter denen schwer psychisch gestörte Menschen leiden, effizient. Neben Effektivitätsstudien müssen deshalb auch *Effizienzstudien* durchgeführt werden, die die realen Bedingungen des Patienten und die klinische Praxis berücksichtigen (Phase IV-Studie). Außerdem könnte die Forschung zur differentiellen Indikation zusätzlich durch randomisierte *Therapievergleichsstudien* verbessert werden.

Um die Frage zu klären, welche spezifischen Elemente es sind, die in der Psychotherapie wirken, werden *Grundlagenforschungen zum Therapieprozeß* als notwendig erachtet.

Metaanalysen fassen die Ergebnisse vieler Studien zusammen und können bei methodisch korrekter Anwendung zu einer erhöhten Generalisierbarkeit der Aussagen aus den Effektivitäts- und Effizienzstudien führen.

In *Konsensuskonferenzen* schließlich werden von Experten Übereinkünfte getroffen, die Leitlinien für eine differentielle Indikationsstellung ermöglichen.

Die Frage nach der differentiellen Indikation zu einer bestimmten Psychotherapiemethode ist bis heute nur unbefriedigend gelöst. Mit dem am 01.01.1999 in Kraft getretenen Psychotherapeuten-Gesetz wurde ein wissenschaftlicher Beirat eingesetzt, der die Frage nach dem neuesten Stand der Forschung immer wieder beantworten soll.

Die Wirksamkeit und spezifische Indikation der verschiedenen Psychotherapieschulen wird in der nächsten Zukunft weiterhin kontrovers diskutiert werden. Für die Verhaltenstherapie gilt, daß sie im Bereich der Therapiebegleitforschung und des Wirksamskeitsnachweises derzeit führend ist.

1.5 Literatur

1. *Dührsen, A.:* Katamnestische Ergebnisse bei 1004 Patienten nach analytischer Psychotherapie. Zeitschrift für psychosomatische Medizin, 8, 1962, 94-113
2. *Meyer, A.E., Richter, R., Grawe, K., Graf v. der Schulenberg, J.M. & Schulte, B.:* Forschungsgutachten zu Fragen eines Psychotherapeutengesetzes. 1991, Universitätskrankenhaus Hamburg-Eppendorf
3. *Strotzka, V.H.:* Was ist Psychotherapie? In: V.H. Strotzka (Hrsg.) Psychotherapie. Grundlagen, Verfahren, Indikationen. Urban & Schwarzenberg, München 1975, S. 3-6

2. Merkmale der Verhaltenstherapie

R. Wassmann

2.1 Einführung

Für den 1953 von Skinner erstmals verwandten Begriff „Verhaltenstherapie" existiert keine allgemein verbindliche und akzeptierte Definition. Eine einmal festgeschriebene und damit auch einengende Definition würde dem Postulat der Verhaltenstherapie - „der ständigen Weiterentwicklung" - entgegen stehen und würde diese Weiterentwicklung behindern.

Dieses wird besonders deutlich bei Betrachtung der bisherigen Entwicklungslinien der Verhaltenstherapie. Vom Behaviorismus (60er Jahre) über die Kognitive Wende (70er Jahre), der Einbeziehung der Therapeut-Patient-Beziehung (80er Jahre) bis hin zum Selfmanagement-Ansatz von Kanfer (90er Jahre) wurden jeweils unterschiedliche Aspekte der Verhaltenstherapie hinzugefügt, ohne daß eine einengende Definition notwendig war.

Besser als durch eine abstrakte Definition ist die moderne Verhaltenstherapie daher durch die Beschreibung ihrer allgemein akzeptierten Merkmale zu charakterisieren.

2.2 Merkmale der Verhaltenstherapie

Die besonderen Merkmale der Verhaltenstherapie betreffen das zugrundeliegende Menschenbild, das Störungsmodell, allgemeine Grundprinzipien, Methodologie, Anwendungsvoraussetzungen und Behandlungsindikationen.

■ Menschenbild

Die moderne Verhaltenstherapie betont die „aktive Rolle des Menschen bei der Gestaltung seines eigenen Lebensschicksals" (Kanfer 1991). Sie geht von einem „ganzheitlichen Personenmodell" aus und sieht den Menschen als reflexives Subjekt mit internen Selbstregulationsprozessen und der Fähigkeit zur Selbststeuerung an. In dem Selbstregulationsmodell von Kanfer werden drei Ebenen der Beeinflussung des Verhaltens und dessen Konsequenzen unterschieden:

„Beta-Variablen" stellen kognitive Prozesse und Schemata, Pläne und innere Verarbeitungsprozesse im Selbstregulationsmodell von Kanfer dar und sind „von der Person selbst" initiierte und in Gang gesetzte Verhaltensweisen. Auch *„Alpha-Variablen"*, die Einflüsse der externen Umgebung und *„Gamma-Variablen"*, die Einflüsse des genetischen und biologischen Systems, werden über innere, kognitive Selbstregulationsprozesse beeinflußt.

So stellt der Mensch und sein Verhalten für die heutige Verhaltenstherapie ein komplexes, sich selbst beeinflussendes System dar.

Der moderne Verhaltensbegriff umfaßt nicht mehr nur das direkt beobachtbare motorische und meßbare physiologische Verhalten. Auch motivationale, emotionale und kognitive Elemente werden als Verhalten betrachtet und sind somit Bestandteile des Gesamtsystems „Mensch".

■ Störungsmodell

Von zentraler Bedeutung für die Entwicklung der Verhaltenstherapie war und ist die im nächsten Kapitel ausführlicher beschriebene Abkehr vom medizinischen Krankheitsmodell.

Statt Beschwerden, Schwierigkeiten oder Auffälligkeiten als Symptome einer zugrundeliegenden Erkrankung zu betrachten, sieht die Verhaltenstherapie diese als Probleme zwischen einem Ist-Zustand und einem Soll-Zustand an.

Die Diskrepanz zwischen Ist- und Soll-Zustand wird durch spezifische Bedingungen des Problems verursacht, die es herauszuarbeiten gilt. Aus diesen spezifischen Bedingungen wiederum werden Veränderungsstrategien abgeleitet. Die Therapie ist demnach ein Problemlöseprozeß.

Allgemeine Grundprinzipien

Das gemeinsame methodische Vorgehen unterschiedlicher verhaltenstherapeutischer Behandlungsmaßnahmen wird wohl am besten deutlich, wenn die *Grundprinzipien jeder Verhaltenstherapie* kurz umrissen werden. Diese sind:

Problemorientierung

Verhaltenstherapie ist grundsätzlich problemorientiert und setzt an der aktuellen Problematik an. Für die in der Problem-/Verhaltensanalyse herausgearbeiteten Problembedingungen wird ein individuelles, möglichst spezifisches Therapie-/Veränderungsprogramm erstellt. Die Therapie wird möglichst spezifisch auf den jeweiligen Patienten und dessen spezielle Umgebung und Erkrankung ausgerichtet. Unterschiedliche Störungsbilder können daher auch sehr verschiedene Vorgehensweisen bedingen. Ziel der Therapie ist, neben der aktuellen Problembearbeitung, auch die allgemeine Verbesserung der Problemlösefähigkeiten des Patienten.

Zielorientierung

Verhaltenstherapie ist zielorientiert und setzt nach Problemidentifikation in der Regel eine gemeinsame, explizite Zieldefinition durch Patient und Therapeut voraus. Dieses Ziel ist abhängig von den individuellen Rahmenbedingungen und kann auch ein Teilziel im Rahmen eines größeren Problembereiches sein.

Handlungsorientierung

Verhaltenstherapie ist handlungsorientiert und setzt die aktive Mitarbeit des Patienten voraus. Der Patient wird ermutigt, Probleme nicht nur zu diskutieren und reflektieren, sondern sich zusätzlich aktiv an den Lösungsmöglichkeiten zu beteiligen. Analyse, Reflexion und Diskussion eines Problems sind notwendig, jedoch nicht hinreichend für eine Veränderung. Erst aktives Handeln und Verändern von Verhalten führt zu einer konkreten Umsetzung.

Übertragbarkeit

Verhaltenstherapie strebt die Übertragbarkeit der in der Therapiesituation erarbeiteten Fähigkeiten in das Alltagsleben an. Die im geschützten Rahmen der Therapie erworbenen Erkenntnisse und neu erlernten Verhaltensweisen müssen zwischen den Therapiesitzungen in der Alltagsrealität eingeübt werden. Nur hierdurch wird eine Aufrechterhaltung der positiven Effekte nach der Beendigung der Therapie ermöglicht.

Bedingungsorientierung

Verhaltenstherapie orientiert die Ziele ihrer Interventionen an den Bedingungen, die vorausgehend, auslösend oder aufrechterhaltend für das Problemverhalten sind.

Die Ebene, auf der eine Veränderung die dauerhafteste Reduktion oder Lösung eines Problems verspricht, ist in der Regel Ansatzpunkt der Intervention.

Transparenz

Verhaltenstherapie soll in der Regel für den Patienten transparent und durchschaubar sein. Aus der Verhaltensanalyse abgeleitete Erklärungs- und Veränderungsmodelle sollen für den Patienten verständlich, nachvollziehbar und akzeptabel sein. Dies ist Voraussetzung für eine aktive Mitarbeit, Compliance und ein Arbeitsbündnis zwischen Therapeut und Patient.

Partnerschaftlichkeit (Arbeitsbündnis/Dienstleistungsverhältnis)

Verhaltenstherapie sieht Therapeut und Patient als Partner in einem Arbeitsbündnis an und ermöglicht dem Patienten eine gleichberechtigte Rolle bei der Behandlung seiner Störung. Beide stehen in einem „Dienstleistungsverhältnis" zueinander und sind quasi Vertragspartner.

„Hilfe zur Selbsthilfe"

Verhaltenstherapie sieht das Ziel jeglicher Therapie als „Hilfe zur Selbsthilfe" an und zielt auf eine Selbstbewältigung des Problems durch den Patienten ab. Die Übertragbarkeit der in der Therapie gelernten Problemlösestrategien auf andere Problembereiche soll eine Generalisierung der Effekte für den Patienten ermöglichen.

Prinzip der minimal notwendigen Intervention

Verhaltenstherapie befolgt das Prinzip der minimal notwendigen Intervention. Dieses besagt, daß ein Patient nur die minimal notwendigen Hilfen erhalten soll, die ausreichen, um eine Selbstkontrolle des Problems und Generalisierung seiner Problemlösefähigkeiten zu erreichen.

Prinzipieller Pluralismus/ Positiver Hedonismus

Verhaltenstherapie betont den prinzipiellen Pluralismus von Werten, Anschauungen, Denk- und Lebensstilen. Problembearbeitung und Therapieziele sind individuell aus dem Lebenszusammenhang des Patienten und im Rahmen seines Wertesystems abzuleiten, solange sie dem Grundprinzip eines positiven Hedonismus entsprechen. Positiver Hedonismus ist durch die Maximierung der persönlichen Handlungsfreiheit, ohne Schädigung anderer oder sich selbst gekennzeichnet.

Aktualität

Die Verhaltenstherapie entwickelt sich in ständigem Austausch mit der empirischen Forschung in Sozial- und Entwicklungspsychologie, Allgemeiner und Klinischer Psychologie, Medizinischer Psychologie sowie Biologie und Medizin einschließlich Psychiatrie und Psychosomatik. Daher wird sie kontinuierlich überprüft, ausdifferenziert und weiterentwickelt. Dies betrifft sowohl die ganz konkreten Therapiemaßnahmen, als auch deren theoretischen Hintergrund und Erklärungsansätze.

■ Methodologie

Empirisches/experimentelles Wissenschaftsverständnis

Ein wesentliches Merkmal zur Unterscheidung der Verhaltenstherapie von anderen Psychotherapieverfahren ist die eigenständige und spezielle Methodologie. Die Forschungslogik der Verhaltenstherapie ist auf einer empirisch/experimentellen Wissenschaftstheorie aufgebaut.

Hierdurch ist die Verhaltenstherapie zu fortlaufender Evaluation und Weiterentwicklung verpflichtet. Dies bedeutet, daß jegliche theoretische Annahmen, therapeutischen Konzepte und Veränderungsmethoden erst dann in der Verhaltenstherapie „lege artis" anerkannt werden können, wenn nachfolgende Kriterien entsprechend überprüft und allgemein akzeptiert wurden.

Suche nach Regelmäßigkeiten

Jede empirische Wissenschaftsrichtung, und so auch die Verhaltenstherapie, sucht nach Regeln und Gesetzen, die die Beziehungen zwischen abhängigen und unabhängigen Variablen erklären können, also vereinfacht nach dem: „Warum verändert sich x, wenn sich y verändert?".

Die Verhaltenstherapie versucht dabei besonders funktionale Zusammenhänge zu erfassen und probabilistische (wahrscheinliche) Aussagen zu machen.

Empirische/experimentelle Überprüfbarkeit

Jede Hypothese eines Zusammenhanges zwischen zwei Ereignissen muß empirisch oder experimentell überprüfbar sein.

Beispiel: Zwischen dem Auftreten einer Depression und dem Tod des Ehepartners, oder der Behandlungsstrategie nach Beck und dem Verschwinden der depressiven Verhaltensweisen, muß mittels empirisch gesicherter Meßinstrumente (Fragebogen, Schätzskalen, Verhaltensbeobachtung usw.) ein Zusammenhang statistisch erfaßbar sein, um diese Hypothese zu akzeptieren. Diese Hypothese muß bei einer ausreichend großen Patientenstichprobe überprüft werden.

Beobachtbarkeit

Die zu überprüfenden Hypothesen werden aus beobachtbaren Ereignissen abgeleitet. Zu beobachten sind dabei nicht nur konkrete Handlungen, nachprüfbare Ereignisse, sondern auch kognitive oder emotionale Verhaltensweisen. Für die Beobachtbarkeit emotionaler und kognitiver Verhaltensweisen werden zwar spezielle Vorgehensweisen benötigt, ansonsten gelten jedoch die allgemeinen Regeln der empirischen Überprüfung.

Operationalisierbarkeit

Die zu beobachtenden Ereignisse müssen operationalisierbar sein. Dies bedeutet, daß z.B. eine Depression meßbar gemacht werden muß. Dieses kann z.B. über die Fremdeinschätzung der Psychopathologie (Stärke des Antriebs, der Verstimmung usw. oder durch Selbstbeurteilungsfragebögen (Hamilton-Scale, BDI usw.) erfolgen.

Verwendung objektiver, reliabler und valider Meßinstrumente

Ergebnisse von Meßinstrumenten, mit denen ein möglicher Zusammenhang zwischen Ereignissen überprüft werden soll, müssen wissenschaftlichen Kriterien genügen. Sie müssen:

- objektiv sein: d.h. von der Person des Untersuchers unabhängig
- reliabel sein: d.h. bei wiederholten Messungen gleich
- valide sein: d.h. wirklich das messen, was sie vorgeben zu messen

■ Psychotherapeutische Anwendung

Verhaltenstherapie ist das jüngste der drei wissenschaftlich anerkannten Psychotherapieverfahren in Deutschland. Es hat die größte Wachstumstendenz und ist das mit Abstand bestuntersuchte psychotherapeutische Verfahren (Grawe 1994).

Psychotherapie ist nach den „Psychotherapie-Richtlinien":

- eine *geplante* Maßnahme
- bei *anerkannten* Krankheitsbildern
- mit *zielgerichtetem* Prozeß
- durch *spezifische* Interventionen
- unter Anwendung *theoriegeleiteter* Verfahren
- durch *ausgebildete* Therapeuten

Qualifizierte Verhaltenstherapeuten sind gekennzeichnet durch Kompetenzen auf folgenden sechs Kenntnis- und Handlungsebenen:

Therapeutische Heuristik

Eine übergeordnete theoretische Leitlinie schulenspezifischer Kenntnisse der therapeutischen Grundprinzipien und ihrer Umsetzung ist Voraussetzung für deren Anwendbarkeit.

Beispiel: Ein Verhaltenstherapeut benötigt theoretische Kenntnisse über verhaltenstherapeutische Grundannahmen, Modelle, Lernprinzipien usw. Ohne sie kann er sich nicht in die Verhaltenstherapie einarbeiten und die Verhaltenstherapie verstehen.

Nosologie und Differentialdiagnostik

Die allgemeine und spezifische Kenntnis über Störungen bei psychiatrischen, psychosomatischen und psychischen Erkrankungen und deren Differentialdiagnostik ist Voraussetzung für eine Einordnung und zielgerichtete Veränderungsplanung.

Beispiel: Der Therapeut muß Zwangshandlungen aufgrund „neurotischer Konflikte" von Prodromen im Rahmen eines psychotischen Geschehens unterscheiden können.

Therapeutisches Basisverhalten

Ohne ein therapeutisches Basisverhalten ist keine Therapie möglich. Dieses Basisverhalten ist schulenunspezifisch und (nur zum Teil) erlernbar.

Ein therapeutischer Beziehungsaufbau setzt Empathie, Einfühlungsvermögen, Akzeptanz und einigermaßen gut ausgeprägte sprachliche Fähigkeiten voraus.

Therapeutische Strategie

Der prinzipielle Umgang mit Problemen, die Vorgehensweise bei unterschiedlichen Problemkonstellationen und Personentypen setzt schulenspezifische Kenntnisse über Zusammenhänge, Art der Konflikte, Zeitfenster für Interventionen, usw. voraus.

Beispiel: Der Therapeut muß erkennen, wann ein Borderline-Patient, in welchem Therapiestadium, wie und mit welchen Interventionen konfrontiert werden kann.

Therapeutische Methoden

Die Kenntnis schulenspezifischer Veränderungsmethoden bei unterschiedlichen Störungsbildern ist Voraussetzung für eine effiziente Therapie jedweder Art.

Der Therapeut muß die Therapiemethoden für die jeweiligen Störungen, deren Aufbau, Abfolge und deren Probleme bei der Anwendung kennen und anwenden können.

Therapeutische Einzeltechniken

Ohne Kenntnisse über die Durchführung der einzelnen Techniken einer Methode oder eines Verfahrens ist eine Vermittlung für den Patienten oder Umsetzung in der Therapie nicht möglich.

Beispiel: Ein Therapeut, der die Zwei-Spalten-Technik von Beck bei der Depressionsbehandlung nicht beherrscht, kann sie dem Patienten auch nicht vermitteln.

■ Indikationsebenen

Zugunsten einer pragmatischen und leicht merkbaren Einteilung der Indikationsbereiche der Verhaltenstherapie, erscheint das von Linden (1992) so benannte „Fünf-K-Modell der Behandlungsziele" (s. Tab. 2.1) didaktisch gut verwertbar.

Linden unterteilt das Indikationsspektrum in mehrere Ebenen, denen Störungsbilder und Behandlungsansätze zugeordnet werden können.

Diese Unterscheidung kann dazu behilflich sein, die Rahmenbedingungen einer Therapie und deren Ziele dem Therapeuten noch einmal zu verdeutlichen und den realen Möglichkeiten anzupassen. Es kann zudem Hinweise für die allgemeine Therapiestrategie liefern.

Den Behandlungsebenen und den Zielen einer verhaltenstherapeutischen Behandlung ordnet Linden fünf Ebenen zu, die nicht alle das Kriterium der Richtlinienpsychotherapie erfüllen müssen.

Der *kausale* (ursächliche) Behandlungsansatz bei Störungen wie Phobien, Eßstörungen, Depressionen, Sexualstörungen, psychosomatischen Erkrankungen usw. zielt auf eine ursächliche Veränderung der Störung durch eine verhaltenstherapeutische Interventionen ab.

Der *kompensierende* (ausgleichende) Behandlungsansatz steht bei einer Störung, deren Ursachen oder Folgen wahrscheinlich nur begrenzt beeinflußbar sind, im Vordergrund.

Beispiel: Bei einer Schizophrenie mit Minussymptomatik ist die Ursache durch die Verhaltenstherapie nicht zu beseitigen, jedoch können die Folgen abgemildert und die Lebensqualität des Patienten entscheidend verbessert werden. Bei einem „echten" Hyperkinetischen Syndrom mit Aufmerksamkeitsstörungen und Hyperaktivität ist die medikamentöse Behandlung eine notwendige Vorbedingung für eine psychotherapeutische Behandlung. Ein Selbstkontrolltraining nach Meichenbaum kann erst danach zur Wirkung kommen und langfristig die medikamentöse Kontrolle ersetzen.

Der *korsettierende* (stützende) Behandlungsansatz ist von besonderer Bedeutung bei Personen, deren Selbststeuerungsfähigkeit eingeschränkt ist. Alleine bei diesem und keinem anderen Behandlungsansatz sind Ausnahmen von dem allgemeinen Grundprinzip der Transparenz und Partnerschaftlichkeit möglich.

Beispiel: Geistig Behinderte, chronisch Abhängige, Personen mit dissozialen Verhaltensstörungen sind in der Regel nicht über rein einsichtsorientierte Verfahren therapeutisch erreichbar. Insbesondere geistig Behinderte sind in der Regel nicht in der Lage, Erklärungs- und Veränderungsmodelle zu verstehen. Es ist daher für sie oft unmöglich - ohne (relativ) direktive Führung - bei einem Veränderungsprogramm mitzuarbeiten.

Der *komplettierende* (ergänzende) Behandlungsansatz ist insbesondere bei organischen Erkrankungen zur Linderung des Leidens oder für die bessere Akzeptanz und den besseren Umgang mit der organischen Erkrankung bedeutsam.

Beispiel: Der 16-jährige Diabetiker, der so sein will wie seine Altersgenossen und seine Erkrankung nicht annimmt, wird sich nicht compliant verhalten und schneller Folgeschäden entwickeln. Organische, chronische Schmerzen sind zwar nicht „wegzureden", aber ein Schmerzimmunisierungstraining könnte die subjektiv empfundenen Schmerzen reduzieren und einem sozialen Rückzug mit anschließender Depression begegnen.

Tabelle 2.1 „Fünf-K-Modell der Behandlungsziele" nach Linden (1992)

Ebene	Störungsbeispiel	Behandlungsbeispiel
Kausal	Phobie Depression	Expositionsverfahren Kognitive Therapie - Beck
Kompensierend	Schizophrenie Hyperkinetik	IPT – Brenner Selbstinstruktionstraining
Korsettierend	Geistige Behinderung Aggressionen	Tokenprogramme Time out
Komplettierend	Diabetes mellitus Schmerzen	Selfmanagement Schmerzimmunisierung
Konvenierend	Partnerschaftsstörung Gesundheitsprävention	Kommunikationstraining Raucherentwöhnung

Bei dem *konvenierenden* (begleitenden) Behandlungsansatz sind Personengruppen angesprochen, die noch nicht manifest erkrankt oder gestört sind. Ziel kann die Prävention einer Erkrankung oder eine Lebensqualitätsverbesserung sein.

Beispiel: Raucherentwöhnungs-, Ernährungs-, Streßbewältigungsprogramme usw. gehören zu den bekanntesten präventiven Maßnahmen. Aber auch bei Partnerschaftsstörungen, Lern- und Leistungsstörungen usw. haben verhaltenstherapeutische Behandlungen ihre Effizienz bewiesen.

2.3 Literatur

1. *Grawe, K., Donati, R. & Bernauer, F.:* Psychotherapie im Wandel. Hogrefe Verlag für Psychologie, Göttingen 1994
2. *Kanfer, F.H., Reinecker, H. & Schmelzer, D.:* Selbstmanagement-Therapie. Springer, Berlin 1991
3. *Linden, M.:* Vortrag auf dem „Dritten Verhaltenstherapeutischen Symposium" der Psychosomatischen Fachklinik. Bad Pyrmont 1992 (unveröffentlicht)

3. Modelle der Verhaltenstherapie

R. Wassmann

3.1 Einführung

Die Verhaltenstherapie ist grundsätzlich pluralistisch ausgerichtet und daher für Erkenntnisse anderer Wissenschaftsgebiete und Fachgebiete offen.

Voraussetzung für eine Integration anderweitig gewonnener Erkenntnisse ist deren Übereinstimmung mit, oder deren Anpassungsmöglichkeit an die im vorherigen Kapitel beschriebenen Merkmale der Verhaltenstherapie. Diese Erkenntnisse können dann in einem nächsten Schritt in die Begrifflichkeit der Verhaltenstherapie übersetzt werden. Durch die Integration in allgemeine oder spezifische Modelle tragen sie zu einer Bereicherung und Verbreiterung des verhaltenstherapeutischen Wissens bei.

3.2 Grundlagen der Verhaltenstherapie

Bereits die Entstehung der Verhaltenstherapie ist auf eine Zusammenführung der Erkenntnisse mehrerer Wissenschaftsgebiete zurückzuführen. Die Integration der Lerntheorien, der Theorien der Sozialpsychologie und Psychophysiologie unter Anwendung des empirisch/ experimentellen Wissenschaftsverständnisses bildet die Grundlage der Verhaltenstherapie.

Unter Zugrundelegung des allgemeinen Störungsmodells der Verhaltenstherapie (s. Kap. 3.3) entstanden zunächst allgemeine Modelle zur Beschreibung menschlichen Verhaltens, allgemeine Behandlungsmodelle und später spezifische Störungsmodelle. Letztere lassen sich grob in Konditionierungsmodelle (klassisch und operant) sowie kognitive Lernmodelle (Modellernen und kognitives Lernen) unterteilen.

3.3 Modelle der Verhaltenstherapie

Modelle dienen dazu, die Grundlagen einer Wissenschaft vereinfacht und komprimiert darzustellen. Sie erheben keinen Anspruch auf Genauigkeit, sondern sollen einen (groben) Rahmen für die intendierten Aussagen bieten.

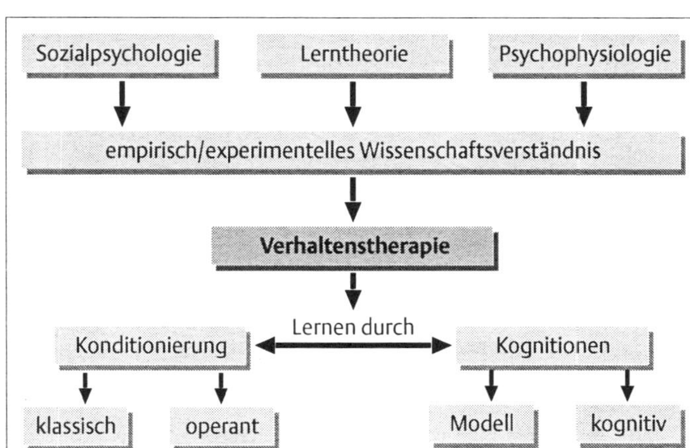

Abb. 3.1 Grundlagen der Verhaltenstherapie

Im Rahmen dieses Kompendiums soll das funktionale Beschreibungsmodell des Verhaltens aus Sicht der Verhaltenstherapie von anderen psychotherapeutischen und dem medizinischen Modell abgegrenzt werden. Als komplexes Modell menschlichen Verhaltens wird das Selbstregulationsmodell beschrieben und als ein allgemeines verhaltenstherapeutisches Modell für den Behandlungsablauf in der Verhaltenstherapie in Anlehnung an Kanfer dargestellt.

Modelle zur Beschreibung des Verhaltens

Grundlage für jede wissenschaftliche Beschäftigung mit dem menschlichen Verhalten ist die Möglichkeit, Verhalten im Kontext des jeweiligen Denkmodells zu beschreiben.

Diese Modelle beruhen auf Grundannahmen über den Zusammenhang zwischen dem Verhalten und dessen Verursachung. Unter den verschiedenen Modellen im Psychotherapiebereich sollen zur Verdeutlichung der Unterschiede zum verhaltenstherapeutischen Modell die dynamisch und phänomenal-dynamischen Beschreibungsansätze kurz charakterisiert werden:

Dynamische Beschreibungen

Vereinfacht betrachtet, sehen die Psychoanalyse, die Tiefenpsychologie oder die Motivationstheorien innere Vorgänge, innere Bedingungen und Einstellungen als Grundlage für Verhalten an.

Konstrukte wie Es, Ich, Über-Ich, Minderwertigkeitsgefühle, Libido, Ödipuskomplex, Abwehrmechanismen und deren innere Dynamik führen zu der jeweiligen Ausgestaltung eines speziellen Verhaltens. Verhaltensstörungen sind demnach Fehlentwicklungen innerer Vorgänge.

Phänomenal-dynamische Beschreibung

Vereinfacht sieht die Gesprächstherapie nach Rogers Verhalten als überwiegend von inneren (phänomenalen) Umweltrepräsentationen gesteuert an. Die Summe der erlebten Erfahrungen über sich selbst ist nach Rogers das "Selbst" des Menschen.

Verhaltensstörungen sind demnach Resultat der Abwehr einer Inkongruenz zwischen dem "Selbst" und den aktuellen Erfahrungen mit der Realität.

Funktionale Beschreibung

In der Verhaltenstherapie wird Verhalten unter dem Aspekt der Funktionalität beschrieben.

Verhalten wird als abhängige Variable vorausgehender und nachfolgender Bedingungen angesehen. Funktional bedeutet dabei vereinfacht in Anlehnung an mathematische Begriffe, daß sich der Wert der abhängigen Variablen (= des Problemverhaltens) in systematischer Weise ändert, wenn sich der Wert der unabhängigen Variablen (= dem Verhalten vorausgehende oder nachfolgende Bedingungen) ändert. Die unabhängigen Variablen können dabei sowohl aus der externen Umwelt als auch aus den inneren Vorgängen einer Person selbst stammen.

Für die verhaltenstherapeutische Betrachtungsweise sind dabei nur diejenigen unabhängigen Variablen von Bedeutung, die einen Einfluß auf die abhängige Variable (das Verhalten) ausüben.

Verhaltensstörungen sind in der Verhaltenstherapie Resultate von Lernprozessen.

> Das Verstehen der funktionalen Betrachtung von Verhalten ist die wichtigste Voraussetzung für das Verständnis der Verhaltenstherapie.

Diese Denkweise ist zugegebenermaßen nicht leicht aus dem alltäglichen Denken abzuleiten und zuerst befremdlich. Daher soll ein ausführlicheres Beispiel dieses verhaltenstherapeutische Denken verdeutlichen.

Beispiel: Einem bisher sehr angepaßten und unauffälligen Schüler, der in der ersten Reihe sitzt, fällt der Griffelkasten zu Boden. Alles verstreut sich auf dem Fußboden und muß eingesammelt werden. Die Klasse grölt. Die bereits durch andere Ereignisse genervte Lehrerin schimpft ihn aus und versetzt ihn in die letzte Reihe. Mit knallrotem Kopf befolgt der Schüler die Anweisung. Am nächsten Tag fällt dem gleichen Schüler, jetzt in der letzten Reihe sitzend, sein Beutel mit Murmeln hin und diese rollen in der ganzen Klasse herum.

Auf den ersten Anblick hat die Lehrerin aus ihrer Sicht eine Bestrafung bei dem Schüler vorgenommen. Diese Sichtweise würde sicherlich von den meisten Menschen geteilt, zumal das Rotwerden darauf zurückführbar wäre, daß dieses Vorkommnis dem Schüler peinlich war. Erstaunlich ist allerdings, daß ein zeitlicher Nähe erneut stattfindet. Dies könnte natürlich theoretisch rein zufällig sein. Als Verhaltenstherapeut würden Sie, besonders wenn sich ähnliche Ereignisse anschließen, eine ganz andere Interpretation der Vorfälle für überprüfungswürdig halten. Offensichtlich erhöht sich die Frequenz eines Problemverhaltens (Stifte, Murmeln, Tornister usw. herunterfallen zu lassen). Dementsprechend kann das Ausschimpfen und in die letzte Reihe versetzen aus Sicht des Schülers keine Bestrafung für sein Verhalten gewesen sein, da durch eine Bestrafung die Frequenz des Problemverhaltens eher unterdrückt worden wäre. Die Tatsache, daß sich die Verhaltensfrequenz des Problemverhaltens erhöht, bedeutet lerntheoretisch, daß es verstärkt worden ist. Es handelt sich dabei möglicherweise um einen operanten Lernprozeß. Ob das Verhalten der Lehrerin eine Bestrafung oder Verstärkung für das Verhalten des Schülers darstellt, ist nur durch die Wirkung auf die Auftretenswahrscheinlichkeit des Verhaltens bestimmbar, quasi von "hinten nach vorne". Da sich in diesem Beispiel das Problemverhalten erhöht hat, ist eine positive oder negative Verstärkung anzunehmen. Als Verhaltenstherapeut würden Sie überlegen, ob der bisher unauffällige Schüler dieses Unauffälligsein und die dadurch fehlende Beachtung in der Klasse möglicherweise als unangenehm empfunden hat. Sollte dies der Fall sein, hätte sein Problemverhalten dazu geführt, daß Schüler wie Lehrerin ihn deswegen beachten. Durch das Fallenlassen der Stifte, Murmeln usw. bekommt er Beachtung. Wenn er vorher unter Nichtbeachtung litt, ist jede Art von Beachtung - negativ oder positiv - besser als gar keine Beachtung. Sein Problemverhalten könnte also z.B. durch negative Verstärkung in seiner Auftretenswahrscheinlichkeit erhöht worden sein. Die Lehrerin hätte ihm also aus seiner Sicht keinen negativen Reiz zugeführt, sondern eine vorher negative Situation des Schülers (fehlende Aufmerksamkeit) durch ihre vermeintliche Bestrafung unwissentlich beendet.

■ Störungsmodell der Verhaltenstherapie

Wie bereits im vorhergehenden Kapitel angeschnitten, grenzt sich die Verhaltenstherapie durch ein spezifisches Störungsmodell von dem medizinisch-somatischen Störungsmodell ab.

Im medizinischen Modell werden Beschwerden eines Patienten als Symptome angesehen. Aus dem Zusammentreffen mehrerer Symptome wird auf das Vorliegen eines Syndroms geschlossen und hieraus das Vorliegen einer Erkrankung abgeleitet.

Das verhaltenstherapeutische Störungsmodell hingegen sieht Beschwerden, Schwierigkeiten oder Auffälligkeiten als Probleme an. Probleme sind dadurch gekennzeichnet, daß zwischen einem bestehenden Ist-Zustand und einem gewünschten Soll-Zustand eine Diskrepanz besteht.

Das jeweilige Ausmaß der Diskrepanz bestimmt die Intensität des Leidensdrucks. Dieser Leidensdruck kann in dem Individuum selbst, in seinem sozialen Umfeld oder in der Gesellschaft entstehen.

Diese Diskrepanz zwischen dem Ist- und dem Sollzustand ist auf spezifische Bedingungen zurückzuführen, die es in der Problem-/Verhaltensanalyse herauszuarbeiten gilt.

Bei dem Ziel, einen unerwünschten Ist-Zustand in einen erwünschten Soll-Zustand zu überführen, ist zunächst zu klären, auf welcher Ebene das Problem liegt.

Hierbei können die Bedingungen für das Problem auf drei Ebenen zu finden sein:

1. Ausgangszustand
   Mangel an Klarheit/Strukturierung/Realitätseinschätzung des Ausgangszustandes
2. Fertigkeiten
   Mangel an Fertigkeiten/Möglichkeiten, den Ausgangszustand in den Zielzustand zu überführen
3. Zielzustand
   Mangel an Klarheit/Strukturierung/Realitätseinschätzung des Zielzustandes

Aus den spezifischen funktionalen Bedingungen, die dem Problemverhalten vorausgehen, es auslösen oder aufrechterhalten, werden dann die notwendigen Veränderungsstrategien abgeleitet. Ziel der Therapie ist die Bereitstellung von Mitteln, um die dem Problem innewohnenden funktionalen Bedingungen zu verändern.

Hierdurch soll es möglichst zu einer Angleichung des Ist- und des Soll-Zustands kommen, das Problem gelöst, der Leidensdruck aufgehoben und hierdurch die Beschwerden des Patienten behoben werden.

Verhaltenstherapie versteht sich nach diesem Modell als Problemlöse-Prozeß.

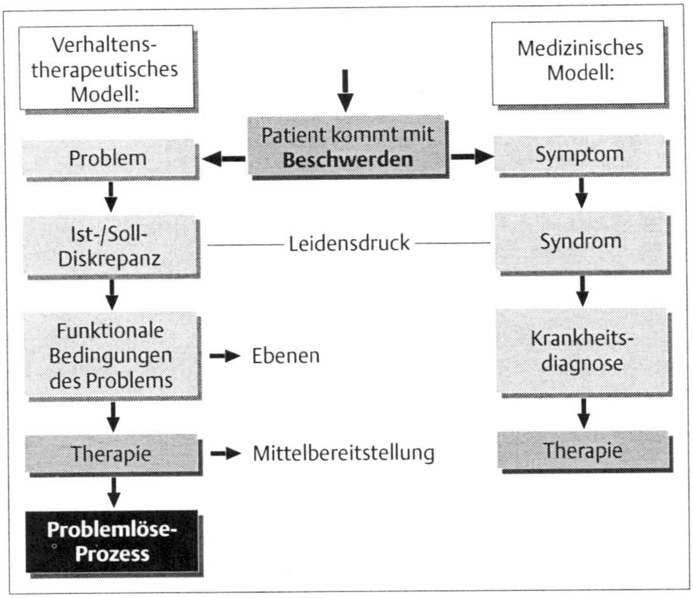

Abb 3.**2** Störungsmodell

Selbstregulationsmodell

Wie vorher beschrieben, befindet sich die Verhaltenstherapie in einer ständigen Weiterentwicklung und somit werden ihre Modelle zur Beschreibung von Verhalten zunehmend ausführlicher und komplexer.

Während in den 50er Jahren zumeist auf die Bedeutung der auslösenden Reize (Stimuli) und deren Einfluß auf die Reaktion (S-R-Ketten) geachtet wurde, waren in den 60er Jahren unter dem Einfluß von Skinner die Reaktionen und deren Konsequenzen (R-C) Hauptthema der Forschung. Mit dem Übergang in die "Kognitive Wende" in den 70er und 80er Jahren wurden komplexer Beschreibungsmodelle des Verhaltens entwickelt. Das wichtigste, bis heute relevante Beschreibungsmodell wurde die sog. S-O-R-K-C-Formel von Kanfer & Phillips (1975). Siehe hierzu ausführlicher Kapitel 4 und 7.

Im weiteren Verlauf wurden Beschreibungsmodelle mit zunehmender Komplexität entwikkelt. Diese Beschreibungsmodelle sind nicht mehr linear wie die ursprüngliche Kanfer-Formel ausgerichtet, sondern stellen nicht-lineare, mit Rückkopplungsschleifen versehene Beschreibungssysteme hoher Komplexität dar.

Das zur Zeit anerkannteste Modell ist das Selbstregulationsmodell von Kanfer (1986).

In diesem Modell unterscheidet Kanfer drei Ebenen, auf denen Verhalten beschrieben werden kann., s. Tab. 3.**1**.

Ebenen des Verhaltens nach Kanfer und Karoly (1972)

Diese drei Ebenen des Verhaltens beeinflussen sich über Rückkopplungsschleifen gegenseitig.

Zusätzlich bezieht Kanfer den Menschen als ein sich selbst beeinflussendes Wesen mit ein. Kognitionen, Wünsche, Normen, Lerngeschichte, sonstige innere Prozesse und biologisch-somatische Bedingungen haben eine Eigendynamik und stellen ein Selbstregulationssystem dar. Dieses System beeinflußt die Verarbeitung externer und biologischer Reize. Es produziert selbst Reize, und erst nach Überprüfung und Verarbeitung des gesamten Reizesystems kommt es zu einer durch das Selbstregulationssystem modulierten Verhaltensweise.

Die Konsequenzen des Verhaltens haben rückwirkend Auswirkungen auf die vorhergehenden Verhaltensweisen und werden zudem mit den Wünschen, Zielen und Standards des Selbstregulationssystems in Beziehung gesetzt.

Zur Verdeutlichung stellt Reinecker 1987 dies grafisch dar (Abb. 3.**3**).

Tabelle 3.1 Überblick über die einzelnen Ebenen menschlichen Verhaltens nach Kanfer (1986)

Ebene	Beschreibung	Beispiel
Alpha	beobachtbare Ebene externe Umgebung	berufliche und partnerschaftliche Situation
Beta	kognitive Prozesse und Inhalte	Prozesse: Denken, Wahrnehmen, Erinnern, Bewerten. Inhalte: Ziele, Wünsche, Pläne
Gamma	biologisch-physiologische Ebene	endokrine Steuerungsmechanismen (z.B. Hunger- und Sättigungsreaktion) akute Infektion, Fieber; Alkohol-, Drogen- und Medikamenteneinflüsse

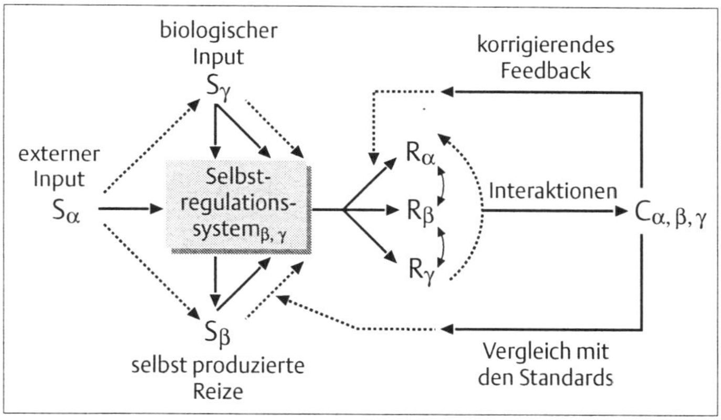

Abb. 3.3 Ebenen des Verhaltens. Aus Reinecker (1987) nach Kanfer (1986)

Dieses nicht-lineare Systemmodell impliziert für Diagnostik und Therapie eine sehr komplexe Betrachtungsweise des menschlichen Verhaltens. Verhalten findet auf mehreren miteinander interagierenden Ebenen statt. Es wird durch Rückmeldeschleifen variiert und wesentlich durch ein inneres Selbstregulationssystem mit Eigengesetzlichkeit modelliert.

Diese Komplexität menschlichen Verhaltens ist bei der Vermittlung und dem Erlernen der Verhaltenstherapie zu beachten und "im Hinterkopf" zu behalten.

Anmerkung

Aus didaktischen Gründen ist ein derart komplexes Modell jedoch nicht zur Vermittlung von Basiswissen geeignet. Zur leichteren Erlernbarkeit und besseren Verständlichkeit wird in diesem Kompendium deshalb auf die ursprüngliche, lineare Kanfer-Formel zurückgegriffen und diese wegen der Bedeutung innerer Prozesse modifiziert. Siehe hierzu Kapitel 7 "Grundlagen der Verhaltens-/Problemanalyse".

■ Allgemeines Behandlungsmodell

Behandlungsmodelle beschreiben den Ablauf und Rahmen einer therapeutischen Intervention. Je nach Entwicklungszeitpunkt, Autor und der focussierten Störung unterscheiden sich diese Behandlungsmodelle in verschiedenen Teilbereichen. Die unterschiedlichen methodischen und störungsspezifischen Vorgehensweisen werden in den Teilen II und III beschrieben.

Als allgemeine Beschreibung eines Behandlungsablaufs in der Verhaltenstherapie hat sich das Prozeßmodell der Therapie von Kanfer und Grimm (1981) bewährt (s. Tab. 3.2). Hierbei werden sieben Phasen eines therapeutischen Vorgehens und deren Hauptziele unterschieden.

Tabelle 3.**2** Das Prozeßmodell der Therapie nach Kanfer und Grimm. Aus: Kanfer und Grimm (1981)

	Hauptziel
1. Rollenstrukturierung und Aufbau einer therapeutischen Gemeinschaft	1. Erleichterung für die Person, die Rolle eines Klienten zu übernehmen 2. Formulierung eines Arbeitsbündnisses 3. Schaffung der Motivation, mit dem Therapeuten zu arbeiten
2. Verpflichtungen zu einer Veränderung Motivation und Vereinbarung einer Veränderung	1. Motivierung des Klienten, sich positive Konsequenzen einer Veränderung zu überlegen 2. Aktivierung des Klienten zu einer Veränderung des Status quo 3. Verringerung der Hoffnungslosigkeit
3. Verhaltensanalyse	1. Präzisierung der Problemdefinition des Klienten 2. Identifikation relevanter funktionaler Beziehungen 3. Motivierung des Klienten für spezifische Veränderungen
4. Vereinbarung von Behandlungsinhalten	1. Übereinstimmung der Zielbereiche 2. Setzen von Prioritäten für ein Veränderungsprogramm und Beginn spezifischer Verfahren 3. Akzeptieren der Verantwortung für die Mitarbeit an dem geplanten Therapieprogramm
5. Durchführung der Behandlung und Aufrechterhalten der Motivation	1. Durchführung des Veränderungsprogramms 2. Feststellen von Nebeneffekten und ausstrahlenden Effekten einer Veränderung der Zielverhaltensweisen
6. Registrieren und Bewerten des Fortschritts	1. Feststellen der Verhaltensänderung 2. Feststellen der Anwendung allgemeiner Bewältigungsstrategien durch den Klienten 3. Einführen neuer Therapieinhalte, bei Bedarf 4. Motivation zu Beendigung des Programms
7. Generalisierung und Beendigung des Treatments	1. Einschätzen und Fördern von Selbst-Management-Fähigkeiten zur Begegnung zukünftiger Probleme 2. Ausblendung des Kontakts mit dem Klienten

Dieses Prozeßmodell stellt einen idealisierten, vereinfachten Behandlungsablauf dar. Innerhalb einer konkreten Therapie sind diese 7 Stufen zeitlich und inhaltlich nicht genau voneinander abgrenzbar. Bei dem Auftreten von Schwierigkeiten in einer höheren Phase ermöglicht dieses Modell, auf vorhergehende Phasen zurückzugehen und hier nach möglicherweise übersehenen Gründen für die aktuellen Schwierigkeiten zu suchen.

Beispiel: Die in Phase 2 aufzubauende Veränderungsmotivation ist natürlich auch in Phase 4 "Vereinbarung von Behandlungsinhalten" aufrechtzuerhalten. Oder: Bei der konkreten Behandlungsdurchführung in Phase 5 können unerwartet auftretende Schwierigkeiten auf bisher nicht erarbeitete Problembedingungen aus Phase 3 ("Verhaltensanalyse") hindeuten und eine Ergänzung der Verhaltensanalyse notwendig machen.

3.4 Literatur

1. *Kanfer, F.H. & Grimm, L.G.:* Bewerkstelligung klinischer Veränderungen: Ein Prozeßmodell der Therapie. Verhaltensmodifikation, 2, 1981, 125-136
2. *Kanfer, F.H. & Karoly, P.:* Self-control. A behavioristic excursion into the lion's den. Behavioral Therapist, 3, 1972, 398-416
3. *Kanfer, F.H. & Phillips, J.S.:* Lerntheoretische Grundlagen der Verhaltenstherapie. Kindler, München 1975
4. *Reinecker, H.:* Grundlagen der Verhaltenstherapie. Psychologie Verlags Union, München 1987

4. Grundlegende Begriffe der Lerntheorie

G. Wiedemann

4.1 Einführung

Verhalten kann, wie in den vorherigen Kapiteln beschrieben, im Rahmen von unterschiedlichen Modellen beschrieben werden. In der Verhaltenstherapie wird eine funktionale Beschreibung von Verhalten präferiert. Verhalten wird als abhängige Variable vorausgehender und nachfolgender, äußerer und innerer Umweltbedingungen verstanden.

Auf folgenden beiden Grundsätzen baute die Verhaltenstherapie zu Beginn ihrer Entwicklung auf, um seelische Störungen zu behandeln (Wolpe 1969):

1. Verhalten ist gelernt und kann daher auch durch das Anwenden von Lernprinzipien verändert werden.
2. Krankmachendes Verhalten ist ebenso wie das sonstige Verhalten gelernt und zwischen beiden besteht kein prinzipieller Unterschied. Daher können seelische Störungen ebenfalls durch Anwendung der Regeln des Lernens verändert werden.

4.2 Lerntheorien

Die Lernprinzipien bestanden damals in den inzwischen weit bekannten Konditionierungsprinzipien (klassische Konditionierung, operante Konditionierung und Modellernen). Sowohl das problematische Verhalten wie auch erwünschte Änderungen des Verhaltens wurden im Rahmen einer Problemanalyse als funktional abhängig von den vorausgehenden Bedingungen (unkonditionierter = UCS oder konditionierter Stimulus = CS, Stimulus = S) und von den entsprechenden Konsequenzen (C) gesehen. Letzere traten in einem bestimmten Kontingenzverhältnis auf (K), d.h. die unterschiedliche Regelhaftigkeit der Beziehung zwischen dem Problemverhalten R und der Konsequenz C wurde untersucht. Diese Reiz-Reaktions-Beziehungen des Symptom-Verhaltens stellten das Kernstück der verhaltenstherapeutischen Diagnostik dar (Schulte 1974).

Das klassische Beispiel dafür stellt das sogenannte klassische Konditionieren (Koppelung von z.B. psychophysiologischen Reaktionen mit neuen Umweltreizen, s. Abb. 4.1) mit entsprechender Verstärkung dar. Dieses Änderungsprinzip wird auch heute noch zur Erklärung der Wirkung von verschiedenen Therapieverfahren angesehen, beispielsweise den Angstbehandlungen. Die unterschiedlichen Angsttherapien in vivo - von der Expositionsbehandlung bis zur stufenweisen Annäherung - greifen auf dieses Erklärungsprinzip zurück (Reinecker 1990).

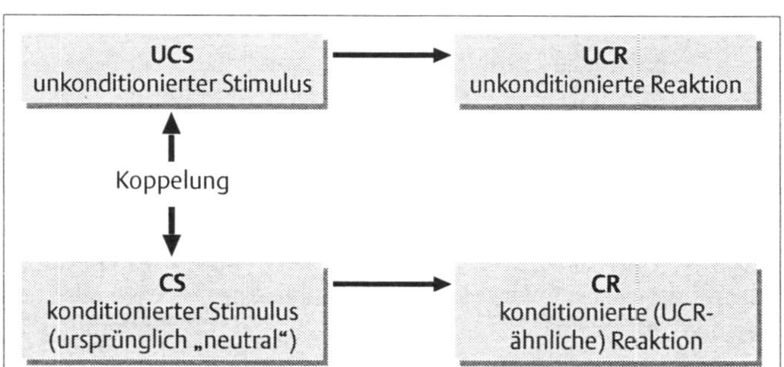

Abb. 4.1: Klassisches Konditionieren

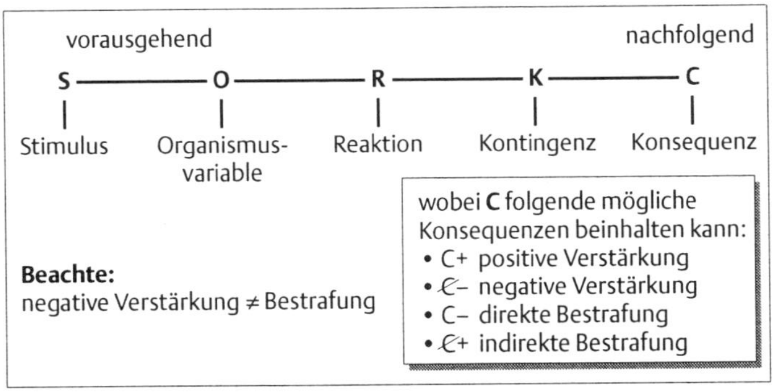

Abb. 4.**2** Verhaltensgleichung nach Kanfer (1969)

Die Lerntheorie entwickelte sich ausgehend von folgender exemplarischer Gleichung (Kanfer 1969, s. Abb. 4.**2**):

Unter S werden für das Verhalten bedeutsame Merkmale der Situation verstanden. Für einen Patienten mit einer Angststörung reicht es beispielsweise nicht aus, das Fahren mit einem Autobus als auslösende Situation zu definieren. Für das Auftreten von Angst ist weiteres an der Situation von Bedeutung: Länge der Fahrzeit zwischen den Stationen, automatisch schließende Türen, offene oder geschlossene Fenster, Anzahl der weiteren Passagiere über einer bestimmten Grenze, Art des inneren Monologs usw.

Unter den Bedingungen des Organismus (O) sind insbesondere die Abweichungen von der normalen Funktion wichtig: erworbene Defizite wie umweltbedingte Entwicklungsrückstände, biologische Funktionsstörungen wie Stoffwechselstörungen, momentane Zustände wie Müdigkeit oder Erschöpftheit, eingefahrene psychophysische Reaktionsmuster wie vermehrte Magensäureentwicklung, Einwirkungen von Substanzen wie Alkohol oder Drogen, Nebenwirkungen von Medikamenten usw.

Das eigentliche problematische Verhalten selbst (R) wird differenziert in unterschiedlichen Modalitäten betrachtet: die emotionale Ebene (Ve) mit subjektivem Erleben und Fühlen, die kognitive (Vk) mit den Gedanken, Einstellungen, bildhaften Vorstellungen, die motorische (Vm) als das von außen beobachtbare Verhalten und die physiologische Ebene (Vph) mit all den körperlichen Reaktionen.

Die Konsequenzen C werden nach dem Ort ihrer Entstehung, dem Zeitpunkt ihres Auftretens und ihrer Qualität beurteilt. Externe Konsequenzen (Ce) werden durch andere Menschen oder die weitere Umwelt verursacht, interne (Ci) durch physiologische Reaktionen, inneres Erleben, Selbst- und Fremdbewertungen usw. Zeitlich kurzfristige Konsequenzen (Ck) steuern in der Regel das Verhalten, während langfristige Konsequenzen (Cl) bei Selbstkontrolle und nach entsprechender Eigenexploration verhaltenssteuernd sein bzw. werden können. Allgemein bekannter, jedoch immer wieder einer Verwechslung unterliegend, ist der Gesichtspunkt der Qualität der Konsequenzen (s. Abb. 4.**3**). Das Eintreten einer positiven Konsequenz (C+) wird als Belohnung und Bekräftigung oder besser als positive Verstärkung gekennzeichnet. Diese erhöht die Auftretenswahrscheinlichkeit des Verhaltens, während das Eintreten einer negativen Konsequenz (C-) dieses reduziert. C- wird auch direkte Bestrafung genannt. Der Wegfall bzw. das Ausbleiben einer gewohnten und antizipierten positiven Konsequenz (oder auch eines vorher bestehenden positiven Zustandes) (C̸+) wirkt im Sinne einer Bestrafung. Diese indirekte Bestrafung verringert die Auftretenswahrscheinlichkeit des Verhaltens.

Der letzte Fall, nämlich die negative Verstärkung, wird am häufigsten verwechselt. Dies beinhaltet den Wegfall einer antizipierten und gewohnten negativen Konsequenz oder eines vorher bestehenden negativen Zustandes (C̸-). Als Folge wird die Auftretenswahrscheinlichkeit des Verhaltens erhöht. Eine negative Verstärkung stellt also keine Bestrafung, sondern eher eine Belohnung dar. Verstärkung bedeutet also C+ und C̸-.

	Darbietung	Entfernung
Positiver (= angenehmer) Stimulus C +	C + Positive Verstärkung Folge: R ↑	Ȼ + Indirekte Bestrafung Folge: R ↓
Aversiver (= unangenehmer) Stimulus C –	C – Direkte Bestrafung Folge: R ↓	Ȼ – Negative Verstärkung Folge: R ↑

Abb. 4.3 Beziehung zwischen Reaktionen (Verhalten) und nachfolgenden Konsequenzen
Erklärung der Symbole: R↑ bedeutet eine Erhöhung der Auftretenswahrscheinlichkeit von Verhalten derselben operanten Klasse, R↓ eine Senkung.

Die Kontingenz K beschreibt den Zusammenhang zwischen Reaktion R und Konsequenz C und in gewisser Weise auch die daraus folgende Festigkeit des Verhaltens. Die Kontingenz kann kontinuierlich oder intermittierend gestaltet sein. Ein Verstärker kann kontinuierlich oder intermittierend auftreten. Kontinuierliche Verstärkung führt zu einem schnelleren Lernen eines Verhaltens. Bei Beendigung der kontinuierlichen Verstärkung wird das so erworbene Verhalten jedoch auch schneller wieder gelöscht. Intermittierende Verstärkung eines Verhaltens liegt vor, wenn nicht auf jedes gezeigte Verhalten automatisch eine Verstärkung folgt, sondern über sogenannte Quotenpläne (ein definierter Anteil der erwünschten Handlungen wird verstärkt) oder Intervallpläne (die Verstärkung erfolgt in einem definierten Intervall) geregelt wird, die wiederum jeweils fixiert oder variabel sein können. Das Erlernen dieses Verhaltens erfolgt langsamer. Das so erworbene Verhalten ist jedoch auch löschungsresistenter. Dementsprechend wird zu Anfang eines gewünschten Lernprozesses eher kontinuierlich verstärkt. Ist das gewünschte Verhalten einmal aufgebaut, wird zu einer intermittierenden Verstärkung übergegangen, um das Verhalten löschungsresistenter zu machen.

Es gibt primäre (an primäre Bedürfnisse orientierte Verstärker, z.B. Essen, Sexualität) und sekundäre Verstärker.

Primäre Verstärker sind schnell wirksam, unterliegen jedoch einer schnellen Sättigung und sind daher nur begrenzt einsetzbar. Damit sie wirksam werden können, muß zuvor ein Wunsch danach oder ein Mangel vorgelegen haben.

Beispiel: Wenn jemand bereits 10 Kuchenstücke als Verstärker erhalten hat, hat die Zuführung eines 11. Kuchenstücks meist keine Verstärkereffizienz mehr.

Bei *sekundären Verstärkern* werden wiederum konkrete (z.B. Spielsachen) und generalisierte (z.B. Dienstwagen), materielle (z.B. Geschenke, schöne Wohnung), soziale (z.B. ein Lächeln, soziales Prestige) und handlungsorientierte (z.B. Musikhören, Macht-Ausüben) Verstärker unterschieden. Sehr wirksam sind generalisierte Handlungsverstärker wie z.B. „andere Menschen zu leiten, führen zu können" oder „Macht ausüben zu können". Konkrete sekundäre Verstärker haben jedoch eine geringere Langzeitwirkung auf ein Verhalten als generalisierte sekundäre Verstärker.

Beispiel: Das Ziel, einen Titel mit hohem Sozialprestige, z.B. den eines Professors zu erreichen, stellt für manche Menschen einen so wertvollen generalisierten Verstärker dar, daß sie nur hierfür jahrzehntelange Mühen auf sich nehmen.

Damit ein sekundärer Verstärker jedoch überhaupt einen Verstärkerwert hat, ist es notwendig, daß dieser Verstärker einen internal empfundenen Wert für die jeweilige Person besitzt.

Beispiel: Die Worte „das hast du gut gemacht" aus dem Munde eines Kollegen, mit dem Sie in dauerndem Streit liegen, werden für Sie wenig Verstärkungswert besitzen. Sie werden möglicherweise von Ihnen sogar als aversiv erlebt.

Diese genannten Bestimmungsstücke eines funktionalen Bedingungsmodells wurden im Laufe der Zeit ergänzt und modifiziert.

Von Bartling (Bartling et al. 1992) wurden zwischen S und O die Erwartungen E des Patienten explizit eingefügt. Diese umfassen z.B. die Standards der Person über ihr eigenes Verhalten.

Bartling et al. analysieren ein Problem auf drei hierarchisch geordneten Ebenen:

1. Das konkrete Verhalten in Situationen, welches der funktionalen Verhaltensanalyse (nach Schulte 1974) entspricht,
2. die Analyse verhaltenssteuernder Regeln und Pläne des Patienten und
3. die Systemregeln, d.h. die Beschreibung der sozialen Systeme und weiteren Lebensumstände des Patienten.

Punkt 1 entspricht der klassischen Verhaltensanalyse mit der Frage, wie sich konkretes Verhalten in spezifischen problemrelevanten Situationen beschreiben läßt. Insbesondere Punkt 2 befaßt sich mit den gemeinsamen Merkmalen verschiedener Situationen und untersucht, ob sich eine Gerichtetheit von Verhaltensmustern auf ein bestimmtes Ziel hin aufspüren läßt. Punkt 3 erfaßt interindividuelle Normen und Vorschriften für das Zusammenleben innerhalb eines sozialen Systems, Rollenzuweisungen usw.

Im Weiteren sollen einige wesentliche Begriffe der Verhaltenstherapie knapp erläutert werden. Grundsätzlich fühlt sich die Verhaltenstherapie einem Pathogenesemodell verpflichtet, in dem von einer Interaktion von Disposition (Diathese) und Umwelteinflüssen (Streß) bei der Auslösung von Krankheiten ausgegangen wird (*Diathese-Streß-Modell*). Dabei wird der Erwerb eines neuen Verhaltens *Akquisition* genannt.

Im Gegensatz dazu bedeutet *Auszeit („time out")* das Verhindern der Verfügbarkeit von Verstärkern bei Zeigen eines unerwünschten Verhaltens (z.B. durch Aufsuchen eines reizarmen Raumes). Es handelt sich hier also um Löschung (Extinktion) eines Verhaltens.

Die einfachste Form von Lernen besteht im *Modellernen*, auch soziales Lernen genannt. Durch die Beobachtung anderer (Modell) kann neues Verhalten erworben werden oder gehemmtes Verhalten enthemmt werden.

Das *respondente Lernen* (Lernen von Signalen, klassisches Konditionieren) wurde von Pawlow erstmals beschrieben und stellt ein Lernen durch die Verknüpfung von neutralen Reizen (konditionale Stimuli - CS, z.B. Töne) mit Reizen, die eine Reflexreaktion auslösen (unkonditionale Stimuli UCS, z.B. elektrischer Reiz), dar (s. Abb. 4.1). Bei mehrfacher Paarung erfolgt auf den neutralen Reiz hin eine Reaktion (konditionierte Reaktion - CR, z.B. Angst, Anspannung), die der Reflexreaktion (unkonditionierte Reaktion UCR, z.B. Schmerz, Anspannung) meist ähnlich ist. Dazu ist *Kontingenz* notwendig, also das zeitlich simultane oder eng benachbarte Auftreten von zwei Reizen (z.B. CS und UCS).

Im Gegensatz dazu ist das *instrumentelle Lernen* (Lernen über Konsequenzen, operantes Konditionieren oder Lernen) nach Thorndike und Skinner ein Lernen am Erfolg, d.h. durch Versuch und Irrtum. Verhalten, das belohnt wird, nimmt in der Häufigkeit zu und Verhalten, das bestraft wird, ab (s. Abb. 4.2).

Beim instrumentellen Lernen unterscheidet man eine kontinuierliche Verstärkung (nach jeder Reaktion erfolgt eine Konsequenz) von einer *intermittierenden Verstärkung* (die Konsequenz folgt nur auf jede x. Reaktion), die nach bestimmten Verstärkungsplänen (z.B. Intervall, Quoten) durchgeführt wird und im allgemeinen zu einer löschungsresistenteren Reaktion führt.

Die Löschung oder *Extinktion* wird als Abnahme der Auftretenswahrscheinlichkeit einer Verhaltensweise aufgrund des Ausbleibens erwarteter Konsequenzen oder Ereignisse (im Kontext des instrumentellen Lernens) beschrieben.

Beim instrumentellen Konditionieren wird auch das *Shaping* verwandt. Bei dieser Verhaltensausformung wird zunächst Verhalten, das dem Zielverhalten ähnlich ist oder ihm teilweise entspricht, verstärkt, um allmählich die gewünschte Zielreaktion zu „formen". Dies ist insbesondere dann notwendig, wenn die Zielreaktion noch nicht im Verhaltensrepertoire vorhanden ist. Im Rahmen eines instrumentellen Konditionierungsparadigmas zur Verhaltensausformung wird auch *diskriminatives Lernen* eingesetzt. Hierbei wird selektiv das Verhalten auf bestimmte Stimuli verstärkt und auf andere nicht verstärkt, d.h. es soll nur auf eine von zwei verschiedenen Reizkonstellationen reagiert werden. Dazu ist ein *diskriminativer Stimulus (S)* notwendig, also ein Stimulus, der beim instrumentellen Konditionieren einen Reiz beschreibt, der das Auftreten (S_D) oder die Abwesenheit (S_Δ) einer verstärkenden Konsequenz signalisiert.

Weiterhin werden verschiedene Gedächtnisinhalte und Formen der Abspeicherung unterschieden. Dabei wird das *deklarative* oder auch *explizite Gedächtnis* dem *prozeduralen Gedächtnis* gegenübergestellt. Deklarative Inhalte bestehen aus Fakten oder Episoden (Namen, Gesichter, Geschichten usw.), sind bewußt und willentlich abrufbar und werden mittels traditioneller Gedächtnistests (Wiedergabe, Wiedererkennen) erfaßt. Dies beschreibt *explizites Lernen*.

Implizites Lernen hingegen ist dem prozeduralen Gedächtnis zugeordnet. Prozedurale Gedächtnisinhalte sind nicht notwendigerweise bewußt und verbalisierbar, sondern indirekt (implizit) durch (verbesserte) Durchführung einer bestimmten Tätigkeit nachweisbar. Als prozedurale Aufgaben gelten der Erwerb von Fertigkeiten, Konditionierung und Priming-Effekte. Das sogenannte *Priming* stellt eine Form des prozeduralen Lernens dar. Der Prozeß des Priming zeigt sich darin, daß Stimulusmaterial schneller oder besser verarbeitet wird, wenn es zu einem früheren Zeitpunkt schon einmal dargeboten wurde. Die vorhergehende Lernepisode und die Verbesserung der Leistung sind nicht notwendigerweise bewußt.

Die Verhaltenstherapie hat sich heute so weit entwickelt, daß die ursprünglichen behavioristischen Lerntheorien als Erklärungsmodelle nur noch eine begrenzte Rolle spielen.

Hinzu kamen Konzepte und Modelle aus der Forschung über Informationsverarbeitung und aus der kognitiven Psychologie. Daher möchten manche die Verhaltenstherapie auch lieber als „empirisch-psychologische Therapie" bezeichnet wissen (z.B. Grawe et al. 1994). Im Gegensatz zu diesem Begriff hat sich jedoch eher die Bezeichnung „kognitiv-behaviorale Therapie" etabliert.

4.3 Literatur

1. *Bartling, G., Echelmeyer, L., Engberding, M. & Krause, P.:* Problemanalyse im therapeutischen Prozeß. Kohlhammer, Stuttgart 1994
2. *Grawe, K., Donati, R. & Bernauer, F.:* Psychotherapie im Wandel. Von der Konfession zur Profession. Hogrefe, Göttingen 1994
3. *Kanfer, F.H.:* Verhaltenstherapie: Ein neues Theoriegerüst zur Lösung klinisch-psychologischer Probleme. Psychologische Praxis, 13, 1969, 233-241
4. *Reinecker, H.:* Lehrbuch der klinischen Psychologie. Hogrefe, Göttingen 1990
5. *Schulte, D.:* Diagnostik in der Verhaltenstherapie. Urban & Schwarzenberg, München 1974
6. *Wiedemann, G. & Buchkremer, G.:* Verhaltenstherapie in ihrer Entwicklung zur kognitiv-behavioralen Therapie. Fundamenta Psychiatrica, 9, 1995, 87-97
7. *Wolpe, J.:* The practice of behavior therapy. Pergamon, New York 1969

5. Psychodiagnostik

A. Günthner

5.1 Einführung

> Psychodiagnostik ist eine systematisierte Form der Neugier für das Erleben und Verhalten unserer Mitmenschen.

■ Psychodiagnostik und Menschenkenntnis

Die Fähigkeit, das Erleben und Verhalten anderer Menschen zu beobachten, einzuordnen, zu bewerten, vorherzusagen und sein eigenes Verhalten danach auszurichten, ist jedem Menschen zu eigen. Das entsprechende Verhaltensrepertoire bezeichnen wir in der Umgangssprache mit Begriffen wie „Einfühlungsvermögen" oder „Menschenkenntnis". Dieses Verhaltensrepertoire wird im Verlauf der menschlichen Entwicklung und Sozialisation aufgebaut, unterliegt vielfachen kulturellen Einflüssen und weist vielfältige individuelle Ausprägungen auf. Psychodiagnostik kann als Teilmenge dieses Verhaltensrepertoires aufgefaßt werden, und zwar bei den Personen, die im Rahmen einer spezifischen Sozialisation gelernt haben, in wissenschaftlich fundierter, systematisierter Weise Daten über menschliches Erleben und Verhalten zu sammeln und sich darauf basierend ein Urteil zu bilden.

Wie bei jeder wissenschaftlichen Methode sind auch bei der Psychodiagnostik die Voraussetzungen, Rahmenbedingungen, Möglichkeiten, aber auch die Grenzen zu beachten. „Blinde" Psychodiagnostik ohne erkenntnis- und wissenschaftstheoretische Reflexion kann zu nicht gerechtfertigten Aussagen oder Fehlentscheidungen führen. Der wissenschaftliche Stand der Methoden, die Sorgfalt beim diagnostischen Vorgehen sowie die ethische und die erkenntnistheoretische Reflexion sind entscheidend dafür, inwieweit die Psychodiagnostik als erweiterte und präzisierte, akzeptierte Form, oder aber - wie von manchen Kritikern vorgebracht - als irregeleitete Form der Menschenkenntnis angesehen wird.

■ Psychodiagnostik aus historischer Sicht

Die historischen Wurzeln der Psychodiagnostik sind vermutlich so alt wie die Bemühungen um Systematisierung der Beobachtung menschlichen Erlebens und Verhaltens. Vor etwa dreitausend Jahren beschäftigten sich die Chinesen mit Test- und Entscheidungsverfahren bei der Auswahl ihrer Staatsdiener. Bei den Griechen in der Antike waren Tests zur Ermittlung körperlicher und intellektueller Fertigkeiten und Fähigkeiten mit dem Erziehungsprozess verbunden. Seit ihren Anfängen im Mittelalter verließen sich europäische Universitäten auf formelle Prüfungen zur Verleihung von Titeln und Auszeichnungen.

Im 19. Jahrhundert kam es in Europa zu verstärkten Anstrengungen, geistig retardierten oder gestörten Menschen besser zu helfen. Hierfür war es z.B. wichtig, zwischen geistiger Behinderung und psychischer Störung (im Sinne einer Erkrankung) zu unterscheiden, und auch unterschiedliche Grade dieser Behinderung oder Störung zu differenzieren, um die davon betroffenen Menschen angemessener verschiedenen Behandlungen oder Betreuungsinstitutionen zuzuweisen. Der französische Arzt Esquirol sowie später der französische Psychologe Alfred Binet spielten hierbei eine bedeutende Rolle. Mit dem Aufkommen der experimentellen Psychologie in der zweiten Hälfte des 19. Jahrhunderts (mit Wilhelm Wundt, Francis Galton, James McKeen Cattell) und der zunehmenden Differenzierung der Psychologie als Wissenschaft kam es zu einer immer breiteren und diversifizierteren Entwicklung und Einführung psychologischer Testverfahren bis in die heutige Zeit.

5.2 Ziele, Fragestellungen und Funktionen der modernen Psychodiagnostik

Viele psychologisch relevante Entscheidungen des täglichen Lebens werden *ohne* den Einsatz psychodiagnostischer Verfahren getroffen. So werden selbst psychodiagnostisch hochqualifizierte Psychotherapeuten die Wahl ihres Lebenspartners nicht unbedingt davon abhängig machen, ob dieser sich einem standardisierten „Eignungstest für partnerschaftliches Verhalten" unterzieht und wie dann das entsprechende Ergebnis im Normvergleich aussieht. Damit ist die Frage angesprochen, wann und zu welchem Zweck der Einsatz der Psychodiagnostik erwünscht bzw. angemessen ist und welchen Zielen er dient. Der Einsatz psychodiagnostischer Verfahren ist letztlich das Ergebnis einer sozialen Vereinbarung, wobei der Psychodiagnostiker und die von dieser Diagnostik betroffene Person übereinkommen, bei der Beantwortung bestimmter Fragen standardisierte psychologische Verfahren einzusetzen. So kann z.B. bei schulischen oder beruflichen Auswahlverfahren der Zugang zu bestimmten Ausbildungen oder Tätigkeiten von einer erfolgreichen Teilnahme an einem Eignungstest abhängig gemacht werden. Im psychotherapeutischen Bereich kann ein standardisierter Fragebogen, zusätzlich zu einem Gespräch, Aufschluß über die Art oder Intensität der psychischen Störung, über wichtige Begleitumstände oder über die Auswahl einer geeigneten Therapiemethode geben.

■ Deskription, Klassifikation, Messung

Ziel eines psychodiagnostischen Prozesses kann die *Beschreibung* eines Objektes oder Sachverhaltes oder deren Zuordnung zu einer Kategorie im Rahmen eines Klassifikationssystems sein. Hierzu können auch *Diagnosen* im Sinne der „Internationalen Klassifikation psychischer Störungen" (ICD-10 Kapitel V [F]) gerechnet werden.

Dabei kann z.B. folgende Frage im Vordergrund stehen: „Handelt es sich bei der Störung des Erlebens und Verhaltens eines bestimmten Patienten um eine organisch bedingte Störung oder um eine Störung durch psychotrope Substanzen oder um eine Schizophrenie oder (...)".

Die *Klassifikation* beruht auf einem Abstraktionsvorgang, bei dem Objekte oder Sachverhalte nach definierten Kriterien unter Vernachlässigung anderer Gesichtpunkte gruppiert werden.

Beispiel: Finden sich z.B. bei einem Patienten vier oder mehr Symptome wie Interessenverlust, mangelnde emotionale Reagibilität, frühmorgendliches Erwachen, Morgentief, deutlicher Appetitverlust usw., so läßt sich dieser Sachverhalt - unter Berücksichtigung weiterer Kriterien - einem somatischen Syndrom im Rahmen einer depressiven Epidsode gemäß ICD-10 F32 zuordnen.

Werden Merkmalen, Objekten oder Sachverhalten Zahlen zugeordnet, so spricht man von *„Messen"*. Dabei sollen die Beziehungen zwischen den Zahlen entsprechende Beziehungen zwischen den Merkmalen, Objekten oder Sachverhalten ausdrücken. Je nachdem, welche Beziehungen zwischen einzelnen Merkmalen bzw. Merkmalsausprägungen bestehen, lassen sich diese jeweils einer bestimmten *„Skala"* zuordnen. Hierbei lassen sich vier Typen von Skalen unterscheiden.

Nominal-Skala

Hierbei geht es um qualitative Merkmale bzw. um Merkmalsausprägungen, die als gleichwertig angesehen werden, d.h. zwischen ihnen besteht keine Stufenfolge oder Rangbeziehung, keine Größer-Kleiner-Beziehung.

Beispiel: Den beiden Ausprägungsgraden des qualitativen Merkmals „Geschlecht" können Zahlen zugeordnet werden (1 = weiblich, 2 = männlich), ohne daß eine Rangbeziehung damit verbunden wird, d.h. beide Merkmalsausprägungen gelten als gleichwertig bzw. gleichrangig.

Ordinal-Skala (Rang-Skala)

Ordinal skalierte Merkmale sind quantitative Merkmale, bei denen die einzelnen Merkmalsausprägungen im Sinne einer Mehr-oder-Weniger-Beziehung bzw. einer Größer-oder-Kleiner-Beziehung abgestuft sind. Dabei wird jedoch noch nicht das Ausmaß der Unterschiede berücksichtigt. (Vereinfacht ausgedrückt: Zwischen den Merkmalsausprägungen besteht eine Rangbeziehung).

Beispiel: Ein Verhaltenstherapeut könnte als Ergebnis der Expositionsbehandlung eines Patienten mit einer Angstsymptomatik feststellen, daß diese sich gegenüber dem Ausgangsbefund „gebessert" hat. Dieser Patient könnte auch angeben, daß seine Angst beim Alleinsein zuhause am geringsten (oder am seltesten) ist, im Beisein Anderer, aber ohne Leistungsdruck stärker (oder häufiger) ist und am stärksten (oder am häufigsten) in sozialen Belastungssituationen mit deutlichem Leistungsdruck auftritt.

Intervall-Skala

Wie die Rang-Skala dient auch die Intervall-Skala zur Beschreibung quantitativer Merkmale. Dabei hat sie die zusätzliche Eigenschaft, daß die Abstände zwischen den Skaleneinheiten in Bezug auf das gemessene Merkmal gleich sind (sog. Äquidistanz). Ein absoluter Nullpunkt fehlt jedoch bei diesem Skalentyp, so daß keine Quotientenbildungen bzw. Verhältnisaussagen möglich sind.

Beispiel: Hier kann die Celsius-Temperatur-Skala als Beispiel angeführt werden. So ist ein Liter Wasser mit der Temperatur 40 Grad Celsius wärmer als ein Liter Wasser mit 20 Grad Celsius. Um beide Wassermengen jeweils um 10 Grad Celsius zu erwärmen (von 20 Grad auf 30 Grad bzw. von 40 Grad auf 50 Grad Celsius) benötigt man den jeweils gleichen Betrag an Wärmeenergie, das heißt, die Differenz von jeweils 10 Grad Celsius (30 - 20 Grad bzw. 50 - 40 Grad Celsius) ist in beiden Fällen als gleich anzusehen. Oder anders ausgedrückt: das 30 Grad Celsius warme Wasser ist um den *gleichen* Betrag wärmer als das 20 Grad warme Wasser wie das 50 Grad warme Wasser gegenüber dem 40 Grad warmen Wasser (Äquidistanz). Allerdings ist es nicht zulässig, zu behaupten, das $t1 = 40$ Grad Celsius warme Wasser sei doppelt so warm wie das $t2 = 20$ Grad Celsius warme Wasser (Quotient $t1/t2 = 2$) , da der Nullpunkt der Celsius-Skala einer Konvention folgt und keinen absoluten Nullpunkt darstellt.

In der Psychologie werden viele Merkmale als auf einer Intervall-Skala liegend angenommen. Ein Beispiel hierfür ist das Merkmal „Intelligenz". Mittels einer standardisierten Testbatterie werden an einer großen Zahl von Personen (der sog. Normstichprobe) Messungen vorgenommen. Danach wird z.B. der arithmetische Mittelwert der Ergebnisse mittels einfacher Transformationsgleichungen auf Intelligenzquotient IQ = 100 festgesetzt und die Standardabweichung auf +/- 10 oder 15 (je nach Test). (Vorsicht: Der Begriff Intelligenz"quotient" kann leicht mißverstanden werden, da auf Intervallskalen-Niveau eben gerade kein Quotient gebildet werden darf). Auch bei der Intelligenz ist kein absoluter Nullpunkt gegeben. Ebenso ist die Aussage „Ich bin mit meinem IQ von 160 doppelt so intelligent wie Du mit Deinem IQ von 80" sinnlos.

Ob das Merkmal „Intelligenz" „wirklich" als intervallskaliert angesehen werden kann, ist eine Frage, die aus erkenntnistheoretischer und methodischer Sicht durchaus diskussionswürdig ist. Komplexe Merkmale wie „Intelligenz" oder „Persönlichkeit", aber auch diagnostische Kategorien wie „Depression", „Schizophrenie" usw. haben den Charakter eines theoretischen Konstruktes, und ihre „Messung" ist ohne eine Vielzahl von Grundannahmen bzw. ohne eine zugrundeliegende Theorie kaum denkbar.

Verhältnis-Skala (Rational-Skala, Ratio-Skala)

Die Verhältnis-Skala weist die gleichen Eigenschaften wie die Intervall-Skala auf, verfügt aber zusätzlich über einen absoluten Nullpunkt, so daß Verhältnis-Aussagen (Quotienten-Bildung) zulässig sind.

Beispiel: Viele Merkmale der physikalischen Umwelt, wie z.B. Länge, Volumen und Gewicht sind verhältnisskaliert. Auch personenbezogene Merkmale wie Alter, Körpergröße, Krankheitsdauer usw. können als verhältnisskaliert angesehen werden. Die Aussage eines Therapeuten wie z.B. „Die letzte depressive Episode dieses Patienten dauerte doppelt so lang wie die vorhergehende" (Quotientenbildung) ist eine Aussage auf Verhältnisskalenniveau. Dabei bleibt das „Verhältnis" der Episoden-Dauern gleich, egal ob man als Zeiteinheit Tage, Wochen oder Monate wählt.

Absolut-Skala

Ist eine theoretische Merkmalsgröße völlig eindeutig („absolut") definiert, so ist sie absolutskaliert. Ein Beispiel hierfür ist die Anzahl der Elemente einer Menge: „Die Zahl der von diesem Verhaltenstherapeuten behandelten Personen beträgt 12."

Beispiel: Die Zahl der Selbstkontrollversuche eines Patienten mit einer Sozialphobie oder die Häufigkeit der positiven Rückmeldungen im Rahmen eines Kommunikationstrainings.

Die Zulässigkeit der Auswertungsmöglichkeiten gemessener Merkmale hängt entscheidend von den Skaleneigenschaften ab. So ist z.B die Berechnung des arithmetischen Mittelwertes („Durchschnitts") nur für Merkmale zulässig, die auf einer Absolut-, Verhältnis- oder Intervall-Skala liegen.

■ Erklärung und Prognose

Neben der Deskription kann man im Rahmen einer klinisch-psychologischen Diagnostik versuchen, durch die Messung geeigneter Merkmale zur *Erklärung* bestimmter Sachverhalte beizutragen bzw. diese in einen sinnvollen Bedingungszusammenhang zu stellen. Hat z.B. ein Verhaltenstherapeut bei einem älteren Patienten den Eindruck, daß dieser häufig Dinge vergißt, so kann er versuchen, durch Einsatz testpsychologischer Verfahren herauszufinden, ob diese „Vergeßlichkeit" eher eine relativ umschriebene Gedächtnisstörung darstellt, eher Zeichen eines allgemeinen intellektuellen Abbaus ist oder aber eher motivationale Gründe hat.

Der Einsatz psychodiagnostischer Verfahren zur Prognosestellung oder zur *Prädiktion* künftiger Ereignisse ist nur eingeschränkt möglich. Im engeren Sinn setzt dies eine experimentelle Umgebung und die Kontrollierbarkeit der Umgebungsbedingungen voraus.

Im Rahmen der klinisch-psychologischen bzw. psychiatrischen Diagnostik beschäftigt sich die sog. Prädiktorforschung mit der Prognose von Interventionsverläufen, z.B. anhand von Aussagen zur Erfolgswahrscheinlichkeit von Therapien. Dies erfordert nicht nur komplexe Forschungsstrategien mit multimodaler Erfassung von Therapiemerkmalen, sondern auch differenzierte Theorien und Erkenntnisse über die Entstehung, Aufrechterhaltung und Veränderbarkeit psychischer Störungen.

■ Statusdiagnostik und Prozeßdiagnostik

Bei der *Statusdiagnostik* geht es um die Erfassung des Istzustandes zu einem bestimmten Zeitpunkt. Demgegenüber erstreckt sich die *Prozeßdiagnostik* über mehrere Meßzeitpukte bzw. auf die Messung von Veränderungen über die Zeit. Diese Veränderungen können *indirekt* erfolgen, d.h. über die Bildung von Differenzen zwischen zwei Statusbeurteilungen. (Obgleich diese Methode häufig eingesetzt wird, impliziert dieses Vorgehen eine Reihe von methodischen Problemen wie z.B. die Abhängigkeit der Differenzwerte vom jeweiligen Ausgangsniveau, Regressionseffekte bzw. Tendenz zur Mitte, mangelnde Reliabilität von Differenzwerten usw.)

Veränderungen können auch *direkt* erfaßt werden, indem Personen die von ihnen subjektiv erlebten Veränderungen mittels Vergleichsbegriffen beschreiben (z.B. Abnahme der Ängste in einem bestimmten Zeitraum bzw. im Verlauf einer bestimmten Behandlung). Direkte Veränderungsmessung ist eher für Beurteilungsprozesse hinsichtlich längerer Zeiträume (Wochen, Monate) geeignet, unterliegt jedoch auch methodischen Einschränkungen, wie z.B. der möglichen Veränderung des Bezugssystems über die Zeit.

■ Normorientierte Diagnostik versus kriteriumsorientierte Diagnostik

Viele psychodiagnostische Verfahren orientieren sich an einer oft statistisch ermittelten Norm, z.B. im Sinne eines arithmetischen Mittelwertes bei normal verteilten Merkmalen. Der Normbereich wird dabei oft durch die Angabe oberer und unterer Grenzen definiert. Liegt der Meßwert einer Person z.B. außerhalb des Bereichs, der 90% (oder einen anderen definierten Prozentsatz) aller Personen der Normstichprobe einschließt, so gilt diese Person als außerhalb der Norm liegend. Solange der „Normbereich" nicht auf die Gesamtheit (100%) aller untersuchten Personen der Normstichprobe ausgeweitet wird, muß es per definitionem immer „un-normale" Personen geben.

Demgegenüber orientierten sich kriteriumsorientierte Verfahren an einem bestimmten Kriterium. So kann z.B. ein Verhaltenstest für Angstpatienten die angstfreie Bewältigung einer festgelegten Anzahl von therapeutischen Anforderungssituationen umfassen oder ein lernzielorientierter Test das selbstsichere Auftreten mit einer freien Rede im Rahmen eines Selbstsicherheitstrainings. Da prinzipiell das Ziel durch alle Patienten erreicht werden kann, ist ein „unnormales" Ergebnis allenfalls durch Nichterreichen des Zielkriteriums zu definieren.

Nomothetische versus idiographische Diagnostik

Nomothetische Ansätze haben die Aufstellung allgemein gültiger Gesetze zum Ziel. Die oben beschriebenen normorientierten Ansätze können hierzu gerechnet werden. So vertreten manche Persönlichkeitstheorien den expliziten oder impliziten Anspruch, allgemein gültige Persönlichkeitsdimensionen definieren zu können. Der idiographische Ansatz hingegen ist eine an Einzelfällen und Einzelereignissen interessierte Geschichts- oder Ereigniswissenschaft. Auch funktionelle Verhaltens- und Problemanalysen in der Verhaltenstherapie tragen idiographischen Gesichtspunkten Rechnung.

Psychodiagnostik in klinischen Anwendungsbereichen

Im klinischen Bereich werden Testwerte oder Testwert-Profile als mögliche Indikatoren psychopathologischer Zustände oder Prozesse ermittelt (z.B. das „Beck-Depressions-Inventar" zur Selbstbeurteilung oder die „Hamilton-Depressions-Skala" zur Fremdbeurteilung depressiver Zustände). Zu den Aufgaben einer klinischen Psychodiagnostik gehört neben der Symptombeschreibung und psychopathologischen Klassifikation und der bereits erwähnten Erfassung biographisch relevanter Ereignisse auch die Erfassung des körperlichen und des psychischen Status. Körperliche Vor-, Begleit- oder Folgeerkrankungen, Persönlichkeitsvariablen, Einstellungsmuster, kognitive Verarbeitungsstrategien und neuropsychologische Leistungsfunktionen beeinflussen die Diagnose und Behandlungsindikation und sind Gegenstand spezifischer psychodiagnostischer Verfahren. Zunehmend werden auch der therapeutische Prozess selbst und die Behandlungsumgebung Ziel psychodiagnostischer Verfahren. Veränderungs- und Behandlungsmotivation, Compliance, das Erreichen festgelegter bzw. vereinbarter Behandlungsziele (engl. goal attainment scaling) sowie die Erfassung von Prozessmerkmalen oder von Alltagsereignissen im Verlauf der Behandlung sind mögliche Gegenstandsbereiche einer psychotherapeutisch orientierten Psychodiagnostik. Der zunehmenden Differenzierung psychodiagnostischer Zielbereiche einerseits steht andererseits das Bemühen gegenüber, die Vielfalt der Effekte therapeutischer Prozesse sinnvoll zusammenzufassen, was sich in Ansätzen wie z.B. der Lebensqualitätsforschung niederschlug.

5.3 Grundlagen und Rahmenbedingungen der Psychodiagnostik

Die theoretischen Grundlagen der Psychodiagnostik

Für bestimmte Bereiche der Psychodiagnostik, wie Klassifikation, Messen, Testen usw. wurden eigene und zum Teil sehr komplexe Theorien entwickelt. So basieren standardisierte psychologische Testverfahren auf den Grundannahmen der klassischen oder der probabilistischen Testtheorie. Auch die Skalierung (d.h. die Herstellung einer Skala für psychodiagnostische Zwecke) kann auf vielfache, direkte und indirekte, Ansätze zurückgreifen.

Mit der Flut psychodiagnostischer Verfahren rückt zunehmend die Erfordernis nach Modellen in den Vordergrund, die den diagnostischen Prozeß in seiner Gesamtheit möglichst adäquat und ökonomisch abbilden. In der Verhaltenstherapie stellt sich zudem die Frage, wie in einem solchen Modell die Psychodiagnostik auf dem Boden der klassischen oder probabilistischen Testtheorie kompatibel ist mit dem funktionalen und idiographisch orientierten Modell der Verhaltens- und Problemanalyse.

Die diagnostischen Ebenen der Psychodiagnostik

Menschliches Verhalten und Erleben läßt sich auf verschiedenen *Verhaltensebenen* (beobachtbares Verhalten, subjektives Erleben und Empfinden, körperliche Prozesse und Reaktionen) und unter Benutzung verschiedener Beobachtungs- bzw. Meßmethoden betrachten. Analog hierzu lassen sich psychodiagnostische Verfahren nach ihrer *diagnostischen Ebene* unterscheiden (Verhaltensbeobachtung, Befragung, Erfassung von Biosignalen). Neben der direkten Erfassung des Verhaltens gibt es auch die Möglichkeit, Leistungsprodukte, Akten, Aufzeichnungen usw. diagnostisch zu nutzen, z.B. im Rahmen einer Inhaltsanalyse schriftlicher Texte.

Verhaltensbeobachtung

Die Verhaltensbeobachtung ist die unmittelbarste Form der psychodiagnostischen Informationsgewinnung und Eindrucksbildung. Da Verhalten immer „Verhalten-in-einer-Situation“ ist, ermöglicht die Verhaltensbeobachtung zugleich die Berücksichtigung situativer Gegebenheiten und Kontingenzen. Verhaltensbeobachtungen unterscheiden sich in ihrem theoretischen Hintergrund, im Ausmaß ihrer Systematik, in der Zahl oder Komplexität der beobachteten Verhalteneinheiten, in der Art der Registrierung, Codifizierung oder Klassifizierung des Verhaltens und in ihren Auswertungsmodalitäten.

Der Verhaltensbeobachtung kommt oft auch dann eine große Bedeutung zu, wenn auf der verbalen Ebene ein diagnostischer Zugang nicht oder nur schwer möglich ist, z.B. bei Kleinkindern oder bei mutistischen Patienten. Bei einem depressiven Patienten kann die Beobachtung vom klinischen Eindruck einer Antriebsminderung bis hin zur systematisierten Erfassung seines Mimik- und Blickverhaltens mittels „Facial Action Coding System“ (FACS, Ekman & Friesen 1978) reichen.

Befragung

Befragungsverfahren bieten zwei Vorteile: Sie ermöglichen die Gewinnung von Informationen:

- über Ereignisse unabhängig vom Zeitpunkt und Ort des Auftretens dieser Ereignisse, sowie
- über Ereignisse, die nur der befragten Person allein zugänglich sind (sog. „private Ereignisse“), z.B. das eigene Befinden, Gefühle, Gedanken, Einstellungen.

Diese durch die Sprache vermittelte Form psychodiagnostischer Informationsgewinnung durch Beurteilungen oder Einschätzungen (engl. 'rating') kann auf vielfältige Weise erfolgen, sei es als *Eigenbeurteilung* (Beurteilung der eigenen Person) oder als *Fremdbeurteilung* (Beurteilung einer anderen Person).

So kann man versuchen, einen Patienten die Schwere seiner depressiven Symptomatik mit einem Fragebogen selbst einschätzen zu lassen, z.B. mit dem „Beck-Depressions-Inventar“ (BDI; Hautzinger et al. 1994), oder man führt eine Fremdeinschätzung mit der „Hamilton-Depressions-Skala“ (Hamilton 1960) durch.

Befragungen mittels *Fragebogen* oder *Interview* können theoretisch und methodisch auf unterschiedlichem Niveau erfolgen. So können z.B. einfache Fragen zur Befindlichkeit gestellt werden, wie z.B. in der Befindlichkeitsskala nach v. Zerssen (1976): „Ich fühle mich jetzt eher glücklich/ eher unglücklich/ weder-noch“. Andere Fragen hingegen sollen Hinweise auf Persönlichkeitsdimensionen liefern; so soll z.B. im „16-Persönlichkeits-Faktoren-Test (16 PF)“ (Schneewind, Schröder, Cattell 1986) die Antwort auf die Frage „Ich fühle mich den Anforderungen des Lebens gewachsen: (a) immer (b) meistens (c) selten“ einen Hinweis auf die Persönlichkeitsdimension „Emotionale Störbarkeit vs. Emotionale Widerstandsfähigkeit“ erlauben.

Erfassung von Biosignalen

Die Erfassung von Biosignalen, z.B. im Rahmen psychophysiologischer bzw. elektrophysiologischer Untersuchungen, kann ebenfalls zu den psychodiagnostischen Verfahren gerechnet werden. So können z.B. die Ableitung der Hautleitfähigkeit oder die Erfassung der Fingerpulsvolumenreaktion einen Hinweis auf den Aktivierungszustand einer Person liefern. (Dieses Prinzip macht man sich beim sog. „Lügendetektor“ zunutze.)

■ Diagnostische Situation und Rahmenbedingungen

Die Wahl der Untersuchungsmethode und die Gestaltung der Untersuchungsituation können Ergebnisse und Interpretation wesentlich beeinflussen. Deshalb ist je nach Fragestellung einer psychodiagnostischen Untersuchung zu prüfen, ob die in einer bestimmten diagnostischen Situation gewonnenen Ergebnisse (z.B. Erfassung der Ängstlichkeit durch einen Fragebogen oder in einer Laborsituation) auch *repräsentativ* sind für die Situationen, auf die sich die Fragestellung oder das Erkenntnisinteresse beziehen.

Untersuchungsbedingungen

Eine Verhaltensbeobachtung, eine Befragung oder eine Ableitung von Biosignalen kann unter *natürlichen* Lebensbedingungen (z.B. bei naturalistischen Felduntersuchungen) oder aber unter *standardisierten bzw. relativ kontrollierten* Bedingungen (z.B. beim Testen oder im Experiment) erfolgen. Oft ist mit der Wahl der Untersuchungsbedingung auch die Wahl eines bestimmten psychodiagnostischen Verfahrens verbunden. So können z.B. gruppendynamische Prozesse durch teilnehmende Beobachtung im natürlichen Umfeld erfasst werden, oder aber durch die Erstellung eines Soziogramms im Rahmen einer Befragung, wobei die individuellen Präferenzen bzw. Ablehnungen aller Gruppenmitglieder erfragt werden, um einen „Gruppenkohäsionswert" zu berechnen.

Reizvorgabe, Testmaterial und erforderliches Antwortverhalten

Bei Befragungen können *Fragen* „offen" mit freiem Antwortformat oder „geschlossen" mit gebundenem Antwortformat vorgegeben werden, wobei nur zwei vorgegebene Antwortmöglichkeiten („forced choice") oder aber mehrere Antwortmöglichkeiten („multiple choice") bestehen können. Die Vorgabe der Fragen kann z.B. persönlich (im Interview), über einen Fragebogen oder über einen Bildschirm erfolgen. *Antworten* und Reaktionen können schriftlich bzw. durch Ankreuzen oder apparativ erfasst werden.

Bei manchen Beurteilungen werden sog. *visuelle Analogskalen* verwendet. Dabei handelt es sich z.B. um 100 mm lange Strecken mit bipolarer Bezeichnung (z.B. frisch – müde, fröhlich – niedergeschlagen). Dabei soll der Proband ein Kreuz oder einen Strich an diejenige Stelle der Strecke machen, die diese Strecke in einem Verhältnis unterteilt, wie er selbst sich zwischen diesen beiden Polen fühlt bzw. einstuft. Andere Skalierungen verwenden Mehrfach-Abstufungen, sei es in Form von Zahlen, Begriffen oder gängigen Symbolen.

Bei der Präsentation *vieldeutiger Materialien bzw. Stimuli* im Rahmen sog. *projektiver Verfahren* wird davon ausgegangen, daß die Probanden eigene Gefühle, Gedanken und Einstellungen in das Testmaterial projizieren und daß aus diesen projizierten Inhalten die Eigenschaften, Handlungsmotive, Probleme oder Bedürfnisse der Probanden erschlossen werden können. Dieses Prinzip liegt z.B. dem Rorschach-Form-Deute-Verfahren zugrunde, bei dem eine Person vieldeutige symmetrische Tintenkleckse deutet.

Andere psychodiagnostische Verfahren verwenden die aus der Psychophysik stammende *Paarvergleichsmethode*, bei der jeweils zwei Objekte anhand einer Merkmalsdimension miteinander verglichen werden sollen (z.B. kleiner, größer, gleich). Auch die Zuordnung bzw. Sortierung verschiedener Objekte (Personen, Eigenschaften usw.) zu vorgegebenen Kategorien mittels der *Q-Sort-Methode* gehört zu den (heute weniger gebräuchlichen) psychodiagnostischen Methoden.

■ Die methodischen Grundlagen der Psychodiagnostik

Die methodischen Grundlagen der Psychodiagnostik ergeben sich zum Teil aus den Ansätzen der klassischen und probabilistischen Testtheorie. Im Folgenden soll darauf eingegangen werden, nach welchen Prinzipien psychodiagnostische Verfahren konstruiert werden und nach welchen Gütekriterien sie beurteilt werden können.

Die Konstruktion der diagnostischen Verfahren

Die Konstruktion standardisierter psychodiagnostischer Verfahren umfaßt eine Vielzahl von Einzelschritten. Zum einen muß - z.B. auf der Basis einer etablierten oder wohlformulierten Theorie - ein Merkmalsbereich ausgewählt werden. Dieser Merkmalsbereich kann eng umschrieben sein oder weitgefaßt und komplex im Sinne eines theoretischen Konstruktes (wie z.B. Intelligenz oder Schizophrenie). Danach muß entschieden werden, durch welche Einzelmerkmale, nach welchen Kriterien und auf welche Weise der Merkmalsbereich repräsentiert werden soll. Hierbei geht es um die Operationalisierung des Merkmalsbereichs. Die Frage der Itemselektion ist hierbei zentral, da hierdurch die Eigenschaften des Verfahrens, seine Validität, Repräsentativität usw. beeinflußt werden. In der Regel sind iterative Prozesse der Itemselektion, der Itemformulierung und der Itempräsentation zu durchlaufen, bevor sich aus dem Itempool ein psychodiagnostisches Verfahren entwickeln läßt. Eindeutigkeit von Fragen und Verteilungseigenschaften von Antworten sind nur Beispiele für die Vielzahl der Überlegungen, die in die Festlegung der Menge der zu verwendenden Items des Itempools eingehen.

Gehen wir davon aus, daß die Vorselektion der Items befriedigend abgeschlossen wurde, so stellt sich die Frage, ob bzw. inwieweit alle oder manche Items gruppiert bzw. zu Inhaltsbereichen oder Skalen zusammengefaßt werden können. Diese Skalen-Konstruktion kann prinzipiell auf zwei Arten erfolgen. Zum einen können alle Items, die sich theoretisch-rational zu einer Klasse mit inhaltlicher Bedeutung zusammenfassen lassen, einer Skala zugeordnet werden. Diese rational definierten Skalen und ihre Items werden dann nach bestimmten Gütekriterien untersucht (z.B. innere Konsistenz der Skalen, Trennschärfe der Items usw.). Dieses Verfahren nennt man *Itemanalyse*. Die zweite Möglichkeit zur Skalen-Konstruktion geht von empirisch ermittelten Zusammenhängen (Korrelationen) zwischen den Items aus. Dabei wird jedes Item jeweils mit allen anderen Items korreliert. Die Items, die jeweils miteinander hoch korrelieren, werden zu „Faktoren" zusammengefaßt, die die Grundlage der empirisch ermittelten Skalen bilden. Dieses Verfahren nennt man *Faktorenanalyse*. Die beiden Verfahren schließen sich nicht gegenseitig aus, sondern betonen nur bestimmte Aspekte (Theorie bzw. Empirie).

Die Eigenschaften der diagnostischen Verfahren (Gütekriterien)

Gehen wir einmal davon aus, daß es gelungen ist, itemanalytisch oder faktorenanalytisch befriedigende Skalen bzw. psychodiagnostische Verfahren zu konstruieren, so stellt sich die Frage, welche Eigenschaften diese Verfahren aufweisen sollen. Hierbei lassen sich an die Verfahren folgende Gütekriterien anlegen:

Objektivität

Damit ist die intersubjektive Überprüfbarkeit bzw. die intersubjektive Übereinstimmung gemeint bzw. der Grad, in dem die Ergebnisse eines psychodiagnostischen Verfahrens bzw. Tests unabhängig vom Untersucher sind. Die Objektivität bezieht sich dabei auf die drei Aspekte der Durchführung, Auswertung und Interpretation.

Reliabilität (Zuverlässigkeit)

Die Reliabilität bezieht sich auf die Zuverlässigkeit bzw. die Meßgenauigkeit eines Verfahrens, unabhängig davon, was der Test zu messen beansprucht. Dahinter steckt die Annahme aus der klassischen Meßtheorie, daß Messungen von Merkmalen mit Meßfehlern behaftet sind. Bei der Reliabilität werden verschiedene Formen unterschieden, z.B. die *Test-Retest-Reliabilität (Stabilität)* bei Testwiederholungen, die *Paralleltest-Reliabilität (Äquivalenz)* bei Vorliegen zweier äquivalenter Testformen, sowie die *innere Konsistenz*, die als sog. *Testhalbierungs-Reliabilität* (Split-half-Reliabilität) oder als *Konsistenz-Koeffizient* bestimmt werden kann.

Validität (Gültigkeit)

Die Validität gibt den Grad der Genauigkeit an, mit dem ein psychodiagnostisches Verfahren oder ein Test das Merkmal, das es (er) messen soll, auch tatsächlich mißt. Auch die Validität wird in mehrere Formen unterteilt. So bezieht sich die *inhaltliche oder logische Validität* darauf, ob ein Test das zu messende Merkmal auch inhaltlich selbst repräsentiert bzw. als Bestandteil enthält (z.B. ein bestimmter Leistungstest zur Erfassung von Gedächtnisfunktionen). Bei der *kriteriumsbezogenen Validität* wird der Testwert mit einem Kriteriumswert in Beziehung gesetzt. So würde man z.B. erwarten, daß ein Testwert aus einem Verfahren zur Erfassung der verbalen Intelligenz mit dem kulturellen Hintergrund und dem Grad der Schulbildung korreliert. Liegt das Kriterium in der Zukunft, so spricht man auch von *prognostischer Validität*. Bei der *Konstrukt-Validität* geht es um die theoretische Bedeutung eines Testwertes, z.B. indem Testvorhersagen unter Zuhilfenahme von Vorhersagen überprüft werden, die aus einem theoretischen Konstrukt abgeleitet werden. So würde man z.B. im Rahmen einer allgemeinen Intelligenztheorie Hypothesen formulieren, unter welchen Bedingungen ein Intelligenztest niedrige oder hohe Werte liefert (z.B. in Abhängigkeit vom sozialen Status der Eltern, der Ernährungssituation, den Anforderungsgehalten der Umwelt, den Ausbildungsmöglichkeiten usw.). In weiteren Schritten würde man Daten zu diesen Hypothesen sammeln und zu klären versuchen, ob die Hypothesen u. Vorhersagen in ihrem wechselseitigen Zusammenhang zueinander passen und die Theorie die beobachteten oder fehlenden Zusammenhänge erklären kann.

Tabelle 5.1 Zehn Leitfragen zur Psychodiagnostik

Leitfragen	Relevante Aspekte
1. Was wird gemessen?	Zielbereiche, Verhaltensebenen, Merkmale
2. Warum wird gemessen?	Untersuchungsziel, Fragestellungen, theoretischer Hintergrund
3. Bei wem wird gemessen?	Stichprobe (Ein- und Ausschluß-Kriterien; Rekrutierungsmodus; Festlegung der Fallzahl)
4. Wie bzw. womit wird gemessen?	Eingesetzte Meßverfahren
5. Auf welchem Skalenniveau liegen die Messungen?	Skalenniveau der entsprechenden Meßverfahren
6. Von welcher Güte sind die Meßverfahren?	Gütekriterien (Objektivität, Reliabilität, Validität)
7. Wann wird gemessen?	Untersuchungszeitraum und Meßzeitpunkte
8. Unter welchen Bedingungen wird gemessen?	Naturalistische versus standardisierte bzw. experimentelle Bedingungen; Standardisierungsgrad der Untersuchungssituation
9. Wie werden die Ergebnisse erfasst bzw. registriert	Art der Erfassung (Papier-Bleistift, apparativ, computerunterstützt usw.)
10. Wie werden die Ergebnisse ausgewertet?	Standardisierung der Auswertung; Vergleich mit Norm(stichprobe); idiographische Beschreibung

Auswertung, Interpretation und Entscheidungsverhalten

Die Auswertung und Interpretation psychodiagnostischer Daten sollte theorie- und hypothesengeleitet erfolgen und die Modalitäten und Umstände der Datenerhebung berücksichtigen. Auch für die Auswertung gilt das oben erwähnte Gütekriterium der Auswertungsobjektivität. Im idealen Fall wird die Auswertung beurteilerunabhängig durchgeführt, z.B. bei der automatisierten Auswertung von Daten aus einer computeruntersützten Diagnostik.

Aus den bisherigen Ausführungen ist zu entnehmen, daß die Interpretation psychodiagnostischer Ergebnisse und die Entscheidungsfindung, z.B. im Rahmen eines psychotherapeutischen Prozesses, einer Vielzahl von Überlegungen bedarf, zu denen neben den bereits erwähnten auch ethische sowie ökonomische Betrachtungen gehören.

5.4 Leitfragen zur Psychodiagnostik

Mit Hilfe von 10 Leitfragen lassen sich die wesentlichen Aspekte der Psychodiagnostik zusammenfassen (s. Tab. 5.**1**).

5.5 Literatur

1. *Amelang, M. & Zielinski, W.:* Psychologische Diagnostik und Intervention. Springer, Berlin/Heidelberg 1994
2. *Dilling, H., Mombour, W. & Schmidt, M.H. (Hrsg.):* Internationale Klassifikation psychischer Störungen: ICD-10, Kapitel V (F), klinisch-diagnostische Leitlinien, Weltgesundheitsorganisation. Huber, Bern/Göttingen/Toronto 1991
3. *Ekman, P. & Friesen, W.V.:* The facial action coding system: A manual for the measurment of facial movement. Consulting Psychologist's Press, Palo Alto/CA 1978
4. *Faßnacht, G.:* Systematische Verhaltensbeobachtung. Ernst Reinhardt, München/Basel 1995
5. *Hamilton, M.:* A Rating Scale for Depression. Journal of Neurology, Neurosurgery and Psychiatry, 23, 1960, 56-62

6. *Hautzinger, M., Bailer, M., Worall, H. & Keller, F.:* Beck-Depressions-Inventar (BDI). Testhandbuch. Huber, Bern/Göttingen/Toronto/Seattle 1994
7. *Kubinger, K.D.:* Messen in der Psychotherapie. Psychotherapeut, 42, 1997, 183-191
8. *Schneewind, K.A., Schröder, G. & Cattell, R.B.:* Der 16 Persönlichkeits-Faktoren-Test (16 PF). Huber, Bern/Stuttgart/Toronto 1986
9. *Schulte, D. (Hrsg.):* Diagnostik in der Verhaltenstherapie. Urban & Schwarzenberg, München / Berlin / Wien 1974
10. *Stieglitz, R.-D. & Baumann, U. (Hrsg.):* Psychodiagnostik psychischer Störungen. Enke, Stuttgart 1994
11. *Zerssen, D. von:* Klinische Selbstbeurteilungs-Skalen (KSB-S) aus dem Münchener Psychiatrischen Informationssystem (PSYCHIS München). Die Befindlichkeits-Skala - Parallelformen Bf-S und Bf-S' - Manual. Beltz, Weinheim 1976

6. Entwicklungspsychologische Grundlagen der Verhaltenstherapie

S. Sulz

6.1 Einführung

Verhalten ist situationsbezogen. Zum einen wird es - spontan oder durch klassisches Konditionieren gelernt - durch situative Stimuli ausgelöst. Zum andern steuert seine Wirkung auf die Situation bzw. die Konsequenzen hin, die dem Menschen kontingent auf sein Verhalten zuteil werden. Damit wird die künftige Auftretenswahrscheinlichkeit dieses Verhaltens im Sinne einer operanten Konditionierung beeinflußt.

Verhalten ist personbezogen. Nicht alle Menschen reagieren in der gleichen Situation gleich. Menschen unterscheiden sich hinsichtlich der relativen Wahrscheinlichkeiten einzelner Komponenten ihres Verhaltensrepertoires. Vom behavioralen Standpunkt aus ist dafür die individuell unterschiedliche Lerngeschichte verantwortlich. Bei verschiedenen Menschen liegen eben unterschiedliche klassische oder operante Konditionierungen zugrunde (Kanfer 1987).

Nun können wir allerdings auch feststellen, daß gleiche äußere Lerngeschichten, in dem Sinne, daß verschiedenen Menschen gleiches in der Vergangenheit widerfuhr, nicht zum gleichen Konditionierungsergebnis geführt haben. Was ich in einer Situation lerne, hängt davon ab, welche Bedeutung ich dem situativen Geschehen gebe. Fasse ich das Verhalten meines Gegenübers als einladend oder als zurückweisend auf? Betrachte ich das Ergebnis meines Verhaltens als Erfolg oder als Mißerfolg? Meine Bedeutungsgebung bzw. Attribuierung bestimmt letztlich mein Lernen. Deshalb ist unser heutiger Standort die kognitive Verhaltenstherapie (Beck & Wright 1986).

Eine dritte Dimension der Analyse des Verhaltens ist die teleologische Sichtweise: *die Funktionsanalyse.* Nicht nur mehr oder weniger zufällige Konditionierungen oder individuelle Bedeutungsgebungen bestimmen unser Verhalten, sondern auch die instrumentelle Funktion des einzelnen Verhaltens. Der Frage nach dem Warum folgt die Frage nach dem Wozu. Warum lacht er? Wozu lacht er? Warum ist er selbstunsicher? Wozu ist er selbstunsicher? Warum hat er eine Depression entwickelt? Wozu hat er eine Depression entwickelt? Neben dem Lernen am Erfolg als instrumentellem Konditionierungsparadigma entdecken wir, daß es darüber hinaus ein regelgeleitetes Verhalten gibt. Das Verhalten folgt einer Verhaltensregel, die vorgibt, wie ich mich wann in welcher Situation wem gegenüber verhalten muß, um etwas zu erreichen oder etwas zu verhindern. In dieser Regel steckt auch die aversive Konsequenz des Überschreitens des Gebots bzw. Verbots der Regel. Diese Verhaltens- oder Überlebensregel ist in der Wechselwirkung zwischen Individuum und seiner einbettenden sozialen Umwelt entstanden und gewährleistet das Überleben in dieser sozialen Gemeinschaft. Lernen von Regeln, um die Funktion des eigenen Verhaltens zu optimieren, d.h. dort anzukommen, wo ich ankommen möchte, ist ein Prozeß, der spätestens mit der Geburt anfängt.

Und damit eröffnet sich unseren Betrachtungen die vierte Dimension der Verhaltensanalyse: die ***menschliche Entwicklung.*** Welchen Stimulus ich wie wahrnehme, welche Bedeutung ich ihm gebe, welche inneren Verarbeitungsprozesse ich schon zur Verfügung habe, welche Verhaltensmöglichkeiten sich mir zur Auswahl anbieten, hängt in erster Linie von meinem psychischen und körperlichen Entwicklungsstand ab. Ein Kind, das noch nicht mit seinen Händchen zupacken kann, also seine Willkürmotorik noch nicht einsetzen kann, wird in einer bedrohlichen Situation, sofern Schreien nicht weiterhilft, viszeral reagieren müssen. Ein Kind, das noch nicht gehen kann, wird, wenn es die Mutter aus dem Blickfeld verloren hat, emotional reagieren müssen. Ein Kind, das noch nicht sprechen kann, wird weinend und mimisch und gestisch seinen Kummer ausdrücken müssen. Ein Kind, das noch nicht gezielt das Verhalten seiner Mitmenschen steuern kann, damit sie tun, was es will und braucht, wird durch mehr oder weniger Impulsivität seine Bedürfnisse befriedigen und seine Ängste reduzieren müssen. Und ein Kind, das sich emotional noch nicht ohne Angst vor Selbstverlust hingeben kann, wird durch Manipulation des Gegenübers die Beziehung steuern müssen.

Die menschliche Lerngeschichte ist ohne Berücksichtigung der Entwicklungspsychologie nicht wirklich nachvollziehbar. In der zurückliegenden Ära einer kognitiven psychologischen Wissenschaft ist die emotionale und soziale Entwicklung leider nicht gründlich untersucht worden, so daß wir nur auf einer dünnen Basis empirischer Forschung aufbauen können. Erst die letzten zehn Jahre brachten einen deutlichen Zuwachs an Forschung zu Themen der emotionalen und sozialen Entwicklung. Jean Piaget hat, wenig beachtet, neben seinen umfangreichen Untersuchungen zur kognitiven Entwicklung auch die emotionale Entwicklung des Kindes wissenschaftlich erforscht (Piaget & Inhelder 1981).

6.2 Entwicklungstheorie

Piagets Stufenmodell der emotionalen Entwicklung (Piaget & Inhelder 1981) ist eine ausgezeichnete heuristische Basis kognitiver Verhaltenstherapie (Tab. 6.1). In der Formulierung Kegans (1986) macht sie deutlich, daß die Stufen Entwicklungstableaus mit relativer emotionaler Stabilität darstellen, die derjenige nur ungern verläßt, den das Erreichen des derzeitigen Niveaus aus einer schlimmen Krise gerettet hat. Das Wechseln auf die nächst höhere Stufe bedeutet Instabilität, für nicht wenige eine vorübergehende emotionale Krise. Sowohl die Angst vor Veränderung als auch ein tatsächliches Defizit im emotionalen, kognitiven oder Handlungsbereich kann den Schritt zur nächsten Entwicklungsstufe vereiteln. Lieber werden die Nachteile und Begrenztheiten des gegenwärtigen Entwicklungsniveaus in Kauf genommen als ein Scheitern auf dem nächst höheren Niveau zu riskieren. Die Devise heißt: Die Kindheit überleben geht vor Entwicklung. Oder: Durch Entwicklungs-Stagnation überleben.

Die Entwicklung des Kindes von der Geburt an geschieht nicht primär durch Lernen am Erfolg und durch klassische Konditionierung. Die Umwelt muß lediglich adäquate Reize bieten, damit der Wechselwirkungsprozeß der Entwicklung stattfinden kann.

„Ein Kind lernt gehen." ist im Sinne der Lernpsychologie eine völlig falsche Aussage. Oder: „Ein Kind lernt sprechen.". Nicht das Lernen, sondern das Entwickeln ist der entscheidende Vorgang. Ebenso gut könnten wir sagen, das Kind lernt Pubertät oder der Jugendliche lernt Sexualität. Lernen überformt lediglich diese Entwicklungsprozesse kultur- und gesellschaftsspezifisch, beeinflußt das „Wie", das „Wie oft" und das „Wann".

Die Entwicklung des Kindes von der Geburt an geschieht nicht primär durch Lernen am Erfolg und durch klassische Konditionierung. Die Umwelt muß lediglich adäquate Reize bieten, damit der Wechselwirkungsprozeß der Entwicklung stattfinden kann.

Diese Lernprozesse, die die Art und Weise eines Verhaltens formen, können auch erst dann einsetzen, wenn das Verhalten sich bereits entwickelt hat. Wie ein Kind geht, kann erst verändert werden, wenn es schon geht. Dies klingt bei diesem Beispiel banal, aber wir haben zahlreiche psychische Funktionen, die sich erst im Lauf der ersten zehn Lebensjahre entwickeln, z.B. die Moral, wie die Untersuchungen von Kohlberg (1984) zeigen. Ist ein Kind in seiner moralischen Entwicklung noch nicht so weit, daß es z.B. ein soziales Gerechtigkeitsgefühl haben kann, so sind unsere therapeutischen Versuche, ein gerechtes Verhalten aufzubauen, reine Dressur, die das Kind überfordern. Oder: Wir versuchen einem 13 Monate alten Kind ein Verbot beizubringen: Ergebnis ist, daß es kopfschüttelnd und „nein, nein" sagend trotzdem weiterhin auf den Plattenspieler zugeht. Es hat zwar das Verbot gelernt, aber dieses Gelernte hat noch keine verhaltenssteuernde Wirkung.

Ähnliches gilt für die „Trauerfähigkeit": Das realistische Bewußtsein des Kleinkindes, die Mutterperson zum eigenen Überleben zu brauchen (in einer natürlichen Umwelt sind das die ersten Lebensjahre), muß auf den Tod der Mutter hin Angst als natürliche Reaktion folgen lassen. Erst wenn ein Selbstgefühl des eigenen Weiterlebens entwickelt ist, kann das Kind um die Mutter trauern.

Tabelle 6.1 Phasen der kognitiven und emotionalen Entwicklung

Piagets kognitive Phasen	**Kohlbergs** Phasen d. moralischen Urteils	**Piagets** emotionale Phasen	**Kegans** Phasen der Selbst-Entwicklung
sensumotorisch		Instinkte und Triebe	einverleibend
vor-operativ (symbolisches, intuitives Denken	Orientierung an Strafe und Gehorsam	zwischenmenschliche Gefühle	impulsiv
konkret-operativ	Zweckdenken, selbstbezogen	eigene moralische Gefühle	souverän
formal-operativ (Beginn)	Übereinstimmung mit anderen	idealistische, kollektive Gefühle	zwischenmenschlich
formal-operativ (voll entwickelt)	Orientierung an der Gesellschaft		institutionell
	Orientierung an Prinzipien		überindividuell

Wir sind in unserer emotionalen Entwicklung auch als erwachsene Menschen nicht ausgereift. Wir befinden uns in Entwicklung und haben vielleicht noch nicht viele Entwicklungsschritte hinter uns gebracht. Manche erwünschten Verhaltensänderungen gelingen uns deshalb nicht, weil diese einen höheren Entwicklungsstand erfordern würden. Wenn es mir nicht gelingt, meiner wichtigsten Bezugsperson „nein" zu sagen, so kann das daran liegen, daß ich deren Unmut affektiv die Bedeutung des drohenden Verlassenwerdens beimesse.

Oder wenn jemand noch Denken und Handeln gleichsetzt, so muß er sich für einen bösen Gedanken vielleicht selbst bestrafen. Wenn jemand noch nicht in der Lage ist, Gefühl und Handeln zu unterscheiden, so muß er z.B. das Gefühl „Wut zu haben" verhindern, um nicht so wütend zu handeln. Wer noch im Stadium des Perzeptiven ist und noch nicht zielgerichtet handeln kann, muß warten, bis ihm gegeben wird, statt sich zu holen, was er braucht.

Als therapeutisch-diagnostische Heuristik sei die Beschreibung der ersten vier, therapeutisch relevanten *Entwicklungsstufen von Kegan* dargestellt. (Eine ausführliche Darstellung der Entwicklungsstufen findet sich bei Sulz (1996). Der Selbstbeurteilungsfragebogen zur Entwicklungsdiagnostik (Sulz 1995) ermöglicht eine Zuordnung des Patienten zu einer dieser Entwicklungsstufen. Eine empirische Untersuchung zeigt dessen Einsatz in der psychotherapeutischen Diagnostik (Sulz & Theßen, 1999).

■ Einverleibende Stufe

Die Beziehung eines Menschen auf diesem Entwicklungsniveau: Ich kann von meiner Bezugsperson das Gute aufnehmen, das Schädliche abweisen, kann mich öffnen, kann mich verschließen. Schaffe ich das nicht, werde ich krank. Ich muß warten, bis sie spürt, was ich brauche und es mir gibt. Und ich kann nicht impulsiv von ihr weggehen, kann mich nicht handelnd wehren.

■ Impulsive Stufe

Sie bringt die Errungenschaft der impulsiven Motorik: Gehen, Hingehen, Weggehen, Flüchten, Verstecken, Anpacken, Zupacken, Festhalten, Loslassen. Mein Weggehen oder das Weggehen der Bezugsperson kann zu ihrem Verlust führen, also habe ich jetzt Trennungsangst. Meine Erkundigungen der Welt sind manchmal erschreckend, also suche ich Schutz und Sicherheit, brauche eine zuverlässige Erreichbarkeit der Bezugsperson wie einen sicheren Hafen. Wenn sie mich frustriert, werde ich wütend, kriege vielleicht einen kleinen Wutausbruch. Da brauche ich es, daß sie durch diesen nicht leicht störbar oder gar zerstörbar ist, bzw. daß sie mich nicht mit einem Erwachsenen verwechselt, also nicht so heftig gegen mich vorgeht, daß ich mich nicht mehr traue, wütend zu sein. Der Konflikt der impulsiven Stufe besteht zwischen impulsiver Befriedigung und Trennung und Verlust.

Die erwachsene Beziehung eines Menschen der impulsiven Entwicklungsstufe ist gekennzeichnet durch das Bedürfnis nach Schutz, jemanden zu haben und durch Trennungsangst und Trennungswut. Der Konflikt besteht zwischen Sicherheit und Freiheit.

■ Souveräne Stufe

Sie bringt die Fähigkeit, eigene Impulse zu hemmen, z.B. den Wutausbruch zu unterlassen oder den Wutausdruck aufzuschieben und steuernd auf Bezugspersonen einzuwirken, d.h. sie zu bewegen, etwas für mich zu tun. Oder sie so zu beeinflussen, daß sie mich nicht verlassen, sondern gern mit mir zusammen sind (z.B. ein Kind, das in seinem Charme unwiderstehlich ist). Auch die Fähigkeit, sich zu wehren, in Wettstreit zu treten, entwickelt sich auf dieser Stufe. Vorherrschend ist die Angst vor Kontrollverlust - über sich oder über andere. Statt der impulsiven Wut der Vorstufe tritt auch hier Steuerndes hinzu: gezieltes Wehtun. Es herrschen Bedürfnisse nach „selbst machen", „selbst können" und Selbstbestimmung vor. Der Konflikt besteht zwischen Kontrolle und Ausgeliefertsein.

■ Zwischenmenschliche Stufe

Das ist die Stufe, in der die Beziehung erstmals in den Vordergrund tritt. Die egozentrische Entwicklung wird zurückgestellt, die soziale Entwicklung tritt hervor. Nach dem kognitiven Primat der souveränen Stufe werden nun emotionale Prozesse zum Austausch mit der Welt eingesetzt. Liebe bzw. Zuneigung ist das Medium der Beziehungsgestaltung und das vorherrschende Bedürfnis. Liebesverlust und Ablehnung sind die größten Ängste. Der Konflikt besteht zwischen Beziehung und „Selbst".

6.3 Störungstheorie

In der affektiv-kognitiven Entwicklungstheorie psychischer Störungen (Sulz 1994), die auf dieser Entwicklungstheorie basiert, ist das Symptom eingebettet in:

- eine pathogene Lebensgestaltung,
- eine pathogene Beziehungsgestaltung und
- eine spezifische Auslösesituation.

Das Symptom ist damit eine Notfallreaktion der autonomen Psyche, als einzige Möglichkeit, eine Verletzung der Überlebensregel der psychischen Homöostase zu verhindern (Selbsterhaltung durch Assimilation) und als letzte Möglichkeit, eine Veränderung des Selbst (Akkomodation) und des psychosozialen Systems zu verhindern.

Der betroffene Mensch hatte in seiner Kindheit die individuell bestmögliche Überlebensform gefunden und eine großartige Anpassungsleistung erbracht. Aufgrund seiner großen Bedrohtheit in seiner Kindheit und des Erfolgs seiner Überlebensstrategie entstand eine Rigidität und Eingeschränktheit seines Erlebens und Handelns, die zu dem Versäumnis führte, den Wechsel von der Welt der Kindheit zur Erwachsenenwelt auch in der psychischen Homöostase zu vollziehen. Da die mitgebrachte Überlebensstrategie aber im Erwachsenenleben ausreichend war, bestand lange Zeit kein zwingender Grund, sie aufzugeben. Für das Alltagsleben und die Alltagsprobleme reichten die Problemlösestrategien der Kindheit aus, zumal sie durch Vernunft, Wissen und Erfahrung des Erwachsenen elaboriert werden konnten. Erst die symptomauslösende Lebenssituation brachte das Versagen der kindlichen Homöostase, offenbarte ihre Dysfunktionalität. Es bleibt nur noch eine Chance: die kreative Erfindung eines Symptoms, das wie ein Schlüssel das Schloß der Problemsituation öffnet, ohne Veränderung des Selbst und der Welt. Dies ist wiederum ein beachtlicher Erfolg. Die bedrohliche Destabilisierung des psychosozialen Systems konnte verhindert werden.

Beispiel: Ein Lehrer hatte durch Selbstunsicherheit und Zwanghaftigkeit seine impulsiven Tendenzen zivilisiert, war ein verträglicher und zuverlässiger Ehemann geworden. Für die Frau war dies nach mehreren Jahren zu unbefriedigend, sie nahm sich einen Liebhaber und zog aus. Als nach einer 6-wöchigen Trennung und Versöhnung seine Frau zu ihm zurückzog, entstanden bei ihm so große Wutgefühle, daß er den starken Impuls verspürte, mit einem Messer, das er gerade in der Hand hatte, auf sie einzustechen. Er war so entsetzt über sich, daß der Impuls verschwand. Von der Stunde an blieben ihm aber große Befürchtungen, er könne sich selbst mit einem spitzen Gegenstand ins Herz bohren. Die Versöhnung mit seiner Frau wurde aber nicht weiter gestört.

Um seiner Frau ein ebenbürtiger Partner zu sein, müßte er mit seinen aggressiven Gefühlen im Sinne einer größeren Wehrhaftigkeit umgehen lernen, d.h. sein Selbst ändern. Seine Überlebensregel prophezeit ihm dafür aber endgültigen Liebesverlust und verbietet diese Änderung. Die symptomauslösende Lebenssituation überfordert diese so gesteuerte Homöostase. Mangels Entwicklung zivilisierten Umgangs mit seiner Aggressivität, entsteht ein inadäquat intensiver Impuls, der natürlich niedergekämpft werden muß. Das Symptom war die hierzu einzig verfügbare Notfallmaßnahme.

■ Symptombildung

Entwicklungspsychologisch kann Symptombildung erklärt werden:

1. als Scheitern im Versuch, auf die nächst höhere Entwicklungsstufe zu gelangen (Stufenkonflikt - Entwicklungskrise)
2. als Scheitern, den Anforderungen der gegenwärtigen Umwelt mit den Mitteln der eigenen Entwicklungsstufe gerecht zu werden (Umwelt-Person-Konflikt)

Zu 1.: Wer lange genug auf der impulsiven Stufe weilte - mit ihrer großen Nähe, dem Eingebettetsein, den intensiven Gefühlen - entwickelt sich an dem Punkt, an dem Abgrenzung, Differenzierung, Selbständigkeit und Selbstbestimmung vorherrschende Tendenz werden. Habe ich jedoch Angst vor Trennung, wenn ich mich abgrenze, so bedeutet dieser Entwicklungsschritt die Gefahr, emotional nicht zu überleben. Eine Agoraphobie hilft mir, heimzukehren, in die Nähe der schützenden Bezugsperson zu flüchten. Das Symptom hilft mir, den Entwicklungsschritt zu verhindern.

Zu 2.: Lange Zeit ließ sich der Partner eines Menschen, der sich z.B. auf der souveränen Entwicklungstufe befindet, durch Kontrolle steuern. Durch kluge Manöver war er handsam und pflegeleicht zu halten, hatte keinen Anspruch auf Gleichberechtigung und Freiraum. Zunehmend ist er jetzt in seiner Reaktion unvorhersehbar, geht allein weg, nimmt sich in der Wohnung eine eigene Domäne, die er verteidigt, zeigt bei Auseinandersetzungen intensivere Gefühle. Kurzum - die Kontrolle über ihn ging verloren. Eine Depression im Sinne der gelernten Hilflosigkeit ist schließlich das Ergebnis. Auf der souveränen Stufe läßt sich das Paarproblem tatsächlich nicht lösen. Erst der Schritt auf die zwischenmenschliche Stufe ermöglicht einen neuen Zugang zum Partner.

Mal ist es die eigene Entwicklung, die mich in die Krise schiebt, mal ein Weisheitszahn; mal ist es ein Lebens- oder Beziehungsproblem, dem ich nicht entrinnen kann.

6.4 Entwicklungsdiagnostik

Funktionsanalyse und Entwicklungsdiagnostik sind unverzichtbare Bestandteile der Verhaltensdiagnostik. Verhalten läßt sich nur dann ganz verstehen, wenn die emotionale Entwicklungsstufe eines Menschen bekannt ist. Das gleiche Verhalten hat auf verschiedenen Stufen verschiedene Funktionen. Es geht auf jeder Stufe um verschiedene Verstärker (z.B. von Willkommensein über Geborgenheit und Schutz zu Liebe und Verständnis oder von Selbständigkeit über Selbstbestimmung, Gefordertwerden und Hingabe zu „ein Gegenüber haben") und es gibt auf jeder Stufe verschiedene Wuttendenzen (z.B. von Vernichtungswut über Trennungswut, Explodieren, Bemächtigen, Liebesentzug zu Gegenaggression). Auch die Bedrohungen ergeben stufenspezifische Ängste: von Existenzangst über Trennungsangst zu Kontrollverlustangst, zu Angst vor Hingabe und vor Gegenaggression.

Die impliziten Grundannahmen (Beck) ergeben stufenspezifische Überlebensregeln, die die aktuelle Selbst- und Beziehungshomöostase steuern und Weiterentwicklung blockieren.

Wir erfassen als entwicklungsstufenspezifisch:

- die zentralen Verstärker/Bedürfnisse
- die zentralen Aggressions-/Wuttendenzen
- die zentralen Vermeidungs-/Angsttendenzen
- die dysfunktionalen Verhaltensstereotypien/ Persönlichkeitsaspekte
- die vorherrschende Beziehungs- und Interaktionsgestaltung
- die Ressourcen (was schon gekonnt wird und worauf aufgebaut werden kann)
- die Konstruktion des sozialen Systems (wie wird das soziale System gestaltet, als was läßt sich der Betreffende in das System einbauen und wozu?)

Durch diese komplexe entwicklungsbezogene Verhaltensdiagnostik (Sulz 1998) gelingt es uns, den als Therapie notwendigen Entwicklungsschritt zu definieren. Dessen Ermöglichung ist die eigentliche Aufgabe der Therapie - nicht mehr und nicht weniger.

6.5 Entwicklung durch Therapie

So kann bei einer Patientin, die nicht-situative Angst- und Erregungszustände bekam (keine Panikstörung), als sie versuchte, sich aus ihrer symbiotischen Partnerschaft herauszulösen, das Gesamtziel sein: Entwicklung von der impulsiven zur souveränen Stufe mit den Teilzielen:

- Entwicklung eines Selbstbildes "allein lebensfähig sein"
- Entwicklung eines Weltbildes "Meine Welt ist prinzipiell nicht bedrohlich."
- mit geringerem Bedürfnis nach Schutz und Sicherheit
- weniger Angst vor Trennung
- Entwicklung der Fähigkeit, eigene Impulse zu kontrollieren
- Entwicklung der Fähigkeit, steuernd auf das Verhalten von Bezugsperson einzuwirken
- Loslassen des Gleichseins, Engverbundenseins

Die therapeutische Hilfestellung (Entwicklungsförderung) zum Hineinfinden in diese neue Phase geschieht durch eine Bestätigung der Anerkennung, der Selbständigkeit und Kompetenz und die Frustration übermäßiger Nähe- und Beziehungswünsche.

Eine Therapie wird in den Dienst der Entwicklung des Selbst und der Beziehungen gestellt, d.h. Ziele und Strategien werden genau auf den jetzt anstehenden Entwicklungsschritt abgestimmt (Sulz 1994).

6.6 Literatur

1. *Beck, A.T. & Wright, F.D.:* Kognitive Therapie der Depression. In: *Sulz, S.K.D.* (Hrsg.): Verständnis und Therapie der Depression. Ernst Reinhardt, München 1986
2. *Hayes, S.:* Akzeptanz- und Commitment-Therapie - ein radikal behavioraler Ansatz. In: *Sulz, S.K.D.* (Hrsg.): Kurzzeittherapien - Wege in die Zukunft der Psychotherapie. CIP- Medien , München 1998
3. *Kanfer, F.H.:* Emotionale Prozesse in der Selbstmanagementtherapie. In: *Sulz, S.K.D.* (Hrsg.): Kurzzeittherapien - Wege in die Zukunft der Psychotherapie. CIP-Medien, München 1998
4. *Kegan, R.:* Die Entwicklungsstufen des Selbst - Fortschritte und Krisen im menschlichen Leben. Kindt, München 1986
5. *Piaget, J. & Inhelder, B.:* Die Psychologie des Kindes. Fischer, Frankfurt 1981
6. *Sulz, S.K.D.:* Strategische Kurzzeittherapie - Wege zur effizienten Psychotherapie. CIP-Medien, München 1994
7. *Sulz, S.K.D.* (Hrsg.): Das Therapiebuch. CIP-Medien, München 1994
8. *Sulz, S.K.D.:* Praxis-Manual zur Strategischen Kurzzeittherapie. CIP-Medien, München 1995
9. *Sulz, S.K.D.:* Als Sisyphus seinen Stein losließ. Oder: Verlieben ist verrückt. CIP-Medien, München 1996
10. *Sulz, S.K.D.:* Praxis der strategischen Kurzzeittherapie. In: *Sulz, S.K.D.* (Hrsg.): Kurzzeittherapien - Wege in die Zukunft der Psychotherapie. CIP-Medien, München 1998
11. *Sulz, S.K.D. & Theßen, L.:* Entwicklung und Persönlichkeit. Eine empirische Untersuchung zu den Stufen der emotionalen Entwicklung. Psychotherapie 4, 1999, S. 32-45
12. *Watzlawick, P., Weakland, J. & Fisch, R..* Lösungen. Zur Theorie und Praxis menschlichen Wandels. 2. Aufl. Huber, Bern 1979

7. Grundlagen der Problem- und Verhaltensanalyse

R. Wassmann

7.1 Einführung

Die Problem-/Verhaltensanalyse ist ein zentraler Bestandteil jeder Verhaltenstherapie. Sie ist das wichtigste diagnostische Verfahren und unabdingbare Voraussetzung für die Durchführung einer Behandlung „lege artis".

Sie ist dabei ***kein Abfragesystem*** wie beispielsweise ein Fragebogen oder Anamneseerhebungsschema, ***sondern ein Ordnungssystem für Informationen.***

Ähnlich wie die Verhaltenstherapie selbst, unterliegen die Inhalte und Ordnungsprinzipien der Verhaltensanalyse einer ständigen Weiterentwicklung. Daher gibt es ***nicht die eine gültige Verhaltensanalyse,*** sondern entwicklungsbedingte, autorenspezifische und störungsspezifische Ausgestaltungen der Analyse-Systeme. Dennoch gelten für alle Analysesysteme gemeinsame und allgemeine Rahmenbedingungen, so daß das Aufstellen eines allgemeinen Modells einer Verhaltens-/Problemanalyse möglich ist.

7.2 Grundlagen

Der Begriff der Verhaltensanalyse macht deutlich, daß es der Verhaltenstherapie in erster Linie um die Analyse der vorausgehenden und/oder aufrechterhaltenen Bedingungen für das (Problem-) Verhalten eines Menschen geht. Mit der Weiterentwicklung der Verhaltenstherapie gewann der Aspekt der „Therapie als Problemlöse-Prozeß" zunehmend an Bedeutung. Dementsprechend wurde die ursprüngliche Verhaltensanalyse um wesentliche Bestandteile erweitert und der Begriff der Problemanalyse trat in den Vordergrund. Je nach Autor wird - bei vergleichbaren Inhalten - einer der Begriffe bevorzugt. Zum Teil wird der Begriff Verhaltensanalyse auch als ein spezieller Teil einer umfassenderen Problemanalyse benutzt.

Sowohl für die Verwendung des historisch wichtigen Begriffs der „Verhaltensanalyse" wie auch für den Begriff „Problemanalyse" gibt es jeweils gute Gründe, so daß sie in diesem und dem nächsten Kapitel synonym verwandt werden. Die Verwendung beider Begriffe geht von dem Verständnis der Verhaltenstherapie als Problemlöse-Prozeß aus.

7.3 Allgemeine Rahmenbedingungen

■ Ordnungssystem

Wie bereits in der Einführung betont, ist eine Problem-/Verhaltensanalyse ein Ordnungssystem für Informationen und kein Frage- oder Anamneseschema.

Wenngleich sie auch ein grobes Raster für ein verhaltenstherapeutisches Interview darstellen kann, so ist die individuelle Gegebenheit bei jedem einzelnen Patienten ausschlaggebend für die Durchführung, den Zeitpunkt und die Art der Informationserhebung.

Beispiel: Bei einer bis vor drei Monaten berufstätigen Frau mit einer Agoraphobie wird man relativ eng angelehnt an die Problem-/Verhaltensanalyse Informationen erheben können. Andererseits wird man bei einer seit 10 Jahren bestehenden „neurotischen Depression" sehr viel langsamer, immer die Motivationslage beachtend, einzelne Bruchstücke sammeln und diese quasi wie in einem Puzzle in die Analyse einarbeiten müssen.

■ Informationsquellen

Das verhaltenstherapeutische Interview stellt das Kernstück der Informationserhebung für die Problem-/Verhaltensanalyse dar. In Abhängigkeit von der Problemlage, der Motivation und den Fähigkeiten des Patienten können weitere diagnostische Informationsquellen sinnvoll genutzt werden. Andere diagnostische Informationen sind unbedingt notwendig. Diese Informationen werden ergänzend in die Problem-/Verhaltensanalyse eingebaut.

Eine *somatomedizinische Diagnostik* zum Ausschluß einer somatischen Erkrankung oder als Hintergrundinformation ist grundsätzlich notwendig. Hier sei betont, daß nicht wenige somatische Erkrankungen zuerst psychische Phänomene verursachen, bevor sie somatisch manifest werden.

Beispiel: Die Behandlung einer Anorexie ohne Ausschluß eines Hypophysenprozesses - z.B. durch eine Sella-Zielaufnahme o.Ä. - und das Unterlassen einer kontinuierlichen Überwachung der Elektrolytwerte stellt einen Kunstfehler dar. Frontalhirnveränderungen bei einem Patienten, der unter Impulsdurchbrüchen leidet, verändern grundlegend die Zielplanung und Therapiestrategie. Ängstlichkeit, Schwindel und schließlich Vermeidungsverhalten beim Autofahren sind sehr wahrscheinlich psychisch bedingt, können jedoch opthalmologische Ursachen haben oder erste Zeichen der Entwicklung einer Multiplen Sklerose sein.

Die *Kenntnis der psychiatrischen Erkrankungen und deren Differentialdiagnostik* ist unabdingbar. Viele psychische Probleme haben eine Komorbidität mit psychiatrischen Erkrankungen, können Prodrome oder Nachfolgeprobleme derselben sein. Hierdurch werden die Problemstellung, Analyse und Therapieplanung wesentlich beeinflußt.

Beispiel: Zwangsgedanken können verschiedenste Ursachen haben. Möglicherweise sind sie Ausdruck einer Zwangsstörung und sind z.B. mit einer Reizüberflutung und „Response"-Prävention gut behandelbar. Was geschähe jedoch durch diese Therapieform, wenn die Zwangsgedanken Ausdruck einer Abwehrleistung gegen, oder Prodrom einer schizophrenen Erkrankung wären?

Die *Kenntnis der Wirkung von Pharmaka* und deren Beeinflussung der Psyche ist ebenso wichtig.

Beispiel: Der über Impotenz klagende Patient leidet unter Streßymptomen und hat vom Hausarzt deswegen H2-Blocker und Antihypertensiva verschrieben bekommen - was nun?

Oder: Welche Unterschiede bestehen für den psychotherapeutischen Lernprozeß, wenn ein Patient Antidepressiva, nieder- oder hochpotente Neuroleptika oder Benzodiazepine einnimmt?

Verhaltenstherapeutische Diagnostik liefert effiziente und oft auch für den Patienten nachvollziehbare Informationen über seine Probleme. Das weite Spektrum dieser Informationsquellen erstreckt sich von Selbstbeobachtungstechniken über Fragebögen/Tests bis hin zum diagnostischen Rollenspiel usw. Im Einzelfall einer Therapie sollten diese Instrumente jedoch keinesfalls im „Schrotschußverfahren", sondern nur gezielt eingesetzt werden. Voraussetzung für den effizienten Einsatz dieser Verfahren ist die vorherige Aufstellung einer Hypothese über einen möglichen Zusammenhang mit dem Problemverhalten und deren Überprüfungsnotwendigkeit.

Beispiel: Bei einem Gymnasiasten mit Lern-/Leistungsstörungen sollte ein Intelligenztest klären, ob die allgemeinen Voraussetzungen für den Besuch dieser Schulstufe vorhanden sind. Sollte sich zeigen, daß er intelligenzmäßig überfordert ist, ist das Therapieziel nicht eine Erhöhung der Leistungsmotivation, sondern vielleicht eher das Erreichen einer Akzeptanz der Zurückstufung in eine andere Schulform durch die Eltern und ihn selbst.

Oder: Viele Problemverhaltensweisen sind nicht in der Realsituation beobachtbar. Durch den Einsatz von Selbstbeobachtungstechniken oder Durchführung eines diagnostischen Rollenspiels kann der Therapeut für die Problem-/Verhaltensanalyse relevante Informationen gewinnen.

■ Individualität und Funktionalität der Problem-/Verhaltensanalyse

Die Informationserhebung für die Problem-/Verhaltensanalyse ist auf den Einzelfall bezogen. Ziel ist es, die für dieses Individuum und dessen Problemverhalten relevanten Informationen zu gewinnen und zu ordnen.

Hierbei ist jedes Problem als ein individueller, nicht mit anderen Menschen und ähnlichen Problemen vergleichbarer Einzelfall zu betrachten und zu analysieren.

Nicht die Quantität und die Vollständigkeit aller erhaltbaren Informationen macht eine Problem-/Verhaltensanalyse wertvoll, sondern die Qualität der Informationen. Diese Qualität der

Informationen wird bestimmt durch den Beitrag, den sie für die Erklärung der Entstehung und Aufrechterhaltung des Problems liefern.

Entscheidend ist die funktionale Betrachtungsweise: „*Welche Funktion* übt die jeweilige Bedingung (unabhängige Variable) auf das Auftreten des Problemverhaltens (abhängige Variable) *bei gerade diesem* Menschen *in gerade dieser* Situation aus?“

Beispiel: Die detaillierte Beschreibung der inzwischen sieben stationären Aufenthalte eines Patienten bietet wenig funktionale Informationen. Die Information, daß nach Entbindungen seiner Frau, Umzügen oder Arbeitsstellenwechsel usw. der Patient daran zweifelte, ob er dies bewältigen könne und sich dann nach einiger Zeit überfordert fühlte, erlaubt eine Hypothesenbildung und lädt zu einer Überprüfung seiner Coping-Mechanismen für Streßbedingungen ein. Wenn dann noch z.B. durch einen Fragebogen oder im Interview deutlich wird, daß er geringe Selbsteffizienzerwartungen an sich selber hat, könnte dies auf dysfunktionale Kognitionen hinweisen. Werden die stationären Aufenthalte einerseits als Entlastung empfunden, vermindern andererseits wieder seine Selbsteffizienzerwartungen könnte dies gut in eine verhaltenstherapeutische Betrachtungsweise operanter Entstehungsbedingungen des Problems integriert werden.

■ Problem-/Verhaltensanalyse als kontinuierlicher Rückkopplungsprozeß

Die Problem-/Verhaltensanalyse ist im Rahmen des Therapieprozesses kein einmal durchgeführter und dann unveränderlicher Ausgangswert für die Therapie.

Im ambulanten Bereich sollte nach drei bis fünf Therapiestunden eine vorläufige Problem-/Verhaltensanalyse erstellbar sein. Im stationären Bereich kann dies aufgrund der Selektion schwerkranker Patienten sehr viel mehr Zeit erfordern.

Die bis dahin erstellte Problem-/Verhaltensanalyse ist eine hypothetische, vorläufige Annahme über die Bedingungen des Problems und beruht auf den bisher gesammelten (und vom Patienten preisgegebenen) Informationen.

Im konkreten Therapieprozeß werden jedoch weitere Informationen hinzukommen. Hemmnisse in der Therapie werden weitere Aspekte des Problems offenbaren, bisher nicht bewußte Erinnerungen des Patienten veränderte Sichtweisen ermöglichen oder Fremdinformationen usw. das Problem in anderem Licht erscheinen lassen.

Diese Informationen können die anfängliche Problem-/Verhaltensanalyse bestätigen, verändern oder neue Aspekte in den Vordergrund rücken. Deshalb unterliegt die Problem-/Verhaltensanalyse einem fortwährenden Überprüfungs- und Veränderungsprozeß während der gesamten Therapie.

Beispiel: Die Hundephobie eines Briefzustellers kann nach 3 Sitzungen gut analysiert sein. In der vierten Sitzung erfahren Sie, daß er vor Auftreten der Symptomatik Ärger mit seinem Dienststellenleiter hatte, durch ein Attest eines ärztlichen Kollegen jetzt im Innendienst arbeitet und vor 6 Monaten eine vorläufige Berentung beantragt hat.

Oder: Als anfängliches, unverfängliches „Präsentiersymptom“ analysieren Sie mit der verheirateten Patientin nächtliche Panikattacken. Der besorgte Ehemann kümmert sich in rührender Weise um sie und hilft ihr sehr. Nach einer längeren „Anwärmphase“ deutet die Patientin einen „Seitensprung“ mit dem Freund ihres Mannes an.

■ Therapeutische Funktion der Problem-/Verhaltensanalyse

Die Verhaltens-/Problemanalyse ist in den therapeutischen Prozeß eingebettet und wird in Zusammmenarbeit mit dem Patienten erarbeitet. Neben der diagnostischen und problemordnenden Funktion ist sie damit automatisch auch im therapeutischen Veränderungsprozeß wirksam.

Die nicht wertende Herangehensweise des Therapeuten ermöglicht dem Patienten eine Entpathologisierung seines Problems und damit eine bessere Distanzierung. Dies baut Ängste ab und eröffnet bisher blockierte Wahrnehmungsmöglichkeiten des Problems.

Die Akzeptanz seiner Person durch den Therapeuten, trotz seines Problems, ermöglicht ihm die Differenzierung zwischen seiner eigenen Person und den problematischen Verhaltensweisen. Hierdurch kann er von der passiven, seinen Problemen ausgelieferten Person in die Rolle eines Beobachters schlüpfen, der seine eigenen Verhaltensweisen und die Verhaltensweisen anderer Menschen distanziert betrachtet.

> Die gemeinsame Erarbeitung einer Problem-/Verhaltensanalyse dient auch dem Zweck, die allgemeinen Problemlösefertigkeiten des Patienten zu verbessern.

Durch die neue funktionale Betrachtungsweise, das Erlernen einer Strukturierungsmöglichkeit und die Auswahl von Veränderungspunkten soll es dem Patienten ermöglicht werden, diese Erkenntnisse auch auf andere oder zukünftige Probleme anzuwenden. Hiermit wird eine Generalisierung der Problemlösefähigkeiten und eine „ Hilfe zur Selbsthilfe" angestrebt.

7.4 Stellung im Therapieprozeß

Wie bereits vorher beschrieben (Kapitel 4) ist die Problem-/Verhaltensanalyse ein integraler Bestandteil jeder Verhaltenstherapie.

Nach Kanfer (1986, 1991) ist sie nach Herstellung eines Arbeitsbündnisses und einer Motivationsklärung bzw. -erhöhung der dritte Schritt in dem 7-Phasenmodell der Selbstmanagement-Therapie.

Ihr Hauptmerkmal ist die präzise Beschreibung der Problematik und eine Analyse der vorhergehenden, begleitenden und/oder aufrechterhaltenden Bedingungen des Problems. Dieses kann mit unterschiedlichen „Auflösungsgraden" geschehen und in unterschiedliche Richtungen.

Der Begriff der unterschiedlichen Auflösungsgrade deutet darauf hin, daß ähnlich wie mit einem Kamera-Zoom ein Problem mehr oder weniger detailliert betrachtet werden kann. Oft ist es sinnvoll, ein Problem erst von der Makro-Ebene her, also einer „Weitwinkel -Perspektive" (von oben nach unten) zu betrachten, um dann besonders auffällige Details einer „mikroskopischen Analyse" zu unterziehen. Bei Problemen, die auf der "Makro-Ebene" bereits sehr unübersichtlich sind, empfiehlt sich im Gegensatz dazu ein Vorgehen „von unten nach oben". Hier kann von mehreren künstlich herausgelösten Verhaltensweisen auf der „Mikro-Ebene" durch Ähnlichkeiten auf ein übergeordnetes Problem (auf der Makro-Ebene) geschlossen werden.

Beispiel: Eine Patientin klagt in der ersten Stunde über Eßstörungen, in der zweiten über Selbstwertzweifel, in der dritten Sitzung über x-y Probleme. Immer wechselnde Problemschilderungen deuten auf eine übergeordnete Problemkonstellation hin, ohne daß die Patientin deren Zusammenhang erkennen kann. Hier könnte die Reduktion der Analyse auf jeweils eingegrenzte, mikroskopische Problembereiche und sukzessive Deutlichmachung des Grundprinzips ihrer Probleme therapeutisch günstiger sein, als die direkte makroskopische Analyse einer Borderline-Störung.

■ Arten der Anwendung der Problem-/Verhaltensanalyse

In Kapitel 3 wurden bereits mehrere Ebenen der verhaltenstherapeutischen Interventionen im psychotherapeutischen Prozeß verdeutlicht.

Hauptziel der verhaltenstherapeutischen Interventionen ist es erklärtermaßen, durch Veränderung des eigenen Verhaltens Veränderungen zu erreichen, die den Ist- und Soll-Zustand möglichst weit angleichen und somit den Leidensdruck eines Individuums weitmöglichst reduzieren.

Es darf aber nicht übersehen werden, daß manche Problemsituationen, in denen sich eine Person befindet, nicht durch ihr privates, eigenes Verhalten effektiv zu verändern sind. Es existieren Lebenssituationen in denen die von Linden (1992) als Indikationsgebiet charakterisierten „Fünf K.'s" (siehe Kapitel 3) in der psychotherapeutisch orientierten Verhaltenstherapie keine Wirkung mehr haben können.

Methoden der Verhaltenstherapie können auch hier wesentliche Erleichterungen für das Individuum erbringen. Die Anwendung verhaltenstherapeutischer Methoden darf jedoch nicht zu eine unkritischen, reinen Anpassungsstrategie an mangelhafte Situationsbedingungen und gesellschaftliche Mißstände werden.

Die nicht seltene Anwendung von verhaltenstherapeutischen Methoden zur Durchsetzung ethisch und moralisch bedenklicher Ziele ist leider oft genug effektiv, stellt jedoch keine Anwendung der Verhaltenstherapie, sondern einen Mißbrauch ihrer Methoden dar und ist nicht zu rechtfertigen.

■ Verhaltenstherapie im Kontext mit anderen Behandlungsverfahren

Im Verhältnis zu anderen medizinischen Behandlungsverfahren ist Psychotherapie eine äußerst filigrane, subtile und sehr personalaufwendige Methode, um Veränderungen bei Problemen zu erreichen.

Im ambulanten Bereich ist die Verhaltenstherapie zumeist das alleinige psychotherapeutische „Hauptverfahren“. Im stationären psychiatrischen Bereich steht jedoch anfänglich zumeist die psychiatrische Basisbehandlung im Vordergrund. Neben einer psychotherapeutischen Grundhaltung dem Patienten gegenüber kann die Verhaltenstherapie wesentlich die Gesamtbehandlung beeinflussen.

Die Eingliederung der Verhaltenstherapie in einen stationären Behandlungsablauf soll an dem Beispiel einer Depression veranschaulicht werden.

Im Rahmen des klassischen psychiatrischen Behandlungsansatzes liefern Phänomenologie, Psychopathologischer Befund und Anamnese Informationen, die unter Hinzuziehung der Krankheitslehre zu einer *psychiatrischen Diagnose* führen. Durch diese Diagnose wird die Art der psychiatrischen Störung klassifiziert, von anderen Erscheinungsformen unterschieden und ein Behandlungsansatz abgeleitet.

Die Verhaltenstherapie und ihr Behandlungsansatz beruht auf lerntheoretischen Gesetzmäßigkeiten, hat spezifische Störungsmodelle über die Erkrankung und setzt eigene diagnostische Mittel ein.

Neben diesen Informationen werden die aus verhaltenstherapeutischer Sicht relevanten Informationen der psychiatrischen Diagnostik in der Verhaltensanalyse zusammengetragen und in das verhaltenstherapeutische Behandlungsmodell integriert. Hierdurch ergibt sich eine *verhaltenstherapeutische Diagnose*, die sich deutlich von der psychiatrischen Diagnose unterscheidet.

Nicht Abstraktion und Klassifikation, sondern eine genaue Beschreibung der Art des Verhaltens, seiner vorausgehenden und aufrechterhaltenden Bedingungen ist das Ziel der Verhaltensdiagnostik.

Beispiel: Der Tod ihres Mannes veranlaßt die Mutter von zwei Söhnen zu Klageverhalten. Dieses führt kurzfristig dazu, daß die Söhne häufiger vorbeikommen. Auch nach längerer Zeit hält das Klageverhalten an. Um diese Entwicklung zu beenden intensivieren die Söhne ihre Bemühungen, jedoch erfolglos, ihre Mutter zieht sich sozial immer weiter zurück.

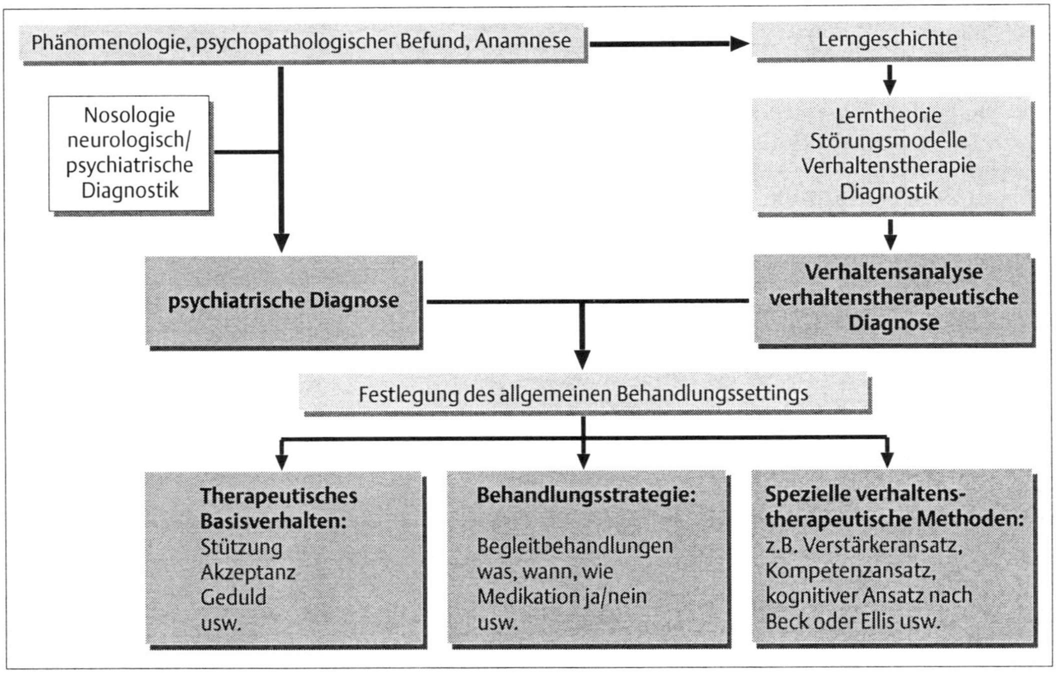

Abb. 7.**1** Behandlungsansätze bei einer Depression

Nach einiger Zeit beginnen sie zu resignieren und reduzieren den Kontakt mit der Mutter. Dies führt zu einem verstärkten Klageverhalten, zunehmender Inaktivität und schließlich zur Einweisung durch den Hausarzt unter der Diagnose „Involutionsdepression".

Verhaltenstherapeutisch betrachtet handelt es sich um ein exzessives Problemverhalten. Ursprünglich auslösend war ein Verlustereignis. Die Zuwendung der Söhne stellte eine negative Verstärkung für das Problemverhalten dar. Die Intensivierung der Zuwendung durch die Söhne reduziert die Wahrscheinlichkeit eines Alternativverhaltens der Mutter. Durch die Erfolglosigkeit ihrer Bemühungen und das zunehmende Klageverhalten wird die Mutter zum aversiven Reiz für die Söhne. Der Versuch der Söhne, sich „auszuschleichen" führt wiederum aus Sicht der Mutter zu einem Verlustereignis. Dieses wird, wie bereits vorher, jetzt mit noch erhöhter Intensität durch Klageverhalten beantwortet.

Psychiatrische Diagnose und verhaltenstherapeutische Diagnose führen zu einer Festlegung eines allgemeinen Behandlungssettings. Neben dem therapeutischen Basisverhalten und der Behandlungsstrategie können aus der Verhaltensanalyse und der Verhaltenstherapeutischen Diagnose spezielle verhaltenstherapeutische Behandlungsansätze abgeleitet werden.

Beispiel: Generelles (der klinischen Lage angepaßtes) Ziel ist die Löschung des exzessiven Klageverhaltens und der gleichzeitige Aufbau von Alternativverhaltensweisen. In diesem speziellen Fall käme anfangs besonders der Einsatz von operanten Methoden (s. Kap. 12) in Betracht. Später könnte eine kognitive Methode, z.B. nach Beck, ergänzend einbezogen werden.

Der Einsatz verhaltenstherapeutischer Methoden steht dabei in keinem Widerspruch zu pharmakologischen oder sonstigen Behandlungsnotwendigkeiten, sondern ist Teil der aufeinander abgestimmten Behandlungsstrategie.

7.5 Synopse von Analysemodellen

Wie bereits in der Einführung angeschnitten, gibt es nicht *das eine gültige* Problem-/Verhaltensanalyse-Modell, sondern im Rahmen der Entwicklung der Verhaltenstherapie wurden verschiedenste Analysemodelle erstellt. Hierbei wurden zum einen die Weiterentwicklungen in allgemeine Analysemodelle eingebaut, zum anderen in allgemeinen Analysemodellen störungsspezifische Erkenntnisse besonders fokussiert.

Die historischen „Meilensteine" bei der Erstellung allgemeiner Problem-/Verhaltensanalyse-Modelle können zeitlich und nach Autoren geordnet werden (s. Tab. 7.**1**). Da trotz der Ausdifferenzierung bei allen Analysesystemen Gemeinsamkeiten und allgemein gültige Rahmenbedingungen vorliegen, kommt es im konkreten Einzelfall einer Therapie nicht so sehr auf das Schema des verwendeten Analysesmodells an, sondern auf dessen Plausibilität und Logik für die Erklärung des jeweiligen Problems.

Tabelle 7.**1** Analysemodelle

1958	Skinner	S - R - C: Zusammenfassung der S - R und R - C Theorien
1969	Kanfer	S - O - R - K - C - Verhaltensgleichung
1974	Schulte	Ausformung der Verhaltensgleichung von Kanfer
1980	Bartling	S - O - E - V - K: Einführung von Regeln und Plänen
1986	Kanfer	Selbstregulation als nicht mehr lineares Systemmodell
1989	Caspar	Differenzierung der Analyse von Plänen
1990	Schulte	Problemanalyse auf verschiedenen Ebenen
1992	Bartling	S - WP - O - E - V - K: Erweiterung um Wahrnehmungsprozesse
1996	Kanfer	Kontextuelle Verhaltensanalyse auf Makro- und Mikroebene

Konkret bedeutet dies:

- Welches Analysesystem der jeweilige Therapeut verwendet, unterliegt seiner eigenen Entscheidung.
- Die Auswahl sollte jedoch dem Niveau des Patienten entsprechen, damit er es versteht und die abgeleiteten Veränderungsvorschläge für ihn plausibel sind.
- Bei Anwendung eines Analysesystems muß dessen Begrifflichkeit durchgängig beibehalten werden.
- Die Begrifflichkeit des verwendeten Analysesystems muß operationalisiert sein, damit Therapeuten mit anderen Analysesystemen dieses in ihr jeweiliges Analysesystem „übersetzen" können.

Die komplexen, in den letzten zehn Jahren entwickelten Analysesysteme sind von großem heuristischen Wert und sollten zum Wissensbereich eines ausgebildeten Verhaltenstherapeuten gehören. Sie sind jedoch aus didaktischen Gründen nicht für eine Einführung in die Verhaltenstherapie geeignet und im Alltagsgebrauch für einen Patienten zumeist nicht mehr verständlich.

■ Gebräuchliche Problem-/ Verhaltensanalyse-Modelle

Daher haben sich im deutschsprachigen Raum für den Bereich der Lehre und der therapeutischen Verwendung drei allgemeine Problem-/ Verhaltensanalyse-Modelle nebeneinander etabliert.

Alle drei sind primär linear aufgebaut und sind bei näherer Betrachtung, zwar mit anderem Schwerpunkt, jedoch prinzipiell sehr ähnlich. Sie unterscheiden sich mehr in den verwendeten Begrifflichkeiten und Symbolen als in der allgemeinen Vorgehensweise und ihren grundlegenden Inhalten. Alle drei Analysesysteme basieren auf der 1969 von Kanfer definierten Verhaltensgleichung *S - O - R - K - C*.

Schulte (1974) behält die Begrifflichkeit der *S - O - R - K - C* - Formel von Kanfer bei und differenziert sie besonders auf der Ebene der Analyse der Einzelsymptome.

Bartling (1980) betont als neue Komponente kognitive Anteile und gliedert diese unter dem Symbol (*E* = Erwartungen) aus der Situation *S* aus. Zudem werden die Folgen des Verhaltens ausdifferenziert nach internen, externen und kurz- oder langfristigen Konsequenzen.

Zudem werden die ursprünglichen Symbole der Kanfer-Formel verändert.

Das Verhalten wird nicht mehr mit *R* sondern mit *V* symbolisiert. Die Kontingenz (Symbol *K*) zwischen Verhalten und Konsequenzen aus der ursprünglichen Kanfer-Formel wird weggelassen. Statt dessen wird das Symbol *K* verwendet um die Konsequenzen des Verhaltens zu bezeichnen. Das Symbol *C* der Kanfer-Formel wird also durch *K* ersetzt.

Sulz (1991) reduziert die Kanfer-Formel auf die Symbole *S - O - R - K*. In das Symbol *O* integriert er jedoch Persönlichkeitsmerkmale, kognitive Strukturen und übergeordnete Denkstrukturen. Auch er läßt das Symbol *K* der ursprünglichen Kanfer-Formel weg und verwendet das Symbol *K* statt des *C* als Konsequenz des Verhaltens.

Wenngleich jede dieser Analyse-Variationen sicherlich ihren eigenen Wert hat und eigenständig verwendbar ist, so stellt sich dennoch die Frage, warum bei soviel Gemeinsamkeit und gleicher Ableitung aus der allgemein akzeptierten Kanfer'schen Verhaltensgleichung eine unterschiedliche Symbolik notwendig ist.

Ein zusammenfassendes Modell könnte mit Unterteilung in eine Makro- und Mikroebene alle drei Analysesysteme integrieren (siehe Abb. 7.**2**).

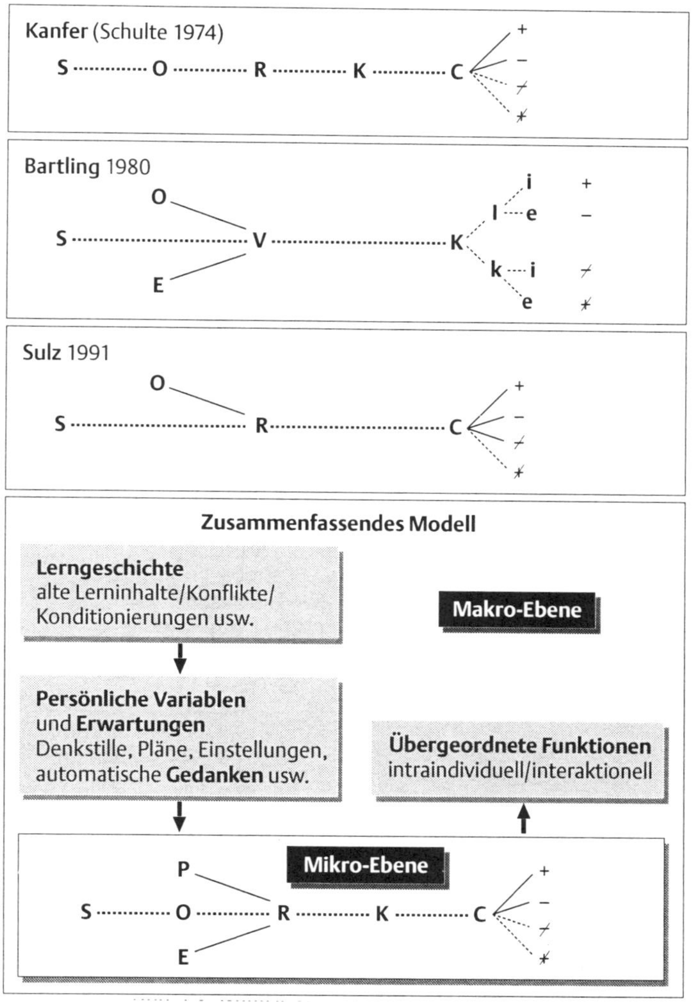

Abb. 7.2 Synopse von Problem-Verhaltensanalyse-Modellen

7.6 Literatur

1. *Bartling, G., Echelmeyer, L. & Engberding, M.:* Problemanalyse im therapeutischen Prozeß. Kohlhammer, Stuttgart 1980
2. *Kanfer, F.H. & Saslow, G.:* Behavior diagnosis. In: *Franks, C.M.* (Hrsg.): Behavior Therapy: Appraisal and status. McGraw-Hill, New York 1969, S. 417-444
3. *Kanfer, F.H & Goldstein, A.P.:* Helping people change. Pergamon, New York 1986
4. *Kanfer, F.H., Reinecker, H. & Schmelzer, D.:* Selbstmanagement-Therapie. Springer, Berlin 1996
5. *Schulte, D.:* Diagnostik in der Verhaltenstherapie. Urban & Schwarzenberg, München 1974
6. *Sulz, S.K.D.:* Das Verhaltensdiagnostiksystem. CIP Medien, München 1991

8. Durchführung der Problem- und Verhaltensanalyse

R. Wassmann

8.1 Einführung

Wie im vorherigen Kapitel dargelegt, existieren verschiedenste Problem-/ Verhaltensanalysesysteme. Aus didaktischen und pragmatischen Gründen erscheinen lineare Modelle zur Vermittlung geeigneter als komplexe, nicht-linear aufgebaute Modelle. In diesem Kapitel wird von der ursprünglichen Kanfer-Formel und der benutzten Symbolik ausgegangen. In Anbetracht der Relevanz der von Bartling (1980) eingebrachten Überlegungen zu Plänen, Regeln und Erwartungen werden diese mit dem Symbol E in die Verhaltensgleichung integriert. Ähnliches gilt für die Ideen von Sulz (1991) zur Lerngeschichte und den persönlichen Variablen, die unter dem Symbol *P* in die Verhaltensgleichung eingefügt werden.

Diese auf der Makro-Ebene gewonnenen Informationen werden auf der Mikro-Ebene zu folgender Verhaltensgleichung zusammengefaßt (s. Abb. 8.1).

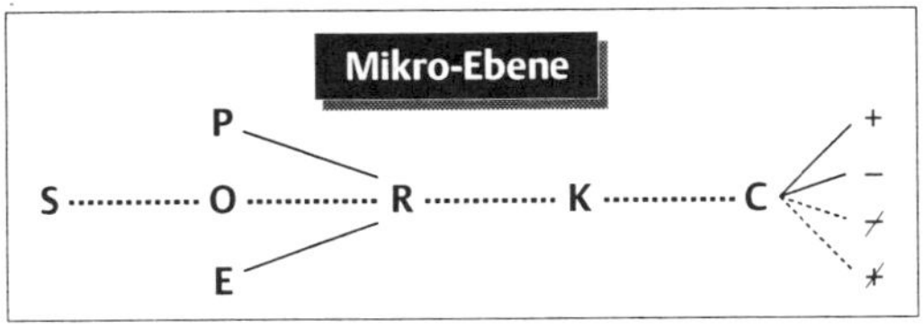

Abb. 8.1 Verhaltensgleichung

8.2 Fragenkomplexe bei der Problem-/ Verhaltensanalyse

Ziel dieses Kapitels ist eine Darstellung möglicher Gliederungspunkte und Fragestellungen einer Problem-/Verhaltensanalyse.

Statt von einer spezifischen Störung zu sprechen, wird hier allgemein der Begriff „Problem" verwandt. Im konkreten Fall ist dieses Problem jeweils genauer zu benennen.

Da in diesem Rahmen nur eine begrenzte Darstellung erfolgen kann, sei auf die angegebene Originalliteratur verwiesen. Bei dieser Darstellung wird in wesentlichen Teilen nach dem Modell von Bartling (1980), jedoch unter Beibehaltung der Symbolik von Kanfer, vorgegangen.

■ Problemorientierung und Strukturierung

Zu Beginn einer Therapie muß sich der Therapeut als erstes einen groben Überblick über die Problemlage verschaffen und eine vorläufige Strukturierung und Einordnung der Problematik vornehmen. Die Erwartungen und Ziele des Patienten sollten erfaßt werden und eine erste Rollenstrukturierung erfolgen.

Beispiele:

- Welche Beschwerden/Probleme führen Sie zu mir?
- Lassen sich die Beschwerden/Probleme aus Ihrer Sicht grob unterteilen?
- Welche Ursachen sind aus Ihrer Sicht für die Beschwerden verantwortlich?
- Sehen Sie Zusammenhänge mit anderen Beschwerden/Problemen?
- Was möchten Sie ändern und welches Ziel haben Sie?
- Warum, glauben Sie, kann Ihnen eine Psychotherapie bei dieser Änderung helfen?
- Wie stellen Sie sich unsere gemeinsame Arbeit an dem Problem vor?
- Wie, glauben Sie, können Sie selbst zur Veränderung Ihrer Probleme beitragen?
- Was erwarten Sie von mir bei der Veränderung Ihrer Probleme?

In der Regel werden bereits in den ersten Kontakten die Grundlagen für das Gelingen einer

Psychotherapie gelegt. Hierbei sind folgende übergeordnete Fragen zu klären:

1. Ist bei diesen Beschwerden eine psychotherapeutische Behandlung indiziert?
2. Muß vorher eine weitergehende somatomedizinische/psychiatrische Abklärung erfolgen oder sollte der Patient anderen Behandlungsformen zugeführt werden?
3. Ist eine psychotherapeutische Behandlung indiziert, so stellt sich die Frage, ob die Ausgangsmotivation des Patienten groß genug ist oder sie soweit erhöht werden kann, daß eine Psychotherapie wirksam sein kann?
4. Ist das Problem auf einen Bereich eingrenzbar? Oder bestehen mehrere Problembereiche nebeneinander und sind diese miteinander verwoben?
5. Ist die prinzipielle Zieldefinition des Patienten realistisch oder muß sie ggf. gemeinsam präzisiert oder relativiert werden?
6. Welche Vorstellungen hat der Patient von einer Verhaltenstherapie und welche Informationen benötigt er ggf. vom Therapeuten für eine realistische und das Arbeitsbündnis stärkende Erwartungshaltung.

■ Situationsanalyse Makro-Ebene

Der Entschluß, eine Therapie in Anspruch zu nehmen, stellt den Endpunkt einer langen Kette von Ereignisfolgen und Überlegungen des Patienten dar, die den Behandlungsprozeß beeinflussen (Kanfer 1996). Daher muß der Therapeut sich einen groben Überblick über den Kontext, in dem das Problem entstand, und seine Weiterentwicklung bis zum Therapiezeitpunkt verschaffen. Neben allgemeinen Rahmenbedingungen interessiert hier besonders die Entwicklung der internen Wahrnehmung und Bewertung des Problems. Dies führt zu der Frage, warum sich *gerade diese* Person, *gerade jetzt* zur Inanspruchnahme psychotherapeutischer Hilfe entschieden hat.

Beispiele:

- Wann wurde Ihnen das Problem erstmals bewußt?
- Wie sah Ihre Lebenssituation aus (Beziehungen, Lebensinhalte, Beruf etc.)?
- Welche, Lebens-, Beziehungs-, Entscheidungskonflikte bestanden damals?
- Was hat Sie damals innerlich am meisten bewegt?
- Was haben Sie beim ersten Auftreten des Problems darüber gedacht?
- Wie ging es dann mit dem Problem weiter, entstanden zusätzliche Probleme?
- Was haben Sie bei dieser Entwicklung zu sich selber innerlich gesagt oder über das Problem gedacht?
- Warum haben Sie sich gerade jetzt und nicht z.B. vor drei Monaten zu einer Therapie entschlossen?

In dieser Phase geht es nicht um eine ausführlichere Erarbeitung der Störungsgenese, sondern um eine vorläufige Konzeptualisierung des Problems. Hierbei sind zur groben Einordnung für den Therapeuten folgende übergeordnete Fragen zu klären:

1. Unter welchen Rahmenbedingungen ist das Problem entstanden und wie hat es sich entwickelt?
2. Welches Erkrankungsverständnis (Health Belief System) hat der Patient?
3. Wie erklärt sich der Patient selbst die Entstehung und Weiterentwicklung des Problems? Hierdurch werden auch erste Hinweise für die Selbstreflexionsfähigkeit des Patienten deutlich.
4. Welchen Bezug und Zusammenhang haben innere Prozesse und Kognitionen des Patienten zu der Problementwicklung? Durch die Einbeziehung interner Prozesse soll der Patient auf die Bedeutung eigener kognitiver Anteile bei seinem Problem hingewiesen werden.
5. In welchem Maße ist der Patient für die Therapie fremd- oder eigenmotiviert und was hat dazu geführt, daß er sich gerade jetzt um professionelle Hilfe bemüht?

■ Auswahl eines Problems

Sind mehrere Probleme relevant oder besteht eine komplexere Problemkonstellation? Muß ein „unübersichtlicher Problemberg“ in einzelne „Problemhügel“ zerlegt werden, die einzeln „erklommen“ werden können? Diese Unterteilung mag anfangs künstlich erscheinen und die Sinnhaftigkeit dieses Vorgehens ist vom Therapeuten dem Patienten gegenüber verständlich zu machen. Der Gewinn an Übersichtlichkeit und die Möglichkeit, „einzelne, kleinere Problemhügel“ hintereinander „zu erklimmen“ und so diese leichter zu verändern, erhöht jedoch die Motivation des Patienten zur Bearbeitung seiner Probleme.

Beispielsweise:

- Wenn Sie diesen Problemberg vor sich sehen, in welche Teilbereiche könnte man ihn unterteilen?
- Günstig ist auch der Einsatz eines Problemkuchens. Zuerst werden alle Probleme schriftlich gesammelt. Dann wird ein Kreis als Problemkuchen definiert und der Patient instruiert: Wenn Sie sich alle Ihre Probleme als eine Kuchentorte vorstellen – welche Tortenstücke (=Probleme) würden Sie in welcher Größe herausschneiden?
- Welches Problem bedrängt Sie am meisten? Ist es realistisch, dieses sofort anzugehen oder sollte zuerst ein anderes Problem gelöst werden?
- Würde die Veränderung des Problems X auch Veränderungen bei anderen Problemen herbeiführen?

Rolle des Therapeuten

Zu diesem Zeitpunkt ist eine aktivere Einflußnahme des Therapeuten gefragt. Aufgrund der ihm bisher zur Verfügung stehenden Informationen, seines Störungswissens und seiner Problemkonzeptualisierung hat er seine Hilfe bei der Auswahl des zuerst zu bearbeitenden Problems anzubieten. Die Problemauswahl kann sich nach verschiedenen Kriterien richten, u.a.:

1. Die Dringlichkeit des Problems wird aus Sicht des Patienten dabei eine wesentliche Rolle spielen, ist jedoch nicht immer der geeignetste Veränderungsbereich.
2. Die Übergeordnetheit eines Problems kann ein günstigerer Ansatzpunkt sein als das aktuell dringliche, untergeordnete Problem.
3. Andererseits könnten die negativen Folgen einer erst späteren Bearbeitung des dringlichen Problems sehr gravierend sein.
4. Bei schwierigerer Motivationslage könnte die erfolgreiche Bearbeitung eines Teilproblems die Erfolgserwartungen und Motivation stärken.
5. Bei begrenzter Therapiezeit, begrenzten Fähigkeiten des Patienten oder unveränderbaren äußeren Rahmenbedingungen sollte das ausgewählte Problem eingegrenzt und realistisch veränderbar sein
6. Zu bedenken sind Auswirkungen der Veränderung auf andere Lebensbereiche (z.B. Partnerschaft).

■ Situationsanalyse Mikro-Ebene

Nach Auswahl eines Problems und Definition des jetzt zu analysierenden Problemverhaltens werden die Situation und die Stimulusbedingungen in der es auftritt (oder z.B. zuletzt aufgetreten ist) erfaßt.

Beispiele:

- Wo?
- Wann?
- Wer war anwesend?
- Wer zeigte welches Verhalten?
- Welche Rahmenbedingungen lagen vor?
- Welches eigene Verhalten ging voraus?

Wichtig ist hierbei zugleich die Bedeutung und Bewertung der Situationsmerkmale. Möglicherweise sind diskriminative oder konditionierte Reize vorhanden.

Das Ziel ist dabei die detaillierte Erfassung *verhaltensrelevanter* Situationsmerkmale. Ob und welche Situationsmerkmale verhaltensrelevant sind, läßt sich nicht immer sofort bestimmen. Hilfreich kann es sein, andere Situationen, in denen das Problemverhalten ebenfalls aufgetreten ist, auf Ähnlichkeiten der vorausgehenden Stimuli zu untersuchen und/oder ähnliche Situationen, in denen das Problemverhalten nicht aufgetreten ist, auf Unterschiede bei den Stimulusbedingungen zu untersuchen.

■ Organismusvariablen

Hierunter werden solche biologisch/somatische Determinanten zusammengefaßt, die einen Einfluß auf das Verhalten haben. Hierzu gehören überdauernde und situationsbedingte Organismusbedingungen. Diese sind zum einen durch die somatomedizinische Abklärung, aber auch im verhaltenstherapeutischen Interview zu eruieren.

Beispiele:

- Leidet der Patient unter körperlichen Funktionsstörungen oder Erkrankungen?
- Bestehen Stoffwechselstörungen, Entwicklungsrückstände, genetische Anomalien?
- Nahm der Patient damals oder nimmt er heute Medikamente oder Drogen ein?
- Bestand vor oder bei Auftreten des Problemverhaltens eine körperliche Ausnahme- oder Belastungssituation?
- Wie reagiert der Patient üblicherweise körperlich in solch einer Situation?

Die Überprüfung möglicher Organismusvariablen darf nicht wegen einer pauschalen Erklärung des Patienten oder seines Hausarztes - „der Patient sei gesund" - vernachlässigt werden. Oft ergeben sich erst durch die Gesamtbetrachtung Hinweise für ein Interagieren somatischer und psychischer Anteile. Verfügt der Therapeut nicht selbst über gute somatische, psychiatrische und psychophysiologische Kenntnisse, sollte diesbezüglich unbedingt eine Abklärung durch einen medizinisch und gleichzeitig psychotherapeutisch ausgebildeten Kollegen erfolgen. Ggf. muß für spezielle Fragen ein Facharzt des entsprechenden Gebietes konsultatorisch herangezogen werden. Dabei ist eine Spezifizierung der Fragestellung für den konsultierten Facharzt wichtig.

■ Lebensgeschichte und Persönliche Variablen

Vorbemerkung

Wie bereits in der Einführung beschrieben, werden die auf der Makro-Ebene gewonnenen Informationen zur Lerngeschichte und zu den Persönlichen Variablen auf der Mikro-Ebene zusammengefaßt. Die Inhalte orientieren sich dabei an Sulz (1991, 1994). Das Modell von Sulz integriert diese Inhalte in das Symbol *O* der Kanfer-Formel und vermischt diese mit den ursprünglichen Organismusvariablen nach Kanfer.

Diese - von Sulz eingebrachten - Inhalte sind einerseits so relevant, daß ihnen ein eigenes Symbol zustehen könnte, andererseits sollte die Symbolik und Nomenklatur der Kanfer-Formel aus didaktischen Gründen bestehen bleiben. Daher bietet es sich an, die von Sulz eingebrachten neuen Inhalte in ein eigenes Symbol einzukleiden und in die Kanfer-Formel zu integrieren. Für eine einfache Darstellung auf der Mikro-Ebene und unter Beibehaltung eines leichter umsetzbaren linearen Analysemodells können die speziellen Inhalte des Modells von Sulz unter dem Symbol *P* in die Kanfer-Formel eingefügt werden. Da die genauere Darstellung dieser Überlegungen den Rahmen dieses Kompendiums sprengen würde, sei dazu auf Sulz (1991, 1994) verwiesen.

Verkürzte Zusammenfassung

Die individuelle Lebensgeschichte eines Individuums führt zu lerngeschichtlich erworbenen Überlebensstrategien. Diese Überlebensstrategien werden durch familiäre, individuelle und gesellschaftliche Bedingungen beeinflußt. Persönliche Bedürfnisstrukturen, Bewältigungsstrategien und Dispositionen führen zu Persönlichkeitsstrukturen mit möglicherweise dysfunktionalen Denkstilen und Verhaltensstereotypien. In besonderen Lebenssituationen führt eine darauf beruhende pathogene Beziehungs- und Lebensgestaltung zur Entstehung und Aufrechterhaltung eines Problems.

Anwendung

Die für die Analyse verwendbaren Informationen sind nur begrenzt in der Mikro-Analyse direkt abfragbar. Sie ergeben sich zumeist aus der Makro-Analyse. Die Anamnese, die Störungsgenese/Lerngeschichte, die spezielle Problemkonstellation und die übergeordnete Funktionalität der Probleme liefern bei entsprechendem Störungswissen des Therapeuten Hinweise auf die funktionalen Zusammenhänge der Informationen. Diese auf der Makro-Ebene erhaltenen oder als Hypothesen angenommenen Zusammenhänge werden für die Verwendung auf der Mikro-Ebene präzisiert.

Beispiele:

- Welche Familienkonstellation lag vor? Welche Bewältigungsmuster mußte der Patient erlernen, um zu überleben?
- Sind Verhaltensstereotypien bei dem Patienten zu erkennen, die ihn bei der Bewältigung der aktuellen Lebenssituation behindern/hemmen oder zu Konflikten führen?

- Welche Denkstile sind bei dem Patienten vorhanden? Sind sie aktuell dysfunktional oder führen zu habituellen dysfunktionalen Gefühlen/Verhaltensweisen?
- Kennt der Patient diese Denkweise oder Verhaltensweise von früheren ähnlichen Konfliktsituationen?
- Wie hat ihm diese Denkweise oder Verhaltensweise früher geholfen, Problemsituationen zu bewältigen?

Die Informationen auf dieser Ebene sind in der Regel nicht „im ersten Anlauf" zu erhalten. Wenngleich frühzeitig durch den Therapeuten angedeutet, so werden sich erst im Verlaufe der Therapie die Einzelinformationen, Vermutungen und Hypothesen konkretisieren. Deshalb und auch, um zu frühe Überforderungen der therapeutischen Beziehung vorzubeugen, wird die Konkretisierung, die auch immer eine Belastung des Patienten bedeutet, erst im späteren Therapieverlauf vornehmbar sein.

Diese erst später mögliche Einordnung relevanter Informationen weist nochmals darauf hin, daß die Problem-/Verhaltensanalyse mehr ein Ordnungssystem und kein lineares Abfragesystem darstellt.

Hinweis

Diese eher allgemeinen Fragestellungen können nach entsprechender Therapieerfahrung und der Kenntnis kognitiver Therapiestrategien in wesentlichem Umfang ausgebaut und therapeutisch nutzbar gemacht werden. Besonders der kognitive Therapieansatz von Beck mit der Konkretisierung automatischer Gedanken sowie formaler und inhaltlicher Denkfehler erweitert hier das Behandlungsinventar der Verhaltenstherapie.

■ Regeln, Pläne und Erwartungen

Ähnlich wie im vorherigen Absatz sollen in diesem Teil Informationen der Makro-Ebene aus der Lerngeschichte und die Überlegungen von Bartling et al. (1980) zu Regeln, Plänen und Erwartungen des Patienten zusammengefaßt werden.

Diese von Bartling formulierten Inhalte erscheinen als Ergänzung der ursprünglichen Kanfer-Formel unabdingbar für eine zeitgemäße Problem-/Verhaltensanalyse. Sie werden von Bartling auf der Makro-Ebene als Regeln, Pläne und Systemregeln analysiert und kommen u.a. als Erwartungen mit dem Symbol *E* in der Verhaltensgleichung auf der Mikro-Ebene zur Geltung. Dieses Symbol soll in diesem Text als Ergänzung der Kanfer-Formel hinzugefügt werden, um die oben genannten Inhalte darzustellen. Zur Beibehaltung vergleichbarer Symbolik wird auf die Veränderung der Symbolbedeutungen durch Bartling verzichtet und weiterhin die Kanferschen Symbole benutzt.

Genauere Ausführungen sind in der gut strukturierten, komprimierten und daher sehr empfehlenswerten Orginalliteratur (Bartling 1980, 1992) nachlesbar.

Menschliches Verhalten unterliegt situationsunabhängig bestimmten System-Regeln. In der Familie, in der Peer-Group, im Beruf, in der Gesellschaftsschicht etc. herrschen mehr oder weniger explizite Normen, Rollenzuschreibungen und System-Regeln des Umgangs miteinander und der Konsequenzen für Befolgung und Nicht-Befolgung dieser „Spielregeln" etc. Diese System-Regeln beeinflussen wesentlich die übergeordneten Ziele eines Individuums. Zum Erreichen dieser Ziele benötigen Menschen eine allgemeine, umfassende Strategie ihres Verhaltens: einen „Oberplan". Dieser „Oberplan" ist sehr allgemein und wird durch mehrere „Verhaltenspläne" - also Strategien - für die zu erreichenden Teilziele konkretisiert. Für konkrete Einzelsituationen beinhalten die „Verhaltenspläne" verschiedene konkrete „Verhaltensregeln" für gleichartig wahrgenommene Situationen.

Diese Oberpläne, Verhaltenspläne und Verhaltensregeln konkretisieren sich auf der Mikro-Ebene in Erwartungen an das eigene und das Verhalten anderer Menschen.

Beispiele:

- Welche Standards werden an das eigene Verhalten angelegt?
- Welches Verhalten wird in dieser speziellen Situation von einem selbst erwartet?
- Welche Konsequenzen sind bei welchem Verhalten zu erwarten?
- Was glaubt der Patient, was andere Menschen von ihm erwarten?
- Sind die Oberpläne dieses Patienten seiner aktuellen Lebenssituation angepaßt?
- Sind die Oberpläne realistisch oder irrational?
- Existieren einander widersprechende oder kollidierende Oberpläne beim Patienten?

- Sind die Verhaltenspläne sinnvoll aus sinnvollen Oberplänen abgeleitet?
- Widersprechen sich Regel oder Verhaltenspläne?

Wie bereits für den vorherigen Abschnitt und den kognitiven Ansatz von Beck beschrieben, eröffnen andererseits die Überlegungen von Bartling und entsprechende Erfahrungen mit der kognitiven Therapie die Möglichkeit, die Rational-Emotive Therapie nach Ellis in das Analyse- und Therapiekonzept miteinzubeziehen. Dieses führt dann ebenso zu einer wesentlichen Erweiterung des Diagnostik- und Therapieinventars für die Verhaltenstherapie.

Analyse des Verhaltens in der Situation

Hier soll die Topographie des Problemverhaltens, seine Charakteristika, der Typ der Symptomatik und bisherige Selbstkontrollmöglichkeiten erfaßt werden.

Topographie des Verhaltens

Die topographische Beschreibung des Problemverhaltens kann auf vier Ebenen vorgenommen werden. Neben den motorischen, verbalen oder nonverbalen, also beobachtbaren Komponenten sollen kognitive, emotionale und physiologische Verhaltensweisen möglichst genau erfaßt werden. Allgemeine Begriffe wie Angst, Trauer etc. sollten durch Beschreibungen innerlicher Verbalisationen oder Selbstinstruktionen präzisiert werden. Statt der allgemeinen Benennung „Angst" könnte z.B. der innere Satz: „Jetzt passiert eine Katastrophe" gewählt werden.

Beispiele:

- Was haben Sie in diesem Augenblick getan? Wie haben Sie sich geäußert?
- Wohin sind Sie gegangen?
- Wie haben sie sich damals verhalten?
- Was haben Sie innerlich zu sich selbst gesagt?
- Was haben Sie genau in diesem Augenblick gedacht?
- Welches Bild hatten Sie innerlich vor Augen?
- Welches Gefühl trat in diesem Moment auf?
- Wie könnte man es genauer beschreiben?
- Waren Sie aufgeregt, ruhig, zittrig, gespannt oder wie hat Ihr Körper reagiert?

Charakteristika des Verhaltens

Neben der Art der Verhaltensweisen ist deren Intensität, ihre Frequenz, Dauer und mögliche Schwankungen in Abhängigkeit von Situationsvariablen und Konsequenzen von Interesse. Aus dem Vergleich ähnlicher Situationen mit unterschiedlich ausgeprägten Reaktionsstärken oder Reaktionshäufigkeiten können Rückschlüsse auf Bedingungszusammenhänge möglich sein.

Beispiele:

- Ist das Problem stärker oder schwächer wenn sie X oder Y denken oder tun?
- Wenn die Situation X oder Y ist, wann ist das Problemverhalten stärker?
- Ist die Dauer des Problemverhaltens von bestimmten Umständen abhängig?
- Warum leiden Sie (mehr oder weniger) unter Ihrem Problem wenn X oder Y die Konsequenz sind?

Typ der Symptomatik

Eine vorläufige Klassifikation des Problemverhaltens nach Schulte (1974) erleichtert eine spätere Einordnung unter Therapieaspekten:

Beispiele:

- Ist das Verhalten gänzlich unangemessen?
- Tritt ein „normales" Verhalten zu häufig auf?
- Tritt ein „normales" Verhalten zu selten auf?
- Ist ein „normales" Verhalten nicht vorhanden (Verhaltenslücke)?

Selbstkontrolle und Ressourcen

Einen weiteren Hinweis für therapeutisch nutzbare Methoden liefern mögliche Versuche des Patienten, das Problem selbst zu kontrollieren und deren bisherige Effektivität. Die eigenen Ressourcen des Patienten sollten ausführlich herausgearbeitet werden. Neben den diagnostischen Informationen spielt hier die motivierende Komponente durch Fokussierung eigener Fähigkeiten und Selbsteffizienzerleben eine wichtige Rolle.

Beispiele:
- Wie haben Sie bisher das Problem unter Kontrolle gehalten? Was haben Sie bisher getan/gedacht, um das Problem zurückzudrängen?
- Wie weit und mit welchen Mitteln konnten Sie dem Problem ausweichen?
- Hat schon einmal ein Verhalten oder ein Gedanke das Problemverhalten deutlich reduziert?
- Warum hat dieses Mittel zuletzt nicht mehr ausgereicht?

Kontingenz

Die Kontingenz beschreibt die Form des Zusammenhanges zwischen dem Problemverhalten und den Konsequenzen.

Der Verstärkerplan kann auf den Ebenen: kontingent vs. intermittierend, fixiert vs. variabel und Quoten- vs. Intervallverstärkung beschrieben werden. Dieser Verstärkerplan hat wesentlichen Einfluß auf die Stabilität und Löschungsresistenz des Problemverhaltens.

Beispiele:
- Gibt es Regelmäßigkeiten oder stabile Muster zwischen dem Verhalten und den Konsequenzen?
- Mit welcher Wahrscheinlichkeit folgt auf das Verhalten eine Verstärkung?
- Führt das Verhalten regelmäßig zu den gleichen Konsequenzen?

Konsequenzen des Verhaltens

Qualität der Konsequenzen

Die Konsequenzen verändern die Auftrittswahrscheinlichkeit des vorhergehenden Verhaltens. Sie sind entscheidend für die Stabilität und Quantität einer Problemverhaltensweise. Die Konsequenzen können hinsichtlich ihrer Qualität in positive oder negative Verstärkung, Löschung und Bestrafung unterschieden werden. Hier sei nochmals betont, daß die Qualität der Konsequenz nur über die Veränderung der Auftrittswahrscheinlichkeit des vorhergehenden Verhaltens definiert werden kann (s. Kap. 4).

Zu klären ist, ob die Konsequenzen
- eine positive Verstärkung,
- eine negative Verstärkung,
- eine Löschung,
- eine Bestrafung,

für das vorhergehende Verhalten bedeuten.

Zeitabstand der Konsequenzen

Der zeitliche Abstand zwischen dem Auftreten unterschiedlicher Konsequenzen hat wesentlichen Einfluß auf deren Wirksamkeit. So entfalten kurzfristige, also dem Verhalten unmittelbar folgende Konsequenzen, in der Regel eine stärkere Wirksamkeit auf das vorausgehende Verhalten als langfristige, in ferner Zukunft liegende Konsequenzen.

Entstehungsort der Konsequenzen

Die Konsequenzen können von außen, also extern auf das Individuum einwirkende oder in dem Individuum selbst, also intern stattfindende Vorgänge sein.

Beispiele:
- Führt die von extern als Bestrafung gemeinte Konsequenz wirklich zur Reduktion der Verhaltenswahrscheinlichkeit oder stellt sie eine negative Verstärkung dar, weil das Problemverhalten gehäufter auftritt?
- Welche Konsequenzen folgen dem Verhalten in welchem zeitlichen Abstand?
- Ist z. B. die interne negative Selbstbewertung eines Verhaltens vielleicht wirksamer als die von anderen externen Personen folgenden Konsequenzen?

Funktionen des Problems auf der Makro-Ebene

Eigentlich den Konsequenzen zugehörig, jedoch nicht unbedingt in der Mikro-Analyse erfaßbar, könnte ein Problemverhalten eine übergeordnete Funktion für das Individuum besitzen. Diese übergeordnete Funktion ist oft erst bei der Betrachtung der Makro-Ebene erkennbar und zumeist dem Patienten nicht bewußt.

Die Bewußtmachung dieser übergeordneten Funktion des Problemverhaltens ist für den Patienten oft sehr schmerzhaft und bedarf daher einer vorsichtigen Vorgehensweise des Therapeuten und kann nur bei einer stabilen Therapeut-Patient-Beziehung vom Patienten angenommen werden.

In Anlehnung an Hand (1994) können zwei Ebenen von übergeordneten Funktionen unterschieden werden:

Intraindividuelle Funktion

- Das Problemverhalten könnte ein Kompensationsversuch einer höherwertigen Störung sein.

Beispiel: Kontrollzwänge bei beginnendem hirnorganischen Abbau.

- Das Problemverhalten könnte Prodrom oder Folge einer anderen Erkrankung sein.

Beispiel: Zwangsgedanken bei einem beginnenden schizophrenen Prozeß oder als Residualsymptomatik?

- Das Problemverhalten könnte zur internen Entlastung für tieferliegende ungeklärte innere Konflikte dienen.

Beispiel: Funktionelle Organbeschwerden können von einer Entscheidungsfindung bei ambivalenter Partnerschaft ablenken.

- Das Problemverhalten könnte ein Signal für gravierende Fehler in der Lebensführung sein.

Beispiel: Chronische Rückenschmerzen als Ausdruck, die Belastungen und Konflikte nicht mehr ertragen zu können.

Interaktionelle Funktion

- Das Problemverhalten könnte ein Machtinstrument im Umgang mit anderen Personen oder der Gesellschaft sein.

Beispiel: Die Kopfschmerzen eines im Ehestreit unterlegenen Partners oder die Rentenneurose eines tief gekränkten Firmenmitarbeiters.

- Das Problemverhalten könnte Ausdruck eines hilflosen Protestes gegen psychische Zwickmühlen sein.

Beispiel: Schreibkrampf oder Pseudodemenz.

- Das Problemverhalten könnte der Systemstabilisierung in der Familie oder Ehe dienen.

Beispiel: Anorexia nervosa. Oder: Die Agoraphobie der Ehefrau bindet den „lebenslustigen" Ehemann an zu Hause und reduziert „Versuchungssituationen".

- Das Problemverhalten könnte ein Appell für eine Entscheidungsfindung durch die soziale Umwelt bei selbsterlebter Entscheidungsambivalenz sein.

Beispiel: Der impotente Ehemann ist hin und her gerissen zwischen seiner Angst vor dem Alleinsein und den dauernd erlebten Kränkungen beim Zusammensein. Aggressives Verhalten, Alkohol, eine Zwangsstörung etc. könnten zur Trennungsentscheidung durch die Ehefrau führen.

- Das Problemverhalten könnte Alibifunktion gegenüber der Familie oder der sozialen Umwelt haben.

Beispiel: Krankenhausaufenthalte und spätere Berufsunfähigkeit wegen Depressionen könnten bei längerer Arbeitslosigkeit die innere Bewertung als insuffizienter Ernährer der Familie aufheben.

Hinweis

Mit der Zuschreibung einer übergeordneten Funktionalität für ein Problemverhalten sollte sehr vorsichtig umgegangen werden. Hier stellt sich sehr oft die Frage danach, ob erst „die Henne oder das Ei" vorhanden war. Was Auslöser oder was Folge war, ist sehr schwer zu differenzieren und oft sind die Ergebnisse Folge eines längeren „Hin und Her" zwischen beiden Polen.

Vorsicht!: Falsche Kausalattribuierungen sind allzu leicht vorgenommen. Insbesondere bei schwierigen und frustrierenden Problemfällen tendieren auch Therapeuten zur Dissonanzreduktion durch externale Mißerfolgszuschreibungen.

Wie Hand (1994) bereits hervorhebt, „sollte bei keiner Therapieplanung vergessen werden, daß der Symptomatik vom Therapeuten eine therapeutisch irrelevante oder irreführende Funktionalität zugeordnet werden kann".

■ Informationen aus der therapeutischen Beziehung

In den therapeutischen Kontakt fließen problematische Denk- und Verhaltensmuster des Patienten ein und werden so direkt für den Therapeuten sichtbar. Hieraus sind diagnostische

Informationen ableitbar, die die im verhaltenstherapeutischen Interview verbal erhaltenen Informationen für den Therapeuten selbst erfahrbar machen.

Von besonderem Interesse ist dabei das Auftreten der zu analysierenden Problemverhaltensweisen in der therapeutischen Situation. Der Therapeut kann hierbei quasi in vivo pathogene Beziehungsmuster, dysfunktionale Denkstile, kollidierende Oberpläne, die beklagten Problemverhaltensweisen selbst etc. beobachten und für die Problem-/Verhaltensanalyse verwertbar machen.

Ggf. ist es sogar notwendig, sich selbst für gewisse Zeit und mit genügendem inneren Abstand in pathogene Interaktionsmuster der Patienten einbinden zu lassen, um überhaupt einen motivationalen Zugang zum Patienten zu erreichen.

Hierzu bedarf es entsprechender Selbstreflexion und ggf. kollegialer Austausch-/ Supervisionsmöglichkeiten.

Zu hinterfragen wären beispielsweise:

- Wie gestaltet der Patient den Beziehungsaufbau?
- Welche sozialen Kompetenzen, interaktionellen Ressourcen setzt er dabei ein?
- Kommt sein Problemverhalten auch hier in der Therapieinteraktion zum tragen?
- Wie versucht der Patient, sich gegenüber dem Therapeuten darzustellen?
- Welche Vermeidungsstrategien wendet er bei problematischen Fragen an?
- Welche problemrelevanten Denkstile werden in der Interaktion deutlich?
- Warum und wie versucht er, belastende Selbsterkenntnisse zu vermeiden?

8.3 Schlußfolgerungen für Ziel- und Therapieplanung

Wie bereits bei der Problemauswahl dargestellt, sind nicht selten mehrere Probleme miteinander verwoben und werden zur besseren Bearbeitbarkeit getrennt analysiert.

In Abhängigkeit von der individuellen Problemlage und den speziellen Bedingungen, die das Problemverhalten auslösen oder aufrechterhalten, ist für jeden Patienten eine individuelle Ziel- und Therapieplanung zu erstellen. Die Schlußfolgerungen aus der jeweiligen Problem-/Verhaltensanalyse sind daher individuell sehr unterschiedlich und nicht allgemein formulierbar. Grobe Anhaltspunkte könnten sein:

Problemdefinition

- Kann die ursprüngliche Problemdefinition aufrechterhalten werden oder haben sich neue Gesichtspunkte ergeben, die eine Umorientierung erfordern?
- Ist unter den neuen Gesichtspunkten eine Verhaltenstherapie weiter indiziert?
- Ist der Patient wirklich der eigentliche Problemträger oder muß das Verhalten anderer Personen modifiziert werden?

Problemzusammenhänge

- Welche Zusammenhänge bestehen zwischen den Problemen?
- Welche Probleme sind anderen Problemen über- oder untergeordnet?
- Kann die Bearbeitung eines Problembereichs vorerst zurückgestellt werden?

Problembedingungen

- Wird das Problemverhalten durch vorausgehende oder nachfolgende Bedingungen gesteuert?
- Wie sehen die steuernden Bedingungen genau aus und wo sind erfolgversprechende Veränderungen möglich?
- Gibt es bei den Problemen ähnliche oder gemeinsame Bedingungen, Denkfehler oder Verhaltensstrategien des Patienten?
- Gibt es einen Problembereich, dessen Veränderung auch andere Probleme reduzieren würde?
- Muß ein Teil-Problem zuerst beseitigt werden, damit übergeordnete Probleme überhaupt bearbeitbar werden?

Probleme bei der weiteren Therapie

- Führt die Bearbeitung eines Problems zur Aufdeckung weiterer, vielleicht durch den Patienten zum derzeitigen Zeitpunkt nicht bewältigbarer Probleme?
- Sollte in Anbetracht der zur Verfügung stehenden Zeit, den begrenzen Fähigkeiten des Patienten oder seiner aktuellen Lebenssituation ein Problembereich zurückgestellt werden?

8.4 Literatur

1. *Bartling, G., Echelmeyer, L. & Engberding, M.:* Problemanalyse im therapeutischen Prozeß. Kohlhammer, Stuttgart 1980
2. *Bartling, G., Echelmeyer, L. & Engberding, M.:* Problemanalyse im therapeutischen Prozeß. 3., überarb. u. erw. Aufl. Kohlhammer, Stuttgart 1992
3. *Hand, I.:* Symptomfunktion in der Verhaltenstherapie. Vorträge (unveröff.), 1994
4. *Kanfer, F.H & Saslow, G.:* Behavior diagnosis. In: *Franks, C.M.* (Hrsg.): Behavior Therapy: Appraisal and status. S. 417-444
5. *Kanfer, F.H. & Goldstein, A.P.:* Helping people change. Pergamon, New York 1986
6. *Kanfer, F.H., Reinecker, H. & Schmelzer, D.:* Selbstmanagement-Therapie. Springer, Berlin 1996

9. Praktische Erarbeitung der Störungsgenese

E.-J. Borgart, E. Okon, R. Meermann

9.1 Stellenwert der Störungsgenese in der Verhaltenstherapie

Im Rahmen der Problem- und Verhaltensanalyse wird ein hypothetisches Bedingungsmodell der Störung erstellt, d.h. die auslösenden und aufrechterhaltenden Bedingungen des problematischen Verhaltens werden gemeinsam mit dem Patienten erarbeitet. Diese einzelnen Bedingungsfaktoren lassen sich in der modifizierten und erweiterten Kanfer-Gleichung S-POE-R-K-C anordnen. Mit der Kennzeichnung der relevanten aufrechterhaltenden Bedingungen ergibt sich ein funktionales Bedingungsmodell der Störung (s. Kap. 8).

Als Teil der Problem- und Verhaltensanalyse wird auch gemeinsam mit dem Patienten die Entwicklung der Störung bzw. der Bedingungsfaktoren herausgearbeitet. Im Unterschied etwa zu tiefenpsychologischen Ansätzen dient die Erarbeitung der Störungsgenese in der Verhaltenstherapie jedoch nicht dazu, unbewußte Anteile oder Konflikte herauszuarbeiten, sondern hat ihre Aufgabe primär darin, das erarbeitete hypothetische Bedingungsmodell zu überprüfen sowie Hinweise auf weitere aktuell therapierelevante Störungsbedingungen zu gewinnen. Gegenüber Patienten läßt sich der Stellenwert der Störungsgenese mit folgendem Beispiel verdeutlichen:

Beispiel: Wenn Sie sich gestoßen haben und eine „Beule" bekommen, dann helfen Ihnen Fragen danach, woran Sie sich gestoßen haben, etwa am Schrank oder an der Tür, wie der Schrank dort hinkommt, wer ihn dort hingestellt hat etc., nicht dabei, daß die Schwellung verschwindet. Die Prellung geht am schnellsten dann zurück, wenn Sie überlegen, was Sie konkret dagegen machen können, z.B. ein kaltes Tuch nehmen, Eisbeutel, o.Ä. Die Fragen danach, wo Sie sich gestoßen haben und wie es dazu gekommen ist, sind allerdings dann wichtig, wenn beispielsweise der Schrank irgendwo im Wege steht und die Wahrscheinlichkeit hoch ist, daß Sie sich beim nächsten Mal erneut wieder stoßen werden. In diesem Fall ist es schon notwendig, sich darüber Gedanken zu machen, um dann beispielsweise den Schrank an die Seite zu rükken und die Wahrscheinlichkeit erneuter Verletzung zu reduzieren.

In der gleichen Weise beschäftigen wir uns in der Verhaltenstherapie vor allem damit, was Patienten konkret in der Gegenwart tun können, um ihre Probleme zu lösen. Die Frage nach der Entwicklung der Störung dient vor allem zur Überprüfung, ob die ursächlichen Faktoren immer noch vorhanden sind und die Wahrscheinlichkeit groß ist, daß diese Faktoren weiterhin wirksam und relevant sind.

Die Erarbeitung der Störungsgenese als Teil der Problem- und Verhaltensanalyse hat vor allem folgende Ziele:

1. Überprüfung bzw. Bestätigung des funktionalen Bedingungsmodells, ggf. Korrektur des Bedingungsmodells.

Beispiel: Läßt sich das funktionale Bedingungsmodell einer klassischen oder operanten Konditionierung durch die Genese der Störung bestätigen?

2. Entwicklung der Bedingungsfaktoren, z.B. Entwicklung inadäquater Einstellungen oder ungünstiger Verstärkungsbedingungen durch die Umwelt. Hierdurch können sich Hinweise auf heute noch relevante Faktoren ergeben, z.B. ob inadäquate Einstellungen infolge weiter bestehender Indoktrinationen durch die Umwelt aufrechterhalten werden.

Beispiel: Ein Patient hat die irrationale Einstellung „Ich darf keine Fehler machen, sonst bin ich nichts wert", die in entsprechenden Situationen zu Selbstabwertung und depressiven Verstimmungen führt. Diese Einstellung hat er im Rahmen der strengen Erziehung durch seine Eltern entwickelt. Der Patient wohnt aktuell noch im gleichen Haus mit seinen Eltern, die ihn weiterhin bei jedem kleinen Fehler massiv kritisieren.

3. Erarbeitung von Vorläuferproblemen der Störung, die zur Entwicklung beigetragen haben und möglicherweise immer noch relevant sind.

Beispiel: In der Verhaltensanalyse wurde herausgearbeitet, daß ein wesentlicher Bedingungsfaktor für die depressive Reaktion ein Verstärkerverlust ist, der durch sozialen Rückzug hervorgerufen wurde. Der soziale Rückzug ist wiederum Folge bestehender agoraphobischer Ängste, die bislang vom Patienten nicht thematisiert wurden.

In ähnlicher Weise kann das jetzige Problemverhalten als inadäquater oder mißlungener Problemlöseversuch für ein Vorläuferproblem angesehen werden.

Beispiel: Alkoholabusus kann einen inadäquaten und mißlungenen Bewältigungsversuch für soziale Ängste darstellen.

Die in der Störungsgenese herausgearbeiteten Vorläuferprobleme des jetzigen Problemverhaltens können mögliche neue Probleme nach erfolgreicher Therapie und Wegfall der jetzigen Störung darstellen und sollten bei der Zielanalyse bzw. Motivationsanalyse mit berücksichtigt werden.

4. Feststellung der Dauer der Störung, was als Hinweis auf die Chronifizierung und als Kriterium für die Veränderbarkeit angesehen werden kann.
5. Herausarbeitung bisheriger Behandlungsversuche oder Versuche der Selbstbehandlung bzw. der Selbstkontrolle. Dies kann Hinweise geben auf entscheidende Bedingungsfaktoren bzw. sinnvolle oder weniger sinnvolle Ansatzpunkte für Veränderungen. Daneben liefert es Hinweise auf Ressourcen des Patienten sowie auf Erwartungen bzw. Befürchtungen an die jetzige Therapie.

9.2 Fragenkomplexe bei der Erarbeitung der Störungsgenese

Im Folgenden werden die einzelnen Fragenkomplexe dargestellt, die bei der Erarbeitung der Störungsgenese gemeinsam mit dem Patienten durchgearbeitet werden. Dabei werden typische Fragen vorgestellt, die vom Therapeuten an der entsprechende Stelle benutzt werden können.

Anmerkung: Statt des Begriffes „Störung“ in den Frageformulierungen ist im realen Gespräch dann das jeweilige konkrete Problemverhalten zu verwenden, z.B. „Angst“, „Depression“, „impulsives Verhalten“ o.ä.

■ Erstmaliges Auftreten

Zu Beginn der Erarbeitung der Störungsgenese stehen Fragen danach, wann und unter welchen konkreten Bedingungen die Störung erstmalig aufgetreten ist. Typische Frageformulierungen sind:

- „Wann ist die (Störung) erstmalig auf getreten?“
- „Wann haben Sie die (Störung) erstmalig bemerkt bzw. bewußt registriert?“
- „In welcher Situation ist die (Störung) erstmalig aufgetreten?“ (Hinweise auf S = Stimuli)
- „Was ist Ihnen damals durch den Kopf gegangen?“ (Hinweise auf E = Kognitionen)
- „Wie hat Ihre Umwelt darauf reagiert?“ (Hinweise auf C = Konsequenzen)

Durch die Herausarbeitung, unter welchen Umständen die Störung erstmalig aufgetreten ist, kann vor allem das funktionale Bedingungsmodell der Verhaltensanalyse überprüft werden, z.B. ob es sich um ein klassisch konditioniertes oder operant konditioniertes Verhalten handelt.

■ Mögliche Vorläuferprobleme

In diesem Teil geht es um die Herausarbeitung eventueller Vorläuferprobleme der jetzigen Störung, die möglicherweise noch relevant sind bzw. nach Wegfall der jetzigen Störung relevant würden. Typische Frageformulierungen sind:

- „Gab es irgendwelche Konflikte/Belastungen in Ihrem Leben, bevor die (Störung) erstmalig auftrat?“
- „Gab es irgendwelche Lebensveränderungen, auch positive, in der damaligen Zeit?“ (Liefert Hinweise auf kritische Lebensereignisse, wobei auch nach außen positiv erscheinende Ereignisse ursächliche Faktoren einer Störung darstellen können, z.B. beruflicher Aufstieg,

der über einen damit zusammenhängenden Verstärkerverlust in gewohnten sozialen Beziehungen zu einer depressiven Reaktion führen kann.)

- „Hatten Sie vorher noch andere Probleme, außer der jetzigen (Störung)?"
- „Falls ja, sehen Sie irgendwelche Zusammenhänge mit Ihrer (Störung)?"
- „Waren die anderen Probleme dann geringer, als die jetzige (Störung) auftrat?" (Liefert Hinweise darauf, daß das jetzige Problemverhalten einen inadäquaten Problemlöseversuch für ein anderes Problem darstellt).

Weiterentwicklung der Störung

In diesem Abschnitt geht es darum, wie sich das aktuelle Problemverhalten im Laufe der Zeit entwickelt bzw. verändert hat. Typische Frageformulierungen sind:

- „Wann ist Ihre (Störung) das nächste Mal aufgetreten?"
- „Wie hat sich Ihre (Störung) in der nachfolgenden Zeit weiterentwickelt?"
- „Waren es ähnliche oder gleiche Situationen, in denen die (Störung) dann aufgetreten ist?" (Hinweise auf klassische Konditionierung)
- „Wie hat Ihre Umwelt in der Folgezeit auf Ihre (Störung) reagiert?" (Hinweise auf operante Faktoren, z.B. positive Verstärkung, oder Funktionalität der Störung)
- „Gab es Zeiten, in denen die (Störung) nicht aufgetreten ist?" (Hinweise auf diskriminative Bedingungen (S_Δ) oder erfolgreiche Selbstkontrolle)
- „Hat sich Ihre (Störung) im Laufe der Zeit verändert?" (Hinweise auf Reaktionsgeneralisierung)
- „Tritt die (Störung) jetzt auch in anderen Situationen auf als früher?" (Hinweise auf Reizgeneralisierung)

Bisherige Behandlungsversuche

In diesem Abschnitt geht es um erfolgreiche oder weniger erfolgreiche Behandlungsversuche, die einerseits Hinweise auf relevante Bedingungsfaktoren, andererseits Hinweise auf die Erwartungen und Befürchtungen der Patienten an die jetzige Therapie liefern können. Typische Frageformulierungen sind:

- „Gab es bisher schon therapeutische Behandlungen wegen der (Störung)?"
- „Haben die Behandlungen an der (Störung) etwas geändert?"
- „Wenn ja, was haben Sie als hilfreich erlebt?"
- „Was glauben Sie, wodurch die (Störung) gebessert wurde?"
- „Falls nein, was meinen Sie, warum das nicht geholfen hat?"
- „Was hat Ihnen gefehlt?"
- „Was hat Sie gestört?"

Genese der Bedingungsfaktoren der Störung

In diesem Teil geht es darum, wie sich die relevanten Bedingungsfaktoren des jetzigen Problemverhaltens entwickelt haben. Hieraus können sich Hinweise auf noch bestehende ursächliche Faktoren ergeben, die zur Aufrechterhaltung der Bedingungsfaktoren und damit der Störung beitragen. Typische Frageformulierungen sind:

- „Was hat dazu beigetragen, daß die Situationen, in denen Ihre (Störung) auftritt, sich so entwickelt haben?"
- „Hat Ihr eigenes Verhalten dazu beigetragen, daß die Situation so eingetreten ist?" (Liefert Hinweise auf Vorläuferproblem, z.B. Ablehnung durch andere und soziale Isolation als Folge eines inadäquaten Sozialverhaltens)
- „Gab oder gibt es in Ihrer Umgebung Personen, die eine ähnliche Problematik haben wie Sie?" (Hinweise auf Modellernen)
- „Gibt es Personen in Ihrer Umgebung, die ähnliche Einstellungen haben wie Sie?"
- „Haben Sie Ihre Einstellungen von anderen Personen übernommen?"
- „Haben Ihnen andere Menschen gesagt, daß man ... sein muß? (Hier: Einstellung des Patienten konkret beschreiben, z.B. „daß man immer perfekt sein muß?") (Liefert Hinweise auf aufrechterhaltende Faktoren für inadäquate Einstellungen des Patienten)
- „Wie kommt es, daß andere Personen so auf Ihre (Störung) reagieren? Was hat dazu beigetragen?"
- „Hat Ihre Umwelt früher anders auf Ihre (Störung) reagiert?" (Hinweis auf Veränderung der Kontingenzen/Verstärkungsbedingungen)

9.3 Typische genetische Entwicklungsmodelle in der Verhaltenstherapie

Bei der Herausarbeitung der Störungsgenese können sich die Therapeuten an den Lerngesetzen bzw. lerntheoretischen Prinzipien orientieren, die sich in der Entwicklung des Störungsverhaltens wiederfinden lassen müßten. Daneben können sich Therapeuten an störungsspezifischen Erklärungsmodellen orientieren, die sich mehr oder weniger in der Störungsgenese auffinden lassen müßten. Es gibt in der Verhaltenstherapie einige typische genetische Entwicklungsmodelle, mit denen sich die meisten Störungsbilder erklären lassen.

■ Operantes Annäherungsverhalten

Das Problemverhalten wurde anfangs kontingent, später womöglich intermittierend positiv verstärkt, hat sich dadurch entwickelt und löschungsresistent etabliert.

Beispiel: Deviantes Sozialverhalten, das durch die peergroup verstärkt wird. Suchtartiges Verhalten, z.B. Alkoholabusus oder vermehrtes Essen, das durch kurzfristige positive Konsequenzen aufrecht-erhalten wird.

■ Operantes Vermeidungsverhalten

Das Problemverhalten wurde ursprünglich negativ verstärkt, d.h. durch Wegfall aversiver Reizbedingungen. Das Verhalten war effektiv und breitete sich durch immer frühere Vermeidung zunehmend aus. Das Verhalten ist so stabil, weil es subjektiv erfolgreich ist, da nicht überprüft wird, ob die negativen Reizbedingungen überhaupt noch bestehen.

Beispiel: Agoraphobisches Vermeidungsverhalten nach Auftreten eines Panikanfalls in einer öffentlichen Situation. Es werden zunehmend alle Situationen vermieden, in denen ein Panikanfall auftreten könnte.

■ Klassisch konditionierte Reaktion

Eine angeborene Reiz-Reaktions-Verbindung (UCS-UCR), z.B. Schmerz-/Furchtreaktion bei einem Schmerzreiz, wird mit ursprünglich neutralen Stimuli gekoppelt, die dann allein die Furcht-/Angstreaktion auslösen können (CS-CR). Durch Generalisierung bzw. Neukonditionierung höherer Ordnung findet eine Ausweitung der Angstreaktion auf eine zunehmend größere Zahl von Stimuli statt.

Beispiel: Die problematische phobische Angstreaktion, die ursprünglich durch Schmerzerfahrungen beim Zahnarzt konditioniert wurde, wird zunehmend allein durch den Geruch einer Zahnarztpraxis, den Anblick von Instrumenten oder allein den Gedanken an die Behandlung ausgelöst.

■ Durch Modellernen erworbene Reaktionen

In der Umwelt des Patienten gibt es Personen, die ein ähnliches Verhalten zeigen, wie das Problemverhalten des Patienten, z.B. Angstreaktionen, aggressives Verhalten oder ähnliches. Das Verhalten dieser Modellpersonen wird übernommen durch Prozesse der Imitation, stellvertretende Verstärkung oder Verstärkung durch die Modellperson. Voraussetzungen bzw. erleichternde Bedingungen für Modellernen:

- Modell hat soziale Macht
- Ähnlichkeit mit dem Modell, z.B. bezüglich Alter, Geschlecht
- Modell verstärkt den Beobachter
- Modell wird selbst verstärkt

■ Durch Kognitionen gesteuertes operantes Verhalten

Ein ursprünglich durch reale Konsequenzen gesteuertes operantes Verhalten wird durch kognitive Prozesse, wie z.B. Reaktions-Konsequenz-Erwartungen, die mit den realen Kontingenzen nicht übereinstimmen, aufrechterhalten und wird dadurch zum Problemverhalten.

Beispiel: Abergläubisches Verhalten, das auch Ähnlichkeiten zum Zwangsverhalten aufweisen kann, oder pathologisches Spielen.

Durch inadäquate Bewertungen/ irrationale Einstellungen ausgelöste Reaktionen

Der Patient hat von seiner Umwelt bzw. seinen Bezugspersonen irrationale Einstellungsmuster übernommen wie z.B. „man muß perfekt sein" oder „man darf keine Fehler machen, sonst ist man nichts wert". In kritischen Situationen, d.h. wenn die äußeren Bedingungen nicht mit den Einstellungen bzw. Forderungen an sich, an andere oder mit denen an die Umwelt übereinstimmen, werden die inadäquaten Bewertungsmuster aktiviert, z.B. „ich tauge nichts", die dann zu emotionalen Reaktionen wie Traurigkeit oder Depression, Ärger oder Wut oder Ähnlichem führen.

Spezialfall kognitiver Steuerung: Durch Pläne gesteuertes Verhalten

Das Verhalten des Patienten kann durch Oberpläne, Lebensregeln, Systemregeln oder Ähnliches gesteuert sein, die z.T. vergleichbar sind mit den o.g. irrationalen Einstellungen. Pläne sind allgemeine, umfassende Strategien, ausgerichtet auf ein übergeordnetes Ziel des Patienten. Verhaltensstörungen können auftreten bei:

- nicht direkt bewußten Zielen
- unrealistischen Zielen
- Widerspruch zwischen verschiedenen Zielen
- unangemessener Ableitung von Teilzielen aus übergeordneten Zielen
- unwirksame Strategien zur Erreichung der Ziele
- fehlendes Verhaltensrepertoire für die gewählte Strategie

Systemregeln sind Vorschriften für das Zusammenleben innerhalb eines sozialen Systems und für das Verhalten der Mitglieder und können dabei explizit oder implizit sein. Störungen können auftreten bei:

- inadäquaten Systemregeln, die zum Beispiel langfristig negative Folgen für die Person haben,
- Nichtbefolgung von Systemregeln,
- ineffizienten Plänen in Bezug auf die (wahrgenommenen) Systemregeln,
- Widersprüchen zwischen den Regeln verschiedener Systeme oder
- wenn das problematische Verhalten notwendig für die Aufrechterhaltung des Systems ist.

Spezialfall kognitiver Steuerung: Gelernte Hilflosigkeit

Der Patient war in der Vorgeschichte aversiven Reizbedingungen ausgesetzt, die nicht reaktionskontingent erfolgten und auch nicht beeinflußbar bzw. zu vermeiden waren. Daraus entwickelte sich eine kognitive Einstellung der Hilflosigkeit, die auch auf andere Situationen, die beeinflußbar sind, übertragen wird. Es entsteht somit eine Erwartungshaltung der „gelernten Hilflosigkeit", die zu depressivem Verhalten führen kann. Diese gelernte Hilflosigkeit kann noch dadurch intensiviert werden, daß die Nichtbeeinflußbarkeit der aversiven Reizbedingungen auf interne, stabile und globale Ursachenfaktoren zurückgeführt wird.

Verstärkerverlust als depressionsauslösende Bedingung

Wenn eine Person einen Mangel an reaktionskontingenter positiver Verstärkung erlebt, d.h. sein Verhalten gleichsam unter Löschungsbedingungen steht, kann dieser Verstärkerverlust zu depressivem Verhalten führen. Der Verstärkermangel kann durch drei Faktoren bedingt sein:

- Die Person hat durch Verlustereignisse, z.B. den Tod eines Angehörigen, mangelnde soziale Kontakte und zeigt eine geringere Aktivitätsrate, was zu einem Mangel an positiver Verstärkung führt.
- Die Person hat zu geringe soziale Fertigkeiten, um den Verstärkerverlust auszugleichen und z.B. neue soziale Kontakte zu knüpfen.
- Die Person hat eine geringe Rate potentiell möglicher Verstärker, z.B. aufgrund von hohem Alter, geringem sozialen Status, körperlichen Handicaps und Ähnlichem.

Beispiel: Ein Patient hat seine Partnerin verloren, hat dadurch weniger soziale Kontakte, unternimmt weniger Aktivitäten, die sie sonst gemeinsam gemacht hätten, erleidet dadurch einen Verstärkerverlust, der zu depressiven Verstimmungen führt.

10. Therapieplanung

S. Sulz

10.1 Einführung

Wenn wir Psychotherapie als Problemlösungsprozeß auffassen (Fiedler 1981), so ergeben sich drei Schritte:

1. Definition der Störung
2. Definition der Ziele
3. Definition der Therapie.

In der Verhaltenstherapie sind dies:

1. Verhaltensanalyse
2. Zielanalyse
3. Therapieplanung.

Alle drei Teilprozesse sind aufeinander bezogen, in dem Sinne, daß die Verhaltensanalyse der erste Schritt der Therapieplanung ist (s. Tab. 10.**1**).

Tabelle 10.**1** Prozeßablauf der Therapieplanung

Psychischer Befund
• vom Symptom zur Syndromdiagnose
• Persönlichkeitsdiagnose (dysfunktionale Verhaltensstereotypien)
• Verstärkeranalyse (zentrale Verstärker/Bedürfnisse)
• Vermeidungsanalyse (zentrale Angst/Vermeidung)
• Kognitionsanalyse (dysfunktionale Überlebensregel)
Verhaltens- und Bedingungsanalyse
• Exploration der symptomauslösenden Lebenssituation und des auslösenden Ereignisses (Makroebene)
• Exploration des konkreten Symptomverhaltens in einer konkreten symptomauslösenden Situation (Mikroebene)
• Exploration der symptomaufrechterhaltenden Konsequenzen des Symptomverhaltens (Funktionsanalyse)
Zielanalyse
• Ableitung der vier Hauptziele aus dem modifizierten S-POE-R-K-C-Schema
• Spezifizierung und Operationalisierung dieser Ziele (fall- und störungsspezifisches Zielverhalten, konkretes Verhalten in konkreten Situationen)
• Zielerreichungsskalierung
• Zielprioritäten setzen und zeitliche Reihenfolge planen
• Regressive Patientenziele analysieren
• Gesamtziel formulieren
Therapieplan
• zu jeder aus dem modifizierten S-POE-R-K-C-Schema abgeleiteten Störungs-Ziel-Einheit einen therapeutischen Weg definieren
• die konkrete therapeutische Intervention auswählen
• die Gesamtstrategie formulieren

10.2 Verhaltensanalyse - Die Störung und ihre Bedingungen

Die psychische Störung wird durch die Verhaltens- und Bedingungsanalyse in ihren Entstehungsbedingungen und ihren aufrecht erhaltenden Bedingungen erfaßt. Dabei unterscheiden wir folgende Teilaspekte:

1. die symptomauslösende Lebenssituation
2. die Person
3. die Reaktionskette bis zum Symptom
4. die Konsequenzen und Effekte des Symptoms

Dies ist eine Verallgemeinerung des von der lernpsychologischen Betrachtung ausgehenden modifizierten S-POE-R-K-C-Schemas.

■ Die symptomauslösende Lebenssituation

Bevor die Lebenssituation erfragt wird, in der das Symptom entstand, müssen drei Fragen gestellt werden:

1. Was ist das Hauptsymptom bzw. -syndrom?
2. Wann genau trat es zum ersten Mal auf?
3. Seit wann genau ist es jetzt kontinuierlich vorhanden?

Ohne diese exakte zeitliche Zuordnung der Symptomentstehung bleiben dem Therapeuten nur vage Spekulationen, wie sie meist als allgemeine Streß- oder Überforderungshypothesen formuliert werden. Erst dann wird weiter gefragt nach:

- der damaligen Lebenssituation,
- der damals wichtigsten Bezugsperson,
- der damals problematischsten Beziehung/Person,
- dem damals wichtigsten Lebensinhalt,
- dem damals größten Lebensproblem,
- dem damals größten Beziehungsproblem,
- den damals wichtigsten anstehenden oder gerade getroffenen Entscheidungen,
- dem damals wichtigsten Konflikt und
- dem Ereignis in dieser Lebenssituation, das schließlich zur Symptomauslösung geführt hat.

■ Die Person, die diese Lebenssituation nicht meistern kann

Den Menschen erfassen wir durch die Sollwerte, die seine Psyche im emotionalen und sozialen Bereich einzuhalten versucht. Lernpsychologie und Verhaltenstheorie gehen davon aus, daß einer dieser Sollwerte die Vermeidung von schädlichen Reizen ist, denen im einfachsten Fall durch Fluchtreflexe entronnen wird. Nach dem Paradigma des klassischen Konditionierens werden diese Stimulus-Response-Verknüpfungen gelernt. Es gibt lerngeschichtlich bedingt individuell verschiedene zentrale Bedrohungen: Ausgeschlossensein, Alleinsein, Kontrollverlust, Liebesverlust, Gegenaggression oder Selbstverlust.

Wir können einen Menschen durch seine Angst vor dieser zentralen Bedrohung bzw. seine zentrale *Vermeidungstendenz* charakterisieren und finden bei genauer Exploration, daß er seine Lebens- und Beziehungsgestaltung in den Dienst der Vermeidung dieser zentralen Bedrohung stellt (Sulz 1996). Der zweite Sollwert ist konsumatorisch, d.h. instrumentelles Verhalten dient dazu, eine primäre Befriedigung oder Sättigung eines Bedürfnisses zu erzielen. Gelingt dies, so wird das Verhalten nach dem Paradigma des operanten Konditionierens positiv verstärkt, d.h. in seiner Häufigkeit und Intensität aufrecht erhalten. Bezüglich des emotionalen und sozialen Überlebens gibt es lerngeschichtlich bedingte *zentrale Verstärker* (Sulz 1994), die sich als individuelle Sollwerte permanent in den Vordergrund schieben: z.B. das Bedürfnis nach Geborgenheit, nach Liebe, nach Beachtung, nach Verständnis, nach Wertschätzung oder nach Selbstbestimmung bzw. Selbständigkeit. Sulz (1995, 1999) hat Selbstbeurteilungsskalen entwickelt, mit denen die zentralen Bedürfnisse und Ängste erfaßt werden können.

Wie mit den zentralen Sollwerten der Verstärkung und der Vermeidung umgegangen wird, ist wiederum durch die individuelle Lerngeschichte geprägt und findet in der *Persönlichkeit* eines Menschen seinen Niederschlag. Wir definieren sie als situationsübergreifende Verhaltensstereotypien.

Zur Symptombildung werden diejenigen Verhaltensstereotypien beitragen, die in der auslösenden Lebenssituation dysfunktional sind, d.h. eine Meisterung der Situation verhindern. Ein geeignetes Untersuchungsraster ergeben die Persönlichkeitszüge, wie sie von Sulz (1992, 1995; vgl. auch Sulz et al. 1998) in Anlehnung an DSM-III-R in einer Selbstbeurteilungsskala erfaßt werden (selbstunsicher, dependent, zwanghaft, passiv-aggressiv, histrionisch, schizoid, narzißtisch, emotional instabil).

Zusätzlich zu der Fixierung von Verhaltensstereotypien durch klassische und operante Konditionierung kann davon ausgegangen werden, daß zentrale Verhaltensregeln im Sinne einer *Überlebensregel* (Sulz 1995, 1996, vgl. auch Sulz et al. 1998) den Menschen dazu bringen, ein beschränktes Verhaltensrepertoire streng einzuhalten - als regelgeleitetes Verhalten (Kelly 1955, Caspar & Grawe 1982, Beck & Wright 1986, Hayes 1998).

■ Die Reaktionskette bis zum Symptom

Das auslösende Ereignis stellt in aller Regel eine Frustration dar, die heftige Reaktionen auslöst. Diese Reaktionen würden aber die Überlebensregel verletzen und müssen deshalb verhindert werden. Durch eine Exploration läßt sich folgende Reaktionskette finden (dies ist zugleich die *Verhaltensanalyse auf Mikroebene*, vgl. Hand 1986):

- eine typische beobachtbare *Situation* (die z.B. extrem frustrierend ist)
- die primäre *Emotion* als Antwort auf das Geschehen in dieser Situation (z.B. Wut)
- der primäre Handlungsimpuls, der aus dieser Emotion resultiert (z.B. Angriff)
- die *Kognition*: Antizipation der Handlungskonsequenz (z.B. „dann werde ich abgelehnt")
- gegensteuerndes Gefühl (sekundäre Emotion, z.B. Schuldgefühl, Ohnmachtsgefühl)
- im *Körper*: die psychovegetative Begleitreaktion dieses Gefühls (z.B. Schwächegefühl)
- beobachtbares *Verhalten* (z.B. „tun, was mein Gegenüber will")
- *Symptom*bildung (z.B. Niedergeschlagenheit: depressives Syndrom)

■ Die Konsequenzen und Effekte des Symptoms

Therapeuten nennen oft nur die Folgen des Symptoms, die einen sekundären Krankheitsgewinn darstellen (wie vermehrte Zuwendung und Beachtung), aber nicht diejenigen Folgen, zu deren Zweck das Symptom erfunden wurde. Patienten wiederum nennen nur die Leiden verursachenden Folgen des Symptoms. Diese wirken im Sinne der Lernpsychologie aber bestrafend und können deshalb die Aufrechterhaltung des Symptoms nicht erklären.

Wir müssen deshalb eine genauere Exploration durchführen und den Patienten fragen:

- „Was änderte sich in Ihrem Leben durch das Symptom?"
- „Welche Veränderungen ergaben sich in der Beziehung zu folgenden Lebensbereichen: Beruf, Vorgesetzte, Kollegen, Öffentlichkeit, Bekanntenkreis, Hobbies, Freunde, Ver-wandte, Familie, Ehe, eigene Kinder, zu Ihnen selbst, zu Ihrem Körper, zu Ihrer Zukunft?"
- „Wie wäre Ihr Leben weitergegangen, wenn das Symptom nicht aufgetreten wäre?"
- „Was hätte sich wie geändert?"
- „Was hat sich durch das Symptom geändert und hätte sich ohne es nicht geändert?"
- „Was hätte jemand, der sich der auslösenden Situation gewachsen fühlt, getan, anstatt ein Symptom zu entwickeln (z.B. mehr für sich kämpfen)?"
- „Was wären die Folgen eines solchen Verhaltens gewesen, wenn Sie so gehandelt hätten?" (unter Berücksichtigung von zentraler Angst und zentralen Bedürfnissen)
- „Inwiefern war das Symptom also Hilfe, Schutz, Problemlösung und das Leiden der Preis, den Sie dafür zahlen mußten?"

Das Ergebnis können wir darstellen als:

- Vermeidung der zentralen Bedrohung/Angst (negative Verstärkung),
- Bewahren der zentralen Verstärkung/der zentralen Bedürfnisbefriedigung (positive Verstärkung).

10.3 Zielanalyse - Von der Störung zum Therapieziel

Die Zielanalyse definiert vorläufige Ziele, die im Lauf der Behandlung ständiger Umformulierung bedürfen (Kanfer et al. 1990).

Bezogen auf das S-POE-R-K-C-Schema lassen sich fünf *Hauptziele* formulieren:

Situation (S-Ziel): Die Lebensführung und Beziehungsgestaltung so ändern, daß sie künftig von konstruierten "Sollbruchstellen" frei bleiben. In Problemsituationen künftig nicht mehr symptomatisch, sondern adäquat bewältigend reagieren können. Das heißt lernen, mit schwierigen Situationen meisternd umgehen zu können (z.B. auf Trennung mit Trauer zu reagieren anstatt mit Depression, nach Umzug einen neuen Freundeskreis aufbauen zu können, bei einer neuen Stelle sich auf die neuen Anforderungen einstellen zu können).

Person (POE-Ziel): Die dysfunktionale Überlebensregel modifizieren (leben statt überleben) und das dysfunktionale Verhaltensstereotyp aufgeben zugunsten von Verhaltenstendenzen, die im Dienst der eigenen Entwicklung stehen und situationsadäquat sind. Damit verbunden ist eine empirische Falsifizierung der dysfunktionalen Überlebensregel.

Reaktion (R-Ziel): Primäre emotionale und Handlungstendenzen zulassen und zivilisieren, d.h. verantwortlich einsetzen, so daß sich situationsadäquate und auch situationsübergreifende Bewältigungsstrategien entwickeln.

Symptom-Ziel: Die Funktion des Symptoms erkennen und Alternativen hierzu entwickeln, so daß sich das Symptomverhalten reduziert.

Konsequenz (C-Ziel): Die Erfahrung machen, daß neue Problemlösungen nicht zwingend zum Verlust bisheriger Verstärkungen (Bedürfnisbefriedigungen) und auch nicht notwendigerweise zu den befürchteten Konsequenzen führen. Zugleich die Erfahrung machen, daß ich als Erwachsener weitaus weniger diese Verstärkung (Bedürfnisbefriedigung, z.B. Geborgenheit, Liebe) brauche. Und auch erfahren, daß mein neues Verhalten nicht zu unbewältigbaren Bestrafungen (Bedrohungen) durch die Umwelt führt. Wenn sie trotzdem eintreten, die Erfahrung machen, daß ich stark genug bin, um sie auszuhalten und zu überleben, daß Vermeidung künftig also nicht mehr meine Überlebensstrategie sein muß.

Sowohl beim einzelnen Patienten als auch bei verschiedenen klinischen Störungen müssen die Ziele spezifiziert werden, d.h. sie müssen fall- und störungsspezifisch formuliert sein.

Weiterhin sind der gegenwärtige Entwicklungsstand des Patienten und die bei ihm anstehenden Entwicklungsschritte zu berücksichtigen (s. Kap. 6).

■ Zielspezifität: Vergleich der Therapieziele bei verschiedenen Störungen

Um ein Gefühl für eine differentielle Zielanalyse zu entwickeln, stellen wir Therapieziele der verschiedenen klinischen Störungen gegenüber. Einige Vergleiche dienen als Beispiele (Sulz 1994):

Lebensgestaltung

*Angst*patienten sollen ihre Lebensgestaltung nicht mehr der Absicherung der Verfügbarkeit von Schutz und Sicherheit widmen. *Zwang*spatienten sollen in ihrer Lebensgestaltung mehr spontane Impulse, Experimentier- und Risikofreude zulassen. *Depressive* Patienten sollen das Primat der Selbstwertregulierung aus ihrer Lebensgestaltung weglassen. *Bulimie*patientinnen sollen ihre Lebensgestaltung unter Wahrnehmung einer größeren Vielfalt von Eigeninteressen als nur der des emotionalen Hungers betreiben.

Beziehungsgestaltung

*Angst*patienten sollen das Einengende der Partnerschaft frühzeitig spüren, Freiraum durchsetzen und diesen angstfrei gestalten. *Zwang*spatienten sollen sich dem anderen Menschen emotional öffnen und ihr Beziehungsverhalten durch Emotionen steuern. *Depressive* Patienten sollen auf Selbstwertzufuhr von der Bezugsperson verzichten. *Bulimie*patientinnen sollen in Beziehungen Konflikte zulassen, austragen und dadurch riskieren, daß die emotionale Befriedigung ausbleibt.

Bisher symptomauslösende Lebenssituationen

*Angst*patienten sollen den Trennungsimpuls als Angstauslöser kennen und statt der Dichotomie „unerträgliche Enge" versus „beängstigende Freiheit" den dritten Lösungsweg probieren: Freiraum in der Beziehung. *Zwangs*patienten sollten eine größere Toleranz gegenüber Risiko, Uneindeutigkeit, Unabwägbarkeit und Verantwortlichkeit entwickeln. *Depressive* Patienten sollten zentrale Verluste betrauern können, das Verlorene loslassen und dann wieder frei werden für neue Lebensbezüge. *Bulimie*patientinnen sollen Bedürfnisfrustrationen einerseits mehr tolerieren können, andererseits sich besser dagegen wehren können.

Wenn ein Patient *zwei klinische Syndromstörungen* hat, zum Beispiel eine Angststörung und eine Depression, ist folgendes Vorgehen empfehlenswert:

- Getrennte Exploration der zeitlichen Auslösung, der Entstehung, des erstmaligen Auftretens und des Ablaufs beider Störungen.
- Zeigt es sich, daß eine der Störungen ein sekundäres Syndrom ist, das durch das Bestehen der anderen verursacht wurde, genügt es, sich zunächst für die weitere Störungs- und Zielanalyse auf das primäre klinische Syndrom zu konzentrieren. Trotzdem wird vielleicht mit der Behandlung einer sekundären Depression begonnen, weil der Patient in seinem depressiven Zustand für die Behandlung einer primären Angststörung gar nicht geeignet ist.
- Bestehen zwei eigenständige Syndrome, die unabhängig voneinander eine zentrale Funktionalität in der Lebensgestaltung des Patienten haben, so sollten sie auch völlig getrennt analysiert werden.

Zielprioritäten - Zielränge und zeitliche Reihenfolge

Zuletzt können die Ziele bezüglich ihrer Priorität oder ihrer zeitlichen Reihenfolge in eine Rangreihe gebracht werden. Bei einer Panikpatientin zum Beispiel:

1. Lernen, mit der Angst umzugehen (Symptom)
2. Vermeidungsverhalten reduzieren - in der Situation bleiben (C)
3. Lebensbereiche aufbauen, die Eigenständigkeit ermöglichen (S)
4. Falsifizierung der Überlebensregel (POE)
5. inadäquate Trennungsimpulse ersetzen durch effiziente interaktionelle Handlungskompetenz (R)

Als Zusammenfassung dient die *Formulierung eines Gesamtziels*. Das Gesamtziel wird einerseits mit Seitenblick auf das Spezifische des klinischen Syndroms (worauf kommt es bei Agoraphobie an?) und andererseits mit Blick auf den gesamten Menschen (worauf kommt es bei genau diesem Menschen an?) formuliert. Es ist eine Abstraktion und Verdichtung der vier Einzelziele. Zum Beispiel bei einem Angstpatienten: Durch neue Verhaltensweisen neue Erfahrungen machen, die zu einem Selbstbild führen, zu dem die Fähigkeit gehört, sich selbst schützen zu können, allein überleben zu können, so daß entsprechende Situationen keine Angst mehr oder nur bewältigbare Angst auslösen und deshalb auch nicht mehr vermieden werden müssen.

Die Grundrichtung der Therapie bleibt dadurch sichtbar. Die einzelnen Ziele erscheinen als Operationalisierungen des Gesamtziels, die immer wieder auf dieses bezogen werden können. Der rote Faden bleibt so im Therapieablauf erhalten.

Ziele des Patienten

Auch wenn der Patient durch die gemeinsame Verhaltensanalyse zum gleichen Störungsmodell kommt wie der Therapeut, so wehrt er sich doch innerlich, die daraus ableitbaren Ziele mit diesem zu teilen. Wäre dem nicht so, so wäre kein Symptom entstanden. Die gemeinsame Zielanalyse wird deshalb zu einer therapeutischen Intervention, die dem Vermitteln von Problemlösestrategien (Fiedler 1981, Sulz 1987) dient. Dabei ist das Spüren der *affektiven Bedeutung der* jeweiligen *Zielerreichung* wichtig, d.h. das Vergegenwärtigen der emotionalen Verluste oder Gefahren, die mit dem Erreichen des Zieles verbunden sind. Die *Wahrnehmung der Gefühle* wird möglich, wenn aus der sprachlichen Zielformulierung ein Bild bzw. eine Szene entsteht. Die Imagination der Zielerreichung evoziert Gefühle, die den therapeutischen Widerstand verhandelbar werden lassen. Angst (vor Veränderung) bzw. Trauer (in Antizipation des Verlustes) treten auf, aber auch

Wut, daß mir dieser Änderungsschritt aufgelastet wird.

Vom Patienten selbst genannte Ziele werden ebenfalls gemeinsam untersucht und dahingehend bewertet, ob sie progressive Ziele oder regressive Ziele sind. Progressive Ziele dienen der Behebung der Störung. Regressive Ziele sind meist die alten Vermeidungstendenzen, die der Aufrechterhaltung der Störung dienen.

Die *regressiven Ziele des Patienten* bedürfen ganz besonderer Beachtung, denn sie zeigen den *Widerstand* gegen die therapeutischen Versuche, die progressiven Ziele zu erreichen. Hier wird die Zielanalyse zur Widerstandsanalyse, die höchste therapeutische Bedeutung hat.

Wir begegnen zwei Arten des Widerstands (Sulz 1994):

1. dem absoluten Vorrang von Abhängigkeitsbedürfnissen gegenüber Autonomiebedürfnissen,
2. der Befürchtung, die Autonomiebedürfnisse nicht mehr befriedigen zu können und wieder in Abhängigkeit zu geraten.

Ein bewährtes Mittel des Umgangs mit diesen Widerständen ist, eine *Akzeptanz des Ist-Zustandes*, beim Patienten also eine *Selbstakzeptanz* herzustellen (Hayes 1998). Die Benennung und Würdigung der regressiven („antitherapeutischen") Ziele des Patienten ist ein wesentlicher Bestandteil der Zielanalyse. Bei diesem Schritt zu verweilen, ist kein Zeitverlust, sondern Zeitgewinn. Seine affektive Entscheidung gegen die Beibehaltung seines regressiven Ziels ist bereits Therapie, ebenso wie seine Entscheidung für ein neues progressives Ziel.

Zielerwartungen / Zielerreichungsanalyse

Die bisherigen Zielformulierungen gaben nur die Richtung des Weges der therapeutischen Veränderung an, nicht aber welche Strecke zurückzulegen ist. Wie weit die Therapie auf diesem Weg kommen wird, ist nicht definiert. Ohne genauere realistische Einschätzungen des erreichbaren Ziels, baut der Patient entweder zu hohe Erwartungen auf und die Ernüchterung im Lauf der Therapie führt zum großen Rückfall in das Symptomverhalten, oder das hohe und hehre Ziel erscheint von Anfang an als nicht zu bewältigender Berg ("Das schaffe ich nie!"). So manche gut konzipierte Therapie scheitert am Versäumnis, beim Patienten die förderlichen Erwartungen aufzubauen (Kanfer et al. 1990).

Deshalb ist eine gemeinsame Festlegung der *konkreten Zielerwartungen* notwendig. Die *Skalierung der Zielerreichung* (Goal-Attainment-Scaling: GAS) nach Kiresuk und Sherman (1968) hat sich hierbei bewährt. Im Rahmen der Zielanalyse wird jedes Ziel operationalisiert und verschiedene Grade der Zielerreichung auf konkreter Verhaltensebene formuliert.

Beispiel

-2: Die Angst ist so groß , daß ich nicht allein mit öffentlichen Verkehrsmitteln fahren kann.

-1: Ich kann die unbedingt notwendigen Fahrten allein machen, aber noch unter großer Angst.

1: Ich kann alle Fahrten allein machen, aber es ist immer wieder Angst dabei.

+1: Ich schaffe wieder wie bisher alle Fahrten ohne Angst.

+2: Ich bin viel unternehmungs- und reiselustiger, auch selbstständiger als früher, mache z.B. regelmäßig allein größere Reisen, die ich voll genieße.

Diesen Kategorien sind folgende Wahrscheinlichkeitsgrade zugeordnet:

-2: Das Ergebnis der Therapie ist *sehr viel schlechter* als erwartet

-1: Das Ergebnis der Therapie ist *schlechter* als erwartet

0: Das Ergebnis der Therapie ist *wie erwartet*

+1: Das Ergebnis der Therapie ist *besser* als erwartet

+2: Das Ergebnis der Therapie ist *sehr viel besser* als erwartet

Null entspricht demnach dem, was am wahrscheinlichsten zu erreichen sein wird. Schlechtere und bessere Ergebnisse halten Patient und Therapeut für weniger wahrscheinlich.

Eine so durchgeführte Zielanalyse im Sinne des therapeutischen Problemlöseparadigmas kann schon die halbe Therapie sein. Das Problembewußtsein ist hergestellt, die Therapiemotivation ist aufgebaut und die therapeutische Beziehung ist entstanden.

10.4 Der Behandlungsplan: Therapeutische Strategien und Interventionen

Der Weg von der Störung zum Ziel wird zum Instrument eines zweckbestimmten Handelns oder zum operanten Verhalten, das durch Hoffnung auf Erfolg und durch positive Verstärkung gesteuert wird. Der dritte Schritt zur effizienten Psychotherapie ist, nach der

- individuellen Verhaltens- und Bedingungsanalyse und der
- systematischen Zielanalyse, die
- *strategische Therapieplanung*.

Die fünf Störungsaspekte des modifizierten S-POE-R-K-C-Modells führten zu fünf Hauptzielen. Wir können entsprechend fünf ***Hauptstrategien*** formulieren (am Beispiel obiger Angstpatientin):

1. Angstexposition, um mit der Angst umgehen zu lernen (zur Angstreduktion)
2. Selbstkontrolliertes Aufsuchen aller bisher vermiedenen Situationen (zum Abbau des Vermeidungsverhaltens)
3. Aktivitätenplanung: Unternehmungen ohne den Ehemann (zur Veränderung des Selbst- und Weltbildes)
4. Empirische Hypothesenprüfung nach Beck (zur Falsifizierung der alten Überlebensregel)
5. Kommunikationstraining (aktives Konfliktlösen statt trennen)

Für jede dieser Hauptstrategien lassen sich Detailstrategien vorschlagen, die von der allgemeinen kognitiven Entwicklungstheorie psychischer Störungen und von kognitiver und verhaltenstherapeutischer Seite ausgehen. Diese wiederum können durch die vom einzelnen Therapeuten und vom Patienten kreativ gefundenen Interventionen individuell praktisch umgesetzt werden.

Tab. 10.2 zeigt in der rechten Spalte die Therapiestrategien, die hier nur beispielhaften Charakter haben und im einzelnen Fall ausgetauscht werden gegen fallspezifische Vorgehensweisen.

Betrachte ich die einzelnen Strategien als Teilstrecken des gesamten Weges zum Ziel, so muß ich mir vorstellen können, auf diese Weise wirklich

- mit diesem Patienten
- bei seiner spezifischen Lebenssituation
- und seinem klinischen Syndrom
- in die gewünschte Richtung
- bis an den gewünschten Ort gelangen zu können.

Zusammenfassend formulieren wir eine zu dem oben beschriebenen Gesamtziel korrespondierende ***Gesamtstrategie***, die einerseits eine Synthese oben genannter Hauptstrategien ist, andererseits angibt, was Therapeut und Patient tun werden. Ein Beispiel für eine Gesamtstrategie bei einem depressiven Patienten ist: durch die Erfahrung von Selbsteffizienz (Durchsetzen eigener Vorstellungen am Arbeitsplatz) unabhängig werden von der äußeren Selbstwertquelle (ständige Bestätigung des Vorgesetzten). Ein Beispiel der strategischen Konzeption kognitiv-behavioraler Psychotherapie findet sich bei Sulz (1998, 2000).

Tabelle 10.2 Strategische Therapieplanung

Störung	**Ziel**	**Therapie**
Situation: Was in den Monaten vor Symptomausbruch passierte, worum es ging (z.B. Auszug aus dem Elternhaus, Beginn des Studiums, Trennung, Scheidung).	Lernen, mit so schwierigen Situationen künftig meisternd umgehen zu können (z.B. auf Trennung mit Trauer reagieren können, nach Umzug einen neuen Freundes-kreis aufbauen können, bei einer neuen Arbeitsstelle mich auf die neuen Anforder-ungen einstellen können).	Je nach Situation z.B.: Trauerexposition, Selbstbehauptungstraining, Kommunikationstraining, Problemlösetraining, Streßbewältigungstraining.
Person (Organismus): • zentrale Verstärker • (Bedürfnisse) • zentrale Vermeidung (Angst) • Persönlichkeitstyp (dysfunktionaler Verhaltenstereotyp) • dysfunktionale Überlebensregel	Lernen, • auf adäquate Weise Bedürfnisse zu befriedigen bzw. mit weniger Befriedigung zu leben • Befürchtungen als unbegründet zu erkennen bzw. die Bedrohungen als verkraftbar zu erfahren • funktionale Verhaltensweisen aufzubauen, die die bisherigen dysfunktionalen ersetzen • Überlebensregel empirisch zu prüfen, damit sie falsifiziert werden kann	selbstkontrollierte Verhaltensübungen, Training der Bedürfnis- und Gefühlswahrnehmung, Emotionsexposition, Rollenverschreibung nach Kelly, empirische Hypothesenprüfung nach Beck, Strategien der kognitiven Umstrukturierung wie sokratisches Fragen, Drei-Spalten-Technik und Entkatastrophieren
Reaktion: • zunächst wird versucht, die Problemsituation auf alte Weise zu bewältigen, wenn dies scheitert: • Symptombildung, z.B. Depression, Agoraphobie, Zwang, Eßstörung, Sucht	Lernen, • generelle situationsübergreifende Bewältigungsreaktionen einzusetzen • das Symptomverhalten zu reduzieren und durch adäquates meisterndes Verhalten zu ersetzen	• Verhaltensübungen mit Rollenspiel zu konkretem Verhalten in konkreten Situationen • störungsspezifische Interventionen zur Symptomreduktion
Konsequenz: (symptomaufrechterhaltende Bedingungen) • Bewahren der zentralen Verstärkung bzw. der Hoffnung, sie zu erhalten bzw. das entsprechende Bedürfnis (wie Zugehörigkeit, Geborgenheit, Liebe, Selbstbestimmung) zu befriedigen • Vermeiden der zentralen Bedrohung/Angst wie Trennung, Alleinsein, Kontrollverlust, Ablehnung, Gegenaggression	Lernen, • daß zentrale Verstärker auch durch das bisher vermiedene Verhalten zu bewahren sind • daß die zentrale Bedrohung nicht eintritt, obwohl ich das bisher vermiedene Verhalten zeige	• Selbstverstärkende Aktivitäten planen und durchführen, Situationen herstellen, in denen ich bekomme, was ich von anderen brauche (Fremdverstärkung holen) • Stimulus- und Reaktionskonfrontation (in bisher vermiedene Situationen gehen, bisher vermiedenes Verhalten zeigen): Wenn die befürchtete Konsequenz eintritt, das Gefühl aushalten, die Erfahrung machen, daß es zwar schlimm ist, aber nicht umbringt

10.5 Literatur

1. *Caspar, F. & Grawe, K.:* Vertikale Verhaltensanalyse (VVA). Analyse des Interaktionsverhaltens als Grundlage für die Problemdefiniton und Therapieplanung. In: *Bommert, H. & Petermann, F.* (Hrsg.): Diagnostik und Praxis-Kontrolle in der Klinischen Psychologie. DGVT, Tübingen 1982
2. *Dilling, H., Mombour, W. & Schmidt, M.* (Hrsg.): Internationale Klassifikation psychischer Störungen. ICD-10 Kapitel V (F). Huber, Bern 1991
3. *Fiedler, P.:* Psychotherapieziel Selbstbehandlung. Edition Psychologie, Weinheim 1981
4. *Hand, I.:* Verhaltenstherapie und Kognitive Therapie in der Psychiatrie. In: *Kisker, K., Lauter, H., Meyer, J., Müller, C. & Strömgren, E.* (Hrsg.): Psychiatrie der Gegenwart (Bd.1): Neurosen, Psychosomatische Erkrankungen, Psychotherapie. 3. Aufl. Springer, Berlin 1986, S.277-306
5. *Hayes, S:* Akzeptanz- und Commitment-Therapie - ein radikal behavioraler Ansatz. In: *Sulz, S.K.D.* (Hrsg.): Kurz-Psychotherapien - Wege in die Zukunft der Psychotherapie. CIP-Medien, München 1998
6. *Hiller, W., Zaudig, M. & Mombour, W.:* MDCL. Münchner Diagnosen Checklisten für DSM-III-R und ICD-10. Logomed, München 1990
7. *Kanfer, F., Reinecker, H. & Schmelzer, D.:* Selbstmanagement-Therapie. Springer, Berlin 1990
8. *Kelly, G.:* The Psychology of Personal Constructs (Bd.1). Norton, New York 1955
9. *Kiresuk, T. & Sherman, R.:* Goal Attainment Scaling: A general method evaluating comprehensive community mental health programs. Community Mental Health Journal, 4, 1968, 443-453
10. *Klerman, G., Weissman, M., Rounsaville, B. & Chevron, E.:* Interpersonal Psychotherapy of Depression. Basic Books, New York 1984
11. *Linehan, M.:* Dialektische Therapie der Borderline-Persönlichkeitsstörung. CIP-Medien, München 1996
12. *Schulte, D.:* Therapieplanung. Hogrefe, Göttingen 1996
13. *Sulz, S.K.D.:* Das Verhaltensdiagnostiksystem VDS: Von der Anamnese zum Therapieplan. CIP-Medien, München 1992
14. *Sulz, S.K.D.:* Strategische Kurzzeittherapie - Wege zur effizienten Psychotherapie. CIP-Medien, München 1994
15. *Sulz, S.K.D.:* Praxismanual zur Strategischen Kurzzeittherapie. CIP-Medien, München 1995
16. *Sulz, S.K.D.:* Als Sisyphus seinen Stein losließ. Oder: Verlieben ist verrückt. CIP-Medien, München 1996
17. *Sulz, S.K.D.:* Praxis der Strategischen Kurzzeittherapie. In: *Sulz, S.K.D.* (Hrsg.): Kurz-Psychotherapien. CIP-Medien, München 1998
18. *Sulz, S.K.D.:* Therapieplanungsmaterialien. CIP-Medien, München 1999
19. *Sulz, S.K.D.:* Von der Strategie des Symptoms zur Strategie der Therapieplanung und Gestaltung der Psychotherapie. CIP-Medien, München 1999
20. *Sulz, S.K.D., Gräff, U., Jacob, C.:* Persönlichkeit und Persönlichkeitsentwicklung – Eine empirische Untersuchung der VDS-Persönlichkeitsskalen. Psychotherapie, 3. 1998, 46-56
21. *Wittchen, H., Saß, H. & Zaudig, M.K.K.:* Diagnostisches und Statistisches Manual Psychischer Störungen DSM-III-R. 3. Aufl. Beltz, Weinheim 1991
22. *Wittchen, H., Zaudig, M., Schramm, E. et al.:* SKID. Strukturiertes klinisches Interview für DSM-III-R. Interviewheft. Beltz, Weinheim 1990

11. Gesprächsführung in der Verhaltenstherapie

D. Zimmer

11.1 Einführung

Das Gespräch über Gefühle und Gedanken, über vergangene und aktuelle Erfahrungen, nimmt in der Verhaltenstherapie wie in anderen Therapieformen einen großen Raum ein. Über verbale Interaktionen finden die wesentlichen therapeutischen Einflüsse statt, die im günstigen Fall zu einem veränderten Selbstverständnis des Patienten und zu neuen Handlungsmöglichkeiten führen. In der Beziehung zu ihren Therapeuten machen Patienten oft neue Erfahrungen. Zwar beschränkt sich Verhaltenstherapie nicht auf die Analyse und Bearbeitung der therapeutischen Beziehung, die Gestaltung der Beziehung und somit die Gesprächsführung sind jedoch von erstrangiger Bedeutung für therapeutische Erfolge.

Die in der Literatur zu findende Unterscheidung von „psychotherapeutischen Verfahren" und „Beziehungsgestaltung" ist eine irreführende Vereinfachung (Zimmer 1983). Unglücklicherweise wurde in der frühen Literatur zur Verhaltenstherapie vor allem die Effizienz einzelner Techniken herausgearbeitet. Demgegenüber ist festzuhalten, daß die Bedeutung der Interaktion und der Beziehung in der Psychotherapieforschung eines der am besten bestätigten Ergebnisse ist. Dabei scheint es vor allem auf das emotionale Engagement des Patienten, auf eine gute Kooperation, und besonders auf die Flexibilität des Therapeuten anzukommen (Orlinski, Grawe & Parks 1994).

Diese Befunde gelten gleichermaßen in der Verhaltenstherapie:

- Es existieren sehr differenzierte Möglichkeiten zur Beziehungsgestaltung (Kanfer et al. 1996). Verhaltenstherapeuten wurden bez. des Umgangs mit Patienten in verschiedenen Untersuchungen von Patienten und unabhängigen Beurteilern als sehr emphatisch, persönlich engagiert und flexibel eingestuft (zur Übersicht: Zimmer & Zimmer 1996).
- Die Unterscheidung von Techniken versus Beziehungsgestaltung ist zu vereinfachend: In beiden Perspektiven geht es um die Schaffung günstiger Bedingungen für persönliche Weiterentwicklung und Lernprozesse beim Patienten. Für die Gesprächsführung lassen sich wie bei der Planung von Verfahren ähnliche Grundmodelle fruchtbar machen (s.u.).

Ob ein bestimmtes Therapeutenverhalten wie „emphatisches Zuhören" förderlich oder wenig hilfreich ist, hängt von den Umständen ab. Eine funktionale Analyse kann klären, ob ein Patient mit bestimmten Beziehungs-Vorerfahrungen (z.B. „abhängiges Verhalten") und einer bestimmten Symptomatik („Depression, negatives Selbstbild") in einer bestimmten Phase der Behandlung (z.B. „Therapiebeendigung") akut von diesem Therapeutenstil profitiert oder nicht. Deshalb ist ein therapeutischer Stil nicht per se gut oder schlecht. Empathie z.B. kann eine notwendige Basis dafür sein, daß Patienten sich wertgeschätzt fühlen und zur zweiten Sitzung wiederkommen. Empathie kann aber auch abhängiges und vermeidendes Verbalverhalten verstärken.

In diesem Beitrag sollen deshalb keine Listen „guten Therapeutenverhaltens" aufgestellt werden, wie sie vielfach in der Literatur zu finden sind. Vielmehr sollen verschiedene Prinzipien erklärt und ihre Umsetzung verdeutlicht werden. Jedes Prinzip kann zum richtigen Zeitpunkt sehr hilfreich, an anderer Stelle aber auch kontraindiziert sein. Klinische Erfahrung und Supervision können bei der konkreten Einschätzung helfen.

11.2 Allgemeine Prinzipien der Beziehungsgestaltung und Gesprächsführung

Diese Kapitelüberschrift scheint den bisherigen Ausführungen zu widersprechen. Aber einige Grundgedanken sind für die meisten psychotherapeutischen Behandlungen von Bedeutung. Wo sie besonders betont und intensiv beachtet werden müssen, zeigt der Einzelfall.

■ Allgemeine Charakteristika der therapeutischen Beziehung

Professionelle Beziehung im Gegensatz zur Freundschaftsbeziehung: Psychotherapie ist eine Dienstleistung, keine Hilfe aufgrund freundschaftlicher Zuneigung. Patienten dürfen folglich auch einmal schwierig und belastend sein, ohne befürchten zu müssen, damit freundschaftliche Gefühle beim Gegenüber zu riskieren.

> Es ist ein Fehler, Therapiebeziehungen in Freundschaftsbeziehungen zu überführen oder beide Beziehungsformen parallel zu haben. Am krassesten zeigt sich der Fehler, wenn Psychotherapeuten innerhalb der eigenen Ehe oder Familie die Rolle des Familienmitgliedes und des Therapeuten zu mischen versuchen.

Zeitliche Befristung: Freundschaftsbeziehungen sind potentiell zeitlich unbegrenzt. Die Therapie ist von vornherein befristet. Auch langfristig stützende psychiatrische Kontakte sollten von Psychotherapie abgegrenzt werden. Wie Fred Kanfer betont, sind nicht alle helfenden Beziehungen befristet. Psychotherapie im engeren Sinne zielt auf die Wiederherstellung der Selbsthilfekompetenzen ab. Die Kassen geben hier entsprechende Grenzen vor. Nicht nur Patienten müssen sich aus der Abhängigkeit lösen. Auch Therapeuten müssen akzeptieren, daß es irgendwann (besser) ohne sie geht und daß ihr Ziel darin besteht, sich überflüssig zu machen.

Asymmetrische Beziehung: Die belastenden Probleme des einen (des Patienten) stehen im Fokus, die des anderen (des Therapeuten) sollten kontrolliert und außerhalb abgehandelt werden. Das Fachwissen und die persönlichen Fähigkeiten des Therapeuten stehen dem Patienten zur Verfügung, nicht umgekehrt.

Paradoxie des Helfens: Psychotherapie ist hilfreiche Einflußnahme, also immer auch Fremdhilfe, zielt aber auf Selbsthilfe als Fähigkeit ab. Eine zu starke Betonung der Fremdkontrolle kann folglich dem Ziel von Selbsthilfe widersprechen. Viele Verfahren in der Verhaltenstherapie dienen dazu, diesen Effekt zu minimieren und dem Patienten viel Gestaltungsspielraum und Verantwortung zu geben. Klienten mit Symptomen von Abhängigkeit und Unselbständigkeit und Therapeuten, deren Selbstverstärkung von der Dankbarkeit und Bewunderung der Patienten abhängig ist, ziehen Therapien unnötig in die Länge.

■ Allgemein menschliche Beziehungsqualitäten in der therapeutischen Beziehung

Besonders Fred Kanfer hat immer wieder betont, daß einige allgemeinmenschliche und ethische Prinzipien Standard für gute Psychotherapien sein sollten.

Diskretion: Die geltenden Bestimmungen des Datenschutzes müssen beachtet werden. Patienten sollten darüber aufgeklärt sein und im Falle von Berichten, Rückfragen und Kontakten mit Institutionen entsprechend ihre Einwilligung geben. Über Supervision der Therapeuten sollten sie ebenfalls informiert sein.

Gleichwertigkeitsprinzip: Die Tatsache, daß ein Mensch emotionale Probleme und ggf. in wichtigen Lebensbereichen Versagenserlebnisse hat, darf nichts daran ändern, ihn grundsätzlich als gleichwertig zu betrachten und zu behandeln. Dies kann sich in vielen Aspekten des Umgangs ausdrücken. Therapeuten sollten trotz Routine und Arbeitsdruck immer im Auge haben, daß dieser im Verhalten ausgedrückte (nicht nur geäußerte) Respekt die Basis für die wieder zu entwickelnde Selbstachtung von Patienten darstellt.

Profundes Interesse am Wohl des Patienten.

Kontrolle übertriebener Neugier: Die Fragen von Therapeuten sollten immer begründet sein und einem besseren Problemverständnis oder der Planung der weiteren Arbeit dienen. Manche Patienten mit interessanten bis bizarren Erfahrungen können Neugier beim Therapeuten wekken, faszinierende Geschichten zu erfragen und damit Patienten zum Objekt eines kuriosen Interesses zu machen, statt verständnis- und zielorientiert zu bleiben.

Kontrolle eigener Macht- und Bestätigungsbedürfnisse: Therapeuten wollen helfen und haben in der Regel auch soziale und altruistische Motive. In der therapeutischen Selbsterfahrung sollten sie klären, inwieweit Erfahrungen in der eigenen Biographie Bedürfnisse nach Kontrolle, Autorität und Anerkennung haben entstehen lassen, die verstanden und kontrolliert werden sollten. Andernfalls fällt es schwer, in der nötigen Kürze Patienten bei der Entwicklung von Selbsthilfekompetenzen zu helfen, die eigene Rolle gegen Ende der Therapie zurückzunehmen oder auch, auf Kritik und Enttäuschung des Patienten nicht persönlich gekränkt zu reagieren. Selbstbewußtsein und Stolz sollten aus der Qualität der Arbeit, nicht aber vom Ergebnis und schon gar nicht von einer übertriebenen Dankbarkeit durch Patienten abgeleitet werden, da diese zum Therapieende hin eher ein bedenkliches Zeichen darstellt.

Ähnlich sollte es selbstverständlich sein, daß erotische und *sexuelle Beziehungen* zu Patienten inakzeptable Kunstfehler darstellen. In der Regel findet dabei eine Wiederholung früherer Mißbrauchserfahrungen statt. Aber unabhängig davon ist die Vermengung von zwei verschiedenartigen Rollenbeziehungen („Gleichheit und Freiwilligkeit als Basis sexueller Beziehungen" versus „Asymmetrie als Charakteristikum therapeutischer Beziehungen") schädlich.

■ Die Beachtung des Rahmens

Viele Probleme werden an der Besprechung der Rahmenbedingungen spürbar. Zu Beginn der Therapie müssen geklärt werden:

- Zeitpunkt und Frequenz der Sitzungen
- Umgang mit Fehlzeiten und Krankheit
- Möglichkeit und Grenzen von Telefonaten und Kontakten zwischen den Sitzungen
- Voraussetzungen für die Kostenübernahme durch die Krankenkassen (z.B. Einholen von weiteren ärztlichen Konsilberichten)
- notwendige diagnostische und andere Maßnahmen wie Fragebogen, Aufzeichnungen, Supervision

Für manche Aspekte können Informationsblätter ausgehändigt werden. Die Besprechung des Rahmens aber klärt Wünsche und Widerstände und mögliche Fehlerwartungen an Therapeuten.

Zum Rahmen gehört auch ein definierter Ort des Heilens, also ein eigenes Therapie- oder Praxiszimmer. Therapeutische Anfänger, die sog. Wohnzimmertherapien zuhause durchführen, schaden im Zweifelsfall der Therapie durch die unklaren Grenzen zwischen privater und professioneller Beziehung.

Manche Patienten müssen lernen, daß sie nicht einerseits ständig zu spät kommen und dann fünf Minuten vor Sitzungsende mit heißen Themen beginnen können, um den Therapeuten für mehr als die üblichen 50 Minuten für sich in Anspruch zu nehmen. Andere Patienten mögen es benötigen, für suizidale Krisen auch die private Telefonnummer der Therapeuten zu bekommen.

Generell gilt, daß frühzeitige Klarheit von Vorteil ist, und daß das Gespräch über Grenzüberschreitungen (wie nächtliche Anrufe, Unpünktlichkeit usw.) die oft ambivalente Therapiemotivation zu klären hilft.

11.3 Die Anwendung lernpsychologischer und sozialpsychologischer Modelle auf die Gesprächsführung

Einige der klassischen lernpsychologischen Modelle lassen sich auf die Gestaltung der therapeutischen Beziehung anwenden. Welches Prinzip jeweils besonders beachtet und zur Gestaltung der Interaktion herangezogen werden sollte, muß Ergebnis der Problemanalyse sein.

■ Das Prinzip der Angstreduktion

Psychotherapie sollte ein geschützter Raum sein, in dem über ängstigende Themen in einer entspannten, Streß eher reduzierenden Atmosphäre gesprochen werden kann. Therapeuten werden hier ein angstreduzierendes Klima zu schaffen versuchen, Entwertungen und Verletzungen vermeiden und durch Interesse, Anteilnahme und Unterstützung Bedingungen schaffen, in denen Schritt für Schritt das Zutrauen wächst, sich mit ängstigenden Themen auseinanderzusetzen.

Da die Bewältigung von Ängsten voraussetzt, daß diese zur Sprache kommen und erlebt werden, ist manchmal auch die Ansprache von Vermeidungsverhalten oder Abwehr notwendig.

■ Das Prinzip der Verstärkung

Für Patienten ist es sehr wichtig, daß ihre Anstrengung und Bemühung, ihr Kampf mit der Symptomatik wahrgenommen, beachtet und auch gelobt wird. Dabei sollte die Bemühung wichtiger als das Ergebnis sein. Akzeptanz und Anerkennung sind zu unterscheiden: Als Person sollten sich Patienten unkonditional wertgeschätzt fühlen, auf der Ebene der Anstrengung und der therapeutischen Arbeit können Rückmeldungen klärend und unterstützend sein.

Wie im Kapitel „Das therapeutische Rollenspiel" ausgeführt wird, ist operante Verstärkung sehr viel akzeptabler und wirksamer, wenn sie transparent, und vor allem persönlich und ehrlich gegeben wird. Ein abstrakter Satz „Das haben Sie gut gemacht" ist eher in Gefahr, lehrerhaft zu wirken als die persönliche Rückmeldung „Ich weiß oder ahne, wieviel Überwindung und Anstrengung diese Aufgabe für Sie gekostet hat und freue mich, daß Sie so am Ball bleiben".

Insbesondere bei interaktionell schwierigen Patienten, die nie konstruktive Rückmeldungen erhalten haben, stellt die ehrliche, manchmal auch kritische Rückmeldung von Psychotherapeuten die Basis dar, um über das eigene Beziehungsverhalten nachzudenken und die Interaktion mit Therapeuten als Übungsfeld für Beziehungen zu nutzen: „Wenn Sie auf den Boden schauen und ganz leise reden, fällt es mir schwerer, Ihnen zu folgen." Oder: „Jetzt, wo Sie mir direkt widersprechen, kann ich viel besser einschätzen, ob die geplante Aufgabe in der Schwierigkeit richtig oder falsch ist. Sie helfen mir damit."

Verstärkung findet nicht nur geplant und offen statt. In den sechziger Jahren gab es viel Forschung, vor allem von Fred Kanfer zum Phänomen des „verbalen Konditionierens". Innere Werthaltungen und Vorlieben von Therapeuten führen dazu, daß sie ungeplant vor allem verbale Äußerungen von Patienten (und damit wohl auch Kognitionen) beachten und mit Kopfnicken, paraverbalen Äußerungen („Mhm, interessant...") verstärken. Dies lenkt die Aufmerksamkeit und das Sprachverhalten und überträgt Werthaltungen und Orientierungen, so daß sich Patienten im Laufe einer erfolgreichen Psychotherapie den Haltungen ihrer Therapeuten annähern.

Aus diesem Grunde ist es ein wichtiges Ziel einer therapeutischen Selbsterfahrung, daß Therapeuten über eigene Werthaltungen, Neigungen und Orientierungen Bescheid wissen und ggf. kritisch kontrollieren, damit nicht eigene Haltungen unreflektiert übertragen werden.

■ Das Prinzip Modell-Lernen

Therapeuten, die von ihren Patienten geschätzt werden, haben in der Regel die Eigenschaften, die nach der Forschung eine gute Modellperson charakterisieren: eine Person, von der man auch Verhaltens- und Denkmuster, Problemlösungen und Stile übernimmt. Ähnlich wie bei subtilen Verstärkungsprozessen übertragen sich - oft unreflektiert - Haltungen, Sichtweisen und Vorgehensweisen, so daß es wichtig ist, daß Therapeuten auch darüber Bescheid wissen.

Nicht alle Therapeuten werden vom einzelnen Patienten gleichermaßen als „Modell" akzeptiert. Der Status des Therapeuten oder die Vorinformation, die Patienten vom Therapeuten haben, sind insgesamt weniger bedeutsam, höchstens als Anfangseffekt. Wichtiger und hilfreicher sind Ähnlichkeiten bezüglich der Lebenserfahrungen.

Erleichternd kann es sein, wenn Therapeuten Kultur, Sprache und soziale Lebenswelt des Patienten gut kennen und wenn sie ähnliche Lebensaufgaben bewältigt haben. So ist es für Patientinnen, die damit kämpfen, Mutterrolle und Berufswünsche miteinander zu verbinden, leichter, mit einer Therapeutin zu arbeiten, die selbst Kinder hat und damit die Problematiken aus eigener Anschauung kennt, als mit einem Mann, der nicht verheiratet ist und keine Kinder hat.

Aus den genannten Gründen sind Ex-Abhängige häufig gute Cotherapeuten, da sie die Fallen und Schwierigkeiten der Suchtbewältigung aus eigener Anschauung kennen.

Das Prinzip der kognitiv-emotionalen Analyse und der Aufmerksamkeitslenkung

Das funktionale Denken in der Verhaltenstherapie, das Zusammenhänge sucht, nicht nur zwischen Verhalten und situativen Variablen, sondern auch zwischen Emotionen und Kognitionen, führt zu sehr zielgerichteten, spezifischen und konkreten Fragen, die Patienten helfen,

- zu sortieren, was kognitive und situative Auslöser von Emotionen sind,
- welche Handlungsimpulse mit den Gedanken und Gefühlen verbunden sind,
- welche situationsübergreifenden Muster erkennbar sind zwischen Gefühlen, Gedanken und Grundannahmen,
- welche Wahrnehmungsverzerrungen, willkürlichen Schlußfolgerungen und unglücklichen Bewertungen bei der Aufrechterhaltung der Symptomatik beteiligt sind.

Diese präzise, spezifische und konkrete Frageweise kann helfen - um mit Kanfer oder Beck zu sprechen - aus nebulösen unklaren Mißbehagensgefühlen konkrete und bearbeitbare Probleme zu machen.

Ein wesentliches Prinzip der therapeutischen Gesprächsführung ist dabei die Aufmerksamkeitslenkung durch Fragen, etwa im sokratischen Dialog der kognitiven Verhaltenstherapie:

Wo Patienten die Ursache der Probleme nur bei sich sehen („internale Kausalattributionen"), können gezielte Fragen nach Umgebungsbedingungen („externale Faktoren") zu einer vollständigeren Wahrnehmung führen. Wo Patienten die Schuld nur externalisieren, können Fragen nach eigenen Verhaltens- und Interpretationsmustern zu einer internalen Änderungsbereitschaft verhelfen. Wo Patienten nur an kurzfristigen Konsequenzen ihrer Handlungen orientiert sind, können Fragen nach künftigen, längerfristigen Folgen die Zukunft in der Phantasie in die Gegenwart holen und damit erlebbar und handlungsrelevant werden lassen.

Das Prinzip Selbstregulation

Wenn Psychotherapie Hilfe zur Entwicklung von Selbsthilfefähigkeiten sein soll, dann - so betonte Fred Kanfer immer wieder - sollte nicht der Therapeut anstelle des Patienten arbeiten, sondern ihn bei seinen Bemühungen unterstützen. Diesem Ziel dienen verschiedene Prinzipien:

- Es sollte nicht mehr Unterstützung gegeben werden, als nötig, um Eigenaktivitäten des Patienten anzuregen.
- Vielfältige Fragetechniken helfen durch Lenkung der Aufmerksamkeit, daß Patienten selbst konstruktive Ideen und Perspektiven entwickeln können. Dies kann durch den „sokratischen Dialog" nach Beck oder die „Columbo-Technik" von Fred Kanfer geschehen. Die gespielte Naivität des Detektivs im bekannten Krimi ist in der Therapie auch Ausdruck des Eingeständnisses, daß Therapeuten nicht zu schnell glauben sollten, den Patienten, seine Art Worte zu verwenden und seine Darstellungen inhaltlich zu verstehen. Nachfragen zur Überprüfung und Validierung eigener Annahmen sind ganz entscheidend.
- Im Verlauf der Therapie verschiebt sich daher die Gesprächsführung von stärkerem Engagement des Therapeuten zu unterstützender Anregung von Selbsthilfeaktivitäten.
- Therapeuten werden ihren eigenen Einfluß weniger herausstreichen, als Patienten helfen, die Bedeutung ihrer eigenen Bemühungen zu sehen.

Informierte Freiwilligkeit

Patienten als mündige Kunden sollten vor Entscheidungen über Alternativen informiert sein und Vor- und Nachteile abwägen können, ob überhaupt eine Psychotherapie und - falls ja - genau diese bei diesem Therapeuten in dieser Institution von ihnen gewollt wird. Dieses Vorgehen spiegelt nicht nur ethische und rechtliche Prinzipien wider, sondern ist von erstrangiger Bedeutung für die Motivation zur Psychotherapie. Viele Forschungen zur sog. „kognitiven Dissonanz" in der Sozialpsychologie legen nahe, daß eine freiwillige Entscheidung - *nach* einer Information auch über die belastenden Aspekte - zu einer besseren Motivation im Sinne einer Höherbewertung der dann gefällten Entscheidung führen kann. Therapeuten tun also gut daran, Patienten zu informieren, insbesondere über den Rahmen. Sie sollen ihnen Gelegenheit geben, alle Fragen zu stellen, sie im Zweifelsfall auch ermutigen, über die Entscheidung nochmals ein paar Mal zu schlafen, um sich sicher zu sein, ob sie Psychotherapie jetzt und hier haben wollen.

Wichtig ist, daß mit dem Einsatz therapeutischer Verfahren erst begonnen wird, wenn zwei Entscheidungen bewußt gefallen sind: die des Patienten und die des Therapeuten. Allerdings kann es die Aufgabe der ersten Phase sein, motivationale Ambivalenzen für eben diese Entscheidung zu klären.

Das Prinzip Wahlfreiheit

Über die gesamte Therapie hinweg, aber auch in jeder Sitzung, gibt es sehr viele kleine Entscheidungen zu fällen, etwa über welches Thema gesprochen wird, welcher Faden aufgegriffen wird und was der nächste Schritt ist. Verschiedene Motivationsmodelle - insbesondere aus der Sozialpsychologie - legen nahe, daß eine maximale Beteiligung der Patienten bei diesen Entscheidungen therapieförderlich ist und das Engagement verbessert. Entscheidungsfreiheiten mögen da ihre Grenze haben, wo von Seiten der Kassen oder der Institution oder den Arbeitsmöglichkeiten des Therapeuten Grenzen gesetzt sind und wo Therapeuten aufgrund fachlicher oder ethischer Überlegungen bestimmte Wahlmöglichkeiten nicht akzeptieren können.

- In vielen Gesprächssituationen sollte das emotionale Erleben des Patienten die Leitlinie dafür sein, was bedeutsam ist, wie schnell oder langsam vorgegangen werden kann.
- Wie groß die Schritte einer Angsthierarchie sein können, muß der Patient mitentscheiden können.
- Welche Themen in welcher Reihenfolge bearbeitet werden, kann zumindest nicht gegen den Patienten entschieden werden.
- Sitzungsplanung („Ich würde gerne wissen, ob Ihnen von der letzten Sitzung noch etwas durch den Kopf gegangen ist, auch, wie es Ihnen die Woche ergangen ist und welche Themen Sie gerade beschäftigen. Wir können uns für heute dann für ein oder zwei Themen entscheiden, die wir intensiver besprechen wollen.")
- Welche Kognitionen und Aktivitäten mit positiver oder negativer Stimmung korrelieren, kann nur das Erleben des Patienten deutlich machen.

Therapeuten sollten ihre eigenen persönlichen und fachlichen Vorerfahrungen gut kennen und ggf. auch einbringen, dabei aber hinreichend Distanz dazu entwickeln, um nicht ihre eigenen Problemlösungen und Vorlieben Patienten überzustülpen.

Das Prinzip Selbstwertachtung

Die Bereitschaft, neue Gedanken und Informationen aufzunehmen, neue Lösungen experimentell zu erkunden, fällt leichter, wenn dies nicht implizit mit einer Demütigung des Selbstwertgefühles verbunden ist. Die Übernahme der Patientenrolle selbst, die diagnostische Klärung von Symptomen und Versagenserlebnissen sind oft verbunden mit Scham und negativem Selbsterleben.

Der Aufbau positiven Selbsterlebens ist nicht nur als ausgefeiltes Therapieverfahren möglich, sondern wird durch Gesprächsführung, Stil und Umgangsformen des Therapeuten beeinflußt (Zimmer 1983). Einige Stichworte hierzu sollen kurz genannt werden:

- Höflichkeit
- Pünktlichkeit und Zuverlässigkeit bei Absprachen
- Vermeidung etikettierender oder kränkender Formulierungen
- Interesse, Geduld und Ernstnehmen des Patienten und seines Erlebens
- Exploration der Stärken und Ressourcen des Patienten, Nutzung dieser Stärken
- Entlastende Formulierungen, die Patienten aus dem Gefühl des singulären Versagens herausholen („In allen Familien gibt es Probleme, wo liegen diese bei Ihnen?")
- Beteiligung an der Planung (s.o.)
- Einholen von Rückmeldungen („Gab es in dieser Stunde etwas, das Ihnen gut getan hat? Gab es Sätze von mir, die Sie belastet haben?")

11.4 Gesprächsführung in unterschiedlichen Therapiephasen

Die Anfangsphase

Da die meisten Patienten noch wenig Vorstellung haben, was Psychotherapie ist und wie vertrauenswürdig ihr Gegenüber ist, gibt es im Erstgespräch und in der Anfangsphase mehrere Ziele in der Gesprächsführung miteinander auszubalancieren:

- Aufbau einer vertrauensvollen, emotional positiven Beziehung
- Vertrauen in die Kompetenz des Therapeuten
- Vorbereitung einer Entscheidung für oder gegen die Therapie
- Diagnostische Abklärung (z.B. der Gefährdung eines Patienten)
- Besprechung des Rahmens einer möglichen Behandlung (s.o.)

Entsprechend ist in der Anfangsphase zunächst einmal wichtig:

- Zeit zu haben, zuzuhören, das Gespräch zu erleichtern, insbesondere auch den Ausdruck von Emotionen, diese aufzugreifen, zu paraphrasieren und nachzufragen, ob man richtig verstanden hat.
- In die Breite zu fragen, um nicht gleich das erste angebotene Thema gleich als Hauptthema festzulegen und zu sehr in die Tiefe zu explorieren.
- Die vielen Informationen zu sortieren, zusammenzufassen und zu gewichten anhand des emotionalen Erlebens des Patienten.
- Erst wenn es Signale vom Patienten gibt, daß er den Eindruck hat, alles Wichtige und vor allem auch Schwere gesagt zu haben und darin vom Therapeuten verstanden zu sein, kann über ein mögliches Therapieangebot glaubwürdig gesprochen werden.

Patienten kommen mit sehr unterschiedlichen Beziehungserfahrungen, kognitiv-emotionalen Schemata und Interaktionsmustern in die Therapie. Als wesentlichen Teil der Problemanalyse werden Therapeuten aus den Interaktionsbeobachtungen und den eigenen Reaktionen auf den Patienten zu erschließen suchen, welche unausgesprochenen Bedürfnisse und Verstärker oder Ängste für Patienten wichtig sind. Beispiele sind der „Wunsch, Kontrolle abzugeben und Lösungen von einem Fachmann zu erhalten", der „Wunsch nach Bestätigung und Akzeptanz trotz Fehlern" oder der „Wunsch, Freiheitsräume zu erhalten und alles selbst kontrollieren zu können." Solche Wünsche können natürlich auch Konflikte beinhalten (z.B. der „Wunsch nach Fremdhilfe, ohne die Kontrolle aus der Hand zu geben").

Im Sinne einer komplementären (K. Grawe) bzw. funktionalen Beziehungsgestaltung (Zimmer & Zimmer 1996) im oben beschriebenen Sinne ist es zu Beginn nötig, sich als Therapeut flexibel auf diese Bedürfnisse und Ängste einzustellen. Ein wesentlicher Teil einer Psychotherapieausbildung, der über Lektüre allein nicht vermittelbar ist, ist die Entwicklung eines guten Gefühles für die Gratwanderung, anfangs auch neurotische Beziehungsbedürfnisse partiell zu berücksichtigen und sich dabei als Therapeut nicht gänzlich die Hände binden zu lassen, um dann im Laufe der Therapie die eigenen Beziehungsangebote zu ändern. Wenn also Therapeuten wichtig für Patienten geworden sind, können sie schrittweise auch Beziehungswünsche frustrieren (z.B. nach „Abhängigkeit"), Anforderungen aufbauen oder Patienten helfen, für berechtigte Wünsche (z.B. nach einem guten Zuhörer) günstigeres Verhalten zu zeigen.

Therapeuten müssen sich auch einstellen auf ungewohnte Therapieerwartungen und Beziehungsmuster aus sehr unterschiedlichen kulturellen, religiösen und sozialen Hintergründen, die teilweise auch geprägt sind durch Vorerfahrungen mit Ämtern, Kliniken und anderen medizinischen Vorbehandlungen.

■ Therapiedurchführung

Die bisherigen Ausführungen können alle für die Therapiedurchführung von Bedeutung sein. Einige zusätzliche Themen sollen kurz angesprochen werden.

Therapie als adaptives Vorgehen

Therapien verlaufen selten nach dem einfachen Modell: 1. Diagnostik, dann 2. Therapieplanung, 3. deren Durchführung und 4. abschließende Bewertung. Therapien laufen nicht wie geplant und benötigen adaptive Korrekturen sowohl auf der Ebene der Verfahren wie der Beziehungsgestaltung - sofern beide überhaupt unterscheidbar sind. Dies ist so, weil die Planung zu Beginn nie auf der Basis vollständiger Informationen möglich ist und die Durchführung entsprechend überraschende neue Erfahrungen beisteuert, die neue funktionale Überlegungen nötig werden läßt. Adaptionen können in einer Änderung von Strategie und Beziehungsverhalten liegen, können aber auch klares Festhalten am Konzept und die Suche danach bedeuten, wie Patienten die Kraft zum Durchhalten finden. Manchmal leidet die Kooperation von Therapeut und Patient.

Aufrechterhaltung der Kooperation

Die wichtigste Regel lautet: Anzeichen mangelnder Zusammenarbeit sollten nicht übergangen werden - ein häufiger Anfängerfehler. Sicherlich kann manche präventive Überlegung angestellt werden, um gemeinsame Ziele und ein gemeinsames Problemverständnis oder auch Konzept von Therapie zu haben. Dennoch ist nicht alles vorhersehbar. Unpünktlichkeit, schlecht ausgefüllte Fragebögen, nicht gemachte Hausaufgaben, Unwillen über bestimmte Themen zu reden und andere Zeichen sollten Start für eine verständnisvolle Problemanalyse sein. Es gibt verschiedenste Ursachen dafür, so daß schnelle Schlüsse („der Patient ist nicht motiviert") oder auch gekränkte Reaktionen („Ich gebe mir solche Mühe und bräuchte Anerkennung dafür und der Patient entwertet das einfach durch mangelnde Kooperation") fehl am Platz und eher Thema für eine Supervision sein sollten.

Einige Gründe dafür, daß Patienten Anregungen für Erfahrungen zwischen den Sitzungen („Hausaufgaben") nicht umgesetzt haben, können beispielweise sein:

- Überforderung (Fehleinschätzung des Schwierigkeitsgrades)
- Unklarheiten in der Absprache oder im Konzept („Wozu eigentlich?")
- Negative Ereignisse anderer Art oder schwarze Gedanken
- Verlust von Krankheitsgewinn
- Interferierende Angehörige

Hier kann kein kurzes Rezept zur Sicherstellung von Kooperation gegeben werden. Aber die Strategie sollte Ergebnis einer funktionalen Analyse sein und wird je nach Hintergrund variieren.

Die Therapiebeziehung als Lernfeld

Immer wieder werden Therapeuten Beziehungstests ausgesetzt oder auf ungünstige Weise beeinflußt und müssen darauf reagieren.

Beispiele: „Wird sich der Therapeut abwenden, wenn er erfährt, wie stark die Symptomatik ist?" Nur wenn der Therapeut außerhalb der 50 Min. Therapie ansprechbar ist, glauben manche Patienten, wichtig zu sein. Sitzungen verlaufen langweilig, bis kurz vor Ende der Sitzung ein emotionales Drama beginnt. Manche Patienten wiederum befürchten, daß sie sich in jeder Hinsicht so verhalten müssen, wie das der Therapeut (ihrer Erwartung nach) möchte, um nicht als Patienten fallen gelassen zu werden.

Manchen Patienten wird man behutsam oder auch deutlich beibringen müssen, wie sie sich verhalten sollten, damit man als Therapeut gerne mit ihnen arbeitet (z.B.: Alles Wichtige gehört in die Sitzung. Fragen sollten nicht nur mit Schweigen beantwortet werden). Sie müssen quasi für die Therapie sozialisiert werden und können diese Interaktionsmuster für andere Beziehungen gut einsetzen. Andere Patienten benötigen die Erfahrung, daß sie belastet und schwierig sein dürfen, ohne daß Forderungen an sie gestellt werden. Wieder andere können durch systematische Fragen angeregt werden, auch Kritik und Ärger in der Beziehung zum Therapeuten zu äußern und zu erfahren, daß dies die Beziehung nicht zerstört.

Bei der Problemanalyse und Therapiezielreflexion sollten Therapeuten deshalb nicht nur über Strategien und Techniken nachdenken, sondern auch darüber, welche Art der Beziehungserfahrung in der Therapie wichtig sein kann, um bestimmte kognitiv-emotionale Schemata zu korrigieren.

■ Therapiebeendigung

Nach den vorliegenden Befunden sollte der Stil in der letzten Phase der Therapie besonders stark die Aspekte der Anregung und Begleitung von Selbsthilfeversuchen haben, um die Fähigkeiten des „Selbstmanagements" eigenen Befindens und eigener Symptome zu fördern. Rückmeldungen und Anregungen dienen weniger dem Ziel, Neues einzuführen als vielmehr dazu, das Verständnis in eigene Problemmuster zu vertiefen, Bewältigungserfahrungen und Geduld zu stärken und die Wahrnehmung eigener Kompetenz zu realisieren.

Patienten als Therapeuten eigener Probleme: Therapeuten werden einen Teil der Stützung zurücknehmen, die ggf. am Anfang nötig war. Eigeninitiative und Selbsthilfe sollen unterstützt, abhängiges Verhalten eher frustriert werden. Dies wird von manchen Patienten als Entzug von Zuwendung erlebt. Dies ist ein wichtiges Thema für die Gespräche. Zunehmend werden dann (hoffentlich) Therapeuten als „Helfer" überflüssig.

Änderungen der Kontrollüberzeugungen: Je mehr es Therapeuten gelingt, den Fokus der Aufmerksamkeit vom hilfreichen Einfluß des Therapeuten auf die Erfahrungen zu lenken, bei denen Patienten lernen konnten, daß eigene Bemühungen wichtig und weiterführend waren („internale Kontrollüberzeugungen" oder „Vertrauen in die eigene Kompetenz"), desto leichter kann die Ablösung fallen. Für die Prognose von Rückfällen ist es wichtig, daß Patienten durch gezielte Fragen ihre eigenen Anteile am Erfolg kennenlernen.

Bilanzen: Immer wieder, spätestens aber einige Stunden vor Therapiebeendigung, sollte reflektiert werden, wo Patienten aktuell stehen. Ein Vergleich zwischen den Beschwerden bei Therapieanmeldung und aktuellem Befinden kann deutlich machen, wo Patienten weitergekommen sind, welche Themen aber auch noch weiter angegangen werden müssen.

Trennungsschmerzen: Die Beendigung der Therapie bedeutet auch den Verlust einer wichtigen Beziehung. Manche Patienten entwickeln neue Symptome, um in den Genuß der für sie so wichtigen Beziehung zu kommen. Das Thema „Trennung oder Verlust wichtiger Bezugspersonen" ist zudem für einige Patienten biographisch besonders belastet.

Dies bedeutet, daß das Thema der Therapiebeendigung in Ruhe mit dem Patienten besprochen werden muß, so daß die Möglichkeit besteht, Trauer, Schmerz und Ärger über den Verlust und die zeitliche Befristung der Therapie auszudrücken und miteinander anzusehen.

Selbstverständlich sollte es Therapeuten nicht erst gegen Ende der Behandlung auffallen, daß Patienten nach der Therapie eventuell ohne soziales Netz dastehen, und daß die Therapiebeziehung die einzige ist, in der Patienten soziale Ansprache und einen guten Zuhörer haben. Die Arbeit an der Fähigkeit, soziale Kontakte zu knüpfen und zu vertiefen, muß bei solchen Patienten ein wichtiges Thema der gesamten Behandlung sein.

11.5 Störungsspezifische Aspekte der Gesprächsführung

In Abschnitt 11.4 wurde die Notwendigkeit betont, auf individuelle Beziehungsangebote flexibel einzugehen. Vieles spricht nun dafür, daß bestimmte Krankheitsbilder mit relativ charakteristischen Mustern von Beziehungsangeboten verbunden sind. Mit einem suizidalen Patienten wird man beim Aufbau einer therapeutischen Beziehung andere Aspekte beachten und betonen als mit akut psychotischen oder suchtkranken Patienten.

Es wäre interessant, die einzelnen Störungsbilder auf diese Beziehungsangebote und denkbare therapeutische Antworten hin genauer zu untersuchen. Hinweise finden sich in der an Störungen orientierten Literatur (Hahlweg & Ehlers 1996, Zimmer 1983).

11.6 Literatur

1. *Hahlweg, K. & Ehlers, A.:* Enzyklopädie der Psychologie - Psychische Störungen und ihre Behandlungen. Hogrefe, Göttingen 1996
2. *Kanfer, F.H., Reinecker, H. & Schmelzer, D.:* Selbstmanagement-Therapie. 2., überarb. Aufl. Springer, Berlin 1996
3. *Orlinski, D.E., Grawe, K. & Parks, B.:* Process and outcome in psychotherapy. In: *Bergin, A.E. & Garfield, S.L.* (Hrsg.): Handbook of Psychotherapy and Behavior Change. Wiley and Sons, New York 1994, S. 270-378
4. *Zimmer, D.* (Hrsg.): Die therapeutische Beziehung. Konzepte, empirische Befunde und Prinzipien ihrer Gestaltung. Edition Psychologie, Weinheim 1983
5. *Zimmer, D. & Zimmer, F.T.:* Das Konzept der funktionalen Beziehungsgestaltung in der Verhaltenstherapie. In: *Reinecker, H.S. & Schmelzer, D.* (Hrsg.): Verhaltenstherapie, Selbstregulation, Selbstmanagement. Hogrefe, Göttingen 1996, S. 131-144

Methoden der Verhaltenstherapie

12. Operante Verfahren

R. Wassmann

12.1 Einführung

Bei jeglicher Verhaltensänderung - sowohl im alltäglichen Leben als auch im psychotherapeutischen Prozeß - spielen operante Verfahren der Verhaltenssteuerung und Verhaltensformung eine wesentliche Rolle.

Sie zählen zu den wichtigsten therapeutischen Einflußmöglichkeiten und haben einen engen Bezug zu dem lerntheoretischen Begriff der operanten Konditionierung. Dieses, wesentlich durch den amerikanischen Psychologen Skinner beeinflußte Lernprinzip, erhebt nicht den Anspruch, Verhalten vollständig zu beschreiben, sondern stellt eine pragmatische Vereinfachung und Abstraktion dar.

Die im weiteren beschriebenen operanten Verfahren erscheinen nur auf den ersten Blick einfach und wenig komplex. Aufgrund ihres hohen Abstraktionsgrades und der Verflechtung mit anderen Prinzipien der Verhaltenstherapie bedarf ihre Anwendung im klinischen Kontext jedoch genauer Methodenkenntnisse und exakter therapeutischer Einsatzplanung.

Die operanten Verfahren werden unterteilt in Methoden zum Aufbau und Abbau von Verhalten und den Techniken des Kontingenzmanagements. Ihre Anwendung finden sie sowohl als spezifische Verfahren bei speziellen Störungsbildern wie auch im Rahmen anderer, komplexerer Behandlungsverfahren. Sie spielen auch eine wesentliche Rolle in der Therapeut-Patient-Interaktion und beeinflussen somit jeden psychotherapeutischen Prozeß.

12.2 Grundbegriffe

■ Verhalten und Konsequenzen

Zur kurzen Rekapitulation der operanten Konditionierung sei an dieser Stelle noch einmal auf Kapitel 4 - Grundlegende Begriffe der Lerntheorien - verwiesen.

Der aus der Lerntheorie stammende Begriff „operant“ wurde wesentlich durch Skinner geprägt. Dieser psychologische Lernmechanismus besagt, daß spontan gezeigtes Verhalten in seiner Auftretenswahrscheinlichkeit durch die nachfolgenden Konsequenzen verändert werden kann. Von besonderer Bedeutung ist dabei, daß die Frage, ob eine Verstärkung (positiv oder negativ) oder eine Bestrafung (direkt oder indirekt) stattgefunden hat, über die Veränderung der Auftretenswahrscheinlichkeit des Verhaltens definiert ist und nicht über die allgemein angenommene Art der Verhaltensweisen.

Beispiel: Für die meisten Menschen ist die selbstinduzierte Zuführung einer Hautschnittwunde oder die Provozierung einer Kritik oder Zurückweisung durch andere Menschen aversiv besetzt und wird daher vermieden. Für Personen mit einer Borderline-Störung können diese Verhaltensweisen jedoch oft einen höherwertigen Gewinn darstellen. Die Schnittwunde kann zur internen Spannungsreduktion dienen oder die aggressive Auseinandersetzung mit anderen Menschen zur internen Bestätigung, daß die Welt - wie angenommen - schlecht sei.

12.3 Methoden zum Aufbau von Verhalten

Methoden zum Aufbau eines Verhaltens können nach dem Ziel ihres Einsatzes unterteilt werden.

■ Methoden zum Erwerb einer Verhaltensfertigkeit

Bei dem Aufbau von Verhalten kann der therapeutische Schwerpunkt auf dem Erwerb und der Ausformung eines bisher nicht vorhandenen Verhaltens liegen. Der Aufbau eines Sprachverhaltens bei autistischen Kindern, die Technik der Kontaktaufnahme bei selbstunsicheren Personen, aber auch Alltagstätigkeiten wie das Erlernen des

Autofahrens stellen Beispiele für die Verwendung dieser Methoden dar.

Die im Folgenden der Verständlichkeit halber einzeln beschriebenen Methoden sind im konkreten Therapieprozeß oft eng miteinander verflochten.

Shaping

Beim Shaping (Ausformung) wird ein komplexes Verhalten in aufeinanderfolgende kleinere Lernschritte aufgeteilt.

Vom ersten Lernschritt ausgehend, wird über hintereinanderfolgende kleinere Lernschritte das Verhalten bis hin zum Zielverhalten eingeübt. Jeder einzelne Lernschritt in Richtung auf das erwünschte Verhalten wird dabei zuerst systematisch verstärkt. Mit zunehmendem gelungenem Aufbau der Verhaltenskette wird die Verstärkung für die ersten Lernschritte reduziert und auf die nachfolgenden Schritte focussiert. Letztendlich erfolgt die Verstärkung dann nur noch für das End- bzw. Zielverhalten.

Der Verhaltensaufbau erfolgt beim shaping also quasi „von unten nach oben".

Beispiel: Sie möchten ihrer dreijährigen Tochter das selbständige Anziehen eines Anoraks beibringen. Sie beginnen damit, daß Sie ihr zeigen, wie sie den linken Arm in den Ärmel steckt. Tut sie dies, loben Sie ihre Tochter. Dann loben Sie sie auch, wenn sie den rechten Arm in den Ärmel steckt. Später erhält sie nur noch Verstärkung, wenn sie beide Arme in die Ärmel steckt. Wenn sie es schließlich schafft, auch den Reißverschluß einzufädeln und schließlich die letzten fünf Zentimeter des Reißverschlusses hochzieht, haben Sie beide es geschafft. Das Zielverhalten wurde erreicht, und Sie loben sie nur noch, wenn die Jacke selbständig angezogen wurde.

Chaining

Umgekehrt wie beim shaping erfolgt beim chaining (Verkettung) der Verhaltensaufbau „von oben nach unten".

Nach Zerlegung einer komplexeren Verhaltensweise in einzelne Lernschritte wird das letzte Endglied der Verhaltenskette, also das Zielverhalten verstärkt. Hierzu ist es notwendig, daß die vorausgehenden Aufbauteile der Verhaltenskette mit Hilfe einer Hilfsperson bereits durchgeführt wurden oder daß die einzelnen Lernschritte der Verhaltenskette bereits bekannt sind, aber deren Verbindung untereinander noch nicht hergestellt werden konnte.

Beispiel: Sie ziehen ihrer Tochter den Anorak vollständig an bis auf das Zuziehen der letzten fünf Zentimeter des Reißverschlusses. Dann zeigen Sie ihr, wie sie die letzten fünf Zentimeter hochzieht und loben sie dafür. Beim nächsten Mal lassen Sie zehn Zentimeter des Reißverschlusses auf und loben sie für dessen Hochziehen usw.

Prompting

Prompting bedeutet, die Aufmerksamkeit des Lernenden durch eine Hilfestellung des Lehrenden auf das erwünschtes Verhalten zu lenken.

Beispiel: Sie haben ihrer Tochter im Rahmen des „chaining" den Anorak bis auf die letzten fünf Zentimeter des Reißverschlusses angezogen. Dann nehmen Sie ihre Hand, ziehen mit ihr zusammen den Reißverschluß hoch und sagen dabei „Zieh dich jetzt an!". Dann loben Sie sie „Toll gemacht!". Mit dem Satz : „Zieh dich jetzt an!" haben Sie zudem einen diskriminativen Stimulus eingeführt - einen Hinweisreiz dafür, daß dieses Verhalten verstärkt werden wird. Später soll dieser diskriminative Stimulus allein dazu führen, daß ihrer Tochter bewußt wird: „Wenn ich jetzt den Anorak anziehe, dann gibt's ein Lob" und dies dann auch tut.

Fading (out)

Unter Fading (out) wird das Ausblenden von Reizen oder Hilfestellungen, die das Erlernen eines Verhaltens erleichtert haben, verstanden. Das langsame und schrittweise Ausblenden von Hilfen ist beim Übergang von therapeutischen Settings oder Übungssituationen auf die Alltagsumgebung des Patienten von zentraler Bedeutung für die Übertragbarkeit des bisher Erlernten.

Beispiel: Sollten Sie die verzweifelten Bemühungen ihrer Tochter, den Anorak anzuziehen, mit den Hinweisreizen "Erst linker Arm, dann rechter Arm und jetzt der Reißverschluß" hilfreich erleichtert haben, so sollten Sie jetzt langsam damit beginnen, diese Hilfestellungen auszublenden. Ansonsten könnte es Ihnen passieren, daß auf Ihren wiederholten Hinweisreiz "Zieh dich an!" gar nichts geschieht. Die großen fragenden Augen ihrer Tochter sagen Ihnen dann vielleicht : „Wo bleibt denn: Erst linker Arm, dann ... ?". Wenn Sie also nicht jedesmal beim Anziehen Ihrer Tochter Ihre ganze Litanei abspulen wollen, beginnen

Sie jetzt vielleicht mit einer Verkürzung „Links, rechts und Schluß“. Diese Hilfestellung werden Sie, im eigenen Interesse, natürlich nicht abrupt, sondern allmählich ausschleichen.

Methoden zur Erhöhung der Auftretenswahrscheinlichkeit eines Verhaltens

Ist eine Verhaltensweise zwar im Repertoire einer Person vorhanden, tritt sie jedoch insgesamt zu selten auf, so kann die Auftrittswahrscheinlichkeit sowohl über die nachfolgenden negativen und positiven Konsequenzen, wie auch über eine Veränderung der diskriminativen Hinweisreize (Stimuluskontrolle) erhöht werden.

Stimuluskontrolle

Wird ein Verhalten zu häufig oder zu selten gezeigt, kann die Ursache hierfür in der Auftretenswahrscheinlichkeit der diskriminativen Stimuli für dieses Verhalten liegen. Zumeist hat man es im therapeutischen Bereich damit zu tun, daß Schlüsselreize die Wahrscheinlichkeit unerwünschter Verhaltensweisen erhöhen.

Beispiel: Der Anblick einer Zigarettenschachtel oder von Zigarettenwerbung erhöht bei einem Raucher die Auftrittswahrscheinlichkeit des Rauchens.

Zur Erhöhung der Auftretenswahrscheinlichkeit eines erwünschten Verhaltens ist es notwendig, die bisher zu selten aufgetretenen diskriminativen Stimuli in ihrer Auftretenswahrscheinlichkeit zu erhöhen.

Beispiel: Sie haben aufgrund von Arbeitsstörungen ein Konzentrations- und Problemlösetraining durchgeführt. Die Abfolge der einzelnen Problemlöseschritte wurde an eine Selbstverbalisation (z.B. „Stop! Was will ich jetzt tun?“) konditioniert. Wenn Sie sich ein gemaltes „STOP“-Bild auf den Schreibtisch kleben, erhöhen Sie damit die Wahrscheinlichkeit, sich an dieses Training zu erinnern und die erlernten Problemlösestrategien anzuwenden.

Da die Stimuluskontrolle explizit im Kapitel 13 - Selbstkontrollverfahren - behandelt wird, sei im weiteren darauf verwiesen.

Negative Verstärkung

Die Anwendung negativer Verstärkung setzt die vorherige Herstellung eines negativen Ausgangszustandes voraus. Durch das dann eingeübte Verhalten kann dieser negative Ausgangszustand vermieden und das Vermeidungs- oder Fluchtverhalten negativ verstärkt werden.

Dieses Lernprinzip ist häufig bei der Entwicklung und Aufrechterhaltung von Störungen beteiligt und ist nur in seltenen Fällen therapeutisch verwendbar und vertretbar. Grundsätzlich ist Lernen über positive Verstärkung vorzuziehen.

Im Alltagsleben ist der Einsatz negativer Verstärkung und die dazu notwendige Herstellung eines kurzfristigen aversiven Zustandes jedoch nicht selten. Ziel des Einsatzes ist dabei häufig, die Wahrscheinlichkeit des Erreichens einer längerfristigen Verstärkung zu erhöhen.

Beispiel: Sie haben Medizin als Studienfach gewählt, um mit dessen Abschluß irgendeine, hier nicht weiter hinterfragte, Verstärkung zu erhalten. Leider lernen Sie, wie die meisten, nur allzu ungern. Wie viele andere Ihrer Fachkollegen haben Sie jedoch eine ausgefeilte Technik entwickelt, sich zum „Pauken“ zu zwingen. Sie stellen sich einfach vor, wie katastrophal ein Durchfallen bei der anstehenden Klausur sei, wie mitleidig Ihre Kollegen Sie ansehen könnten und wie Sie vor Scham in den Boden versinken werden. Um dieser vorgestellten Katastrophe zu entgehen, zeigen Sie nun das erwünschte Verhalten: Sie lernen! Falls Sie nun auch noch die Klausur bestehen sollten, wird die vorausgehende Verhaltenskette „Erst katastrophisieren - dann lernen - dann bestehen!“ negativ verstärkt und in ihrer Auftretenswahrscheinlichkeit erhöht. Wie fest diese Technik in Ihnen verankert ist, können Sie feststellen, wenn Sie jetzt intensiv daran denken, daß Sie morgen eine Prüfung über das bisher Gelesene ablegen müssen.

Positive Verstärkung

Die positive Verstärkung stellt das wichtigste und allgemein üblichste Mittel dar, um die Auftretenswahrscheinlichkeit eines Verhaltens zu erhöhen. Positive Verstärkung ist dabei nicht mit der alltagssprachlichen Verwendung des Begriffs Belohnung gleichzusetzen. Unter Belohnung wird allgemein das Geben eines üblicherweise als wünschenswert angesehenen Lobes, Geschenkes usw. angesehen.

Positive Verstärkung hingegen ist funktional, d.h. über die Erhöhung der Auftretenswahrscheinlichkeit der vorhergehenden Verhaltensweise definiert.

Die oft ungerechtfertigte Gleichsetzung von Belohnung und Verstärkung führt zu einer Einengung der Wahrnehmung. Zumeist werden nur Lob, Geschenke, und Zuwendung als Verstärker angesehen. Das große Repertoire anderer Verstärkungsmöglichkeiten wird dabei übersehen. Verstärkungen können auch ganz andere Verhaltensweisen sein. In Gesprächspausen geschickt weiterzuhelfen, sich über Leistungen berichten zu lassen, eine zugewandte Haltung, ein interessierter Gesichtsausdruck oder das Stellen von Fragen, die positiv beantwortet werden können, usw., stellen weitere Verstärkungsmöglichkeiten dar.

Die Wirksamkeit einer positiven Verstärkung ist dabei von verschiedenen Faktoren abhängig:

1. Der Verstärker muß eine dem Schwierigkeitsgrad des Lernschrittes angemessene Relevanz für das lernende Individuum haben. Daher müssen die entsprechenden Verstärker durch eine Verhaltensanalyse der speziellen Situation ermittelt werden.

Beispiel: Wenn sich Ihre Tochter gerade in der Trotzphase befindet, kann der von Ihnen geplante Einsatz des diskriminativen Stimulus: „Zieh dich jetzt an!“ und das Versprechen, mit ihr einen Spaziergang zu machen, vollkommen irrelevant sein. Für Ihre Tochter ist im Rahmen der Ich-Abgrenzung jetzt gerade der Ungehorsam Ihnen gegenüber wichtig. Der wichtige entwicklungspsychologische Lernschritt Ihrer Tochter findet an Eltern, die schier an dem Trotz Ihrer Tochter verzweifeln, die aktuell wichtigste Verstärkungsquelle.

2. Das Verhältnis der frequenzmäßigen Kontingenz zwischen Verhalten und Verstärker sollte anfangs eher kontinuierlich sein, um das Lernen zu beschleunigen, später eher intermittierend, um das Gelernte löschungsresistenter zu machen.
3. Ebenso sollte der zeitliche Zusammenhang zwischen Verhalten und Verstärker anfangs möglichst eng sein, später ausgedehnt (oder intermittierend) werden.

Beispiel: Ein direkt nach dem Anziehen gegebener Verstärker wirkt stärker, als wenn Sie Ihre Tochter erst nach Rückkehr von Ihrem Spaziergang für das Anziehen loben.

4. Die Variabilität und Flexibilität der Verstärker erhöht deren Attraktivität und Verstärkereffizienz.

Beispiel: Wenn Ihre Tochter für alle selbständig ausgeführten Tätigkeiten immer nur Bonbons erhält und inzwischen eine Einkaufstüte mit Bonbons in ihren Zimmer lagert, wird Ihr nächster Versuch, sie mit diesem Verstärker zum Erlernen einer weiteren Verhaltensweise zu bewegen, sehr mühsam sein.

5. Die Verstärkerart sollte (je nach Lebenssituation) von konkreten, materiellen Verstärkern ausgehend, zu eher generalisierten Verstärkern wechseln.

Beispiel: Das Versprechen, Ihrer dreijährigen Tochter bei selbständigem Anziehen des Anoraks einen 10-DM-Schein zu schenken, wird in der Regel auf wenig Resonanz stoßen, da Dreijährige diesen Papierzettel zumeist nicht als Verstärker identifizieren können. Anders wäre es zu Anfang mit dem Angebot eines Bonbons, um dann später auf Loben überzugehen.

6. Für den Einsatz sekundärer Verstärker ist es notwendig zu überprüfen, ob in der speziellen Lebenssituation des Lernenden ein bestimmter Verstärker überhaupt einen entsprechenden Wert besitzt. Dieses ist nicht aus allgemeinen oder Ihren persönlichen Annahmen zu beurteilen, sondern muß im Rahmen der Verhaltensanalyse zusammen mit dem Patienten erarbeitet werden. Zur Vereinfachung dienen Verstärkerlisten, die vom Patienten selbst ausgefüllt und zusammen besprochen werden. Gerade auch im Hinblick auf die Funktion des Therapeuten als sozialem Verstärker ist in der Therapeut-Patient-Interaktion der Therapeut zur Selbstreflektion seiner aktuellen Verstärkerfunktion für den Patienten aufgefordert.

Beispiel: Ihr sekundärer Verstärker - z.B. das Lob: „Du bist ein großes Kind!“ - ist jedoch nur dann wirksam, wenn Sie vorher Ihrer Tochter klargemacht haben, daß Lob von Ihnen überhaupt etwas wert ist. Sie müssen sich also vorher in den Augen Ihrer Tochter als positive Verstärkerquelle profiliert haben. Wenn Ihre Tochter Sie nicht mag oder sie sich gerade von Ihnen geärgert fühlt, können Sie loben wie Sie wollen. Ihr Wunsch nach Etablierung eines diskriminativen Hinweisreizes für das Anziehen wird, egal was Sie versuchen, im Sande verlaufen.

Methoden zur Aufrechterhaltung eines Verhaltens

Ist ein gewünschtes Zielverhalten einmal aufgebaut, so stellt die Übertragung dieses Verhaltens aus dem therapeutischen Kontext in die Alltagssituation und die Aufrechterhaltung den nächsten therapeutischen Schritt dar.

Fading (out)

Wie bereits vorher beschrieben, ist ein den Fähigkeiten des Patienten angemessenes Ausblenden therapeutischer Hilfestellungen notwendig. Dies gilt besonders für den Übergang von stationärer zu ambulanter Behandlung. So sind Wochenendbelastungen, Probeentlassungen und der Übergang in tagesklinische Behandlungen oft notwendige Zwischenschritte für eine ambulante Weiterbehandlung.

Verstärkerpläne

Das konkrete Verhalten wird letztendlich am besten über einen intermittierenden Verstärkerplan aufrechterhalten. In der Regel ist bei intermittierenden Verstärkerplänen ein variabler Intervallplan einem fixierten Quoten-Verstärkerplan überlegen.

Umgebungsveränderungen

Nicht selten werden Störungen durch die Diskrepanz zwischen den Fertigkeiten eines Individuums und seiner Umgebungsstruktur erzeugt und aufrechterhalten. Ohne Veränderung der Umgebungsstruktur ist manchmal eine Aufrechterhaltung therapeutisch erreichter Veränderungen nicht möglich.

Beispielsweise mag die Depresssion eines geistig behinderten Menschen darin begründet sein, daß er im Alltagsleben für seine Leistungen kaum positive Verstärkung erhält. In einer Werkstatt für Behinderte hingegen würde er der Verstärkerdeprivation nicht unterliegen.

Auch in pathologischen Familienstrukturen, z.B. bei anorektischen Patienten, ist die Einbeziehung der sozialen Umgebung für die Aufrechterhaltung eines gewünschten Verhaltens unabdingbar.

Selbstkontrolle

Letztendliches, wenn auch nicht immer erreichbares Ziel aller Veränderungen im therapeutischen Prozeß ist die Übernahme der Kontrolle des eigenen Verhaltens und seiner Steuerung durch den Patienten selbst. Unter dem Slogan „der Patient soll sein eigener Therapeut werden" bezieht die Verhaltenstherapie den Patienten bereits von Anfang an als gleichberechtigen Partner aktiv in die Problembewältigung mit ein. Der Therapieprozeß an dem speziellen Problem des Patienten stellt modellhaft einen Problemlöseprozeß dar, den der Patient auch auf andere Problembereiche übertragen kann. Vor Beendigung einer Therapie sollen Selbstkontrollmethoden, wie sie im nächsten Kapitel beschrieben werden, dem Patienten die Übernahme der Eigenverantwortlichkeit erleichtern.

12.4 Methoden zum Abbau von Verhalten

Methoden zum Abbau eines Verhaltens dienen dazu, Verhaltensexzesse, also das zu häufige Auftreten eines Verhaltens, zu reduzieren. Hierbei kann es sich um Problemverhaltensweisen (z.B. Kleptomanie), aber auch um das zu häufige Auftreten einer an sich normalen Verhaltensweise (z.B. Essen) handeln.

Direkte Bestrafung

Hierbei folgt auf ein abzubauendes Verhalten ein aversiver Reiz (Darbietung eines negativen Verstärkers).

Direkte Bestrafung alleine führt jedoch nur zur kurzzeitigen Unterdrückung eines Verhaltens und ist in der Regel nicht geeignet, ein Verhalten langfristig abzubauen. Auch wird dadurch kein neues Verhalten erlernt. Im therapeutischen Prozeß spielt daher (und aufgrund ethischer Probleme) die direkte Bestrafung kaum eine Rolle.

Allenfalls bei Versagen oder Nichtanwendbarkeit anderer Methoden kann direkte Bestrafung sinnvoll sein, wenn hierdurch ein höherwertiger Schaden zu vermeiden ist.

Beispiel: Das interessierte Herumstochern Ihrer zweijährigen Tochter in einer Steckdose sollte möglichst schnell mit einem deutlichen aversiven Hinweisreiz: „Stop, laß das!" beendet werden. In Abwesenheit des Bestrafungsgebers wird Ihre Tochter jedoch die Untersuchung dieser interessanten Löcher weiter fortsetzen. Vielleicht sollten Sie eine andere Methode verwenden und sich Kindersicherungen anschaffen.

■ Indirekte Bestrafung

Unter den Methoden der indirekten Bestrafung werden Löschung, Response-Cost und Time-Out-Verfahren verstanden. Es werden die vorher das Problemverhalten verstärkenden Konsequenzen entfernt. Grundsätzlich sollte auf ein konstruktives Verhalten hingewiesen werden, für das alternativ eine Verstärkung zu erhalten ist.

Löschung

Wurde ein bisheriges Problemverhalten durch positive Verstärkung aufrechterhalten, so bezeichnet Löschung die Entfernung, die Wegnahme dieser Verstärkung.
Voraussetzung für eine erfolgreiche Löschung eines Verhaltens ist die genaue Identifikation aller aufrechterhaltenden Verstärker. Es müssen alle relevanten Bezugspersonen dieses Verhalten konsequent löschen, da ansonsten eine intermittierende Verstärkung und damit eine höhere Löschungsresistenz auftreten kann. Zu Beginn eines Löschungsprogramms kommt es nicht selten zu einer kurzfristigen Zunahme des problematischen Verhaltens.

Beispiel: Sie haben mit Stationspersonal und Mitpatienten besprochen, daß bei Auffinden eines Patienten mit psychogenen Anfällen keine aufgeregten Versorgungsbemühungen stattfinden sollen, sondern nur Sie benachrichtigt werden sollen. Erwartungsgemäß werden anfangs während des gemeinsamen Mittagessens der Patienten oder vor Besuchern die Anfälle gehäufter auftreten.

Time-Out

Das Time-Out kommt zur Anwendung, wenn nicht alle Verstärkungen für das Problemverhalten identifizierbar oder verhinderbar sind. Es sollen alle potentiellen Verstärkungen schlagartig unerreichbar gemacht werden.

Hierzu wird in der Regel die Person aus einer Situation, in der das Problemverhalten aufgetreten ist, entfernt. Sie wird an einen neutralen Ort gebracht, von dem angenommen werden kann, daß die Verstärkungsbedingungen nicht vorhanden sind.

Beispiel: Den Mitpatienten gelingt es beim gemeinsamen Mittagessen nicht, den psychogenen Anfall zu ignorieren. Sie lassen den Patienten mit der Bemerkung: „Sie verpassen jetzt leider Ihr Essen, da Sie für 10 Minuten Ruhe brauchen" auf sein Zimmer bringen.

Response-Cost

Beim Response-Cost werden vorher erworbene, generalisierte Verstärker für das Auftreten eines Problemverhaltens entzogen. Das Problemverhalten kostet also etwas, was man vorher verdient hat.

Dieses Verfahren wird meist im Rahmen eines Token-Programmes angewandt, bei dem für ein erwünschtes Verhalten Punkte, Geld oder ähnliche Tokens erworben werden konnten. Bei unerwünschtem Verhalten wird ein Teilbetrag der Token abgezogen. Response-Cost als indirekte Bestrafung führt zu weniger gravierenden Nebenwirkungen als direkte Bestrafung, die auch oft offene Reaktanz hervorruft.

Beispiel: Wenn Sie als Vertragsarzt arbeiten, unterliegen Sie einem Token-Programm der KV. Sie erhalten für Leistungen einen festgelegten Punktwert (token). Im Rahmen der Budgetierung ist der maximale Punktwert pro Schein jedoch begrenzt. Erbringen Sie mehr Leistungen, so werden Ihnen von der KV die so erworbenen Punkte abgezogen. Sie werden Ihre Arbeit nicht gänzlich abbrechen, sondern versuchen, ganz im Sinne der KV und Ihrer Abrechnungsmöglichkeit, Ihre Arbeit „zu optimieren".

12.5 Kontingenzmanagement

Unter Kontingenzmanagement wird die Kombination verschiedenerer operanter Verfahren miteinander verstanden. Ziel ist die gleichzeitige Beeinflussung mehrerer Verhaltensweisen einer oder mehrerer Personen. Hierdurch entsteht ein komplexes Gefüge der Darbietung verschiedener positiver wie negativer Konsequenzen. Unter diesen komplexen Verstärkungssystemen sind die bekanntesten im folgenden beschrieben.

Mediatorentraining

Sind Verhaltensweisen und Konsequenzen nicht durch den Therapeuten oder - wegen mangelnder Selbstkontrollfertigkeiten - nicht durch den Patienten beobachtbar und beeinflußbar, ergibt sich die Notwendigkeit, Personen der natürlichen Umgebung (Eltern, Lehrer) als Co-Therapeuten einzusetzen. Diese haben oft auch eine größere Verstärkerwirksamkeit als der Therapeut selbst.

Manchmal sind diese Personen zudem mitverantwortlich für die Aufrechterhaltung des Problemverhaltens, ohne jedoch im eigentlichen Sinne therapiewillig zu sein.

Ein Mediatorentraining ermöglicht es dem Therapeuten, diese Personen mit in den Therapieprozeß einzubinden. Notfalls können auch nicht veränderungswillige Beteiligte unter dem Deckmantel der Co-Therapeuten-Tätigkeit geschult und adäquatere Verhaltensweisen durch entsprechende Verstärkungen des Therapeuten erreicht werden.

Verhaltensverträge

Verhaltens- oder Kontingenzverträge sind schriftlich fixierte Abmachungen zwischen Interaktionspartnern, in denen gewünschte Verhaltensweisen, Bedingungen und dafür erhältliche Verstärker festgelegt werden. Sie beinhalten zudem Konsequenzen für die Nichteinhaltung der Zielverhaltensweisen und die Laufzeit der Abmachung des Vertrages.

Diese Verträge sind je nach Problemart und den beteiligten Interaktionspartnern unterschiedlich komplex. Die Bandbreite erstreckt sich von Verträgen über einzelne Verhaltensweisen, z.B. zwischen Therapeut und Patient, bis hin zu komplexen Verträgen in einem Familiensystem. Sie werden von den Interaktionspartnern in gemeinsamer Absprache erstellt und zielen auf eine Erhöhung der Eigenverantwortlichkeit ab.

Sie dienen der Selbstkontrolle des Patienten und werden daher im nächsten Kapitel näher beschrieben.

Token-Economy

Token-Economy-Systeme (übersetzt etwa Münz-/Eintauschsysteme) sind ein fester Bestandteil unseres Gesellschaftssystems. Ein Token, im therapeutischen Sinn, ist ein sekundärer generalisierter Verstärker, für den andere Verstärker eingetauscht werden können. Das uns allgemein bekannteste Token ist das Geld.

In therapeutischen, aber auch anderen Systemen (wie z.B. KV-Abrechnungen) werden noch weitergehende Varianten verwendet. Das erhaltbare Token ist nur ein Symbol (z.B. Chips, Spielmarken, Punkte usw.), für das andere Verstärker eingetauscht werden können. Es ist somit ein noch abstrakterer generalisierter Verstärker als Geld. Ein Token-System dient in einer Therapie dazu, eine oder mehrere Zielverhaltensweisen zu verstärken.

Es werden, je nach Rahmenbedingungen, vom Therapeuten, Co-Therapeuten oder am günstigsten vom Patienten selbst z.B. Punkte nach bestimmten Regeln vergeben oder abgezogen. Die so gesammelten Punkte können nach vorher festgelegtem Umrechnungsplänen gegen andere Verstärker (Geld, Eis, Ausgang usw.) eingetauscht werden.

Funktionsbedingungen

Damit ein Token-System funktioniert, ist bei dessen Erstellung die Einhaltung folgender Bedingungen zu beachten:

- genaue Bestimmung des Zielverhaltens und dessen Komponenten
- Identifikation und Sammlung einer ausreichend großen Anzahl wirksamer Verstärker
- Bestimmung dessen, was als Token verwendet wird (Chip, Punkte, Striche usw.)
- Festlegung, ab wann ein Token gegeben wird (Registrierung)
- exakte und sinnvoll ausbalancierte Umtauschplanung (Wann?, wieviel?, für was?)
- Einarbeitung eines „Response-Cost“ (Abzug bei Nichteinhaltung)
- Einführung einer „Inflation.“(im Laufe der Zeit sinkende Umtauschquoten)
- Planung des Fading (out) bei Erreichen des gewünschten Zielverhaltens

Durchführungsprobleme

Probleme bei der Durchführung eines Token-Programms ergeben sich häufig durch:

- Unterschätzung des Organisationsaufwandes
- fehlende Konsequenz bei den Bezugspersonen
- Nachlassen des „Elans“ des Therapeuten
- „Torpedierung“ durch „wohlmeinende“ Angehörige

Beispiel: Sie haben mit einem adipösen Kind ein Token-Programm zum Abnehmen abgesprochen. Leider haben Sie vergessen, die Freizeittherapeutin, die mit den Kindern einen Ausflug zur Eisdiele macht, darüber zu informieren. Oder die selbst adipöse Küchenhilfe versteht das Leiden des Kindes nur allzu gut und sieht über einen „Zuschlag" hinweg. Oder: Auch Sie achten nicht mehr so konsequent auf die kontinuierliche Verstärkung, weil sich das Kind bisher ja so gut an die Vereinbarungen gehalten hat. Auch kann eine wohlmeinende Tante bei ihrem Besuch „Weil das Kind sich ja so toll gemacht hat" als Belohnung gerade eine Schokolade mitbringen.

12.6 Anwendungsbeispiele operanter Verfahren

Operante Methoden werden mehr oder weniger bewußt in allen alltäglichen Lebensbereichen und bei jeder Form der menschlichen Interaktion, also auch im therapeutischen Kontakt, verwandt.

Im therapeutischen Setting spielen sie jedoch eine wesentliche Rolle in der Therapeut-Patient-Interaktion, stellen spezielle Behandlungstechniken bei eingegrenzten Problemen dar und werden bei einigen Störungen als eigenständiges Verfahren verwandt. Sie sind Bestandteil fast jeder anderen verhaltenstherapeutischen Methode und kommen bei praktisch allen komplexen Erkrankungsbildern zum Einsatz.

Da eine umfassende Beschreibung Ihrer Anwendungsbereiche den verfügbaren Rahmen sprengen würde, sollen anhand des oben genannten Rasters eher stichpunktartig Hinweise zur Anwendung herausgegriffen werden.

■ Anwendungen im Alltagsleben

Wie bereits in den Beispielen für Methoden zum Aufbau von Verhalten deutlich geworden ist, beruht ein wesentlicher Anteil von Erziehungsmethoden auf der mehr oder weniger systematischen, wenn auch nicht bewußten Anwendung operanter Methoden. Ohne Prompting, Chaining usw. wäre die Entwicklung von Verhaltenstechniken und Fertigkeiten, die uns ein eigenständiges Leben ermöglichen, undenkbar. Von der Reinlichkeitserziehung über den Erwerb von Kulturtechniken bis hin zum Erlernen des Autofahrens unterliegen wir der Wirkung operanter Erziehungsmethoden.

Die Schule ist ein bereits von vornherein auf die Anwendung operanter Methoden konzipiertes System. Shaping, Response Cost, Token-Programme, implizite Kontingenzverträge usw. sind integraler Bestandteil jeder Schulausbildung. Bei Störungen oder zur Effizienzerhöhung werden explizite operante Programme angewandt, um die Konzentration zu verbessern, den Unterrichtsablauf zu regeln, Aggressionstendenzen zu begegnen usw.

Aber auch als Erwachsener sind wir im gesellschaftlichen Kontext stets der Wirksamkeit operanter Methoden ausgesetzt, ohne die ein geordnetes zwischenmenschliches Zusammenleben unmöglich wäre. Jeglicher Erwerb von Normen und Regeln im persönlichen Sozialisierungsprozeß wird erst durch die Anwendung operanter Methoden ermöglicht. Man denke an Verstärkungsprogramme für Leistungen, an die Hierarchiebildung durch den Erwerb von Sympathie-Tokens in Betriebsstrukturen oder an Löschungsbedingungen für normabweichendes Verhalten.

■ Anwendungen im Therapieprozeß

Die Therapie stellt eine Interaktionsituation dar, in der Therapeut und Patient wechselseitiger sozialer Beeinflussung unterliegen. Der Aufbau einer tragfähigen Beziehung setzt den Aufbau eines funktionierenden Interaktionsmusters und Regelwerks gegenseitiger Verhaltensbeeinflussung zwischen beiden voraus. Mißlingt dieses, so ist ein Stagnieren des Therapieprozesses und ein Therapieabbruch wahrscheinlich.

Von Seiten der Patienten werden verschiedenste, zumeist durch die Art der Erkrankung beeinflusste Interaktionsmuster an den Therapeuten herangetragen. Besonders bei Persönlichkeitsstörungen, Suchterkrankungen, chronischen Schmerzsyndromen oder Zwangsstörungen, neben vielen anderen Störungsbildern, beeinflussen erkrankungsbedingte Interaktionsmuster die Therapeut-Patient-Beziehung. Das Eingehen auf - und Umgehen mit - daraus resultierenden pathologischen Beziehungsangeboten von Seiten der Patienten erfordert eine breites Interaktionsrepertoire und Flexibilität der Beziehungsgestaltung auf Seiten des Therapeuten.

Gelingt dem Therapeuten die Steuerung dieser Beziehungsgestaltung, kann er im Therapiegeschehen die Rolle eines sozialen Verstärkers für den Patienten einnehmen. Der Therapeut und die therapeutische Beziehung erhalten hierdurch Verstärkungsfunktionen, die wiederum über eine Vielzahl von positiven Effekten zur Problemlösung des Patienten beitragen können.

Effekte einer positiven Therapeut-Patient-Beziehung

Der Therapeut kann die Wahrscheinlichkeit der Durchführung gewünschter, aber auch gleichzeitig gefürchteter Veränderungsschritte durch Lob, Bestätigung oder andere positive Verstärker erhöhen. Er kann als Modell für den Umgang mit Problemen dienen und dem Patienten so Lösungswege und Verhaltensstrategien vermitteln.

Die Auseinandersetzung des Patienten mit alternativen Denkmustern, Oberplänen und Problemauffassungen einer Person, die von ihm als sozialer Verstärker angesehen wird, erleichtert eigene kognitive Umstrukturierungen.

Die Therapiesituation selbst wird zum diskriminativen Stimulus für Akzeptanz und angstfreie Bearbeitung von Tabuthemen. Dies führt beim Patienten zu einer Erleichterung seiner Distanzierungsfähigkeit von emotional besetzten Problemen und fördert seine Veränderungsmotivation.

Die therapeutische Beziehung wird besonders bei Erkrankungen, die mit zwischenmenschlichen Beziehungsstörungen einhergehen, selbst ein Lernfeld. Hier können vom Therapeuten alternative Interaktionsmuster induziert und der Umgang mit ihnen vom Patienten zunächst in einer geschützten Umgebung angstfrei ausprobiert werden.

■ Anwendungen als eigenständige Verfahren

Die Verwendung operanter Verfahren als eigenständige und hauptsächliche Behandlungsmethode beschränkt sich auf vier Bereiche.

1. Normalpersonen mit begrenzten Problembereichen
2. Bezugspersonen von Erkrankten
3. Kinder mit Strukturierungsschwierigkeiten
4. Erwachsene mit gravierenden kognitiven Einschränkungen

Bei Normalpersonen mit begrenzten Problembereichen

Operante Verfahren können bei einer Vielzahl normaler Alltagsprobleme erfolgversprechend eingesetzt werden. Ein großes Einsatzfeld stellt - wie bereits vorgestellt - die Erziehung von Kindern dar. Auch bei der Verhaltensmodifikation eigener unerwünschter (nicht krankhafter) Verhaltensweisen können operante Verfahren hilfreich sein. Man denke hier z.B. an (gängige) Zeitmanagementprobleme, Schlafstörungen oder an Personen, denen es nicht gelingt, ungeliebte Tätigkeiten (wie z.B. das Aufräumen oder auch das Schreiben von Arztbriefen) effektiv zu bewältigen. Bereits beschriebene Methoden wie Stimuluskontrolle, Response Cost oder systematische Verstärkungsprogramme können hier auch in eigener Regie Abhilfe schaffen.

Beispiel: Das Aufräumen stellt für Sie persönlich und damit auch für Ihre Frau ein immer wiederkehrendes Problemfeld dar. Sie beschließen, sich zu bessern und erstellen einen täglichen Aufräumplan. Halten Sie sich daran, geben Sie 5 DM in eine Spardose. Am Ende der Woche kaufen Sie sich für das Geld nun eine neue CD o.ä Vergessen Sie aber an einem Tag aufzuräumen, müssen Sie von dem Angesparten 20 DM der von Ihnen ungeliebtesten Partei spenden (Response Cost).

Aber auch bei komplexeren Problemen wie z.B. Arbeitsstörungen oder Anpassungsproblemen an neue Lebensituationen können operante Verfahren mit zur Veränderung beitragen.

Beispiel: Eine Ärztin erlebt die meisten Verstärkungen durch die Erfüllung ihres Oberplans: „Erbringe stets 100% Leistung im Beruf, dann bist du wertvoll". Sie wird schwanger, bekommt Zwillinge und übernimmt die Rolle der Hausfrau. Nach einem halben Jahr des ständigen Putzens, damit es wieder dreckig werden kann, Kochens und Windelwechselns usw. treten Gefühle des Frusts und der inneren Leere auf. Aus dem bisherigen (alten) Oberplan können in dieser neuen Situation keine Verstärkungen mehr abgeleitet werden. Der Aufbau eines neuen Oberplans - ohne 100% Regel - und die Umstellung auf ein anderes Bewertungssystem für Verstärkung aus bisher ungeliebten Tätigkeiten könnte z.B. durch ein Token-Programm unterstützt werden.

Bei Bezugspersonen von Patienten

Die Anwendung operanter Verfahren muß im Alltagsleben und in vielen Fällen von Bezugspersonen wie Lehrern, Eltern oder Angehörigen begleitet werden. Voraussetzung hierzu ist eine Schulung und ein Training der Bezugspersonen. Hierbei werden die Bezugspersonen zugleich in die Lernprinzipien und Veränderungsstrategien eingeführt. Sie erhalten so auch Einblick in die Analyse eigener Verhaltensweisen, Veränderungswissen und - unter dem Deckmantel der Co-Therapeutenfunktion - eine „goldene Brücke", eigene Verhaltensweisen bei sich selbst zu verändern.

Beispiel: Der wenig einsichtsfähige Vater eines an einem Tic erkrankten Kindes regt sich jedesmal auf, wenn sein Sohn den Tic zeigt, und verstärkt so den Tic. Werten Sie ihn in seiner Wichtigkeit als „Co-Therapeut" auf, kann ihm die Notwendigkeit des Erwerbs eines „Expertenwissens", also einer Art Ausbildung eingängig gemacht werden. Im Rahmen dieser „Ausbildung" erfährt er u.a., daß Löschung einer der besten Wege ist, den Tic seines Sohnes zu reduzieren. Ihm wird verständlich gemacht, daß von normalen Eltern diese Fähigkeit natürlich nicht zu erwarten ist und diesen nichts anderes übrig bleibe, als sich aufzuregen. Er, als Co-Therapeut, hebe sich jedoch von normalen Eltern ab und könne Löschungstechniken erwerben, um seinem Sohn bei der Bewältigung seines Tics zu helfen. Dazu bilden Therapeut und Co-Therapeut ein „Therapeutenteam". „Gemeinsam" entwickeln sie Techniken für den Umgang mit solchen Situationen wie z.B. Ignorieren, de-eskalierende Selbstverbalisationen oder Ablenkungsstrategien. Zu Beginn jeder Therapiesitzung, zu der der Vater den Sohn bringt, findet die Therapie des Vaters statt. Therapeut und Co-Therapeut „beraten" über Erfolg und Probleme bei der Löschung. Hierbei betont und lobt der Therapeut jede Annäherung des Vaters an das gewünschte Zielverhalten.

Bei Kindern mit Strukturierungsschwächen

Bei Kindern und Jugendlichen mit Strukturierungsstörungen, Hyperkinetischem Syndrom, Verhaltensabweichungen, Delinquenz u.a. Verhaltensstörungen sind operante Methoden häufig verwandte Verfahren. Sie haben gegenüber anderen Methoden insbesondere den Vorteil, für die Kinder selbst überblickbar und durchschaubar zu sein. Gleichzeitig kann der Lernprozeß in Einzelschritte zerlegt werden, so daß ein sukzessives Lernen ermöglicht wird und Überforderungen vermieden werden können. Hier erweisen sich insbesondere Token-Economy-Programme mit Verhaltensverträgen als besonders effektiv.

Beispiel: In einem Heim für dissoziale Jugendliche wird die Einhaltung allgemeiner sozialer Regeln im Gruppenleben als Ziel definiert. Die einzelnen Verhaltensweisen werden möglichst präzise definiert und mit Punkten bewertet (z.B. „pünktlich zum Essen kommen" = 10 Punkte, „beim Abspülen helfen" = 20 Punkte usw.). Andererseits werden unerwünschte Verhaltensweisen mit einem Response Cost belegt, z.B. jemanden Anschreien = Abzug von 20 Punkten. Am Ende einer Woche entscheidet die Höhe der erreichten Punktzahl über vorher definierte Vergünstigungen (z.B. „Kinobesuch" bei 300 Punkten, „Wochenendbeurlaubung zu Verwandten" bei 1000 Punkten usw.). Die Regeln und Punktwerte müssen vorher schriftlich fixiert sein und die Erzieher müssen nach jeder Vergabe von Punkten diese möglichst direkt in das Punkteheft des jeweiligen Kindes eintragen. Die Definition der Regeln und deren Bewertung muß unter Anleitung, jedoch möglichst in Absprache mit allen Gruppenmitgliedern gemeinsam erarbeitet werden.

Bei Erwachsenen mit gravierenden kognitiven Einschränkungen

Anders als bei anderen Verfahren setzt die Anwendung operanter Methoden nicht unbedingt die kognitive Einsichtsfähigkeit der zu behandelnden Person voraus. Dementsprechend stellen diese Verfahren bei retardierten Personen, geistig Behinderten, chronisch schizophrenen Menschen oder auch bei Demenzkranken oft eine der wenigen erfolgversprechenden Behandlungsmethoden zur Verhaltensbeeinflussung dar.

Beispiel: Für einen schwer geistig Behinderten stellen aggressive Verhaltensweisen eine der wenigen Möglichkeiten dar, Zuwendung zu erhalten. Bei aggressiven Verhaltensweisen gegenüber anderen Personen wird er mit einem lauten Ausrufen des Wortes: „Nein!" für 10 Minuten auf sein Zimmer gebracht (Time out). Dann wird er aus dem Zimmer geholt und ein Betreuer setzt sich mit ihm zusammen an ein einfaches Puzzle. Anfangs führt der Betreuer seine Hand beim Zusammenlegen und lobt ihn: „Gut!" (Prompting). Am Ende suchen beide für 10 Minuten den Snuzzle-Raum auf (generalisierter Verstärker). Beim Hineingehen äußert der Betreuer: „Schön“ (diskriminativer Stimulus). Im Verlauf werden andere Situationen vom Team bewußt hergestellt, in denen konstruktive Verhaltensweisen verbal mit: „Gut!“ verstärkt werden. Mit zunehmender Ausformung gewünschten Verhaltens wird der Besuch des Snuzzle Raums als generalisierter Verstärker verwandt.

Die Etablierung erwünschter Verhaltensweisen erfordert in der Regel stationsähnliche Behandlungssettings. Die Übertragbarkeit in ambulante Settings wird durch Art und Ausmaß der Grundstörung und die Rahmenbedingungen des häuslichen Alltags bestimmt.

■ Anwendungen in Kombination mit anderen Verfahren

Bei praktisch jedem anderen Verfahren in der Verhaltenstherapie kommen operante Methoden mit mehr oder weniger Gewicht zum Einsatz. Der Aufbau sozialer Kompetenz in einem Selbstsicherheitstraining, Selbstkontrollverfahren, der anfängliche Einsatz der Erfolgstherapie im Rahmen der kognitiven Depressionsbehandlung nach Beck oder die Kontingenz-Programme zur Gewichtszunahme bei anorektischen Patienten stellen nur einige wichtige Therapiebeispiele dar.

Beispiel: Ab gewissen Gewichtsgrenzen sind anorektische Patienten(Innen) nicht mehr durch kognitive oder andere Therapien psychotherapeutisch erreichbar und drohen zu versterben. Auch verhindert die Fixierung auf das Symptom Gewicht die Bearbeitung eigentlich ursächlicher Themen wie Selbstwert, Ich-Identität, Familienprobleme usw. Der Einsatz kontingenter Gewichtszunahme-Programme ist daher die Basis jeder Therapie. Dabei sollten anfangs möglichst weitgehend sämtliche Verstärker (Kontakt mit Mitpatienten, Hobbies, Fernsehen, usw.) entzogen werden. Mit der Patientin kann dann ein Gewichtszunahme-Programm erstellt werden, mit dem sich die Patientin je nach Gewichtszunahme (und auch Halten) Verstärker „erarbeiten“ kann. Mit genau festgelegten Zwischenschritten darf sie z.B. bei 3-tägigem Halten eines Gewichtes von 35kg eine Stunde Fernsehen, bei 40kg an begrenzten körperlichen Aktivitäten der Mitpatienten teilnehmen, ab 45kg Besuch empfangen usw.

Bei derart komplexen Erkrankungsbildern wie der Anorexie muß der Einsatz der Behandlungsmethoden multimodal erfolgen, um eine langfristige Veränderung zu erreichen.

Multimodal bedeutet dabei, daß neben etablierten verhaltenstherapeutischen Methoden (wie dem Training sozialer Kompetenz, Selbstkontrollverfahren, Problemlösetraining, kognitiver Umstrukturierung usw.) auch Techniken anderer psychotherapeutischer Verfahren (z.B. der Familientherapie oder körperorientierte Methoden) eingesetzt werden. Die Notwendigkeit zur Integration anderer Verfahren wird im Rahmen der individuellen Verhaltensanalyse bestimmt. Bei entsprechender Indikation und bei adäquater Einbettung in den verhaltenstherapeutischen Gesamtbehandlungsplan kann der Einsatz anderer Verfahren oder Techniken erfolgreich sein.

12.7 Literatur

1. *Beck, A.T., Rush, A.J., Shaw, B.F. & Emery, G.:* Kognitive Therapie der Depression. Urban & Schwarzenberg , München 1986
2. *Braun, R.:* Klassische Verhaltenstherapie bei schwer geistig behinderten Menschen. DGVT-Materialien Nr. 25, Tübingen 1997
3. *Kanfer, H.S. & Phillips, J.S.:* Lerntheoretische Grundlagen der Verhaltenstherapie. Kindler, München 1975
4. *Meermann, R. & Vandereyken, W.:* Therapie der Magersucht und Bulimia Nervosa. De Gruyter, Berlin 1987
5. *Thrope, G.L. & Olson, S.L.:* Behavior therapy. Concepts, procedures and applications. Allyn & Bacon, Boston 1990
6. *Zielke, M. & Sturm, J.:* Handbuch der stationären Verhaltenstherapie. Psychologie Verlags Union, Weinheim 1994

13. Selbstkontrollmethoden

A. Batra

13.1 Einführung

■ Grundlagen

Die Selbstkontrolle ist ein Ziel der Verhaltenstherapie. Selbstkontrollmethoden unterstützen den Patienten bei der Übernahme der Kontrolle im Therapieprozeß - insbesondere bei der Beseitigung problematischer oder dem Aufbau erwünschter Verhaltensweisen (Kanfer et al. 1991).

Jedem physiologischen Vorgang liegt ein Selbstregulationsprozeß zugrunde. In einem permanenten Prozeß der Selbstüberwachung wird überprüft, ob der gegenwärtige Ist-Zustand dem Soll-Zustand entspricht. Diese Beobachtung mündet in eine Selbstbewertung, nach der - für den Fall, daß eine Abweichung vom Soll-Zustand eingetreten ist - eine Veränderung eingeleitet werden muß. Während die physiologischen Selbstregulationsvorgänge keine bewußte Verstärkung beinhalten, werden sowohl für bewußte verhaltensbezogene Veränderungsleistungen wie auch für die Aufrechterhaltung eines erwünschten Verhaltensrepertoires positive oder negative Verstärker im Sinne einer Selbstverstärkung eingesetzt. Die Fähigkeit zum Einsatz der Selbstverstärkung wird als *Selbstkontrolle* bezeichnet.

Selbstkontrolle ist also nicht allein als Therapieziel einer jeden psychotherapeutischen Behandlung zu verstehen, sondern meint auch die gezielte therapeutische Intervention zur Verhaltensbeeinflussung, die sich einer Reihe verschiedener Therapiemethoden bedient. Diese können entweder zum Abbau unerwünschter oder zum Aufbau erwünschter Verhaltensweisen eingesetzt werden.

Voraussetzung für die Anwendung einer Selbstkontrollmethode ist ein vorbestehender Konflikt, der durch positive und negative Konsequenzen bestimmt und geprägt wird, ein sogenannter „Aversions - Appetenzkonflikt", der durch Anwendung einer Selbstkontrollmethode aufgelöst werden kann. Selbstkontrollmethoden können zuletzt auch der Entkopplung konditionierter Reaktionen dienen.

Zu den verschiedenen Selbstkontrollmethoden gehören die Selbstbeobachtung, die Selbstverstärkung und -bestrafung, soziale Kontrakte, die Stimuluskontrolle und der Gedankenstopp. Auch die moderneren Formen der verhaltenstherapeutischen Techniken, das verdeckte Konditionieren und die kognitiven Verfahren, sind hierunter einzuordnen.

Alle genannten Selbstkontrollmethoden bedienen sich der „Selbstverstärkung" - der Verhaltensänderung durch den selbständigen Einsatz positiver Verstärker.

Mehrere der genannten Selbstkontrollmethoden können im Rahmen einer Therapieplanung zu einem umfangreichen Selbstmodifikationsprogramm zusammengesetzt werden. Selbstkontrollmethoden wie auch Selbstmodifikationsprogramme sollen nach einer vorbereitenden, erklärenden Phase vom Patienten alleine durchgeführt werden. Dies ermöglicht eine zeitsparende, effektive Therapie mit maximaler Unabhängigkeit vom Therapeuten. Die Indikationen für den Einsatz von Selbstkontrollmethoden liegen vorzugsweise in der Behandlung von Zwangserkrankungen sowie von süchtigem Verhalten oder Impulskontrollstörungen, aber auch bei der Beeinflussung von Schmerzwahrnehmungen oder depressiven Kognitionen.

■ Warum sind Methoden der Selbststeuerung und Selbstkontrolle für die Verhaltenstherapie so bedeutsam?

Ziel der Vermittlung von Selbstkontrollmethoden ist es, dem Patienten im Rahmen weniger Therapiestunden genügend Eigenverantwortung zu vermitteln, um eine Unabhängigkeit vom Therapeuten zu erreichen. Angestrebt wird darüber hinaus eine Bereichserweiterung, d.h. der Patient soll die Fähigkeit erwerben, einzelne Inhalte der Therapie auf ein anderes Problemverhalten zu transferieren. Beides bringt dem Patienten eine positive Selbstattribution, da die selbständige Durchführung der vom Therapeuten angeregten Therapieschritte im Sinne einer positiven Verstärkung (positiven Selbstattribution) zu einem Eigenläufer wird. Dies erspart sowohl dem Therapeuten als auch dem Patienten Zeit (Thorensen und Mahoney 1974).

Einteilung

Die Grundlage für die Anwendung der Selbstkontrollmethoden ist die Selbstbeobachtung zur Bestimmung des Problemverhaltens und der auslösenden Situationen für das Problemverhalten. Die nachfolgende Verhaltensanalyse dient der Aufdeckung der inneren Zusammenhänge der Verhaltensabläufe. Nach der Problem- und Verhaltensanalyse folgt die Zielbestimmung - das neue, erwünschte Zielverhalten wird festgelegt. Erst danach kann unter Kenntnis des Problems und des Problemverhaltens, der aufrechterhaltenden Bedingungen des Problemverhaltens und der persönlichen Verhaltensressourcen des Patienten, eine Methodenauswahl erfolgen.

Die Methoden werden in die traditionellen und die modernen Methoden des verdeckten Konditionierens sowie der kognitiven Therapieverfahren eingeteilt.

Zu den traditionellen Methoden gehören die Stimuluskontrolle, die Vertragsbildung sowie die operante Selbstverstärkung und Selbstbestrafung.

Die Stimuluskontrolle konzentriert sich auf den Umgang mit der verhaltensauslösenden Situation. Sie bedient sich der Aufstellung und Einhaltung von Verhaltensregeln und erfährt durch die operante Selbstverstärkung und -bestrafung, d.h. den selbstgesteuerten Einsatz von Belohnungen oder Bestrafungen, eine wesentliche Unterstützung. In Verträgen oder Vereinbarungen werden Therapieziele vorgegeben und festgehalten und die Konsequenzen bei Erfüllung oder Nichterfüllung des vereinbarten Zieles bestimmt.

Das verdeckte Konditionieren beinhaltet die Verfahren der verdeckten Sensibilisierung, der verdeckten Verstärkung, des Löschens und des verdeckten Modellernens.

Diese Begriffe sind uns sämtlich aus der operanten Lernpsychologie bekannt, sind jetzt aber durch die verdeckte, d.h. allein in der Vorstellung (in sensu) erfolgenden Anwendung charakterisiert. Spezielle Techniken wie das „Coverant-Control" sowie der Gedankenstopp werden unter 13.2 vorgestellt und erläutert.

Die kognitiven Therapieverfahren streben eine Verhaltensänderung durch gedankliche Umstrukturierung an. Sowohl mittels therapeutischer Gesprächstechniken als auch durch Selbstverbalisationen werden automatische Gedanken, irrationale Gedanken und Schlußfolgerungen beeinflußt. Auf diese Methoden, z.B. die rational emotive Therapie nach Ellis, die kognitive Therapie nach Beck oder das Selbstverbalisationstraining nach Meichenbaum wird in Kapitel 18 eingegangen

Therapeutische Prinzipien der Selbstkontrollbehandlung

Selbstkontrollmethoden werden eingesetzt, wenn ein vorbestehender Konflikt durch positive und negative Konsequenzen bestimmt und geprägt wird. Selbstkontrollprogramme, die der Bewältigung von Aversions-Appetenz-Konflikten dienen, streben an, entweder zugunsten einer erst langfristig zu erwartenden positiven Konsequenz kurzfristig etwas Unangenehmes auf sich zu nehmen (z.B. intensives Lernen, um die Prüfung zu bestehen) oder etwas Angenehmes aufzuschieben, um langfristig negative Konsequenzen zu vermeiden (kein Kinobesuch, um nicht durch die Prüfung zu fallen, keine Süßigkeiten, um nicht zuzunehmen etc.).

Selbstkontrollprogramme setzen außerdem beim Aufbau eines neuen, erwünschten Verhaltens die konsequente Verstärkung einzelner Verhaltensansätze ein. Auch zum Abbau unerwünschten Verhaltens oder von konditionierten Reaktionen werden im Rahmen der Selbstkontrolle Verstärker eingesetzt.

Wesentliche Voraussetzungen sind: ein planvolles, zielgerichtetes Vorgehen zur Lösung des Konfliktes, ein aktives, bewußtes Problemlösen und nach einer umfassenden, überschaubaren und verständlichen Einführung durch den Therapeuten die eigenständige Therapiedurchführung durch den Patienten. Dieser entwickelt damit auch längerfristig ein eigenverantwortliches Verhalten.

Der Therapeut muß hierzu die Inhalte einer Selbstkontrollbehandlung durchschaubar anbieten, um die Selbstkontrolle zu einer zeitsparenden, effektiven Therapiemethode zu machen.

13.2 Die Selbstkontrollmethoden

■ Selbstbeobachtung

Die Selbstbeobachtung ist die Basis für jedes Selbstmodifikationsprogramm. Sie dient dazu, vor Beginn einer Behandlung ein Verhaltensdefizit zu quantifizieren und im Kontext mit Umgebungsvariablen, Stimuli und anderen Verhaltensweisen zu beschreiben. Auch das Auftreten einer definierten erwünschten Verhaltensweise ist zu erfassen, um daraus eine Baseline zu erstellen. Die Baseline ist die Bezugsgröße für spätere Erfolgskontrollen und hilft, die Zielplanung realistisch zu gestalten. Im Therapieverlauf ist die Selbstbeobachtung erforderlich, um die Verhaltensänderungen zu erfassen. Erfahrungsgemäß hat bereits die Selbstbeobachtungsphase, die für einen definierten Zeitraum mittels Strichlisten, Tagesprotokollen oder Situationsfragebögen durchgeführt wird, eine unmittelbare Auswirkung auf das Verhalten. Dies wird als *Reaktivität* bezeichnet. Die Auswirkung auf das Verhalten ist abhängig von der *Kontingenz* (Kontinuität des Protokollierens), mit der das Problemverhalten skizziert wird, zudem auch abhängig von der *Motivation*, mit der die Therapie begonnen wird und letztlich auch von der *Kontiguität*, d.h. der zeitlichen Nähe des Protokollierens zum Problemverhalten. Zu empfehlen ist die Protokollierung des zu beobachtenden Verhaltens unmittelbar vor Ausübung bei unerwünschten Verhaltensweisen (vor Anzünden einer Zigarette), unmittelbar nach Ausübung jedoch dann, wenn es sich um ein Verhalten handelt, das verstärkt werden soll (nach einer definierten Lerneinheit). Ersteres hat neben der reinen Dokumentation zusätzlich einen bestrafenden, letzteres einen belohnenden Charakter. Die Erfolge der Selbstbeobachtungsphase (Reaktivität), die meist in einer Reduktion des Problemverhaltens oder in einer Annäherung an das Zielverhalten bestehen, halten erfahrungsgemäß nur für eine begrenzte Zeit an.

Das therapeutische Vorgehen bei der Selbstbeobachtung verlangt zunächst eine *Aufklärung* des Patienten über den Nutzen und die Notwendigkeit dieser Maßnahme und eine Erläuterung des potentiellen Einflusses auf das Problemverhalten. Das Zielverhalten muß klar definiert sein. Erst wenn das Problemverhalten bekannt ist, kann die *Beobachtungsvariable*, d.h. das Zählmaß oder das zu beobachtende Verhalten bestimmt werden.

Vereinbart werden muß außerdem, in welchem definierten *Zeitraum* kontinuierlich, intermittierend oder aber in Form von Zeit-Proben beobachtet werden soll. In der Anweisung für den Patienten sollte festgelegt sein, wann das Verhalten protokolliert wird, z.B. unmittelbar bei Auftreten des unerwünschten Verhaltens oder nach Auftreten des erwünschten Verhaltens.

Woche Nr. 1	Ziel: Beobachtung	
Datum	Anzahl der Zigaretten	Summe
30.6	卌 卌 III	13
1.7	卌 卌 卌 II	17
2.7	卌 卌 卌 卌	20
3.7	卌 卌 IIII	14
4.7	卌 卌 卌 III	18
5.7	卌 卌 卌 卌 II	22
6.7	卌 卌 卌 I	16
	Gesamtsumme:	120
	Durchschnittswert:	17

Abb. 13.1 Beispiel für eine ausgefüllte Strichliste

Die *Dokumentation* der Beobachtung muß überschaubar und leicht verständlich sein. Hierzu sind in erster Linie Strichlisten oder einfache zweispaltige Tagesprotokolle geeignet. Aber auch Situationsfragebögen, die eine Reihe von Antworten vorgeben, sind schnell und unkompliziert zu beantworten.

In den meisten Fällen ist es erforderlich, die Dokumentation innerhalb einer der ersten Therapiestunden mit dem Patienten *einzuüben*. Dabei können auch schon die Grundsätze der graphischen Aufbereitung, z.B. durch Verlaufsdiagramme, erläutert werden, um dadurch die Motivation zur Durchführung der Selbstbeobachtungsphase zu erhöhen.

		Die Feststellung trifft zu			
		immer	häufig	selten	nie
1.	Ich rauche zwischen den Gängen einer Mahlzeit.	❑	❑	❑	❑
2.	Ich rauche nach dem Essen.	❑	❑	❑	❑
3.	Ich rauche, wenn ich auf das Essen warte.	❑	❑	❑	❑
4.	Ich rauche den ganzen Tag über gleich viel.	❑	❑	❑	❑
5.	Ich rauche während der Arbeitszeit, unabhängig davon, was ich gerade tue.	❑	❑	❑	❑
6.	Ich rauche kurz nach dem Aufwachen im Bett.	❑	❑	❑	❑
7.	Ich rauche während der Arbeitszeit, wenn ich gerade Lust dazu habe.	❑	❑	❑	❑
8.	Ich rauche noch vor dem Frühstück.	❑	❑	❑	❑
9.	Ich rauche auf dem Weg zur Arbeit.	❑	❑	❑	❑
10.	Ich rauche noch nach dem abendlichen Zähneputzen.	❑	❑	❑	❑
11.	Ich rauche noch direkt vor dem Zubettgehen.	❑	❑	❑	❑
12.	Ich rauche am Abend, wenn ich im Bett liege.	❑	❑	❑	❑
13.	Ich rauche noch eine Zigarette kurz vor dem Einschlafen.	❑	❑	❑	❑
14.	Ich rauche eine Zigarette nach der anderen.	❑	❑	❑	❑
15.	Ich rauche mehr als gewöhnlich bei langen Autofahrten.	❑	❑	❑	❑
16.	Ich rauche mehr Zigaretten, wenn ich mich konzentrieren muß.	❑	❑	❑	❑
17.	Ich rauche auch bei kurzen Fahrten im Stadtverkehr.	❑	❑	❑	❑
18.	Ich rauche auf der Straße.	❑	❑	❑	❑
19.	Ich rauche beim Fernsehen.	❑	❑	❑	❑
20.	Ich rauche am Morgen, auf nüchternen Magen.	❑	❑	❑	❑
21.	Ich greife automatisch zur Zigarette, wenn sich jemand eine anzündet.	❑	❑	❑	❑
22.	Ich rauche bei Gesprächen und Besprechungen mehr als gewöhnlich.	❑	❑	❑	❑
23.	Ich rauche bei jeder Gelegenheit, die sich bietet.	❑	❑	❑	❑
24.	Ich kann es nicht erwarten, eine Zigarette anzuzünden, wenn andere noch essen.	❑	❑	❑	❑

Abb. 13.**2** Situationsfragebogen

Die meisten Verhaltensweisen lassen sich über *Strichlisten* (s. Abb. 13.1: Bsp. für Eßattacken, Zigarettenkonsum) oder ein anderes numerisches Erfolgsmaß (z.B. Gewicht) dokumentieren. Diese einfache Form der Selbstbeobachtung kann durch sogenannte *Situationsfragebögen* (s. Abb. 13.2) ergänzt werden. Hier werden vorgegebene Verhaltensweisen in Zusammenhang mit bestimmten auslösenden Ereignissen angeboten. Der Patient kann einen Fragebogen daraufhin durchsehen, inwieweit die genannten Verhaltensweisen bei ihm selbst häufig oder selten auftreten.

Den höchsten Anspruch an die Compliance und die Fertigkeiten des Patienten stellen die sogenannten mehrspaltigen *Tagesprotokolle*, die von den Patienten für die Dauer eines Tages eine kontinuierliche und konsequente Mitarbeit erfordern. Hierbei wird das Problemverhalten nicht nur in seiner Frequenz dokumentiert, sondern darüber hinaus auch in Bezug zur Umwelt und Situation gesetzt und bewertet (auslösende Situation, beobachtete Kognitionen und Emotionen, Reaktion, Konsequenzen). Fortgeschrittene Patienten können an dieser Stelle gegebenenfalls schon mögliche Alternativverhaltensweisen nennen.

Zu Beginn bietet es sich an, das Verfahren der Selbstbeobachtung selbst zu verstärken, z.B. Belohnungen einzusetzen, wenn Tagesprotokolle für einen Tag geführt wurden, oder aber *Verstärker* in Form besonderer graphischer Aufbereitungen oder Rückmeldungen durch den Therapeuten einzuführen. Die Compliance kann hierdurch wesentlich verbessert werden.

■ Selbstverstärkung und Selbstbestrafung

Wie bei den operanten Methoden werden die Methoden der Selbstverstärkung und Selbstbestrafung eingesetzt, um unerwünschtes Verhalten abzubauen oder neues, erwünschtes Verhalten aufzubauen. Der Unterschied zu den operanten Methoden besteht nur im Aspekt der Selbstapplikation. Der Patient wird zunächst angewiesen, für ihn geeignete Verstärker zu finden. Dies kann durch eine ausführliche Exploration oder Selbstbeobachtung geschehen. Durch den Einsatz von sogenannten Verstärkerlisten, die tabellarisch zahlreiche Beispiele und Anregungen enthalten, können auch Patienten, die zunächst hilflos vor der Situation stehen, sich eine Belohnung ausdenken zu müssen, unterstützt und angeleitet werden. In gleicher Weise soll der Patient mögliche Bestrafungen definieren. Positive Verstärker und aversive Konsequenzen müssen konsequent eingesetzt werden. Die *positive Verstärkung* bezeichnet den Einsatz einer materiellen oder immateriellen Belohnung. *Direkte Bestrafungen* können z.B. in der Behandlung von süchtigem Verhalten durch ein exzessives Schnellrauchen, die Selbstapplikation von Schmerzen durch Schnippen eines Gummibandes, das am Handgelenk getragen wird, oder durch einen Trinkversuch bei gleichzeitiger Gabe von Antabus® (Disulfiram) erfolgen. Komplizierter ist der Einsatz der *negativen Verstärkung*: Hier wird zu Beginn ein negativer Stimulus aufgebaut und mit Erreichen des neuen Zielverhaltens sukzessive entfernt. Ein Beispiel könnte die Anhäufung von symbolischen Mengen an Unrat oder Teer in der Wohnung sein, die mit Beginn der Raucherentwöhnung zunehmend reduziert werden.

Bei der *indirekten Bestrafung* wird bei Auftreten des Problemverhaltens eine in Aussicht gestellte Belohnung aufgeschoben, ausgesetzt oder vernichtet: z.B. ein Geldschein zurückgehalten, zerrissen, verbrannt oder einer ungeliebten politischen Partei gespendet. Auch könnte ein selbstgesteuertes „Timeout" eingeführt werden, d.h. der vorübergehende Entzug sämtlicher positiver Verstärker durch völligen Rückzug aus einer Situation (z.B. das Verlassen einer geselligen Runde).

Wichtig dabei ist zu beachten, daß selbst die negativen Konsequenzen eines Verhaltens wiederum verstärkenden Charakter haben können, wenn damit positive Kognitionen (z.B. „ein gutes Gefühl, einer Vereinigung Geld gestiftet zu haben..."), Entlastung oder Exkulpierungen („ich habe bereits gesühnt...") verbunden sind.

■ Soziale Kontrakte

Unter Einsatz der Selbstbeobachtung und der operanten Selbstverstärkung werden therapiebegleitend und als Bestandteil eines Selbstmodifikationsprogramms soziale Kontrakte in Form von Vereinbarungen, Verträgen oder Wetten geschlossen. In den möglichst präzisen schriftlichen Therapieverträgen werden nach Abschluß der Selbstbeobachtungsphase kurzfristig erreichbare und realistische Ziele formuliert. Neben einem Endziel werden auch Teilziele genannt, deren Erfüllung möglichst selbstverstärkend sein sollte (z.B. Gewichtsreduktionen).

Für das Erreichen des definierten Zieles, aber auch für die Erfüllung von Teilzielen werden positive Verstärker/Belohnungen (z.B. Buch, verlängertes Wochenende, Telefonat mit der Freundin) eingesetzt. Die Vereinbarung von aversiv erlebten Konsequenzen (z.B. Geldspende an eine Organisation, mit deren Zielen man sich nicht identifizieren kann, freiwillige Strafarbeiten, z.B. Putzen) für das Nichterreichen des angestrebten Zielverhaltens können die Wahrscheinlichkeit des Auftretens erhöhen. Durch Sondervereinbarungen für ein deutliches Übertreffen des Ziels wird die Motivation zusätzlich verstärkt. Die in Aussicht gestellten Belohnungen für die Erfüllung des vereinbarten Zieles sollten unmittelbar nach Erreichen des Vertrages ausgeschüttet werden.

Eine mögliche Vereinbarung ist beispielhaft dargestellt (s. Abb. 13.3). Wichtig ist, folgende Punkte in jede Vereinbarung aufzunehmen: Das Vereinbarungsziel (Tabakabstinenz) und die Konsequenzen bei Erreichen des Zieles (Reise), von Teilzielen (Kauf einer CD) sowie bei Nichterreichen des Zieles (Verlust eines hinterlegten Geldbetrages, Fensterputzen beim Nachbarn). Der Vertragspartner (Bekannter, Freund, Partner oder Therapeut) ist namentlich zu nennen. Der Zeitraum, in welchem das Ziel erreicht werden soll (innerhalb einer Woche), wird festgehalten.

Vereinbarung

Hiermit treffe ich: ______________________________

mit Herrn/Frau: ______________________________

folgende Vereinbarung:

☐ **Ich verpflichte mich, ab ………… nicht mehr zu rauchen!**

oder:

☐ **Ich verpflichte mich, weiterhin nicht mehr zu rauchen**

Ich hinterlege DM……. gegen Quittung bei meinem Kurshelfer, die ich zurückerhalte, wenn ich die Abstinenz einhalte. Gelingt mir dies nicht, fällt dieser Betrag an meinen Kurshelfer.

oder:

Ich hinterlege bei meinem Kurshelfer einen Gutschein über folgende Dienstleistung: ______________________________

Wenn ich die Vereinbarung einhalte, erhalte ich den Gutschein zurück. Falls ich die Vereinbarung verletze, erbringe ich am ………… um ……… Uhr die vertraglich festgelegte Dienstleistung.

Wenn ich mein Ziel erreicht habe, werde ich mich folgendermaßen belohnen:

____

In meinem eigenen Interesse werde ich wahrheitsgetreue Angaben machen!

Ort: …………………………… Heutiges Datum: ……………………

Kurshelfer: …………………… Vertragspartner: ……………………

Abb. 13.3 **Beispiel für einen sozialen Kontrakt**

Stimuluskontrolle

Die Kontrolle der diskriminativen Stimuli, kurzgefaßt auch Stimuluskontrolle genannt, zielt auf eine Erleichterung der Verhaltensänderung durch Beseitigung bzw. Reduktion von verhaltensauslösenden Bedingungen. Problemverhalten wird u.a. durch Hinweisreize ausgelöst und unterhalten.Die Voraussetzung zur Reduktion der Hinweisreize und zur Abschwächung der Reizfunktion ist wiederum eine erfolgreich durchlaufene Beobachtungsphase, die den Patienten und Therapeuten Kenntnisse über die Auslösesituationen vermitteln. Nach Kenntnis der diskriminativen Stimuli können diese aus dem Umfeld des Patienten entfernt oder vermieden werden (z.B. Zigarettenschachtel, Aschenbecher). Die Stimuluskontrolle bringt allerdings den Nachteil mit sich, daß Vermeidungsverhalten aufgebaut wird.

Um so wichtiger ist die Kombination der Stimuluskontrolle mit der Verhaltensbeeinflussung durch den Abbau der positiven Verstärkung für das zu verändernde Verhalten. Hierdurch kommt ein Prozeß der Selbstlöschung in Gang. So darf zum Beispiel Alkoholtrinken nicht mehr durch geselliges Beisammensein belohnt werden, Zigarettenrauchen nicht mit Genuß verbunden sein, das Meiden von Lernsituationen vor einer Prüfung nicht mit interessantem Alternativverhalten kombiniert werden. Dies erfordert große Disziplin, z.B. bei der Ausübung des Suchtverhaltens (Trinken ohne Gesellschaft, Zigaretten einer fremden Marke, kurze heftige Züge) oder bei der Isolation des Lernens auf eine reizarme Umgebung.

Folgende Verfahren der Stimuluskontrolle werden unterschieden:

1. *Stimulusbeseitigung*: Geringe Vorratshaltung, Entfernung oder Vernichtung von Nahrungsmitteln, Zigaretten, Schlüsselreizen, Computer, Lektüre etc.
2. *Stimuluseingrenzung*: Das Verhalten darf nur noch an bestimmten Orten, zu bestimmten Zeiten und eingegrenzten Bedingungen gezeigt werden.
3. *Verhaltensisolierung*: An bestimmten Orten und zu bestimmten Zeiten darf *nur* dieses Verhalten gezeigt werden.
4. *Verhaltenserschwerung*: Es werden zusätzliche Hindernisse aufgebaut, um das Verhalten aufrecht erhalten zu können (z.B. vor Anzünden einer Zigarette muß eine fremde Person um Feuer gebeten werden, Nahrungsmittel werden an einem schwer erreichbaren Ort weggeschlossen, so daß ein Herankommen erschwert wird etc.).

Gedankenstopp

Gedankenstopp kommt vor allem zur Unterbrechung ungewünschten Grübelns oder Denkens zum Einsatz (Wolpe 1969). Auf einen unerwünschten Gedanken hin unterbricht ein Stoppsignal den Gedankenfluß. Anschließend soll zu positiven Alternativgedanken übergeleitet werden. Der Einsatz des Gedankenstopps ist vor allem bei depressiven Störungen, bei Schmerzen, bei Zwangserkrankungen und bei süchtig betriebenem Verhalten oder sexuellen Störungen zu empfehlen.

Das Vorgehen erfordert ein intensives Training des Therapeuten mit dem Patienten: In einer Therapiesitzung beschreibt der Patient das Problem und versucht anschließend, die unerwünschten Gedanken herbeizuführen. Sobald ihm dies gelingt, muß er dem Therapeuten durch ein leises, unauffälliges Signal mitteilen, daß es zur Ausprägung dieser Gedanken gekommen ist, worauf der Therapeut durch heftigen Zuruf oder ein anderes lautes akustisches Signal den Patienten in seinen Gedanken unterbricht. Ergänzend können durch den Therapeuten in suggestiver Weise Alternativgedanken, die positiv gestaltet sein sollten und vorher mit dem Patienten besprochen wurden, vorgegeben werden. Der Patient soll durch das Training in die Lage versetzt werden, in Situationen des Grübelns selbständig ein unangenehmes Signal auszulösen, das ihn in seinem Grübelzwang und seinem Gedankengang unterbricht. Es ist immer zu empfehlen, positive Alternativverhaltensweisen oder -gedanken folgen zu lassen.

Verdeckte Konditionierung

Die Konditionierungsverfahren (klassisch und operant) wurden an anderer Stelle dieses Buches (vgl. Kap. 12) ausführlich vorgestellt. Im Gegensatz dazu erfolgt das verdeckte Konditionieren ausschließlich in der Vorstellung des Patienten, d.h. die positiven oder negativen Konsequenzen (Belohnung oder Bestrafung, indirekte Bestrafung bzw. Löschung oder negative Verstärkung) eines Verhaltens werden nur „in sensu" ausgeführt (Cautela 1967).

Bei der *verdeckten Sensibilisierung* werden in einer Entspannungsübung Vorstellungen der Problemsituationen oder der aversiv erlebten Stimuli herbeigeführt (die offene Kühlschranktür). Die darauffolgende Vorstellung einer bulimischen Attacke wird übertrieben und möglichst plastisch mit allen negativen Konsequenzen geschildert, bis die Vorstellung unerträglich wird und vielleicht sogar schon körperliche Reaktionen (Übelkeit) hervorruft. Erst dann wird die Vorstellung schlagartig unterbrochen oder noch besser, die aversive Situation in der Vorstellung verlassen (Vermeidung) und das Fluchtverhalten durch positive Konsequenzen belohnt.

Vorgestellt wurden hier die *verdeckte Selbstbestrafung* für ein Problemverhalten und die *verdeckte Selbstverstärkung* für ein Fluchtverhalten. Zu nennen sind außerdem die *verdeckte indirekte Bestrafung* (Imagination einer ausbleibenden Konsequenz: die tief inhalierte Zigarette zeigt keine Wirkung) und das *verdeckte Modellernen*. Das verdeckte Modellernen wird vor allem in der Kinder- und Jugendpsychiatrie erfolgreich eingesetzt. Die Kinder werden instruiert, sich einen Stellvertreter, ein Idol, auch den Therapeuten, oder allgemein ein Modell (Batman, einen Freund, einen Star etc.) auszuwählen. Das Modell, welches das Zielverhalten in der *Phantasie* des Kindes beherrscht, ist geeignet, das Kind zur Ausführung des Zielverhaltens zu motivieren. Die verdeckte Selbstbestrafung oder Selbstverstärkung sind zwei vor allem in der Kombination sehr erfolgreiche Verfahren. Die verdeckte Löschung hingegen hat sich als wenig effektiv erwiesen.

Zu den verdeckten Konditionierungen (aber auch zu den kognitiven Verfahren) gehören auch Methoden wie z.B. das *Coverant Control*: Dieses bezeichnet im engeren Sinne folgende Abfolge von Therapieschritten: die Koppelung eines vertrauten, verhaltensauslösenden Stimulus mit negativen Kognitionen (Anti-Problem-Coverant), das Aufgreifen einer positiven kognitiven Umdeutung (Pre-Non-Coverant) und das Aufnehmen einer als angenehm erlebten Alternativverhaltensweise.

Beispiel: Das bei einem anderen beobachtete Anzünden einer Zigarette, das früher zum Griff nach der eigenen Zigarettenschachtel führte, wird mit der negativen Kognition „Rauchen verursacht Gesundheitsstörungen" (Anti-Problem-Coverant) verbunden, gefolgt von der positiven Umdeutung im Sinne von „Ich bin fit und leistungsfähig, weil ich nicht rauche" und dem Alternativverhalten. Letzteres könnte ein Verhalten sein, das die körperliche Fitneß unterstützt oder in anderer Form als angenehm erlebt wird.

Eine Sonderform der Coverant Control stellt das *Premack-Prinzip* dar. Hier wird vor eine häufige, möglichst positiv besetzte Verhaltensweise (z.B. Telefonieren, Morgenzeitung lesen, Kaffee trinken) eine gewünschte positive Kognition geschaltet, die bislang zu selten auftrat. Dies ist vor allem bei depressiven Kognitionen hilfreich: hier werden die depressiven Patienten angewiesen, nicht depressive, sondern positive Kognitionen (z.B. aus dem Themenbereich „Selbstwert") mit häufig ausgeübten Handlungen zu verbinden (z.B. durch einen Notizzettel, der am Telefon befestigt ist), bis diese Kognitionen selbstverständlich geworden sind.

■ Kognitive Therapieverfahren

Die kognitiven Therapieverfahren nach Beck, Ellis, Meichenbaum und Goldfried werden in Kapitel 18 ausführlich dargestellt.

13.3 Systematische Selbstmodifikationsprogramme

Die genannten traditionellen und kognitiven Verfahren der Selbstkontrolle werden indikationsspezifisch und in Abhängigkeit von den Ressourcen des Patienten zu systematischen Selbstmodifikationsprogrammen zusammengestellt. Während die Selbstbeobachtung und operante Selbstverstärkung in fast jedes Programm eingehen, werden Vertragsbildung (Gewichtskontrolle), Stimuluskontrolle (stoffgebundene Abhängigkeiten), Gedankenstopp (sexuelle Störungen), verdeckte Konditionierungen (stoffgebundene Abhängigkeiten, Eßstörungen) und kognitive Therapieverfahren (depressive Störungen, Selbstunsicherheit) störungsspezifisch verwendet.

Beispiel: Therapieprogramm bei Adipositas permagna

Ein Therapieplan zur Behandlung einer Eßstörung mit Adipositas kann folgendermaßen aussehen:

Zunächst muß die Phase der *Selbstbeobachtung* durchlaufen werden, Selbstaufzeichnungen von Merkmalen des Essens, des Eßverhaltens und der Häufigkeit des Essens müssen stattfinden, ehe eine *Stimuluskontrolle* im Sinne einer *Stimulusbeseitigung*, d.h. eine Einschränkung der Situationen, in denen gegessen werden darf, stattfindet. Dienlich ist dabei außerdem eine *Verhaltenserschwerung* durch eine Veränderung des Eßstils (z.B. kleine Bissen, Weglegen des Besteckes nach jedem Bissen) sowie eine Veränderung der Kalorienzufuhr durch Umstellung der Nahrungsmittel. Hilfreich ist in solchen Programmen die systematische Ernährungslehre. Unter Umständen kann auch erreicht werden, daß der Patient selbständig nach Informationen sucht, um das Wissen um die richtige und gesunde Ernährung zu vermehren. Alternativverhalten, wie z.B. die Zunahme von Bewegungen oder Fitneßtraining, sollten als *positiver Verstärker* eingesetzt werden und dienen zusätzlich der Gewichtsreduktion. In Verträgen oder Wetten sollen Teilergebnisse der Gewichtsreduktion systematisch belohnt werden. Der operante Anteil kann sowohl aus verdeckten Verstärkern (Kognitionen, Visualisierung der Gewichtsreduktion in Diagrammen) als auch offenen systematischen Verstärkern (materielle Belohnungen) gestaltet sein. Hier ist zu beachten, daß bereits das Einhalten des Zielverhaltens zu einer positiven Eigenattribution mit einer langfristigen Wirksamkeit führt. Mit Hilfe der verdeckten Sensibilisierung kann bulimisches Eßverhalten zusätzlich aversiv besetzt werden.

13.4 Literatur

1. *Cautela, J.R.:* Covert senzitation. Psychological Review. 20, 1967, 459-468
2. *Kanfer, F.H., Reinecker, H. & Schmelzer, D.:* Selbstmanagement-Therapie. Springer, Berlin 1991
3. *Reinecker, H.:* Selbstkontrolle. Otto Müller, Salzburg 1978
4. *Thorensen, C.E. & Mahoney, M.J.:* Behavioural self-control. Holt, Rinehart and Winston, New York 1974
5. *Wolpe, J.:* Psychotherapy by reciprocal inhibition. Stanford University Press, Stanford 1969

14. Das therapeutische Rollenspiel

D. Zimmer

14.1 Einführung

Die Anwendung von Rollenspielmethoden hat in der Verhaltenstherapie eine lange Tradition. Neben der systematischen Desensibilisierung gehören Rollenspiele zu den klassischen Verfahren der frühen Jahre. Bekannt wurde der Einsatz von Rollenspielen Mitte der sechziger Jahre durch Fallberichte von A. Lazarus über die Arbeit mit sozial ängstlichen Frauen. In den 70er Jahren gab es intensive Forschungsbemühungen in den USA zur Indikation und zur therapeutischen Wirkung einzelner Elemente des Rollenspieles. In Deutschland erprobte Anfang der 70er Jahre das Ehepaar Ullrich Rollenspiele als Teil eines Selbstsicherheitstrainings bei psychiatrischen Patienten im MPI für Psychiatrie in München. Das „Assertiveness-Training Programm" (kurz ATP) wurde von ihnen als ein standardisiertes Gruppenprogramm zur Überwindung sozialer Ängste zunächst für stationäre, später auch für ambulante Patienten entwickelt und erwies sich empirisch als eines der - kurz- wie langfristig gesehen - effizientesten psychotherapeutischen Verfahren (zur Übersicht: Zimmer 1980).

Mit der stärkeren Beachtung kognitiver Verfahren in den 80er Jahren trat das Interesse an Rollenspielverfahren etwas in den Hintergrund. Viele Autoren sahen die Indikation für Rollenspiele fälschlicherweise nur im Aufbau neuer Verhaltensweisen. Über das Rollenspiel sind aber auch wichtige andere Ziele erreichbar.

14.2 Indikation und Ziele

Das allgemeine Ziel der Verbesserung zwischenmenschlicher Beziehungs- und Konfliktfähigkeit, das mit Rollenspielen angestrebt wird, kann für Patienten mit unterschiedlichen Diagnosen von Bedeutung sein. Bei vielen Krankheitsbildern, für die Psychotherapie indiziert erscheint, kann wegen der herausragenden Bedeutung zwischenmenschlicher Beziehungen die Arbeit an diesen Fertigkeiten ein wichtiger Teil der Therapie sein. Rollenspiele können neben anderen Methoden hierbei fruchtbar eingesetzt werden.

■ Allgemeine Ziele

Rollenspiele dienen dabei:
- der Erleichterung von Erinnerungen an konkrete Situationen und die beteiligten Gefühle,
- der Diagnostik (von Verhaltensmöglichkeiten, selbst- und situationsbezogenen Kognitionen),
- der Erhöhung der affektiven Beteiligung in der therapeutischen Arbeit,
- der Einübung neuer, flexibler oder günstiger Verhaltensmuster,
- der Realitätstestung wichtiger kognitiver Grundannahmen,
- der Umsetzung schema-inkongruenter Beziehungsmuster,
- der „Einübung" neuer Selbstschemata.

Auf die methodischen Aspekte wird weiter unten noch ausführlicher eingegangen.

Die Vorteile von Rollenspielen, nämlich Lebendigkeit und hohe emotionale Beteiligung der Patienten, machen es aber nötig, in der Arbeit mit psychose-gefährdeten Patienten entsprechend vorsichtig zu sein. Therapeuten sollten die Patienten insbesondere dabei unterstützen, Grenzen zu ziehen, auf die eigene Belastbarkeit zu achten und emotionale Überforderungen zu verhindern. Da dies generell ein wichtiges Ziel eines Selbstsicherheitstrainings ist, können Rollenspiele auch bei schizophrenen Patienten außerhalb einer akuten Phase eingesetzt werden.

Probleme der Zielsetzung bei Rollenspielen

Werden Rollenspiele zur Verbesserung interpersoneller Fertigkeiten eingesetzt, sollten folgende Überlegungen berücksichtigt werden:

1. Bei der schrittweisen Steigerung der Schwierigkeit von Übungssituationen sollte im Laufe der Sitzungen in der Therapiestunde eine höhere Schwierigkeit angestrebt werden, als in der Realität erwartet wird.
2. Flexible Modelle sind besser als vorgespielte „Ideallösungen".
3. Die Fähigkeit zu langfristig stabilen Beziehungen ist wichtiger als das akute Durchsetzen eigener Interessen.
4. Fehlerfreundlichkeit
5. Kompetenzvertrauen statt Erfolg

Ad 1.: Häufig ist es sinnvoll, in immer schwierigeren Rollenspielen ein Niveau zu erreichen, das real nicht benötigt wird (z.B. sich auf ein Gespräch mit einem emotional sehr heftigen Nachbarn vorzubereiten), so daß später das reale Gespräch („in vivo" oder Ernstfall) weniger ängstigend ist, weil Patienten wissen, im Notfall noch über weitere Möglichkeiten zu verfügen.

Ad 2.: Da es nicht die eine und einzig richtige Art gibt, soziale Konflikte anzugehen (auch nicht immer die des Therapeuten), sollte man mit Patienten nicht nur eine einzige Variante üben, etwa „Enttäuschungen anzusprechen". Ein flexibler Umgang wird durch multiple Modelle angeregt. Die für differenziertes Handeln notwendige sensible Wahrnehmung von Situation und Gegenüber läßt sich ebenfalls durch die Besprechungen von Rollenspielen verbessern: Wer z.B. gegenüber dem Finanzbeamten, über den er sich ärgert, mit emotionaler Selbsteröffnung reagiert, dem Ehepartner gegenüber aber vor allem juristisch argumentiert und mit rechtlichen Konsequenzen droht, hat zwei effiziente Verhaltensmuster unüberlegt eingesetzt.

Ad 3.: Ein Selbstsicherheitstraining sollte langfristig stabile Beziehungen erleichtern. Folglich ist die Durchsetzungsfähigkeit ein untergeordnetes - wenngleich auch für manche Situationen wichtiges - Ziel. Die Einfühlung in die Perspektive des Gegenübers, die Fähigkeit, divergierende Wünsche zu besprechen und Kompromisse auszuhandeln, sind in der Regel für private, meist aber auch für berufliche Beziehungen wichtiger als der kurzfristige Erfolg. Dies muß gerade in der Arbeit mit sozial Ängstlichen beachtet werden, da manche dieser Patienten vorübergehend zu mutig werden, soziale Grenzen überschreiten und damit Beziehungen überfordern.

Ad 4.: So wenig wie es nur eine einzige gute Form der Beziehungsgestaltung gibt, kann es das richtige und fehlerfreie Verhalten geben. Viele Patienten streben genau dieses an. Ein Kernsymptom sozialer Angst ist die Angst vor Blamage, vor öffentlicher Beachtung eigener Schwächen. Der Wunsch, Fehler zu vermeiden, ist verständlich, aber oft ein Teil der Symptomatik selbst.

> Patienten müssen lernen, daß ihr Wunsch, von anderen Menschen gemocht zu werden, nicht durch Fehlerfreiheit erreichbar ist, sondern nur durch einen neuen Umgang mit positiven und negativen Gefühlen, auch Ängsten und Schwächen.

Wer wirklich selbstsicher ist, kann über eigene Fehler auch einmal lachen oder zumindest akzeptierend damit umgehen.

Ad 5.: Langfristig stabil werden neue Verhaltensmuster, wenn sie nicht nur durch den kurzfristigen äußeren Erfolg (C+) aufrechterhalten werden, sondern wenn sie innerlich akzeptiert und für gut befunden werden (Selbstverstärkung) und wenn ein Vertrauen in die eigene Handlungskompetenz (self-efficacy nach Bandura) entstanden ist, das partiell unabhängig vom aktuellen Erfolg oder Mißerfolg ist. Hier helfen reale Erfahrungen und Rückmeldungen durch Therapeut und Gruppe. Sie müssen aber oft durch eine gezielte Arbeit an kognitiv-emotionalen Schemata der Selbstabwertung ergänzt werden.

14.3 Der inhaltliche Aufbau von Rollenspielen in strukturierten Selbstsicherheitstrainings

Inhaltliche Ziele von Rollenspielen

Gliederungen von Übungssituationen und Übungszielen finden sich bei verschiedenen Autoren, etwa A. Lazarus, R. & R. Ullrich, Heimberg u.a. Das oben erwähnte ATP wurde als standardisiertes Gruppentraining entwickelt, indem zwischenmenschliche Angst auslösende und schwierige Situationen aus der Exploration zahlreicher psychiatrischer Patienten entnommen und durch Faktorenanalysen gruppiert wurden. Entsprechend wurde der U(nsicherheits)-Fragebogen entwickelt und das ATP Programm strukturiert.

Übungssituationen lassen sich gliedern nach Lebensbereichen und Zielverhaltensklassen:

Lebensbereiche

- Öffentliches Leben (z.B. Zugfahren, Einkaufen)
- Arbeitswelt
- Freundschaftsbeziehungen
- Partnerschafts- und Familien-Beziehungen

Verhaltensebene

- *Kontakt:* Nähe herstellen, Ausdruck von positiven Gefühlen und Beziehungswünschen, Gespräche führen, von „small talk" bis zu ernsthafteren persönlichen Gesprächen
- *Abgrenzung:* „Nein" sagen, Ablehnung von Wünschen und Forderungen anderer, die als unberechtigt oder gegen die eigenen Interessen/Bedürfnisse gerichtet erlebt werden; Formulierung von Grenzen; Beenden von Beziehungen
- *Ausdruck negativer Gefühle:* Konstruktiver Ausdruck von Ärger, Enttäuschung und Kritik, auch von Angst und Verunsicherung im Gespräch; Konfliktlöseverhalten
- *Wünsche:* Äußerung eigener Wünsche und Hintergrundbedürfnisse, Umgang mit Wünschen des Gegenübers, Aushandeln von Kompromissen und tragfähigen Lösungen
- *Empfängerverhalten:* Nachfragen, Wiederholung und Validierung, Klärung von Mißverständnissen, partielle Übernahme der Perspektive des Anderen, Empathie

Bei der Betrachtung derartiger Verhaltensziele wird schnell deutlich, daß diese untrennbar mit kognitiv-emotionalen Prozessen verbunden sind.

Emotionale Ziele

- Verbesserung der emotionalen Selbstwahrnehmung
- Akzeptanz eigener Gefühle und Bedürfnisse, dennoch auch
- Abbau überstarker Reaktionen von Angst, Scham, Wut und Niedergeschlagenheit
- Empathie als verbesserte Wahrnehmung der Gefühle des Rollenspielpartners und Gegenübers, Bereitschaft zum Perspektivenwechsel

Kognitive Ziele

- Wahrnehmung eigener kognitiv-emotionaler Reaktionen, Bereitschaft zur Wahrnehmung der äußeren und inneren Wirklichkeit des Gegenübers, Einschätzung der Situation
- Selbstakzeptanz trotz eigener Unzulänglichkeiten, Akzeptanz auch negativer Emotionen
- Bereitschaft, die Verschiedenheit der inneren Reaktionen bei sich und dem Gegenüber zu akzeptieren
- Fehlertoleranz auch anderen gegenüber
- Kompetenzvertrauen in die alten und neu erworbenen Möglichkeiten
- realistische Ziele

Rollenspielinhalte sollten hierarchisch nach Schweregrad aufgebaut werden. Beim Programm von Ullrich (1976) werden die jeweiligen Zielverhaltensklassen (Kontaktaufbau, Abgrenzung, Wünsche, Umgang mit Kritik) auf die entsprechenden Lebensbereiche (s.o.) bezogen, wobei erfahrungsgemäß Situationen aus der Ursprungsfamilie oder der aktuellen Familie oder Partnerschaft in der Hierarchie weit oben stehen. Das ATP stellt eine solche standardisierte, hierarchisierte Struktur von Übungssituationen vor.

Bei der Durchführung standardisierter Übungsprogramme muß für den einzelnen Patienten überprüft werden, ob sein Erleben eine Anpassung der Übungssituation - insbesondere hinsichtlich des Schwierigkeitsgrades - erforderlich macht.

Eine weitere Möglichkeit besteht darin, themenzentriert mit einer Gruppe vorzugehen und jeweils für eine allgemeine Aufgabenstellung (z.B. „Umgang mit teilweise berechtigter Kritik von Vorgesetzten") Situationen einzelner Teilnehmer zu sammeln.

In der Einzeltherapie wird man in der Regel:

- von Situationen ausgehen, die dem Patienten schwer fallen, und dann die dabei relevanten
- Dimensionen herausarbeiten („Wenn ich Sie recht verstehe, können Sie Ihrem Vater schlecht unberechtigte Wünsche abschlagen. Nein zu sagen ist überhaupt schwer für Sie?") und dann für die so destillierte Dimension
- eine Reihe leichterer Übungssituationen entwickeln.

So übte eine Patientin, die ihrem Mann gegenüber schwer „nein" sagen konnte, zunächst einmal, sich beim Einkaufen nichts aufschwatzen zu lassen.

14.4 Diagnostik und Rollenspiel

Rollenspiele als Hilfsmittel der Diagnostik

Rollenspiele bieten diagnostische Möglichkeiten, die über das therapeutische Gespräch hinausgehen, weil Patienten (und Therapeuten) häufig keine vollständig adäquate Beschreibung des eigenen Verhaltens geben können. Deshalb empfiehlt es sich, gelegentlich zwischen verbaler Exploration und Kurzrollenspielen zu wechseln, wenn es um die Einschätzung des zwischenmenschlichen Verhaltens von Patienten geht.

Beispiel: Im zweiten Gespräch mit einer Patientin tauchte die Idee auf, daß eine Einbeziehung des Mannes evtl. sinnvoll sei, worauf sie meinte: „Das habe ich ihn schon gefragt. Aber er hält nichts von Psychotherapie und ist zu so etwas einfach nicht bereit." In diesem Falle sagte ich: „Mich würde interessieren, wie Sie so eine Frage stellen und Ihren Wunsch losgeworden sind. Also wenn Sie sich jetzt vorstellen, ich wäre Ihr Mann, ... übrigens wie hieße ich dann mit Vornamen? Aha, also Peter. Also ich bin jetzt Ihr Mann Peter und wir sitzen nach dem Abendessen in der Küche, die Kinder sind im Bett, und Sie möchten mich jetzt nochmals fragen, ob ich zur Therapie mitkomme? Wie machen Sie das?"

Schwierigkeiten der Auswertung von Rollenspielen

Rollenspiele sollten unmittelbar mit dem Patienten ausgewertet werden. In der Einzeltherapie hat der Therapeut dabei mehrere Rollen: Er ist Therapeut und Partner im Rollenspiel (z.B. als dessen „Schwiegermutter"). Gleichzeitig ist er Beobachter und möchte Rückmeldung und neue Anregungen geben.

In Gruppentherapien und mit Co-Therapeuten kann man diese verschiedenen Funktionen aufteilen. Aufzeichnungen mit Kassettenrekorder oder Video erleichtern diese Rückmeldungen insbesondere für Anfänger, kosten aber sehr viel Zeit (s.u.).

Worauf sollte man als Therapeut achten?

> Als übergeordnetes Prinzip sollte gelten, daß Patienten all das an Emotionen, Gedanken und Wünschen ausdrücken, was sie bewegt. Sie sollten aber eine Form finden, die für ihr Gegenüber verständlich und nicht verletzend ist.

Auf weitere Fragen zur „Kunst", therapeutische Rückmeldungen zu geben, wird unten eingegangen.

14.5 Grundprinzipien des therapeutischen Rollenspiels

Die zentrale Übungsschleife besteht aus folgenden Komponenten (s. Abb. 14.**1**):

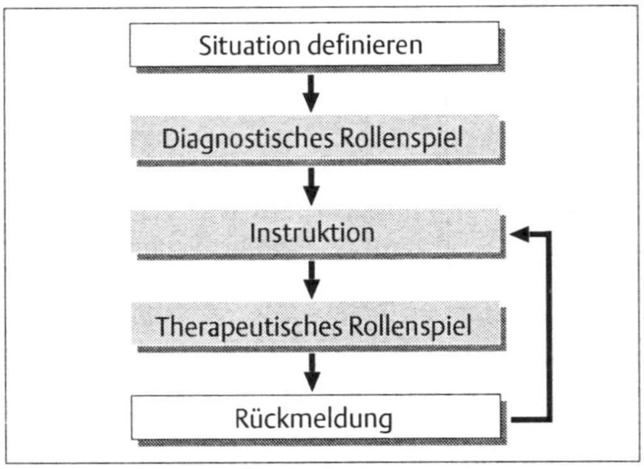

Abb. 14.1 Übungsschleife des Rollenspiels

Die Kunst, klar definierte Situationen der richtigen Schwierigkeitsstufe auszuwählen

Die Spielsituation sollte konkret definiert sein (Zeit, Raum, Gegenüber, Art der Beziehung). Der wichtigste Aspekt ist dabei die vorher abgesprochene „Schwierigkeit“, mit der der Partner, also in der Regel der Therapeut oder ein anderes Gruppenmitglied, spielt. Wichtiger, als „realistische“ Spiele durchzuführen und Überforderung zu riskieren, ist es, im Sinne einer Angsthierarchie die Schwierigkeit langsam zu steigern, die vor allem durch die Art des Gegenübers gesteuert werden kann (z.B. vom freundlichen bis zum cholerischen Nachbarn).

Eher kontraproduktiv ist es, wenn während des Rollenspiels Machtkämpfe beginnen. Mancher Therapeut tut sich zu Beginn seiner therapeutischen Erfahrungen schwer, Patienten in Rollenspielen gewinnen zu lassen, daher gilt:

> Die wichtigste Regel ist:
> Der Übende gewinnt

Insbesondere, wenn Gruppenmitglieder miteinander üben, sollten Therapeuten auf die obige Regel sehr genau achten. Lernen kann man nur, wenn man ein Verhalten ausprobieren kann, das man noch nicht sicher beherrscht. Das aber ist nur möglich in einem Klima ohne Gefahr von Niederlagen und Kränkungen.

Natürlich kann über mehrere Durchgänge und Sitzungen die Schwierigkeit solange gesteigert werden, bis die gespielte Situation sogar schwerer ist, als die in der Realität erwartete.

Diagnostisches Rollenspiel, Instruktion und Modell-Lernen

Das diagnostische Rollenspiel dient dazu, einen ersten Eindruck zu bekommen, wo die Stärken und Schwächen eines Patienten sind. Bei sehr ängstlichen Patienten, die sich anfangs sehr schwer tun, sollte man statt potentiell entmutigender Rückmeldungen lieber Anregungen geben und mit ihnen direkt in ein neues, therapeutisches Rollenspiel einsteigen, um so erlebbar zu machen, daß Änderungen und Lernen möglich sind.

Vorsicht vor zu vielen Instruktionen: Statt alles auf einmal ändern zu wollen („Reden Sie laut und deutlich, stehen Sie gerade, verwenden Sie das Wörtchen „Ich“, sagen Sie ihre Gefühle klar und deutlich“) sollte man sich auf ein bis zwei machbare Anregungen beschränken („Mich würde interessieren, wie es wirkt, wenn Sie noch etwas lauter sprechen und mich dabei ansehen. Mögen Sie es mal probieren?“).

Je ausgeprägter Verhaltensdefizite sind, desto sinnvoller ist es, die Situation vorzuspielen. Optimal sind mehrere Modelle. Problematisch sind „Mastery“-Modelle idealen Verhaltens, das nur zur Selbstabwertung beim beobachtenden Patienten führt. Günstiger sind „Coping“-Modelle, die vorspielen, wie der Patient seine Scheu überwinden und den nächsten Schritt angehen könnte.

Therapeutische Rückmeldung im Rollenspiel

Rückmeldungen zu geben ist eine eigene Kunst. Untrainierte, spontane Rückmeldungen sind in der Regel vage, negativ und global („Das wirkt irgendwie noch unsicher“).

1. Therapeutische Rückmeldung sollte auf die Instruktion bezogen sein, also darauf, was Patient und Therapeut sich vorgenommen haben („Sie hatten sich vorgenommen, Blick-Kontakt zu halten. Und dazu möchte ich sagen...“).
2. Sie sollte mit dem Positiven beginnen.
3. Statt negativer Bewertung sollte man Anregungen geben (statt „Das war immer noch zu leise“ lieber „Versuchen Sie es noch ein wenig lauter“).
4. Persönliche und konkrete Rückmeldung ist besser als abstrakte und lehrerhafte Aussagen. (statt „Das war jetzt gut so mit der Lautstärke“ lieber „So konnte ich Sie besser verstehen und das, was Sie sagen wollten, kam sehr viel überzeugender bei mir an“).
5. Relativ ist besser als absolut: Gut ist, was *ein wenig* besser als beim ersten Durchgang war! („Bei diesem Durchgang hat mir ... sehr viel besser gefallen als bei den Durchgängen davor“).

Diese Regeln sind insbesondere in der Anfangsphase zu beachten. Im späteren Verlauf einer Therapie kann durchaus auch Kritik angebracht werden, wenn sie konkret, ehrlich und wohlwollend geäußert ist.

Unerfahrene Therapeuten können sich die Aufgabe, derartige Rückmeldungen zu geben, leichter machen, indem sie sich selbst entsprechende Selbstinstruktionen geben oder sich die entsprechenden Fragen stellen:

„Was hatten wir uns vorgenommen? Was war besser als das erste Mal? Wo entstand bei mir ein guter Eindruck? Was ist verbesserungswürdig? Was davon wäre der nächste machbare Schritt?"

Weitere konkrete Fragen, die man sich als Therapeut stellen kann sind:

- Hat der Rollenspieler seine Gefühle ausgedrückt?
- Waren sie deutlich und in der richtigen Intensität spürbar (nonverbales Verhalten)?
- Wurden die Hintergründe (Kognitionen) der Gefühle angesprochen?
- Konnten Wünsche deutlich werden?
- War die Form der Situation angemessen oder z.B. zu verletzend oder global?
- Wurde das Erleben des Rollenspielpartners aufgenommen und berücksichtigt?

Für jede zu übende Verhaltenskategorie gelten zusätzliche Kriterien. Als ein konkretes Beispiel soll exemplarisch das Übungsziel „Umgang mit Kritik" herausgegriffen werden.

Fragen zur Rückmeldung bei Rollenspielen zum Thema „Umgang mit Kritik":

- Konnte der Patient sich Zeit zum Nachdenken erbitten, statt direkt zu reagieren?
- Konnte er sich von globaler Kritik distanzieren und trotzdem konkrete und differenzierende Nachfragen zur Klärung der Frage stellen, worauf sich die Kritik genau richtete?
- Konnte er differenzieren, welche inhaltlichen Teile der Kritik er annehmen, welche er aber auch zurückweisen wollte?
- Konnte er differenzierte Rückmeldung zur Form der Kritik geben?

Insbesondere das letzte Beispiel macht deutlich, daß Rollenspiel-Übungen nicht ohne Klärungsprozesse innerer Art möglich sind. Die Klärung bezieht sich immer sowohl darauf, wie die aktuelle Sicht der Situation ist und auch darauf, welche kognitiv-emotionalen und interaktionellen Schemata durch die Situation ausgelöst werden. Wo wurden also früher gelernte ungünstige Reaktionsmuster sichtbar?

Trainingsziel „Rückmeldungen geben" in der Gruppe

Rückmeldungen durch den Therapeuten haben natürlich auch Modellwirkung für Patienten und Mitglieder einer Therapiegruppe. Wenn Therapeuten konkret und konstruktiv auf die mutigen Versuche der Patienten reagieren, können zunehmend auch andere Gruppenmitglieder, und später auch die übenden Patienten selber diese Kriterien anwenden. Therapeuten können Gruppenmitglieder anregen, gute Rückmeldungen zu geben, indem sie die erwähnten Kriterien in Fragen an die Gruppe umformulieren: „Erinnern Sie sich noch, was sich Patient Herr XY vorgenommen hatte? Was war ein kleines Stück besser als bei früheren Versuchen? Was könnte der nächste machbare Übungsschritt sein?"

Indem Gruppenmitglieder sich gegenseitig hilfreiche Rückmeldungen geben, wird ein Teil der Aufgabe des Therapeuten auf die Gruppe verlagert. So lernen alle das zwischenmenschlich so wichtige Verhalten einer ehrlichen und konstruktiven Rückmeldung.

Selbstrückmeldungen/ Selbstverstärkungen

Analog können später Fragen an den Patienten gestellt werden. Therapeutische Anfänger scheuen sich häufig, selbst Rückmeldungen zu geben und fragen Patienten dann beispielsweise „Wie fühlen Sie sich jetzt?". Dabei werden recht häufig negative Selbstaussagen oder Selbstbestrafungen ausgelöst: „Furchtbar! Das war wieder nichts..." Als Alternative sollten Therapeuten sich angewöhnen, präzise Fragen zu stellen, die die Aufmerksamkeit lenken: „Was haben Sie sich vorgenommen? Aha, Sie wollten lauter sprechen. Haben Sie lauter gesprochen als beim vorigen Durchgang des Rollenspiels?"

Dabei sollten negative Selbstaussagen entweder durch Nichtbeachtung gelöscht werden oder aber durch transparente Regeln und einer Erklärung zur Wirkung negativer Selbstaussagen angegangen werden (s.u.).

Vor- und Nachteile der Arbeit mit Videorückmeldung beim Rollenspiel

Wie oben erwähnt, erleichtern audiovisuelle Aufzeichnungen Diagnostik und Rückmeldung für Therapeuten und Patienten. Mikroanalysen und wiederholtes Betrachten interessanter Sequenzen sind möglich. Patienten können im Sinne des „Realitätstestens" Befürchtungen über die Wirkung ihres Verhaltens durch Betrachten der Bänder überprüfen. All dies spricht für die Verwendung von Videoaufzeichnungen.

Es gibt aber auch deutliche Gefahren: Aufzeichnungen und Auswertungen benötigen sehr viel Zeit. Denkbare Probleme mit der Technik und mühsame Suchläufe sind beherrschbar, aber oft frustrierend. Wichtiger ist, daß ohne spezifische therapeutische Hilfe die spontanen Reaktionen auf das Video meist sehr negativ sind. Selbstbestrafungen, ängstliche und zum Teil depressive Reaktionen kommen vor. Hier sollten Therapeuten Möglichkeiten haben, daraus konstruktive Lernprozesse abzuleiten.

Besonders häufig findet man bei unerfahrenen Therapeuten folgende Sequenz:

- Rollenspiel und Videorückmeldung
- Frage des Therapeuten „Wie geht es Ihnen jetzt" oder „Wie fanden Sie es selbst?"
- Massive Selbstabwertung des Patienten
- Versuch des Therapeuten, die Situation zu retten, indem er die positiven Aspekte des Rollenspieles herausarbeitet

Eine funktionale Analyse macht schnell deutlich, daß auf die Verhaltensbemühungen (Rollenspiel) eine negative Konsequenz folgt (Selbstabwertung) und daß auf das Verbalverhalten der Selbstabwertung eine positive Konsequenz folgt (Versuch des Therapeuten, Positiva zu benennen). Kurz: Selbstabwertung wird verstärkt.

■ Bearbeitung von Selbstabwertung bei Videorückmeldung

Als Alternative bietet sich an:

1. über die Probleme der Selbstabwertung *transparent* zu sprechen („Manche Patienten brauchen niemanden, der sie entmutigt. Sie machen das selbst. Aber es lohnt sich sehr, einen menschlichen Umgang mit sich selbst zu lernen.")
2. Oft hilft es, klare *Regeln* auszuarbeiten:
   - für die selbstbezogene Rückmeldung (Zuerst das Positive. Gut ist, was etwas besser ist als zuvor. Bemühungen muß man anerkennen, nicht perfekte Resultate. Wenn man mit einem Teil der Übung nicht zufrieden ist, kann man sich für eine neue Übung etwas Konkretes vornehmen),
   - für den Umgang mit negativen Selbstinstruktionen (Durch positive Instruktionen ersetzen: statt „Das schaffe ich nie!" lieber „Ich probier's, vielleicht geht es ja doch") und
   - für den Umgang mit Selbstbestrafungen (z.B. Für jeden negativen Satz einen positiven suchen).
3. Besonders wichtig ist es, die *therapeutischen Konsequenzen* gut zu beobachten und zu kontrollieren, um auf negative Sätze gar nicht oder neutralisierend zu reagieren („Sie wissen doch, damit machen Sie es sich schwerer"; „Daß Sie sich abwerten können, weiß ich ja, aber...").
4. Gezielte Fragen der *Aufmerksamkeitslenkung* (siehe oben) und positive Unterstützung für den mühsamen Prozeß der Selbstverstärkung sind von besonderer Wichtigkeit.

14.6 Weitere praktische Gesichtspunkte

■ Hausaufgaben

In der Regel dienen Rollenspiele der Vorbereitung realer Erfahrungen. Gezielte Hausaufgaben in verschiedenen Abstufungen sind deshalb ein wichtiger Bestandteil eines Selbstsicherheitstrainings. Dabei sollte die Schwierigkeit der Übungen in der Therapie ein bis zwei Stufen höher liegen als die erwartete Schwierigkeit in der Realität. Hier ist gründliche Klärung und manchmal viel Phantasie beim Therapeuten erforderlich.

Auch wenn eine Umsetzung in vivo nicht mehr denkbar ist, z.B. weil Angehörige bereits verstorben sind oder durch Krankheit und Alter nicht mehr adäquat ansprechbar sind, können Rollenspiele mit dem Therapeuten oder einem leeren Stuhl durchgeführt werden. Es kann therapeutisch wichtig sein, die Emotionen und Gedanken im Rollenspiel wirklich in direkter Rede z.B. dem Vater, der durch den leeren Stuhl repräsentiert wird, auszusprechen, anstatt nur im Konjunktiv darüber zu reden.

■ Rollenspiele in der Phantasie

Rollenspiele können sich auf vergangene Situationen beziehen und ganz in der Phantasie-Ebene gehalten werden. Hier gibt es interessante

Ansätze in der Bearbeitung posttraumatischer Belastungsreaktionen oder der Verarbeitung früherer Mißbrauchserfahrungen.

14.7 Die Verbindung von kognitiven Verfahren und Rollenspielen

Rollenspiele aktivieren kognitiv-emotionale Reaktionen und machen sie besprechbar. Indem sich Patienten nicht entsprechend ihrer Ängste und Erwartungen im Rollenspiel verhalten, machen sie häufig auch korrigierende innere Erfahrungen.

Vor und nach Rollenspielen zu den verschiedenen Beziehungskonflikten können die individuellen kognitiv-emotionalen Muster, z.B. von Selbstbestrafung und -verstärkung, beobachtet und bearbeitet werden.

So kann es sehr produktiv sein, die im Rollenspiel aktualisierten Emotionen und Kognitionen zu besprechen und wiederkehrende Muster herauszuarbeiten. Gelingt es Patienten, in der Gruppe oder mit dem Therapeuten zu alten Grundannahmen (z.B. „Ich bin nicht liebenswert. Andere gehen vor.“) mögliche alternative Gedanken zu formulieren (z.B. „Ich bin genauso wichtig wie andere“, „Nur wenn ich auf mich aufpasse, behalte ich genügend Kraft, um mich auch um andere zu kümmern“ u.v.m.), dann ist es möglich, (a) sich kognitiv auf den neuen Gedanken zu konzentrieren und (b) sich dementsprechend in einem weiteren Rollenspiel zu verhalten.

Kaum etwas ändert zentrale Grundannahmen so nachhaltig, wie wenn Patienten sich in Rollenspielen und dann in vivo konträr zu alten Grundannahmen und Befürchtungen verhalten. Dies wird von Patienten zunächst als künstlich und unecht erlebt und stößt manchmal auf Widerstand. Wichtig ist, daß das Ideal der Kongruenz von Erleben und Verhalten nicht immer während der Therapie gelten kann, aber später durchaus eine wichtige Leitlinie darstellt.

Wenn aber ein Patient, der sich als „kleine graue Maus“ fühlt, zunächst im Rollenspiel und später real beginnt, sich wie ein Mensch zu verhalten, der sich selbst respektiert, dann ist dies zunächst künstlich und nicht kongruent. Wenn aber daraufhin die Mitmenschen anfangen, ihn als Menschen zu behandeln, der Respekt verdient, wächst das innere Selbstbewußtsein nach, und die alten Schemata können sich aufgrund der realen neuen Erfahrung ändern. Erleben und Verhalten können so wieder kongruent werden.

14.8 Literatur

1. *Juster, H.R., Brown, E.J. & Heimberg, R.G.:* Sozialphobie. In: *Margraf, J.* (Hrsg.): Lehrbuch der Verhaltenstherapie (Bd. 2). Springer, Berlin 1996, S. 43-60
2. *Ullrich, R. & Ullrich, R.:* Einübung von Selbstvertrauen und sozialer Kompetenz. Teil 1 bis 3. Pfeiffer, München 1976
3. *Zimmer, D:* Empirische Untersuchungen zur Effektivität des Selbstsicherheitstrainings und zur Bedeutung einzelner therapeutischer Elemente. Eine Übersicht. In: *Ullrich de Muynck, R., Ullrich, R., Grawe, K. & Zimmer, D.* (Hrsg.): Soziale Kompetenz (Bd. 2). Pfeiffer, München 1980, S. 127-160.

15. Konfrontationsverfahren

R. Wassmann

15.1 Einführung

Der therapeutische Begriff der Konfrontationsverfahren umfaßt eine recht heterogene Gruppe von Behandlungsverfahren. Zum Teil synonym, jedoch oft überschneidend und nicht durchgehend gleichartig voneinander differenziert, werden die Begriffe „Expositionsverfahren" und „Reizkonfrontation" verwandt. Eine Gemeinsamkeit stellt die Konfrontation/Exposition eines Patienten mit einem vorher aversiv konditionierten Stimulus dar. Dieser Stimulus kann extern, über konkret aversiv erlebte Ereignisse, oder intern, über negative emotionale Kognitionen, seine Bedeutung bekommen haben. Dem aversiv konditionierten Reiz folgt ein Problemverhalten. Dieses Problemverhalten besteht in der Regel aus Vermeidungs- oder Fluchtverhalten. Die Vermeidung eines aversiven Stimulus durch das Problemverhalten führt zu einer negativen Verstärkung des Problemverhaltens. Hierdurch wird das Problemverhalten operant aufrechterhalten. Oft ist der aversive Stimulus über eine klassische Konditionierung ursprünglich erworben worden und seine Löschung kann wegen des operant gesteuerten Vermeidungsverhaltens nicht stattfinden.

Beispiel: Sie wollen zu einer Diskothek, um gute Freunde zu treffen. Es ist neblig und Sie gehen beim Dunkelwerden an einer Hecke vorbei. Aus dem Dunklen springt Sie ein Hund an (= UCS). Schreck, Angst und physiologische Erregung erfolgen automatisch (= UCR). Am nächsten Abend, es ist wieder dunkel, Sie gehen den gleichen Weg und kommen wieder zu der Hecke. Die Stimulusbedingungen der gestrigen Situation (Nebel, Hecke, Dunkel) können zu einem konditionierten Stimulus (= CS) führen, der bei den meisten Menschen zum Auftreten einer konditionierten Reaktion (Innere Anspannung, Erwartungsangst = CR) führt. Wenn Sie lieber einen drei Minuten langen Umweg über eine hell erleuchtete Straße gehen, um zur Diskothek zu gelangen, zeigen Sie ein Vermeidungsverhalten. Anspannung und Angst werden reduziert, Ihr Vermeidungsverhalten erfährt eine negative Verstärkung.

Aber auch ohne externe Stimuli können über interne kognitive Mechanismen aversive Stimuli konditioniert werden und zu operant aufrechterhaltendem Vermeidungsverhalten führen. Durch die Vorstellung einer aversiven Situation und intensiver Vorstellung einer emotional bewegenden Reaktion kann eine der klassischen Konditionierung vergleichbare Lernsituation erreicht werden.

Beispiel: Stellen Sie sich vor, Sie seien eine pubertierende vierzehnjährige junge Frau. Sie hätten Minderwertigkeitsgefühle, gleichzeitig beginnende Machtgefühle, und befänden sich in dem entwicklungspsychologisch typischen Gefühlschaos. Sie erinnern sich, in der Bravo gelesen zu haben, daß viele Mädchen Probleme aufgrund ihrer nicht vorhandenen Modelfigur haben. Sie stellen sich vor den Spiegel und haben eine schreckliche Erkenntnis: „Oh Schreck! Es ist wahr - ich bin zu dick, so kann mich keiner mögen". Wenn Sie diese Meinung jetzt noch emotional besetzen, indem Sie sich bildhaft vorstellen, wie ein attraktiver Junge Sie ansieht und zu seinen Kameraden abfällige Bemerkungen über Sie machen könnte, bekommen Sie ein Problem. Wenn Sie die kritische Prüfung im Spiegel dann noch mehrfach vornehmen und sich die Reaktionen einige Male intensiv genug vorstellen, benötigen Sie bald keinen Blick mehr in den Spiegel, um sich als zu dick zu empfinden. Durch Ihr Denken könnte der Anblick Ihrer Figur für Sie selbst zu einem aversiven Stimulus werden.

Gemeinsames Ziel aller Konfrontations- bzw. Expositionsverfahren ist die Verhinderung eines Vermeidungs-/Fluchtverhaltens bei Auftreten eines aversiven Reizes, um so zu erleben, daß die erwarteten unangenehmen Folgen ausbleiben. Hierdurch unterbleibt die negative Verstärkung für das Problemverhalten. Die mit Hilfe des Therapeuten induzierte Verhaltensänderung führt zu einer geänderten Wahrnehmung und Neubewertung der (vorher) aversiven Reize. Je konkreter, häufiger und länger diese Erfahrung gemacht wird, desto haltbarer sind die Effekte der Konfrontationsverfahren.

Hauptanwendungsbereich der Konfrontationsverfahren ist die Behandlung von Angststörungen. Die in diesem Problembereich anfänglich überwiegend angewandte Systematische Desensibilisierung ist aufgrund der langen Trainingszeiten zugunsten von Expositionsverfahren (ohne Einsatz von Entspannungstrainings) in den Hintergrund getreten. Neben der Anwendung bei Angststörungen gibt es Ansätze, Expositionsverfahren auch bei anderen Störungen wie, z.B. Bulimie, Abhängigkeitsstörungen oder posttraumatischen Belastungsstörungen einzusetzen.

Systematik der Konfrontationsverfahren

Bei der Heterogenität der Verfahren wurden verschiedenste Ansätze zur Systematisierung versucht und unterschiedliche Modelle zur Erklärung der Wirkmechanismen (Löschung, Gegenkonditionierung, Habituation etc) diskutiert. Zudem wird die Differenzierung einzelner Begriffe autorenabhängig unterschiedlich interpretiert. Die Diskussion soll in diesem Rahmen nicht fortgesetzt werden. Im Weiteren sollen die Methoden nur nach der Art ihrer Anwendung unterteilt werden.

Unterscheidungsmerkmale bei Anwendung der Konfrontationsverfahren stellen

- die Art der Darbietung des Reizes (in sensu oder in vivo)
- und die Intensität der Reizdarbietung (graduiert oder massiert) dar.

Zur Aufteilung bietet sich das Schema in Tabelle 15.**1** an.

15.2 In-sensu-Methoden

Bei In-sensu-Methoden stellt sich der Patient in der Therapiesituation den aversiven Reiz möglichst plastisch vor. Ziel ist es, den konditionierten Reiz entweder stufenweise in Kombination mit Entspannung oder massiert und prolongiert darzubieten, um hierdurch die konditionierte Reaktion abzubauen.

Systematische Desensibilisierung

Zur Durchführung der systematischen Desensibilisierung sind folgende Komponenten notwendig:

1. Erstellen einer oder mehrerer Hierarchien angstbesetzter Stimuli
2. Erlernen eines Entspannungsverfahrens
3. Überprüfung und ggf. Einüben der Vorstellungsfähigkeit beim Patienten
4. Vorstellung der einzelnen Angstreize unter Entspannung

Erstellen einer Hierarchie angstbesetzter Stimuli

In der Verhaltensanalyse wird die Art der aversiven Stimuli und die Intensität der Angstreaktionen bestimmt. Ähnliche Arten von aversiven Stimuli werden in Gruppen zusammengefaßt. Innerhalb jeder Gruppe werden die einzelnen Stimuli nach aufsteigender Intensität der Angstauslösung hierarchisiert.

Tabelle 15.**1** Systematik der Konfrontationsverfahren

Art der Konfrontation	in sensu	in vivo
graduiert	Systematische Desensibilisierung*	Angstbewältigungstraining* graduierte Reizkonfrontation
massiert	Reizüberflutung in sensu Implosion	massierte Reizkonfrontation Flodding

* mit Entspannung

Üblicherweise wird eine nicht angstbesetzte Ruheszene mit dem Schwierigkeitsgrad 0 und die maximale Angstsituation mit 100 bewertet. Andere Angstreize werden nach Einschätzung des Patienten in Prozenträngen dazwischenliegend eingeordnet (= Angstthermometer).

Erlernen eines Entspannungsverfahrens

Parallel zur Erstellung der Angsthierarchie erlernt der Patient ein Entspannungsverfahren, durch das die progressive Muskelrelaxation eingeübt wird. Ziel ist das Erreichen willkürlicher Kontrolle über die Spannung und Entspannung der Körpermuskulatur. Nachdem zuerst schrittweise einzelne Muskelgruppen (Arme, Beine, Schultern etc.) in das Entspannungstraining einbezogen wurden, wird die Übung dann sukzessive verkürzt. Schließlich soll die Entspannung auf ein bestimmtes Signal hin, z.B. eine Formel oder ein Ruhebild, willkürlich erreicht werden.

Überprüfung und ggf. Einüben der Vorstellungsfähigkeit beim Patienten

Nach Erlernen der Entspannung muß überprüft werden, ob der Patient über ausreichende Vorstellungsfähigkeiten verfügt, um die angstbesetzten Szenen ausreichend intensiv zu erleben. Ist dies nicht der Fall, muß diese Fähigkeit ggf. mit dem Patienten eingeübt werden.

Vorstellung der einzelnen Angstreize unter Entspannung

Dann wird der Patient vom Therapeuten aufgefordert, sich zu entspannen und sich danach das leichteste Item in der Angsthierachie vorzustellen. Tritt trotz Entspannung Angst auf, wird auf ein vorher definiertes Zeichen des Patienten (meist Heben des kleinen Fingers) die Exposition abgebrochen und die Entspannung wiederum fokussiert. Nach Abklingen der Erregung und Wiedereintreten der Entspannung wird das Item erneut der Vorstellung angeboten. Diese Sequenz wird solange durchlaufen, bis das Item keine Angst mehr auslöst. Dann erst kann zum nächst schwierigeren Item übergegangen werden. Dieses und auch die folgenden Items bis hin zum höchsten Angstreiz werden nach dem gleichen Prinzip bearbeitet.

Individuell unterschiedlich benötigen Patienten pro Einzelsequenz (Entspannung und Exposition) circa eine Minute. Bei mehrfacher Darbietung des einzelnen Items können üblicherweise drei bis fünf Items der Angsthierarchie in ca. 30 Minuten bearbeitet werden.

Zu Anfang der nächsten Sitzung wird überprüft, ob die vorher bearbeiteten Items weiterhin angstfrei vorgestellt werden können. Falls nicht, müssen die noch angstbesetzten Items erneut bearbeitet werden. Erst nach Angstfreiheit kann zu dem nächsten Item der Angsthierarchie übergegangen werden.

Wichtig ist, daß jede Sitzung angstfrei beendet wird. Zur Absicherung bespricht der Therapeut mit dem Patienten nach Beendigung der Übung das Erleben und wahrgenommene Probleme.

Als Variation der ursprünglichen Methode kann die Systematische Desensibilisierung auch in vivo durchgeführt werden. Hierbei werden bereits in sensu angstfrei erlebte Stimuli in der Realität aufgesucht - ebenfalls in hierarchischer Reihenfolge.

■ Reizüberflutung in sensu

Zur Durchführung der Reizüberflutung wird keine Entspannung benötigt. Ziel ist die rasche und prolongierte Darbietung von vorgestellten Angstreizen hoher Intensitätsstufen. Durch die verlängerte Reizdarbietung tritt nach anfänglicher Angststeigerung eine Gewöhnung an den Reiz auf und es kommt zu einer Angstreduktion.

Zur Durchführung ist notwendig:

1. ausführliche Erklärung der Wirk- und Vorgehensweise der Methode
2. Sammlung möglichst hoch angstbesetzter Reize
3. Einbindung der Angstreize in eine möglichst realitätsnahe „Geschichte"
4. verlängerte und mehrfache Darbietung der „Geschichte" bis zu einem vorher definierten Abbruchkriterium

Bei der ausführlichen Erklärung der Wirkungsweise und der Methode muß der Patient auf die anfangs auftretenden intensiven Angstgefühle hingewiesen werden. Auch die Gefahr der kognitiven Vermeidung wird problematisiert und Möglichkeit der Verhinderung besprochen.

Bei Einverständnis zur Anwendung der Methode werden in der Verhaltensanalyse die angstbesetzten Stimuli zusammengetragen und ggf. in Gruppen mit ähnlichen Merkmalen zusammengefaßt.

Diejenigen Stimuli, die hohe und höchste Angstgefühle (70 - 100 Punkte auf dem Angstthermometer) auslösen, werden zusammen mit dem Patienten in einer möglichst realitätsnahen „Geschichte" eingebunden. Hierbei werden auch Variationen der „Geschichte" und angststeigernde negative Kognitionen des Patienten gesammelt.

Dann wird mit dem Patienten ein Abbruchkriterium vereinbart, z.B. Reduktion der Ängste auf 50 Punkte auf dem Angstthermometer.

In der Übungsphase wird dem Patienten diese „Geschichte" mit Variationen und Kognitionen vom Therapeuten vorgegeben. Der Patient versucht sich die Szenen möglichst plastisch vorzustellen. Diese Szenen werden dem Patienten möglichst lange (z.B. eins bis zwei Stunden oder bis zum Abbruchkriterium) dargeboten. Zwischenzeitlich bittet der Therapeut den Patienten, gerade in ihm ablaufende Gedanken und Vorstellungen laut zu verbalisieren. Hierdurch kann der Therapeut kognitives Vermeidungsverhalten des Patienten feststellen und seine Instruktionen entsprechend variieren.

Sollte in einer Übungsphase keine oder nur eine zu geringe Angstreduktion stattfinden, wird die Übungsphase vom Therapeuten mit einer Entspannungsinstruktion beendet.

Diese Übungsphasen werden mehrmals in der Woche durchgeführt. Bei anfänglich zu großer Angst dient oft die Reizüberflutung in sensu der Vorbereitung einer Reizüberflutung in vivo.

■ Implosion

Diese Methode ist in der Verhaltenstherapie nicht unumstritten. Nach Ansicht des Autors ist ihr Einsatz nur gelegentlich und durch besonders qualifizierte Therapeuten vertretbar. Daher wird diese Methode in diesem Rahmen nur der Systematik wegen erwähnt und nicht ausführlicher beschrieben.

Die Implosion unterscheidet sich bei etwa gleichem Vorgehen wie bei der Reizkonfrontation in sensu durch die zunehmend übertriebene Darbietung der aversiven Stimuli durch den Therapeuten. Diese Stimuli können hoch angstbesetzte Reize der ursprünglichen klassischen Konditionierung sein, aber auch übertriebene, vom Therapeuten phantasierte Vorstellungen über mögliche Ängste des Patienten. Ziel ist das Erreichen maximaler Erregung und deren Löschung durch wiederholte und prolongierte Darbietung der Stimuli.

15.3 In-vivo-Methoden

Bei in-vivo Methoden steht die direkte Konfrontation mit angstbesetzten Stimuli, der Umgang damit und deren Bewältigung im Vordergrund des therapeutischen Handelns. Bei Patienten, deren Angstschwelle sehr niedrig ist und die daher größere Probleme haben, in der Realität bisher vermiedene alternative Verhaltensweisen zu zeigen, kann eine vorbereitende Therapiephase in sensu angezeigt sein. Hierdurch wird die Hemmschwelle reduziert und die Motivation zur realen Exposition erhöht.

■ Angstbewältigungstrainings

Angstbewältigungstrainings können je nach Problemlage und Fertigkeiten des Patienten unterschiedlich gestaltet werden. In ihnen wird eine graduierte Reizkonfrontation mit einer aktiven Methode der Angstbewältigung kombiniert. Neben dem Einsatz von Entspannung kommen alternativ zunehmend häufiger Selbstverbalisationsmethoden zum Einsatz.

Selbstverbalisationen, innere Monologe, Selbstgespräche oder Selbstinstruktionen, also im weitesten Sinne die eigenen Kognitionen, spielen bei der Bewertung eines Reizes - ob angstbesetzt oder unbedenklich - eine wesentliche Rolle. Auch das auf den Reiz folgende Verhalten, wie Flucht, Vermeidung oder Auseinandersetzung und Bewältigung, wird durch innere Selbstgespräche beeinflußt. Änderungen anfangs negativer Selbstverbalisationen und der Einsatz alternativer Selbstinstruktionen erfüllen ähnliche Funktionen wie der Einsatz von Entspannungstechniken.

Allen Angstbewältigungstrainings sind fünf Elemente bei der *Durchführung* gemeinsam:

Wahrnehmungstraining

Damit Angstbewältigungstechniken effizient eingesetzt werden können, ist eine möglichst frühe Identifikation von Angstreizen notwendig. Diese Reize können in externen Umgebungsbedingungen oder intern als negative Kognitionen/Selbstgespräche auftreten. Die frühzeitige Wahrnehmung der in der Verhaltensanalyse aufgespürten problematischen Außenreize oder Kognitionen wird mit dem Patienten eingeübt. Dies ermöglicht dem Patienten ein erstes Heraustreten aus seiner bisherigen passiven Rolle.

Beispiel: Ihr Chef schreit Sie an. Was ängstigt Sie dabei besonders? Die Lautstärke, die Gestik, das verzerrte Gesicht oder Ihr eigener Gedanke (z.B. „Was habe ich denn jetzt schon wieder falsch gemacht")?

Erarbeitung alternativer Selbstverbalisationen und Kognitionen

Zu den identifizierten negativen Reizbewertungen und Selbstverbalisationen werden alternative Kognitionen erarbeitet. Diese alternativen Kognitionen oder Selbstverbalisationen können auf eine Umbewertung des Reizes ausgerichtet sein oder auch als Selbstinstruktion einen Handlungsauftrag an sich selber beinhalten.

Einüben von Strategien zur Angstbewältigung

Bei frühzeitiger Wahrnehmung der Angstsignale wird der Umgang mit den vorher erarbeiteten alternativen Reizbewertungen, Kognitionen und Selbstverbalisationen in der Therapiesitzung eingeübt. Ziel ist es, die bisher bei Auftreten der Angstsignale einsetzenden negativen Kognitionen durch alternative Strategien zu ersetzen und die Angst zu bewältigen.

Je nach Art der Problemsituation sind unterschiedliche Bestimmungsstücke der Problemsituationen das Ziel der Veränderung.

Realistischere Bewertungen des Reizes, Umattribuierungen bis hin zu ironisierenden Imaginationen können zur Angstreduktion benutzt werden.

Beispiel: Ihr Chef schreit Sie ungerechtfertigterweise an. Bisher trat automatisch der Gedanke auf: „Was hast du nur wieder falsch gemacht, du bist auch ein selten däm...Trottel." Diese Selbstverbalisation führte dazu, daß Sie angstbesetzt kaum ein Wort herausbrachten und sich nicht wehren konnten.

Alternative Selbstverbalisationen könnten sein: „Na ja, mal abwarten was von seiner Kritik zutrifft", „Auch Chefs sind leider nur Menschen, vielleicht hat er Krach mit seiner Frau gehabt". Notfalls könnten Sie sich auch überlegen, welcher Hunderasse ihr Chef am ehesten gleicht und sich ihn z.B. als bellenden und geifernden Foxterrier vorstellen.

Bisher hemmende negative Selbstverbalisationen bei der Bewältigung der Angst könnten durch alternative Selbstinstruktionen ersetzt werden.

Beispiel: Statt zu denken: „Gegen den kommst du sowieso nicht an, der macht dich fertig" - wird der Gedanke: „Stopp, so gehts nicht, anschreien laß ich mich nicht. Ich werde cool bleiben" - Ihnen mehr Handlungsmöglichkeiten geben.

Auch die Instruktion einer Entspannungsübung oder einer formelhaften Vorsatzbildung z.B. aus dem Autogenen Training könnte eine weitere Möglichkeit darstellen, Ihre Erregung zu reduzieren: „Ich bin ruhig, ganz ruhig. Der Lärm um mich herum ist bedeutungslos, er kommt und geht."

Rollenspiele, Imaginationsübungen oder auch Reizkonfrontation können in sensu als Mittel verwandt werden, um diese Kognitionen zu provozieren und Alternativen auszuprobieren und einzuüben.

Selbstverstärkung

Die erlernten alternativen Verhaltensweisen unterliegen natürlich wie alle Lernprozesse den Paradigmen der Lerntheorie. Ihre Etablierung wird durch den Einsatz von Verstärkung erleichtert. Hierbei sollte das Erfolgskriterium nicht über das zum Teil nicht kontrollierbare Verhalten anderer Personen definiert werden, sondern in Eigenregie vergeben werden.

Beispiel: Für die Tatsache, daß eine andere Selbstverbalisation verwandt wurde oder Sie ruhig geblieben sind, geben Sie sich selber eine Verstärkung: „Gut gemacht". Ob Ihr Chef sein Verhalten ändert, spielt nur eine nachgeordnete Rolle, da sein Verhalten sein eigenes Problem ist und seine Verhaltensänderung nur begrenzt Ihren Einflüssen unterliegt. Bewertungsmaßstab ist nur ihre eigene (kognitive) Verhaltensänderung.

Übertragung ins Alltagsleben

Die zuerst in der Therapiesituation eingeübten alternativen Strategien des Umgangs mit Angstsituationen und ihrer Bewältigung werden im Folgenden schrittweise in die aktuellen Lebenssituationen eingefügt. Der Therapeut plant zusammen mit dem Patienten den Einsatz der erlernten Veränderungen. Gemeinsam werden von Sitzung zu Sitzung Situationen mit aufsteigendem Schwierigkeitsgrad ausgewählt, eventuell vorher noch geübt, in denen der Patient alternative Bewältigungsstrategien einsetzt. Gegebenenfalls kann auch überlegt werden, das zufällige Auftreten dieser Situationen nicht abzuwarten, sondern bestimmte Übungssituationen durch den Patienten selbst hervorrufen zu lassen.

Beispiel: Normalerweise ist Ihr Chef ein „Morgenmuffel". Daher wird möglicherweise das morgendliche Zusammentreffen mit ihm in der Regel vermieden. Gut vorbereitet, mit entsprechenden Unterlagen trainiert der Therapeut im Rollenspiel den möglichen Ablauf und die alternativen Verhaltensweisen/ Kognitionen mit dem Patienten. Dieser sucht dann gerade zu der bisher vermiedenen „Morgenmuffelzeit" den Chef auf, um mit ihm Probleme zu besprechen und den eigenen Umgang mit dem „Herummuffeln" des Chefs zu üben.

■ Reizkonfrontation in vivo

Wegen der vielen Gemeinsamkeiten der graduierten Reizkonfrontation in vivo und der massierten Reizkonfrontation (Flodding) sollen die Grundlagen beider Verfahren in diesem Kapitel zusammenfassend dargestellt werden.

Je nach Autor und therapeutischem Schwerpunkt existieren leichte Variationen bei der Anwendung der Verfahren. Insgesamt gesehen besteht jedoch ein erfreulich hohes Maß an Übereinstimmung. Hierbei stellt die Veröffentlichung von Bartling et al. (1980) für die meisten Autoren (und auch für dieses Kapitel) die Grundlage für Erklärungsmodelle, Vorgehensweisen und Anwendungen dar.

Prinzip

Von zentraler Bedeutung für die Reizkonfrontation in vivo ist eine rasche und längerdauernde Konfrontation des Patienten mit besonders gefürchteten Stimuli bei Unterlassung von motorischem und kognitivem Vermeidungsverhalten.

Hierbei werden die gefürchteten Situationen nach einer kognitiven Vorbereitung in der Realität aufgesucht (z.B. bei Höhenangst ein Kirchturm, bei Angst vor engen Räumen ein Fahrstuhl etc.). Dies erfolgt anfangs unter Anleitung des Therapeuten, später alleine.

Die rasche und andauernde Konfrontation führt in der Regel initial zu einem hohen Erregungsniveau, bevor im Laufe der Behandlung ein Angstrückgang zu erwarten ist. Daher sind - unabhängig von der Indikation - manche Personen von der Behandlung auszuschließen.

Wirkvariablen

Nach anfänglicher Angststeigerung erfolgt eine Habituation an die Situation und damit ein Rückgang der Angstreaktionen. Dies ermöglicht dem Patienten eine Neubewertung der gefürchteten Situation, Abbau des Vermeidungs- oder Fluchtverhaltens und eine aktive Auseinandersetzung mit den Angstreizen.

Vorgehensweise

In Anlehnung an Bartling et al. (1980) hat sich die Aufteilung in folgende Behandlungsphasen bewährt.

1. Diagnostische Phase
2. Kognitive Vorbereitung
3. Intensivphase
4. Selbstkontrollphase

1. Diagnostische Phase

In dieser Phase wird die Indikation und Kontraindikation für den Einsatz der Reizkonfrontation überprüft. Dies setzt eine genaue Verhaltensanalyse und eine medizinische Untersuchung voraus.

Indikationen

Während anfangs besonders die Behandlung von Angst- und Zwangsstörungen das Hauptindikationsfeld darstellte, werden inzwischen auch Anwendungen bei anderen Störungen, z.B. Bulimie oder Alkoholabhängigkeit, beschrieben.

Kontraindikationen

1. Personen mit körperlichen Erkrankungen, auf die ein erhöhtes Erregungsniveau ne-

gativen Einfluß nehmen kann (betrifft v.a. Herz-/Kreislauferkrankungen)
2. Personen mit psychotischem oder dissoziativem Erleben in der Vorgeschichte
3. Personen mit unzureichender Motivation (bei Abbruch: intermittierende Verstärkung)
4. Personen, bei denen die Symptomatik Funktionscharakter im Rahmen anderer Probleme hat (z.B. als Machtmittel im Partnerschaftskonflikt)
5. Personen, bei denen höherwertige Störungen vorliegen und bei denen die Symptomatik Folge dieser Störungen ist (z.B. Depression)

Aufgrund der hohen emotionalen Belastung des Patienten ist eine tragfähige und vertrauensvolle Therapeut - Patient Beziehung von besonderer Bedeutung.

*2. **Kognitive Vorbereitung***

Diese Phase ist von entscheidender Bedeutung für die Motivation des Patienten zur Durchführung einer Reizkonfrontation und zur Verhinderung von Therapieabbrüchen.

Lerntheoretisches Erklärungsmodell

Aus den in der Verhaltensanalyse gewonnen Informationen entwickeln Therapeut und Patient zusammen ein Erklärungsmodell für die Entstehung und Aufrechterhaltung der Störung. Wenngleich der Therapeut gewisse lerntheoretische Grundbegriffe vorgeben und bisher gewonnene Informationen zusammenfassen kann, so sollte er sich bei der Ableitung des Erklärungsmodells möglichst zurückhalten. Je mehr der Patient selbst zur Erklärung seiner eigenen Störung beitragen kann, desto intensiver ist der Effekt der Entpathologisierung. Dies fördert stark die Motivation zur aktiven Herangehensweise an sein Problem.

Veränderungsmodell

Aus dem Erklärungsmodell wird, weiter unter aktiver Mitarbeit des Patienten, ein Veränderungsmodell für sein spezielles Problem erarbeitet. Dieses muß sich logisch aus dem Erklärungsmodell ableiten lassen und für den Patienten plausibel sein. Je einfacher und weniger kompliziert dieses Modell ist, desto besser verständlich ist es. Hierdurch ist es in der eigentlichen Konfrontationsphase vom Patienten besser abruf- und einsetzbar.

Ausdrücklich werden auch Probleme, die während der Konfrontationsübungen auftreten können, besprochen und der Umgang damit eingeübt. Insbesonders wird der anfängliche Erregungsanstieg und die Notwendigkeit der Reaktionsverhinderung thematisiert.

Reaktionsverhinderung

Neben dem Abbruch einer Konfrontation vor Erreichen des Zielkriteriums gilt es besonders, Vermeidungsstrategien in der Situation selbst zu verhindern.

Die Angst muß in ihrer vollen Stärke durchlebt werden, damit der anschließende Habituations- und Umbewertungsprozess stattfinden kann. Dieses wird nicht ermöglicht, wenn kognitive Strategien zur Angstvermeidung zugelassen werden. Ein Gegenstand oder Gedanke wird dabei als angsthemmendes sog. Sicherheitssignal eingesetzt.

Beispiel: Das Mitführen einer Beruhigungstablette bei einer Konfrontationsübung wird die Kognition: „Wenn's zu schlimm wird, hast du ja immer noch die Tablette" hervorrufen. Bei Höhenangst und Konfrontationsübung auf einer Brücke kann der Patient sich z.B. durch das Zählen der vorbeifahrenden Autos ablenken. Er könnte auch denken: „Der Therapeut ist ja dabei", oder „Er würde mich nicht in wirklich gefährliche Situationen schicken" etc.

Nach Sammlung der für den Patienten wahrscheinlichen Vermeidungsstrategien werden Möglichkeiten, diese zu verhindern, abgesprochen.

Planungsphase

Sämtliche Übungsteile: die Reizauswahl, der genaue Ablauf der Konfrontation, das Abbruchkriterium und die Verhaltensweisen des Therapeuten sowie der Umgang mit unerwarteten Störungen werden sorgfältig zusammen mit dem Patienten geplant. Dies erfordert u.U., daß sich der Therapeut vor der Durchführung mit den örtlichen Gegebenheiten und Besonderheiten vertraut macht.

Beispiel: Bei einer Höhenphobie ist eine Reizkonfrontation auf einem Kirchturm, einem Hochhaus und einer Brücke geplant. Es ist außerordentlich ungünstig, wenn an diesem Tage die Besichtigung der Kirchturmspitze wegen Baumaßnahmen nicht oder nur eingeschränkt für fünf Minuten möglich ist.

3. Intensivphase der Reizkonfrontation

Die Unterschiede zwischen der Durchführung graduierter und massierter Reizkonfrontation werden später beschrieben.

Zu Beginn einer Reizkonfrontation treffen sich Therapeut und Patient an einem neutralen Ort und fassen die geplanten Therapieschritte, Abbruchkriterien und Vorgehensweisen nochmals gemeinsam zusammen.

Der Patient konfrontiert sich dann direkt in vivo mit der angstauslösenden Situation und verbleibt darin solange, bis das Abbruchkriterium erreicht ist. Dieses kann ein deutliches Abnehmen oder ein gänzliches Verschwinden der Ängste sein. Zu Anfang wird er vom Therapeuten begleitet, später sucht er alleine die gefürchtete Situation auf.

Therapeutenfunktion

Der Therapeut motiviert zur Konfrontation und unterstützt den Patienten bei der Reaktionsverhinderung. Er leitet ihn an, sich auf die angstauslösenden Reize zu konzentrieren und Ablenkungen zu vermeiden. Hierzu kann er den Patienten u.a. bitten, die in der Problemsituation wahrgenommenen Angstreize und seine Gefühle genau zu beschreiben. Annäherung und Verbleiben in der angstbesetzten Situation können vom Therapeuten verbal verstärkt werden. Zwischenzeitlich überprüft der Therapeut den Verlauf, indem er den Patienten bittet, die aktuelle Angststärke auf dem Angstthermometer einzuschätzen. Im Verlaufe der Konfrontationsübung blendet sich der Therapeut zunehmend mehr aus und überläßt dem Patienten in eigener Regie die Durchführung der Konfrontationsübung.

Beispiel: Zu Beginn begleitet der Therapeut den Patienten auf die Kirchturmspitze, verstärkt ihn dabei, drängt ihn jedoch nicht. In regelmäßigen Abständen läßt er den Patienten die Angststärke einschätzen und fordert ihn auf, seine wahrgenommenen Angstreize und Gefühle laut zu verbalisieren. Auf der Kirchturmspitze erinnert der Therapeut den Patienten daran, seine Aufmerksamkeit auf die angstauslösenden Reize zu lenken. Beide verbleiben dort, bis eine deutliche Abnahme oder ein Verschwinden der Angstgefühle zu verzeichnen ist. Dann geht der Therapeut zur vorletzten Plattform und zurück und läßt den Patienten alleine in der Spitze zurück, etc. Zuletzt führt der Patient die Übung alleine durch und ersetzt die Hilfsfunktion des Therapeuten durch eigene Selbstinstruktionen.

Dauer und Ablauf der Intensivphasen der Reizkonfrontation

Von entscheidender Bedeutung für die Effizienz einer Reizkonfrontation in vivo ist eine ausreichende Dauer der Darbietung der gefürchteten Situationen. Erfahrungsgemäß sind mindestens zwei bis sechs Stunden für eine Konfrontationsübung einzuplanen. Kürzere Übungen führen zu einer schnelleren „Erholung" der Ängste.

Da die Dauer einer einzelnen Übung nicht genau im Voraus berechenbar ist, sollte der Therapeut mehrere Möglichkeiten „in Reserve" haben, um die Konfrontation mit den Ängsten entsprechend lange fortzusetzen.

Beispiel: Neben dem Kirchturm kann als zusätzlicher Übungspunkt ggf. ein Hochhaus, eine Brücke etc. aufgesucht werden.

Die prolongierten Konfrontationsübungen finden üblicherweise an mehreren Tagen hintereinander oder anfangs in geringen zeitlichen Abständen (z.B. jeden zweiten Tag, später in ausgedehnteren Zeiträumen) statt.

Beispiel: Patientin mit Agoraphobie:

1. Tag: Busfahrt mit Therapeut; Busfahrt alleine unter Anleitung, wobei der Therapeut beim Einsteigen und am Fahrziel zugegen ist; Busfahrt alleine hin und zurück zur Praxis

2. Tag: Busfahrt alleine zu Kaufhaus; in Begleitung des dort wartenden Therapeuten Besuch des Kaufhauses, nach Angstreduktion auf 40 % Trennung vom Therapeuten, der die Patientin nach 10 Minuten am Ausgang wieder trifft; alleiniges Betreten des Kaufhauses, 10 Minuten dort verweilen, Kauf eines Artikels und Wiedertreffen des Therapeuten am Ausgang

3. Tag: Busfahrt alleine; Einkauf eines Artikels im Kaufhaus; Treffen mit dem Therapeuten und Besuch eines Fernsehturms mit Aufzugfahren etc.

Nachbesprechung

Nach Beendigung einer Konfrontationsübung findet eine Nachbesprechung statt, in der der Patient über seine Erfahrungen berichten kann. Wichtig ist hierbei, daß er selbst die Erfolge darstellen und auf eigene Anstrengungen zurückführen kann. Der Therapeut (als sozialer Verstärker) hat die Aufgabe, ihm bei dieser Attribution behilflich zu sein und ihn für die Durchführung der Konfrontation zu verstärken. Mit zunehmender Bewältigung der Angstsituationen werden in diesem Nachgespräch auch eigenständige häusliche Übungen vereinbart.

4. Selbstkontrollphase

Die bereits in den Nachbesprechungen der Konfrontationsübungen vereinbarten häuslichen Übungen führen den Patienten zunehmend an eine eigenständige Auseinandersetzung mit seinem Problem heran. Anfangs sind die eigenständigen Übungen genauer mit dem Therapeuten vorzuplanen. Mit zunehmender Entwicklung des Patienten zum eigenen Therapeuten erfolgt parallel eine zunehmende Ausblendung des Therapeuten.

Beispiel einer Behandlungsplanung

Die konkrete Behandlungsplanung hängt von vielen Faktoren ab. Die Art, Dauer und Generalisierung eines Problemverhaltens spielen hier ebenso eine Rolle wie die Fähigkeiten des Patienten oder fördernde bzw. hemmende Umgebungsbedingungen.

Beispielhaft könnte der Behandlungsplan einer Agoraphobie wie in Tab. 15.2 aussehen.

Graduierte vs. massierte Reizkonfrontation in vivo

Das allgemeine Vorgehen bei der Reizkonfrontation wurde vorher beschrieben. Im Folgenden werden nur die Besonderheiten der beiden Reizkonfrontationsverfahren beschrieben.

In der Verhaltensanalyse werden mehrere relativ hoch angstbesetzte Situationen bestimmt.

Diese werden bei der graduierten Reizkonfrontation in einzelne Sequenzen mit zunehmendem Schwierigkeitsgrad unterteilt. Der Patient setzt sich den einzelnen Sequenzen graduiert, also schrittweise, aus und nähert sich so dem stärksten angstauslösenden Reiz an. Jede Sequenz hat dabei ein eigenes, vorher definiertes Abbruchkriterium. Somit sind die einzelnen Übungsabschnitte relativ gut planbar.

Bei graduierter Reizkonfrontation wird - vereinfacht gesagt - „vom hohen zum höchsten Angstreiz konfrontiert".

Im Gegensatz dazu zielt die massierte Reizkonfrontation (Flodding) auf eine sofortige Auseinandersetzung mit dem stärksten angstbesetzten Reiz. Ist dieser Angstreiz nach prolongierter Darbietung habituiert, wird sofort zur nächsten angstbesetzten Situation übergegangen, bis auch hier eine Angstreduktion stattgefunden hat etc. Die Konfrontationsübungen sind daher zeitlich weniger gut planbar.

In der Regel ist eine einzelne Übung länger, es werden jedoch weniger Übungen als bei der graduierten Reizkonfrontation benötigt. Beim Flodding wird - vereinfacht gesagt - „vom höchsten zum nächsten hohen Angstreiz konfrontiert".

Tabelle 15.2 Behandlungsplan einer Agoraphobie

1.- 3. Sitzung à 50 Min.:	Allgemeine Anamnese und diagnostische Phase
5.- 7. Sitzung à 50 Min.:	Kognitive Vorbereitung
Tag 1	vier Sitzungen zusammenhängend (200 Min.): Reizkonfrontation Busfahren
Tag 2	vier Sitzungen zusammenhängend (200 Min.): Reizkonfrontation Busfahren alleine, Kaufhaus neue Konfrontation, erste häusliche Übungen
Tag 3	vier Sitzungen zusammenhängend (200 Min.): Reizkonfrontation Busfahren alleine, Kaufhaus alleine, Plätze neue Konfrontation, schwerere häusliche Übungen
19. - 22. Sitzung à 50 Min.	(in zweiwöchentlichem Abstand) Schwerpunkt auf geplanten häuslichen Übungen
23. - 25. Sitzung à 50 Min.	(in vierwöchentlichem Abstand) mit Begleitung und Verstärkung der Selbstkonfrontation
26. Sitzung	(nach vier Monaten) zur Kontrolle der Veränderungen

Von vielen Autoren, insbesondere ambulant tätigen psychologischen Kollegen, wird das Flodding als effizientere Methode gegenüber der graduierten Vorgehensweise angesehen und auch statistisch belegt. Andererseits halten eher psychiatrisch tätige Kollegen die graduierte Vorgehensweise für insgesamt effizienter und begründen dies mit einer höheren Akzeptanz des Verfahrens.

Dieser fachliche Disput ist im klinischen Alltag nicht von Bedeutung. Hier entscheidet allein die individuelle Motivation und das klinische Gesamtbild des Patienten darüber, ob und wenn ja, welches Verfahren einsetzbar ist.

15.4 Anwendungsbereiche

Angst- und Zwangsstörungen sind das Hauptindikationsgebiet der Expositionsverfahren. Auch bei anderen Störungen wie posttraumatischen Belastungsstörungen, Eßstörungen und Alkoholabhängigkeit können Expositionsverfahren angewandt werden.

Bei einfachen und komplexen Phobien, Agoraphobie und Panikstörungen, Denk- und Handlungszwängen stellen die In-vivo-Verfahren, insbesondere die Reizkonfrontations-Verfahren, das Mittel der Wahl dar. Wenngleich auch andere Verfahren wie die Systematische Desensibilisierung hierbei ihre Wirksamkeit bewiesen haben, so sind die Reizkonfrontations-Verfahren in der Regel ökonomischer anwendbar und effektiver.

Graduierte Verfahren werden im klinischen Alltag aufgrund der leichteren Akzeptanz durch die Patienten häufiger eingesetzt. Massierte Reizkonfrontation (Flodding) stellt zudem hohe Anforderungen an den Therapeuten und sollte nicht ohne entsprechende Vorerfahrungen angewandt werden. (+)

In-sensu-Verfahren haben den Vorteil, auch bei nicht beliebig herstellbaren Angstsituationen, z.B. sexuellen Störungen oder Prüfungsängsten, einsetzbar zu sein. Auch bei Patienten mit besonders niedrigen Angstschwellen können sie zur Vorbereitung von In-vivo-Verfahren eingesetzt werden. (+)

15.5 Literatur

1. *Bartling, G., Fiegenbaum, W. & Krause, R.:* Reizüberflutung. Theorie und Praxis. Kohlhammer, Stuttgart 1980
2. *Margraf, J. & Schneider, S.:* Panik. Springer, Berlin 1993
3. *Marks, I.:* Ängste. Verstehen und Bewältigen. Springer, Berlin 1993
4. *Mathews, A., Gelder, M. & Johnston, D.:* Platzangst. Karger, Basel 1994

16. Psychophysiologische Verfahren

W. Trabert

16.1 Einführung

In der Verhaltenstherapie ist es üblich, das zu beobachtende bzw. zu messende Verhalten auf zumindest drei Ebenen zu erfassen:

1. der verbale (subjektive) Bericht des Patienten
2. das beobachtete motorische Verhalten
3. die zugehörigen physiologischen Komponenten

Eine Angstreaktion eines Agoraphobikers wird beispielsweise durch die Angabe des Patienten, er habe - auf einer Skala von 0 bis 100 - eine Angst von 70, das Hinwenden zum Ausgang des Kaufhauses sowie die Bestimmung von Herzfrequenz, Atemfrequenz etc. erfaßt. An diesem Beispiel wird deutlich, daß die motorische Komponente im Sinne der beobachtbaren Bewegung in diesem Kontext nicht unter dem Terminus „physiologisch" beschrieben wird, obwohl sie zweifellos einen in physiologischen Begriffen beschreibbaren Vorgang darstellt. Entscheidend ist hierbei vielmehr die quantitative Erfassung physiologischer Funktionen mit physiologischen Methoden.

Historisch erfolgte die Messung von Funktionen des vegetativen Nervensystems, etwa das Speicheln des Hundes zunächst in den Experimenten des Physiologen Pawlow zur klassischen Konditionierung. Entsprechend wurden später häufig Parameter wie Herzfrequenz und Hautleitfähigkeitsänderungen untersucht. Mit zunehmender Entwicklung der Meßmethodik trat jedoch auch die Erfassung hirnelektrischer Aktivität hinzu, und gegenwärtig finden bildgebende Verfahren wie die Positronen-Emissionstomographie (PET) oder die funktionelle Kernspintomographie in wissenschaftlichen Untersuchungen auch verhaltenstherapeutischer Prozesse zunehmend Anwendung.

In der üblichen Versorgungspraxis sind solche aufwendigen Messungen weder möglich noch erforderlich. Hier kommt es darauf an, zum einen bei der Erfassung des Verhaltens physiologische Komponenten zu berücksichtigen, etwa im Sinne der Messung des Pulses bei einer Panikattacke oder bei einer Reizkonfrontation, zum anderen Interventionen zu nutzen, die die physiologische Verhaltensebene direkt betreffen. Als klassisches Beispiel hierfür kann das Biofeedback-Training gelten, da es die physiologische Meßmethodik mit dem Bewirken von Verhaltensänderungen hinsichtlich der gemessenen Funktionen verknüpft. Zum besseren Verständnis der Psychophysiologie seien zunächst grundlegende psychophysiologische Konzepte dargestellt.

16.2 Psychophysiologische Konzepte

■ Aktivierung

Das Konzept der Aktivierung hat besondere Bedeutung für Emotionstheorien, bestimmte psychische Störungen, etwa Angststörungen, sowie Entspannungsverfahren.

Aktivierungsvorgänge können als psychophysiologische Anregungsprozesse beschrieben werden. Nach Duffy (1972) ist Verhalten zum einen durch seine Richtung (Annäherung versus Vermeidung), zum anderen durch Aktivierung im Sinne seiner psychophysischen Intensität gekennzeichnet. Lindsley (1951) hatte auf Grund der Befunde bei cerebraler Elektrostimulation sowie von tierexperimentellen Läsionsstudien die Schlußfolgerung gezogen, daß die Formatio reticularis eine Schlüsselstellung im Rahmen der Aktivierung innehat. Afferente Impulse führen nach diesen Vorstellungen über die Anregung des „aufsteigenden retikulären Aktivierungssystems" (ARAS) zu einer unspezifischen weitverbreiteten Erregung des Cortex, die sich elektroenzephalographisch als Ablösen des regelmäßigen Alpha-Rhythmus im Sinne einer Desynchronisation durch höherfrequente und unregelmäßigere Beta-Aktivität ausdrückt. Nach Routtenberg (1968) ist motivationale Aktivierung in erster Linie eine Funktion des limbischen Systems.

Entsprechend neueren Vorstellungen wird dem mesencephalen Retikulärsystem die tonische Aktivierung zugeschrieben, während die phasische Aktivierung bei selektiver Aufmerksamkeit in erster Linie aus der Wechselwirkung des retikulären Kerns des Thalamus mit dem mesencephalen Retikulärsystem sowie dem Neocortex, insbesondere in seinen frontalen Anteilen, entsteht. In diesem Zusammenhang wird von einer retikulo-thalamo-kortikalen Achse gesprochen.

Im Gegensatz zur eindimensionalen Aktivierungstheorie Lindsleys, welche eine gleichsinnige Aktivierung aller physiologischen Systeme nahelegt, steht die Annahme von Lacey (1967) über eine direktionale Fraktionierung: entsprechend den jeweiligen Rahmenbedingungen können verschiedene Komponenten des vegetativen Nervensystems auch einander entgegengerichtete Funktionsänderungen zeigen. So zeigen experimentelle Befunde, daß bei mentaler Belastung (z.B. Kopfrechnen) Herzfrequenz, Blutdruck und Hautleitfähigkeit zunehmen, wohingegen bei Signalerkennungsaufgaben die Hautleitfähigkeit zwar ansteigt, Herzfrequenz und Blutdruck aber abfallen. Allgemein ist nach Lacey eine aktive Aufnahme von Außenreizen mit der Abnahme von Herzfrequenz und Blutdruck verbunden, eine Abwehr von Außenreizen dagegen mit einer Zunahme der genannten Parameter. Er erklärt diese Zusammenhänge mit Hilfe einer empirisch noch nicht ausreichend belegten Hypothese zur Funktion der Barorezeptoren. Die Stimulierung der den Blutdruck messenden Barorezeptoren induziert nach experimentellen Befunden die kortikale Hemmung und erhöht die Schwelle gegenüber aversiven Reizen. Umgekehrt könnte eine gesenkte Barorezeptorenaktivität die kortikale Leistung verbessern. Obrist hingegen sieht in einer kardio-somatischen Kopplung von kardiovaskulärem und muskulärem System die Erklärung der Befunde, da bei Reizaufnahme eine Ruhigstellung der Muskulatur erfolgt. Allerdings ist diese Kopplung zwar bei geringen Anforderungen an einen Probanden und entsprechend parasympathischer Dominanz im Bereich des vegetativen Nervensystems gut nachweisbar, nicht jedoch bei ausgeprägtem Streß, bei Unsicherheiten über die richtigen Bewältigungsstrategien und notwendigem aktivem Verhalten - dann wird die Herzfrequenz überwiegend vom Sympathikus kontrolliert.

Zusammenfassend sind eindimensionale Aktivierungskonzepte als überholt anzusehen. Vielmehr ist Aktivierung als ein Prozeß zu verstehen, der auf unterschiedlichen physiologischen Ebenen, der Verhaltensebene und der Erlebensebene, variabel gekoppelt oder weitgehend entkoppelt stattfindet. Entsprechend ist zur Messung von Aktivierung die Erfassung einer Reihe von Variablen erforderlich. Fahrenberg und Mitarbeiter (1979) haben auf Grund umfangreicher empirischer Untersuchungen acht Leitvariablen der Aktivierungsmessung herausgearbeitet:

1. Anspannung (subjektive Beurteilung)
2. Herzfrequenz (Mittelwert)
3. Pulsvolumenamplitude (Mittelwert)
4. Spontanfluktuationen der Hautleitfähigkeit (Anzahl in zwei Minuten)
5. EEG (Mittelwert der relativen „alpha-power")
6. EMG (mittlere Anspannung pro Sekunde des Stirnmuskels)
7. Lidschlag (Anzahl pro Minute)
8. Atmung (Prozentsatz der Frequenzanteile der Atemkurve außerhalb der Atemfrequenz)

■ Defensivreaktion

Sehr intensive, schädigende und schmerzhafte Reize lösen eine Defensivreaktion aus. Diese ist auf physiologischer Ebene durch Zunahme von Herzfrequenz, Blutdruck, Hautleitfähigkeit und eine Konstriktion der Kopfgefäße gekennzeichnet. Zu unterscheiden sind hiervon der Schreckreflex (startle reflex), der u.a. durch den Lidschlag erfaßt werden kann, sowie die Orientierungsreaktion.

■ Orientierungsreaktion

Die Orientierunsreaktion ist eine unspezifische Reaktion auf die Neuartigkeit eines Stimulus. Charakteristisch hierfür ist eine Abnahme der Herzfrequenz. Desweiteren ist sie durch eine Aufmerksamkeitszuwendung, die Erhöhung der

Hautleitfähigkeit, eine Vasodilatation der Kopfgefäße bei gleichzeitiger Vasokonstriktion der peripheren Blutgefäße, einer alpha-Blockade im EEG und der P300-Komponente des evozierten Potentials gekennzeichnet.

Habituation

Das Konzept der Habituation ist bedeutsam u.a. für Reizkonfrontationsbehandlungen bei Angst- und Zwangsstörungen. Habituation setzt im Unterschied zu Extinktion oder Löschung keine vorangegangene Lernerfahrung voraus. Im weiteren Sinne kann Habituation als Prozeß der Verminderung des ungelernten Anteils einer Reaktion nach wiederholter Darbietung eines bestimmten Reizes beschrieben werden. In einer engeren Beschreibung bezieht sich Habituation auf die Verringerung der Intensität einer Orientierungsreaktion nach wiederholter identischer Darbietung eines Reizes und ist hierin von Adaptation und Effektor-Ermüdung zu unterscheiden. Defensivreaktionen habituieren nicht oder nur verzögert. Bei Angstpatienten sowie Schizophrenen wurde in manchen Untersuchungen eine verlangsamte Habituation gefunden. Auch bei retardierten und hirngeschädigten Patienten ist eine verzögerte Habituation beobachtet worden.

Homöostase

Unter Homöostase ist die Aufrechterhaltung eines inneren Milieus zu verstehen. In der Psychophysiologie ist dieses Konzept insbesondere im Hinblick auf Überlegungen zu einem funktionellen Gleichgewicht zwischen verschiedenen Bereichen des vegetativen Nervensystemens angewendet worden, in erster Linie in Bezug auf das sympathische und parasympathische System. Auf Eppinger und Hess (1910) ist die Unterscheidung Vagotonie und Sympathikotonie bei Dominanz eines Teils des vegetativen Nervensystems zurückzuführen. Wenger (1941) sprach von autonomer Balance.

Für jeden Probanden errechnete er einen numerischen Wert der autonomen Imbalance aus den folgenden Parametern:

- Speichelmenge
- Hautleitfähigkeit an der Handfläche
- Hautleitfähigkeitsänderung zwischen Ruhe und muskulärer Anspannung
- Hautleitfähigkeit am Unterarm
- Diastolischer Blutdruck
- Herzschlagintervall
- Körpertemperatur

Die Hautleitfähigkeit geht in drei Variablen in den Wert ein. Zu beachten ist, daß die Regulation der Schweißdrüsen an der Handinnenfläche vor allem bei emotionalen Zuständen involviert ist (feuchte Hände bei Angst und Aufregung).

Gellhorn (1970) faßte die Teilsysteme weiter, bezog entsprechend zentralnervöse, endokrine und motorische Funktionen mit ein und sprach vom ergotropen und trophotropen System sowie vom ergotrop-trophotropen Gleichgewicht. Dieses beeinflusse die Ausprägung von Wachheit und Emotionen.

Empirische Befunde sprechen für eine Dominanz des sympathischen Systems etwa bei situativer Angst. Die Durchführung von Entspannungsverfahren, so das autogene Training, wird bisweilen damit begründet, daß ein Überwiegen des Vagotonus erreicht werden soll. Da nach Gellhorn Traurigkeit durch trophotropes und freudige Erregung durch ergotropes Übergewicht gekennzeichnet werden können, müßte individuell festgestellt werden, in welche Richtung die autonome Balance zu verschieben ist. Liegt beispielsweise der Wert der autonomen Imbalance nach Wenger entsprechend einer Sympathikotonie unter dem Mittelwert von 70, wäre nach diesen Überlegungen eine Stärkung des Vagotonus anzustreben.

Streß

Das Streßkonzept geht auf Selye (1956) zurück, der ein allgemeines Adaptationssyndrom als Reaktion auf anhaltende Belastungen beschrieb. Dieses besteht aus drei Phasen: Zu Beginn steht eine sympathikotone Alarmreaktion, es folgt eine Widerstandsphase, bevor die Erschöpfungsphase eintritt.

Auf humoraler Ebene werden vereinfachend das sympathiko-adrenomedulläre System im Sinne der aktiven Streßbewältigung (Kampf/Flucht-System nach Cannon (1929)) und das Hypothalamus-Hypophysen-Nebennierenrindensystem im Sinne der passiven Streßbewältigung (Vermeidung, auch "Selye-Streßachse" genannt) unterschieden. Die dauernde Aktivierung dieser Systeme kann die Entstehung von Krankheiten begünstigen, etwa im Sinne eines permanenten Hypercortisolismus mit entsprechender Immunsuppression. Psychologische Streßmodelle sind u.a. von Cofer und Appley (1966) sowie Lazarus (1966) entwickelt worden. Die Streßforschung ist zu einem eigenen Bereich in der Psychologie geworden und hat zur Herausarbeitung unterschiedlicher situativer und individueller Faktoren geführt, die für die Wirksamkeit von Stressoren und das Erleben und Bewältigen (coping) von Streß von Bedeutung sind.

■ Reaktionsspezifität

Das Konzept der Reaktionsspezifität bedeutet, daß für physiologische Reaktionsmuster eine Tendenz zur Stabilität besteht. So kann eine Reizkonfiguration für unterschiedliche Individuen ähnliche Reaktionen auslösen; dann wird von *stimulusspezifischer Reaktion* gesprochen. Ein lauter Knall etwa kann eine Schreckreaktion mit interindividuell ähnlichen physiologischen Komponenten auslösen. Zeigt ein Proband auf unterschiedliche Reize ein ähnliches Reaktionsmuster, handelt es sich um eine *individualspezifische Reaktion*. So könnte ein Patient bei unterschiedlichen Stressoren zu einer Reaktion überwiegend im kardiovaskulären System neigen, ein anderer zu einer Reaktion überwiegend im gastrointestinalen. Entsprechend könnte der erste zu einer kardialen, der zweite zu einer intestinalen Erkrankung neigen. Schließlich kann auch eine *motivationsspezifische Reaktion* gegeben sein, wenn das Reaktionsmuster bei gleichen motivationalen Bedingungen konstant ist. Insgesamt bestehen empirische Befunde für die Gültigkeit dieser Konzepte, wobei das Ausmaß der gefundenen Variabilität oft hoch ist. Damit sind Aussagen über zu erwartende Effekte nur mit Vorsicht möglich.

■ Interozeption

Mit Interozeption ist in der Regel die Wahrnehmung der Funktionen innerer Organe gemeint; es wird daher bisweilen synonym auch von Viszerozeption gesprochen. Bezüglich der Interozeption, etwa der Wahrnehmung des Herzschlags, bestehen erhebliche interindividuelle Unterschiede. Eine einfache Möglichkeit, diese zu erfassen, besteht etwa in der Aufgabe für den Patienten, seine Herzschläge ohne Pulsfühlen während eines bestimmten Zeitraumes zu zählen (mentales Tracking) und gleichzeitig die Herzfrequenz zu messen. In empirischen Untersuchungen wurde u.a. eine positive Korrelation zwischen „emotionaler Labilität" und der Herzwahrnehmungsleistung gefunden. Die Wahrnehmung der Herzfunktion ist beispielsweise im Rahmen der Panikstörung von Bedeutung. Eine Verbesserung der Interozeption kann für Prophylaxe und Früherkennung von Krankheiten sowie rechtzeitiges Wahrnehmen von Anfallsvorboten bei iktalen Erkrankungen hilfreich sein.

16.3 Verfahren

Als psychophysiologische Verfahren könnten in einem weiteren Sinne alle Vorgehensweisen verstanden werden, die psychophysiologische Funktionen zum Gegenstand haben. Ein diagnostisches Verfahren wäre beispielsweise der als „Lügendetektor" bekannte Polygraph. Auch das Monitoring physiologischer Verhaltenskomponenten wäre hier zu nennen. Auf Interventionsebene könnten Entspannungsverfahren einbezogen werden, bei denen eine Fokussierung und Veränderung physiologischer Funktionen erfolgt. Das Autogene Training etwa zielt auf Wahrnehmung und Beeinflussung unterschiedlicher psychovegetativer Systeme. Die Beeinflussung der Atmung, auch bei Meditation, wäre hier ebenfalls zu nennen. Die in der Verhaltenstherapie häufig praktizierte Progressive Muskelentspannung nach Jacobson (1938) ist in der Regel leichter erlernbar als das Autogene Training, da sie sich auf die willkürlich innervierte quergestreifte Muskulatur bezieht.

Da Psychophysiologie im eingangs geschilderten Sinn die objektive Messung der physiologischen Funktionen beinhaltet, ist als das am besten untersuchte und etablierte psychophysiologische Therapieverfahren das Biofeedback-Training zu nennen. Es soll in seinen unterschiedlichen Anwendungsmöglichkeiten im Folgenden Darstellung finden.

Biofeedback

Prinzip des Biofeedback-Trainings

Körpereigene Vorgänge, die der Homöostase dienen, können vereinfachend als Regelkreis mit einem afferenten und einem efferenten Schenkel sowie einem zwischengeschalteten Meßfühler konzeptualisiert werden. Bei den meisten körperlichen Vorgängen ist der Meßvorgang dem Bewußtsein nicht direkt zugänglich, so daß bei Dysregulationen auch nicht bewußt auf den Regelkreis eingewirkt werden kann. Biofeedback dient dazu, mittels physiologischer Messungen eine Körperfunktion dem Bewußtsein zugänglich zu machen bzw. eine Verbesserung der Regulation durch operante Kontrolle zu ermöglichen.

Biofeedback ist als Methode im Rahmen eines umfassenderen verhaltenstherapeutischen Vorgehens zu verstehen. Nach Durchführung der Diagnostik mit Verhaltensanalyse sollte im Rahmen der Therapieplanung mit dem Patienten geklärt werden, welches (operationalisierte) Ziel mit Hilfe des Biofeedbacks genau erreicht werden soll. Hierbei ist, wie immer, darauf zu achten, ob störungsaufrechterhaltende Faktoren vorliegen, die vorab oder parallel mit anderer Methodik zu beeinflussen sind. Bei eindeutigen Konversionsstörungen ist ein Biofeedbacktraining in der Regel nicht indiziert, in Einzelfällen kann es jedoch zur Vertrauensbildung bei einem entsprechend motivierten und interessierten Patienten genutzt werden. Liegen ausgeprägtere depressive Syndrome vor, so sollte zunächst primär die Depression behandelt werden. Bei Patienten mit einer chronischen Schizophrenie ist zu bedenken, daß das Biofeedbacktraining eine Überforderung des Patienten bedeuten kann und er eine tiefe Entspannung möglicherweise nicht toleriert; die Indikation ist daher hier zurückhaltend zu stellen. Des Weiteren sind die Medikation, etwa Benzodiazepine, sowie das Vorliegen weiterer körperlicher Erkrankungen hinsichtlich ihrer Auswirkung auf psychophysiologische Funktionen zu erfragen und zu berücksichtigen.

Ablauf eines Biofeedback-Trainings

Das Biofeedback-Training läßt sich in eine weitergehende Verhaltenstherapie im Rahmen der Therapieplanung einbinden und kann, sofern der Therapeut über entsprechende Kompetenz und Ausstattung verfügt, von diesem selbst durchgeführt werden. Der Patient kann jedoch auch von einem Biofeedback-Spezialisten behandelt werden. Die Dauer eines Biofeedback-Trainings hängt von der zu behandelnden Störung und der Lerngeschwindigkeit des Patienten ab. Insgesamt wird ein Biofeedback-Training in der Regel zwischen 10 und 25 Sitzungen in Anspruch nehmen. Weniger Sitzungen sind durchaus denkbar, wenn der Patient schnell lernt. Mehr können dann indiziert sein, wenn - etwa im Rahmen einer Rehabilitationsbehandlung nach einem Schlaganfall - eine geduldige Führung durch den Therapeuten auch über längere Zeit erforderlich ist.

Zu Beginn steht eine diagnostische Phase, deren Dauer je nach Problemstellung variiert. Nach der diagnostischen Phase folgt das eigentliche Biofeedback-Training. Der erste Schritt besteht hierbei in der Wahrnehmung des Biosignals, der zweite in der Beeinflussung desselben in der Therapiesituation, der dritte in der Übertragung des Gelernten auf die Lebenswirklichkeit des Patienten, wobei, wie grundsätzlich in der Verhaltenstherapie, Hausaufgaben wesentliche Therapiekomponenten sind. Während des gesamten Zeitraumes sollte der Patient nach Möglichkeit die Protokollierung der Beschwerden fortsetzen, um Fortschritte, aber auch Schwierigkeiten objektivieren zu können. Nach Abschluß der Behandlung sollten katamnestische Befragungstermine vereinbart werden, gegebenenfalls ist die Möglichkeit von Auffrisch-Sitzungen zu besprechen. Die anschließenden Ausführungen beschreiben ein mögliches Vorgehen. Da der richtigen Vorbereitung des Biofeedback-Trainings eine besondere Bedeutung zukommt, wird diese ausführlicher dargestellt.

In der ersten Sitzung erhebt der Biofeedback-Therapeut die Anamnese unter verhaltensbezogenen Gesichtspunkten.

Die folgenden Fragen können in freundlicher, auf den Patienten eingehender, aber doch auf die zeitlichen Notwendigkeiten Rücksicht nehmender Weise im Gesprächsverlauf gestellt werden:

- Welche Beschwerden führen Sie zu mir?
- Wann traten die Beschwerden erstmals auf? Wodurch wurden sie ausgelöst? Wie war Ihre damalige Lebenssituation?
- Wie war der weitere Verlauf der Beschwerden? In welchen Situationen waren sie verstärkt, in welchen abgeschwächt?

- Welche Folgen hatten die Beschwerden für Ihr Leben? Wie reagierten Angehörige, Freunde und Arbeitskollegen?
- Welche Behandlungsversuche haben Sie bisher unternommen? Welchen Erfolg hatten diese?
- In welchen Situationen treten die Beschwerden jetzt auf? Was tun Sie derzeit, wenn die Beschwerden auftreten? Was lindert und was verstärkt die Beschwerden?
- Welche Medikamente nehmen Sie auf Grund der Beschwerden? Welche aus anderen Gründen? Unter welchen Erkrankungen leiden Sie noch?
- Was halten Sie für die Ursache der Beschwerden? Was müßte sich genau - auch in ihrem Leben - ändern, damit die Beschwerden zurückgehen? Welche Folgen hätte es für Sie und Ihre Lebensführung, wenn die Beschwerden nachlassen?
- Welche chararakterlichen Eigenschaften sehen Sie bei sich? Welche Stärken und Schwächen haben Sie? Stehen diese in einem Zusammenhang mit Ihren Beschwerden?
- Was erhoffen Sie sich von einem Biofeedback-Training? Was wissen Sie bereits darüber? Wie haben Sie von der Behandlungsmöglichkeit bei mir erfahren? Welches sind die Gründe, die Sie veranlassen, genau jetzt zu mir zu kommen?

Die Fragen sollen helfen, die körperlichen, psychischen und interpersonellen bzw. sozialen Bedingungen zu verstehen, die an der Entstehung und Aufrechterhaltung der Beschwerden beteiligt sind. Die Erfassung dieser Bedingungen und ihre Formulierung in lernpsychologisch begründeten Termini mündet im Idealfall in einer zutreffenden funktionalen Analyse des Problemverhaltens, wobei in einer vollständigen Verhaltenstherapie eine etwa fünf Sitzungen umfassende diagnostische Phase benötigt wird und nur aus zeitökonomischen Gründen im Rahmen eines umschriebenen Biofeedback-Trainings eine Verkürzung zulässig ist. Die Zeit, die zur Erhebung der Informationen, die für die Aufstellung eines Entstehungs- und Aufrechterhaltungsmodells der Störung erforderlich sind, benötigt wird, hängt naturgemäß von der Erfahrenheit des Untersuchers ab. Wichtig ist vor allem eine klare Fokussierung der für die Störung entscheidenden Aspekte. Die hieraus resultierenden Annahmen sollten jedoch immer als hypothetisch verstanden werden, im Verlauf auf ihr Zutreffen hinterfragt werden und gegebenenfalls der Korrektur zugänglich sein.

Die Ansichten des Patienten und des Therapeuten über die Genese der Beschwerden und die geeigneten Wege zur Abhilfe differieren nicht selten. Es ist in diesem Kontext von Bedeutung, die entsprechenden Vorstellungen des Patienten zu erfragen. Ist eine Änderung dieser „subjektiven Krankheitstheorie" vonnöten, können psychoedukative oder kognitive Vorgehensweisen Anwendung finden. Unrealistische Erwartungen an den Behandlungserfolg sollten bereits zu Beginn der Therapie thematisiert werden. Findet sich, wie etwa häufig bei Patienten mit einer somatoformen Schmerzstörung, eine Vorgeschichte von wenig erfolgreichen Behandlungen, sollte der Akzent von vorneherein auf die Notwendigkeit langfristigen Übens durch den Patienten gelegt werden, um die eigenverantwortlichen Verhaltensanteile des Patienten zu stärken und die Grundlage für eine dauerhafte Verhaltensänderung zu verbessern.

Beispiel: Bei einem Kopfschmerzpatienten, bei dem ein EMG-Biofeedback angestrebt wird, wäre etwa mitzuteilen: „Der Erfolg des Biofeedback-Trainings wird davon abhängen, daß Sie die gelernten Entspannungsmöglichkeiten der Muskulatur auf Dauer regelmäßig nutzen. Je konsequenter Sie üben, umso größer wird der Behandlungserfolg werden." Dabei sollte mit dem Patienten ein Übungsplan mit konkreten Zeiten aufgestellt werden.

Nach der Erarbeitung der aufrechterhaltenden Bedingungen der Beschwerden sollte der Stellenwert des Biofeedback-Trainings unter den möglichen Interventionen herausgearbeitet werden. Andere sinnvolle Maßnahmen sollten ebenfalls mit dem Patienten besprochen werden.

Beispiel: Bei überfordernder Lebensführung kann etwa mitgeteilt werden: „Mit dem Biofeedback-Training steht eine Möglichkeit zur Verfügung, sehr gut zu lernen, sich zu entspannen. Wie Sie berichtet haben, verfügen Sie jedoch in ihrem Tages- und Wochenablauf über keine Ruhepausen mehr, die zur Entspannung genutzt werden könnten. Wie könnten Sie sich solche Ruhepausen verschaffen?"

Durch Einbeziehung dieser Aspekte wird dem Biofeedback-Training auch im Bewußtsein des Patienten ein bestimmter Platz im größeren

Kontext des selbstverantwortlichen Verhaltens des Patienten zugewiesen; es wird als umschriebene Methode zur Erreichung definierter Ziele erkennbar und kann nicht als vom Therapeuten zur Verfügung gestelltes „Allheilmittel" mißverstanden werden, wie dies teilweise anläßlich der ersten frühen Erfolgsmitteilung nach Einführung des Verfahrens geschehen war.

Am Ende der ersten Stunde sollte der Therapeut die Biofeedback-Geräte kurz zeigen und das Wirkprinzip erläutern.

Beispiel: Dies kann beispielsweise mit folgenden Worten geschehen: „Biofeedback bedeutet wörtlich übersetzt Rückmeldung (feedback) von Leben (bios). Gemeint ist damit ein Verfahren, welches mit technischen Mitteln Körperfunktionen, die sonst nicht einfach wahrnehmbar sind, der Wahrnehmung und so der bewußten Kontrolle zugänglich macht. Für Sie geht es also hierbei darum zu lernen, diese Körperfunktionen bewußt zu beeinflussen. Dieses Lernen benötigt regelmäßige Übung, gerade so als würden Sie eine Fremdsprache lernen - nur unterhalten Sie sich mit Ihrem eigenen Körper zum beiderseitigen Vorteil. Haben Sie Geduld, wenn Ihr Körper Sie und Sie ihn nicht gleich verstehen, miteinander reden Lernen braucht Zeit."

Wortwahl und Duktus sind dabei dem Verständnis des jeweiligen Patienten anzupassen. Wichtig ist auch hier, daß der Patient die Bedeutung seines eigenen Verhaltens für den Erfolg der Therapie begreift. Abschließend erfolgt die Ankündigung der psychophysiologischen Aufzeichnung in der nächsten Sitzung, verbunden mit der Hausaufgabe, Protokoll über das Auftreten der Beschwerden (baseline) zu führen.

In der folgenden Sitzung wird dem Patienten zu Beginn Gelegenheit zu Fragen oder Bemerkungen gegeben und dann das geführte Beschwerdenprotokoll besprochen. Anschließend wird das Programm der Stunde vorgestellt; es beinhaltet die erste psychophysiologische Aufzeichnung. Ist nur ein bestimmter Parameter von Relevanz, etwa bei einer Skoliosebehandlung der Krümmungsgrad der Wirbelsäule, wird dieser gemessen; handelt es sich um eine komplexere Thematik, etwa bei berichteter Streßanfälligkeit mit Kopfschmerzen, Schwitzen, Herzklopfen etc., kann die Erhebung eines psychophysiologischen Reaktionsmusters indiziert sein. Diese beinhaltet eine simultane Messung mehrerer körperlicher Funktionen in Ruhe und unter simuliertem Streß, um im Sinne der Reaktionsspezifität (s.o.) zu erfassen, ob ein bestimmtes physiologisches System besonders auf Streß antwortet. So kann eine besondere Reagibilität der Herzfrequenz diese als Biofeedbacksignal nahelegen, sofern man sich nicht zur Summation der verschiedenen Parameter entschließt.

Die Messung des psychophysiologischen Reaktionsmusters kann unterschiedlich vollständig sein; empfehlenswert sind zumindest Herzfrequenz als Parameter des kardiovaskulären Systems, Muskeltonus mittels EMG als Parameter des muskuloskeletalen Systems - vorzugsweise über den interessierenden Muskelpartien, etwa dem M. frontalis, abzuleiten - und Hautleitfähigkeit an der Handinnenfläche als Parameter der sympathisch innervierten Schweißdrüsen. Des weiteren können die Temperatur der Zeigefingerkuppe und periphere Vasokonstriktion (mittels Fingerplethysmogramm) erhoben werden. Neuere Geräte erlauben auch die Messung der fortlaufenden Blutdruckkurve etwa mit Fingermanschette. Die Atmung kann auf unterschiedliche Weise erfaßt werden; auch wenn sie dem Bewußtsein eher zugänglich ist als die vorgenannten Parameter, so ist sie doch in jedem Fall ein wichtiger Kontrollparameter für die Beurteilung der Hautleitfähigkeit.

Nachdem der Patient an das Biofeedbackgerät angeschlossen wurde, erfolgt die Messung für etwa 10 Minuten unter Ruhebedingungen. Hierzu wird der Patient gebeten, einfach ruhig dazusitzen. Anschließend wird der Patient gebeten zu entspannen; diese Aufforderung kann jedoch paradoxerweise durchaus eine deutlich meßbare Anspannung bewirken. Nach einer 20minütigen Messung unter Entspannungsinstruktion erfolgt eine Streßinduktion, etwa durch Kopfrechnen oder Konfrontation mit für den Patienten unangenehmen Vorstellungen, auch in Bezug auf sein Problemverhalten. Die Streßinduktion sollte zu Beginn der Stunde angekündigt worden sein. Relevante Parameter sind in erster Linie Reaktionsstärke, Erholungsverlauf sowie durchgängige Labilität. Die anzustrebende bessere Streßbewältigung kann sich psychophysiologisch in geringerer Reaktionsstärke, schnellerer Erholung und insgesamt größerer Stabilität der Parameter zeigen. Hierbei ist zu bedenken, daß etwa schizoide Persönlichkeiten besonders wenig Reagibilität zeigen können.

Die Trainingsphase beginnt mit der Wahrnehmung des Biosignals, darauf folgt das Erlernen der Kontrolle über die physiologische Funktion in der Therapiesitzung und schließlich die Generalisierung auf Alltagsbedingungen.

Der Ablauf einer Trainingsstunde läßt sich wie folgt zusammenfassen: Zu Beginn wird dem Patienten die Möglichkeit gegeben, Fragen zu stellen. Anschließend werden die erledigten Hausaufgaben einschließlich der Protokollierung der Beschwerden sowie Ablauf und Ziel der aktuellen Sitzung geklärt. Dann erfolgt die Aufzeichnung der Baseline für maximal 10 Minuten unter Ruhebedingungen. Daraufhin wird eine Übungsphase durchgeführt, bei der der Patient für etwa 10 Minuten entspannen soll. Gelingt dies dem Patienten nur schlecht, sollte ihm ein Entspannungsverfahren, etwa die Progressive Muskelrelaxation nach Jacobson oder die Atemübung des Autogenen Trainings vermittelt werden. Eine Tonbandkassette mit Entspannungsinstruktionen und entsprechender Musik kann die betreffenden häuslichen Übungen des Patienten unterstützen. Schließlich erfolgt über etwa 20 Minuten das eigentliche Biofeedback-Training, in dem der Patient zunächst das Biosignal wahrnehmen, sodann beeinflussen lernen soll. Entspannungsteil und Trainingsteil können nach einigen Sitzungen zusammengefaßt werden: Der Patient kann lernen, mit einer kurzen Entspannung die rückgemeldete Funktion effektiv zu beeinflussen, so daß die Übertragbarkeit auf Alltagsbedingungen verbessert wird. Übt der Patient das Entspannungsverfahren konsequent, dann reicht etwa ein kurzes An- und Entspannen der Handmuskulatur, schließlich sogar nur die kognitive Vorstellung der Übung aus, um eine deutliche psychophysiologische Entspannung des Gesamtorganismus zu bewirken; es kann dann von einer konditionierten Entspannungsreaktion gesprochen werden. Sind besondere Vorstellungen oder Lebenssituationen als Stressoren für den Patienten identifizierbar, können im fortgeschrittenen Stadium der Behandlung die psychophysiologischen Komponenten der hervorgerufenen Streßreaktion in Übungen, etwa durch in-sensu-Konfrontation, unter Biofeedback-Bedingungen der Kontrolle zugänglich gemacht werden.

Meßverfahren und Indikationen des Biofeedback-Trainings

Grundsätzlich kann die Rückmeldung des Biosignals auf unterschiedliche Weise erfolgen: Sie kann optisch oder akustisch stattfinden, analog oder digital, kontinuierlich oder nur bei Überschreiten eines definierten Wertes. Im Folgenden seien psychophysiologische Funktionen im Hinblick auf Messung und Beeinflußbarkeit durch Biofeedback sowie medizinische Indikationen dargestellt. Es ist hierbei zu berücksichtigen, daß das Ausmaß empirischer Absicherung unterschiedlich groß ist.

Herz

Der Puls läßt sich u.a. mit dem Fingerplethysmogramm messen. Die Herzfrequenz, die auch die hämodynamisch nicht wirksamen Herzkontraktionen beinhaltet, wird mit dem Elektrokardiogramm erfaßt. Es läßt sich sowohl eine Steigerung wie auch eine Verminderung der Frequenz trainieren, darüber hinaus auch eine Verringerung der Variabilität. Indikationen können Arrhythmien und Tachykardie sein.

Blutdruck

Neuere Geräte erlauben die kontinuierliche Messung der Blutdruckkurve und damit auch des systolischen und diastolischen Blutdrucks mittels einer Manschette am Finger. Auch mit älteren Verfahren ließ sich eine Senkung des systolischen und diastolischen Blutdruckes üben. Als Indikation gilt der labile, noch nicht fixierte arterielle Hypertonus.

Vasomotorik

Mittels Plethysmogramm, Photozelle, aber auch über Temperaturmessung lassen sich Rückschlüsse auf die periphere Vasomotorik ziehen. Vasodilatation und Vasokonstriktion an den Fingern sind trainierbar. Indikationen sind Durchblutungsstörungen wie das Raynaud-Syndrom und Migräne.

Elektrodermale Aktivität

Die Hautleitfähigkeit läßt sich mittels zweier schwachstromversorgter Elektroden, die vorzugsweise an der Hand anzubringen sind, messen. Das Niveau läßt sich durch Biofeedback senken, phasische Anstiege im Sinne von Spontanfluktuationen lassen sich verringern. Indikationen sind Angst- und Streßbewältigungstraining.

Atmung

Mittels dehnbaren Gurten um Brust und Bauch lassen sich Zeitparameter der Atmung messen und Volumenparameter schätzen. Eine CO_2-Sonde an der Nase kann den endexspiratorischen CO_2-Gehalt der Atemluft messen und Schätzwerte für den arteriellen pCO_2 liefern. Die Atmung ist der willkürlichen Beeinflussung zugänglich und über Biofeedback trainierbar. Als Indikationen gelten Hyperventilation und Stottern.

Skelettmuskulatur

Die Aktivität der quergestreiften Muskeln kann über das Elektromyogramm quantifiziert werden. Sie sind der willkürlichen Innervation zugänglich; Anspannung und Entspannung einzelner Muskeln, selbst das Ansprechen einzelner motorischer Einheiten, können über Biofeedback trainiert werden. Indikationen sind Spannungskopfschmerzen, Bruxismus und verwandte Störungen, Tics, Paresen sowie Rückenschmerzen. Die Körperhaltung kann, etwa bei Skoliose, durch geeignete Meßfühler erfaßt und durch Rückmeldung beeinflußt werden.

Gehirn

Die hirnelektrische Aktivität wird im EEG gemessen. Beeinflussung der Alpha- Beta- und Theta-Aktivität und des sensomotorischen Rhythmus (12 bis 14 Hz, abgeleitet vom sensomotorischen Cortex) durch Biofeedback wurde ebenso beschrieben wie eine Beeinflussung der langsamen Hirnpotentiale. Behandlungen können bei Epilepsie versucht werden.

Urogenitaltrakt

Enuresis kann mittels eines durch Feuchtigkeit ausgelösten akustischen Signals über Rückmeldung verringert werden. Durch Plethysmographie läßt sich bei sexuellen Funktionsstörungen die genitale Vasokongestion messen und über Biofeedback beeinflussen.

Gastrointestinales System

Speichelfluß, pH-Wert des Magensaftes und Darmmotorik sind fortlaufend meßbar und bei gastrointestinalen Störungen (z.B. Hyperazidität, Obstipation, Incontinentia alvi) über Biofeedback in Grenzen beeinflußbar.

Summenfeedback

Verschiedene der genannten Systeme eignen sich zu einem Entspannungstraining, so Atmung, Spannungszustand der Muskulatur, Hautleitfähigkeit, Herzfrequenz etc. Die Rückmeldung des Summationswertes aus mehreren gewichteten psychophysiologischen Systemen kann Vorteile in Hinsicht auf frühere Erkennbarkeit autonomer Aktivierung und damit ein besseres Biofeedback-Ergebnis bieten.

16.4 Literatur

1. *Cannon, W.B.:* Bodily Changes in Pain, Hunger, Fear and Rage. Appleton-Century, New York 1929
2. *Cofer, C.N. & Appley, M.H.:* Motivation. Theory and Research. Wiley, New York 1966
3. *Duffy, E.:* Activation. In: *Greenfield, N.S. &. Sternbach, R.A* (eds.), Handbook of Psychophysiology. Wiley, New York 1972, S. 577-622
4. *Eppinger, H. & Hess, L.:* Die Vagotonie. Springer, Berlin 1910
5. *Fahrenberg, J., Walschburger, P., Foerster, F., Myrtek, M. & Müller, W.:* Psychophysiologische Aktivierungsforschung. Minerva, München 1979
6. *Gellhorn, E.:* The Emotions and the Ergotropic and Trophotropic Systems. Psychologische Forschung, 1970, S. 48-94.
7. *Jacobson, E.:* Progressive Relaxation. University of Chicago Press, Chicago 1938
8. *Lacey, J.I.:* Somatic Response Patterning and Stress: Some Revisions of Activation Theory. In: *Appley, M.H. & Trumbull, R.* (eds.), Psychological Stress: Issues in Research. Appleton-Century-Crofts, New York 1967
9. *Lazarus, R.S.:* Psychological Stress and the Cognitive Process. Holt, Rinehart & Winston, New York 1966
10. *Lindsley, D.B.:* Emotion. In: *Stevens, S.S.* (ed.), Handbook of Experimental Psychology. Wiley, New York 1951
11. *Routtenberg, A.:* The Two-arousal Hypothesis: Reticular Formation and Limbic System. Psychological Review, 75, 1968, S. 51-80
12. *Schandry, R.:* Lehrbuch Psychophysiologie. 3., korr. Aufl. Psychologie Verlags Union, Weinheim 1996
13. *Selye, H.:* Stress and Distress. McGraw-Hill, New York 1956
14. *Sorgatz, H.:* Psychophysiologie und Verhaltensmedizin. In: *Deutsche Gesellschaft für Verhaltenstherapie* (Hrsg.): Verhaltenstherapie. Theorien und Methoden. 9. Aufl. DGVT, Tübingen 1997, S. 207-231
15. *Turpin, G.:* Handbook of Clinical Psychophysiologie. Wiley, Chichester 1989
16. *Wenger, M.A.:* The Measurement of Individual Differences in Autonomic Balance. Psychosomatic Medicine, 3, 1941, S. 427-434
17. *Zeier, H.:* Biofeedback. 2., vollst. überarb. Aufl. Huber, Bern 1997

17. Problemlöseverfahren

G. Wiedemann, A. Fischer

17.1 Einführung

■ Grundlagen

Problemlöseverfahren sind der kognitiven Verhaltenstherapie zuzuordnen und basieren auf Erkenntnissen und Modellen der psychologischen Grundlagenforschung. In der Kognitiven Psychologie nimmt die Frage, wie Menschen Probleme lösen, einen breiten Raum ein. Von Interesse ist vor allem, welche Strategien und Methoden des Problemlösens hilfreich sind, um von einem unerwünschten Ausgangszustand (einem Problem) zu einem gewünschten Zielzustand zu kommen. Eine Abfolge von Lösungsstufen wird eventuell mehrfach durchlaufen, bis ein (Teil-)Ziel erreicht ist. Klinisch-therapeutisches Problemlösen befaßt sich in ähnlicher Weise mit der Frage, wie ein Patient ein Problem adäquat beschreiben, ein therapeutisches Ziel definieren sowie geeignete Lösungsstufen finden und effektiv umsetzen kann. Dabei sollen Fertigkeiten und Strategien geübt werden, die über das aktuelle Problem hinaus auch auf andere Probleme übertragen werden können. Der Anwender einer Problemlösestrategie kann im optimalen Fall gespeichertes Wissen über ein günstiges Problemlösevorgehen im Bedarfsfall wieder abrufen. Einen erheblichen Aufschwung erlebten Problemlöseverfahren mit der Veröffentlichung einer Arbeit von D'Zurilla und Goldfried (1971).

Für den Bereich der Klinischen Psychologie unterscheiden Kanfer et al. (1996, S.47) drei Varianten des Problemlösens:

1. *Therapieprozeß als Problemlösevorgang.* Der gesamte Therapieprozeß orientiert sich am Problemlöseansatz als Meta-Modell (weitere Erläuterungen s. unten).
2. *Problemlösen als Interventionsmethode innerhalb der Therapie.* Der Patient absolviert im Rahmen einer Therapie ein Problemlösetraining mit dem Ziel, das erworbene Wissen auf andere oder neu auftretende Probleme eigenständig anzuwenden.
3. *Problemlösen als Hilfe für den Therapeuten bei therapeutischen „Binnenproblemen".* Hier wendet der Therapeut das strukturierte Vorgehen des Problemlösens auf Probleme an, die das Erreichen von Therapiezielen gefährden, z.B. mangelhafte Erledigung von therapeutischen Hausaufgaben oder fehlende Offenheit. In einer „Störfall-Analyse" überträgt der Therapeut die einzelnen Stufen des Problemlösens auf das jeweilige „Binnenproblem".

Das hier zentral behandelte und in Abschnitt 17.2 vorgestellte Problemlösetraining soll dem Patienten vor allem allgemeine Problemlösestrategien nahebringen (Punkt 2 obiger Auflistung). Der Begriff Training weist darauf hin, daß Patienten aktiv im Problemlösen angeleitet werden und die entsprechenden Inhalte anhand eigener Probleme konkret trainieren sollen. Ein Problemlösetraining wird in der Regel als *ein* Therapiebaustein eingesetzt und nur selten den Therapieschwerpunkt bilden, es sei denn für eine bestimmte Phase der Therapie.

Beispiel: Im Verlauf einer stationären Therapie realisiert Frau S. die Trennung von ihrem Ehemann. Das aktuelle Problem besteht für sie nun darin, daß sie sich für eine neue Lebensform entscheiden muß. Als (Teil-) Ziel formuliert sie, eine möglichst befriedigende Lösung für ihre zukünftige Wohnform und ihren zukünftigen Wohnort zu finden. Zur Klärung dieses Problems wählt der Therapeut die Form eines Problemlösetrainings, das dann für einen begrenzten Zeitraum den Therapieschwerpunkt bildet.

Allgemeine Problemlösestrategien können störungsspezifisches Fachwissen und psychotherapeutische Kompetenz eines gut ausgebildeten Psychotherapeuten selbstverständlich nicht ersetzen. Die komplexen und sich verändernden Bedingungen einer therapeutischen Situation erfordern überwiegend ein entsprechend variables und über ein reines Problemlösetraining hinausgehendes Vorgehen des Therapeuten.

Problemlösetrainings können vielfältig und in der Arbeit mit unterschiedlichsten Patientengruppen eingesetzt werden. Beispielhaft seien hier einige Bereiche genannt: schizophrene Patienten (Buchkremer et al. 1997, Hahlweg et al. 1995), gehemmte Neurotiker (Dziewas et al. 1980), depressive Patienten (de Jong-Meyer und Cloer 1995). Empirische Befunde zu Problemlösungstherapien berichten u.a. Grawe et al. (1994).

Die Dauer eines Problemlösetrainings in der Gruppe umfaßt in der Regel acht bis zehn Sitzungen mit einer Dauer von je 60 bis 90 Minuten. Die Gruppenteilnehmer sollten ausreichend Gelegenheit haben, das Problemlösevorgehen unter Anleitung der Therapeuten einzuüben.

■ Verhaltenstherapie als Problemlöseprozeß

Verhaltenstherapie wird häufig als Problemlöseprozeß beschrieben. Ein unerwünschter Ist-Zustand soll in einen Zielzustand transformiert werden. Dieser Prozeß kann in Stufen aufgeteilt werden, die der Struktur des Problemlöseansatzes ähnlich sind. In einem diagnostisch-therapeutischen Prozeß werden aufeinander aufbauende Stufen durchlaufen, bis ein vereinbartes Therapieziel erreicht ist und damit das Problem erfolgreich gelöst wurde. In den einzelnen Phasen des Problemlösens kommen verschiedene diagnostische und therapeutische Verfahren der Verhaltenstherapie zum Einsatz. Entsprechende Veröffentlichungen (z.B. Kanfer et al. 1996, Engberding 1996, Fliegel 1994, Bartling et al. 1992) weisen auf die Komplexität dieses Ansatzes hin. Er geht über das in Abschnitt 17.2 vorgestellte Problemlösetraining weit hinaus und schließt im Grunde sämtliche Gegenstandsgebiete des vorliegenden Buches ein. Für eine weitere Vertiefung verweisen wir auf die oben genannte Literatur.

■ Interaktionelles Problemlösen in der Gruppe

Interaktionelle Problemlösungsgruppen (z.B. Grawe et al. 1980) finden vor allem in der stationären Verhaltenstherapie eine häufige Anwendung. Sie orientieren sich ebenfalls an einem Ansatz des stufenweisen Problemlösens. Von einem Problemlöse-„Training" unterscheiden sie sich in verschiedener Hinsicht. Ein interaktionelles Vorgehen beinhaltet, daß die Beziehung zum (oder den) Therapeuten und den anderen Gruppenmitgliedern explizit Berücksichtigung findet und als wesentliches diagnostisches und therapeutisches Instrument in den Veränderungsprozeß integriert wird. Vor allem interpersonelle Schwierigkeiten und Defizite werden mit hoher Wahrscheinlichkeit auch im Rahmen einer therapeutischen Gruppe auftreten und können entsprechend rückgemeldet werden. Bestimmte förderliche Gruppenbedingungen (z.B. hohe Gruppenkohäsion, Vertrauen, Offenheit) erleichtern dem einzelnen Gruppenmitglied die Arbeit an eigenen Themen und tragen zu einer erhöhten Wirksamkeit der Gruppentherapie bei.

Ein weiterer Unterschied zum Problemlöse-„Training" besteht in der Integration grundsätzlicher verhaltenstherapeutischer Vorgehensweisen im Rahmen der Gruppe (z.B. gemeinsames Erstellen eines S-POE-R-K-C-Schemas, horizontale und vertikale Verhaltensanalyse). Interaktionelles Problemlösen wird so zur *Verhaltenstherapie in der Gruppe* mit dem Schwerpunkt auf der Lösung aktueller Probleme. Die Ausführungen in Abschnitt 17.1.2 (Verhaltenstherapie als Problemlöseprozeß) haben auch für interaktionelle Problemlösegruppen Gültigkeit. Grundsätzlich kann das gesamte Wissens- und Methodenspektrum der Verhaltenstherapie Anwendung finden. Ein Problemlöse-„Training" beschränkt sich hingegen im wesentlichen auf ein systematisches Training allgemeiner Problemlösestrategien als *ein* Therapiebaustein.

Beispiel: Eine ca. 55jährige geschiedene Patientin bringt in der interaktionellen Problemlösungsgruppe ihre Angstsymptomatik als Thema ein. In einer gemeinsamen Verhaltensanalyse werden situative Bedingungen, kognitive Variablen, aufrechterhaltende Konsequenzen etc. herausgearbeitet (u.a. durch Erstellen von S-POE-R-K-C-Schemata am Flip Chart). Die Patientin erlebt große Angst um ihre in der Nähe wohnenden Töchter und Enkelkinder. Vor allem durch Tonsignale von Rettungsfahrzeugen (die Patientin wohnt an einer innerstädtischen Durchgangsstraße) werden diese Ängste aktualisiert. Somatische Angstsymptome und Katastrophengedanken dämpft die Patientin durch sofortige Kontrollanrufe oder persönliche Versicherung der Unversehrtheit der Angehörigen. In der Verhaltensanalyse konnten Erinnerungen an biographisch erlebte Traumatisierungen im Zusammenhang mit Unfällen benannt werden. Die bisherigen Problemlösungsversuche (z.B. Kontrolle, Sicherheit suchen) waren aus verschiedenen nachvollziehbaren Gründen für die Patientin wie für die Angehörigen problematisch. Nach der Erhebung der Verhaltensdiagnostik und der kritischen Analyse bisheriger Lösungsversuche erarbeitet die Patientin gemeinsam mit der Gruppe alternative Lösungsmöglichkeiten (z.B. Anrufe bei den Angehörigen nur jeden dritten Tag, kognitive Umstrukturierung der Katastrophengedanken, Ablösung von den Kindern und Aufbau alternativer Freizeitaktivitäten).

17.2 Problemlösetraining in der Einzel-, Paar- und Gruppentherapie

■ Grundüberlegungen

Grundsätzlich handelt es sich beim strukturierten und phasenweisen Problemlösen um eine Vorgehensweise, die von vielen Menschen in einer ähnlichen Weise auf Alltagsprobleme angewandt wird. Der in der Therapie zu vermittelnde Prozeß des Problemlösens ist für den Patienten bei sorgfältiger Vermittlung gut nachvollziehbar und besitzt daher eine hohe Akzeptanz. Ziel des Problemlösetrainings im therapeutischen Setting ist eine Verbesserung bereits vorhandener Problemlösekompetenzen durch Erlernen eines systematischen Vorgehens. Bereits vorhandene wirksame Lösungsstrategien sollen gefördert und ineffektive Strategien modifiziert werden.

Da Problemlösetrainings in der kognitiven Verhaltenstherapie eine weite Verbreitung gefunden haben, gibt es unterschiedliche Konzepte und Vorschläge über Inhalt und Umfang einzelner Stufen des Problemlösens. Trotz unterschiedlicher Anzahl vorgeschlagener Problemlösestufen wird die Grundstruktur des Problemlösens bei den verschiedenen Ansätzen nicht wesentlich verändert. Einzelne Vorgehensweisen unterscheiden sich auch darin, wie explizit verhaltenstherapeutische Basisstrategien in das Problemlösetraining integriert werden (z.B. Verhaltensanalyse, Herausarbeiten von zugrundeliegenden kognitiven Schemata etc.; vgl. z.B. Liebeck 1993). Der Absicht des vorliegenden Kapitels entsprechend konzentrieren wir uns auf das Problemlösetraining als eine ***Interventionsmethode innerhalb der Therapie***.

D'Zurilla und Goldfried (1971) unterschieden ursprünglich fünf Stufen des Problemlösens:

1. Allgemeine Einstellung zum Problem
2. Definition und Formulierung des Problems
3. Erarbeiten von Alternativen
4. Entscheidung
5. Überprüfung

Der besseren Übersicht und Umsetzbarkeit wegen werden im nachfolgend vorgestellten Problemlösemodell acht Problemlösestufen unterschieden.

■ Die einzelnen Stufen des Problemlösetrainings

Der Prozeß des Problemlösens erfolgt in einer Reihe von aufeinander aufbauenden Stufen, die sukzessiv unter Einbeziehung aktueller Probleme des Patienten durchlaufen werden. Gerade im therapeutischen Alltag können Patienten ein stringentes Einhalten der einzelnen Stufen häufig nicht leisten. Hier besteht die Aufgabe des Therapeuten darin, jeweils eine Rückkehr zu einem strukturierten und stufenweisen Vorgehen zu gewährleisten. Dies ist notwendig, da der Patient im Training ein systematisches Vorgehen einüben und später eigenständig anwenden soll. Konsequenterweise setzt dies ein entsprechend modellhaftes Vorgehen des Therapeuten voraus. Zwischen den einzelnen Stufen sind Rückkopplungsschleifen vorgesehen. Bei Wiederholungen können neues Wissen oder neue Erfahrungen berücksichtigt werden.

Die Stufen des Problemlösetrainings:

1. Orientierung, Vorbereitung
2. Situationsanalyse, Problembeschreibung
3. Zielanalyse
4. Suche nach Lösungsmöglichkeiten
5. Bewertung der einzelnen Lösungsmöglichkeiten, Entscheidung für eine Alternative
6. Erstellen eines detaillierten Handlungsplans
7. Ausführung
8. Erfolgskontrolle, evtl. Wiederholung einzelner Stufen

1. Stufe: Orientierung, Vorbereitung

In dieser Stufe wird der Patient zunächst über das Problemlösetraining informiert und zur Teilnahme motiviert. Eine technokratische Anwendung des Trainings reicht nicht aus, um eine eigenständige Anwendung des Problemlösens zu erreichen. Viele Patienten zeigen aufgrund ihrer bisherigen Erfahrungen mit Problemsituationen wenig Kompetenzvertrauen und eine niedrige internale Kontrollattribution. Sie glauben, selbst wenig tun zu können, um ein Problem zu lösen. Wegen der Annahme mangelnder Beeinflußbarkeit werden viele Problemsituationen vermieden. Die eigene Wahrnehmung kann schwierige Situationen ausblenden. Dem Patienten soll daher in der Vorbereitungsphase eine bestimmte Betrachtungsweise von Problemen vermittelt werden: Probleme sind etwas Alltägliches und durch ein geeignetes Vorgehen kann häufig eine (bessere) Lösung gefunden werden. D'Zurilla und Goldfried schlagen vor, den Begriff „Problem" nicht zu komplex aufzufassen und dem Patienten eventuell auch Hinweise zu geben, woran er Probleme erkennen kann: z.B. durch das Erleben von Unsicherheit, Angst, Unzufriedenheit, Entscheidungsschwierigkeiten etc.

Die Vorbereitungsphase ist von erheblicher Bedeutung für die Einstellung des Patienten zum Training und der weiteren Mitarbeit. Viele Patienten beschreiben es als hilfreich, wenn der Therapeut das Problemlösemodell möglichst konkret auch anhand von kurzen Beispielen vorstellt. Damit sollen die weiteren Stufen nicht vorweggenommen, das Vorgehen jedoch transparent und nachvollziehbar gemacht werden.

Ein Bestandteil der ersten Stufe ist das Verteilen eines Arbeitsblattes mit der Auflistung der Problemlösestufen zur Orientierung über den Problemlöseprozeß.

Mögliche Fragen an den Patienten:

- Wie gehen Sie normalerweise mit Problemen um?
- Reagieren Sie manchmal überstürzt und ohne Plan?
- Lassen Sie sich leicht entmutigen?
- Haben Sie schon einmal ein systematisches Problemlösevorgehen ausprobiert?

2. Stufe: Situationsanalyse, Problembeschreibung

In dieser Stufe sollte das Problem des Patienten möglichst genau und anschaulich mit Beispielen beschrieben werden. Es sollte geklärt werden, wo und wann das Problem entstanden ist und in welchen Situationen es typischerweise auftritt. Die Beschreibung umfaßt die kognitive, physiologisch-emotionale und verhaltensmäßig-motorische Ebene des Patienten ebenso wie Merkmale der Situation. Zeigt der Patient Unsicherheiten in einer exakten Problembeschreibung, kann als therapeutische Hausaufgabe das Führen eines Selbstbeobachtungsprotokolls hilfreich sein. Zur zweiten Stufe gehört auch die Frage, welche Problemlösungen bisher mit welchem Erfolg unternommen wurden.

Ein Ziel dieser Stufe kann auch darin bestehen, bisherige automatisierte Reaktionen herauszuarbeiten, die möglicherweise eine adäquate Problemlösung oder eine rechtzeitige Problemwahrnehmung verhindern.

Beispiel: Eine Patientin möchte nach einer Kindererziehungspause nicht mehr Vollzeit arbeiten. Sie berichtet als Problem, sie finde in ihrem Betrieb keine Teilzeitarbeit, da der Geschäftsführer sie ablehne. Bei weiterer Exploration werden einige ungünstige automatisierte Verhaltensweisen deutlich, deren Änderung bereits eine Lösung dieses Problems beinhalten. Aufgrund ihrer Grundüberzeugungen unterstellt sie dem Geschäftsführer ein feindliches Verhalten und zeigt die Einstellung: „Mit dem rede ich nicht. Das bringt sowieso nichts". Nach entsprechender Klärung und Einübung in der Therapiesitzung gelingt es der Patientin, bei verschiedenen Abteilungsleitern ihr Anliegen sachlich vorzubringen. Schließlich wird ihr der gewünschte Arbeitsplatz zumindest in Aussicht gestellt.

Wie in jeder Therapie sollte auch beim Problemlösetraining die Problembeschreibung so konkretisiert werden, daß die nachfolgende Zielanalyse und Planung von Lösungsstufen auch operationalisierbar sind. Es kann hilfreich sein, ein Problem in Teilprobleme zu gliedern.

Bei der Durchführung in einer Gruppe ist darauf zu achten, daß jeder Patient sein individuelles Problem einbringt. Dadurch können zwar „Wartezeiten" für die anderen Gruppenteilnehmer entstehen, es entwickelt sich jedoch eine gewisse Routine, so daß nachfolgende Problembeschreibungen zügiger bearbeitet werden können.

Beispiel einer (kurzen) Problembeschreibung:

Problem: Herr M. erlebt im Kontakt mit Autoritätspersonen eine lähmende Angst. Er hat das Gefühl zu versagen. Weiterhin befürchtet er, keine Argumente zu haben und sich nicht mitteilen zu können.

Situation: Kontakt mit Autoritätspersonen. Konkret: Der Patient wird wegen unzureichender Arbeitsleistung zum Chef gebeten.

Gefühl/Gedanke: Minderwertigkeitsgefühle, Versagensängste. Gedanke: „Ich bringe wieder kein Wort heraus und erwecke den Eindruck, ich sei zu dumm für diese Tätigkeit."

Bedingungen: Tritt intensiver beim Firmeninhaber als bei anderen Vorgesetzten auf (die Angst um den Arbeitsplatz ist beim Inhaber größer). Das Problem wird größer, wenn der eigene Fehler bei der Arbeit erheblicher ist.

Bisherige Lösungsversuche: Meditation zur Beruhigung, hat wenig oder gar nicht geholfen.

Mögliche Fragen an den Patienten:

- Wann und wodurch ist das Problem entstanden?
- Wie sieht das Problem genau aus?
- Welche Gedanken und Gefühle haben Sie dann?
- Welche Bedingungen beeinflussen das Problem?
- Was haben Sie bisher zur Problemlösung unternommen, was war dabei hilfreich, was war weniger hilfreich?
- Welche Interessen haben andere am Problem Beteiligte?
- Reichen die bisherigen Informationen für eine genaue Problembeschreibung aus?

3. Stufe: Zielanalyse

In der zweiten Stufe (Problembeschreibung) sollten bereits komplexere Probleme in überschaubare Teilprobleme unterteilt werden. Auch bei der Zielanalyse ist darauf zu achten, die Zielbestimmung an konkreten und erreichbaren Zielen auszurichten. Hilfreich kann auch hier eine Unterteilung in Teilziele sein, die dem Patienten eine Annäherung an den gewünschten Zielzustand erleichtern.

Beispiel: Frau S. formuliert zunächst als Ziel, nach der Trennung vom Ehemann wolle sie ein gänzlich neues Leben anfangen und sich vom Ehemann lösen. Das Ziel „ein neues Leben anfangen" war für die Planung konkreter Lösungsstufen zu komplex und unkonkret. Die Konkretisierung ergibt eine Unterscheidung in verschiedene Teilziele: Entscheidung für eine neue Wohnform und einen konkreten Wohnort, Planung der beruflichen und privaten Zukunft, Kontakte knüpfen in der neuen Umgebung. Im Rahmen des Problemlösetrainings erfolgt zunächst die Arbeit an den Teilzielen „neue Wohnform" und „neuer Wohnort".

Ein häufig beobachtbarer Denkfehler besteht im Festhalten an einem „Alles-Oder-Nichts-Prinzip". Dies hat zur Folge, daß der Patient sich mit einem Problem schnell überfordert sieht und mögliche Zwischenschritte außer acht läßt.

Im Falle des Vorliegens mehrerer (Teil-) Ziele muß der Patient eine Reihenfolge der Ziele festlegen. Bei der Auswahl sollte wiederum die Erreichbarkeit des Zieles berücksichtigt werden. Das wichtigste Ziel ist für den Patienten möglicherweise auch schwierig zu erreichen.

Beispiel: Herr M. entscheidet sich dafür, ein sozial kompetenteres Verhalten zunächst im Freundeskreis und bei Arbeitskollegen umzusetzen, bevor er seinem Chef gegenüber ein entsprechendes Verhalten übt.

Im Rahmen der Zielanalyse sollten auch die Folgen einer Zielerreichung antizipiert werden: Wie reagieren Freunde und Familie auf das geplante neue Verhalten, sind Barrieren oder Widerstände zu erwarten, stehen Kosten und Nutzen der Zielerreichung in einem vernünftigen Verhältnis? Ist sich der Patient in der Auswahl eines (Teil-) Ziels unschlüssig, kann eine Bewertung in folgender Form hilfreich sein: „Prüfen Sie bitte, welche Ziele in der nächsten Zeit wichtig sind und verteilen Sie entsprechend Zahlen von 0 (unwichtig) bis 100 (sehr wichtig)". Ist die Erreichbarkeit des genannten Zieles wahrscheinlich, kann das Ziel mit der höchsten Bewertung gewählt werden.

Mögliche Fragen an den Patienten:

- Welches Ziel möchten Sie erreichen?
- Läßt sich das Ziel in Teilziele aufteilen?
- Was möchten Sie kurzfristig erreichen?
- Welche Ziele sind Ihnen längerfristig wichtig?
- In welcher Reihenfolge wollen Sie die Teilziele angehen?
- Welche positiven und negativen Folgen erwarten Sie?

4. Stufe: Suche nach Lösungsmöglichkeiten

Die Entwicklung von neuen Lösungsmöglichkeiten gelingt am besten, wenn zunächst ohne Rücksicht auf die Realisierbarkeit Möglichkeiten gesammelt werden. Häufig gilt hier das sogenannte Brainstorming (Osborn 1957) als geeignete Methode. In psychologischen Untersuchungen konnte gezeigt werden, daß sich Brainstorming förderlich auf die Entwicklung neuer Ideen auswirkt. Regeln zum Brainstorming werden dem Patienten mitgeteilt: möglichst viele Vorschläge sammeln, keine Kritik an Lösungsvorschlägen, verschiedene Ideen können miteinander kombiniert werden. Ist ein Patient noch zu sehr auf alte Lösungsmuster fixiert, sollte der Therapeut ihn dabei unterstützen, unzensiert neue Ideen zu produzieren. Wichtig ist das schriftliche Festhalten der Ideen, wobei der Patient die Ideensammlung auch als therapeutische Hausaufgabe erhalten kann.

Bei Durchführung in einer Gruppe ist es erwünscht, daß sich auch andere Teilnehmer an der Suche nach Lösungsmöglichkeiten beteiligen. Auch hier sollte die gemeinsame unkommentierte Entwicklung von Ideen gefördert werden.

5. Stufe: Bewertung der einzelnen Lösungsmöglichkeiten, Entscheidung für eine Alternative

Die einzelnen Lösungsmöglichkeiten werden nun daraufhin bewertet, ob deren Umsetzung zu einer Annäherung oder einem Erreichen des gewählten Ziels führen kann. Hilfreich ist hierbei eine graphische Hervorhebung geeigneter und ungeeigneter Lösungsmöglichkeiten, z.B. durch Zuordnung von +/- -Zeichen. Bei Vorliegen eines umfangreichen Lösungskatalogs können der Übersichtlichkeit wegen Vorschläge ausgesondert werden, die auf keinen Fall in Frage kommen. Bei der Bewertung ist wiederum auf „Nebenwirkungen" zu achten: welche kurz- und langfristigen Konsequenzen hat der Lösungsvorschlag für den Patienten und seine Umwelt (z.B. Interaktionspartner bei interpersonellen Problemen). Hier kann das Mitwirken einer Gruppe vorteilhaft sein, da sie dem Patienten aus der Rolle als Sozialpartner heraus Rückmeldung über geplante Interventionen geben kann. Der Patient sollte sich auf jeden Fall nicht „blind" für einen Lösungsweg entscheiden, sondern jeweils Machbarkeit und Konsequenzen berücksichtigen.

Nachdem der Patient eine Bewertung der Lösungsvorschläge vorgenommen hat, muß er sich auf eine Lösungsmöglichkeit oder eine Kombination von Möglichkeiten festlegen.

Beispiel: Ein Patient formuliert als Ziel, sich in einem religiösen Hauskreis aktiver zu verhalten. Im Folgenden eine Auswahl der Lösungsvorschläge mit Prioritäten:

1. Überlegen, welches Thema ihm selbst Spaß machen könnte.
2. Eine Liste der bisherigen Themen zusammenstellen.
3. Das Einbringen eines eigenen Themas im Rollenspiel in der Gruppe üben.
4. Am Ende eines Hauskreises sagen: „Die bisherigen Themen haben mich interessiert, ich konnte selbst aber wenig beitragen. Ich möchte gerne bei nächster Gelegenheit ein Thema einbringen, bei dem ich mehr mitreden kann".

6. Stufe: Erstellen eines detaillierten Handlungsplans

Es erfolgt nun eine Vorausplanung, wie die gewählte Alternative konkret in die Praxis umgesetzt werden kann. In einem detaillierten Ablaufplan soll der Patient festlegen, wann er was tun möchte. Soll eine einzelne Verhaltensweise oder eine Kombination von Verhaltensweisen umgesetzt werden? Verspricht ein bestimmter Zeitpunkt eine höhere Erfolgswahrscheinlichkeit? Welche möglichen Modifikationen werden eingeplant? Welches sind die Kriterien für einen erfolgreichen Abschluß der Problemlösung bzw. für die Entscheidung abzubrechen, einen alternativen Handlungsplan zu verfolgen oder bestimmte Stufen des Problemlösetrainings zu wiederholen?

Beispiel: Für das Ziel „eine eigene Wohnung finden" erstellt Frau S. folgenden Handlungsplan zur Wohnungssuche:

1. Die Wohnungssuche beschränkt sie in den ersten vier Wochen auf den privaten Wohnungsmarkt.
2. Die Fahrten zu Wohnungsbesichtigungen unternimmt sie alleine mit dem eigenen Pkw.
3. Am kommenden Samstag Kauf der Tageszeitung der Stadt H.

4. Orientierung/Auswahl geeigneter Wohnungen (z.B. kleine Wohneinheit, Wohngemeinschaft mit anderer Frau) in ausgewählten Stadtteilen.
5. Anruf bei Vermietern, Klärung der Mietbedingungen, gegebenenfalls Vereinbarung eines Besichtigungstermins.
6. Vor einer endgültigen Wohnungszusage Mitnahme der jüngeren Schwester zur Wohnungsbesichtigung.
7. etc.

7. Stufe: Ausführung

In dieser Stufe führt der Patient seinen Handlungsplan aus, wobei der Charakter der Erprobung betont werden muß. Die bestmögliche Handlungsplanung soll natürlich ein gutes Ergebnis erbringen. Es handelt sich aber um die Überprüfung einer Strategie mit der Option, bessere Lösungswege aufzunehmen. Der Patient sollte seine Erfahrungen mit dem Handlungsplan protokollieren (wurde der Handlungsplan eingehalten, welche Schwierigkeiten traten auf, wie reagierten andere Beteiligte etc.). Das Erstellen des Protokolls erhöht die Selbstaufmerksamkeit des Patienten für sein eigenes Verhalten sowie dessen Konsequenzen. Im Falle weiterer oder neuer Lösungsplanungen kann das Protokoll Anhaltspunkte für verbesserte Strategien liefern. Das Vorliegen von schriftlichen Protokollen erleichtert auch das spätere Nachvollziehen bisheriger Lösungen und die Planung von Problemlösungen bei neuen Problemen.

8. Stufe: Erfolgskontrolle, evtl. Wiederholung einzelner Stufen

In der letzten Stufe bewertet der Patient die Effektivität seines Vorgehens. Führte der Lösungsweg zum Erfolg? Hat sich das gewählte Vorgehen bewährt oder sind Ergänzungen sinnvoll? Kann das Problem als erledigt betrachtet werden? Möchte der Patient weitere Lösungsvarianten testen oder ein neues Problem bearbeiten? Möglicherweise verändern sich die Kontextbedingungen bei einem erneuten Auftreten des Problems. Die jetzt erfolgreiche Variante muß dann unter Umständen variiert werden. Eine einmal erfolgreiche Problemlösung sollte nicht in automatisierter Form ständig wiederholt werden, vielmehr sollte der Patient Flexibilität lernen und ein erneutes systematisches Problemlösevorgehen nicht scheuen.

War die gewählte Problemlösung nicht erfolgreich oder die Umsetzung mit unverhältnismäßiger Anstrengung verbunden, so ist zu überlegen, welche Stufen des Problemlösetrainings wiederholt werden sollten. Die Wiederholung kann zwischen der 2. und 6. Stufe beginnen. Dies hängt davon ab, auf welcher Ebene die Ursachen für das nicht erfolgreiche Vorgehen liegen. Unter Umständen macht eine veränderte Problemdefinition einen Neubeginn (Stufe 2) erforderlich. Im einfacheren Fall kann es genügen, in der 5. Stufe eine andere Alternative zu wählen und hierfür einen Handlungsplan zu erstellen und umzusetzen.

Tabelle 17.1 Anleitungsbogen zum Problemlösen

Anleitung zum Problemlösen
Die folgende Liste mit Fragen zu den einzelnen Problemlösestufen soll Ihnen ein systematisches Problemlösen erleichtern. Die Antworten zu den einzelnen Stufen notieren Sie bitte auf einem zusätzlichen Blatt. Wichtig ist, daß Sie ein Problem aktiv angehen, auch wenn Sie beim ersten Mal nicht zum Ziel kommen. Loben Sie sich selbst für jeden Versuch.
1. Stufe: Orientierung, Vorbereitung
Akzeptieren Sie, daß Probleme im Leben etwas Normales sind. Lassen Sie sich von einem Problem nicht entmutigen. Achten Sie darauf, wo Sie möglicherweise einem Problem aus dem Weg gehen oder ein Problem ignorieren. Reagieren Sie nicht überstürzt auf ein Problem, bleiben Sie aber auch nicht passiv oder untätig. Durch das Einhalten eines überlegten und stufenweisen Vorgehens erreichen Sie mehr Kontrolle und eine bessere Lösung Ihres Problems.
2. Stufe: Situationsanalyse, Problembeschreibung
Beschreiben Sie Ihr Problem möglichst genau und mit Beispielen. Wo und wann ist das Problem entstanden, in welchen Situationen tritt es auf, welche Gedanken und Gefühle haben Sie dabei? Benötigen Sie noch weitere Informationen, z.B. durch ein Selbstbeobachtungsprotokoll? Welche Lösungsversuche haben Sie bisher unternommen, was war dabei hilfreich, was war weniger hilfreich? Welche Bedingungen (z.B. Umwelteinflüsse, andere Personen) erschweren eine Problemlösung? Wenn möglich, zergliedern Sie den Problemberg in überschaubare Teilprobleme.
3. Stufe: Zielanalyse
Welche Ziele möchten Sie kurz- und langfristig erreichen? Hüten Sie sich vor einem „Alles-Oder-Nichts-Denken". Prüfen Sie, ob sich Ihr Ziel in leichter erreichbare Teilziele unterteilen läßt. Steht der Aufwand für das Erreichen des Ziels in einem vernünftigen Verhältnis zu dem erwarteten Nutzen? Wie reagieren andere darauf, wenn Sie das Ziel erreicht haben? Falls Sie sich unschlüssig sind, welches Ziel Sie auswählen sollen: Prüfen Sie, welche Ziele in der nächsten Zeit wichtig sind und ordnen Sie jedem Ziel eine Zahl zwischen 0 (unwichtig) und 100 (sehr wichtig) zu. Beginnen Sie mit einem wichtigen Ziel, das Ihnen auch erreichbar scheint.
4. Stufe: Suche nach Lösungsmöglichkeiten
Sie sollten Ihrer Phantasie freien Lauf lassen. Sammeln Sie möglichst viele Lösungsmöglichkeiten ohne zu überlegen, ob sie geeignet sind. Dieses Vorgehen hilft Ihnen, von der Fixierung auf alte Lösungsmuster loszukommen. Überlegen Sie auch, wie andere Menschen das Problem lösen würden. Notieren Sie alle Ideen.
5. Stufe: Bewertung der Lösungsmöglichkeiten, Entscheidung für eine Alternative
Bewerten Sie nun die einzelnen Lösungsmöglichkeiten. Verteilen Sie hierzu +/- - Zeichen (+ für eine erfolgversprechende, - für eine wenig erfolgversprechende Lösungsmöglichkeit). Sortieren Sie die wenig erfolgversprechenden Möglichkeiten aus. Entscheiden Sie sich für die Lösung, die die größten Erfolgschancen hat. Vielleicht kommt auch eine Kombination von Möglichkeiten in Frage. Prüfen Sie auch, welche Konsequenzen die einzelnen Lösungsmöglichkeiten haben. Legen Sie eine Reihenfolge fest, in der Sie eine Kombination von Lösungsmöglichkeiten umsetzen möchten.
6. Stufe: Erstellung eines detaillierten Handlungsplans
Sie sollten vorausplanen, wie Sie die in Stufe 5 gewählte Alternative in die Praxis umsetzen können. In welcher Reihenfolge möchten Sie vorgehen? Erstellen Sie einen Zeitplan, wann und wo Sie die Lösung testen möchten. Überlegen Sie sich, wie Sie weiter vorgehen wollen, falls Schwierigkeiten auftreten. Wollen Sie dann z.B. eine andere Lösungsmöglichkeit einbauen oder abbrechen und sich ein neues Vorgehen überlegen?
7. Stufe: Ausführung
Setzen Sie nun Ihren Handlungsplan in die Tat um. Halten Sie Ihre Erfahrungen in einem Protokoll fest. Ihre schriftlichen Notizen erleichtern Ihnen die Planung weiterer Lösungswege (bereits nach kurzer Zeit können Sie sich an viele Einzelheiten nicht mehr erinnern).
8. Stufe: Erfolgskontrolle, evtl. Wiederholung einzelner Stufen
Zuletzt prüfen Sie, ob sich das gewählte Vorgehen bewährt und zum Erfolg geführt hat. Kann das Problem nun als erledigt betrachtet werden? Falls Sie ihr Ziel nicht erreicht haben, sollten Sie zu einer früheren Stufe zurückkehren. Analysieren Sie die Gründe für einen Mißerfolg möglichst genau. Überlegen Sie, welche Stufen Sie wiederholen sollten. Stimmt die Problembeschreibung noch? Möglicherweise genügt es, einen anderen Lösungsweg auszuwählen (Stufe 5) und einen neuen Handlungsplan zu erstellen. Haben Sie keine Angst vor einem Rückschlag, die besten Lösungsmöglichkeiten finden Sie durch Ausprobieren heraus!

17.3 Literatur

1. *Bartling, G., Echelmeyer, L., Engberding, M. & Krause, R.:* Problemanalyse im therapeutischen Prozeß. 3. Aufl. Kohlhammer, Stuttgart 1992
2. *Buchkremer, G., Klingberg, S., Holle, R., Schulze-Mönking, H. & Hornung, W.P.:* Psychoeducational psychotherapy for schizophrenic patients and their key-relatives or care-givers: Results of a 2-year follow-up. Acta Psychiatrica Scandinavia, 96, 1997, 483-491
3. *de Jong-Meyer, R. & Cloer, E.:* Endogene Depression. In: *Reinecker, H.* (Hrsg.): Fallbuch der Klinischen Psychologie. Hogrefe, Göttingen 1995, S. 77-94
4. *Dziewas, H., Grawe, K. & Wedel, S.:* Anwendung und Wirkung des Interaktionellen Problemlösungsvorgehens (IPV) in Gruppen bei gehemmten Neurotikern. In: *Grawe, K.* (Hrsg.): Verhaltenstherapie in Gruppen. Urban & Schwarzenberg, München 1980, S. 307-338
5. *D'Zurilla, T.J. & Goldfried, M.R.:* Problem solving and behavior modification. Journal of Abnormal Psychology, 78, 1971, 107-126
6. *Engberding, M.:* Problemlösen - Ein Orientierungsmodell für Analyse und Therapie psychischer Störungen. In: *Caspar, F.* (Hrsg.): Psychotherapeutische Problemanalyse. DGVT, Tübingen 1996, S. 87-131
7. *Fliegel, S.:* Stichwort Verhaltenstherapie. Heyne, München 1994
8. *Grawe, K., Dziewas, H. & Wedel, S.:* Interaktionelles Problemlösen in Gruppen - Ein verhaltenstherapeutisches Gruppenkonzept. In: *Grawe, K.* (Hrsg.): Verhaltenstherapie in Gruppen. Urban & Schwarzenberg, München, 1980, S. 266-306
9. *Grawe, K., Donati, R. & Bernauer, F.:* Psychotherapie im Wandel. Hogrefe, Göttingen 1994
10. *Hahlweg, K., Dürr, H. & Müller, U.:* Familienbetreuung bei Schizophrenen. Ein verhaltenstherapeutischer Ansatz zur Rückfallprophylaxe. PVU, München 1995
11. *Kanfer, F.H., Reinecker, H. & Schmelzer, D.:* Selbstmanagement-Therapie. 2. Aufl. Springer, Berlin 1996
12. *Liebeck, H.:* Problemlösetraining. In: *Linden, M. & Hautzinger, M.* (Hrsg.): Verhaltenstherapie. Springer, Berlin 1993, S. 237-243
13. *Osborn, A.F.:* Applied Imagination: Principles and procedures of creative problem-solving. Scribner, New York 1957

18. Kognitive Verfahren

M. Hautzinger

18.1 Einführung

„Menschen werden nicht durch Dinge beunruhigt, sondern durch die Sichtweise dieser Dinge.“ Dieser Satz von Epiktetus, den Kognitionstheoretiker gerne zitieren, faßt kurz aber treffend die zentrale Annahme über emotionales Erleben im Sinne dieses Ansatzes zusammen. *Kognitionen* sind Prozesse, durch welche innere oder äußere Inputs transformiert, reduziert, elaboriert, gespeichert, wiedererkannt und verwertet werden. Mit Kognitionen ist demnach sowohl der Vorgang des Denkens, wie auch das Produkt dieses Denkprozesses gemeint. Wahrnehmung, Gedächtnis, Sprache, Einstellungen, Glauben, Werthaltungen, Urteile, Antizipationen und Problemlösestrategien sind unter dem Begriff der Kognition zu subsummieren. Vereinfacht ist die Wirkungsweise von Kognitionen in Abb. 18.**1** dargestellt.

Emotionen sind das Ergebnis eines zweistufigen Bewertungsprozesses (R.S. Lazarus 1991):

1. Einschätzung und Bewertung von Situationen,
2. Beurteilung und Selektion von Handlungsstrategien aufgrund verfügbarer Handlungsmöglichkeiten.

Kognitionen als entscheidende Mechanismen des emotionalen Erlebens und der Psychopathologie wurden von klinischer Seite vor allem von Beck (1976) und Ellis (1977), doch auch von Goldfried (1973), Kanfer (1975), A.A. Lazarus (1971), Mahoney (1977), Meichenbaum (1979) u.a. aufgegriffen und in therapeutische Konzepte eingearbeitet (vgl. Hoffmann 1979).

18.2 Kognitive Therapie nach Beck

Jede psychologische Störung hat nach Beck (1976) ihren eigenen Satz kognitiver Schemata (Regeln). Bei der Depression steht die Abwertung der eigenen Person und die Entwertung von Erfahrungen im Mittelpunkt. Bei Angst steht auf kognitiver Ebene die Wahrnehmung von Gefahr, die Antizipation von Bedrohung und die negative Einschätzung der eigenen Bewältigungsmöglichkeiten im Zentrum. Bei Phobien wird die Perzeption der Gefahr und Bedrohung mit einer spezifischen Situation oder einem spezifischen Objekt in Zusammenhang gesehen. Ärger geht auf Kognitionen mit dem Inhalt der Regelverletzung, des Unberechtigtseins, der Rechte-Verletzung zurück. Bei Euphorie perzipiert und antizipiert man Freude, Gewinne, Spaß, Vergnügen und wertet die eigene Person hoch. Hypomanie geht mit einer inflationären Bewertung (einer Überbewertung) der eigenen Kapazitäten und der eigenen Person einher.

A **Situation**	B **Kognition**	C **Emotion**	D **Verhalten**
Ereignis Objekt Traum Vorstellung	Bewertung Interpretation Wahrnehmung Antizipation	Angst Haß, Wut Depression Freude	Apathie, Rückzug, Flucht Kampf Zittern, Lachen

Abb. 18.**1** Zusammenhang von Emotionen, auslösenden Bedingungen, Kognitionen und Verhalten (nach Beck 1976, Ellis 1977 u.a.)

Paranoide Zustände gehen auf Kognitionen zurück, die Erfahrungen als ungerechtfertigtes Eindringen in die eigene Person interpretieren. Hinter Hysterie verbirgt sich ein kognitives Konzept der motorischen oder sensorischen Abnormalität der eigenen Person. Bei Zwängen führen kognitive Schemata des Zweifelns und der Unsicherheit über die Richtigkeit bzw. Kontrolle bestimmter Umweltereignisse oder von Normen und Regeln zu selbstinduzierten Zwangshandlungen.

Eine kognitive Sichtweise der Psychopathologie nimmt an, daß Wahrnehmungen, Interpretationen, Bewertungen und Antizipationen katastrophierend, verzerrend, überinterpretierend, irrational sind. Diese kognitiven Muster können sich in einer Art „Blockierung" verfestigen, die dann als „Ursache" und wesentliche „aufrechterhaltende Bedingung" der Krankheit gesehen wird.

■ Automatische Gedanken

Damit sind schnell ablaufende, reflexhaft auftretende, subjektiv plausibel erscheinende und unfreiwillig sich einstellende Kognitionen gemeint, die zwischen einem Ereignis (externer oder interner Art) und der emotionalen Konsequenz liegen (siehe Tab. 18.**1**). Bei psychischen Störungen sind diese blitzartig stattfindenden Bewertungen fehlerhaft, verzerrt und unangepaßt. Diese kognitiven Prozesse sind meist, bzw. zu Beginn einer Therapie, nicht bewußt, liegen jedoch in der Schwelle zum Bewußtsein und können daher bewußt werden. Auch wenn diese automatisch ablaufenden Gedanken zuerst unbeeinflußbar und unbewußt erscheinen, so sind sie dennoch therapeutisch zugänglich und veränderbar. Solche automatischen Gedanken drücken sich aus in Selbstgesprächen, Selbstinstruktionen, persönlichen Interpretationen und idiosynkratischen (von heftiger Abneigung oder Widerwillen erfüllten) Bewertungen von Situationen, Ereignissen, Phantasien, Gedanken der Vergangenheit, der Zukunft und der eigenen Person. In den automatischen Gedanken kommen Grundannahmen, zentrale Werthaltungen und verfestigte Einstellungen zum Ausdruck.

Diese impliziten Inhalte stellen den Zugang zu fundamentalen und generell kognitiven Mustern dar.

■ Grundannahmen

Diese sind für eine Person typische grundlegende Überzeugungen, Regeln, Werthaltungen und Pläne (z.B.: ich muß erfolgreich/angepaßt/ durchsetzungsfähig sein; nur Leistung zählt; ...). Man könnte sie auch „Lebensphilosophie" des Individuums nennen. Mit diesen Grundannahmen ordnet, beurteilt und strukturiert die Person ihre Welt. Im Gegensatz zu den automatischen Gedanken sind diese Kognitionen abstrakter. Sie sind für viele Bereiche zutreffend (genereller), dominanter, schwerer zu beeinflussen (rigider) und durch ihren großen Einfluß auf die (für psychische Störungen charakteristische) Unangemessenheit, Verzerrtheit und Fehlerhaftigkeit verhaltensbestimmender. Grundannahmen sind nicht unmittelbar bewußt. Sie sind weit schwieriger zu erkennen und zu bearbeiten. Aufgrund von automatischen Gedanken und von Themenbereichen können Grundannahmen erschlossen werden. Häufig ist die Therapeutin / der Therapeut genötigt, mögliche Grundannahmen als Hypothesen vorzugeben, um dadurch das Wesen und die Bedeutung der Grundannahmen verständlich und zugänglich zu machen.

18.3 Kognitive Psychotherapie

Kognitive Therapie will die fehlangepaßten, verzerrten und nicht realitätsgerechten Kognitionen identifizieren, ihren Realitätsgehalt testen und verändern. Patienten einer kognitiven Therapie lernen, Probleme, die vorher unbewältigbar erscheinen, neu zu bewerten (re-evaluieren), ihre Gedanken darüber zu korrigieren und die Situation zu meistern. Der kognitive Therapeut analysiert, lehrt, zeigt auf und unterrichtet den Patienten, realistischer bzw. realitätsgerechter zu denken.

Fünf Therapieschritte sind daher charakteristisch für die Kognitive Therapie:

1. Beobachtung der negativen, automatischen Gedanken
2. Erkennen der Evidenz der verzerrten und automatischen Gedanken und
3. der gegen sie sprechenden Evidenz
4. Ersetzen der fehlerhaften Kognition durch mehr realitätsorientierte Interpretationen
5. Lernen, dysfunktionale Annahmen selbständig zu identifizieren und zu ändern

18.4 Grundmerkmale des therapeutischen Vorgehens

Die Kognitive Therapie ist charakterisiert durch einen zeitlich begrenzten, strukturierten, problemzentrierten Therapieablauf. Für jede Sitzung wird zu Beginn ein Plan erstellt, der die in der betreffenden Stunde zu behandelnden Punkte enthält. Der Fokus liegt daher im wesentlichen immer auf der Bearbeitung konkreter (Alltags-) Probleme, die in leichter bearbeitbare Teile weiter aufgeteilt werden. Zwischen jeder Therapiestunde hat die Patientin/der Patient „Hausaufgaben" zu erledigen. Hausaufgaben stellen die Fortsetzung der Therapie zwischen den Therapiesitzungen dar. Die Interaktion von Therapeut und Patient ist am besten als kooperatives „Arbeitsbündnis" zu beschreiben. Der Therapeut ist aktiv und direktiv in der Bearbeitung der persönlichen Probleme des Patienten. Ausgangspunkt und Gegenstand der Bearbeitung sind immer die sehr persönlichen automatischen Gedanken, Grundannahmen und Regeln, die im Einzelfall sehr unterschiedlich sein können. Diese idiosynkratischen Kognitionen werden nicht durch Interpretationen oder theoriegeleitete Überzeugungen des Therapeuten analysiert bzw. identifiziert. Es ist ein wichtiges Merkmal eines kognitiven Therapeuten, daß er über die Art zu fragen den Patienten dazu bringt, seine automatischen Gedanken und Grundannahmen auszudrücken und damit die individuelle Art des Denkens aufzudecken, nachzuvollziehen, Unentdecktes zu isolieren und einer Realitätsprüfung zugänglich zu machen. Dieser Interaktionsstil (auch „Sokratische Methode" genannt) soll den Patienten dazu bringen, beide bzw. verschiedene Aspekte der Argumente seiner kognitiven Struktur auszudrücken. Auf diese Weise soll sie/er selbst entdecken, daß seine Art zu denken nur *eine* mögliche Form ist und weitere Interpretationen derselben Sachverhalte ebenso berechtigt bzw. sogar realitätsgerechter sind.

18.5 Techniken und Methoden

Die Analyse und Veränderung von idiosynkratischen Kognitionen, seien es automatische Gedanken oder Grundannahmen, ist der wesentliche Aspekt dieser Form der Psychotherapie. Kognitionen sind nicht unmittelbar zugänglich, sondern müssen durch die therapeutische Arbeit hervorgebracht und identifiziert werden. Alle kognitiven Techniken bauen auf bzw. arbeiten mit der „Logik", der „Realitätsüberprüfung" und der „Sokratischen Methode". Es geht immer wieder darum, welche Folgerungen ein Patient aus einem Erlebnis zieht, inwieweit er dabei die Realitätsbedingungen berücksichtigt und ob nicht oder inwieweit andere Konsequenzen denkbar und wahrscheinlich sind. Durch die Art zu fragen soll der Patient selbst auf den Weg der sich widersprechenden realen bzw. antizipierten Tatsachen gebracht werden (Beispiel in Abb. 18.**2**).

■ Beobachten und Entdecken von automatischen Gedanken

Ein erster Schritt zur Bearbeitung kognitiver Prozesse ist die Entdeckung, Beobachtung und das Protokollieren von automatischen Gedanken. Anknüpfungspunkte bieten sich da bei den Schilderungen des Patienten von kurz zurückliegenden Ereignissen, dem (konkreten) Erinnern einer bestimmten Situation oder der Vorstellung einer hypothetischen Situation (die Fahrt zur Therapie, das Warten im Wartezimmer, plötzliche Ereignisse während der Therapie, z.B. das Telefon klingelt, es wird an der Türe geklopft, Weinen), bei der Simulation bestimmter Ereignisse (z.B. Telefongespräch mit wichtiger Person), in Rollenspielen sowie durch die schriftliche Sammlung von automatischen Gedanken als Hausaufgabe. Die „Schlüsseläußerungen" des Therapeuten für die Aufdeckung automatischer Gedanken sind: „Was geht Ihnen dabei durch den Kopf?", „Was bedeutet dies?", „Was wollten Sie damit sagen?" (Beispiel in Tab. 18.**1**).

■ Überprüfen und Realitätstest automatischer Gedanken

Automatische Gedanken beruhen häufig auf Schlußfolgerungen aus bestimmten Ereignissen und Erfahrungen, die jedoch durch das „Alles-oder-Nichts-Denken" (Schwarz-Weiß-Denken) oder die „Übergeneralisierung" (wenn eine Beobachtung gemacht wird, wird diese auf alle anderen, auch nicht unmittelbar vergleichbare Situationen übertragen) mit Fehlern behaftet sind und auf diese Weise unberechtigt und inadäquat sind.

Th.: *Was heißt, Sie brauchen ihn?*

Pt.: *Ich kann mir nicht vorstellen, ohne ihn zu sein.*

Th.: *Sie sagen, Sie können sich nicht vorstellen, ohne ihn zu sein?*

Pt.: *(lange Pause)*

Th.: *Versuchen Sie einmal, sich vorzustellen, wie die Situation wäre, wenn er nicht da wäre. Sie sagen, daß Sie sich nicht vorstellen können, ohne ihn zu sein.*

Pt.: *Deshalb bekomme ich das Gefühl, daß das Leben nicht lebenswert ist.*

Th.: *Warum?*

Pt.: *Weil ich David nicht hätte.*

Th.: *Weil Sie David nicht hätten? Jetzt klingt es so, als ob David einfach für das Leben selbst notwendig wäre.*

Pt.: *Ich weiß nicht.*

Th.: *Wie lange kennen Sie David?*

Pt.: *Also, wir sind 3 Jahre verheiratet, und ich kannte ihn, glaube ich, seit 10 Jahren.*

Th.: *Sie kennen ihn also seit 10 Jahren. Und wie alt sind Sie jetzt?*

Pt.: *32.*

Th.: *Also haben Sie David kennengelernt, als Sie 22 waren. Also haben Sie seit dem Alter von 22 Jahren Ihr Leben um David herum eingerichtet? Stimmt das?*

Pt.: *(Seufzer) Ja.*

Th.: *Verstehe ich Sie richtig, daß Sie sagen, Sie könnten einfach nicht ohne David existieren? Stimmt es, daß Sie eher sterben würden, als ein Leben ohne David auszuhalten?*

Pt.: *Also, wenn Sie das so sagen, klingt es dumm.*

Th.: *Ich wollte das nicht ins Lächerliche ziehen, ich versuche nur zu sehen, ob es da einen Fehler in Ihrem Denken gibt - wenn Sie sich ein Problem schaffen, das größer ist als das existierende. Ohne Frage ist da ein Problem: er kommt nicht rechtzeitig nach Hause - aber mir scheint, wenn das Problem zu Ende gedacht wird, dann glauben Sie schließlich, daß Sie besser tot wären. (Pause) Kannten Sie David, als Sie 21 waren?*

Pt.: *Nein.*

Th.: *Hatten Sie damals das Gefühl, daß das Leben nicht lebenswert sei?*

Pt.: *Oh nein! Damals hatte ich das Gefühl, daß das Leben einfach und gut war.*

Th.: *Zu einem Zeitpunkt, als Sie ohne David waren, fanden Sie das Leben wirklich lebenswert. Und jetzt, wo Sie mit David leben, wenn auch nur teilweise, finden Sie, das Leben sei nicht lebenswert. Können Sie sich diesen Widerspruch erklären?*

Pt.: *(Seufzer) Ich kann es nicht erklären.*

Th.: *Sehen Sie, es scheint mir, daß Sie in einem sehr starken Glauben leben. Ich kann nicht glücklich sein, wenn ich David nicht habe. Ich kann nicht funktionieren ohne David. Ich kann nicht einmal existieren, wenn ich David nicht habe. Und doch haben Sie zu einer Zeit, bevor Sie David kannten, existiert. Sie funktionierten und waren glücklich.*

Pt.: *Hm. Ich habe an die Zeit vor meiner Heirat lange Zeit überhaupt nicht mehr gedacht.*

Abb. 18.**2** Sokratischer Dialog (Beispiel)

Ziel muß daher sein, die automatischen Gedanken zu prüfen und zu sehen, inwieweit sie mit den Informationen aus einer Situation kongruent sind. Es soll damit die Datenbasis für Schlußfolgerungen und bestimmte Annahmen geprüft und erweitert werden. Stellt sich heraus, daß wesentliche Aspekte der Realität und des logischen Vorgehens außer acht gelassen wurden, dann zielt diese Technik mit darauf ab, solche kognitiven Verzerrungen und falschen Schlußfolgerungen zu korrigieren. Sehr häufig finden wir, daß Patienten ihre Gedanken, Bewertungen und Annahmen als Tatsache, als Faktum betrachten. Eine relativierende Sichtweise gelingt ihnen nicht. Dies gilt vor allem für Äußerungen bezüglich der eigenen Person, Bedrohungs- und Gefahrenkognitionen, Kognitionen der eigenen Unfähigkeit, des Ausgeliefertseins, der Schuldhaftigkeit, der Unattraktivität usw. Diese Schlußfolgerungen beruhen auf wenig validen Annahmen, die bestenfalls einige Aspekte der Realität berücksichtigen. Die simple Aufdekkung, der Nachvollzug und das Prüfen von realitätsinadäquaten Kognitionen reichen nicht aus, um die automatischen Gedanken sofort und für immer zu beseitigen. Häufiges Überprüfen verschiedenster Themen in der Realität ist ebenso nötig wie der Einsatz weiterer kognitiver Techniken.

Aufzeichnen dysfunktionaler Gedanken

Diese Protokollierungsmethode ist ein integraler Bestandteil der Kognitiven Therapie. Es sollen Situationen, Emotionen und mit ihnen interagierende Kognitionen (automatische Gedanken) erkannt und niedergeschrieben werden. Gerade weil automatische Gedanken nicht unmittelbar zugänglich, jedoch beim Auftreten von affektiven Erlebensweisen immer beteiligt sind, kann die Aufdeckung automatischer Gedanken über die Emotionen und die den Emotionen vorausgehenden Ereignisse gelingen. Es wurde ein Protokollbogen entwickelt (Hautzinger 1997), der fünf Spalten enthält. Die ersten drei Spalten dienen der Aufdeckung der automatisch ablaufenden, verzerrten Kognitionen.

Tabelle 18.1 Beobachten negativer automatischer Gedanken

Auslöser	Gefühl	Gedanken/Grundannahmen
Treffen mit Ex-Freund, der seine Freundin mitbringt; sitze in der Kneipe	beschissen	Ich bin nicht gut genug
	schlecht	Ich bin nicht wichtig
	enttäuscht	Niemand hat Interesse an mir
	gelähmt	Die andere ist mehr wert
	energielos	Ich bin häßlich, ein Niemand
	depressiv	Ich bin unfähig
		Ich bin lebensunfähig

Tabelle 18.2 Tagesprotokoll negativer Gedanken

Auslöser	Gefühl	automatischer Gedanke	realistischere Gedanken	neues Gefühl
Anruf H. (getrennt lebende Ehefrau)	zum Heulen, leer, deprimiert (100)	Ich kann ohne sie nicht leben. Was soll bloß werden? So ist das Leben wertlos.	Es tut zwar weh, doch früher war ich auch ohne sie glücklich. Die Wunde ist noch zu frisch, doch ich werde es schon schaffen.	leer, deprimiert (60)

Die beiden anderen Spalten helfen bei der Neubewertung und dem Finden realitätsgerechterer Kognitionen, was zu einer Veränderung des emotionalen Erlebens führt. Beim Auftreten eines unangenehmen Gefühls soll der Patient seine Emotionen festhalten und einschätzen. Er soll sich dann überlegen, welche Situation, welches Ereignis externaler oder internaler Art seiner Stimmung vorausging. In der dritten Spalte geht es schließlich darum, die automatischen Gedanken, die zu der negativen Stimmung führten, festzuhalten. Häufig werden in einer ersten Anwendung dieser Technik nur die drei ersten Spalten benutzt. Sie unterstützt damit die Erfassung und Analyse automatischer Gedanken. Werden alle fünf Spalten verwendet, so soll der Patient in der vierten Spalte realitätsadäquatere Kognitionen, alternative Erklärungen oder vernünftigere Reattributionen eintragen. Anschließend soll er seine Stimmung aufgrund der kognitiven Neubewertung nochmals einstufen (Beispiel in Tab. 18.2)

■ Reattribuierungstechnik („Entverantwortlich machen")

Macht sich ein Patient immer wieder selbst für Fehler, Mißerfolge bzw. negative Ereignisse verantwortlich und wertet sich selbst stark ab, dann hilft die Reattribuierungstechnik dem Patienten, Ereignisse und deren Ursachen mit mehr Objektivität zu begegnen. Patient und Therapeut tragen weitgehend alle möglichen Fakten bezüglich einer konkreten Erfahrung zusammen, unterziehen diese Fakten einer logischen Analyse, und erstellen daraus ein Modell der Verantwortlichkeit. Deutlich werden soll dadurch, daß der Patient für eine Ursachenzuschreibung nur sehr wenige, sehr einseitige, verzerrt gegen sich gerichtete und vor allem absolutistische Informationen heranzieht. Häufig verwendet der Patient unterschiedliche Kriterien, um die eigene Person bzw. andere Personen zu beurteilen. Dieser Doppelstandard beinhaltet, daß zur Erklärung des Verhaltens anderer Personen nachsichtigere, multifaktorielle Kriterien gelten, während die Multikausalität bezüglich eigener Erfahrungen nicht gelten gelassen wird.

■ Alternative Erklärungen suchen

Diese therapeutische Maßnahme sei an einem Beispiel verdeutlicht.

Beispiel: Es handelt sich um einen 40jährigen Taxifahrer, der nach 10jähriger Ehe von seiner Frau verlassen wird. Seine 13jährige Tochter (aus erster Ehe) bleibt bei ihm. Der Patient hatte die Überzeugung, daß er ohne seine Frau nicht leben könne, daß er überhaupt nicht wisse, wie er mit seiner Tochter und all den Problemen umzugehen habe. Vor allem die Trennung von seiner Frau, die er noch sehr liebt, erschien ihm wie ein Alptraum. Er war so verzweifelt, daß er an Selbstmord und Mord an seiner Tochter dachte. In Anwendung der Technik „Alternativen suchen" war der erste Schritt die exakte Benennung und Analyse der Problem- und Schwierigkeitsbereiche (z.B: Wohnung finden, Organisation des Haushaltes, Wäsche waschen, Finanzen regeln, Einsamkeit, neue Sozialkontakte, Zusammenleben mit der Tochter usw.). All diese Dinge sah der Patient als unbewältigbar an. Überhaupt sei er völlig unfähig und ein Versager. Die konkrete Überlegung und Auflistung der Problembereiche brachte jedoch bereits Erleichterung. Die Lage war überschaubarer geworden. Gemeinsam suchten Therapeut und Patient nach alternativen Bewertungen der Lage und der Schwierigkeiten des Patienten. Es zeigte sich z.B., daß er mit seiner Tochter ein sehr enges Verhältnis hatte und von daher eine Regelung ihres Zusammenlebens günstig erschien. Seine Einschätzung, daß er mit den Finanzen, mit der Abwicklung des Taxigeschäftes, der Buchhaltung usw. nicht zurechtkäme und ihn die Schulden auffressen würden, erwies sich bei der Suche nach alternativen Betrachtungsweisen ebenfalls als unrichtig. Er entdeckte, daß er von jeher dazu neigte, über den „ganzen Geschäftskram" zu klagen, obgleich es niemals zu irgendwelchen Komplikationen gekommen war. All diese Dinge, die zunächst übermäßig schwierig aussahen, wußte er zu bewältigen.

Diese kurze Illustration macht deutlich, daß die Technik des Suchens nach Alternativen in der alternativen Sichtweise, der alternativen Interpretation der Realität, ihren Kernpunkt hat. Patient und Therapeut suchen aktiv nach anderen Betrachtungsweisen der Wirklichkeit. Die Folge dieser Suche nach Alternativen ist ein effektiveres Problemlösen und das Finden von Lösungsmöglichkeiten, die vorher nicht vorhanden schienen.

18.6 Selbstinstruktionsansatz nach Meichenbaum

Meichenbaum greift die Idee der Verhaltenssteuerung durch verdeckte Reaktionen auf. Es veranlaßten ihn Beobachtungen bei Konditionierungsversuchen mit schizophrenen Patienten, sich mit der verhaltenssteuernden Wirkung von selbstgeäußerten Instruktionen zu beschäftigen. Die Patienten wiederholten häufiger spontan die Versuchsanweisungen. Dadurch gelang es ihnen, ihre Aufmerksamkeit auf die gestellte Aufgabe zu konzentrieren. Meichenbaum sah darin ein Beispiel für Verhaltenssteuerung durch selbstgewählte Instruktionen, wie sie von Vygotsky und Luria untersucht worden waren. In Weiterführung dieses Ansatzes entwickelten Meichenbaum und Mitarbeiter das Streß-Impfungstraining. Dieses Verfahren ist nicht nur als therapeutische Technik, sondern auch als präventive Methode gedacht; die Kompetenz des Individuums, unterschiedlich belastende Situationen zu bewältigen, soll gefördert werden. Dazu werden „Bewältigungs-Verhaltensweisen" (coping skills) trainiert, nämlich aktive Entspannung und kognitive Bewältigung durch angemessene Selbstverbalisation.

Die Veränderung ungünstiger Selbstverbalisationen sieht Meichenbaum (1977) als ein allgemeines therapeutisches Prinzip an, das sich mit einer Vielzahl verhaltenstherapeutischer Methoden verbinden läßt, etwa mit dem Modellernen, der Reizkonfrontation, der operanten Verstärkung oder mit aversivem Konditionieren.

■ Selbstinstruktionstraining mit impulsiven Kindern

Durch das Training sollten die Kinder lernen, „vor dem Handeln zu sprechen" und so systematisch und überlegt an die Lösung der Aufgaben heranzugehen. Die Kinder sollen schrittweise die vom Therapeuten zunächst demonstrierten Selbstinstruktionen übernehmen.

Das Training hat folgende Stufen:

1. *Modellvorgabe*
   Ein Erwachsener, etwa der Therapeut, führt eine Aufgabe aus und spricht dabei laut zu sich selbst. Das Kind beobachtet ihn.
2. *Beobachtbare, äußere Anleitung*
   Das Kind führt die Aufgabe nun selbst durch, während es von der Modellperson fortlaufend instruiert wird.
3. *Beobachtbare Selbstanleitung*
   Das Kind übernimmt die Verbalisation des Modells und instruiert sich selbst laut bei der Aufgabenbearbeitung.
4. Abgeschwächte, beobachtbare Selbstanleitung
   Das Kind flüstert die Selbstinstruktionen.
5. *Verdeckte Selbstanleitung*
   Das Kind gibt sich die Selbstinstruktionen nur noch lautlos.

Durch die Instruktionen wird die Aufmerksamkeit des Kindes nacheinander auf verschiedene Stufen des Problemlösungsprozesses gelenkt, zum Beispiel: Fragen zur Aufgabe („Was soll ich tun"), Erkennen der spezifischen Anforderungen der Aufgabe („Ich soll die Figur nachzeichnen"), Hinweise auf planendes und sachbezogenes Vorgehen („Zuerst zeichne ich einen großen Kreis"), Selbstbekräftigung („Das habe ich prima hingekriegt"), Verhalten bei Fehlern („Nicht ärgern, den Haken radiere ich aus"), adäquates Umgehen mit Frustrationen („Jetzt schaue ich mir das erst noch mal genau an, und dann mache ich schön langsam weiter").

Durch die Selbstinstruktionen wird also das Kind angeleitet, sich zunächst die Aufgabenstellung klarzumachen, sich Zeit zu lassen, sein Verhalten schrittweise und geplant zu steuern und sich nach Erledigung der Aufgaben selbst zu verstärken. Das Kind soll diese Strategien lernen; ein reines Auswendiglernen der Instruktionen und deren mechanische Wiederholung sind vom Therapeuten zu verhindern.

■ Streß-Impfungstraining

Das Streß-Impfungstraining ist nach Meichenbaum ein Verfahren, durch das jedermann lernen kann, Streßsituationen angemessener zu bewältigen. Es geht also nicht um die Behandlung spezifischer Ängste oder Belastungen, sondern um das Training einer anwendbaren Strategie. Wesentliches Merkmal dieser Strategie ist die Fähigkeit, Problemsituationen schnell zu erkennen und durch alternative, förderliche kognitive und motorische Bewältigungmaßnahmen zu meistern.

Das Training der Streß-Impfung läßt sich in drei aufeinanderfolgende Phasen unterteilen:

1. Die *Phase des Unterrichts* soll dem Patienten die Einsicht in sein Verhalten unter Streßbedingungen ermöglichen sowie Bewältigungsmöglichkeiten für Streßsituationen aufzeigen.
2. Die *Übungsphase* soll den Patienten dazu befähigen, sich auf der kognitiven Ebene und der Verhaltensebene mit seinen Problemen auseinanderzusetzen. Verschiedene Verhaltensweisen zur Bewältigung der Angstreaktion werden in Probesituationen eingeübt.
3. Die *Anwendungsphase* gibt dem Patienten die Möglichkeit, die gelernten Bewältigungsfertigkeiten in verschiedenen Streßsituationen einzusetzen.

Meichenbaum teilt den Prozeß der kognitiven Bewältigung in vier sich zeitlich überlappende Abschnitte ein, für die jeweils spezifische Selbstinstruktionen trainiert werden:

1. Vorbereitung auf streßauslösendes Ereignis: Der Patient stellt in dieser Phase fest, was er im Folgenden tun muß, prüft seine Möglichkeiten und beruhigt sich.
2. Konfrontation und Umgehen mit dem streßauslösenden Ereignis: Der Patient verdeutlicht sich, was er gegen die Streßbedingungen tun kann. Er kann sich zum Beispiel in kleinen Schritten dem Problem anzunähern und dabei versuchen, nicht panisch zu reagieren und sich zu entspannen.
3. Auseinandersetzung mit dem Gefühl, überwältigt zu werden: Hier wird der Ernstfall durchgespielt und die drohende Panikattacke abgewendet.
4. Selbstverstärkung: Durch Selbstverstärkung soll das neue Verhalten stabilisiert werden.

18.7 Die Rational-Emotive Therapie von Ellis

Alle Autoren, die Arbeiten zur kognitiven Umstrukturierung vorgelegt haben, nehmen zumindest unter anderem Bezug auf die Rational-Emotive Therapie von Ellis - so auch Meichenbaum. Ellis (1962) war der erste, der den phänomenologischen Standpunkt konsequent auf Psychotherapie anwendete. Verhalten wird demnach nicht primär von den äußeren Bedingungen gesteuert, sondern von deren subjektiver Sicht, ihrer Interpretation und Bewertung. Emotionale Probleme und Verhaltensstörungen sind demnach nicht primär Resultat bestimmter äußerer Umstände, sondern einer verzerrten, irrationalen subjektiven Sichtweise dieser Umstände. Grundlage solcher verzerrten Auffassungen sind allgemeine irrationale Überzeugungen, Werthaltungen und Einstellungen eines Individuums, etwa die Überzeugung, daß es unbedingt notwendig ist, von allen Menschen geliebt zu werden.

In der Therapie versucht Ellis, dem Patienten zunächst einmal diesen phänomenologischen Standpunkt, das „ABC" der Rational-Emotiven Therapie, wie Ellis dies bezeichnet, zu erläutern und nahezubringen. Dann versuchen Therapeut und Patient gemeinsam, die Überzeugungen des Patienten herauszuarbeiten. Dazu werden Wertäußerungen des Patienten überspitzt und generalisiert und in die sprachliche Form von Quasi-Gesetzesaussagen gebracht. Der nächste und wesentliche Schritt der Therapie besteht darin, den Patienten davon zu überzeugen, daß diese seine Einstellungen irrational und für seine Probleme verantwortlich sind. Das Therapieziel ist im wesentlichen erreicht, wenn der Patient seine Überzeugungen erkennt, ihre Irrationalität akzeptiert und damit auch akzeptiert, daß andere, angemessene Einstellungen möglich sind.

18.8 Formen der kognitiven Umstrukturierung

Der formale Therapieablauf ist bei den verschiedenen Formen der kognitiven Umstrukturierung recht ähnlich. Die Autoren betonen die große Übereinstimmung ihrer Ansätze. Und doch zeigen sich bei genauer Betrachtung erhebliche Unterschiede. Diese Unterschiede betreffen das, was durch die Verfahren unmittelbar verändert werden soll: Selbstverbalisation, Selbstinstruktionen, irrationale Überzeugungen, logische Denkfehler (s. Tab. 18.3).

Überzeugungen, Werthaltungen, Einstellungen oder kognitive Schemata sind theoretische Konstrukte; sie können nicht unmittelbar beobachtet und damit auch nicht unmittelbar verändert werden. Komplexere Überzeugungs- und Einsichtsprozesse werden von Ellis und Beck in der Therapie eingesetzt, um eine Veränderung dieser Variablen und in deren Folge die gewünschten Verhaltensänderungen zu erreichen. Meichenbaum spricht hingegen vorwiegend von Selbstverbalisierungen. Solche Selbstverbalisierungen sind ein zumindest prinzipiell beobachtbarer empirischer Sachverhalt. Das Fehlverhalten wird als Funktion dieser Selbstverbalisierungen aufgefaßt (Meichenbaum 1977). Daraus folgt, daß in der Therapie nicht irgendwelche Überzeugungen oder Einstellungen verändert werden müssen, sondern lediglich die Selbstverbalisationen. Der theoretische Unterschied führt zu Veränderungen des praktischen Vorgehens: Das Bemühen um die Einsicht des Patienten verliert an Bedeutung, in den Vordergrund tritt die Entwicklung und das Training alternativer Selbstverbalisationen.

18.9 Literatur

1. *Baucom, D.H. & Epstein, N.:* Cognitive-behavioral marital therapy. Brunner/Mazel, New York 1990
2. *Beck, A.T.:* Cognitive therapy and the emotional disorders. International University Press, New York 1976
3. *Beck, A.T. & Freeman, A.:* Kognitive Therapie bei Persönlichkeitsstörungen. 3. Aufl. Psychologie Verlags Union, Weinheim 1995
4. *Beck, A.T., Rush, A.J., Shaw, B.F. & Emery,* G.: Kognitive Therapie der Depression. 4. Aufl. Psychologie Verlags Union, Weinheim 1996
5. *Ellis, A.:* Die rational-emotive Therapie. Pfeiffer, München 1977
6. *Goldfried, M.R.:* Behavior change through self-control. Holt/Rinehart/Winston, New York 1973
7. *Hautzinger, M.:* Kognitive Verhaltenstherapie bei Depressionen. 4. Aufl. Psychologie Verlags Union, München 1997
8. *Hautzinger, M.:* Kognitive Therapie bei psychischen Störungen. 2. Aufl. Psychologie Verlags Union, Weinheim 1998
9. *Hawton, K., Salkovskis, P.M., Kirk, J. & Clark, D.M.:* Cognitive behaviour therapy for psychiatric problems. A practical guide. Oxford University Press, Oxford 1989
10. *Hoffmann, N.:* Grundlagen kognitiver Therapie. Huber, Bern 1979
11. *Mahoney, M.J.:* Kognitive Verhaltenstherapie. Pfeiffer, München 1977
12. *Meichenbaum, D.B.:* Kognitive Verhaltensmodifikation. Urban & Schwarzenberg, München 1979

Tabelle 18.3 Autoren und vorgeschlagene Formen kognitiver Umstrukturierung

	Ellis	Beck	Meichenbaum
1. **Vorstellen** einer/mehrerer Theorien und Bezug auf das aktuelle Verhalten	„ABC" der Rational-Emotiven Therapie	Theorie der automatischen Gedanken	Einfluß von Selbstaussagen auf Emotionen
2. **Identifikation** der individuellen hinderlichen Kognitionen	allgemeine irrationale Überzeugungen	fehlerhafte Wahrnehmungen, Denkweisen und allgemeine Einstellungen	negative Selbstverbalisierungen
3. **Infragestellen** der individuellen hinderlichen Kognitionen	Akzeptieren der Irrationalität	logische, empirische und pragmatische Überprüfung	weniger wichtig, nur als negativ / hinderlich dargestellt
4. **Erarbeitung** förderlicher Kognitionen	nicht explizit	---	Selbstinstruktionen, vor allem reaktionsbezogene Selbstverbalisation
5. **Üben** der förderlichen Kognitionen	---	---	systematisches, schrittweises Üben

19. Soziales Kompetenztraining

G. Wiedemann, G. Arissen

19.1 Einführung

Zwischenmenschliche Interaktion ist notwendig, wenn es darum geht, eigene Bedürfnisse zu verwirklichen und persönliche Ziele zu erreichen. Die Voraussetzung für eine zufriedenstellende Interaktion besteht darin, diese entsprechend den eigenen Bedürfnissen und Zielen aktiv (mit) zu gestalten, d.h. in den entsprechenden Situationen zwischen sozialer Anpassung und individuellen Bedürfnissen akzeptable Kompromisse zu finden und diese zu realisieren. Dies beinhaltet einen wesentlichen Aspekt psychischer Gesundheit und persönlicher Entwicklung. Wenn soziale Kompetenz als Fähigkeit zur Kommunikation und Kooperation betrachtet wird, so kann davon ausgegangen werden, daß sie entscheidend zur Lebensqualität eines jeden Menschen beiträgt.

■ Begriffliche Abgrenzung

Der Begriff der sozialen Kompetenz gilt heute als Oberbegriff für frühere Konzepte, wie Selbstbehauptung, Selbstsicherheit, soziale Fertigkeiten etc. Dies bedeutet, daß der Gegenstandsbereich in sozialen Kompetenztrainings weiter gefaßt wird als z.B. in Selbstbehauptungstrainings. Hinsichtlich der entsprechenden Behandlungsmöglichkeiten ist folgende Unterscheidung wesentlich: Unter *Kompetenzdefizit* wird das Fehlen der jeweils notwendigen Fertigkeiten verstanden, um soziale Situationen erfolgreich zu bewältigen (Margraf & Rudolf 1995). Diese Menschen zeigen oftmals ein ausgeprägtes allgemeines Vermeidungsverhalten bezüglich sozialer Situationen und sind meist sehr schüchtern. *Sozial inkompetentes Verhalten* wiederum bedeutet, daß in einer bestimmten sozialen Situation die hierfür angemessene Verhaltensweise nicht oder nur unvollkommen realisiert wird. Offen bleibt, ob die Fähigkeit erst gelernt werden muß oder ihr adäquater Einsatz zu üben ist. Davon abzugrenzen sind Menschen mit einer *Sozialphobie*, die über normale soziale Fertigkeiten verfügen, aber Ängste bezüglich einer oder mehrerer spezifischer sozialer Situationen haben. Schüchternheit kann dabei vorhanden sein.

■ Theoretische Grundlagen

Trainingsprogramme zur Verbesserung sozialer Kompetenzen und zwischenmenschlicher Beziehungsfähigkeit gehören zu den ersten Methoden der Verhaltenstherapie. Es sind gut überprüfte und effektive Standardverfahren, wobei im Laufe der Zeit unterschiedliche Definitionen von sozialer Kompetenz zu unterschiedlichen Konzepten geführt haben.

Nach Fliegel, Groeger, Künzel, Schulte & Sorgatz (1994) lassen sich vier Hauptströmungen unterscheiden, die zur Entwicklung der heutigen Trainingsformen geführt haben:

1. Die historisch ältesten Ansätze gehen auf Salter und Wolpe in den vierziger und fünfziger Jahren zurück. Beide sehen tieferliegende Ursachen als verantwortlich für soziale Probleme. Salter geht hierbei von hemmenden Persönlichkeitseigenschaften aus, während Wolpe die soziale Angst in den Mittelpunkt stellt. Die Beseitigung dieser Hemmungsursachen ist Ziel beider Trainingsformen.
2. Lazarus führt in seinen frühen Arbeiten in den sechziger Jahren soziale Probleme auf falsch oder nicht gelerntes Sozialverhalten zurück. Hier ist das Ziel der Abbau unangemessener und gleichzeitig der Aufbau angemessener Verhaltensweisen.
3. Anfang der siebziger Jahre kommt es zunehmend zu der Einsicht, beide zuvor genannten Aspekte zu verbinden und zusätzlich kognitive Variablen, wie die eigene Einstellung und soziale Wahrnehmung, zu berücksichtigen. Die entspre-

chenden Vertreter sind Goldstein, Lazarus und Ullrich de Muynck & Ullrich.

4. Der vierte Ansatz, in dem der Begriff der sozialen Kompetenz verstärkt auftritt, beschäftigt sich mehr mit den Fähigkeiten zur zwischenmenschlichen Interaktion. Das tatsächliche Verhalten wird als ein Produkt individueller Kompetenz und jeweiliger Performanzbedingungen gesehen. Hier geht es nicht mehr nur um ein Verhaltenstraining, sondern zusätzlich um eine Verbesserung der zugrunde liegenden Kompetenz.

Die beiden letztgenannten Hauptströmungen sind Grundlage der meisten heutigen Ansätze.

Ein wesentlicher Grundgedanke kompetenztheoretischer Ansätze besteht darin, daß Individuen in unterschiedlichem Maße über Fertigkeiten verfügen, zwischen individuellen Bedürfnissen und sozialer Anpassung akzeptable Kompromisse zu finden und zu verwirklichen. Ein Training sozialer Kompetenz kann die Stärkung oder Schwächung von Selbstverwirklichungstendenzen bzw. die Stärkung oder Schwächung von Anpassungstendenzen erforderlich machen, um zu einer für das Individuum zufriedenstellenden Balance zu gelangen. Hierbei werden das kognitive, emotionale und tatsächliche Verhalten berücksichtigt. Des Weiteren ist zwischen unsicherem, aggressivem und selbstsicherem Verhalten zu unterscheiden. Es geht um eine situationsangemessene und verantwortliche Selbstbehauptung.

Nach Pfingsten (1996) lassen sich die Behandlungsstrategien entsprechend den vier historischen Hauptströmungen auf vier unterschiedliche Hypothesen zurückführen:

1. Angst führt zu einer Vermeidung oder Beeinträchtigung des Verhaltens in bestimmten sozialen Situationen. Es geht darum, vor allem die störenden Angstreaktionen zu beseitigen (z.B. durch systematische Desensibilisierung, Selbstbehauptungstraining).
2. Mangelnde soziale Fertigkeiten sind die Ursache für vermeidendes oder unangemessenes Sozialverhalten. Das Nachholen oder die Verbesserung sozialer Verhaltensfertigkeiten stehen im Vordergrund (z.B. durch Verhaltensübungen, das Assertiveness-Trainings-Programm, ATP).
3. Ungünstige kognitive Prozesse oder Inhalte sind die Ursache für vermeidendes oder unangemessenes Sozialverhalten. Das Ziel ist die Veränderung kognitiver Vorgänge oder Inhalte (z.B. durch Methoden der kognitiven Umstrukturierung).
4. Die Interaktionen affektiver, motorischer und/oder kognitiver Faktoren sind die Ursache für vermeidendes oder unangemessenes Sozialverhalten. Die Therapie strebt nach einer Veränderung auf allen drei Ebenen des Verhaltens (z.B. kombinierte Anwendung obiger Interventionstechniken, das Gruppentraining Sozialer Kompetenz, GSK).

In der Praxis werden durchaus unterschiedliche Schwerpunkte gesetzt, wobei inzwischen multimodale Verfahren dominieren.

Bei diesen mehr oder weniger standardisierten verhaltenstherapeutischen Trainingsgruppen geht es um die Einübung eher eng umschriebener Kompetenzen, und es kommen ganz spezifische Methoden und Techniken zur Anwendung (Fiedler 1996). Das „warum“ und „woher“ wird in diesen Trainings außer acht gelassen. Es geht darum, Gruppenteilnehmer darauf vorzubereiten und anzuleiten, in zwischenmenschlichen Beziehungen neue Erfahrungen zu machen, sich selbst in Beziehungen als kompetenter zu erleben und sich zugleich mit anderen gemeinsam wohler zu fühlen.

19.2 Praktische Grundlagen

■ Durchführungsmodalitäten

Soziale Kompetenztrainings zeichnen sich insbesondere dadurch aus, daß sie nicht nur in ihrer Handhabbarkeit flexibel sind, sondern ebenso an unterschiedliche zeitliche, räumliche und organisatorische Bedingungen angepaßt werden können.

Soziale Kompetenztrainings können im Einzelsetting, in Gruppen oder einer Kombination von beiden durchgeführt werden. Der Vorteil von Gruppen ist insbesondere dadurch begründet, daß

- das Problemfeld gewissermaßen in das Behandlungszimmer geholt wird,
- soziale Interaktionen real ablaufen,

- Problemsituationen realistisch simuliert werden können,
- gegenseitige Unterstützung, Verstärkung, Modell und Feedback gegeben werden kann und
- Ansporn bei der Durchführung von In-vivo-Übungen stattfindet.

Die meist relativ kurze Trainingsdauer von 6 bis 15 Sitzungen kann je nach Problematik der Patienten verlängert werden.

Es gibt unterschiedliche Trainings, die sich in ihrem Strukturierungsgrad unterscheiden, wobei sich viele Therapeuten an publizierten Trainingsmanualen orientieren: Vollstandardisierte Verfahren, halbstandardisierte Verfahren und offene, interaktionsorientierte Gruppentrainings bzw. Rahmenprogramme. Die Trainings können meistens in Trainingsblöcke unterteilt werden, innerhalb derer jeweils ein bestimmter Situationstyp bearbeitet wird.

Interventionen können ambulant oder im stationären Rahmen erfolgen. Bei einigen Patienten werden sie als einzige therapeutische Maßnahme angewendet und bei anderen in Verbindung mit weiteren Verfahren.

Das Training kann für Kinder, Jugendliche und Erwachsene bis ins hohe Alter Anwendung finden. Es ist immer dann unverzichtbar, wenn Ursachen oder Veränderungsbedingungen der jeweiligen Störungen oder Probleme eng mit sozialer Unsicherheit bzw. mit geringem Vertrauen in die eigene Kompetenz der Betroffenen verknüpft sind.

■ Eingangsdiagnostik

Vor der Durchführung eines Kompetenztrainings sind folgende Fragen zu klären:

- Liegen gravierende Kompetenzprobleme vor?
- Auf welche Situationsarten beziehen sie sich?
- Besteht eine relevante Beziehung zum Behandlungsanlaß?

Eine entsprechende Klärung kann erfolgen durch:

- *Interviews* (welche schwierigen sozialen Situationen gibt es, entsprechendes Verhalten etc.),
- vom Patienten einzuschätzende *Situationslisten* (Einschätzung von vorgegebenen Situationen nach Schwierigkeitsgrad),
- *diagnostische Rollenspiele* (entweder vom Therapeuten vorgegeben oder vom Patienten real erlebte Situationen),
- *standardisierte Testverfahren* (z.B. der Unsicherheitsfragebogen von Ullrich & Ullrich de Muynck 1977).

■ Verlaufs- und Erfolgskontrolle

Um einen Eindruck von Fortschritten während des Trainings zu erhalten, ist der Therapeut auf die von den Patienten zu erstellenden Berichte, Protokolle oder Diagramme angewiesen. In der Forschung zum Training sozialer Kompetenz wurden objektive Verfahren entwickelt, die auch in der therapeutischen Praxis im Prä- und Post-Test angewandt werden können.

Hierzu bieten sich an:

- *Fragebögen*,
- *Rollenspiel-Tests* (Vorgabe interpersonaler Testsituationen, auf die die Patienten spontan reagieren müssen) und
- *In-vivo-Tests* (Aufsuchen der entsprechenden In-vivo-Situationen zu Testzwecken).

19.3 Interventionstechniken

Nachfolgend werden die im Rahmen des sozialen Kompetenztrainings durchgeführten Interventionstechniken mit ihrer speziellen Verwendung knapp dargestellt; eine ausführlichere Darstellung findet in den entsprechenden Kapiteln des Kompendiums statt.

Wesentlich ist, die unterschiedlichen Elemente in ein - je nach Bedarf - sinnvoll aufeinander abgestimmtes Gesamtkonzept zu integrieren und dieses dem/den Patienten bereits im Anfangsstadium verständlich zu machen. Die einzelnen Verfahrensschritte sollten den Patienten plausibel sein, um u.a. jederzeit klare Bezüge zu den eigenen Schwierigkeiten herstellen zu können. Hierdurch wird die Therapiemotivation gefördert und die Abbrecherquote verringert (Pfingsten 1996).

■ Therapeutische Informationen

Es erfolgt eine Einführung in das allgemeine Verständnis sozialer Ängste, Phobien oder Unsicherheiten. Anschließende Gruppengespräche helfen dabei, konkrete Bezüge zwischen der allgemeinen Problemsicht und den persönlichen Schwierigkeiten der Patienten herzustellen. Hierbei kristallisieren sich zunehmend individuelle Themenschwerpunkte bzw. Problembereiche der einzelnen Teilnehmer heraus. So können dann hierfür individuell konkrete Übungsziele erarbeitet werden.

Verhaltensbeobachtung und Protokollierung

Es geht um das Gewinnen konkreter Anhaltspunkte darüber, wo die sozialen Probleme eines Patienten liegen, bevor mit den ersten Verhaltensübungen begonnen werden kann. Die Beobachtung und anschließende Protokollierung sollte z.B. Folgendes berücksichtigen: In welchen sozialen Situationen treten die Schwierigkeiten auf, wie unterscheiden sich die Situationen (Personen, Ort), wie wird die entsprechende Situation im Moment eingeschätzt (Gefühle, Verhaltensmöglichkeiten etc.), wie ist die eigene Auffassung bezüglich der Einschätzung durch andere, wie ist das tatsächliche Verhalten und wie sind die entsprechenden Gefühle in der Situation, wie ist die eigene Wahrnehmung und Bewertung der Reaktionen anderer Beteiligter und wie könnte das eigene Wunsch-/Zielverhalten aussehen?

Instruktion und Modellierung

Eine Verhaltensänderung beginnt meistens mit Informationen über das Zielverhalten, da oftmals Unsicherheit darüber besteht, wo die Fehler liegen und was verbessert werden kann. Die entsprechende Informationsvermittlung erfolgt durch Instruktionen und/oder Modellierung.

Instruktionen sind schriftliche oder mündliche Anweisungen zur Ausführung des Zielverhaltens. Sie sind nicht zu ausführlich und möglichst verhaltensnah formuliert (z.B. „Sagen Sie zuerst, was Sie wollen, dann warum.").

Als nächster Schritt werden vom Therapeuten oder anderen Gruppenteilnehmern im Sinne eines Bewältigungsmodells Rollenspiele durchgeführt, in welchen das Zielverhalten an Alltagsbeispielen demonstriert wird. Hierbei sollte auch zu beobachten sein, wie mit auftretenden Schwierigkeiten umgegangen werden kann, d.h. ein bewältigendes (coping) Modell ist dem meisterhaften (mastery) Modell vorzuziehen. Modelle können auch über Videoaufnahmen, Kassetten, Bilder oder Beschreibungen vermittelt werden.

Rollenspiele

Rollenspiele eignen sich zur Simulation zwischenmenschlicher Interaktionen. Durch sie können sowohl konkrete Verhaltensweisen trainiert werden, als auch - je nach Notwendigkeit, grundlegendere Veränderungen zu erwirken - ein günstigerer Ablauf interner Regulationsprozesse eingeübt, soziale Erfahrungen aktiv herbeigeführt, ausgewertet und für weitere Bewältigungsversuche genutzt werden.

Rollenspiele können zwei Funktionen einnehmen: Es werden die vom Patienten als problematisch bezeichneten Interaktionssequenzen nachgespielt. Es geht darum, die wichtigsten Problemaspekte im Rollenspiel herauszuarbeiten und/oder es werden alternative Verhaltensweisen eingeübt mit dem Ziel, die bisherige Problemsituation zukünftig besser bewältigen zu können.

Je nach therapeutischer Zielsetzung sind folgende Rollenspielvariationen gebräuchlich:

- *Spielsituation:* Vom Therapeuten vorgegeben, vom Patienten aus vorgegebenen Situationen ausgewählt, eigene erlebte Situationen des Patienten.
- *Rollenspielpartner:* Therapeut, Kotherapeut, Gruppenmitglieder.
- *Feedback:* Patient, Therapeut und/oder Kotherapeut, Gruppenmitglieder, Video-oder Audioaufzeichnungen.
- *Feedbackphasen:* Akzentuierung von konkreten Verhaltensweisen, Akzentuierung von Gedanken und Gefühlen.
- *Rollentausch:* Der Therapeut oder ein Gruppenmitglied übernimmt nach der ersten Rollenspielphase die Rolle des Patienten. Die Wirkung des eigenen Verhaltens auf den Gesprächspartner kann so eindrucksvoller erlebt werden.

Auf der Grundlage der Problemdarstellung sind möglichst konkrete Ziele und Rahmenbedingungen festzulegen. Folgende Aspekte sollten berücksichtigt werden: Ort und Zeit, Partner, (alternative) Handlung, zu erwartendes Partnerverhalten, Aspekte des neuen Verhaltens (Blickkontakt, Gestik, Mimik, Stimmodulation, Übereinstimmung verbaler und nonverbaler Aspekte etc.). Der äußere Rahmen sollte möglichst wirklichkeitsnah gestaltet werden, mit z.B. Tischen, Stühlen, Zuhörergruppen.

Rollenspiele lassen sich in fünf Phasen gliedern:

1. *Vorbesprechung:* Situationsbeschreibung und Situationsablauf.
2. *Erstrollenspiel:* Gewohntes oder bereits neues Verhalten.
3. *Erstes Feedback:* Heraushebung gelungener Verhaltensweisen und Verbesserungsmöglichkeiten.
4. *Zweitrollenspiel:* Realisierung der Vorsätze.
5. *Zweites Feedback:* Heraushebung des Verbesserungszuwachses.

Insbesondere zu Beginn der Therapiezeit kommt dem Therapeuten während der Rollenspiele eine wesentliche Bedeutung zu, da er relevante Hilfestellungen geben muß. Hierbei ist wesentlich, auf die spezifischen Kompetenzen und Möglichkeiten der jeweiligen Patienten zu achten.

Folgende therapeutische Funktionen können unterschieden werden:

- *Prompting:* Verbale Hilfestellung und Ermutigung zu neuen Interaktionsmustern (z.B. Aufforderungen wie „sprich lauter").
- *Coaching:* Verbale und/oder nonverbale praktische Anleitung (besonders intensive Hilfestellung = der Therapeut greift direkt in das Rollenspiel ein und spricht z.B. vor).
- *Shaping:* Stetige Anleitung und Förderung zur Ausformung komplexer Interaktionsmuster.
- *Brücke bauen:* Einbau von Hinweisen bezüglich einer erfolgreichen Situationsbewältigung in eigene Äußerungen.
- *Verhaltensverstärkung:* Unmittelbare Rückmeldung und Verstärkung bei vom Patienten realisierten erwünschten Verhaltensänderungen (gut, prima, ausgezeichnet etc.).

Feedback

Feedback geben und nehmen gehören zu den wesentlichen Wirkfaktoren von Rollenspielen. Von daher erfolgt immer eine Auswertung in und mit der Gruppe, wobei nach Fiedler (1996) folgende Rückmeldungen unterschieden werden können:

- *Selbst-Feedback:* Der Protagonist eröffnet durch sein eigenes Feedback die Rückmelderunde. Eine Unterscheidung kann dahingehend gemacht werden, ob entweder zum eigenen Verhalten kritisch Stellung genommen wird oder aber die bereits positiv gelaufenen Verhaltensaspekte hervorgehoben werden. Der Protagonist kann anschließend Fragen an die Gruppe formulieren.
- *Gruppen-Feedback:* Stellungnahmen der Gruppenmitglieder, die nicht am Rollenspiel teilgenommen haben.
- *Rollen-Feedback:* Die beteiligten Rollenspieler berichten über die bei ihnen ausgelösten unmittelbaren Wirkungen durch das Rollenspiel.
- *Beratungs-Feedback:* Beantwortung der Fragen, die der Protagonist nach seinem eigenen Feedback formuliert hat.
- *Identifikations-Feedback:* Gruppenmitglieder berichten von eigenen Erfahrungen in ähnlichen Situationen, wodurch eine Teilhabe an den Problemen des Protagonisten ermöglicht wird und zugleich die eigenen Schwierigkeiten in der Gruppe offengelegt werden können.

Die Aufgabe des Therapeuten besteht hauptsächlich in einer Anregung zu einem konstruktiven Feedback, wobei insbesondere bei negativem Feedback auf konstruktive Vorschläge geachtet werden sollte.

Audio- und Video-Feedback

Durch Audio- und Video-Feedback können Nachbesprechungen auf eine objektivierbare Grundlage gestellt werden. Diese Rückmeldeform trägt wesentlich zur Verbesserung sozialer Kompetenzen bei. Patienten stellen oftmals erstaunt fest, wie sicher sie nach außen bereits wirken. Ungünstige Wirkungen können sich dann zeigen, wenn zu lange Beobachtungseinheiten von Patienten mit innerem Unbehagen angeschaut werden. Von daher sollte auf eine Sequenzierung der Analysen geachtet werden, die sich im Laufe des Trainings ausdehnen kann.

Entspannungsverfahren

Aktive Entspannungsmethoden, wie die progressive Muskelrelaxation, sollen Patienten helfen, die bei der Bewältigung sozialer Situationen entstehende Aufregung zu reduzieren. Hierdurch wird ihnen zudem die Erfahrung vermittelt, daß sie bis zu einem gewissen Grad in der Lage sind, eigene Gefühlsreaktionen zu beeinflussen und sie ihrer Erregung nicht hilflos ausgeliefert sind. Das Erlernen entsprechender Methoden kann entweder in der Gruppe oder zu Hause mit den geeigneten Materialien erfolgen. Zur Erleichterung eines Transfers in die Realität kann ihr Einsatz bereits bei der Durchführung der Rollenspiele mittrainiert werden.

Diskriminationsübungen

Im Mittelpunkt steht die Beeinflussung ungünstiger Kognitionen. Es gibt viele Patienten, die Schwierigkeiten haben, unterschiedliche Verhaltensweisen voneinander zu unterscheiden, wie z.B. unsicheres, kompetentes und aggressives Verhalten. Dies kann zu einer Vermeidungshaltung oder unangemessenen Reaktion in den entsprechenden Situationen führen. Bedingt durch den Rückkoppelungsprozeß führt dies wiederum zu unangemessenem Verhalten in späteren Situationen. In Diskriminationsübungen schätzen Patienten eine Reihe schriftlicher Äußerungen als unsicher, selbstsicher oder aggressiv ein. Die anschließende Besprechung dient dazu, die Merkmale der unterschiedlichen Verhaltensklassen anhand der einzelnen Einschätzungen des Patienten anschaulich herauszuarbeiten. Weitere Themenbereiche können sein: Ungünstige Gedanken erkennen, sich selbst loben lernen, mit Mißerfolgen umgehen, Komplimente machen und bekommen etc.

Transfertechniken

Für die meisten Patienten stellt es eine große Hürde dar, die im Rollenspiel erzielten Verhaltensänderungen auf die entsprechenden Alltagssituationen zu übertragen. Von daher ist es wesentlich, die Patienten wiederholt zu ermutigen, immer wieder die für sie unangenehmen Situationen und/oder Gesprächspartner aufzusuchen.

Folgende gezielte Anstrengungen sind für diesen Transfer notwendig:

- *Hausaufgaben mit In-vivo-Übungen:* Übungen werden geplant, in ihrer Bedeutung erläutert, vom Patienten in realen Situationen durchgeführt und in der nächsten Sitzung gründlich nachbesprochen. Bei Hausaufgaben werden die gesammelten Erfahrungen mittels Protokollbögen oder Tagebuchaufzeichnungen genau festgehalten.
- *Intensive Beteiligung der Patienten:* Aktive Mitwirkung an der Entwicklung für sie angemessener Verhaltensweisen.
- *Training von Metakompetenzen:* Z.B. Selbstkontrolltechniken.

Rückfallprävention

Die Gefahr, nach einer gewissen Zeit in alte und inkompetente Verhaltensweisen zurückzufallen, besteht auch nach erfolgreich abgeschlossenem Trainingsverlauf.

Möglichkeiten, dem entgegenzuwirken, kann in dem Führen von Tagebüchern bestehen, gelegentlichen Nachbesprechungen zwischen Patient und Therapeut oder Treffen der einzelnen Gruppenteilnehmer untereinander. Ebenso bietet sich an, konkrete Handlungsmöglichkeiten zu erarbeiten, zu notieren und entsprechende Leitfragen zu entwickeln, die dann von den Patienten in gewissen Abständen in Erinnerung gerufen werden können (z.B. „Was sind für mich die ersten Anzeichen, daß sich alte Verhaltensweisen wieder einschleichen?“).

19.4 Strukturierungsmöglichkeiten von sozialen Kompetenztrainings

Man unterscheidet zwischen:

- *vollstandardisierten Verfahren:* ein von Ziel, Inhalt und Ablauf festgelegtes Programm
- *halbstandardisierten Verfahren:* Ziele und Ablauf sind festgelegt, die Übungsinhalte werden jedoch durch die Patienten bestimmt.
- *interaktionsorientierten Verfahren bzw. Rahmenprogrammen:* Ziele und Übungsinhalte werden erst in und mit der Gruppe erarbeitet.

Nach Ullrich & Ullrich de Muynck (1994) liegt den unterschiedlichen Ansätzen eine unterschiedliche Zuordnung und bedingungsanalytische Ableitung der therapeutischen Strategien zugrunde. Ihrer Meinung nach ist eine entsprechende Breite im Ansatz und in der Methode bei relevanten Selbstsicherheitstrainings für ein bedingungsgerechtes Vorgehen notwendig.

■ Vollstandardisierte Verfahren

Zwischenmenschliche Konflikte haben bei einer Vielzahl psychischer Störungen eine ätiologische und prognostische Bedeutung. Frühe Selbstsicherheitstrainings, zu denen die vollstandardisierten Verfahren zählen, waren so konzipiert, daß sie störungsübergreifend eingesetzt werden konnten. Diesem Anspruch lagen vor allem ökonomische Gesichtspunkte zugrunde: In der Klinik konnten Patienten mit verschiedenen psychischen Störungen in einer Gruppe zusammengefaßt werden.

Der Grundgedanke war, daß sie über ähnliche Kompetenzdefizite verfügen - nämlich zwischen sozialer Anpassung und persönlichen Bedürfnissen akzeptable Kompromisse zu finden. Hieraus wurde eine Zielperspektive formuliert, aus welcher das Training konkreter Verhaltens- oder Kompetenzbereiche abgeleitet wurde. Auf Grund eines zu weitreichenden Anspruchs einer störungsübergreifenden Konzeption bzw. einer Über- oder Unterforderung bestimmter Patienten wurde jedoch relativ schnell deutlich, daß ganz spezifische Trainingsziele für jede psychische Störung angemessener zu sein scheinen.

Hochgradig strukturierte Programme wurden ursprünglich für Patienten mit schweren psychiatrischen Störungen und geistigen Behinderungen entwickelt. Bei ihnen sind vorstrukturierte Übungen mit ansteigendem Schwierigkeitsgrad, d.h. einer strikten Hierarchisierung, nach wie vor unverzichtbar. Bei solch stark strukturierten Kompetenztrainings ergibt sich die Notwendigkeit einer entsprechenden Anpassung an die individuellen Bedürfnisse der Teilnehmer. Die Programme bieten also von sich aus nur geringe Flexibilität bei der Abstimmung der Übungen auf die Probleme der Patienten.

Ein wesentlicher Vorteil dieser Programme besteht darin, daß sie gut kontrollierbar sind und eine hohe interne und externe Validität besitzen; ein Nachteil ist, daß sie Gefahr laufen, je nach den sich verändernden Anforderungssituationen und allgemeinen Lebensbedingungen, überholt zu sein.

Eines der bekanntesten Programme ist das nachfolgende Assertiveness-Trainings-Programm.

Das Assertiveness-Trainings-Programm (ATP) von Ullrich de Muynck und Ullrich (1976)

Nach Ullrich & Ullrich de Muynck (1995) wird das Ziel des ATP folgendermaßen definiert: „Mit dem Begriff der Selbstsicherheit ist die Fähigkeit eines Individuums gemeint, in Relation zu seiner Umgebung eigene Ansprüche zu stellen und sie auch verwirklichen zu können. Dazu gehört also, sich zu erlauben, eigene Ansprüche zu haben, sich zu trauen, sie auch zu äußern und die Fähigkeit zu besitzen, sie auch durchzusetzen. Ungestörtes Verfügen über diese drei Kategorien in der täglichen Interaktion führt zu einem optimalen Selbstwertgefühl durch ständiges Erhalten positiver Verstärker ...“.

Alle Patienten einer Gruppe durchlaufen eine Hierarchie von sozialen Anforderungs- und Konfliktsituationen. Nach modellhaft vorgespielten selbstsicheren Lösungen, werden diese mit anderen Patienten als Rollenspielpartner eingeübt. Selbstsicherheit und Selbstvertrauen soll gelernt werden.

Die Therapiestruktur orientiert sich an drei Problembereichen (Fiedler 1996):

- Prozesse und Eigenarten der Selbstbewertung
- soziale Unsicherheiten und soziales Gehemmtsein
- Erwerb sozialer Fähigkeiten

Die 110 - nach ansteigender Schwierigkeit geordneten - sozialen Situationen lassen sich in vier Hauptkategorien bzw. Angstabbauhierarchien unterteilen:

- Forderungen stellen und Bedürfnisse eindeutig zeigen
- Nein sagen und ablehnen
- Kontakte herstellen und aufrechterhalten
- sich öffentlicher Beachtung und Leistungskontrolle aussetzen und sich Fehler erlauben

Die Gesamtheit der Strategien und Kursabschnitte - für die jedoch selten klinische Notwendigkeit indiziert ist - beläuft sich auf 100 Kursstunden mit wöchentlichen bzw. 14-tägigen Einzelbegleittherapien, wobei die Gruppengröße acht Teilnehmer nicht überschreiten sollte. Die Gruppenzusammensetzung sollte nach Alter und

Bildungsgrad möglichst homogen, bezüglich des Geschlechtes jedoch gemischt sein. Es kommen Methoden zur Anwendung wie Muskelentspannung, therapeutisch gelenkte Buchlektüre, Verhaltensbeobachtung, Modell-Video, Angstthermometer, Rollenspiele, Video-Feedback und Hausaufgaben.

Empirische Analysen haben ergeben, daß sich auch längerfristig die Effekte des ATP stabil zeigen. Die umfangreiche Auswahl von Trainingssituationen stellen nicht nur einen repräsentativen Querschnitt der Problembereiche des psychiatrischen Klientels dar, sondern besitzen darüber hinaus auch Gültigkeit für Patienten in anderen Klinikkontexten und für die psychotherapeutische ambulante Praxis. Wenn das ATP auf eine andere Zielgruppe als die der psychiatrischen Patienten übertragen wird, kann es in großen Teilen beibehalten werden. Den individuellen Anforderungen kann dadurch begegnet werden, daß die Patienten vor Beginn des Programms spezifische Übungen heraussuchen, die für sie besonders relevant sind. Dadurch ergibt sich für jede Gruppe eine neue Struktur.

■ Halbstandardisierte Verfahren

In halbstandardisierten Kompetenztrainings oder Rahmenprogrammen wurde versucht, oben genannte Nachteile der vollstandardisierten Verfahren zu umgehen. Diese Programme haben eine mehr oder weniger feste Grundstruktur und anpassungsfähige Teilkomponenten, d.h. sie beinhalten nur grobe Zielangaben und Übungsschwerpunkte, welche dann in und mit der Gruppe konkretisiert werden. Es besteht die Notwendigkeit, für jedes Gruppenmitglied Trainingseinheiten festzulegen, die an den konkreten, sich aus deren Lebensalltag ergebenden Anforderungen auszurichten sind.

Allgemeine Ziele können jeweils mehr oder weniger die Stärkung oder Schwächung von Selbstverwirklichungstendenzen sowie die Stärkung oder Schwächung von Anpassungstendenzen sein. Hinsichtlich einer Verhaltensänderung zielen diese Verfahren auf eine Verbesserung kognitiver und emotionaler Voraussetzungen und rücken direkte therapeutische Beeinflussungsmöglichkeiten von Interaktionsverhalten in den Mittelpunkt. Ebenso wird nicht nur die Komplexität sozialen Verhaltens, sondern auch dessen Einbindung in stark vernetzte persönliche Lebenszusammenhänge berücksichtigt. Soziale Fertigkeiten schließen sowohl individuell spezifische emotionale und kognitive Handlungsbestandteile als auch sichtbare Handlungsvollzüge ein. Dies bedeutet, daß bei einer Betrachtung sozialer Qualifikationen vielfältige unterschiedliche Ebenen berücksichtigt werden müssen.

Diese Ende der siebziger Jahre entwickelte Handlungsperspektive führte zu wichtigen Konzeptänderungen. Patienten sollten über die bisher genannten Aspekte hinaus lernen (Fiedler 1996):

- zwischenmenschliche Situationen richtig wahrzunehmen und einzuschätzen,
- eigene Bedürfnisse und Interessen in der jeweiligen Situation richtig zu erkennen, Handlungsmöglichkeiten gedanklich zu entwerfen und ihre Erfolgsaussichten, Situationsbezogenheit und gesellschaftlich-soziale Akzeptanz gedanklich zu überprüfen,
- sich für ein konkretes Interaktionsmuster unter Berücksichtigung eigener Bedürfnisse und Interessen in Bezug auf die Interaktionspartner zu entscheiden und
- sich nach der Handlungsausführung angemessen hinsichtlich der Interaktionsmuster zu bewerten.

Eine Optimierung dieser komplexen Handlungsregulationsabläufe machte innerhalb der Gruppen eine Individualisierung des therapeutischen Vorgehens erforderlich. Im Gruppengespräch wird versucht, individuell passende Übungseinheiten herauszuarbeiten, d.h. welche spezifischen Fertigkeiten vermittelt werden sollen und wie die konkreten Problemkontexte aussehen.

Das Gruppentraining sozialer Kompetenzen (GSK) von Pfingsten & Hinsch (1991)

Obige Autoren betrachten soziale Kompetenz als Oberbegriff für eine Vielzahl unterschiedlicher Kompetenzen, wodurch eine Individualisierung entsprechender Kompetenztrainings unverzichtbar wird. Unter sozial kompetentem Verhalten verstehen sie „...die Verfügbarkeit und Anwendung von kognitiven, emotionalen und motorischen Verhaltensweisen, die in bestimmten sozialen Situationen zu einem langfristig günstigen Verhältnis von positiven und negativen Konsequenzen führen“. Aus individuellen

Belastungs- und Anforderungssituationen werden konkrete Übungen entwickelt.

Dem GSK liegt folgendes Konzept zugrunde:

- Es gibt verschiedene, voneinander abgrenzbare Klassen von Situationen (Situationstypen).
- Je nach Situationstyp sind unterschiedliche Fertigkeiten notwendig, um wünschenswerte Ziele in optimaler Weise zu erreichen (soziale Kompetenzen).
- Die Frage, welchem Typ eine konkrete Situation zuzuordnen ist, muß der in der Situation Agierende aufgrund seiner persönlichen Erfahrungen und persönlichen Zielvorstellungen entscheiden.

Folgende Situationstypen bzw. Problemfelder sozial inkompetenten Verhaltens werden unterschieden:

1. *Typ R:* Recht durchsetzen. Schwierigkeiten, berechtigte Forderungen und Interessen durchzusetzen (z.B. Reklamation einer gekauften fehlerhaften Ware).
2. *Typ B:* Beziehungen. Schwierigkeiten im Umgang mit Partner, Freunden und Bekannten, eigene Wünsche und Bedürfnisse angemessen zu vertreten (z.B. sich abzugrenzen; gemeinsame/eigene Interessen zu pflegen).
3. *Typ S:* Um Sympathie werben. Schwierigkeiten, die Sympathie anderer Leute zu gewinnen (z.B. Kontaktaufnahme).

Das Training besteht aus einer Einführungsveranstaltung, in welcher unter anderem die Vortests durchgeführt werden, und sieben zwei- bis dreistündigen Sitzungen, bei denen die inhaltlichen Schwerpunkte grob festgelegt sind. Die Gruppengröße sollte acht bis zehn Personen bei zwei Trainern nicht überschreiten.

Als Interventionstechniken gelten: Modellierung und Instruktion, Verhaltensübung und Rollenspiel, Verstärkung, Rückmeldung und Video-Feedback, Transfertechniken, Entspannungsmethoden und Techniken der kognitiven Modifikation.

Eine Überprüfung der Wirksamkeit des Trainings fand vor allem bei Erwachsenen, Studenten und Jugendlichen mit sozialen Kompetenzproblemen statt. Hier zeigten sich längerfristige Effekte. Bei diesen Patientengruppierungen stellt das Gruppentraining sozialer Kompetenzen also ein wirksames Verfahren zur Reduktion von Kompetenzproblemen dar. Untersuchungen an Patientengruppen mit umschriebenen psychischen Störungen fehlen, so daß das GSK vor allem im Problembereich der sozialen Unsicherheit und Angst bei Jugendlichen und Erwachsenen eingesetzt werden kann.

■ Klinik-Konzepte

Halbstandardisierte Verfahren

In den meisten psychotherapeutisch orientierten Kliniken sind Trainingsprogramme zur Einübung sozialer Fertigkeiten nicht nur Bestandteil differentieller Behandlungsprogramme unterschiedlicher Störungen, sondern sie gehören inzwischen zu den fest etablierten allgemeinen Gruppenangeboten. Bei letzterem geht es darum, neuen Patienten die Integration in die Klinikgemeinschaft zu erleichtern und sie mit dem handlungsorientierten Grundkonzept der Verhaltenstherapie vertraut zu machen. Die Trainings werden gezielt auf die individuellen Bedürfnisse der teilnehmenden Patienten ausgerichtet, wobei eine Einführungsphase standardmäßig durchgeführt wird. Hierbei geht es um eine Einführung in die verhaltenstherapeutischen Begründungszusammenhänge, das Kennenlernen zentraler Trainingsmethoden, Hausaufgabenplanung und Eigenevaluation beim Transfer. Anschließend wird ein individueller Behandlungsplan mit den entsprechenden Problemsituationen und Zielverhaltensweisen erstellt. Dieser wird dann in einen mit der Gruppe entwickelten Plan für den Gesamtverlauf des Selbstsicherheitstrainings integriert. Dieser Gesamtplan bleibt jedoch nicht starr, sondern kann je nach Entwicklung der Patienten neu angepaßt werden.

Das Selbstsicherheitstraining für Klinikpatienten von Schneider (1994)

Das Curriculum enthält eine gewisse Hierarchisierung in Richtung komplexerer Übungsanforderungen bis hin zur Individualisierung. Zu Beginn, d.h. während der ersten fünf Sitzungen dieses teilnehmergeschlossenen Trainingsprogramms, stehen einige kurze Einführungsübungen. Sie sollen die Klinikpatienten sowohl mit den auch später zentral bleibenden Grundtechniken und deren spezifischen Wirkfaktoren vertraut machen, als auch für eine konstruktive und kooperative Gruppenatmosphäre sorgen. Ebenso erfolgt die Vorarbeit für den individualisierten Behandlungsplan, in dem folgende Aspekte gesammelt und schriftlich fixiert werden:

- genaue Beschreibung der Problemsituation,
- Ausmaß des Unbehagens in den entsprechenden Situationen,
- Beschreibung des erwünschten Zielverhaltens und
- Beschreibung des erwarteten/erhofften Verhaltens anderer.

Ab der sechsten Sitzung bis zum Rest der Behandlungszeit besteht die Möglichkeit, den Therapieverlauf zu individualisieren. Aus dem Manual können jedoch weitere Problem- und Verhaltensbereiche vorgeschlagen werden, die sich als weitgehend personenübergreifend bedeutsam erwiesen haben, nämlich:

- Forderungen stellen und zurückweisen,
- Erkennen eigener Rechte,
- Umgang mit der Fehleinschätzung der eigenen Handlung durch andere,
- sich selbstsicher fühlen und handeln,
- Unterhaltungen führen.

Schneiders Manual enthält genaue Darlegungen bez. der Zielstellung und der Durchführung der einzelnen Übungen, ebenso Hinweise darüber, wie dieses Training als nicht-teilnehmergeschlossenes Programm durchgeführt werden kann.

Interaktionsorientierte Gruppentrainings oder Rahmenprogramme

Im Gegensatz zu obigen Programmen eignen sich die Rahmenprogramme für Kliniken mit einer hohen Patientenfluktuation, weniger langen Aufenthaltszeiten und regelmäßigen Patientenaufnahmen. Aus diesem Grund wurden zeitgleich zu den halbstandardisierten Trainings diese Rahmenprogramme entwickelt.

Der Individualisierung der Therapiesituation und den Gruppenprozessen wird mehr Raum zugestanden, wodurch sie größere Freiheiten bei der inhaltlichen Ausgestaltung der Gruppenarbeit bieten. Entsprechende Manuale mit ihren Definitionen für Zielperspektiven und möglichen Kompetenzbereichen bieten den Therapeuten lediglich inhaltliche Orientierungshilfen, darüber hinaus jedoch wenig Restriktionen.

Das Personal-Effectiveness-Training (PET) von Liberman, King, DeRisi & McCann (1975)

Dieses Training ist störungs- und problemübergreifend einsetzbar und stellt ein Teilnehmer-offenes Gruppenkonzept dar. Hierunter ist zu verstehen, daß bei fortlaufendem Angebot ein Ausscheiden bisheriger Gruppenteilnehmer eine Einstiegsmöglichkeit für neue Patienten darstellt.

Liberman et al. (1975) entwickelten gerade für Kliniken mit z.B. laufenden oder unregelmäßigen Neuaufnahmen ein „Eine-Sitzung-Konzept“, wobei jede der Sitzungen zwischen zwei und drei Stunden dauert und jeweils in drei Phasen unterteilt werden kann:

- *Planungsphase:* Persönliche Vorstellung neuer Teilnehmer; Besprechung laufender Hausaufgaben und persönlicher Transfer-Übungen; je Patient die Auswahl einer relevanten sozialen Situation mit bestehenden Kompetenzdefiziten und die Auswahl der entsprechenden einzuübenden Verhaltensbereiche.
- *Trainingsphase:* Realisierung/Umsetzung der abgesprochenen Verhaltensübungen im Rollenspiel; andere Gruppenteilnehmer nehmen als Rollenspielpartner teil, u.a. um gemeinsam günstige Modelle zu erarbeiten; Einsatz von Modell-Videos oder Videoaufnahmen der Rollenspiele. Standardisierte Verhaltensübungen des Programms spielen solange eine nachgeordnete Rolle, wie Patienten selbst Zielperspektiven für Kompetenzdefizite entwickeln können.
- *Feedback und Transfer:* Besprechung und Auswertung der durchgeführten Übungen in und mit der Gruppe, wobei Feedback geben und nehmen als Lernziel und Hilfestellung betrachtet wird; Besprechung neuer Hausaufgaben und Planung der Realisierung obiger Übungen in vivo; Bewertung der Trainer/Therapeuten an sich und der von ihnen gezeigten Interventionen bezüglich Angemessenheit und Konzeptentsprechung.

Die Autoren haben ein bebildertes und praxisorientiertes Manual vorgelegt, bei dem Therapeuten in die Lage versetzt werden, sich die praktische Durchführung des Trainings Schritt für Schritt selbst zu erarbeiten. Ebenso stehen für Patienten Trainingsmaterialien und Modell-Videos für die Durchführung von Übungen zur Verfügung.

Die Erprobung des Konzeptes erfolgte in einer psychiatrischen Tagesklinik. Bei der Evaluation stand das Gelingen eines Transfers im Vordergrund. Es gelang Patienten in bis zu 80% der Fälle, die erworbenen Kompetenzen auf den Lebensalltag zu übertragen. Heute ist zu berücksichtigen, daß einige inhaltliche Konkretisierungen und Vorschläge noch auf dem Forschungsstand der siebziger Jahre beruhen.

Nur wenige Jahre später wurden zieloffene Gruppen favorisiert, welche etliche Aspekte des PET beinhalten, wie die strukturierte Individualisierung der Gruppenarbeit und die „Eine-Sitzung-Konzeption". In der zieloffenen Gruppe werden die im PET sehr präzisen technischen und zeitlichen Vorgaben vermieden, die die Flexibilität des Therapeuten einschränken.

Therapeutische Beziehung

Unabhängig von der Art obiger Verfahren ist die Qualität der Beziehung zwischen Patient und Therapeut für die Wirksamkeit sämtlicher Kompetenztrainings von großer Bedeutung (Grawe et al. 1994).

Insbesondere bei sozial unsicheren Patienten sind einige Faktoren zu berücksichtigen, die sich nicht nur auf reale Situationen, sondern auch auf einzel- oder gruppentherapeutische Settings beziehen:

- hohe Empfindlichkeit gegenüber sozialen Mißerfolgen,
- hohe Irritierbarkeit durch Kritik,
- ausgeprägte Konformitätstendenzen,
- starkes Bedürfnis nach klarer Aufgabenstellung und Anweisung,
- ausgeprägter Perfektionismus und überhöhte Ansprüche an sich selbst.

Hierauf ist z.B. bei den Rollenspielsituationen (z.B. Überforderung vermeiden), der Art des Feedbacks (z.B. Betonung bereits positiver Aspekte) und den auszuwählenden Hausaufgaben (z.B. angemessene Zielsetzung) zu achten.

19.5 Anwendungsbereiche

Versucht man die mannigfaltigen Trainingskonzepte der sozialen Kompetenz nach Anwendungsfelder einzuteilen, ergeben sich nach Fiedler (1996) folgende Zielgruppen mit ihren jeweils besonderen Akzenten: psychiatrische Patienten (wie schizophrene Patienten), Familien und Paare (wie Prävention von Partnerschaftsstörungen), Trainingsgruppen für „jedermann" (wie in der Erwachsenenbildung und Berufsfortbildung), Gruppen für Frauen und Männer (bei Frauen bezüglich geschlechtsrollenstereotyper Benachteiligungen und bei Männern die Überwindung heterosexueller Kontaktschwierigkeiten), Kompetenztrainings in der Verhaltenstherapie-Ausbildung und Supervision (Selbsterfahrungsbaustein innerhalb der Ausbildung), Mediatoren-Ausbildung und Supervision (z.B. an Rehabilitations-Kliniken und in der Heimerziehung) und Kompetenztrainings im Bereich der primären Prävention (wie z.B. in der Organisationsberatung und Mitarbeiterschulung).

Nach Fiedler (1996) gibt es fünf klinische Indikationsbereiche für ein soziales Kompetenztraining:

1. Soziale Unsicherheit
2. Soziale Ängste und Phobien
3. Störungen des zwischenmenschlichen Beziehungsverhaltens
4. Selbstunsicher-vermeidende Persönlichkeitsstörung
5. Weitere Persönlichkeitsstörungen mit vorrangiger Interaktionsstörung

Wie Grawe et al. (1994) recht eindeutig belegen konnten, sind soziale Kompetenztrainings bei fast allen Arten von psychischen Störungen einsetzbar: bei Ängsten, Depressionen, psychosomatischen Erkrankungen und unterschiedlichen Persönlichkeitsstörungen. Bei dieser Vielfalt von Anwendungsmöglichkeiten sollte jedoch bei einer Entscheidung für dieses Training bestimmend sein, daß soziale Verhaltensprobleme bei dem Patienten und seiner Symptomatik eine klinisch relevante Rolle spielen.

Nach Pfingsten (1996) sind vier Möglichkeiten zu unterscheiden, die für die Anwendung eines sozialen Kompetenztrainings sprechen:

1. Soziale Kompetenzprobleme als alleiniger oder zentraler Bestandteil der Gesamtsymptomatik (z.B. soziale Phobie oder ängstliche Persönlichkeitsstörung).
2. Soziale Kompetenzprobleme als wesentliche (Mit-)Ursache der Hauptstörung (z.B. Depressionen oder psychosomatische Störungen).

3. Förderung sozialer Kompetenzen als Chancenerhöhung des Patienten für eine erfolgreiche Rehabilitation bzw. Management der Hauptstörung (z.B. schizophrene Störungen oder Substanzmißbrauch).
4. Förderung sozialer Kompetenzen als Risikominderung für die Entstehung psychischer Störungen (z.B. Partnerschaftstraining oder Training für unsichere oder aggressive Kinder/Jugendliche).

Ein Training sozialer Kompetenzen kann demnach nicht nur im therapeutischen Bereich angewandt werden, sondern ebenso in der Rehabilitation und Prävention. Diese Vielseitigkeit ist darin begründet, daß eine Stärkung persönlicher Ressourcen immer mit einer Förderung von sozialen Fähigkeiten einhergeht.

19.6 Wirksamkeit von sozialen Kompetenztrainings

Eine Überprüfung der Wirksamkeit sozialer Kompetenztrainings fand durch Grawe, Donati & Bernauer (1994) statt. Insgesamt gesehen zeigte ein Prä-Post-Vergleich eine außerordentliche Wirksamkeit bei selbstunsicheren Patienten und bei Patienten mit einer anderen Hauptdiagnose mit Selbstunsicherheit als wesentlichem Bestandteil der Gesamtproblematik. Ebenso wurde eine Ausstrahlung der Therapiewirkung auf folgende zusätzliche Bereiche festgestellt: positive Veränderung im zwischenmenschlichen Bereich, im Persönlichkeitsbereich, im allgemeinen Wohlbefinden, auf die vegetative Stabilität und auf den Arbeitsbereich. Auch bei einer anderen Hauptsymptomatik wie Migräne, sexuellen Störungen etc. traten in mehr als der Hälfte der Studien bedeutsame Symptomverbesserungen auf.

Einige weitere Ergebnisse sind: Die größte Wirksamkeit zeigte eine Kombination von Einzel- und Gruppensetting. Ein stationäres Setting führte zu generalisierteren Verbesserungen als eine ambulante Therapie. Zwischen den vollstandardisierten und den halbstandardisierten Trainingsprogrammen wurde kein Unterschied festgestellt. Die Wirksamkeit beider Strategien fällt in etwa gleich gut aus. Weiterhin konnte ein signifikanter Zusammenhang zwischen dem Erreichen der angestrebten Therapieziele und der Qualität der Beziehung zum Therapeuten und den anderen Gruppenmitgliedern festgestellt werden.

19.7 Literatur

1. *Fiedler, P.:* Verhaltenstherapie in und mit Gruppen. Psychologische Psychotherapie in der Praxis. Psychologie Verlags Union, Weinheim 1996
2. *Fliegel, S., Groeger, W.M., Künzel, R., Schulte, D. & Sorgatz, H.:* Verhaltenstherapeutische Standardmethoden. Ein Übungsbuch. 3. Aufl. Psychologie Verlags Union, Weinheim 1994
3. *Grawe, G., Donati, R. & Bernauer,F.:* Psychotherapie im Wandel. Von der Konfession zur Profession. 2. Aufl. Verlag für Psychologie, Göttingen 1994
4. *Liberman, R.P., King, L.W., DeRisi, W.J. & McCann, M.:* Personal effectiveness. Guiding people to assert themselves and improve their social skills. Research Press, Champaign Ill 1975
5. *Margraf, J. & Rudolf, K.:* Angst in sozialen Situationen: Das Konzept der Sozialphobie. In: *Margraf, J. & Rudolf, K.* (Hrsg.): Training sozialer Kompetenz. Röttger-Schneider, Baltmannsweiler 1995, S.11-34
6. *Pfingsten, U. & Hinsch, R.:* Gruppentraining sozialer Kompetenzen (GSK). Grundlagen, Durchführung, Materialien. 2. Aufl. Psychologie Verlags Union, Weinheim 1991
7. *Pfingsten, U.:* Training sozialer Kompetenz. In: *Margraf, J.* (Hrsg.): Lehrbuch der Verhaltenstherapie (Bd. 1). Grundlagen - Diagnostik - Verfahren - Rahmenbedingungen. Springer, Berlin 1996, S. 361-369
8. *Schneider, R.:* Selbstsicherheitstraining. In: *Zielke, M. & Sturm, J.* (Hrsg.): Handbuch stationärer Verhaltenstherapie. Beltz, Weinheim 1994, S. 395-424
9. *Ullrich de Muynck & R., Ullrich, R.:* Das Assertiveness-Training-Programm: Einübung von Selbstvertrauen und sozialer Kompetenz. Pfeiffer, München 1976
10. *Ullrich, R. & Ullrich de Muynck, R.:* Der Unsicherheitsfragebogen. Pfeiffer, München 1977
11. *Ullrich, R. & Ullrich de Muynck, R.:* Selbstsicherheitstherapien, Training sozialer Kompetenz: Das Assertiveness-Training-Programm ATP als bedingungsanalytische Gruppentherapie. In: *Sulz, S.K.D.* (Hrsg.): Das Therapiebuch - Erfahrene Psychotherapeuten berichten, wie sie Therapie machen. CIP-Medien, München 1994, S. 177-186
12. *Ullrich, R. & Ullrich de Muynck, R.:* Selbstwertstörung und soziale Phobie - 25 Jahre Assertiveness-Training-Programm (ATP) Therapie. In: *Margraf, J. & Rudolf, K.* (Hrsg.): Training sozialer Kompetenz. Röttger-Schneider, Baltmannsweiler 1995, S. 75-107

20. Kommunikationstraining

D. Zimmer

20.1 Einführung

Das Training kommunikativer Fertigkeiten kann als Spezialfall des Aufbaus sozialer Kompetenzen gesehen werden. Bei der Therapie von Patienten mit Paar- und Familienkonflikten gibt es besondere Aufgaben und Schwierigkeiten, die sich von Konfliktsituationen am Arbeitsplatz oder im öffentlichen Leben unterscheiden. Kein Lebensbereich kann eine so stützende, stabilisierende und protektive Bedeutung haben wie eine funktionierende und immer wieder glückliche Partnerschaft oder Familie. Kein Bereich kann aber auch so belastend und pathogen sein wie eine chronisch destruktive oder aktuelle krisenhafte Partnerschaft. Entsprechend ist das Gelingen oder Mißlingen einer solchen Beziehung von erstrangiger Bedeutung für die Ätiologie und Auslösung verschiedenartiger psychischer Erkrankungen (Depression, Sucht, Psychosomatik u.a.m.) oder auch für das Rückfallrisiko nach Beendigung einer psychiatrischen oder psychotherapeutischen Behandlung.

Die Arbeit an interaktionellen Fertigkeiten dient zum einen der Entwicklung eines differenzierteren Repertoires für einen positiven Austausch und für die Konfliktbewältigung. Zum anderen dient es der Einübung gleichberechtigter Beziehungsformen. Ein respektvoller und ehrlicher Umgang ist durch erlebnisorientierte Übungen leichter erreichbar als durch moralische Appelle.

Bei dieser Arbeit ist eine Beschränkung auf die Verhaltensebene nicht möglich, da sowohl der Ausdruck eigener Gefühle, Gedanken und Wünsche als auch das konstruktive Eingehen auf den Partner weitere Ebenen beteiligt: Neben einer differenzierten Selbstwahrnehmung sind zahlreiche gefühlsrelevante kognitive Schemata (Erwartungen, Normen, Bilder, Selbstreaktionen) zu beachten und zu bearbeiten.

Ein Kommunikationstraining kann in der Einzeltherapie, im Gruppenrahmen oder als Paartherapie durchgeführt werden. In Einzeltherapien und im Gruppenrahmen spielen Therapeuten oder Gruppenmitglieder die Rollen von Angehörigen und geben so Gelegenheit zum Erproben neuer Verhaltensmuster.

20.2 Ziele und Grenzen eines Kommunikationstrainings

Bei vielen Paaren und Familien sind nicht primär inhaltliche Divergenzen und Konflikte für die Aufrechterhaltung von Beziehungsstörungen verantwortlich, sondern vor allem die Unfähigkeit zu einer adäquaten Kommunikation, mittels derer Konflikte besprechbar sind. Karl Herbert Mandel nannte die verzweifelten Gespräche, die mehr Scherben als Lösungen produzieren, „problemaufrechterhaltende Problemlöseversuche".

Hier können Kommunikationstrainings wirksam helfen, die Fähigkeiten zu verbessern, um zum einen als „Sender" eigene Gefühle, Gedanken und Wünsche dem Partner gegenüber ehrlich und kongruent (zwischen Sprache und nonverbalen Kanälen) auszudrücken, und zum anderen als „Empfänger", also als Zuhörer, einfühlsam und aktiv klärend auf die Äußerungen des Gegenübers zu reagieren.

Die Verbesserung der Kommunikation reicht für viele belastete Paare und Familien nicht aus:

Kommunikative Defizite sind eine häufige, aber nicht die einzige Quelle von Beziehungsproblemen. Andere Ursachen können sein: Fehlende positive Gemeinsamkeiten, früh entwickelte Vertrauensängste, irrationale Annahmen über Beziehungen und Geschlechterrollen, komplementäre Ängste (z.B. vor Nähe, vor Selbständigkeit oder gar beidem), äußere Belastungen der Lebenssituation oder auch individuelle psychopathologische Belastungen. Im Rahmen einer umfassenden Ehetherapie oder Angehörigenarbeit wird daher neben der Verbesserung der Kommunikation die Bearbeitung von Einstellungen, Normen und Erwartungen und systemisch aufeinander bezogener Ängste notwendig sein. Dies gelingt natürlich besser, wenn beide minimale Fertigkeiten haben, sich auszudrücken und einander zuzuhören.

Die Entwicklung einer konstruktiven Kommunikation ist immer auch die Festigung neuer partnerschaftlicher Einstellungen: Respekt, Zuneigung und Selbstachtung werden durch einen entsprechenden Umgang miteinander gelebt.

Die Anwesenheit beider Partner erspart das Nachdenken über den Transfer des in Therapiesitzungen Gelernten in den Alltag, da die wichtigste Person anwesend ist. Dieses Vorgehen ist daher der Einzeltherapie vorzuziehen. Eine frühzeitige Paartherapie ist jedoch riskant, wenn ein deutliches Gefälle in der Ich-Stabilität bzw. interpersonellen Angst besteht. Starke Dominanzgefälle behindern die Arbeit. Auf Dauer ist es problematisch, wenn sich ein Partner zum Co-Therapeuten aufschwingt und damit die Patientenrolle verläßt. In diesem Falle ist die Stärkung des Schwächeren in der Einzeltherapie vorzuziehen, bevor beide mit der Paartherapie beginnen. Gelegentlich sind auch parallele Einzeltherapien (bei verschiedenen Therapeuten) indiziert, damit jeder verstärkt an eigenen Problemanteilen arbeiten kann und mehr persönliche Stützung bekommt, bevor eine gemeinsame Therapie denkbar ist.

Das konstruktive und gleichberechtigte partnerschaftliche Gespräch, das in Kommunikationstrainings angestrebt wird, ist zum Teil eine Fiktion von wohlmeinenden Psychotherapeuten: Das durchschnittliche englische Ehepaar z.B. redet im Schnitt 6 - 10 Minuten am Tag miteinander, am häufigsten über das Fernsehprogramm. Auch glückliche Paare kennen destruktiven Streit. Wie die Forschung zeigt, sind jedoch bei „glücklichen" Paaren in schweren Zeiten die Fähigkeiten ausgeprägter, neben den negativen auch noch die positiven Seiten der Beziehung wahrnehmen und ausdrücken zu können und aus destruktiven Streiteskalationen rechtzeitig wieder auszusteigen.

Wir dürfen daher Patienten nicht überfordern oder gar die Norm aufstellen, daß über alle Themen des alltäglichen Zusammenlebens regelmäßig und ausführlich gesprochen werden muß. Konstruktive Kommunikation und Konfliktlösung sollte aber für Krisenzeiten und besondere wichtige Themen möglich sein, weil dann nichtverletzende und empathische Gesprächsstile entscheiden, ob die Schwierigkeiten und Krisen konstruktiv überwunden werden können.

20.3 Diagnostik

Die wichtigsten Methoden der Diagnostik sind Gespräche und Beobachtung. Andere diagnostische Verfahren werden bei Hank et al. (1989) und Zimmer (1985) dargestellt.

Im Gespräch können wichtige *inhaltliche Themen* erfaßt werden: neben aktuellen Konflikten und ihrer Geschichte auch positive Gefühle und Erfahrungen des Paares miteinander (jetzt und z.B. zur Zeit des Kennenlernens), wichtige Beziehungserfahrungen aus der Ursprungsfamilie und mit anderen im Laufe der Biographie. Über die spontan berichteten Themen hinaus sollten Therapeuten auch auf nicht angesprochene Gefühle (z.B. Angst oder Ärger) und Lebensbereiche achten, bzw. danach fragen (Außenbeziehungen, sexuelles Erleben u.ä.m.).

Das Gespräch über mißlungene Gesprächssituationen ist jedoch kein Ersatz für die *Beobachtung realer Kommunikation* eines Paares. Wenn Therapeuten wissen wollen, ob Patienten positive Gefühle ausdrücken oder Konflikte austragen können, müssen sie Situationen schaffen, die die Beobachtung eben dieser Verhaltensweisen erlauben. Für jede der weiter unten beschriebenen Kommunikations-Dimensionen gibt es daher Vorschläge, wie Beobachtungsübungen angelegt sein können (Zimmer 1985).

Beispiel: „Sie haben mir jetzt erzählt, wie Ihnen das Gespräch gestern Abend wieder entglitten ist und Sie beide mit dem Verlauf sehr unzufrieden waren. Da ich nun nicht bei Ihnen Zuhause dabei war und die Situation miterleben konnte, schlage ich vor, daß Sie den Anfang des Gespräches jetzt nochmals nachspielen. So können wir vielleicht besser herausfinden, wie das Gespräch eine so negative Wende genommen hat und was vielleicht statt dessen möglich wäre. Wären Sie damit einverstanden? In dem Fall versuchen Sie sich vorstellen, daß Sie jetzt hier nach dem Abendessen im Wohnzimmer sitzen und nochmals über das Thema von gestern sprechen. Wer von Ihnen möchte beginnen, seine Gedanken und Gefühle zu äußern?"

Zu Beginn einer Behandlung ist es auch möglich, ein Paar mit offenen Aufgaben zu konfrontieren und zu beobachten, wie es sie löst. Solche

Aufgaben werden „Beziehungsstrukturtests" genannt, weil sie Rückschlüsse nicht nur über Kommunikationsmuster zulassen. Wenn beispielsweise ein Therapeut am Anfang fragt - ohne dabei einen der Partner besonders anzusehen - welche Probleme das Paar gerne besprechen möchte, dann handelt es sich um eine Konsensbildungsaufgabe: Wer von beiden wird zuerst antworten, wer definiert die Probleme und ggf. auch die Schuldfrage, wer spricht für sich oder für beide? Können beide neben der eigenen Sicht auch die des anderen stehen lassen? (Zimmer 1985).

Diagnostische Rollenspiele zu einzelnen Dimensionen (z.B. „Gespräche über divergierende Wünsche zum Wochenende") sollten nicht von therapeutischen Interventionen getrennt werden. Diagnostische Rollenspiele sollten in therapeutische Rollenspiele übergehen, damit keine depressiogenen Erfahrungen gemacht werden. Diagnostische Rollenspiele sollten auch nicht zu lange dauern (ca. 3 - 5 Min.), da sie sonst ohne Videoaufzeichnungen nicht mehr auswertbar sind.

Bei der Auswertung partnerschaftlicher Interaktionen können standardisierte Codiersysteme verwendet werden (z.B. Camberwell Family Interview, MICS o.Ä., s. Hahlweg 1996, Zimmer 1985), die aber vor allem in der Forschung von Interesse sind. In der Praxis wird man vor allem achten auf

- Dimensionen, die für eine bestimmte Gruppe nach dem Stand der Forschung interessant sind, z.B. HEE (high expressed emotions, also „hohe Emotionalität als Kritik und übertriebenes emotionales Engagement") als Verhalten von Angehörigen, das mit Rückfällen bei schizophrenen Patienten in Verbindung zu stehen scheint;
- Kommunikationsdimensionen, die in der Forschung zwischen glücklichen und unglücklichen Paaren trennen („direkter Gefühlsausdruck; Klarheit; Vermeidung von Verletzungen" etc., s. Zimmer 1985);
- Verhaltensweisen, die für das anwesende Paar von emotionaler Bedeutung sind (z.B. „Reizworte" oder ritualisierte Sätze, die kränken oder besänftigen).

Da hier kein Forschungsüberblick gegeben werden kann, sollen statt dessen Fragen formuliert werden, die sich Therapeuten bei der Beobachtung einer Interaktion stellen und die dann Anlaß sowohl für Rückmeldungen als auch für klärende Fragen sein können.

Fragen zur Auswertung diagnostischer Rollenspiele bei Paarinteraktionen sind

1. Kommunikationsverhalten des Senders:
   - Konnte der Sender primär über sich sprechen („Ich-Botschaften" vs. anklagende „Du-Botschaften")?
   - Konnte er/sie das vorherrschende Gefühl mitteilen?
   - Paßte das nonverbale Ausdrucksverhalten (Mimik, Gestik, Körperhaltung, Stimmausdruck etc.) kongruent zum Inhalt?
   - Wurde die Intensität der Gefühle spürbar? Wurde etwas zurückgehalten?
   - Konnten die gedanklichen Hintergründe der Gefühle vermittelt werden?
   - Gab es Reizworte oder verletzende Formulierungen, die es dem Empfänger unnötig schwer machten, im Gespräch zu bleiben?
   - Konnten ggf. weitere Gefühle oder Hintergründe angesprochen werden?
2. Kommunikationsverhalten des Empfängers:
   - War er offen, konnte er aufmerksam sein und zuhören?
   - War er in der Lage, zu validieren, ob er Gefühle und Gedanken richtig verstanden hatte, ggf. klärende Nachfragen stellen?

Spezielle Gütekriterien hängen von der konkreten Aufgabenstellung (z.B. „Ausdruck positiver Gefühle" vs. „Umgang mit negativen Gefühlen") ab.

Bei der Auswertung der Rollenspiele werden natürlich oft auch Einstellungen deutlich, die das Lernen und die konstruktive Kommunikation erschweren (s.u.).

20.4 Vorbereitung eines Kommunikationstrainings

Wichtige Voraussetzungen eines Kommunikationstrainings sind:

- Beide Partner bzw. alle beteiligten Familienangehörigen sind einverstanden und wünschen die Behandlung.

- Die Partner hatten Gelegenheit, ihre Sicht der Problematik dem Therapeuten vorzutragen und haben den Eindruck, daß dieser ihre Sicht aufgenommen und verstanden hat.
- Die Partner sind bereit, für eine gewisse Zeit die Suche nach „inhaltlichen Lösungen" zurückzustellen, um statt dessen an der Verbesserung der Kommunikation zu arbeiten.
- Beide Partner erleben die Therapeuten als hinreichend neutral. Keiner schafft es, den Therapeuten emotional oder inhaltlich auf seine Seite zu ziehen.
- Explizite Entscheidung: Therapeuten tun daher gut daran, nach diagnostischen Gesprächen und einem inhaltlichen Verständnis der Probleme eine explizite Entscheidung jedes der beiden Partner anzustreben.

Das Paar muß wissen, daß für eine Phase ihrer Problembearbeitung das „Wie" wichtiger ist als das „Was" - in der Hoffnung, daß danach leichter eine inhaltliche Lösung gefunden werden kann.

20.5 Basisprinzipien eines Kommunikationstrainings

Die Basisstruktur von Rollenspielen zur Verbesserung der Kommunikation gleicht derjenigen, die im Kapitel 14 (Rollenspiel) schon allgemein beschrieben wurde:

Nach der (1) Suche von Übungssituationen wird (2) ein diagnostisches Rollenspiel durchgeführt. Dies ist die Basis für (3) erste hilfreiche Instruktionen, (4) therapeutische Rollenspiele und (5) Rückmeldungen, die wiederum in neue therapeutische Rollenspiele münden. Für diese Rollenspiele, Instruktionen und Rückmeldungen gelten daher auch dieselben Empfehlungen für Therapeuten, wie sie schon im Kapitel 14 beschrieben wurden.

Im Folgenden wird daher nur auf die spezifisch neuen Aspekte der Arbeit mit Paaren eingegangen.

Kontrollierter Dialog

Ein zentral zu übendes Kommunikationsmuster besteht in folgender Reihenfolge:

- Partner A als Sender teilt Gefühle und Gedanken zum Thema als Ich-Botschaft möglichst spezifisch und kongruent (Inhalt und Ausdruck) mit („Ich denke und fühle..." statt „Du hast schon wieder...").
- Partner B als Empfänger paraphrasiert („Wenn ich Dich richtig verstanden habe, meinst Du...") und stellt klärende Nachfragen („Was ich nicht ganz verstanden habe...").
- Diese Schleife wiederholt sich, bis Partner A bestätigt („Genau"), daß Partner B verstanden hat, worum es ihm geht.
- Partner B als Sender beschreibt nun, (a) welche Gefühle die Äußerung von A bei ihm auslöst und stellt nun (b) seine Sicht der Dinge und seine Gefühle dar und Partner A bemüht sich aktiv zu verstehen und stellt Validierungsfragen („Sehe ich das richtig, daß Du mir sagen willst..."), bis Partner B bestätigt.

Gleichbehandlung

Für beide Partner gelten die gleichen Regeln, beide üben als Sender und Empfänger dasselbe Zielverhalten und entdecken häufig, daß dabei anfänglich erlebte Unterschiede schwinden. Die Übungen fallen in der Regel beiden nicht leicht, werden aber bei günstiger Entwicklung von beiden als hilfreich erlebt.

Würden Therapeuten entscheiden, daß bestimmte Übungen für jeweils einen Partner nicht notwendig sind, würde eine Asymmetrie verfestigt. Eventuell würden auch Versuche eines der Partner unterstützt, die Rolle des Patienten zugunsten einer Co-Therapeutenrolle zu verlassen.

Schutz und Strenge

Beide Partner experimentieren mit ihrem Verhalten, beide geben Rückmeldung. Beide sind in diesem riskanten Unterfangen darauf angewiesen, daß der jeweils andere die Anstrengungen unterstützt, statt primär Fehlersuche zu betreiben oder einen Wettkampf zu führen, wer dem anderen mehr Fehler und Schwächen nachweisen kann. Beinahe suchtartig stürzen sich manche Partner auf die Fehler des anderen. Rückmeldungen innerhalb eines Paares in der Paartherapie sind daher heikler als in einer Gruppentherapie, da sie im ungünstigen Falle viel verletzender sind.

Therapeuten sollten Verständnis dafür haben, aber durch sehr klare Rückmeldungen und Aufforderungen dazu beitragen, daß zu harte

Verletzungen unterbleiben („Sie machen es Ihrer Frau jetzt sehr schwer. Es ist wichtig, daß Sie sich gegenseitig eine Chance geben, etwas Neues auszuprobieren. Andersherum sind auch Sie darauf angewiesen, daß nicht verlangt wird, neue Versuche müßten immer gleich perfekt klappen."). Nur in einem geschützten Rahmen ist es möglich, das Risiko einzugehen, neue und riskante Verhaltensweisen (z.B. „Äußern von Unsicherheit") zu erproben.

Manchmal ist es nötig, spezielle Regeln abzusprechen. Beispiele sind:

- „Dreckige Wäsche darf nicht älter als eine Woche sein". Eine Aufzählung von zu kritisierenden Verhaltensweisen sollte auf die jüngste Vergangenheit begrenzt werden.
- „Beim Thema bleiben", statt lange Listen von Vorwürfen zu äußern
- konkret und spezifisch, statt allgemein und global sprechen
- von sich selbst sprechen, statt über den anderen zu reden
- Gefühle statt normativer Äußerungen
- den Hintergründen eigener Emotionen nachspüren

„Verstecktes" Modell-Lernen

Bei sehr ausgeprägten Verhaltensdefiziten eines der Partner sind zusätzliche Hilfen nötig. Modell-Lernen hat sich hier sehr bewährt, es hat aber den entscheidenden Nachteil, daß Modellvorgaben im Beisein des Partners demütigend sein können. Daher ist es bei Patienten, die sich sehr schwer tun, z.B. Ärger auszudrücken, günstig:

- eine Reihe sehr präziser Fragen zu stellen, z.B. nach Gefühl, Intensität, Gedanken, Hintergründen, um so die nötigen Teile der Botschaft zu explorieren,
- diese Teile als Therapeut zusammenfassend wiederzugeben („modellhaftes" Äußern der Inhalte, die vom Patienten genannt wurden) und zu validieren, also zu fragen, ob dies so richtig war, um
- ihn dann aufzufordern, eben dies selbst seinem Partner gegenüber auszudrücken, ggf. mit ein paar ergänzenden Tips („Ich fände es schön, wenn Sie auch ihr Gefühl benennen und das Wort „Ich" verwenden").

Hausaufgaben

Zu Beginn eines Kommunikationstrainings kann es wichtig sein, Gesprächsversuchen zu Hause eher Grenzen zu setzen. Dies kann bedeuten, daß

- bestimmte Inhalte nur in der Therapiestunde besprochen werden,
- beide lernen, Eskalationen abzubrechen („Ich kann nicht mehr...") und das Problem mit in die Therapie bringen,
- ggf. für Gesprächsversuche klare Zeitgrenzen zu setzen sind, um sich nicht zu überfordern, aber doch Erfahrungen zu sammeln.

Hausaufgaben können sich später auf die Kommunikation selbst beziehen. So kann vereinbart werden:

- zu einem festgelegten Zeitpunkt (z.B. „Sonntag nach dem Frühstück für 30 Min.") überhaupt miteinander zu sprechen, ggf. im Sinne des kontrollierten Dialogs (s.o.) oder einmal
- ein bestimmtes Thema zu Hause vorzubesprechen (z.B. „Ferienplanung"). Bei fortgeschrittenen Paaren kann es auch sinnvoll sein, für die wöchentliche Gesprächssitzung zuhause eine
- Tagesordnung einzurichten. Folgende drei Fragen haben sich bewährt: „Was mir in der letzten Woche im Zusammenleben mit Dir gut getan hat...", „Was mich letzte Woche im Zusammenleben mit Dir belastet/geärgert hat..." und „Was ich mir für die nächste Woche wünschen würde...".

Andere Hausaufgaben können Ergebnis von Kommunikationsübungen sein, etwa Wunschvereinbarungen zur Gestaltung eines Abends oder des Wochenendes. Die Erfahrungen damit können dann wieder besprochen werden.

■ Inhaltlicher Aufbau und Reihenfolge der Übungen

Inhaltlich hat sich folgender Aufbau bewährt (s. Tab. 20.1), Abweichungen sind jedoch möglich.

Greift man nur auf, was Paare anbieten, ergeben sich in der Regel Situationen aus dem Bereich „Ärger und Enttäuschungen", die meist mit hoher emotionaler Intensität besetzt sind.

Tabelle 20.1 Inhaltlicher Aufbau

	Sender	Empfänger
Positive Gefühle	1	2
Ärger/Enttäuschungen	3	4
Wünsche	5	6

Dies erfordert großes Fingerspitzengefühl beim Therapeuten und überfordert viele Paare, sich tatsächlich vom Kampf - wessen Position *inhaltlich* die richtige ist - zu lösen. Dies ist in der Krise manchmal nicht vermeidbar. Ziel eines Kommunikationstrainings ist aber die Erarbeitung neuer Gesprächsstile, bevor über die Inhalte entschieden werden kann. Wenn es vom Paar akzeptiert wird, ist die obige Reihenfolge vorzuziehen.

Gelingt es, durch Übungen die Aufmerksamkeit am Anfang auch auf noch bestehende positive Gefühle zu lenken, erreicht man eine Auflokkerung des „Schwarzweiß-Denkens": Es ist möglich, innerhalb einer Beziehung, die von Konflikten geprägt ist, dennoch Zuneigung zu spüren. Ebenso ist es denkbar, in einer als harmonisch erlebten Beziehung gelegentlich Ärger und Enttäuschung zuzulassen. Werden positive Gefühle nicht geleugnet, bzw. im Sinne einer „kognitiven Dissonanzreduktion" als unpassend übergangen, führt dies in der Regel zu konstruktiveren Formen des Streitens und erleichtert die Gespräche, wenn es um Ärger und Konflikte geht. Paare streiten anders, wenn sie spüren, daß auch positive Gefühle möglich sind.

Die Arbeit mit divergierenden Wünschen ergibt sich zum Teil aus der Arbeit mit negativen Gefühlen. Ärger und Enttäuschung beziehen sich als Gefühle auf die Vergangenheit, Wünsche auf die Zukunft. Eine Klärung von Enttäuschungen führt - wenn sie gut läuft - beinahe automatisch zur Äußerung von Wünschen.

Andere negative Gefühle werden hier nicht gesondert besprochen. Selbstverständlich kann es wichtig sein, über Ängste und depressive Stimmungen zu sprechen. Im Grunde geht es dabei um die gleichen Fertigkeiten beim Sprecher und Zuhörer.

■ Die inhaltliche Ausgestaltung der Übungen zur Kommunikation

Positive Gefühle

Es gibt verschiedene Zugänge zu positiven Gefühlen:

- Planung eines schönen Abends

Beispiel: „Auch wenn die Bearbeitung der von Ihnen beschriebenen Probleme nicht so schnell abgeschlossen sein kann, würde mich interessieren, ob Sie sich einen Abend pro Woche nehmen könnten, an denen Sie nicht über die belastenden Themen reden, sondern sich etwas gemeinsam vornehmen. Das soll nicht die Probleme bagatellisieren, sondern eine Insel oder eine Pause sein, wo Sie zur Ruhe kommen. Wenn Sie gemeinsam einen Abend finden könnten und sich etwas Schönes vornehmen wollten, was könnte das sein? Gab es etwas, das Sie früher gerne gemeinsam getan haben?"

- Erinnerung an frühere Zeiten

Beispiel: „Wie haben Sie sich kennengelernt? Was hat Sie aneinander angezogen? Was haben Sie zusammen gemacht?"

- Erinnerung an die jüngste Vergangenheit

Beipiel: „Können Sie sich an Ereignisse aus den letzten Tagen oder Wochen erinnern, bei denen Sie sich ein kleines Stück entspannter miteinander gefühlt haben, und womöglich Ihr Partner etwas dazu getan hat, daß Sie sich ein wenig gefreut oder gut gefühlt haben?"

Die Suche nach positiven Erlebnissen ist heikel und löst oft mehr Ängste aus als Gespräche über Ärger. Hier gibt es zahlreiche Einstellungen und Erfahrungen aus der Ursprungsfamilie, die einem vertrauensvollen Austausch im Wege stehen und in Paartherapien bearbeitet werden sollten. Kommunikationsübungen zu positiven Emotionen haben aber häufiger eine Chance als von vorsichtigen Therapeuten befürchtet wird.

Ärger

Es empfiehlt sich, mit hierarchisch aufsteigender Schwierigkeit zu arbeiten, also zu Beginn mit Ärger-Situationen mittlerer Intensität zu arbeiten. Hier empfehlen sich zurückliegende Situationen oder solche mit weniger zentralem Inhalt, so daß es dem Paar gelingt, konstruktive Streitformen zu erkunden und nicht das vordergründige Ziel zu verfolgen, jeweils recht zu bekommen.

Beide Partner üben zunächst als „Sender", den Ärger konkret und direkt auszudrücken, kognitive Hintergründe und Bedeutungen (ihre Sicht der Dinge) zu explizieren und vor allem von eigenen Gefühlen und Gedanken zu reden, statt Vorwürfe zu machen. Zu achten ist darauf, daß Patienten beim Thema bleiben (statt einen Rundumschlag mit globalen Vorwürfen zu machen), in der Gegenwart bleiben (statt die Vergangenheit aufzurechnen) und Kränkungen oder Entwertungen unterlassen („Gestern hast Du wieder Deinen wahren Charakter gezeigt, als Du ...") sondern verhaltensbezogen argumentieren.

Da die „Empfängerrolle" für den zuhörenden Partner belastend sein kann, sollten Therapeuten regelmäßig wiederholen, daß es nicht darum geht, wer inhaltlich recht hat, sondern darum, ob eine Form gefunden wird, mit der alles Wichtige ausgesprochen werden kann, ohne den anderen unnötig zu verletzen. Wichtig ist auch, daß beide Partner jeweils Ärger ausdrücken können.

Sozial ängstliche und gehemmte Partner müssen meist lernen, Ärger auch im Ausdruck (Stimme, Mimik etc.) zu *zeigen*, statt ihn nur verbal auszusprechen. Patienten hingegen, die zu heftigen Gesten oder gar physischer Gewalt neigen, müssen lernen, die starken Affekte nicht körperlich auszuleben, sondern *in Worte zu fassen*.

Das Ziel, als Empfänger offen und konstruktiv auf die negativen Emotionen des Partners zu reagieren, ist der schwierigste, aber wichtigste Teil eines Kommunikationstrainings. Die Aufgabe, empathisch zuzuhören, wiederzugeben, was man glaubt verstanden zu haben, sogar noch aktiv nachzufragen, bis Details und Bedeutungen adäquat erfaßt sind und dann auch noch Validierungsfragen zu stellen („Habe ich richtig verstanden..."), stellen emotional höchste Ansprüche dar und überfordern viele, insbesondere männliche Patienten.

So ist an dieser Stelle mit vielfältigen Formen von Vermeidung und Widerstand zu rechnen. Dies hat zentral damit zu tun, daß die umgangssprachliche Bedeutung des Wortes „verstehen" zu vielfältig ist. „Verstehen" im Sinne des Kommunikationstrainings würde nur bedeuten, die inneren Zusammenhänge von Emotion, Sichtweisen und Bedeutungsstrukturen beim Partner zu begreifen und seine Bedürfnislage kennenzulernen. Häufig wird das Wort „verstehen" aber mit „recht geben" gleichgesetzt, das unmittelbare Handlungsfolgen hat („Wenn Du vorgibst mich zu verstehen, warum tust Du dann nicht, was ich will?"). Die Gleichung „Verstehen = recht geben = nachgeben und tun müssen, was der andere verlangt" läßt die Empfängerübung zur Überforderung werden. Daher ist es unerläßlich, klare Hilfen zu geben und als freundliche Autorität den Paaren zu vermitteln, daß „Verstehen" und „recht geben" zwei verschiedene, getrennte Dinge sind.

Die an leichten oder mittelschweren Situationen geübten Fähigkeiten, Konflikte zu besprechen, müssen dann selbstverständlich auf reale und aktuelle Ärgersituationen bezogen werden.

Wünsche

Wie Wünsche ausgesprochen und ausgehandelt werden können, kann an der konkreten Gestaltung eines gemeinsamen Abends oder Wochenendes geübt werden. Wünsche können auch zu spezifischen Themen eruiert (z.B. Feriengestaltung, Umgang mit den Eltern, Kinderwunsch, Berufstätigkeit etc.) und im Sinne eines kontrollierten Dialogs (s.o.) geklärt werden.

Speziell beim Thema Wünsche ist die Versuchung groß, schnell zu Übereinkünften und Absprachen zu kommen. Wichtig ist es jedoch, weitere Ziele nicht zu übersehen:

- Die Klärung eigener Wünsche und das Verstehen der Wünsche des Partners sind ein wichtiger Aspekt des gegenseitigen Kennenlernens.
- Wünsche sind Wünsche und keine Rechte. Die Wünsche des Partners zu verstehen bedeutet nicht, sie erfüllen zu müssen.
- In manchen Lebensphasen sind bestimmte Wünsche kaum erfüllbar. Junge Familien mit Kindern und in der Berufsfindung sind in der Regel in einer Situation notwendigen Verzichtes. Auch wenn Realismus wichtig ist, ist es ebenso nötig, daß Wünsche nicht tabuisiert werden, nur weil sie aktuell keine Chance zur Erfüllung haben.

In vielen Therapien geht es nicht nur um einzelne divergierende Wünsche, sondern um eine systematische Bestandsaufnahme von Wünschen: Beide Partner werden gebeten, zu Hause etwa zehn Wünsche zu notieren und diese mitzubringen.

Je nach Indikation können spezifische Kategorien von Wünschen erbeten werden:

- Wünsche nach einem bestimmten Partnerverhalten (z.B. Hilfe im Haushalt)
- Wünsche, daß der Partner bestimmte Verhaltensweisen kontrolliert oder unterläßt (Rauchen im Wohnzimmer)
- Wünsche nach gemeinsamen Aktivitäten
- Wünsche, eigene und unabhängige Aktivitäten durchführen zu können
- Wünsche nach Ruhe oder Abgrenzung

Derartige Wunschlisten sind Ausgangspunkt für die Schritte der

1. geduldigen Klärung, was der Sender eigentlich wünscht (konkret, spezifisch, quantitativ genau),
2. Exploration der Bedeutungen und Hintergrundbedürfnisse, die mit dem konkreten Wunsch verbunden sind und ihn erst verständlich machen,
3. Paraphrasierung und
4. Validierung, ob Partner und Therapeut die Wünsche verstanden haben.

Diese Schritte führen in der Regel zu einer Umformulierung der Wunschlisten. Wichtig ist dabei auch die Erfassung derjenigen Dimensionen eines Wunsches, die seinen Gehalt ausmachen, aber variierbar sind („Ich möchte die Eltern überhaupt mal wiedersehen. Das muß nicht das ganze Wochenende sein.").

Wunschvereinbarungen

Die ersten paartherapeutischen Versuche der Verhaltenstherapie Ende der sechziger Jahre beinhalteten ein Verhandlungsmodell, bei dem im Sinne eines „Quid pro quo" (Jeder gibt, jeder bekommt) ein fairer und gleichberechtigter Austausch von Wünschen angestrebt wurde.

Ausgangspunkt waren oben besprochene Wunschlisten und eine möglichst konkrete und spezifische Ausformulierung der Wünsche. Neben der Skalierung der Wünsche durch den Wünschenden selbst („Wie wichtig ist der Wunsch für mich") gab es eine Bewertung der Wünsche durch den anderen („Wie schwierig wäre es für mich, den Wunsch zu erfüllen?"). Auf dieser Basis konnten (1) leicht zu erfüllende Wünsche beider direkt zur Erfüllung vorgeschlagen werden, (2) mittelschwer zu erfüllende Wünsche Basis von Verhandlungen sein, etwa indem Quantität und Modalität verschiedener Wünsche solange modifiziert wurden, bis ein Gefühl von Fairneß auf beiden Seiten erreicht wurde.

Dieses Vorgehen hat sich bewährt und ist empirisch als wirksam bestätigt. Es gibt aber einige Probleme, die bedacht werden müssen, damit Vereinbarungen nicht starr sind oder Probleme umgehen bzw. neue schaffen:

- Wunschvereinbarungen müssen immer wieder neu überprüft werden, da sich Bedürfnisse entwickeln. Ohne wiederholte Gespräche sind derartige Vereinbarungen sinnlos.
- Positive Selbstakzeptanz und Achtung vor dem Partner sind Voraussetzungen dafür, daß dieses Modell eines fairen Quid pro Quo innerlich akzeptiert wird.
- An subtiler Sabotage kann man merken, wenn sich unsichere Partner zu schnell auf einen Kompromiß eingelassen haben.
- Wunschvereinbarungen sind nur auf der gleichen Ebene sinnvoll. Die Aufteilung von Haushaltsarbeiten ist ein Beispiel („Partner A bringt den Müll hinunter und bügelt. Partner B macht die Steuererklärung oder geht zum Einkaufen."). Ähnlich können Wünsche im Bereich der Zärtlichkeiten und der Erotik ausgesprochen und abgestimmt werden, so daß beide zufrieden sind. Problematisch ist eine Vermengung der Ebenen oder Lebensbereiche („Wenn ich viermal den Müll hinunter bringe, mußt Du mit mir schlafen!").
- Je zentraler früh erworbene Schemata mit den Wünschen verbunden sind, desto weniger sind Wunschvereinbarungen die Methode der Wahl. Früh erworbenes Mißtrauen, das zu starken Bedürfnissen nach eigenem Raum und Ruhe oder umgekehrt zu unersättlichen Zuwendungsbedürfnissen führt, muß exploriert und verstanden und in wechselseitig unterstützte Erfahrungen der Angstbewältigung überführt werden.
- Für einige zentrale Wünsche gibt es kein einfaches Modell fairen Austausches. Wünsche nach fester Bindung und Heirat oder Kindern können mit all ihren Bedeutungen, Hoffnungen und Befürchtungen besprochen werden, um dann für einzelne Aspekte Lösungen zu suchen.

20.6 Literatur

1. *Bornstein, P.H. & Bornstein, M.:* Psychotherapie mit Ehepaaren. Huber, Bern 1993
2. *Hank, G., Hahlweg, K. & Klann, N.:* Diagnostische Verfahren für Berater. Beltz Test, Weinheim 1989
3. *Hahlweg, K.:* Einfluß interpersoneller Faktoren auf Verlauf und Therapie psychischer und somatischer Erkrankungen. Verhaltenstherapie, 5 (Suppl.), 1995, 1-9
4. *Zimmer, D.:* Sexualität und Partnerschaft. Urban & Schwarzenberg, München 1985

21. Streßbewältigungsprogramme

A. Günthner

21.1 Einführung

> „Unfortunately, to understand the principles involved in solving a problem is not to have the solution (...). The details of a problem must be studied."
> (Skinner 1974)
> *„Leider bedeutet das Verstehen der Prinzipien beim Lösen eines Problems nicht, daß man damit auch die Lösung hat (...). Man muß die Details eines Problems untersuchen." (Übers. v. Verf.)*

In Anlehnung an die Aussage Skinners genügt die Kenntnis der Prinzipien zur Bewältigung von Streßsituationen nicht, um damit auch gleich Streßsituationen im Griff zu haben. Der Streßteufel sitzt auch hier oft im Detail. Und auch die Kenntnis der prinzipiellen Inhalte und Methoden eines Streßbewältigungsprogramms bedeutet leider nicht, daß man damit bereits die Garantie zur Durchführung eines erfolgreichen Streßbewältigungskurses in den Händen hält. Doch können die nachfolgenden Ausführungen helfen, Streßbewältigung in einem verhaltenstheoretischen Kontext zu sehen und die notwendigen „Details" durch eigenes Probehandeln herauszufinden.

21.2 „Streß" und „Streßbewältigung" als Gegenstand der Verhaltenstherapie

■ Zum Begriff „Streß"

Der aus dem Englischen stammende Begriff „Stress" (engl. Druck, Belastung) bezieht sich ursprünglich auf bestimmte Materialeigenschaften physikalischer Objekte im Zusammenhang mit der Einwirkung äußerer Kräfte. So haben feste Körper (z.B. ein Stab) die als „Elastizität" bezeichnete Eigenschaft, ihre unter äußerer Krafteinwirkung (z.B. beim Biegen eines Stabes) erfahrene Formänderung nach dem Aufhören dieser Krafteinwirkung wieder rückgängig machen zu können. Ist die Krafteinwirkung jedoch - in Abhängigkeit von der Elastizitätseigenschaft des Körpers - zu groß, kommt es zu einer bleibenden Deformation dieses Körpers. In unserem Beispiel würde dies eine bleibende Verbiegung oder gar ein Zerbrechen des Stabes bedeuten.

Dieses einfache Modell für physikalischen Streß zeigt bereits, daß es bei der Betrachtung von Streßphänomenen nicht nur auf die Art der Situation oder die Art und Stärke der einwirkenden Kraft ankommt, sondern auch auf die „Materialeigenschaften" der betroffenen Objekte.

Die Übertragung und Einführung des Streßbegriffs in die Physiologie bzw. Medizin und Psychologie basiert vor allem auf den Arbeiten von Hans Selye. Selye beschrieb damit die Belastung eines Organismus durch äußere und innere Reize und die dabei auftretenden körpereigenen Schutz- und Anpassungsreaktionen. Die äußeren und inneren Reize bezogen sich dabei oft auf Einflüsse, die das normale Maß übersteigen, seien es physikalische Einflüsse (z.B. Kälte, Hitze), biologische Einflüsse (z.B. Infektionen) oder psychische Belastungssituationen (z.B. bevorstehende operative Eingriffe).

Wie in der Streßforschung gezeigt wurde, können unterschiedliche belastende Reize (sog. „Stressoren") zu relativ einheitlichen und (in Bezug auf die Stressoren) unspezifischen Aktivierungs- und Anpassungsreaktionen führen. Wirken Stressoren intensiv oder lange auf einen Organismus ein, so kann dies zu einem Zusammenbruch der Anpassungsprozesse (Adaptation) und zu bleibenden Schäden oder Erkrankungen führen („Adaptationskrankheiten").

Verhaltenstheoretisch können Stressoren im Rahmen der klassischen (oder respondenten) Konditionierung als unkonditionierte oder konditionierte Stimuli aufgefaßt werden, die zu unkonditionierten oder konditionierten Reaktionen führen, z.B. wenn eine Person im Rahmen einer zahnärztlichen Behandlung beim Anblick oder beim Geräusch des Bohrers zusammenzuckt, die Schultern hochzieht und einen beschleunigten Puls entwickelt. Im Rahmen der operanten Konditionierung können Reize als diskriminative Stimuli interpretiert werden, die zu einer stärkeren Aktivierung und Mobilisierung von „Kraftreserven" (d.h. von Anstrengungsreaktionen, die zum Verhaltensrepertoire eines Organismus gehören) führen, z.B. wenn ein Sportler bei einem Laufwettkampf mit Blick auf die Uhr noch „das Letzte aus sich herausholt", um einen Rekord aufzustellen und damit ein Preisgeld zu erhalten.

Die in der Streßforschung untersuchten Kampf- oder Fluchtreaktionen als Antwort auf Streßsituationen lassen sich im Rahmen eines verhaltenstheoretischen Modells gut beschreiben. Auch viele Flucht- oder Vermeidungsreaktionen in Anwesenheit aversiver Stimuli sowie „belohnungsabhängige" Verhaltensweisen, die zu einer starken (oder übermäßigen) Belastung führen, sind in lerntheoretischen Begriffen sinnvoll interpretierbar.

Viele auch im Alltag verwendeten Begriffe beziehen sich auf besondere Arten von Streßsituationen. So wird z.B. der Begriff „Burnout" (aus dem Englischen für „Ausgebrannt-Sein") verwendet, um eine exzessive (äußerst starke) Stress-Reaktion auf die eigenen Lebensbedingungen, vor allem im Arbeitsbereich, zu beschreiben (beispielsweise in helfenden oder pflegenden Berufen). Auch der Begriff „Mobbing" kann als Beispiel für soziale Streßsituationen am Arbeitsplatz aufgefaßt werden.

Wenn besondere Belastungen oder Streßsituationen durch Krankheiten oder körperliche bzw. psychische Störungen (mit)bedingt sind, spricht man statt von Streßbewältigung oft von „Krankheitsbewältigung" oder Krankheitsverarbeitung", wobei auch hier die Prinzipien der Selbstmodifikation und Streßbewältigung unter Berücksichtigung der spezifischen Krankheits- bzw. Störungsaspekte Anwendung finden können.

Zur verhaltenstheoretischen Definition und Beschreibung von „Streßbewältigung"

Aus verhaltenstheoretischer Sicht kann „Streßbewältigung" als *Verhaltensrepertoire* aufgefaßt werden, das einen Organismus unter Berücksichtigung seiner biologischen Ausstattung und seiner bisherigen Lerngeschichte in die Lage versetzt, auf belastende Reize („Stressoren") und Situationen („Streßsituationen") adäquat und adaptiv zu reagieren und schädigende Konsequenzen zu vermeiden oder zu reduzieren.

So gesehen kann Streßbewältigung als Selbstkontrolle in belastenden Situationen aufgefaßt werden. Da Selbstkontrolle gelernt werden kann, gilt dies auch für Streßbewältigung.

Wie lassen sich nun diese Prozesse der Streßbewältigung beschreiben? Kanfer und Saslow (1974) haben für die verhaltenstheoretische Diagnostik ein Schema vorgestellt, das als theoretisch fundierter, auf empirische Ergebnisse bezogener, systematischer und ökonomischer Leitfaden für eine funktionale Verhaltensanalyse aufgefaßt werden kann. Das modifizierte S-POE-R-K-C-Schema kann nicht nur als Analyseschema für Psychologen oder Psychiater bzw. für Verhaltenstherapeuten dienen, sondern auch - in vereinfachter Form - Teilnehmern eines Streßbewältigungsprogrammes vermittelt werden, um damit in heuristischer und hypothesengenerierender Weise eigene, individuelle Streßsituationen und Streßbewältigungsprozesse zu analysieren und zu beschreiben. Auf der Grundlage einer derartigen Beschreibung können für den Individualfall spezifische Schlußfolgerungen und Vorhersagen getroffen und nachfolgend in der Realität überprüft werden.

Bei der funktionalen Verhaltensanalyse nach dem S-POE-R-K-C-Schema ist zu berücksichtigen, daß in der gleichen Situation [S] ganz verschiedene Reaktionen [R, R', R", R'"] beziehungsweise ganz verschiedene Konsequenzen [C, C', C", C'"] auftreten können. Derartige Alternativen können z.B. durch angehängte Hochkommata (') oder Index-Nummern gekennzeichnet werden.

In Streßbewältigungsprogrammen sucht man häufig nach adäquaten alternativen Verhaltensweisen [R'], die eine inadäquate Streßreaktion [R] ersetzen sollen (siehe hierzu Beispiele in den folgenden Abschnitten).

Weiterhin ist zu beachten, daß Streßsituationen häufig durch komplexe Verhaltensketten oder Kreisprozesse charakterisiert sind, bei denen die inadäquate Bewältigung einer Streßsituation S_1 (z.B. berufliche Belastungen) eine weitere, neue Streßsituation S_2 zur Folge haben kann (z.B. familiäre Probleme).

Experimentelle Verhaltensanalysen unter kontrollierten Bedingungen haben den Wert derartiger funktionaler Analysen bei Tier und Mensch eindrücklich bestätigt. Im klinischen Bereich sowie unter (meist wenig kontrollierten) Alltagsbedingungen jedoch sollten diese Modelle eher als einfache, pragmatische und hypothesengeleitete vorläufige Beschreibungsmodelle verwendet werden, um bestimmte Zielverhaltensweisen sinnvoll zu interpretieren und daraus therapeutische Schlußfolgerungen oder Empfehlungen für Interventionen abzuleiten.

Beispiel: Stellen wir uns einen (im monetären Sinne erfolgreichen) Unternehmer [POE: Beruf, sozialer Status] Herrn U vor, der einen Verhaltenstherapeuten Herrn V aufsucht, weil ihm der „Streß" trotz des (wirtschaftlichen) Erfolges allmählich zu viel wird. Er wendet sich an einen Verhaltenstherapeuten, weil er von dieser Therapierichtung am ehesten „schnelle Hilfe" erwartet [POE: Einstellung]. Auf seine unspezifische Frage an den Verhaltenstherapeuten „Herr Dr. V, wie kann ich meinen Streß besser in den Griff kriegen?" reagiert dieser mit der Bitte an Herrn V, seine Streßsituation näher zu beschreiben und stellt auf der Grundlage des S-POE-R-K-C-Schemas gezielte Fragen. Dabei zeigt sich, daß Herr U. aufgrund der raschen Expansion seines Unternehmens in den letzten 5 Jahren [S] Angst hat [R: emotional], den Überblick und die Kontrolle zu verlieren [R: kognitiv], obgleich die Geschäfte seit längerem und auch derzeit sehr gut laufen [C, K]. Bei geschäftlichen Besprechungen [S] fühlt er sich angespannt und unruhig [R: emotional]. Um mit der geschäftlichen Entwicklung [S] Schritt zu halten und wie gewohnt weiter die für ihn wichtige Kontrolle behalten zu können [POE: Persönlichkeit], wendet er immer mehr Zeit für geschäftliche Angelegenheiten auf [R: behavioral], so daß er privat seit einem halben Jahr von seiner Ehefrau zunehmend mit Vorwürfen konfrontiert wird [C, K], das Familienleben zu vernachlässigen. Auch seine alten Kameraden vom Gesangsverein zeigen sich enttäuscht [C, K] von seinem sozialen „Rückzug" [R: behavioral], dem er mit finanziellen Spenden an den Verein entgegen zu steuern versucht [R': behavioral]. Trotz seiner bisher immer robusten Konstitution [POE: körperlich] verspürt Herr U. des öfteren ein Magendrücken [R: körperlich] und gibt an, aufgrund der geschäftlichen Verpflichtungen [S, C, K] eher unregelmäßig Mahlzeiten zu sich zu nehmen [R: behavioral]. Weiterhin leidet er unter muskulären Verspannungszuständen mit Kopfschmerzen [R: körperlich] sowie unter Schlafstörungen [R: körperlich], obgleich er sich abends „wie erschlagen" fühlt [R: emotional]. Auch das innerliche „Abschalten" [R': kognitiv, emotional] in Ruhephasen [S] falle ihm zunehmend schwerer, statt dessen grüble er darüber nach [R: kognitiv], ob er nicht Wichtiges übersehen oder vergessen habe und wie er künftigen Problemen besser begegnen könne.

21.3 Methoden zur Streßbewältigung

■ Theoretische Einteilungsprinzipien für Streßbewältigungsmethoden

Streßbewältigungsmethoden lassen sich unter mehreren Aspekten betrachten. Die folgenden Ausführungen sollen eine theoretische Gliederung erleichtern und die Möglichkeiten, aber auch die Grenzen individueller Streßbewältigung deutlich machen.

Zielkomponenten für die Streßbewältigung

Im S-POE-R-K-C-Schema sind die wesentlichen Zielkomponenten bereits enthalten. Streßbewältigung kann prinzipiell an jeder dieser Komponenten ansetzen, um eine Veränderung zu erreichen. Hierzu können z.B. die folgenden Leitfragen dienen:

Was kann ich an meiner Situation [S] verändern?

Der lerntheoretische Begriff „Stimuluskontrolle" impliziert, daß Verhalten, also auch Streßreaktionen, unter der Kontrolle bestimmter situativer Reize steht. Veränderungen der Situation, ob bewußt herbeigeführt oder zufallsbedingt, können zu Veränderungen des Verhaltens führen. So könnte Herr U. im obigen Beispiel eine Organisationsberatung in Anspruch nehmen, um organisatorische Abläufe und die geschäftliche Entwicklung transparenter und effizienter zu gestalten. Er könnte auf dem Hintergrund des geschäftlichen Erfolges einen Stellvertreter einstellen oder benennen oder einen Partner aufnehmen, was die Möglichkeit zur Delegation von Verantwortungsaufgaben bieten würde. Zuhause könnte er mit seiner Frau vereinbaren, zu welchen Zeiten oder bei welchen Anlässen er trotz seiner geschäftlichen Verpflichtungen auf jeden Fall für seine Familie da ist.

Streßsituationen, die (zumindest in Teilen) vorhersehbar sind, können durch derartige Änderungen und Gestaltung von Situationen erfolgreich angegangen werden. Viele Planungs- und Organisationsmaßnahmen, sei es individuell (z.B. persönliches Zeitmanagement) oder in einem institutionellen Rahmen (z.B. Projektmanagement), dienen der Vermeidung oder der Reduktion unerwünschter Streßsituationen.

Was kann ich an meiner eigenen Person [POE] verändern?

Manche Situationen im Leben lassen sich nicht oder nicht sofort, nur bedingt, nur unter großem Aufwand oder nur mit noch unangenehmeren Konsequenzen als bisher ändern. Allerdings sollte die Feststellung solcher „unvermeidlicher" Situationen nur nach sorgfältiger Analyse getroffen werden.

In solchen Situationen kommt den verhaltensbestimmenden Eigenschaften einer Person [POE-Komponenten] große Bedeutung zu. So stellt in unserem Beispiel die „robuste Konstitution" von Herrn U einen protektiven (schützenden) Faktor dar, der ihn - zumindest bisher - vor ernsthafteren negativen Konsequenzen der erhöhten Belastung bewahrt hat. Allerdings könnten ihm persönliche Einstellungsmuster (z.B. „Ich muß *alles* kontrollieren". „Ich bin für *alles* verantwortlich". „Es muß *alles perfekt* laufen") sowie eine Typ-A-Persönlichkeitsstruktur (z.B. sich und andere ständig unter Druck setzen, sich keine Ruhephasen gönnen) sowie sein bisher nicht gelerntes Verhalten, Dinge abzugeben oder zu delegieren, eine erfolgreiche Streßbewältigung erschweren.

Die Änderung von (oft unrealistischen oder überzogenen) Einstellungen und Erwartungen, die Änderung zeitlich überdauernder Verhaltensmuster oder Persönlichkeitseigenschaften, aber auch die Verbesserung und Aufrechterhaltung der eigenen körperlichen und geistigen Leistungsfähigkeit („Fitness") im Rahmen einer gesundheitsbewußten Lebensweise können zu einer erfolgreichen Streßbewältigung wesentlich beitragen.

Wie kann ich in einer Streßsituation anders reagieren [R bzw. R']?

Die Fähigkeit des Menschen, auf viele Situationen nicht nur reflexhaft oder mit instinktiven Verhaltensmustern, sondern alternativ und flexibel, „bewußt", „selbstbestimmt" reagieren zu können, wird in vielen philosophisch-anthropologischen Betrachtungen thematisiert. Aus lerntheoretischer Sicht bietet diese Verhaltensplastizität im Rahmen der Streßbewältigungsprogramme die Möglichkeit, alternative Verhaltensweisen für gleichartige Belastungssituationen zu thematisieren, auszuwählen und zu realisieren.

In unserem Beispiel könnte Herr U. auf Vorwürfe seiner Frau wegen seiner fehlenden Anwesenheit und Verfügbarkeit in der Familie auf unterschiedliche Weise reagieren, z.B.:

1. durch Gereiztheit und mit dem Gegenvorwurf: „Du mußt ja nicht die finanzielle Last für die Familie tragen!"
2. durch Schuldgefühle und Ausweichen bzw. weiteren sozialen Rückzug
3. durch ruhiges Anhören der Vorwürfe, Signalisieren von Verständnis und dem Vorschlag, gemeinsam zu überlegen, wie die Situation bewältigt werden könne.

Alternative (3) garantiert nicht den Erfolg zur Sicherung des Hausfriedens und zur erfolgreichen Streßbewältigung, könnte aber als lösungsorientierter Vorschlag - falls Herr U. eine diesbezügliche Verhaltensänderung wünscht oder akzeptiert - die Wahrscheinlichkeit erhöhen, die innerfamiliäre Spannungssituation besser zu bewältigen.

Was kann ich an den Konsequenzen und Kontingenzen meines Verhaltens [C, K] ändern?

Diese Frage kann sich prinzipiell auf zwei Situationen beziehen:

Zum einen kann ich eine meiner Verhaltensweisen für durchaus angemessen und richtig halten, aber enttäuscht sein über die Konsequenzen dieses Verhaltens in meiner natürlichen oder sozialen Umwelt. Z.B. könnte Herr U. in unserem

Beispiel der Ansicht sein, daß sein verstärkter beruflicher Einsatz auf dem Hintergrund einer verantwortungs- und pflichtbewußten Einstellung im Rahmen einer geschäftlich erfolgreichen Übergangsperiode durchaus richtig ist, und das mangelnde Verständnis seiner Ehefrau sowie ein mangelndes gleichgerichtetes Engagement mancher Mitarbeiter mit Enttäuschung zur Kenntnis nehmen. Auf dieser Basis könnte er versuchen, seiner Frau die gegenwärtige Geschäftssituation zu erklären und sie bitten, für eine definierte Übergangszeit auf seine verstärkte Abwesenheit nicht mit Vorwürfen zu reagieren, wenn er dafür danach (z.B. nach der Einstellung eines Stellvertreters, nach der Aufnahme eines Partners, nach der Einführung organisatorischer Veränderungen) wieder wie gewünscht mehr für die Familie da sei. Für seine Mitarbeiter könnte Herr U. ein Anreizsystem für erhöhtes Engagement aufbauen, z.B. durch die Beteiligung der Mitarbeiter am Unternehmensgewinn. Natürlich könnten im Rahmen eines solchen Konfliktmanagements auch ganz andere Regelungsversuche sinnvoll sein, um die Konsequenzen und Kontingenzen von erwünschten oder als angemessen betrachteten Verhaltensweisen zu beeinflussen. Gelingt dies unter den gegebenen Bedingungen nicht, so bleibt oft nur der Wechsel der Situation übrig, z.B. wenn Menschen ihren Wohnort, ihre Firma oder ihren Beruf wechseln, ihre Partnerschaft aufgeben und andere Beziehungen eingehen, in ein anderes Land auswandern, usw. Wie sehr - vor allem in sozialen Situationen - Situation und „Erfolg" (Verhaltenskonsequenzen und Kontingenzen) zusammenhängen können, läßt sich übrigens auch an öffentlichen Beispielen ablesen, z.B. wenn ein bisher erfolgreicher Fußball-Trainer nach einem Orts- und Vereinswechsel unter veränderten Bedingungen [Kontingenzen] nur mangelnden Erfolg hat, kritisiert wird und sich in einem sozialen Spannungsfeld bewegt, nach einem erneuten Orts- und Vereinswechsel aber unter vertrauteren Bedingungen seine Mannschaft an die Spitze führt und wegen seines Erfolges gefeiert wird. Auch wenn in solchen und anderen komplexen Situationen eine Vielzahl anderer kontrollierender Faktoren mitwirken, macht dies doch die enorme Bedeutung von Lebenssituationen und Umweltbedingungen deutlich.

Zum anderen können eigene Verhaltensweisen, die selbst als inadäquat erlebt werden, zu nicht gewünschten Konsequenzen führen. So könnte in unserem Beispiel Herr U. der Ansicht sein, seine ständige Grübelei hindere ihn am Entspannen und Einschlafen und sein hektisches Arbeitsverhalten mit unregelmäßigen Essenszeiten führe zu Magenbeschwerden und anderen körperlichen Störungen. Falls Herr U. über eine ausreichende Veränderungsmotivation verfügt, könnten diese Verhaltenskonsequenzen durch den Aufbau alternativer Verhaltensweisen (und dadurch alternativer Konsequenzen) reduziert oder beseitigt werden.

Kurzfristige versus langfristige Streßbewältigung

Manche (alternativen) Verhaltensweisen in Streßsituationen sind für die Betroffenen leicht realisierbar oder „abrufbar", wenn sie bereits zu ihrem Verhaltensrepertoire gehören (z.B. eine kurze telefonische Benachrichtigung eines Mitarbeiters, wenn ein Geschäftstermin verlegt werden kann oder soll, oder ein vorbereitendes Selbstgespräch vor einer wichtigen Sitzung). Derartige Verhaltensweisen können zur *kurzfristigen Streßbewältigung* eingesetzt werden, wozu auch die Möglichkeiten zu einer schnellen Änderung der Situation gerechnet werden können (z.B. Vermeiden einer typischen Konfliktsituation).

Andere Verhaltensweisen müssen eventuell erst aufgebaut bzw. gelernt werden (z.B. systematisches Delegieren von Aufgaben an Mitarbeiter, Entspannung bei oder nach Belastungssituationen, selbstsicheres Auftreten in der Öffentlichkeit) oder die entsprechenden Belastungssituationen oder Kontingenzen können nur über einen längeren Zeitraum hinweg geändert werden. Dementsprechend können wir von *langfristigen Streßbewältigungsmethoden* sprechen. Gerade bei Streßsituationen, die sich häufig wiederholen oder die einen entscheidenden Einfluß auf die Lebensqualität oder Lebenssituation einer Person haben können, sollte an langfristige Streßbewältigungsmethoden gedacht werden, die jedoch oft ein spezifisches Training, eine Ausbildung, Übungsmöglichkeiten und entsprechende soziale Unterstützung voraussetzen.

Streßbewältigung allein oder gemeinsam

Streßbewältigungsversuche können vielerlei Gestalt annehmen. Eine Person kann allein nach dem „gesunden Menschenverstand" oder nach dem Versuch-und-Irrtums-Prinzip vorgehen, oder anhand audiovisueller Medien mehr oder minder systematisch ihr eigenes Streßbewältigungsprogramm entwickeln, z.B. nach dem „Steinbruch-Prinzip" (gut ist, was ich ausprobieren kann, was zu mir paßt und was für mich Erfolg verspricht).

In einem gemeinsamen Streßbewältigungsprogramm, z.B. in einer von einem erfahrenen Kursleiter moderierten Gruppe, können die Vorteile sozialen Lernens genutzt werden, sei es beim Beobachtungslernen (Lernen am Modell), bei der Situationsanalyse und bei der Entwicklung von Verhaltensalternativen durch gemeinsames Brainstorming, durch die Möglichkeit zum Übungshandeln (z.B. im Rollenspiel) sowie durch gezielte (und auch individuelle) Anleitung und soziale Verstärkung von Verhaltensweisen. Auch im täglichen Leben machen wir uns diese Möglichkeiten sozialen Lernens zunutze, z.B. indem wir in bestimmten Streßsituationen das Lösungsverhalten anderer beobachten, einen Freund um Rat fragen, usw.

Streß des Einzelnen oder Streß der Gemeinschaft

Wie oben angesprochen ist der Begriff „Kontingenzen" ein zentraler Terminus technicus zur Beschreibung von Verhalten im Rahmen des operanten Lernens. Er bezieht sich nicht nur auf phylogenetische und ontogenetische Voraussetzungen für Verhalten, sondern auch auf die Bedeutung gesellschaftlicher und kultureller Einflüsse (Einfluß der persönlichen Lebensumgebung, verschiedener Lebenswelten, institutioneller oder organisatorischer Bedingungen oder unserer Kultur auf unser Verhalten). Dieser Aspekt ist auch für die Streßbewältigung entscheidend. Wenn wir feststellen, daß viele Menschen einer Gemeinschaft unter den gleichen oder vergleichbaren Belastungen oder Streßsituationen leiden (z.B. besondere Belastungen nach Verlust des Arbeitsplatzes), würden wir nicht nur an der einzelnen Person ansetzen. Wir würden verhaltenstheoretisch die Kontingenzen dieser Gemeinschaft betrachten und versuchen, diese in unser „Streßbewältigungsprogramm" mit einzubeziehen. (Man könnte in diesem Zusammenhang von „Verhältnisprävention" bzw. „Verhältnismodifikation" sprechen). Auf der institutionellen Ebene laufen derartige Programme oft unter Begriffen wie „Unternehmens- bzw. Organisationsberatung". Stehen ganze Unternehmen „im Stress", wird von der Erfordernis „lernender Organisationen" gesprochen. Persönliche, individuelle Streßbewältigung kann angesichts der Dynamik gesellschaftlicher Entwicklungen in vielen Fällen nicht mehr losgelöst von der Streßbewältigung auf der Gemeinschaftsebene gesehen werden.

■ Selbstbeobachtung und Analyse individueller Streßsituationen

Die Selbstbeobachtung und Analyse individueller Streßsituationen ist die Voraussetzung für eine effektive Streßbewältigung. Da Selbstbeobachtung die Basis für jedes Selbstmodifikationsprogramm darstellt und in Abhandlungen über Selbstkontrollmethoden näher beschrieben wird, soll hier auf die technischen Einzelheiten nicht näher eingegangen werden.

Während in vielen verhaltenstherapeutischen Ansätzen zur Selbstmodifikation mit Selbstbeobachtungskomponente das jeweilige Ziel- oder Problemverhalten relativ umschrieben ist (z.B. Rauchen, gestörtes Eßverhalten oder Übergewicht), kommt es bei vielen Streßbewältigungsprogrammen darauf an, erst einmal eine ***Übersicht*** über all die wesentlichen Situationen und Verhaltensweisen zu gewinnen, die für eine bestimmte Person ihren individuellen „Streß" ausmachen. Weiterhin sollte dann nach ***Prioritäts-*** und ***Realisierungsgesichtspunkten*** eine Zielsituation bzw. ein Zielproblem bzw. ein Zielverhalten ausgewählt werden, das unter den zur Verfügung stehenden Möglichkeiten sinnvollerweise Gegenstand eines verhaltensmodifikatorischen Änderungsprozesses sein kann.

Tab. **21.1** zeigt das Beispiel eines Protokoll-Blattes zur Beschreibung der persönlichen Streß-Situation für die Teilnehmer eines Streßbewältigungskurses, in enger Anlehnung an das oben erwähnte S-POE-R-K-C-Modell.

Tabelle 21.1 Arbeitsbogen zur Erfassung der persönlichen Streß-Situation

Meine persönliche Streß-Situation (falls der Platz zur Beschreibung nicht ausreicht, bitte Rückseite benutzen!)	
1.	Beschreiben Sie zunächst die *Situation*, in der Sie sich im Streß fühlen! (versuchen Sie bitte, so konkret bzw. bildhaft wie möglich die für Sie typische Streß-Situation zu beschreiben - etwa nach Art eines Drehbuchs - : was ereignet sich wo, wann, mit wem, wie, usw.)
2.	Welche *Gedanken* gehen Ihnen in dieser Streß-Situation durch den Kopf? (Welche innere Einstellung haben Sie in dieser Situation? Was sagen Sie dabei zu sich selbst?)
3.	Welche *Gefühle* haben Sie in dieser Streßsituation? (z.B. Ärger, Wut, Enttäuschung, Angst, Niedergeschlagenheit, Lustlosigkeit oder andere Gefühle)
4.	Welche *körperlichen Empfindungen* verspüren Sie in dieser Streß-Situation? (z.B. Verspannung von bestimmten Muskeln, Kopfweh, Magendrücken, Schweißausbruch, schneller Pulsschlag, und anderes)
5.	Wie *verhalten* Sie sich in dieser Streß-Situation? (Bitte beschreiben Sie Ihr „beobachtbares" Verhalten, also das, was andere in dieser Situation bei Ihnen beobachten können oder könnten: z.B.: ich ziehe mich in mein Zimmer zurück; ich schreie den anderen an; ich sitze tatenlos in meiner Wohnung herum; oder anderes)
6.	Was sind die *Konsequenzen* Ihres Verhaltens in dieser Streß-Situation? (Bitte beschreiben Sie möglichst konkret, wie die Situation endet, d.h. was schließlich unmittelbar aus dieser Situation wird. Z.B.: Ich sitze allein in meinem Zimmer, gehe schließlich verärgert in's Bett und kann nicht einschlafen)

Verlassen der Situation, Situationsvermeidung

Stehen in einer Situation (z.B. Baulärm am Urlaubsort) keine oder kaum adäquate Verhaltensalternativen zur Verfügung, so kann das umgehende Verlassen der Situation (z.B. Abreise) oder - bei zu erwartender Wiederholung - das Vermeiden dieser Situation durchaus angemessen sein.

Abreagieren

In Zuständen innerer Erregtheit und Anspannung (z.B. bei oder nach einem Streit) kann ein Abreagieren sinnvoll sein, bei dem man sich erregungsreduzierender Verhaltensweisen bedient, z.B. Schimpfen , Spazierengehen oder sportliche Aktivitäten.

Kurzentspannung

Eine weitere Methode ist die Kurzentspannung, bei der man ebenfalls versucht, Zustände innerer Erregung und Anspannung zu reduzieren, z.B. durch Einnehmen einer bequemen Haltung im Sitzen oder (wenn möglich) Liegen, Schließen der Augen (Reduktion externer Reize) und Verwendung einfacher Ruheformeln im Selbstgespräch.

Wahrnehmungslenkung

Bei der Wahrnehmungslenkung im Rahmen einer Streßsituation richtet man seine eigene Aufmerksamkeit und Wahrnehmung bewußt und gezielt auf andere Aspekte dieser Situation. Steckt man z.B. in einem längeren Verkehrsstau, so hat es wenig Sinn, wie gebannt auf den Vordermann oder die Autoschlange zu starren oder die ganze Zeit zu grübeln, wann es denn nun endlich weiter geht. Statt dessen kann man z.B. den Blick in die Umgebung schweifen lassen, seine Lieblingscassette ins Auto-Cassettendeck legen, sich mit Mitfahrern unterhalten, aussteigen, um sich etwas zu bewegen, die Planung für den weiteren oder folgenden Tag überdenken oder überlegen, was einen heute auch noch Schönes erwarten könnte.

Positive Selbstgespräche

Positive Selbstgespräche um sich „innerlich aufzubauen“, sich Mut zu machen, können als positive Erwartungshaltungen - soweit sie nicht an der Wirklichkeit vorbeigehen - die Wahrscheinlichkeit erhöhen, Belastungen erfolgreicher anzugehen. (z.B. in Prüfungssituationen: „Ich habe mich gut vorbereitet und weiß, daß der Dozent bisher immer fair geprüft hat“).

Systematische Entspannung und Autoregulation

Während die bisherigen Methoden vorwiegend der kurzfristigen Erleichterung und Streßbewältigung dienen, erfordern die systematische Entspannung und Autoregulation sowie die nachfolgend behandelten langfristigen Streßbewältigungsmethoden das (zumindest teilweise) Erlernen und die Anwendung von bestimmten Verhaltensweisen.

Bei der systematischen Entspannung und Autoregulation wird durch das Erlernen, das Üben und die wiederholte, oft gleichförmige Anwendung spezifischer Verhaltensweisen ein psycho-physiologischer Entspannungszustand herbeigeführt, ein trophotropes Reaktionsmuster mit Erleben innerer Ruhe und Gelassenheit. Durch die relativ strukturierte Form der Bedingungen zur Induktion dieses Reaktionsmusters und das gleichförmige Praktizieren läuft die Entspannungsreaktion mit der Zeit immer rascher und automatisierter ab.

Neben der Gestaltung der (meist ruhigen) Übungsumgebung und der Einnahme einer entspannungsfördernden Körperhaltung werden zur Entspannungsinduktion verschiedene Techniken, z.B. der Aufmerksamkeitszuwendung und Wahrnehmungs- und Konzentrationssteuerung sowie der Autosuggestion, eingesetzt.

So werden beim *Autogenen Training* nach I. H. Schultz (1932, 1976) autosuggestive Übungsformeln verwendet (z.B. „Mein rechter Arm ist schwer“), zur Konzentration auf und zur Wahrnehmung von körperlichen Entspannungszuständen. Bei der *progressiven Muskelrelaxation* nach E. Jacobson (1928) wird durch die abwechselnde Anspannung und Entspannung von Muskelgruppen und die bewußte Wahrnehmung dieses Anspannungs-Entspannungs-Kontrastes mit fortschreitender Übungshäufigkeit ebenfalls ein automatisiert induzierbarer Entspannungszustand angestrebt.

Neben den genannten Verfahren gehört auch das sog. *Biofeedback*, bei dem die Rückmeldung körpereigener Biosignale zur Entspannungsinduktion eingesetzt wird, zu den systematischen Entspannungsmethoden mit wissenschaftlich nachweisbaren positiven Effekten.

Auch bei *meditativen Techniken* versucht man durch Aufmerksamkeitssteuerung und Konzentration unter Verwendung oft sinnleerer, eintöniger Übungsformeln einen Entspannungszustand herbeizuführen. Atemtechniken bedienen sich der Konzentration auf die Regelmäßigkeit der Atmung. Viele Techniken, oft mit religiösem Hintergrund, z.B. Yoga, Qi Gong, Tai Chi, basieren auf ruhigen, gleichförmigen und fließenden Bewegungen und sind in Rituale oder bestimmte Lebensweisen eingebunden.

Durch das beständige Praktizieren oft gleichförmiger Übungen, die Verwendung bestimmter Formeln, Vorstellungen und Bilder oder Bewegungsmuster wird ein Automatisieren der Entspannungsreaktion erreicht, selbst induzierbar durch die Verwendung selbstkontrollierter Schlüsselreize.

Nicht immer sind alle Varianten und Techniken zur systematischen Entspannungsinduktion hinsichtlich ihrer Wirkungen oder differentiellen Indikation wissenschaftlich abgesichert. Wo wissenschaftliche Nachweise vorliegen und wo derartige Verfahren auf dem Hintergrund einer langen kulturellen oder religiösen Tradition eingesetzt werden, können sie bei adäquater Vermittlung jedoch wertvolle Möglichkeiten zur Streßbewältigung darstellen.

Veränderung von Einstellungen und Sichtweisen

Einstellungen und Sichtweisen können als dispositionelle Verhaltenseigenschaften aufgefaßt werden. Die Wahrscheinlichkeit, ein Problem gezielt und tatkräftig anzugehen und erfolgreich einer Lösung zuzuführen, paßt schlecht zu der Einstellung „Ach, wird ja eh nichts werden!". In unserem obigen Beispiel könnten Einstellungen von Herrn U wie „Ein Stellvertreter kostet nur Geld und bringt nichts!" oder „Ich muß *alles* im Griff haben!" oder „Delegieren hat keinen Sinn!" einer adäquaten Streßbewältigung entgegenstehen. Vor allem wenn Einstellungen und Sichtweisen überzogen oder gar unrealistisch sind, sind Konflikte mit der Wirklichkeit oft vorprogrammiert. Ein überzogener Perfektionismus gehört dabei ebenso dazu wie die undifferenzierte Beurteilung von Situationen. (Cave bei „Allaussagen" wie „Das bringt *alles* nichts!"). In Streßbewältigungsprogrammen können solche unrealistischen und irrationalen Einstellungen herausgearbeitet, diskutiert, umformuliert und durch soziale Beurteilungsprozesse in der Gruppe relativiert werden, verbunden mit der Ausformulierung „alternativer" und realistischer Einstellungen als Vorschlag zum Ausprobieren (vgl. Kap. 18.).

Aufbau befriedigender Aktivitäten

Menschen, die sich „im Streß" fühlen, leiden oft unter Zeitdruck und haben viele ihrer früher für sie befriedigenden Aktivitäten (Hobbies, entspannende Freizeitaktivitäten, Kurzurlaube, usw.) reduziert oder gar aufgegeben. Verhaltenstheoretisch kann man in solchen Fällen oft vom Verlust positiver Verstärker sprechen. In Streßbewältigungsprogrammen empfiehlt es sich, hierzu bei den Teilnehmern eine „Inventur" zu machen, z.B. indem man sie bittet, die Art und Anzahl befriedigender Aktivitäten früher mit denen von heute zu vergleichen. Hierbei kann man Listen einsetzen, auf denen gängige befriedigende Aktivitäten beispielhaft vorgegeben sind. Nicht selten sind Teilnehmer selbst überrascht über ihr „Inventur"-Ergebnis und reagieren mit einem „Eigentlich müßte ich ja wieder mehr ...".

Die früher befriedigenden Aktivitäten haben oft auch noch in der aktuellen Einschätzung für viele Teilnehmer prinzipiell positiven Verstärkungscharakter und können bei der Veränderungsplanung gezielt als wünschenswertes Verhalten in ein Streßbewältigungsprogramm eingebaut werden. So könnte in unserem Beispiel, z.B. in Form eines sozialen Kontraktes zwischen Herrn U und seiner Frau vereinbart werden, daß beide jede Woche einmal zum Tanzen gehen, was ihnen beiden früher immer sehr viel Spaß gemacht hatte.

Da die Industrie „befriedigende Aktivitäten" als Marktfaktor erkannt hat und - z.B. im Rahmen der „Wellness"- und „Fitness"-Bewegung - eine Vielzahl von Angeboten macht, kommt es aus verhaltenstheoretischer Sicht eher darauf an, daß solche externen Angebote sinnvoll in den eigenen Alltag integriert werden können und nicht selbst zur „Streßfalle“ werden.

Aufbau und Pflege sozialer Kontakte

Auch soziale Kontakte, die nicht ausschließlich beruflichen oder geschäftlichen Zwecken dienen, haben oft eine Funktion als soziale Verstärker und können zum Wohlbefinden beitragen. In Streßbewältigungsprogrammen können auch dieses Thema erörtert und diesbezügliche Veränderungsprozesse initiiert werden (z.B. Besuch von Veranstaltungen, Beitritt zu einem Verein).

Planung und Zeitmanagement

Durch Planung und Zeitmangagement lassen sich die verhaltenssteuernden Kontingenzen für das eigene Lebensumfeld „bewußt“ gestalten. Sprache, Symbole und technische Hilfsmittel, vom Wecker bis zu Handy und Notebook mit integrierter Projekt- und Zeitmanagement-Software und Internet-Zugang, stehen hierfür zur Verfügung, oder aber einfache Papier-Bleistift-Varianten in Form von Notizbüchern, Kalendern oder Timern.

Planung und Zeitmanagement, Lebensstil und Persönlichkeit sind oft nicht unabhängig voneinander, so daß „einfache“ Tips zum adäquaten Zeitmanagement oder Planungsverhalten oft zu kurz greifen. Wenn Menschen in sehr hochstrukturierten bzw. hochkontrollierten Umgebungen leben (z.B. in einem Gefängnis), ist die Erfordernis einer eigenständigen Planung und eines Zeitmanagements oft weniger wichtig als in Umgebungen mit vielen Freiheitsgraden (z.B. in der freien Wirtschaft). Viele Menschen möchten ihr eigenes Leben, vor allem ihre Freizeit, nicht gerne „verplanen“, so daß hier Einstellungsmuster und Persönlichkeitsmerkmale berücksichtigt, aber durchaus auch hinterfragt und relativiert werden können. Dies gilt vor allem dann, wenn sich in der Verhaltensanalyse Hinweise ergeben haben, daß mangelnde Planung immer wieder zu unerwünschten Konsequenzen geführt hat.

Systematisches Lösen von Problemen

Systematisches Lösungsverhalten bei Problemen kann wie viele andere Verhaltensweisen auch gelernt bzw. geübt werden. Auch hierfür gibt es viele Programme und Ratgeber. Eine allgemeine Strategie zum Lösen von Problemen könnte z.B. wie folgt aussehen:

Benennen und Beschreiben des Problems

Viele Probleme und Belastungssituationen können von Betroffenen nur sehr vage, abstrakt oder wenig präzise benannt oder beschrieben werden. Aus verhaltenstheoretischer Sicht kommt es darauf an, Probleme möglichst operational, verhaltensnah und in Beobachtungsbegriffen zu beschreiben. Hierbei kann das S-POE-R-K-C-Schema eine wertvolle Hilfe darstellen. In dieser *Analysephase* können gezielte Nachfragen oder (Selbst-) Beobachtungen und Inszenierungen im Rollenspiel mit Nachbesprechung und Präzisierungsvorschlägen bei der Ausformulierung des Problems hilfreich sein, ebenso das Untergliedern in Teilprobleme, wenn es sich um relativ komplexe Probleme handelt.

Suchen und Erarbeiten von Lösungsmöglichkeiten

In der nachfolgenden *Kreativphase* kommt es darauf an, möglichst viele Arten oder Varianten von Lösungsmöglichkeiten zusammenzutragen, ohne diese vorschnell auszusortieren oder zu verwerfen. Brainstorming-Techniken ohne Zensur für eingebrachte Vorschläge können hier hilfreich sein, sei es um Lösungsvorschläge selbst zu formulieren oder von anderen zu erfragen. Auch die Benutzung von Medien oder die Beobachtung des Verhaltens anderer in ähnlichen Problemsituationen können Anregungen für Lösungen geben.

Bewerten und Auswählen von Lösungen

In dieser *Phase kritischer Durchsicht* werden alle Lösungsmöglichkeiten im Hinblick auf ihre Realisierbarkeit, Voraussetzungen und vor allem auf ihre Konsequenzen geprüft. Ungeeignete Vorschläge werden verworfen, derzeit nicht sicher beurteilbare Vorschläge werden zurückgestellt (ggf. können zusätzliche Informationen eingeholt werden) und sinnvolle Vorschläge werden entsprechend ihrer Vor- und Nachteile und ihrer Priorität in eine Rangreihe gebracht bzw. ausgewählt.

Erstellen eines Handlungsplans

In der *Planungsphase* werden die ausgewählten Lösungen im Rahmen eines Handlungsplans präzisiert, in operationalen Begriffen beschrieben und das konkrete schrittweise Vorgehen in Verhaltensbegriffen festgelegt. Ggf. können hierbei Teilpläne aufgestellt werden. „W"-Fragen können hierbei hilfreich sein (z.B. wer, wann, wo, wie, was, wen, womit, wozu?).

Umsetzung des Handlungsplans

In einer *Erprobungsphase* wird das im Handlungsplan definierte Lösungsverhalten ausprobiert, ggf. in Teilschritten. Dabei sollte die Belastungssituation möglichst einfach und klar strukturiert sein, ggf. kann zu Beginn auch eine künstliche Situation, z.B. im Rollenspiel, oder eine geschützte Situation, z.B. das Üben öffentlicher Auftritte in Anwesenheit von Freunden und Bekannten, gewählt werden.

Erfolgsüberprüfung (und ggf. Revision)

Falls sich der gewählte Handlungsplan bewährt hat und das Lösungsverhalten erfolgreich war, kann die systematische Problemlösung an dieser Stelle abgeschlossen werden. Bleiben das Problem oder Teile davon weiter bestehen oder werden Möglichkeiten zur Optimierung des bisherigen Lösungsverhaltens gesehen, so kann der Handlungsplan revidiert und erneut erprobt werden *(Überprüfungsphase)*.

■ Aufbau weiterer spezifischer Fertigkeiten im Rahmen qualifizierter Programme

Zum Aufbau spezifischer Fertigkeiten und Fähigkeiten, zu denen auch das oben erwähnte Planungs- und Zeitmanagement-Verhalten sowie die systematische Lösung von Problemen gerechnet werden können, existiert eine Vielzahl eigener Programme oft sehr unterschiedlicher Güte und Qualität. Sei es ein Selbstsicherheitstraining, ein Rhetorik-Seminar, ein Kurs zum Nein-Sagen-Können, oder ein anderer „Psycho"-Kurs, die Grenze zwischen sinnvollem und wissenschaftlich begründetem Selbstmodifikationsprogramm und parawissenschaftlich verbrämtem Heilsversprechen ist für außenstehende Laien nicht immer ersichtlich oder beurteilbar. Relative Qualitätsmerkmale können die Ausbildung und institutionelle Zugehörigkeit des Durchführenden sein, die Seriosität des Trägers der Veranstaltung, die Transparenz und wissenschaftliche Fundiertheit der Inhalte oder des Programms sowie das Bemühen um eine Evaluation oder Bewertung des angebotenen Programms.

21.4 Systematische Streßbewältigungsprogramme

■ Rahmenbedingungen für die Planung und Organisation

Streßbewältigungsprogramme können unter verschiedenen Rahmenbedingungen stattfinden, z.B. bei ambulant oder stationär durchgeführten Verhaltenstherapien, bei Krankenkassen oder an Volkshochschulen, in Unternehmen im Rahmen der innerbetrieblichen Gesundheitsförderung oder innerhalb bestimmter Berufsgruppen. Auch die Ausbildung, die Persönlichkeit und der lebensgeschichtliche Hintergrund des Durchführenden geht - analog der sog. „Therapeutenvariable" in der Psychotherapie - in die Gestaltung eines Streßbewältigungsprogramms mit ein. Die Gruppenzusammensetzung sowie die regionale Infrastruktur mit Alternativ- oder Zusatzangeboten können ebenfalls eine Rolle spielen. So kann z.B. in einer Großstadt, in der viele andere qualifizierte Kurse zu Entspannungsverfahren angeboten werden, auf diese Kurse verwiesen werden und der Schwerpunkt des Streßbewältigungsprogramms mehr auf Verfahren zum systematischen Problemlösen gelegt werden.

Auch die zeitliche Organisation von Streßbewältigungsprogrammen ist von den Rahmenbedingungen abhängig. Wohnen alle Teilnehmer am oder in der Nähe des Veranstaltungsortes, so kann z.B. eine Zeitstruktur mit einem Einführungstag (6-8 Stunden) und acht wöchentlichen Folgesitzungen je zwei Stunden Dauer gewählt werden. Müssen die Teilnehmer anreisen, so sollte das Programm zeitlich mindestens auf zwei Blöcke aufgeteilt werden, zwischen denen mehrere Wochen Pausen liegen, damit das Gelernte auch im Alltag erprobt werden kann.

Ankündigung und Vorbereitung eines Streßbewältigungsprogramms

Die Rahmenbedingungen bestimmen oft auch die Art und Weise der Ankündigung (z.B. durch Programmhefte, Direct Mailing, Aushänge) sowie die Art der Vorbereitung. Bei innerbetrieblichen Streßbewältigungsprogrammen ist z.B. den betrieblichen Belangen und eventuellen Vorgaben Rechnung zu tragen, seien es Konzepte oder Betriebsvereinbarungen zur Gesundheitsförderung oder die Zusammensetzung von Kursgruppen.

Bei Streßbewältigungskursen mit freier Anmeldung ist es oft ratsam, eine Informationsveranstaltung oder gar ein persönliches Vorgespräch voranzustellen, um vielleicht unrealistische Erwartungen (z.B. individuelle Hilfe bei psychischen Störungen) erkennen und ggf. korrigieren zu können. Und auch ein „Kurs-Hopping" mancher Teilnehmer von einem Kurs zum anderen ist nicht unbedingt immer ein Bemühen um individuelle und kontinuierliche Gesundheitsförderung.

Durchführung und Ablauf eines Streßbewältigungsprogramms

Die Rahmenbedingungen bestimmen oft auch die konkrete Durchführung eines Streßbewältigungsprogramms. Es empfiehlt sich deshalb ein modulares Konzept, bei dem die Inhalte oder Methoden als Module eingesetzt werden und bei dem z.B. einer heterogenen Gruppenzusammensetzung, den Vorkenntnissen und Erwartungen der Teilnehmer, eventuellen innerbetrieblichen Belangen und anderen Bedingungen Rechnung getragen werden kann.

Bei Streßbewältigungsprogrammen in der Gruppe empfiehlt sich zu Beginn häufig eine gemeinsame Vorstellungsrunde, bei der die Vorkenntnisse und Erwartungen der Teilnehmer deutlich werden können. Danach kann eine Einführung und Erläuterung wichtiger Begriffe wie Belastung, Streß und Streßbewältigung stehen, um einen gemeinsamen Hintergrund zu schaffen.

Am Beispiel der Entspannung können früh kurze Entspannungsübungen eingebaut und in den Folgesitzungen fortgesetzt oder erweitert werden, um die zentrale Bedeutung der Entspannung herauszustellen, ein begleitendes Erlernen und Üben zu ermöglichen und den Praxisbezug zu demonstrieren.

Nach dem Vorstellen des S-POE-R-K-C-Schemas kann das Beschreiben und die Analyse individueller Streßsituationen eingeübt werden, ggf. in Kleingruppen. Danach können - z.B. unter Bezug auf die analysierten Streßsituationen - kurzfristige und langfristige Streßbewältigungsstrategien erörtert werden und ggf. im Rollenspiel ausprobiert und geübt werden.

Zwischen den einzelnen Sitzungen oder Blökken eines Streßbewältigungsprogramms sollte die Möglichkeit zum Ausprobieren des Gelernten im Alltag vorhanden sein, was als Rückmeldung wieder in den Folgesitzungen besprochen werden kann.

Rückmeldung und Bewertung eines Streßbewältigungsprogramms

Am Ende eines Kurses sollten noch eine Rückschau und abschließende Bewertung des Kurses durch die Teilnehmer erfolgen und ggf. Perspektiven für die Konsolidierung des Gelernten oder für weitere Möglichkeiten erörtert werden.

Wenn möglich oder vertretbar empfiehlt sich auch eine Nachbefragung, z.B. nach einem halben Jahr, um die langfristigen Effekte des Kurses durch die Teilnehmer beurteilen zu lassen.

Derartige Rückmeldungen und Evaluationen eines Streßbewältigungsprogramms können die Planung und Durchführung weiterer Programme in der Zukunft sinnvoll und zielorientiert beeinflussen.

21.5 Literatur

1. *Biener, K.:* Streß. Epidemiologie und Prävention. 3. Auflage. Huber, Bern 1993
2. *Burisch, M.:* Das Burnout-Syndrom. Theorie der inneren Erschöpfung. Springer, Berlin 1989
3. *Ellis, A.:* Die rational-emotive Therapie. Urban & Schwarzenberg, München 1977
4. *Jacobson, E.:* Progressive Relaxation. Second edition. University of Chicago Press, Chicago 1938
5. *Kaluza, G.:* Gelassen und sicher im Stress. Psychologisches Programm zur Gesundheitsförderung. Springer, Berlin 1996
6. *Kanfer, F.H., Saslow, G.:* Verhaltenstheoretische Diagnostik. In: Schulte D (Hrsg) Diagnostik in der Verhaltenstherapie. Urban & Schwarzenberg, München 1974, S.24-59

7. *Kessler, A.* Der erfolgreiche Umgang mit täglichen Belastungen - Streßbewältigungsprogramm A. Materialien für den Kursleiter. 5. Auflage. Röttger-Schneider, Baltmannsweiler 1995
8. *Kessler, A. & Gallen, M.:* Der erfolgreiche Umgang mit täglichen Belastungen - ein Programm zur Streßbewältigung. Teilnehmer-Unterlagen für den Gruppenkurs. 4. Auflage. Röttger-Schneider Baltmannsweiler 1995
9. *Lazarus, R., & Folkman, S.:* Stress, appraisal and coping. Springer, New York 1984
10. *Meichenbaum, D.:* Intervention bei Streß. Anwendung und Wirkung des Streßimpfungstrainings. Huber, Bern 1991
11. *Schaap, C.P.D.R. & Kladler, A.J.:* Burnout: Diagnostik und Behandlung. Verhaltenstherapie und psychosoziale Praxis, 1/93, 25, 1993, 45-61
12. *Schultz, I.H.:* Das autogene Training. 15. Auflage. Thieme, Stuttgart 1976
13. *Selye, H.:* Stress without distress. J B Lippincott, Philadelphia 1974
14. *Skinner, B.F.:* About Behaviorism. Alfred A. Knopf, New York 1974
15. *Wagner-Link, A.:* Verhaltenstraining zur Streßbewältigung. Arbeitsbuch für Therapeuten und Trainer. Pfeiffer, München 1995

22. Gesundheitsförderung und Präventionsprogramme

A. Günthner

22.1 Einführung

„Menschen können ihr Gesundheitspotential nur dann weitestgehend entfalten, wenn sie auf die Faktoren, die ihre Gesundheit beeinflussen, auch Einfluß nehmen können."

Dieser Satz aus der Ottawa-Charta zur Gesundheitsförderung vom 21. November 1986 (World Health Organization, WHO) faßt prägnant zusammen, um was es - aus verhaltenstheoretischer Sicht - bei dem Thema Gesundheitsförderung und Prävention geht:

1. Welche Faktoren bzw. Bedingungen kontrollieren das, was wir „Gesundheit" bzw. „Krankheit" nennen?
2. Inwieweit bzw. in welchem Ausmaß kann der Einzelne
   (a) als Mitglied einer Gemeinschaft
   (b) für sich persönlich
   auf diese Faktoren Einfluß nehmen?

„Prävention" und „Gesundheitsförderung" sind keine genuin verhaltenstherapeutischen Begriffe. Deshalb soll zuerst auf ihre Definition und Untergliederung sowie ihre mögliche Bedeutung aus verhaltenstheoretischer Sicht eingegangen werden. Danach werden die Möglichkeiten gesundheitsfördernden bzw. präventiven Verhaltens als soziales Handeln auf verschiedenen Ebenen (s. Abb. 22.**1**) betrachtet, von der Ebene internationaler Absprachen und Gestaltungsversuche unserer Umwelt bis hinunter auf die Ebene des einzelnen Menschen, der sich um einen gesunden Lebensstil bemüht.

22.2 „Prävention" und „Gesundheitsförderung" aus verhaltenstherapeutischer Sicht

■ Die Begriffe „Prävention" und „Gesundheitsförderung"

Die Verhaltenstherapie basiert auf einem biopsychosozialen Verständnis von Gesundheit und Krankheit. Deshalb gehören Gesundheitsförderung und Prävention zu ihren Themen. Diese teilt sie mit medizinischen, psychologischen, pädagogischen und anderen Teildisziplinen, z.B. mit der Sozial-, Arbeits- und Umweltmedizin, der Arbeits- und Betriebs-Psychologie, der Medizinischen Psychologie und Soziologie, der Sozialpsychologie und dem öffentlichen Gesundheitswesen.

„Prävention" (aus dem Lateinischen für „Zuvorkommen, Verhütung") als Begriff in der Medizin bezieht sich laut Brockhaus auf „Maßnahmen der *Präventivmedizin* (prophylaktischen Medizin) zur Verhütung von Krankheiten beim einzelnen Menschen (***individualmedizinische Prävention***, Gesundheitsvorsorge) und bei der Gesamtbevölkerung (***sozialmedizinische Prävention***, z.B. internationale Gesundheitsvorschriften, ferner Maßnahmen zum Umweltschutz) oder bei bestimmten Bevölkerungsgruppen (z.B. Strahlenschutz, Arbeitsschutz)."

Der eher „defensive" Charakter dieser Definition (prophylaktisch, Verhütung, Vorsorge, Vorschriften, Schutz), verbunden mit Vorstellungen zur Risikoabwehr, verweist auf die aversiven (negativen) Bedingungen, die mit diesem Begriff im Zusammenhang stehen und mit „Vermeidungsverhalten" verknüpft sind (s. Abb. 22.**2**). Im Alltagsverständnis assoziieren manche mit dem Begriff „Prävention" sogar „Genußfeindlichkeit".

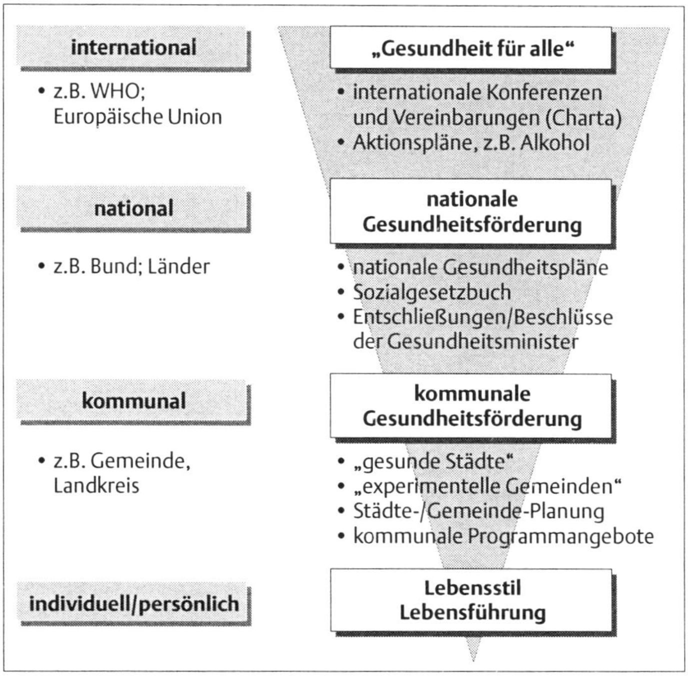

Abb. 22.**1** Ebenen der Gesundheitsförderung und Prävention

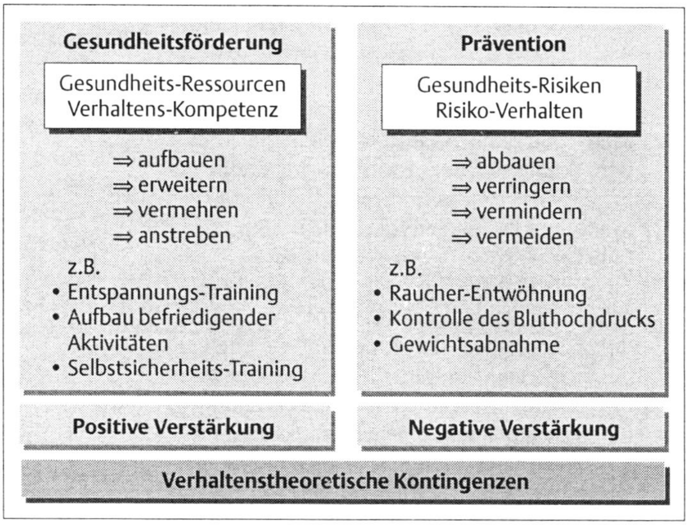

Abb. 22.**2** Gesundheitsförderung und Prävention aus verhaltenstherapeutischer Sicht

Positivere Formulierungen, d.h. Formulierungen, die auf positiv verstärkende („belohnende“) Aspekte hinweisen, finden sich eher in der neueren Zeit. Begriffe wie „Gesundheitsförderung“, „Fitness“ und „Lebensqualität“ haben wohl für viele größeren Anreizcharakter als „Prävention“. Dies ist für verhaltenstherapeutische Aspekte wichtig, wenn es darum geht, gesundheitsförderliches Verhalten nicht nur durch Abschrekkung zu legitimieren, sondern Kontingenzen einer *positiven Verstärkung* dieses Verhaltens bereitzustellen. Dies gilt um so mehr, als die oft beschworenen aversiven Konsequenzen gesundheitsschädlichen Verhaltens (z.B. Lungenkrebs) meist erst in großem zeitlichen Abstand zu dem verhindernswerten Verhalten (z.B. Rauchen) auftreten. Dies verhindert ein rasches und nachhaltiges Lernen im Sinne einer Verhaltensänderung.

Halten wir also fest, daß die „Polung" der Begriffe „Prävention" versus „Gesundheitsförderung, Fitness usw." verhaltenstheoretisch auf unterschiedliche Kontingenzen der Entstehung und Aufrechterhaltung präventiven bzw. gesundheitsförderlichen Verhaltens hinweist (negative Verstärkung von Vermeidungsverhalten versus positive Verstärkung eines erwünschten Verhaltens). In der Praxis werden bei gängigen Präventions- bzw. Gesundheitsförderungsprogrammen wohl jeweils beide Prinzipien wirksam sein.

■ Gliederungsebenen der „Prävention" und „Gesundheitsförderung"

Präventives Verhalten bzw. „Prävention" läßt sich unter verschiedenen Aspekten betrachten bzw. untergliedern.

So unterscheidet man z.B. je nach dem Krankheits- bzw. Gesundheitszustand einer Person:

1. die *primäre* Prävention, bei der *gesunde* Menschen ohne organische Schädigung ein der Erhaltung der weiteren Gesundheit förderliches Verhalten zeigen (z.B. junge Menschen im Sportverein oder im Fitness-Club),
2. die *sekundäre* Prävention, bei der Menschen mit bekannten *Risikofaktoren* (oder mit Frühzeichen der Krankheit in einem vorklinischen Stadium) ein gesundheitsförderliches, verhaltensbedingte Risikofaktoren abbauendes, eine Krankheit hinausschiebendes oder verhinderndes Verhalten zeigen (z.B. Vermeiden eines Herzinfarkts bei Vorliegen einer Hypertonie, oder Vermeiden eines Sturzes mit Fraktur bei Knochenbrüchigkeit im Alter),
3. die *tertiäre* Prävention, bei der Menschen mit einer klinisch *manifesten Erkrankung* ein die Wiederherstellung ihrer Gesundheit förderndes oder die Rückfallwahrscheinlichkeit senkendes oder (bei chronischen Krankheiten) den weiteren Krankheitsverlauf verzögerndes oder gar umkehrendes Verhalten zeigen (z.B. die Umstellung des Ernährungs-, Bewegungs- und Suchtmittelverhaltens bei koronarer Herzkrankheit).

Bezüglich der tertiären Prävention gibt es fließende Übergänge zur ***Rehabilitation***, bei der es um die (medizinische, berufliche, psychosoziale) Wiedereingliederung eines kranken oder behinderten Menschen geht. Im Weiteren geht es natürlich auch darum, mit einer Dauerbehinderung oder chronischen Krankheit leben zu lernen und einen möglichst normalen Platz in der Gesellschaft einzunehmen. Dieses Thema wird in der Literatur auch unter Begriffen wie „*Krankheitsverarbeitung*" bzw. „*Krankheitsbewältigung*" (engl. 'coping with a disease') behandelt.

Eine weitere zentrale Unterscheidung betrifft die Frage, ob das jeweilige präventive Verhalten eher auf die Lebensbedingungen (Verhältnisse) einer Bevölkerung bzw. Gemeinschaft bezogen ist (*Verhältnisprävention, bevölkerungsbezogene Gesundheitsförderung*), oder eher auf das Verhalten eines Einzelnen oder Einzelner (*Verhaltensprävention, individuelle Gesundheitsförderung*).

Da Verhaltenstherapeuten stets auch Mitglied einer Gemeinschaft sind, Mediatoren oder Multiplikatoren ihres eigenen Ansatzes bzw. ihrer Denkweise darstellen, soll im Folgenden auch ihre mögliche Rolle bei der „Verhältnisprävention" aufgezeigt werden. Bei ihrer therapeutischen Arbeit mit Einzelnen oder Kleingruppen stehen dagegen eher die Aspekte der „Verhaltensprävention" im Vordergrund. Beides ist jedoch nicht voneinander zu trennen, da therapeutische Arbeit auch immer Arbeit unter bestimmten Verhältnissen darstellt. Diese zu reflektieren, Stellung zu beziehen und sie in die eigene Arbeit mit einzubinden, gehört zur „Philosophie der Verhaltenstherapie".

22.3 „Verhältnisprävention" und „bevölkerungsbezogene Gesundheitsförderung"

■ Utopien als verhaltenstheoretische Gedankenexperimente

Wie muß ein Gemeinwesen beschaffen sein, damit seine Mitglieder sich „gesundheitsbewußt" verhalten, durch die Gestaltung ihrer gemeinsamen Umwelt die Zahl und die Intensität krankheitsfördernder Risikofaktoren minimieren, somit ihre Gesundheit bestmöglichst erhalten und - um es nicht zu vergessen - dabei auch noch glücklich sind?

Utopien haben sich immer wieder der Frage gewidmet, was von den Menschen getan wird oder werden muß, um einen Idealzustand oder zumindest eine Verbesserung bestehender Verhältnisse zu erreichen. Die Negativ-Varianten dieser Schilderungen beziehen sich auf mögliche schädliche Einflüsse menschlichen Tuns auf das Leben und Überleben der Zivilisation oder der menschlichen Gattung selbst.

Der Psychologe B.F. Skinner entwarf im Frühsommer 1945 - auf der Basis seines „radikalen Behaviorismus" (im Sinne einer konsequenten wissenschaftstheoretischen Position) - die Utopie einer Gemeinschaft, die nach den Prinzipien einer Wissenschaft menschlichen Verhaltens funktioniert. Dies war lange bevor die Verhaltensmodifikation und die Verhaltenstherapie als Disziplinen bekannt und entwickelt wurden. Skinner nannte seine fiktive Beschreibung eines modernen Utopia „Walden Two", in Anlehnung an den im Angelsächsischen sehr bekannten Essayzyklus „Walden, or life in the woods" von Henry David Thoreau (1817 - 1862). Thoreau schilderte in diesem Werk, dessen Einfluß über Tolstoi und Gandhi bis in die Gegenwart reicht, seine naturnahe Lebensweise und sein Bekenntnis zur Schlichtheit. Skinner geht bei seiner Beschreibung einer utopischen, von Menschen bewußt (nach den Gesetzen des Verhaltens) gestalteten Gemeinde weit über die Betrachtung natürlicher Kontingenzen hinaus. Doch hält auch er seine „experimentelle Gemeinschaft" (engl. 'experimental community') im Sinne kleiner, überschaubarer Gemeinden („units of manageable size") dem Glück der Menschen eher für angemessen als das Leben in Großstädten. Seine (heute würden wir vielleicht sagen ökologische) Sichtweise mit Betonung eines maßvollen Konsumverhaltens unter Berücksichtigung der Folgegenerationen ist auch heute nach über 50 Jahren noch ein aktuelles Thema. So stellt sich in diesem Zusammenhang z.B. die Frage, was Globalsierung und Wachstumsdenken für die Gesundheit und die Prävention von Krankheiten bedeuten. Globalisierung kann auch bedeuten, daß sich Krankheitserreger, die sich bisher eher in Nischen unserer Erde aufgehalten haben, schnell über den Globus ausbreiten können. Wachstumsdenken und die Vernachlässigung ökologischer Zusammenhänge kann auch bedeuten, daß - wie sich am Beispiel der Bovinen Spongiformen Enzephalopathie (BSE) sehen läßt - gesellschaftliches Handeln das Auftreten bestimmter Krankheiten initiieren oder fördern kann.

Soziales Handeln: Risiken, Chancen und Verantwortung

Wenn soziales und gesellschaftliches Handeln selbst einen potentiellen Risikofaktor darstellt, so macht auch die Aussage des emeritierten Sozialforschers Atteslander (1997) Sinn, „daß Prävention, die sich nicht ausreichend an den wissenschaftlichen Erkenntnissen sozialen Verhaltens orientiert, selbst zum Risiko wird". Dabei kritisierte er auch das „Risikofaktorenkonzept", das einem einfachen „Kausaldenken des 19. Jahrhunderts verhaftet" sei und „das soziale Umfeld der Krankheit und der Kranken" mißachte.

Wer aber ist nun *verantwortlich* für die Verhältnisprävention oder - wenn man die positive Formulierung wählt - für die Gesundheitsförderung?

In der bereits erwähnten „*Ottawa-Charta zur Gesundheitsförderung*" findet sich hierzu folgende Aussage: „Gesundheit steht für ein positives Konzept, das in gleicher Weise die Bedeutung sozialer und individueller Ressourcen für die Gesundheit betont wie die körperlichen Fähigkeiten. Die Verantwortung für Gesundheitsförderung liegt deshalb nicht nur bei dem Gesundheitssektor, sondern bei allen Politikbereichen und zielt über die Entwicklung gesünderer Lebensweisen hinaus auf die Förderung von umfassendem Wohlbefinden hin."

Nach dieser Charta erfordert „aktives, gesundheitsförderndes Handeln":

- eine gesundheitsfördernde Gesamtpolitik zu entwickeln,
- gesundheitsförderliche Lebenswelten zu schaffen,
- gesundheitsbezogene Gemeinschaftsaktionen zu unterstützen,
- persönliche Kompetenzen zu entwickeln,
- die Gesundheitsdienste neu zu orientieren.

„Gesundheit für alle“

Wie kommt man nun von der Ebene konsentierter Prinzipien auf die Handlungsebene, wie realisiert man das, was prinzipiell wünschenswert erscheint?

Grundlegende Aussagen hierzu finden sich in einem Beitrag von J.E. Asvall, Regionaldirektor des WHO „Regional Office for Europe“, im Rahmen der „European Health Policy Conference: Opportunities for the Future“ (Kopenhagen 1994). Er erläutert einige grundlegende Prinzipien des „Health for all“-Ansatzes der Weltgesundheitsorganisation (WHO) und beschreibt folgende Strategien für die Umsetzung dieses Ansatzes:

1. Orientierung an den realen Lebenserfahrungen („real life experiences“), vor allem unter Berücksichtigung der wichtigen regionalen und lokalen Strukturen.
2. Schaffung eines breiten, nationalen Konsens („broad national consensus“) über die Richtung, die die Entwicklung der Gesundheit in einem Land nehmen soll und Erstellung eines nationalen „Gesundheit für alle“-Plans. Durch diesen soll auch auf anderen Entscheidungs- und Handlungsebenen die Formulierung ähnlicher Pläne und Programme angeregt werden (siehe hierzu auch Abb. 22.**1**).
3. Orientierung an unbestreitbaren, wissenschaftlichen Tatsachen („irrefutable, scientific facts“).
4. Identifizierung einer Reihe von Hauptzielen für die Verbesserung (der Gesundheit) („major targets for improvement“); eine für alle (nicht nur für „Experten“) verständliche Formulierung dieser Ziele; Festlegung relevanter, meßbarer und umsetzbarer Indikatoren („relevant, measurable and feasible“) für jedes Ziel; Definition der Zeiträume für die Evaluation der Fortschritte hin zu diesen Zielen und für die Überarbeitung und Neuformulierung dieser Ziele („updating of the targets“).
5. Zieldefinition und Handlungsplanung sowie Evaluation als Prozeß in zwei Richtungen („two-way process“), bei dem die Erfahrungen bei der lokalen Umsetzung systematisch erfaßt und in die Neuformulierung der Ziele bzw. in die weitere Handlungsplanung eingehen sollen.
6. Ausformulieren der Hauptstrategien, mittels derer die definierten Ziele erreicht werden sollen. Dabei sollen die Strategien darauf abzielen, gesunde Lebensstile in der Bevölkerung zu fördern, eine gesündere Umgebung zu schaffen und gesundheitsfördernde
   Veränderungen im Gesundheitswesen anzuregen.
7. Aufbau von partnerschaftlichen Bündnissen (Allianzen) für Gesundheitsaktionen.
8. Mitbeteiligung aller bei der Ausarbeitung und Implementierung der Gesundheitspläne.

Gerade der letzte Punkt weist auf entscheidende Kontingenzen hin, die für die Erfolgsaussichten gesundheitsfördernder Aktionspläne und Umsetzungsversuche entscheidend sind:

„One thing that we have learned over the past ten years, is that in a democratic pluralistic society of the type we have in Europe today, *people, institutions and groups will only be motivated for taking initiatives to implement policies and plans that they themselves have helped to elaborate and that they identify with*!“ (J.E. Asvall, WHO). („Eines haben wir im Verlauf der letzten 10 Jahre gelernt, nämlich daß in einer demokratischen pluralistischen Gesellschaft wie derjenigen, die wir heutzutage in Europa haben, Menschen, Institutionen und Gruppen nur dann dazu motiviert sein werden, bei der Umsetzung von politischen Vorgaben und Plänen initiativ zu sein, wenn sie selbst dazu beigetragen haben, diese auszuarbeiten und wenn sie sich damit identifizieren können.“ Übers. v. Verf.)

Wie Asvall berichtet, wurden durch entsprechende Projekte auf der Basis dieser Vorgaben mehr als 600 Städte in 21 Ländern erreicht, um auf der kommunalen Ebene entsprechende gesundheitsfördernde Planungen und Aktionen anzuregen („Health Cities Project“). Desgleichen wurden nach dem Prinzip der lokalen Gesundheitsplanung und Programmentwicklung mehr als 200 000 Schüler in 400 Kernschulen quer durch alle Mitgliedsländer „mobilisiert“, wobei zusätzlich 1600 Schulen durch nationale oder subnationale Übereinkommen mit dem Netzwerk verbunden wurden.

Der „Europäische Aktionsplan Alkohol" und die Bedeutung kommunaler Gesundheitsförderung

Der „Europäische Aktionsplan Alkohol" ist ein Beispiel dafür, wie auf der Basis eines allgemeinen, international abgestimmten Konzeptes zur Prävention bzw. Gesundheitsförderung („Health for all") ein Aktionsplan erstellt, fachlich, politisch und medial propagiert bzw. implementiert und bis auf die Ebene kommunaler bzw. städtischer Aktionspläne hin ausformuliert wurde.

Auf der 41. Tagung des WHO-Regionalkomitees für Europa 1991 in Lissabon wurde unter anderem das Ziel 17 der europäischen Ziele zur „Gesundheit für alle" bestätigt, das eine Reduzierung des Alkoholkonsums um 25% vorsieht und verlangt, daß vor allem dem schädlichen Alkoholkonsum Einhalt geboten werden sollte. Nachdem 1992 der europäische Alkoholaktionsplan vorgestellt wurde, trafen im Dezember 1995 in Paris Delegationen aus den 50 Mitgliedsländern des „WHO Regional Office for Europe" mit WHO-Vertretern und Experten zusammen und verabschiedeten auf der Europakonferenz „Gesundheit, Gesellschaft und Alkohol" eine „Europäische Charta Alkohol" mit der Formulierung von zehn Strategien für alkoholbezogene Maßnahmen.

B. Ritson beschrieb 1995 Möglichkeiten zur Umsetzung des europäischen Aktionsplans Alkohol auf Gemeindeebene:

- *Entwicklung eines Plans: Die Aktionsgruppe Alkohol.* Die Aktionsgruppe Alkohol soll eine gemeindebezogene Strategie entwickeln. Dabei ist unter Einbeziehung möglichst vieler Personen, Gruppierungen und Institutionen die Mitarbeit und Unterstützung auf politischer und behördlicher Ebene wichtig.
- *Beratendes Forum, Beirat.* Im beratenden Forum soll unter pragmatischer Perspektive eine möglichst ausgewogene und konfliktfreie Planung angestrebt werden, bei der die Sichtweisen, Prioritäten und Belange der vertretenen bzw. betroffenen Institutionen, aber auch die Grenzen ihrer Kooperationsmöglichkeiten berücksichtigt werden.
- *Präventive Strategien: Begrenzung und Minderung alkoholbezogener Schäden.* Dabei soll vorzugsweise keine Beschränkung auf Risiko-Gruppen erfolgen, sondern die Gesamtbevölkerung in der Gemeinde angesprochen werden.
- *Ein umfassender Ansatz.* Hierbei können vielfältige, von den kommunalen Bedingungen abhängige Strategien zur Anwendung kommen: von der Steuerung des Alkoholangebots (z.B. bei sportlichen Ereignissen) über pädagogische Maßnahmen (z.B. in Schulen, bei Schwangeren) bis hin zur sichtbaren Polizei-Präsenz an Orten, an denen Alkohol konsumiert wird, sowie Alkoholkontrollen bei Kraftfahrern im Verkehr.

Kommunale Ansätze finden sich auch in außereuropäischen Ländern. So zeigte sich die Wirksamkeit eines 5-jährigen kommunalen Projekts in den USA zur Prävention alkoholbedingter Schäden und Todesfälle („Preventing Alcohol Trauma: A Community Trial"), an dem drei „experimentelle Gemeinden" (engl. 'experimental communities') teilnahmen, z.B.:

- in einer etwa 10%igen Reduktion der Verkehrsvorfälle unter Alkoholeinfluß als Ergebnis der dafür spezifischen Präventionsstrategie,
- in einer signifikanten Reduktion des Verkaufs alkoholischer Getränke an Minderjährige,
- in einer verstärkten Implementation von Regelungen zum verantwortlichen Servieren von Getränken in Bars und Restaurants und
- in einer verstärkten lokalen Annahme von Statuten und Regelungen zur Reduktion des Angebots an Alkohol.

Nicht nur Modelle „experimenteller" Gemeinden, sondern auch die Betrachtung „natürlicher" Gemeinden können für das Thema „Gesundheitsförderung" als wesentlich angesehen werden. Dies zeigt sich am Beispiel des Vergleichs deutscher Städte hinsichtlich ihrer allgemeinen Lebensqualität durch ein deutsches Nachrichten-Magazin. Dabei erhielt die Universitätsstadt Tübingen den ersten Rang, nicht zuletzt unter Berücksichtigung von gesundheitsrelevanten Lebensbedingungen. Auch wenn die Methodik dieser Art von „Zertifizierung" oder „Akkreditierung" ganzer Kommunen durch die Medien diskussionswürdig ist, so wird doch daraus ersichtlich, wie die Themen „Gesundheit", „Lebensqualität" und „kommunale Lebensbedingungen" auch in der öffentlichen Meinung eng miteinander zusammenhängen.

Gesellschaftliche Rahmenbedingungen, Konsens und soziale Ungleichheit

Gesundheitsförderndes Handeln im kommunalen Rahmen ist abhängig von den *nationalen Rahmenbedingungen*. Zu Beginn der 90er Jahre erlebte die Gesundheitsförderung in Deutschland einen in vielen Gemeinden sichtbaren Aufschwung, nachdem der Gesetzgeber Prävention und Gesundheitsförderung umfassend in der *Gesetzlichen Krankenversicherung (GKV)* verankert hatte. Durch die flächendeckend vorhandene Struktur der gesetzlichen Krankenkassen bzw. Ersatzkassen entstand rasch und oft mit hohem Engagement eine Vielzahl und Vielfalt an Programmen zur Prävention und Gesundheitsförderung, in vielen Kommunen getragen durch Kooperationen mit Volkshochschulen, Sportvereinen und anderen Institutionen.

Alsbald zeigten sich jedoch auch die Schwächen dieses Ansatzes: Die Implementation geschah ohne ausreichende gesellschaftliche Konsensbildung und Identifikation und wichtige Gruppierungen, wie z.B. die Ärzteschaft, fühlten sich zum Teil unzureichend berücksichtigt. Auch verfügten die Krankenkassen zwar über ausgezeichnete strukturelle Voraussetzungen und ein hohes Engagement, jedoch über wenig Erfahrung und fachliche Kompetenz, die sie sich erst aneignen bzw. „einkaufen" mußten. In den Medien und der Politik wurde zunehmend der Vorwurf laut, die Krankenkassen würden unter der Bezeichnung „Gesundheitsförderung" eine Vielzahl von Marketingaktivitäten aus solidarischen Pflichtbeiträgen finanzieren (oft wenig differenziert als „Bauchtanz auf Krankenschein" apostrophiert). Schließlich wurden Präventionsleistungen aus der GKV durch den Gesetzgeber (§ 20 Sozialgesetzbuch V) wieder gestrichen. Die im 2. GKV-Neuordnungsgesetz vorgesehene Regelung, wonach die Krankenkassen ihren Versicherten Leistungen zur Prävention und Gesundheitsförderung als Satzungsleistung anbieten können, ist gesundheits- bzw. parteipolitisch umstritten. Dieses nationale Experiment zur Gesundheitförderung belegt die Bedeutung der *Konsensfähigkeit* und des innergesellschaftlichen Solidarverhaltens mit gemeinsamer Identifizierung von Zielen und Strategien, die J.E. Asvall (siehe oben) als so wesentlich beschrieb.

Konsens wird sicherlich auch erforderlich sein, wenn es darum geht, inwieweit gesundheitsfördernde und präventive Maßnahmen in *Eigenverantwortung* getragen werden sollen. Falls damit nicht nur Eigenverantwortung im Sinne von „Eigenfinanzierung" gemeint sein soll, stellt sich aus verhaltenstheoretischer Sicht die Frage, welche Bedingungen bzw. Kontingenzen vorliegen müssen, damit Menschen diese „Eigenverantwortung" wahrnehmen (bzw. erlernen) und dafür belohnt werden. Wie kann z.B. gesundheitsförderndes Verhalten bei einer auf dem Lande und in einer strukturschwachen Region lebenden Mutter von vier kindergarten- oder schulpflichtigen Kindern, deren Ehemann vollzeitig arbeitet, initiiert bzw. motiviert werden? Welche Bedingungen müssen vorliegen, daß diese Frau gesundheitsförderndes Verhalten „eigenverantwortlich" zeigt?

Die Beantwortung derartiger Fragen weist auf das große Problem der *Ungleichheit* in Gesundheitsfragen nicht nur zwischen einzelnen Ländern, sondern auch zwischen einzelnen Bevölkerungsgruppen eines Landes hin. Dieser Frage wird von Seiten der WHO zentrale Bedeutung zugemessen. Auch auf nationaler und subnationaler Ebene ist das Thema „Soziale Ungleichheit als Herausforderung für Gesundheitsförderung", wie es im Rahmen eines gesundheitspolitischen Symposiums des Sozialministeriums in Baden-Württemberg formuliert wurde, von wesentlicher Bedeutung. Es könnte auch ein Thema für verhaltenstherapeutisches Handeln auf kommunaler Ebene sein.

Möglichkeiten verhaltenstherapeutischen Handelns auf kommunaler Ebene

Wie können nun aber Verhaltenstherapeuten im Rahmen kommunaler Präventions- bzw. Gesundheitsförderungsprogramme mitwirken? Im Fall eines „Aktionsplans Alkohol" beispielsweise durch:

1. Initiierung oder Beteiligung an einer Aktionsgruppe Alkohol bzw. an einem beratenden Forum. Hierbei können Verhaltenstherapeuten aus ihrer Sicht zur verhaltensnahen und mit den verhaltenstheoretischen Prinzipien in Einklang stehenden Formulierung eines kommunalen Aktionsplans beitragen.

2. Beratung kommunaler bzw. örtlicher Behörden und anderer Institutionen. (Wobei hier sowohl Kenntnisse und Erfahrungen in der Verhaltenstherapie, als auch in der Diagnostik und Behandlung von Menschen mit Alkoholproblemen vorhanden sein sollten).
3. Entwurf oder Mitgestaltung verhaltenstherapeutisch aufgebauter Anleitungen oder Manuale zum Umgang mit Alkohol oder alkoholbezogenen Problemen (inklusive Selbsthilfe-Manuale).
4. (Mit-)Entwicklung, Förderung und Praktizierung verhaltensnaher Kurz-Interventionen bei Risiko-Gruppen im Bereich der primären Gesundheitsversorgung, z.B. nach dem FRAMES-Konzept von Bien et al. (1995) (siehe unten unter Verhaltensprävention).
5. Zusammenarbeit mit örtlichen Institutionen, die sich mit alkoholbezogenen Themen oder Problemen beschäftigen (Krankenkassen, Gesundheitsamt, Schulen, Verbraucherverbände, Polizei bzw. Ordnungskräfte, Selbsthilfegruppen u.v.a.).
6. Zusammenarbeit mit Institutionen und Firmen, die an innerbetrieblichen Programmen zur Gesundheitsförderung Interesse haben. (Diesbezüglich sind Ansatzpunkte oft auch in der eigenen „Firma" oder Institution vorhanden.)
7. Nutzung kommunaler Ereignisse (öffentliche Veranstaltungen, Podiumsdiskussionen, Bürgeranhörungen oder Bürgersprechstunden politischer Gremien oder Vertreter) und öffentlicher Medien (z.B. Leserbriefe, Publikationen), um verhaltenstheoretischen Prinzipien bzw. verhaltensnahen Formulierungen zu einer verstärkten Beachtung zu verhelfen (z.B. im Fall des Überwiegens von Leerformeln oder Slogans in der öffentlichen Diskussion).

Nicht alle dieser beispielhaft angeführten und anderen Möglichkeiten werden derzeit überall honoriert. Aus verhaltenstheoretischer Sicht kann nur gehofft werden, daß Bedingungen einer verzögerten oder aufgeschobenen Verstärkung (engl. 'delayed reinforcement') bzw. soziale Verstärkungsmechanismen (z.B. „soziale Anerkennung"), wie sie auch bei ehrenamtlichen Tätigkeiten wirksam sein können, das Interesse und Engagement von Verhaltenstherapeuten an der Gesundheitsförderung so lange wachhalten, bis auch mehr direktere Belohnungen gesellschaftlich zur Verfügung gestellt werden.

22.4 „Verhaltensprävention" und „individuelle Gesundheitsförderung"

■ Programme zur individuellen Gesundheitsförderung und Verhaltensprävention

Gehen wir einmal von der Vorstellung aus, daß Verhaltenstherapeuten selbst für die Vermittlung präventiven bzw. gesundheitsfördernden Verhaltens gesellschaftlich (und kommunal) angemessen verstärkt werden, so stellt sich die Frage, wie und auf welchen Gebieten sie ihre verhaltenstherapeutische Kompetenz im Einzelfall oder in ihrer Arbeit mit Kleingruppen einbringen können.

Individuelle Gesundheitsförderung im Rahmen kommunaler Programme

Tab. 22.1 enthält eine Auflistung möglicher Präventions- bzw. Gesundheitsförderungsthemen und -programmen, wie sie häufig von kommunalen Akteuren der Gesundheitsförderung (Krankenkassen, Volkshochschulen, Familienbildungsstätten, usw.) angeboten werden bzw. wurden.

Derartige Programme zur Verhaltens-Prävention beziehen sich auf:
1. „relativ" umschriebene *Verhaltensweisen* (Rauchen, Ernährungsverhalten, Bewegungstraining), aber auch auf relativ komplexes Verhalten und *Lebensstile* (Streßbewältigung), vor allem im Zusammenhang mit verhaltensassoziierten Risikofaktoren,
2. spezifische *Situationen* (z.B. am Arbeitsplatz) oder *Lebenslagen* (z.B. Arbeitslosigkeit, Ruhestand, Leben mit einer pflegebedürftigen Person) oder Lebensphasen (z.B. Alter), die oft mit *gesundheitsbeeinträchtigenden* Belastungen verbunden sein können,

3. unterschiedliche ***gesundheitliche Voraussetzungen*** im Sinne der primären Prävention (z.B. Fitness- oder Entspannungstraining bei Gesunden), sekundären Prävention (z.B. Raucherentwöhnung) oder tertiären Prävention (z.B. ambulante Koronarsportgruppe bzw. Herzgruppe).

Die *verhaltensrelevanten Prinzipien*, die den Gesundheitsförderungsprogrammen zugrundeliegen, erstrecken sich von der Beeinflussung situativer Faktoren über den sukzessiven Aufbau bestimmter Verhaltensweisen bis hin zur Etablierung verstärkender Kontingenzen. So kommen bei (auto-)suggestiven, meditativen oder Entspannungsverfahren Reizabschirmung, Imagination oder formelhafte Vorsatzbildung und Reduktion bzw. Kontrolle körperlicher Bewegungen zur Anwendung. Selbstkontrollierte, fließende Bewegungen finden sich beim Hatha-Yoga und bei der chinesischen Heilgymnastik. Bei Fitness-Programmen (und in Fitness-Studios) kann z.B. Stimuluskontrolle und (soziale) Verstärkung mittels rhythmisierender Begleitmusik, Bewegungsfeedback (Spiegelwände), Training in der Gruppe und nachfolgender Saunamöglichkeit ausgeübt werden. In ambulanten Herzgruppen können Prozesse der sozialen Verstärkung (sich gegenseitig Mut machen, gemeinsames Ausüben befriedigender Aktivitäten), des Modell-Lernens, des ärztlich überwachten Wiedererlangens der Selbstkontrolle (Sportaktivitäten) und Erlernens eines angemessenen Selbst-Monitoring ohne Begleitängste stattfinden.

Die konkreten „Bausteine“ und Vorgehensweisen lassen sich bei wohldefinierten bzw. standardisierten Programmen, wie der „progressiven Muskelrelaxation“, dem „autogenen Training“, dem „Streßbewältigungstraining“ oder dem „Raucherentwöhnungstraining“ gut illustrieren. Diese Programme gehören prinzipiell auch zum Anwendungsbereich der Verhaltenstherapie. Bei anderen Programmen, wie zum Beispiel zur Gewichtskontrolle, bei der Rückenschule, beim Schmerzbewältigungstraining oder bei Programmen zur Verarbeitung und Bewältigung von (vor allem chronischen) Krankheiten, ist eine Zusammenarbeit zwischen Verhaltenstherapeuten und anderen Berufs- bzw. Tätigkeitsgruppen und die Vertrautheit mit der Problematik bzw. Krankheit meist unerläßlich.

Tabelle 22.1 Beispiele kommunal angebotener Präventions- bzw. Gesundheitsförderungs-Programme (für Kleingruppen oder Einzelne)

• Streßbewältigung	• Gewichtskontrolle
• autogenes Training	• Hilfen zum gesunden Schlaf
• muskuläre Entspannung	• Gehirn-Jogging
• Yoga	• Gesundheitsberatung
• chinesische Heilgymnastik, Tai Chi	• Kontrolle des Bluthochdrucks
• Qi Gong	• Raucherentwöhnung
• Meditation	• Schmerzbewältigungstraining
• Atemschule	• Rückenschule
• Gymnastik	• Prävention alkoholbezogener Probleme
• Fitness-Training	• Werdende Eltern
• Prävention von Herz-Kreislauf-Erkrankungen	• Vorbereitung auf den beruflichen Ruhestand
• Wirbelsäulengymnastik	• Leben mit Pflegebedürftigen
• Walking, Jogging	• Employee-Assistance Programme (Mitarbeiter-Unterstützungsprogramme)
• Ernährungsberatung	

Individuelle Gesundheitsförderung im Rahmen innerbetrieblicher Programme

Ein möglicher verhaltenstherapeutischer Anwendungsbereich ist auch die Mitarbeit im Rahmen innerbetrieblicher Gesundheitsförderung. Vor allem Mitarbeiter-Unterstützungs-Programme zur innerbetrieblichen Gesundheitsförderung und Unterstützung der Mitarbeiter bei persönlichen Problemen - in angelsächsischen Ländern als „employee assistance programs" (EAP) bekannt - könnten prinzipiell von einer verhaltenstherapeutischen Mitwirkung profitieren, auch wenn die Rahmenbedingungen für eine solche Mitwirkung nicht immer einfach sind.

Kurzintervention beim Erkennen gesundheitsriskanter Verhaltensweisen

In der alltäglichen verhaltenstherapeutischen Praxis kann es vorkommen, daß Patienten, die sich z.B. wegen einer Angststörung in Behandlung befinden, ein Verhalten schildern, welches hinsichtlich seiner Bedeutung für andere Aspekte der persönlichen Gesundheit als riskant angesehen werden kann (z.B. Bekämpfung von Angstzuständen mit übermäßigem oder gehäuftem Alkoholkonsum). In derartigen Fällen, besonders wenn das riskante Verhalten bereits Krankheitswert erhalten hat - in der Literatur auch als „duale Diagnosen" (hier: Angststörung und Alkoholproblem) oder „Co-Morbidität" bezeichnet - sind Kurzinterventionen hilfreich, wie sie z.B. von Bien et al. (1995) im „FRAMES"-Konzept vorgeschlagen wurden.

Damit wesentliche gesundheitsriskante Verhaltensweisen, die Anlaß für eine Kurzintervention geben können, nicht unerkannt bleiben, empfiehlt es sich, im Rahmen einer Verhaltenstherapie entsprechende Leitfragen oder Screening-Verfahren einzusetzen.

F: **F**eedback an den Patienten über das Vorliegen eines Risikos bzw. Risikoverhaltens,

R: Betonung der persönlichen **R**esponsibilität (Verantwortung, engl. 'responsibility') für eine Veränderung (des Verhaltens),

A: **A**nleitung und Beratung (engl. 'advice'),

M: **M**enü (engl. 'menu') alternativer Verhaltensoptionen auf der Basis eines Ansatzes, der

E: **e**mphatisch (einfühlsam, engl. 'emphatic') ist

S: und die **S**elbstwirksamkeit (Überzeugung, das eigene Leben gestalten zu können, engl. 'self-efficacy') fördert.

Verhaltenstherapeutische Modifikation gesundheitsrelevanten Verhaltens (am Beispiel „riskanten" Eßverhaltens)

Die verhaltenstherapeutische Modifikation riskanten Eßverhaltens bei Übergewicht im Rahmen eines Präventionsprogrammes unterscheidet sich prinzipiell nicht von der Modifikation anderer Verhaltensweisen. So kommen z.B. folgende Prinzipien zum Einsatz:

- Vermittlung von Wissen über „gesunde" Ernährung und adäquates Eßverhalten
- Selbstbeobachtung/Selbstmonitoring (mit Selbstaufzeichnung) des Eßverhaltens und der jeweiligen Situation bzw. den in der Situation wirksamen Kontingenzen (z.B. „gemütliches" Essen in „froher Runde")
- Stimulus-Kontrolle als Intervention (Essen nur in bestimmten Situationen, an bestimmten Orten, zu bestimmten Zeiten)
- Einführung und Training von Verhaltensalternativen beim Essen (z.B. nur kleine Bissen nehmen, lange kauen, Besteck nach jedem Bissen auf den Tisch zurücklegen)
- Einkaufsverhalten, Auswahl der Speisen und Vorratshaltung ändern (z.B. nie hungrig einkaufen, bestimmte Speisen bevorzugen, kleinere Portionen kaufen und als Vorrat halten)
- Kopplung mit Bewegungsprogramm und/oder anderen Verhaltensprogrammen
- Einsatz sozialer Verstärker (Abnehmen in der Gruppe)

Manche Menschen kommen dabei auf sehr individuelle, für sie persönlich hilfreiche Ideen (z.B. Deponieren der abzunehmenden Gewichtsmenge in Pfund- oder Kilogramm-Portionen im Kühlschrank, mit Herausnahme jeweils einzelner Portionen bei erfolgreichem Abnehmen).

Fazit zu individuellen Präventions- und Gesundheitsförderungs-Programmen

Die Beispiele zeigen, daß es „die" Präventions- und Gesundheitsförderungsprogramme in der Vehaltenstherapie nicht gibt. Verhaltenstherapeuten können auf der Basis ihrer Tätigkeit (z.B. als Angestellter in einer Rehabilitationsklinik oder als niedergelassener Verhaltenstherapeut) prüfen, welche institutionellen und kommunalen Möglichkeiten präventiver Arbeit oder Mitarbeit es gibt und welche ihrer Anregungen von anderen mitgetragen bzw. belohnt werden. Ihre eigene soziale Selbstkompetenz, aber eben auch die Bedingungen, denen ihre Tätigkeit unterliegt, werden darüber entscheiden, welche Rolle der Verhaltenstherapie im Bereich der Gesundheitsförderung und Prävention zukommen wird.

22.5 Literatur

1. *Amann, G., Wipplinger R.* (Hrsg): Gesundheitsförderung. Ein multidimensionales Tätigkeitsfeld. Tübingen, dgvt, 1998
2. *Asvall, J.E.*: Shaping the future in health. In: European Health Policy Conference: Opportunities for the Future. Copenhagen, 5.-9.December 1994. Overview and outcomes (Bd.1). Copenhagen: WHO Regional Office for Europe, 1995, S.17-25
3. *Atteslander, P.:* Prävention als Risiko? Chancen und Grenzen der modernen Epidemiologie als Grundlage für gesundheitspolitische Massnahmen. Deutsches Ärzteblatt, 94, 1997, B2035-B2039
4. *Bien, T.H.,Miller, W.R.. & Tonigan, J.S.:* Brief intervention for alcohol problems. Addiction, 88, 1993, S. 315-336
5. *Haisch, J., Zeitler H.-P.:* Gesundheitsdiagnostik und Gesundheitsberatung. Zeitschrift für Klinische Psychologie, Psychopathologie und Psychotherapie, 41, 1993, 221-254
6. *Haisch, J., Zeitler H.-P.*(Hrsg): Gesundheitspsychologie. Heidelberg: Roland Asanger, 1991
7. *Holder, H.D., Saltz, R.F., Grube, J.W., Voas, R.B., Gruenewald, P.J., Treno, A.J.:* A community prevention trial to reduce alcohol-involved accidental injury and death: overview. Addiction, 92 (Supplement 2), 1997, 173-187
8. *Ritson, B.:* Community and municipal action on alcohol. WHO Regional Publications European Series No. 63. Copenhagen. WHO Regional Office for Europe, 1995
9. *Skinner, B.F.:* About Behaviorism. Alfred Knopf, New York 1974
10. *Sozialministerium Baden-Württemberg* (Hrsg): Soziale Ungleichheit als Herausforderung für Gesundheitsförderung. Dokumentation des gesundheitspolitischen Symposiums in Baden-Württemberg. 28. November 1995. Stuttgart: Sozialministerium Baden-Württemberg
11. *World Health Organization (WHO):* Europäischer Aktionsplan Alkohol. 1993, Gamburg: Verlag für Gesundheitsförderung, G. Conrad

Anwendungsbereiche der Verhaltenstherapie

23. Zwangsstörungen

W. Trabert

23.1 Einführung

Diagnose

Nach ICD-10 ist für die eindeutige Diagnose einer Zwangsstörung der Nachweis von Zwangsgedanken oder Zwangshandlungen über mindestens zwei Wochen an den meisten Tagen erforderlich. Diese

- müssen quälend sein oder die normalen Aktivitäten stören
- müssen als eigene Gedanken oder Impulse für den Patienten erkennbar sein
- dürfen nicht an sich angenehm sein
- müssen sich in unangenehmer Weise wiederholen.

Zudem muß wenigstens einem Gedanken oder einer Handlung, wenn auch erfolglos, noch Widerstand geleistet werden.

Zwangsgedanken sind stereotyp sich wiederholende Ideen, Vorstellungen oder Impulse, die meist quälend sind, weil sie gewalttätigen oder obszönen Inhalts sind, als sinnlos erlebt werden und Widerstand gegen sie erfolglos bleibt. Zwangshandlungen oder Zwangsrituale werden oft als Vorbeugung gegen ein objektiv unwahrscheinliches Ereignis erlebt, welches jemanden schädigen könnte. Vegetative Angstsymptome können vorhanden sein. Nach ICD-10 werden diagnostisch das Überwiegen von Zwangsgedanken, das Überwiegen von Zwangshandlungen und eine gemischte Form unterschieden.

Anstelle der hier vorgenommenen Unterscheidung von Zwangsgedanken im Sinne geistiger Phänomene und Zwangshandlungen im Sinne beobachtbarer motorischer Abläufe ist es für die Verhaltenstherapie auf Grund therapeutischer Implikationen sinnvoll, eine funktionale Unterscheidung in den Vordergrund zu stellen. Unterschieden werden danach angstauslösende Gedanken einerseits von gedanklichen oder motorischen Ritualen andererseits, die der Angstreduktion dienen. Diese Sichtweise hat sich im Diagnostischen und Statistischen Manual Psychischer Störungen (DSM-IV) der American Psychiatric Association niedergeschlagen, in der von gedanklichen Zwangshandlungen gesprochen wird, etwa Beten oder Zählen.

Häufigkeit und Verlauf

Die Lebenszeitprävalenz liegt bei 2,5%, die 1-Jahres-Prävalenz bei 1,5-2,1%. Die Störung ist bei Männern und Frauen gleich häufig.

Die Zwangsstörung beginnt bei Männern meist zwischen 6 und 15 Jahren, bei Frauen zwischen 20 und 29 Jahren. Meistens ist der Beginn schleichend, bisweilen akut. In der Regel kommt es zu einem chronischen Verlauf mit zwischenzeitlichen Verschlechterungen, die oft in Zusammenhang mit Belastungssituationen auftreten. Bei 15% ist eine progrediente Abnahme der beruflichen und sozialen Funktionen feststellbar, bei 5% ein episodischer Verlauf mit weitgehender Symptomfreiheit im Intervall.

23.2 Reizkonfrontationsbehandlung mit Reaktionsverhinderung

Praktisches Vorgehen

Eine gute Wirksamkeit bei der Zwangsstörung ist außer für die Gabe von Serotonin-Wiederaufnahmehemmern in hoher Dosierung nur für Reizkonfrontation mit Reaktionsverhinderung (im Folgenden auch kurz "Exposition" genannt) nachgewiesen; diese ist das verhaltenstherapeutische Standardverfahren zur Behandlung der Zwangsstörung. Sie kann mit Serotonin-Wiederaufnahmehemmern kombiniert werden.

Während nach Absetzen der Medikamente eine hohe Rückfallrate auftritt, zeigt die Expositionsbehandlung eine gute Langzeitwirkung. Einen

Überblick über das praktische Vorgehen zeigt Tab. 23.1.

Tabelle 23.1 Verhaltenstherapeutisches Vorgehen bei Zwangsstörungen

1. Diagnostik
• psychiatrische, neurologische und internistische Diagnostik • Verhaltensanalyse
2. Therapieplanung
3. Verhaltenstherapie
• graduierte Expositionsbehandlung in vivo mit Reaktionsverhinderung bei Zwangshandlungen • graduierte Expositionsbehandlung in sensu mit Reaktionsverhinderung bei Zwangsgedanken • kognitive Verfahren • zusätzlich individuell indizierte Strategien (z.B. interpersonelles Problemlösetraining, systemische Interventionen etc.) • Rückfallprophylaxe

Im Rahmen der Diagnostik ist zu klären, ob es sich um eine eindeutige Zwangsstörung handelt oder um Zwangssymptome im Rahmen einer anderen Erkrankung, etwa einer Schizophrenie oder depressiven Episode. Tab. 23.2 zeigt mögliche neurologische Erkrankungen, die mit dem Auftreten von Zwangssymptomen verbunden sein können.

Tabelle 23.2 Auftreten von Zwangssymptomen bei neurologischen Erkrankungen

• Encephalitis lethargica
• Chorea minor
• Schädel-Hirn-Trauma
• Insult
• Epilepsie
• Gilles-de-la-Tourette-Syndrom
• Tics

Im Rahmen der internistischen Diagnostik ist zu klären, ob Kontraindikationen gegen eine Expositionstherapie etwa im Sinne einer kardiovaskulären Gefährdung vorliegen.

Therapeut-Patient-Beziehung

Voraussetzung ist, die Mitarbeit des Patienten für die für ihn belastende und anstrengende, aber erfolgversprechende Reizkonfrontation mit Reaktionsverhinderung zu gewinnen. Hierzu ist zunächst der Aufbau einer vertrauensvollen Therapeuten-Patienten-Beziehung erforderlich. Der Therapeut sollte kompetent sein und dies dem Patienten vermitteln können. Entscheidend für den Therapieerfolg ist die tatsächliche Durchführung der Expositionsübungen. Bei der Arbeit mit Zwangspatienten ist hierbei auf die besonderen Bedürfnisse dieser Patientengruppe zu achten.

Zum Vergleich: bei Patienten mit Agoraphobie und Panikstörung wirkt der Arzt in der Regel als Sicherheitssignal und dementsprechend wird seine Hilfe vom Patienten sehr gesucht; manche Patienten übernachten gar im Auto vor einer Klinik, um sich der raschen Hilfemöglichkeit sicher zu sein. Entsprechend sind diese Patienten im Kontakt meist erleichtert, wenn der Arzt sich ihrer annimmt. Patienten mit Zwangsstörung achten hingegen oft wesentlich mehr auf ihre Autonomie. Für sie kann der Arzt auch eine potentielle Gefahr darstellen; sie sind daher im Kontakt oft zurückhaltender und skeptischer gegenüber Erklärungsversuchen des Therapeuten. Es ist daher bei professioneller und freundlicher Grundhaltung auf eine ausreichende Distanz zum Patienten mit Respektierung der ihm eigenen Denk- und Lebensweise zu achten. Es sollte dem Patienten ausreichend Zeit und Möglichkeit gegeben werden, das Therapierational für sich nachvollziehen zu können. Probeexpositionen mit geringem Schwierigkeitsgrad können hierbei zur Demonstration der Habituation von Angst und Anspannung hilfreich sein. Hinzu kommt, daß es sich bei den Inhalten der Zwangsgedanken oft um schambesetzte Themen handelt, die der Patient nur sehr ungern anspricht. Die Zwangsrituale werden meist als unsinnig erlebt und es kann dem Patienten peinlich sein, über diese genau zu berichten. Entsprechend ist eine sorgfältige, taktvolle Exploration erforderlich.

Verhaltensanalyse

Grundlage des weiteren therapeutischen Vorgehens ist eine genaue Erfassung des Problemverhaltens, also an erster Stelle der Zwangsgedanken und Zwangshandlungen, sowie der Stimuluskonstellationen, unter denen dies auftritt. Zu klärende Fragen im Rahmen der Verhaltensanalyse sind in Tab. 23.3 zusammengefaßt. Hierbei wird der Patient gebeten, zunächst selbst ausführliche Angaben beizutragen, wobei der Therapeut präzisierende Fragen stellt.

Tabelle 23.3 Fragen im Rahmen der Verhaltensanalyse

• Unter welchen Umständen treten Zwangssymptome auf (z.B. zu Hause)?
• Unter welchen Umständen verbessert oder verschlechtert sich die Zwangssymptomatik (z.B. Patient alleine versus in Gesellschaft)?
• Welche Situationen vermeidet der Patient auf Grund der Zwangssymptomatik?
• Welche Gedanken oder Impulse lösen Zwangssymptome aus (z.B. aggressive Impulse)?
• Was bewirken die Zwangshandlungen oder Zwangsgedanken nach Ansicht des Patienten? Wie überzeugt ist er hiervon?
• Werden die Zwangssymptome durch die familiäre Situation aufrecht erhalten?

Oft ist es ratsam, sich darüber hinaus einen *konkreten Tagesablauf* schildern zu lassen. Da dem Patienten manche seiner problematischen Verhaltensweisen peinlich oder auch "Ich-synton" erscheinen können, ist bisweilen erst auf diesem Weg ein Eindruck von dem Ausmaß der Beeinträchtigung zu gewinnen. So kann der Patient, obwohl er erst das Haus um acht Uhr verlassen muß, möglicherweise bereits um fünf Uhr aufstehen, um ausreichend Zeit für umfangreiche Reinigungs- und Kontrollrituale zu haben. Diese Angaben sollten durch ein *Tagebuch* des Patienten mit der Protokollierung von Art und Dauer des Zwangsverhaltens, der situativen Bedingungen, unter denen es auftritt, und der (positiven oder negativen) Konsequenzen, die ihm folgen, komplettiert werden. Grundsätzlich empfiehlt es sich, *wichtige Bezugspersonen* des Patienten ebenfalls zu befragen; selbstverständlich ist hierzu vorher das Einverständnis des Patienten einzuholen, in dessen Gegenwart in der Regel auch die Fremdanamnese durchgeführt wird. Schließlich ist eine *Verhaltensbeobachtung* in Bezug auf Zwangsrituale durch den Therapeuten sinnvoll, die am besten in der Lebenswirklichkeit des Patienten, etwa bei ihm zu Hause, durchgeführt wird. Die Verhaltensbeobachtung in Klinik oder Praxis kann in ihrer Aussagefähigkeit eingeschränkt sein, da die verhaltensauslösenden Stimuluskonstellationen möglicherweise nicht ausreichend reproduzierbar sind. Grundsätzlich kann darüber hinaus der Therapeut rückversichernde Funktion für den Patienten übernehmen: gleichsam kann der Patient einen Teil seiner Verantwortung an den Therapeuten delegieren, der - aus Sicht des Patienten - dafür Sorge trägt, daß nichts Schlimmes passiert. Insbesondere zu Beginn einer stationären Behandlung kann sich dies in einem Rückgang der Zwangssymptome ausdrücken; diese ist dann jedoch meist nur vorübergehend, und der Patient sieht die Verantwortlichkeit wieder in erster Linie bei sich.

Erstmaliges Auftreten von Zwangssymptomen und Verlauf der Störung sollte genau exploriert werden. Als Grundlage der Reizkonfrontationsbehandlung ist eine Hierarchie von Zielsituationen zu erstellen, die sich nach dem Ausmaß der hervorgerufenen Angst, aber auch nach der Intensität der Zwangshandlungen oder Zwangsgedanken richten kann. Hierzu wird der Patient gebeten, die Schwierigkeit der einzelnen Situationen mit Werten zwischen 0 und 100 zu bewerten.

■ Entstehungs- und Aufrechterhaltungsmodell der Störung

Auf der Grundlage der Diagnostik wird ein Entstehungs- und Aufrechterhaltungsmodell der Störung erarbeitet. Hierbei kann in der Regel auf das Zwei-Faktoren-Modell nach Mowrer rekurriert werden. Es beschreibt die Entstehung der Störung im Sinne einer klassischen Konditionierung und die Aufrechterhaltung im Sinne operanten Konditionierens. Als therapeutische Intervention läßt sich die Notwendigkeit der Aufhebung des aktiven und passiven Vermeidungsverhaltens zur Ermöglichung der forcierten Löschung der klassisch konditionierten Reaktion ableiten und somit das Vorgehen mittels Reizkonfrontation mit Reaktionsverhinderung begründen. Weitere relevante Faktoren sind zu berücksichtigen, etwa bei störungsaufrechterhaltender Wirkung des Verhaltens von Angehörigen des Patienten. Hieraus sind bei der Therapieplanung die notwendigen Interventionen abzuleiten, etwa besonders intensive Einbeziehung der Angehörigen mit dem Ziel einer Änderung des problematischen Verhaltens.

Therapieplanung

Die aus dem Entstehungs- und Aufrechterhaltungsmodell der Störung abgeleiteten Interventionen werden im Rahmen der Therapieplanung konkretisiert. Zu Beginn steht die Aufklärung des Patienten über seine Erkrankung und deren Behandlung mit Vermittlung eines ihm plausiblen Ätiologie- und Änderungsmodells.

Nach einer Auflistung der Zwangshandlungen und Zwangsgedanken, die in Zukunft nicht mehr gezeigt werden dürfen, erfolgt eine genaue Beschreibung der Expositionssituationen. Des weiteren werden alternative Tätigkeiten erarbeitet, die während der Reaktionsverhinderungsphase eingesetzt werden können (z.B. das Aufnehmen sozialer Kontakte).

Die Reizkonfrontationsbehandlung wird in der Regel zunächst therapeutenbegleitet durchgeführt. Sobald der Patient hierzu in der Lage ist, wird er selbst die Konfrontationsübungen durchführen. Die anfänglich erforderliche Planungshilfe des Therapeuten wird hierbei ausgeschlichen, so daß schließlich das Stadium des Selbstmanagement erreicht werden kann. Dieses ist Grundlage für eine langfristige Aufrechterhaltung des Therapieerfolges.

Durchführung der Reizkonfrontation mit Reaktionsverhinderung

Das grundsätzliche Vorgehen bei Reizkonfrontation ist in einem eigenen Beitrag in diesem Buch beschrieben; an dieser Stelle sollen lediglich einige praktische Hinweise ergänzt werden.

Bei Zwangsgedanken erfolgt die Reizkonfrontation gegen den angstauslösenden Zwangsgedanken. Hierzu kann der Patient den Gedanken willentlich herbeiführen, er kann ihn wiederholt aussprechen, etwa auch vom Blatt ablesen. Hilfreich kann das Besprechen eines Tonbandes durch den Patienten sein, welches sich der Patient über längere Zeit, etwa 1-2 Stunden anhört. Ein kurzes Endlostonband ist eine praktische Lösung. Angstreduzierende Rituale, seien sie gedanklich oder motorisch, sind zu unterlassen bzw. zu verhindern. Dies kann durch Fokussieren des angstauslösenden Zwangsgedankens und der mit ihm verbundenen Angst und Anspannung erreicht und vom Therapeuten verbal unterstützt werden. Verzögertem Ritualisieren kann durch alternative Verhaltensweisen begegnet werden.

Übungen müssen klar definiert sein; es muß ausreichend Zeit für die Habituation zur Verfügung stehen. Diese kann oft zwei Stunden benötigen. Das Erreichen von Einverständnis und Motivation des Patienten ist für konsequentes Üben von entscheidender Bedeutung; mit einer "Probeexposition" an einer leichten Aufgabe der Angsthierarchie kann der Patient das Prinzip der Habituation selbst erfahren und sich von seiner Wirksamkeit überzeugen. Für erfolgreiche Übungen können Belohnungen vereinbart werden, der Therapeut sollte Fortschritte positiv hervorheben. Die Übungen sollten vor allem auch dort durchgeführt werden, wo sie dem Patienten besonders schwer fallen, etwa im häuslichen Bereich. Die am meisten angstauslösenden Situationen sollten erreicht werden. Behandlungen können so mehrere Monate in Anspruch nehmen.

Selbstexposition

Ein auf Selbstexposition fokussiertes Vorgehen befürwortet Marks. Bei diesem soll der Patient:

- alle Auslöser seiner Zwänge auflisten,
- sich diesen Situationen 1-2h täglich aussetzen, so lange, bis er sich an das folgende Unbehagen gewöhnt,
- ein Tagebuch mit den erledigten Selbstexpositionen führen, das der Behandler von Zeit zu Zeit überprüft,
- ähnliche Aufgaben zur Rückfallprophylaxe durchführen.

Führt dieses Vorgehen nicht zum Erfolg, ist zu prüfen, ob eine Depression vorliegt und diese gegebenenfalls adäquat zu behandeln. Bei unzureichender oder falscher Exposition ist sorgfältige Überprüfung der Durchführung derselben sowie eine Korrektur angezeigt.

Tritt in der Übungssituation keine Angst auf, weil der Patient dissoziatives Erleben zeigt (etwa indem er sich an einen Südseestrand "denkt"), ist die Exposition nach Möglichkeit zu verlängern, bis Unbehagen durchbricht.

Nimmt der Patient hohe Dosen von Benzodiazepinen oder Alkohol ein, sind vor Behandlungsbeginn Entzug und Entwöhnung von diesen Substanzen angezeigt.

Besteht mangelnde Mitarbeit des Patienten, können weitere Behandlungstermine von der korrekten Führung der Selbstexpositionstagebücher abhängig gemacht werden.

Kooperieren Angehörige, denen die Grundzüge der Expositionsbehandlung wiederholt erklärt wurden, auch weiterhin nicht ausreichend, ist zu prüfen, ob der Patient eine Weile alleine leben kann.

23.3 Kognitive Methoden

Auf behavioraler Ebene führt Reizkonfrontation mit Reaktionsverhinderung zur Habituation, auf kognitiver Ebene zu einer kognitiven Umstrukturierung im Sinne einer *Neubewertung* ('reappraisal') etwa hinsichtlich der tatsächlichen Auftretenswahrscheinlichkeit einer vermeintlichen Gefahr. Auf diese Weise haben behaviorale Interventionen auch kognitive Konsequenzen. Umgekehrt können kognitive Veränderungen auch Folgen auf behavioraler Ebene zeigen; Verstärkung der Einsicht des Patienten in die Notwendigkeit der Reizkonfrontation führt zur Erhöhung der Wahrscheinlichkeit, diese korrekt durchzuführen. In der Therapiepraxis sind behaviorale und kognitive Techniken oft eng miteinander verwoben. In der Folge seien kognitive Behandlungstechniken dargestellt.

■ Gedankenstopp

Von einer Reihe von Behandlern wurde die Methode des Gedankenstop bei Zwangsgedanken angewendet. Sie besteht darin, daß der Patient bei Auftreten von Zwangsgedanken ein deutliches "Stopp" sagt, um die Gedanken zu beenden. Das "Stopp" kann zu Beginn der Behandlung laut ausgesprochen und bei zunehmender Übung leiser und schließlich nur noch gedanklich ausgedrückt werden. Es kann durch Erzeugen einer zusätzlichen Sinnesempfindung verstärkt werden; beispielsweise kann der Patient ein schmales Gummiband am Handgelenk tragen, welches er auf die Haut schnappen läßt. Ziel ist hierbei nicht die Erzeugung eines Schmerzreizes, sondern einer deutlichen taktilen Sensation. Patienten nehmen diese Intervention gerne wahr, da sie einfach zu lernen ist und ein Gefühl der Kontrolle über die Gedankenabläufe vermittelt. Anfänglich wird entsprechend oft eine Erleichterung berichtet. In empirischen Untersuchungen hat sich jedoch eine eindeutige Wirksamkeit bisher nicht belegen lassen. Dies kann möglicherweise darauf zurückgeführt werden, daß der Gedankenstopp genau genommen das Gegenteil einer Reizkonfrontation darstellt; im ungünstigen Fall kann er seinerseits als Ritual zur Neutralisierung angstauslösender Gedanken in Erscheinung treten. Aus heutiger Sicht ist daher Zurückhaltung gegenüber diesem Verfahren angebracht.

■ Kognitives Modell nach Salkovskis

Das Erleben von sich aufdrängenden Gedanken ('intrusive thoughts') ist ein auch in der Normalpopulation verbreitetes Phänomen: bis zu 90% der Befragten berichten darüber. Gesunde beschäftigen sich allerdings nicht länger mit solchen Gedanken. Aus kognitiver Sicht ist eine Möglichkeit des Entstehens einer Zwangsstörung wie folgt zu beschreiben:

Ein Gedanke mit dem Inhalt einer Gefahr drängt sich auf. Vor dem Hintergrund eines besonderen Verantwortungsgefühls wird die Gefahr überschätzt, der Gedanke als sehr unangenehm erlebt und durch eine gedankliche oder reale Handlung neutralisiert.

Sieht beispielsweise ein Gesunder eine Blutprobe und kommt ihm der Gedanke, mit dieser könne jemand infiziert werden, so wird er diesem Gedanken keine weitere Bedeutung beimessen und ihn nicht weiter verfolgen: eine weitere Konsequenz entsteht nicht. Neigt jemand aber zu einer *Überschätzung von Gefahren*, wird der Gedanke nicht so schnell verworfen werden. Besteht zudem die Annahme *besonderer persönlicher Verantwortung*, wird er Maßnahmen zur Abwehr der Gefahr erwägen, beispielsweise sicherheitshalber die Hände waschen. Durch diese Maßnahme wird das Gefühl der besorgten Anspannung nachlassen: dies entspricht im Kontext operanten Lernens einer negativen Verstärkung. In der Folge wird Händewaschen (oder ein gedankliches neutralisierendes Ritual) häufiger auftreten. Aus kognitiver Sicht ist darüber hinaus von Bedeutung, daß die (dysfunktionale) Annahme entstehen kann, daß erst die neutralisierende Handlung die Gefahr gebannt habe und daher in ähnlichen Situationen wieder eingesetzt werden muß. Die Ausführung des neutralisierenden Rituals verhindert dabei eine Überprüfung, ob die befürchtete Konsequenz überhaupt eingetreten wäre - die dysfunktionale Annahme kann so lange nicht korrigiert werden, wie das Ritual ausgeführt wird. Ein *erhöhtes Sicherheitsbedürfnis* bzw. eine Intoleranz für Unsicherheit wird dazu führen können, daß die Möglichkeit des Eintretens des befürchteten Ereignisses erst gar nicht zugelassen wird, indem die vorbeugende (tatsächliche oder gedankliche) Handlung ausgeführt wird. Bleiben Restzweifel bestehen, wird diesen u.U. durch Ausweitung der prophylaktischen Maßnahmen begegnet. Dies kann so weit gehen, daß die ursprünglich befürchtete Katastrophe hinter den zu ihrer Abwendung getätigten Maßnahmen kaum oder gar nicht mehr zu erkennen ist. Im Rahmen einer kognitiven Intervention wird der ursprüngliche ängstigende Gedanke aufgesucht und mit Hilfe des sokratischen Dialogs unter Mithilfe des Therapeuten vom Patienten einer kritischen Realitätsprüfung (s.u.) unterzogen. Darüber hinaus kann versucht werden, das Gefühl besonderer persönlicher Verantwortung im Sinne einer wirklichkeitsangemessenen Einstellung zu modifizieren, eine realistische Einschätzung der Auftretenswahrscheinlichkeit und tatsächlichen Folgen der befürchteten Ereignisse zu erarbeiten sowie die Toleranz von Unsicherheit zu erhöhen.

Latent vorhandene, auf die Vorgeschichte des Patienten zurückzuführende *dysfunktionale Grundannahmen* über das Ausmaß beispielsweise der persönlichen Verantwortung können durch kritische Ereignisse "aktiviert" werden, die negative automatische Gedanken auslösen und damit neutralisierendes Verhalten begünstigen können. Depressionen können nach diesem Modell über die Bevorzugung der Wahrnehmung negativer Aspekte (wie von Beck beschrieben) das Auftreten sowohl von negativen sich aufdrängenden Gedanken, als auch von negativen automatischen Gedanken und von Neutralisierung fördern und somit Zwangssymptome verstärken.

■ Erhebung kognitiver Charakteristika

Bei den bekannten explorativen Vorgehensweisen ist insbesondere auf Gedanken zu achten, die "Verantwortlichkeit" sowie "Schaden für sich oder andere" beinhalten. Hilfreiche Fragen zur Offenlegung von Vermeidung und Neutralisierung können sein:

- "Gibt es Gedanken oder Handlungen, die nicht vorkämen, wenn Sie die Zwangsstörung nicht hätten?"
- "Gibt es etwas, was Sie nicht tun oder woran Sie nicht denken können, weil Sie die Zwangsstörung haben?"

Negative automatische Gedanken können durch Exploration, Selbstbeobachtung des Patienten (etwa mittels Tagebuch) sowie durch Verhaltensexperimente gewonnen werden. Ein bestimmter negativer automatischer Gedanke kann durch ein Wahrscheinlichkeitsrating hinsichtlich seines Zutreffens bewertet werden. Zwangsgedanken und automatische Gedanken (im Sinne von Beck) lassen sich wie folgt unterscheiden:

Zwangsgedanken in typischer Form dringen in den vorhandenen Fluß der Gedanken ein und werden entsprechend als sich aufdrängend wahrgenommen, sind dem Bewußtsein und der Exploration leicht zugänglich und werden als irrational und ich-dyston, also unpassend zu den sonstigen Überzeugungen, erlebt. Negative automatische Gedanken laufen dem Fluß der Gedanken parallel, werden daher als wenig eindringend oder störend wahrgenommen und als vernünftig und Ich-synton erlebt. (Es ist hierbei allerdings zu bedenken, daß Zwangsgedanken nach längerem Bestehen ebenfalls ich-synton werden können; diagnostisch ist in diesem Zusammenhang im Sinne der hierfür vorgesehenen Spezifikation des DSM-IV an eine Zwangsstörung "mit mangelnder Einsicht" zu denken.)

■ Anwendung der kognitiven Therapie

Erleichterung von Reizkonfrontation mit Reaktionsverhinderung

In der Regel haben Patienten Angst vor Reizkonfrontationsübungen. Kognitive Techniken können zur Motivierung beitragen, Therapieabbrüche verhindern und während der Behandlung auftretende zusätzliche Aspekte im Sinne störungsaufrechterhaltender Faktoren, etwa eine Eheproblematik, modifizieren. Zur Anwendung können u.a. Spaltentechnik, Technik des senkrechten Pfeils, das Überprüfen von dysfunktionalen Annahmen des Patienten im sokratischen Dialog, das Finden von Alternativen und Entwikkeln rationaler Antworten kommen. In der Behandlung erarbeitete kognitive Strategien können auf kleine Kärtchen zur Anwendung zu Hause geschrieben werden, wobei darauf zu achten ist, daß keine Rückversicherung durch den Therapeuten erfolgt und das Kärtchen nicht im Sinne eines Rituals zur Spannungsreduktion verwandt wird, sondern vielmehr die Durchführung der Expositionsübungen erleichtert.

Überwertige Ideen

Patienten mit überwertigen Ideen respondieren weniger gut auf Reizkonfrontation mit Reaktionsverhinderung; im Rahmen eines Erklärungsversuchs wird dies auf Neutralisierung zwischen den Therapiesitzungen zurückgeführt. Da Patienten mit überwertigen Ideen in besonderem Ausmaß der Ansicht sind, daß ihre (falschen) Annahmen zutreffen, zögern sie oft von vorneherein, die Reizkonfrontation mit Reaktionsverhinderung zu beginnen: Sie befürchten, durch die Übung im Sinnen der Unterlassung des Rituals Schuld auf sich zu laden. Kognitive Interventionen können hierbei helfen, die falschen Annahmen des Patienten zu modifizieren. Grundsätzlich können die von Beck für die Behandlung von Depressionen und Angststörungen beschriebenen Techniken Anwendung finden, etwa Identifizieren und Überprüfen automatischer Gedanken und dysfunktionaler Grundannahmen, Entkatastrophisieren, Neuattribution und Verhaltensexperimente. Es sollte hierbei nach Möglichkeit mit sokratischem Dialog, also durch Fragen des Therapeuten geleitetes Entdekken des Patienten, vorgegangen werden; auf diese Weise kann sich der Patient selbst wichtige Einsichten erarbeiten. Andernfalls ist zu befürchten, daß Äußerungen des Therapeuten im Sinne von Rückversicherungen verwendet werden oder einfach nicht geglaubt werden.

Insgesamt ist bisher eine Wirkung der kognitiven Therapie der Zwangsstörung über die Erfolge der Reizkonfrontation mit Reaktionsverhinderung hinaus noch nicht sicher erwiesen. Da zu viele Patienten, insbesondere mit Zwangsgedanken, noch nicht zufriedenstellend auf die Behandlung ansprechen, sollten die bestehenden kognitiven Interventionsmöglichkeiten weiterentwickelt werden.

23.4 Empirische Befunde zur Wirksamkeit

Nach Exposition und Reaktionsverhinderung zeigen nach einer Literaturübersicht 36% der Zwangspatienten mindestens 70% Symptomreduktion, 27% der Zwangspatienten zeigen 31% bis 69% Symptomreduktion, 7% sind ungebessert und 30% beenden die VT nicht. Eine Übersicht über katamnestische Studien zeigt, daß nach Exposition mit Reaktionsverhinderung 1 - 6 Jahre später 79% gebessert sind, wobei die durchschnittliche Symptomreduktion 60% beträgt. 10% bis 18% berichteten eine zusätzliche Expositionsbehandlung, ein Drittel eine Depressionsbehandlung. Hierbei bewirken längere Expositionsbehandlungen bessere Langzeitergebnisse. Je kleiner die erreichte Besserung ausfällt, desto höher ist die Rückfallneigung. Die katamnestischen Ergebnisse sind besser als nach Medikation; Absetzen der Medikamente ist von hoher Rückfallneigung gekennzeichnet.

Nichtdepressive Patienten ohne Persönlichkeitsstörung profitieren von einer Gruppentherapie in einer Studie genauso gut wie von einer Einzeltherapie.

Wie oben beschrieben, erbringen die bisher vorliegenden wenigen kontrollierten Studien, wenn kognitive Therapie zu den vorhandenen therapeutischen Techniken hinzugefügt wird, keine ausreichenden Belege für eine Verbesserung.

23.5 Literatur

1. *Marks, I.M.:* Fears, Phobias and Rituals. Oxford University Press, New York 1987
2. *Reinecker, H.S.:* Zwänge, Diagnose, Theorien und Behandlung. Huber, Bern 1994
3. *Salkovskis, P.M.:* Obsessional-compulsive problems: A cognitive-behavioral analysis. Behaviour Research and Therapy 23, 571-583

24. Phobien/Panikstörungen

J. Angenendt, F. Hohagen

24.1 Einführung und historische Entwicklung

Angststörungen gehören mit einer Lebenszeitprävalenz von insgesamt 14% zu den am weitesten verbreiteten psychischen Störungen. Dabei überwiegen die phobischen Störungen gegenüber der Panikstörung und der Generalisierten Angststörung. Die *Diagnostik und Klassifikation* der Angststörungen hat durch die operationalisierten diagnostischen Kriterien des DSM-IV (American Psychiatric Association, APA 1994) und der ICD-10 (Weltgesundheitsorganisation 1991) eine erhebliche Präzisierung erfahren. Es findet eine deskriptive Unterscheidung der Ängste hinsichtlich der auftretenden Symptome, ihrer Auslöser, ihres Verlaufs und ihrer Auswirkungen statt. *Phobien* sind übermäßige Angstreaktionen, die zeitlich überdauernd (persistierend) und situativ ausgelöst sind. Je nach Auslöser werden unterschieden: Spezifische, Soziale und Agoraphobien. Die *Panikstörung* ist eine episodische, fluktuierend auftretende Angststörung, die nicht durch spezifische Umweltreize und äußere Situationen ausgelöst wird. Sie ist gekennzeichnet durch das Auftreten rezidivierender, für den Patienten nicht kontrollierbarer Panikattacken. Für die Diagnose einer Angststörung ist erforderlich, daß die Symptomatik mit deutlichen Beeinträchtigungen in der Lebensführung verbunden ist.

Angststörungen werden in der ärztlichen Primärversorgung häufig gar nicht oder erst sehr spät korrekt identifiziert und diagnostiziert, was zu *Chronifizierungen und einer Vielzahl gravierender Folgebeschwerden* für die Betroffenen führen kann: gesundheitliche Risiken durch Fehldiagnostik und Fehlbehandlungen, die Entstehung eines schädlichen Substanzgebrauchs (Mißbrauch oder Abhängigkeit von Alkohol oder Benzodiazepinen), die Entwicklung sekundärer depressiver Beschwerden bis hin zur Suizidalität. Deutliche Einschränkungen der beruflichen und persönlichen Funktionstüchtigkeit und Lebensqualität sind häufig. Gesamtgesellschaftlich entstehen hohe Folgekosten durch eine Überbeanspruchung der Gesundheitsdienste (exzessive Diagnostik und inadäquate Therapiemaßnahmen) und der sozialen Sicherungssysteme (Arbeitsausfallzeiten, frühzeitige Pensionierung).

Bei Patienten mit einer identifizierten Angststörung besteht ein gegenüber der Allgemeinbevölkerung *deutlich erhöhtes Risiko für das Auftreten anderer psychiatrischer Störungen*: andere Angststörungen, affektive Störungen (Depressive Episode, Dysthymia), schädlicher Substanzgebrauch und somatoforme Störungen sind die wichtigsten psychiatrischen Begleitstörungen, für die eine hohe Komorbidität nachgewiesen ist.

In der *Therapie der Angststörungen* wurden in den letzten 30 Jahren bedeutsame Fortschritte erzielt. Die entscheidenden Beiträge wurden dabei klinisch und wissenschaftlich von der Biologischen Psychiatrie mit ihrem psychopharmakologischen Therapieansatz und der Verhaltenstherapie (VT) hervorgebracht. Andere Therapieschulen haben sich an der auf kontrollierte Studien gestützten Evaluation ihrer Effekte nur in Ausnahmefällen beteiligt.

In der Versorgungspraxis besteht bis heute eine erhebliche Diskrepanz zwischen den am häufigsten zur Anwendung kommenden Behandlungsformen und den Therapieverfahren, die nachgewiesenermaßen als effektiv gelten können.

Die *Pharmakotherapie* hat in zahlreichen, placebokontrollierten Studien für verschiedene Substanzklassen ihre Wirksamkeit bei Angststörungen nachgewiesen:

Trizyklische Antidepressiva, Monoamino-Oxidase-Hemmer (MAO), Selektive Serotonin-Wiederaufnahme-Hemmer (SSRI) und Benzodiazepine erwiesen sich bei der Panikstörung und Agoraphobie als effektiv. Für die Soziale Phobie ist der Wirksamkeitsnachweis für SSRI, MAO-Hemmer und Benzodiazepine erbracht. Benzodiazepine können bei Spezifischen Phobien helfen, sind aber - besonders wegen der Gefahren ihres Langzeitgebrauchs - allenfalls für eine kurzzeitige Anwendung geeignet.

Generell schränken unerwünschte Arzneimittelwirkungen, die häufig zu Complianceproblemen bei Angstpatienten führen, insbesondere aber auch das hohe Rückfallrisiko nach Absetzen der Medikamente, die therapeutischen Möglichkeiten der Pharmakotherapie ein. Als besonders kritisch ist der längerfristige Einsatz von Benzodiazepinen zu sehen, der bei Absetzen der Medikation zu Rebound-Phänomenen, Entzugserscheinungen sowie einem davon schwer unterscheidbaren Wiederauftreten der ursprünglichen Angstbeschwerden führen kann, so daß viele Patienten sofort wieder auf die Einnahme dieses Medikaments zurückgreifen. Die Entwicklung einer sekundären Benzodiazepinabhängigkeit wird auf diese Weise häufig gebahnt.

Die *Verhaltenstherapie* hat sich seit ihren Anfängen kontinuierlich mit Ängsten befaßt. Die seit den 50er Jahren unseres Jahrhunderts gut dokumentierten Erfolge der VT bei verschiedenen Angststörungen haben zu der Etablierung der gesamten VT und ihrer aktuell großen klinischen und wissenschaftlichen Bedeutung maßgeblich beigetragen (Marks 1987):

Die *Systematische Desensibilisierung* (s. Kap. 24.3) war in den 50er und 60er Jahren das am häufigsten eingesetzte und untersuchte Verfahren der VT bei Phobien. Sie wurde seit den 70er Jahren zunehmend durch *Expositionsverfahren* (Konfrontationsverfahren) in den Hintergrund gedrängt. Diese Verfahrensgruppe wurde von Anfang an in klinischen Stichproben bei Patienten mit komplexen Angststörungen und Problemkonstellationen erprobt und erzielte besondere Erfolge bei schweren Agoraphobien und Zwangsstörungen, die psychotherapeutisch seinerzeit als kaum behandelbar galten.

Nachdem sich in unterschiedlichen Behandlungszentren eine Anwendungs- und Forschungstradition für Expositionsverfahren bei Phobien entwickelt hatte, erfolgte seit Beginn der 80er Jahre eine Infragestellung ihrer Geltung von seiten der Biologischen Psychiatrie. Ausgehend von den Arbeiten des amerikanischen Psychiaters D.F. Klein zur Wirkung des Imipramins auf "spontane Panikattacken" und im Zuge der expliziten Operationalisierung der "Panikstörung" im "Diagnostischen und Statistischen Manual psychischer Störungen, DSM-III" gewann besonders in den USA eine biologisch geprägte Konzeptualiserung von Angststörungen großen Einfluß: Ein psychologisch-lerntheoretisches Ätiologiemodell könne allenfalls Erwartungsängste und die als sekundär, im wesentlichen als Folgen der spontanen Panikattacken entstandenen phobischen Ängste erklären. Die Panikattacken wurden i.S. einer "endogenen" Störung als die primäre und eigentlich zentrale Symptomatik vieler Angststörungen angesehen. Die Panikattacken seien dabei durch neurobiologische Dysregulationsprozesse - und nicht durch psychologische Faktoren - verursacht. Gleichzeitig wurde die Wirksamkeit der VT für diejenigen Angststörungen angezweifelt, die durch das Auftreten "nicht-situationsgebundener Panikattacken" gekennzeichnet sind.

Teilweise als Reflex auf diese Diskussion, teilweise unabhängig davon durch Entwicklungen innerhalb der VT (die sog. "Kognitive Wende in der VT"), erhielten ***kognitive Modelle*** der Entstehung und Aufrechterhaltung von Angstattacken zunehmende Bedeutung (Clark 1986). Verschiedene Arbeitsgruppen (z.B. um A. Beck, D. Barlow, D. Clark und J. Margraf) beschrieben die Abläufe bei Panikanfällen als psychophysiologische Aufschaukelungsprozesse. Aus diesen Modellvorstellungen abgeleitete Therapieverfahren, die kognitiv-behavioralen Therapien, hoben Veränderungen von intrapsychischen Aufmerksamkeits-, Bewertungs- und Erwartungsprozessen als spezifisch kognitive Interventionen hervor.

Es entstand dabei eine zuweilen künstlich erscheinende Grenze zu den Expositionsverfahren, die den realen Vorgehensweisen beider Verfahren nicht entspricht. Heute sind in der VT komplexer Angststörungen in der Regel beide Ansätze integriert.

24.2 Anwendungsvoraussetzungen

Ängste, ängstliche Anspannung, Nervosität, Besorgtheit und körperliche Unruhezustände sind Symptome, die bei unterschiedlichen psychiatrischen Beschwerden, aber auch im Rahmen körperlicher Erkrankungen sowie bei Belastungen und Konflikten ("Distress"), auftreten können. Nicht alle Angstbeschwerden sind Anzeichen für das Bestehen einer primären Angststörung und fallen damit in das klassische Indikationsgebiet der VT. Die Indikation für eine verhaltenstherapeutische Behandlung ist erst nach einem adäquaten diagnostischen Vorgehen zu stellen: Dieses beinhaltet den Ausschluß anderer körperlicher und/oder psychiatrischer Erkrankungen. Eine exakte Diagnose und Klassifikation und die Erstellung der für die VT spezifischen Verhaltens- und Problemanalyse ist erforderlich.

Diagnostisches und differentialdiagnostisches Vorgehen

Besteht aufgrund der Beschwerdeschilderungen des Patienten der Verdacht auf eine Angststörung, ist zur weiteren Diagnostik ein Vorgehen erforderlich, das sich als *sequentieller Bewertungs- und Entscheidungsprozeß* beschreiben läßt:

1. Als erstes ist zu entscheiden, ob die vorgebrachten Angstbeschwerden des Patienten als "gestört" zu bewerten sind. Ängste können auch "normal" und angemessen sein. Hier sind der Vorstellungsgrund, die Umstände des Auftretens und die näheren Charakteristika der Angstreaktion zu berücksichtigen.
2. Liegt eine als pathologisch bewertete Angst vor, muß ausgeschlossen werden, daß diese auf eine körperliche Grunderkrankung zurückgeführt werden kann. Hierzu ist eine körperlich-neurologische Basisuntersuchung mit Durchführung basaler laborchemischer und labortechnischer Untersuchungen erforderlich. Wichtige Differentialdiagnosen wie Schilddrüsenerkrankungen, Herzrhythmusstörungen, cerebrales Anfallsleiden, vestibuläre Störungen und Asthma bronchiale müssen ausgeschlossen werden können.
3. Das Bestehen einer anderen psychiatrischen Erkrankung, insbesondere einer primär affektiven Erkrankung (Angst und Panik als Symptome im Rahmen einer primär depressiven Störung), einer schizophrenen Psychose oder des schädlichen Substanzgebrauchs ist auszuschließen.
4. Kann das Vorliegen eines sekundären Angst-Syndroms ausgeschlossen werden und können die für eine Angststörung typischen Beschwerdemerkmale nachgewiesen werden, liegt eine primäre Angststörung vor. Typische Auslösesituationen, Verlaufsmerkmale und Schweregrad erlauben eine Zuordnung zu einer der diagnostischen Unterformen der Angststörungen. Die klassifikatorische Diagnose ist an den diagnostischen Leitlinien der ICD-10 bzw. an den operationalisierten Kriterien des DSM-IV zu orientieren. Für Forschungsfragestellungen ist die Durchführung eines standardisierten oder strukturierten diagnostischen Interviews (z.B. SKID, DIPS, CIDI) üblich.
5. Eine angemessene Planung der Veränderungsdiagnostik ist für die Evaluation der Therapie und die Entscheidung über weitere therapeutische Maßnahmen wichtig. Für diesen Zweck stehen heute eine Reihe psychometrisch überprüfter Selbst- und Fremdbeurteilungsskalen für Angststörungen zur Verfügung. Es lassen sich unterscheiden: allgemeine Beurteilungsskalen für Angst (z.B. Hamilton Anxiety Skala, HAMA; Beck Angst-Inventar, BAI; State-Trait Angst Inventar, STAI; Unterskalen der Symptom Check Liste, SCL-90-R) und spezielle Beurteilungsskalen für Agoraphobie und Panikstörung (z.B. Mobilitäts-Inventar, MI; Fragebogen zu angstbezogenen Kognitionen, ACQ; Fragebogen zur Angst vor Körperempfindungen, BSQ; Panik- und Agoraphobie Skala, PAS), Spezifische Phobien (z.B. Fear Questionnaire, FQ) und Soziale Phobien (z.B. Liebowitz Skala). Für eine detailliertere Darstellung sei auf Bandelow und Margraf (1994) verwiesen.

Therapiespezifische Diagnostik: Verhaltens- und Problemanalyse

Die VT hat seit ihren Anfängen die besondere Bedeutung der funktionalen Analyse des gestörten Verhaltens für die Auswahl und Gestaltung therapeutischer Interventionen betont. Ausgehend von diesem grundlegenden Konzept wurde die *"Verhaltens-, Bedingungs- und Funktionsanalyse"* als spezielle Form der Diagnostik und Therapieplanung in der VT weiterentwickelt (Hand 1986, Kanfer et al. 1990). Diesem Ansatz folgend müssen auch die Standardverfahren bei Angststörungen im Rahmen einer individuellen Fallkonzeption in ihrer Anwendung begründet und abgeleitet werden.

Die wichtigsten Charakteristika der verhaltenstherapeutischen Behandlungsstrategie können an dieser Stelle nur kurz skizziert werden (s. Kap. 8):

- die Therapie findet unter ständiger Beachtung und ggf. Förderung der Patient-Therapeuten-Beziehung und der Therapie- und Veränderungsmotivation statt,
- die klassifikatorische Diagnose ist eine notwendige, aber nicht hinreichende Bedingung für die Therapieplanung und Indikationsstellung,
- Voraussetzung für die Therapieplanung ist die Erstellung eines individuellen Bedingungsmodells der Symptomatik, das Fragen nach den verursachenden, auslösenden und aufrechterhaltenden Faktoren der Angstsymptomatik im Einzelfall zu beantworten hat,
- aus dem Bedingungsmodell müssen unter Beachtung der Ziele des Patienten, seiner Ressourcen (Alternativverhalten, Aktiva) und in Antizipation möglicher Folgen einer Symptomveränderung die gewählten Verfahren begründet und abgeleitet werden,
- es sind mögliche Kontraindikationen zu beachten,
- primärer therapeutischer Ansatz ist die Veränderung derjenigen Faktoren, die als aufrechterhaltende Bedingungen der Symptomatik anzusehen sind.

Die Erstellung einer Problem- und Verhaltensanalyse erlaubt eine weit über die Indikationsstellung hinausgehende individuelle Therapieplanung unter Berücksichtigung des Schweregrads der Angstsymptomatik, der Komorbidität, Vorbehandlungen und der intrapsychisch sowie interpersonell aufrechterhaltenden Faktoren der Symptomatik. Sie erbringt wichtige Informationen, die im Falle eines Nicht-Ansprechens auf das zunächst gewählte Verfahren zur Mißerfolgsanalyse, weiteren Interventionsplanung und zur Erhaltung der Handlungsfähigkeit des Therapeuten erforderlich sind.

Die Bedeutung der verhaltensanalytischen Therapieplanung bei Phobien wurde durch die Ergebnisse einer Studie von Schulte und Mitarbeitern (1992) in Frage gestellt, die bei der Agoraphobie eine Überlegenheit der standardisierten gegenüber einer individualisierten VT beobachten konnten. Die durch diese Befunde ausgelöste Diskussion innerhalb der VT ist bis heute nicht abgeschlossen und schließt weitergehend auch Fragen zur "Störungsspezifität verhaltenstherapeutischer Verfahren" und zur "Manualisierung der VT" mit ein.

Generelle Struktur des therapeutischen Vorgehens

Unabhängig von den jeweils vorliegenden Angststörungen und den eingesetzten Verfahren läßt sich der *Ablauf einer VT in vier idealtypischen Phasen* beschreiben:

1. Diagnostische Phase
2. Vorbereitungsphase
3. Interventionsphase i.e.S.
4. Transferphase

Diagnostische Phase: Verhaltensanalyse und Anleitung zur Selbstbeobachtung

Ziel ist die Förderung der Selbstbeobachtung und des Verständnisses des Patienten hinsichtlich:

- der externen und internen Auslöser der aktuellen Angstreaktionen,
- der verschiedenen Reaktionsebenen von Angst (körperlich-physiologisch, kognitiv, emotional, verhaltensbezogen = "4-Ebenen Betrachtung") und deren Interaktionen,
- der unmittelbaren und langfristigen Konsequenzen der Angstsymptomatik,
- der lerngeschichtlichen Entwicklung der Symptomatik und
- des bisher gezeigten Umgangs mit der Angstsymptomatik.

Vorbereitungs- und Instruktionsphase: Psychoedukation

Informationen, Aufklärung und "geleitetes Entdecken" hinsichtlich folgender Themen:

- "normale" und "gestörte" Angst
- Verbreitung von Angststörungen in der Allgemeinbevölkerung
- funktionale Zusammenhänge zwischen Angst und Vermeidungsverhalten
- Rolle von Erwartungsangst und "Angst vor der Angst"
- "Teufelskreismodell" von Angstattacken

Übergeordnetes Ziel ist die Entwicklung eines adäquaten Störungsverständnisses (Krankheitsmodells) und die Begründung der verhaltenstherapeutischen Therapiemaßnahmen (Verbesserung der Transparenz und Therapiemotivation).

Interventionsphase (i.e.S.)

Ziel ist der Aufbau von Fertigkeiten zur aktiven und selbständigen Angstbewältigung.

Die zur Anwendung kommenden Verfahren lassen sich danach unterscheiden, welche der drei miteinander in Wechselwirkung stehenden Reaktionsebenen (körperlich-physiologisch, kognitiv, behavioral) zum primären Ansatzpunkt der Therapie gewählt werden: Entspannungsverfahren und Systematische Desensibilisierung, Kognitive Verfahren, Expositionsverfahren. Es wird angenommen, daß eine erfolgreiche therapeutische Veränderung auf der jeweiligen Reaktionsebene (z.B. Abbau des phobischen Vermeidungsverhaltens) entsprechende positive Veränderungen auch auf den anderen Dimensionen der Angst nach sich zieht (z.B. veränderte Bewertung der von Objekten und Situationen ausgehenden Gefahren und Bedrohungen bzw. Reduktion der sympathikotonen körperlichen Angstanzeichen).

Die einzelnen Verfahren und Techniken werden in ihrer spezifischen Anwendung bei den verschiedenen Phobien und bei der Panikstörung in Kapitel 24.3 dargestellt.

Transferphase

Ziele sind die selbständige Weiterführung der vermittelten Methoden zur Angstbewältigung in Eigenregie, die Umsetzung der Veränderungen im Alltagsleben und die Rückfallprophylaxe. Da Ängste und Panikattacken auch nach erfolgreichen Therapien noch auftreten können, kommt einer entsprechenden Vorbereitung und Planung, wie mit wieder stärker auftretenden Symptomen und "Rückschlägen" umgegangen werden kann, ein hoher Stellenwert zu.

Weiterhin geht es um eine Bilanzierung der erreichten Veränderungen und eine Entscheidung über die Notwendigkeit weiterführender Therapieschritte für andere Problembereiche bzw. um die Beendigung der Therapie.

24.3 VT bei Agoraphobie (ohne und mit Panikstörung)

■ Merkmale der Agoraphobie

Die Agoraphobie (ICD-10: F 40.00 ohne Panikstörung bzw. 40.01 mit Panikstörung / DSM-IV: 300.22 bzw. 300.21) ist die klinisch relevanteste phobische Störung. Sie umfaßt - weit über die eigentliche Wortbedeutung, "Platzangst", hinausgehend - ein komplexes Muster situativ ausgelöster Ängste und Panikattacken, das sich auf mehrere der folgenden Situationen bezieht: Menschenmengen, Kaufhäuser, Supermärkte, öffentliche Plätze und Räume (Kino, Theater, Restaurants), Reisen alleine, die Benutzung öffentlicher Verkehrsmittel, weite Entfernungen von Zuhause, Wartesituationen. Häufig, aber nicht zwingend, ist auch das Alleinsein angstauslösend. Anders als bei der Spezifischen Phobie richtet sich die Angst weniger auf die vermeintlichen Gefahren und Bedrohungen der externen Situationen - Agoraphobiker wissen rational, daß von einem vollen Kaufhaus keine wirklichen Gefahren ausgehen -, als vielmehr auf die dabei auftretenden körperlichen und psychischen Reaktionen. Vor allem wird das Auftreten von Angst- und Panikanfällen befürchtet. Die typischen körperlichen Symptome bei Angstanfällen sind - unabhängig von der Frage, ob situativ ausgelöst oder "spontan" - Herzjagen, Herzstolpern, Schweißausbrüche, Zittern, Atemnot, Beklemmungsgefühle, Schwindelgefühle, abdominelle Beschwerden. Die kognitiven Befürchtungen richten sich darauf, bei Angstanfällen den entsprechenden Situationen nicht jederzeit entfliehen zu können ("in der Falle zu sitzen"), keine Hilfe zu bekommen und der Angst völlig schutz- und hilflos ausgeliefert zu sein. Wie bei der Panikstörung werden als mögliche Konsequenzen der Attacken Ohnmacht, Herzinfarkt, Schlaganfall oder Kontrollverlust befürchtet. Agoraphobiker begegnen ihren übermäßigen Angstreaktionen durch Flucht- und/oder Vermeidungsverhalten. In der Folge kommt es zu erheblichen Einschränkungen der Mobilität, Selbständigkeit und Lebensqualität.

Die Agoraphobie führt in schweren Fällen zur völligen Unfähigkeit, das eigene Haus ohne Begleitung verlassen oder alleine sein zu können.

Expositionsverfahren

Sie zielen - dem lerntheoretischen Modell der negativen Verstärkung des Vermeidungsverhaltens folgend - darauf ab, das phobietypische Flucht- und Vermeidungsverhalten abzubauen, Patienten dabei gleichzeitig Möglichkeiten eines veränderten Umgangs mit aufkommenden Angstreaktionen zu vermitteln. Vor Anwendung des Expositionsverfahrens ist eine intensive Motivation und Vorbereitung der Patienten für das geplante Vorgehen wichtig. Je nach Differenziertheitsgrad des Patienten können die Begründungen und Annahmen des Vorgehens variiert werden. Die "Zwei-Faktoren-Theorie" der Entstehung und Aufrechterhaltung von Phobien nach Mowrer ist dabei - wenn auch in der vereinfachten Form wissenschaftlich nicht korrekt - als heuristisches Erklärungsmodell gut geeignet. Sie erklärt den Erwerb phobischer Ängste durch Lernprozesse der "Klassischen Konditionierung" und ihre weitere Aufrechterhaltung durch operante Lernprozesse, insbesondere die negative Verstärkung des Vermeidungsverhaltens (s. Kap. 4). Entscheidend ist, daß der Patient nachvollziehen kann, daß für eine Veränderung der Agoraphobie das Aufsuchen angstauslösender Situationen wieder notwendig ist und daß zunächst *kein* angstfreies oder angstunterdrückendes Erleben angestrebt wird. Vielmehr geht es im Sinne eines *„Angstmanagements"* um das Erlernen eines veränderten Umgangs mit den provozierten Ängsten und Panikgefühlen. Ziel ist ein Zulassen der Ängste auf der körperlich-physiologischen und auf der emotionalen Ebene. Unterbunden werden sollen gleichzeitige phobische Flucht- und Vermeidungsreaktionen auf der behavioralen Ebene bzw. die angstverstärkenden Kognitionen im Sinne eigener schlimmer Phantasien darüber, was alles passieren könnte. Motiviert wird zum Verbleib in der phobischen Situation trotz unangenehmer Körperempfindungen und Gefühle, bis ein Abklingen der Angst noch in der Situation erreicht wird. Durch ein solches Vorgehen wird für den Patienten wieder erfahrbar, daß die gedanklich antizipierten Katastrophen nicht eintreten, die körperlichen Reaktionen wieder abklingen, durch einen geeigneten Umgang mit der Angst Einfluß auf - wenn auch nicht völlige Kontrolle über - das Geschehen genommen werden kann.

Die Rationale der Reiz- und Reaktionskonfrontation kann mit Hilfe einer Angstverlaufskurve (Abb. 24.1) verdeutlicht werden. Sie zeigt, wie der Patient in seiner Vorstellung einen weiteren, stetigen Anstieg der Angst bis zum Eintreten der befürchteten Konsequenzen (z.B. Ohnmacht, Herzinfarkt, Kontrollverlust usw.) antizipiert (gestrichelte Linie). Nur durch einen Verbleib in der Situation trotz der Ängste kann wieder erfahrbar werden, daß die Angst auch ohne Flucht einer Selbstbegrenzung (Habituation) unterliegt und nach Überschreiten des Höhepunktes abklingt. Bei wiederholter Exposition ist eine Intensitätsabnahme der auftretenden Angstreaktion zu erwarten.

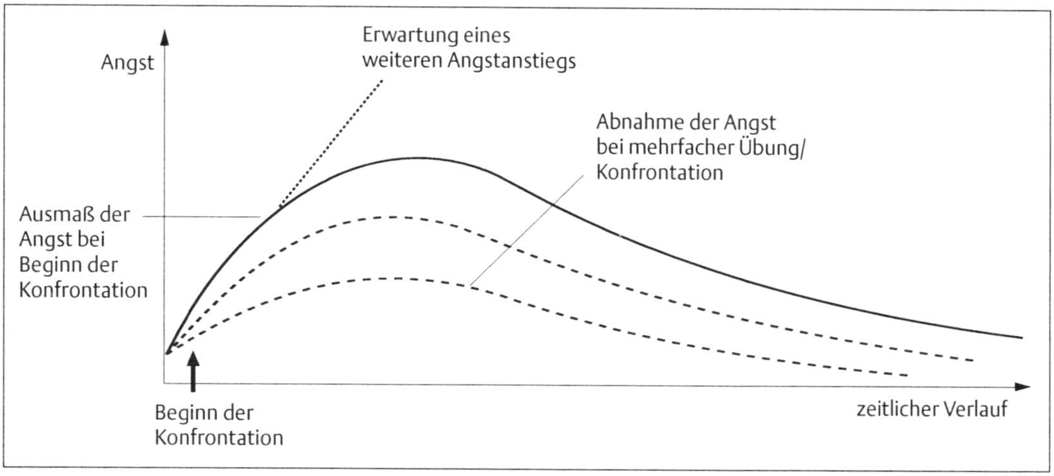

Abb. 24.1 Rationale der Expositionstherapie: "Angstverlaufskurve" (modifiziert nach Reinecker 1993)

Es gibt *unterschiedliche Durchführungsmodalitäten* der Expositionsbehandlung (s. auch Kap. 15):

- in der Vorstellung ("in sensu") versus in der Realität ("in vivo")
- kurze versus verlängerte ("prolonged") Expositionszeit
- Durchführung als Einzel- versus Gruppenbehandlung
- "graduiert" versus "massiert" ("Flooding")
- therapeutenangeleitete versus selbständige ("selfdirected") Exposition.

Vergleichende Untersuchungen belegen dabei die Überlegenheit der Konfrontation in der Realität gegenüber der Konfrontation auf der Vorstellungsebene. Für die Dauer der Expositionsübungen lassen sich keine verbindlichen zeitlichen Angaben machen. Entscheidend ist, daß der Patient ausreichend lange in der angstauslösenden Situation verbleibt, bis ein Abklingen der Angst erfolgt ist. Für die Therapie agoraphobischer Patienten bedeutet das, daß Übungen außerhalb des Therapiezimmers mindestens zwei Stunden pro Sitzung erfordern, um entsprechende Übungen adäquat durchführen zu können. Längere Übungszeiten von halbtägiger (vier bis sechs Stunden) oder ganztägiger (sechs- bis zwölfstündiger) Sitzungsdauer zeigen therapeutisch sehr günstige Wirkungen, sind jedoch wegen des Zeit- und Organisationsaufwandes schwerer zu realisieren. Ähnliches gilt für die Durchführung der Expositionsbehandlung in Gruppen, die vergleichbar effektiv ist wie die Einzeltherapie. Auch hier limitieren häufig praktische und organisatorische Faktoren, insbesondere außerhalb des stationären Behandlungsrahmens, die Anwendung im Gruppensetting.

Die Frage der unterschiedlichen Wirksamkeit des graduierten versus massierten Vorgehens der Exposition ist umstritten. Die *massierte Form der Exposition* wird auch als *"Flooding-Therapie"* im Sinne einer Überflutung mit den angstauslösenden Reizen ("Reizexposition") und den dadurch ausgelösten Angstreaktionen ("Reaktionsüberflutung") bezeichnet. Dieses Vorgehen ist charakterisiert durch die schon zu Beginn der Übungsbehandlung vorgenommene Auslösung starker bis maximaler Ängste ("Panik") durch in der Angsthierarchie hoch bewertete Auslösesituationen. Es werden keine Maßnahmen vermittelt, die dem Erleben von Angst entgegenstehen könnten (z.B. Entspannung, Ablenkung). Vielmehr soll für den Patienten erfahrbar werden, daß selbst bei intensivster Angst und Panik durch den Verbleib in der Situation die Angst abnimmt.

Nach heutigem Verständnis der Reiz- und Reaktionsexposition gelten Maßnahmen zur aktiven Bewältigung der Angst wie z.B. die gezielte Aufmerksamkeitsverlagerung auf äußere Realitätsaspekte ("Realitätstestung"), Atemtechniken und positive Selbstinstruktionen als förderlich und vereinbar mit einem solchen Vorgehen. Erforderlich sind mehrere (etwa vier bis sieben) mehrstündige Übungssitzungen in Begleitung eines mit diesem Verfahren erfahrenen Therapeuten, eine gute Patient-Therapeuten-Beziehung, hohe Therapiemotivation und Handlungsbereitschaft des Patienten. Diese kann, besonders bei Angstpatienten mit deutlich depressiv-resignativer Symptomatik, zu Beginn der Therapie fehlen. Andererseits scheint dieses Vorgehen - speziell bei Patienten mit starken Panikattacken - langfristig stabile Veränderungen zu bewirken und spätere Rückfälle zu verhindern, da noch während der Therapie der Umgang gerade auch mit stärksten Angstanfällen gelernt werden kann.

Eine Alternative ist das *graduierte Expositionsvorgehen (Habituationstraining)*. Es sieht eine schwierigkeitsgestufte Annäherung an die angstauslösenden Situationen vor. Man beginnt dabei mit den in der Angsthierarchie niedrigstehenden Übungssituationen und vermittelt in kleinen Schritten, wie ein veränderter Umgang mit der Angst erlernt werden kann. Die Graduierung führt häufig dazu, daß die Angst nicht so intensiv ausgelöst wird und Angstmaxima (Panik) auch ganz ausbleiben können. Mit dem Erleben von Erfolgen bei der Angstbewältigung und durch korrigierende Erfahrungen ermutigt, wird zum Aufsuchen zunehmend schwieriger Situationen motiviert. Kann sich ein Patient wegen zu starker Ängste vor der nächst schwierigen Übung (z.B. U-Bahn Fahrt bis in die City) noch nicht zur Durchführung entscheiden, sind Zwischenschritte (z.B. zunächst nur drei Stationen fahren) erlaubt, bevor die ursprüngliche Aufgabe angegangen wird. Ein solches Vorgehen entspricht in dieser Hinsicht eher einem Desensibilisierungsmodell, arbeitet aber *nicht* mit Entspannung als Angstantagonisten. Wie bei der massierten Exposition, wird auch hier das Abklingen der Angstreaktion durch Verbleib in der Situation, die Überprüfung der Phantasien an der Realität und ein verändertes Reagieren und Umgehen mit den eigenen körperlichen und emotionalen Signalen angestrebt.

Das graduierte Vorgehen wird von den meisten Patienten gut akzeptiert, zeigt in der Regel aber langsamere Fortschritte und ist bei verbleibenden Restsymptomen, speziell Panikattacken, anfälliger für Rückfälle. Es ist anzunehmen, daß während der Übungssituationen, durch die mitunter gegebene Möglichkeit, einem weiteren Anstieg der Angst zu entgehen, weniger Lernvoraussetzungen geschaffen werden, um nach Abschluß der Therapie mit noch auftretenden schweren Angstattacken wirksam umgehen zu können.

Diese Einschätzung einer differentiellen Wirksamkeit des graduierten versus massierten Expositionsvorgehens ist nicht unumstritten. Isaak Marks hält aufgrund eigener Untersuchungen mit verschiedenen Versionen der Exposition die Auslösung besonders starker Ängste und die aufwendige Begleitung durch einen Therapeuten für verzichtbar. Nach seinen Befunden ist eine eigenständige und vor allem regelmäßige Durchführung von Expositionsübungen durch die Patienten die entscheidende Wirkkomponente überhaupt. Deshalb seien auch ausschließlich in Form von Übungen zwischen den Therapiesitzungen durchgeführte, manualgestützte Expositionsvorgehen vergleichbar effektiv wie therapeutenbegleitete Verfahren.

Es existiert ein Behandlungsmanual (Mathews et al. 1994), das für die Durchführung der Exposition in Eigenregie innerhalb einer VT besonders geeignet ist. Unter bestimmten Umständen kann es auch als "Selbsthilfe-Manual" verwendet werden.

■ Kognitive Therapieverfahren

Der Stellenwert spezieller kognitiver Interventionen ist abhängig von der Bedeutung, die spontane Panikattacken gegenüber den phobisch ausgelösten Angstzuständen bei dem individuellen Patienten (noch) haben. In vielen, wenn auch offensichtlich keineswegs allen Fällen berichten Agoraphobiker, daß die Störung mit plötzlich und unangekündigt (spontan) aufgetretenen Angstattacken begonnen habe, die sich in außerhäusigen Situationen (z.B. volles Kaufhaus, U-Bahn, Stau auf der Autobahn usw.) ereigneten. Nach Wiederholung solcher Zustände unter gleichen oder auch nur ähnlichen Umständen entwickeln viele eine Erwartungsangst, auch ohne jemals erneute Attacken in diesen Situationen erlebt zu haben. Im DSM-IV wird folgende Unterscheidung von Panikattacken vorgenommen: nicht-situativ gebundene (spontane), in prädisponierten Situationen auftretende (mit erhöhter Wahrscheinlichkeit, daß es zu Angstattacken kommt) und situationsgebundene (phobische) Panikattacken.

Bei Agoraphobikern können gleichzeitig verschiedene Typen von Attacken vorkommen. Auch erweisen sich bei näherer Exploration viele der zunächst als "spontan" beschriebenen Attacken als durch Erwartungsängste oder durch die Wahrnehmung körperlicher Erregungsanzeichen ausgelöst. Stehen situativ ausgelöste Ängste und Vermeidungsverhalten im Vordergrund, ist eine expositionsorientierte VT die Therapie der Wahl. Treten dagegen trotz wiederholter Konfrontation mit den phobischen Situationen und trotz erfolgreicher Bewältigung der situationsgebundenen Angstanfälle weiterhin auch schwere, spontane Attacken auf, ist die zusätzliche Anwendung spezieller kognitiver Interventionen sinnvoll (s. Kap. 24.4).

Basale kognitive Interventionen sind seit jeher Bestandteil jeder Expositionstherapie, z.B. in der psychoeduaktiven Therapiephase und bei der Auseinandersetzung mit dem subjektiven Krankheitsmodell. Inwieweit zusätzliche kognitive Interventionen im Sinne einer vorgeschalteten und expliziten Auseinandersetzung mit den gedanklichen Bewertungen und Verzerrungen bei der Agoraphobie die Wirksamkeit der verhaltensnäheren Exposition noch erhöhen können, ist empirisch nicht abschließend geklärt. In der Praxis dürfte eine weitgehende Integration beider Verfahren das am häufigsten angewandte Vorgehen sein.

24.4 VT bei Panikstörung (ohne Agoraphobie)

■ Merkmale der Panikstörung

Die Panikstörung (ICD-10: F.41.0/DSM-IV: 300.01) zeichnet sich durch wiederholte und unerwartet auftretende Angstattacken aus, die nicht durch spezifische Situationen oder äußere

Reize ausgelöst werden. Sie sind für die Patienten nicht vorhersehbar und deshalb nicht - wie bei den Phobien - durch gezieltes Vermeidungsverhalten zu kontrollieren. Typisch ist eine schnelle Intensivierung der Panikattacken innerhalb weniger Minuten und das Auftreten einer Vielzahl als bedrohlich erlebter körperlicher und psychischer Symptome. Zwischen den einzelnen Attakken können längere symptomfreie Intervalle vorkommen. Dabei schwanken die Patienten zwischen der Hoffnung, die Angst endlich hinter sich gelassen zu haben, und einer beständigen Erwartungsangst, letztendlich jederzeit wieder einen Angstanfall erleiden zu können. Intensive Besorgtheit um die möglichen gesundheitlichen und psychischen Folgen mit z.T. ausgeprägten hypochondrischen (besonders herzphobischen) Befürchtungen sind häufig. Patienten mit Panikstörungen rufen bei auftretenden Angstattakken häufig Ärzte und Notärzte herbei bzw. wenden sich akut an die Notfall-Ambulanzen.

Die Entwicklung eines agoraphobischen Vermeidungsverhaltens ist bei längerer Symptomdauer wahrscheinlich. Bei Patienten ohne offenkundiges Vermeidungsverhalten sind subtilere Veränderungen des Verhaltens als Folge der rezidivierenden Angstattacken zu beobachten. Häufig werden körperliche Anstrengungen wie Sport, Saunabesuche, z.T. auch sexuelle Aktivitäten wegen der dabei auftretenden - und als bedrohlich interpretierten - Körpersensationen vermieden. In der Folge kommt es zu körperlichem Schonverhalten, das das Auftreten weiterer Beschwerden eher begünstigt als verhindert. Nachrichten über gesundheitliche Bedrohungssituationen oder gar Todesfälle im näheren oder weiteren sozialen Umfeld (z.B. Todesanzeigen von jüngeren Menschen) können zum akuten (kognitiven) Auslöser erneuter Angstanfälle und krankheitsbezogener Befürchtungen werden. Patienten mit Panikstörung können sich schlecht von solchen Informationen distanzieren. Diese scheinen die ohnehin übersteigert wahrgenommene Bedrohung durch akute Krankheiten und die Möglichkeit, plötzlich und unvermittelt sterben zu können, noch weiter zu bestätigen.

■ Kognitive Therapieverfahren

Bei Panikstörungen ohne relevantes Vermeidungsverhalten ist eine kognitiv orientierte Behandlung der Angstanfälle angezeigt.

Sie beruht auf einem kognitiven Modell der Panikstörung, wie es von D. Clark (1986) beschrieben wurde. Es enthält folgende *Grundannahmen*:

1. Negative emotionale Reaktionen (wie Angst, Ärger, Depression) werden nicht durch äußere Ereignisse als solche, sondern durch die Bewertung und Interpretation dieser Ereignisse bestimmt.
2. Angst entsteht dabei als Reaktion auf eine als physisch gefährlich oder als psychosozial bedrohlich bewertete Situation, auch wenn diese Gefahr/Bedrohung nicht wirklich gegeben ist.
3. Bei Panikattacken werden unspezifische und eigentlich harmlose körperliche Erregungsanzeichen katastrophisierend als für die eigene körperliche und psychische Gesundheit akut bedrohlich mißinterpretiert.

Durch diese kognitiven Bewertungen kommt es zu einer eskalierenden, positiven Rückkoppelung zwischen körperlichen Mißempfindungen, ihrer Wahrnehmung und Bewertung als (lebens)gefährlich, so daß eine weitere Intensivierung von ängstlicher Anspannung folgt, die wiederum zu verstärkten körperlichen Angstanzeichen führt, und so fort.

Der "Teufelskreis der Panikattacken" verdeutlicht die dabei ablaufenden Mechanismen (Abb. 24.**2**).

Das Modell geht davon aus, daß die ängstliche Anspannung durch externe (z.B. Erwartungsangst vor einer Situation, in der Panikanfälle auftreten könnten) oder interne Auslöser (z.B. körperliche Erregungsanzeichen infolge eines Streites oder übermäßigen Coffeinkonsums) bedingt sein kann. Unabhängig davon bestimme letztendlich die katastrophisierende Mißinterpretation der begleitenden Körpersensationen das Erleben als Panikattacken. Patienten mit Panikstörung vermögen nicht mehr zu unterscheiden zwischen den angstauslösenden körperlichen Mißempfindungen und den Panikattacken selbst.

Ausgehend von diesen Annahmen versucht die Kognitive Therapie, diesen Teufelskreis der Angstanfälle zu durchbrechen und korrigierende Bewertungen zu ermöglichen.

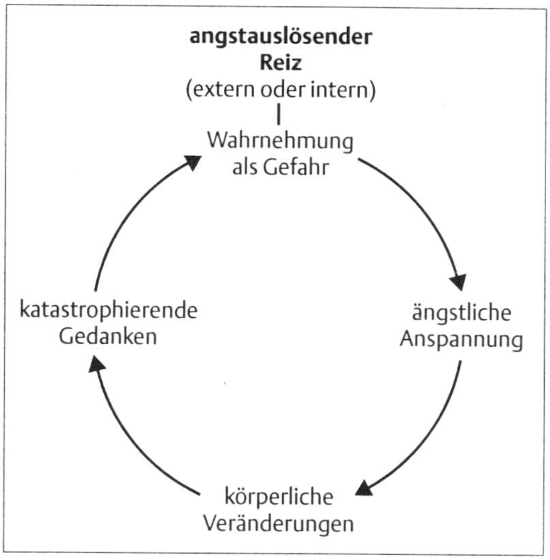

Abb. 24.2 Kognitives Modell der Panikattacken (leicht modifiziert nach Clark 1986)

Die Programme enthalten folgende *Bestandteile*:

1. Eine differenzierte Aufklärung des Patienten über Panikattacken und die daran beteiligten Mechanismen (Psychoedukation).
2. Eine Reattribution der körperlichen Mißempfindungen durch eine intensive Auseinandersetzung mit typischen angstinduzierenden und/oder -verstärkenden dysfunktionalen Bewertungen (z.B. "Herzrasen kündigt einen bevorstehenden Herzinfarkt an"; "Schwindelgefühle kündigen bevorstehende Ohnmacht an") und die Entwicklung alternativer (adäquater) Bewertungsmöglichkeiten.
3. Die gezielte Anwendung dieser veränderten Bewertungen bei Übungen zur interozeptiven Exposition. Dabei findet eine "Reaktionskonfrontation" mit panikprovozierenden körperlichen Erregungszeichen statt. Für Patienten wird erfahrbar, daß panikähnliche körperliche Mißempfindungen willkürlich und kontrollierbar herbeigeführt werden können.

Die Therapie findet zunächst im Therapeutenzimmer statt, nutzt die aus der kognitiven Therapie bekannten Gesprächsformen des "geleiteten Entdeckens" durch intensives Nachfragen und den sog. "Sokratischen Dialog". Angsttagebücher und Aktivitätsprotokolle dienen - wie bei der Expositionstherapie auch - einer differenzierten Verlaufsbeobachtung und bilden die Grundlage für die Entwicklung eines angemessenen Verständnisses der bei Angstattacken ablaufenden psychophysiologischen Mechanismen. Der übende Anteil beschränkt sich im wesentlichen auf sogenannte *Simulationsübungen*, bei denen Patienten durch geeignete Übungen mit entsprechenden interozeptiven Angststimuli konfrontiert werden (z.B. Induktion von Herzrasen durch körperliche Belastungen; Induktion von Atemnot und anderen Mißempfindungen durch willkürliche Hyperventilation; Auslösung von Schwindelgefühlen durch Drehungen oder schnelle Kopfbewegungen). Expositionssitzungen außerhalb des Therapiezimmers finden, sofern sich Auslöser finden, die mit einer erhöhten Wahrscheinlichkeit zum Auftreten von Panikattacken führen, nicht therapeutenbegleitet, sondern in Eigenregie statt.

Die kognitive Therapie ist eine hochstrukturierte, zielbezogene und gegenwartsbezogene Form der Kurzzeittherapie bei Panikstörungen, für deren Anwendung u.a. das Behandlungsmanual von Margraf & Schneider (1990) zur Verfügung steht.

■ Expositionsverfahren

Konfrontationsverfahren im Sinne der *Reiz*konfrontation spielen wegen des häufigen Fehlens offensichtlicher, externer (situativer) Auslöser eine weniger wichtige Rolle als bei der Agoraphobie. Bei der Panikstörung findet im Rahmen der o.g. Simulationsübungen eine interozeptive Exposition statt. Ist diese Therapiekomponente eindeutig auf die Überprüfung der gedanklichen Annahmen und Voraussagen ("automatischen Gedanken") mit Hilfe von Verhaltensproben ausgerichtet, enthalten die Programme weiterführend allesamt Übungen zur Exposition in Eigenregie in externen Situationen, die Angstanfälle auslösen oder zumindest prädisponieren. Der Übergang zwischen interner und externer Exposition ist hier fließend.

■ Entspannungsverfahren

Die Rolle von Entspannungsverfahren in der Therapie der Panikstörung verdient besondere Beachtung. Es gibt Hinweise, daß die Durchführung von Entspannung zu einer verstärkten Wahrnehmung interozeptiver Vorgänge (z.B. Extrasystolen) führt, was zumindest in der Anfangsphase bei einem Teil von Panikpatienten das Auftreten von Panikattacken begünstigen kann. Hier ist darauf zu achten, daß es nicht unbeabsichtigt durch die therapeutisch intendierte Verwendung von Entspannungsverfahren zu einer initialen Symptomverschlechterung kommt.

Panikstörungen sind unter alleiniger Verwendung von Entspannungsverfahren nicht effizient behandelbar. Der Stellenwert modifizierter Formen der Entspannung (z.B. "Applied relaxation" nach Öst) ist empirisch noch nicht hinreichend gesichert. Innerhalb einer umfassenderen Therapie bei Panikstörungen können Entspannungsverfahren zur Reduktion der allgemeinen Ängstlichkeit und des physiologischen Anspannungsniveaus einen wichtigen Beitrag leisten.

24.5 VT bei Sozialer Phobie

■ Merkmale der Sozialen Phobie

Soziale Phobien (ICD-10: F.40.1/DSM-IV: 300.23) sind gekennzeichnet durch übermäßige Ängste in zwischenmenschlichen Situationen, in denen sich der Patient im Mittelpunkt der Beobachtung und Bewertung seiner Person und / oder Leistungen durch andere erlebt. Typische Situationen sind: Reden halten, Essen und Trinken in Anwesenheit anderer, Unterschreiben, Betreten eines Raumes, in dem sich bereits andere Menschen aufhalten. Weitergehend kann jegliche soziale Begegnung mit bestimmten Personen, z.B. Frauen, Unbekannten, Autoritätspersonen, oder generell mit Menschen angstauslösend sein, so daß soziale Kontakte - wo möglich - vermieden werden. Als subtilere Formen des Vermeidungsverhaltens können ein geringes aktives Gesprächsverhalten, das Vermeiden von Blickkontakt und Am-Rande-Stehen in Gruppen betrachtet werden. Die Patienten befürchten, negativ bewertet werden zu können, sich zu blamieren oder peinlich aufzufallen. Viele versuchen, ihre als übermäßig erlebte Angst und Erregung zu kontrollieren, befürchten aber gleichzeitig, daß ihre - vor allem sichtbaren-körperlichen Angstanzeichen (wie Zittern, Schwitzen, Erröten, Herzrasen, Kurzatmigkeit) von anderen bemerkt werden und sie somit als unsicher, schwach oder minderwertig angesehen werden könnten. Die übermäßige Angst kann sich in Erwartung sozialer Begegnungen, währenddessen oder auch nach Abschluß (z.B. in Form kritischen "Nachgrübelns") der sozialen Interaktionen bemerkbar machen.

Das sozialphobische Vermeidungsverhalten kann zu schweren Beeinträchtigungen des beruflichen und privaten Lebens bis hin zur sozialen Isolation führen. Sozialphobiker sind besonders gefährdet, der als unkontrollierbar erlebten Angst durch Alkohol und/oder Benzodiazepine im Sinne einer "Selbstmedikation" zu begegnen. Die Soziale Phobie gehört zu den in der Versorgungspraxis am meisten "übersehenen" psychischen Störungen und wird häufig in ihrer Tragweite und Belastung für die Betroffenen zu wenig beachtet.

Bei Vorliegen einer Sozialen Phobie ist die Frage des *funktionalen Zusammenhangs zwischen sozialer Angst und sozialen Defiziten* zu klären. Sind primäre soziale Verhaltensdefizite i.S. unzureichend gelernter sozialer Fertigkeiten vorhanden, wird der Aufbau sozialer Kompetenzen besonders gewichtet werden müssen. Stehen dagegen bei vorhandenen Kompetenzen soziale Ängste und Hemmungen im Vordergrund, ist eine Angstbehandlung i.S. der kognitiv-behavioralen Therapie mit speziellen kognitiven Interventionen und Exposition im Rollenspiel bzw. in realen sozialen Situationen angezeigt.

■ Soziales Kompetenztraining und Expositionstherapie

VT-Verfahren bei sozialen Ängsten und Defiziten wurden bereits seit den 50er Jahren entwickelt. Wurde Entspannung generell als antagonistisch zur Angst verstanden, betrachtete man im Speziellen "assertives Verhalten", Durchsetzungsfähigkeit und Selbstsicherheit als unvereinbar mit Angst und Gehemmtheit in zwischenmenschlichen Situationen. Ausgehend von dieser Annahme wurden Programme zur Förderung assertiven Verhaltens und sozialer Kompetenz entwickelt und überprüft. Von Anfang an dominierten komplexe Programme mit einer Vielzahl unterschiedlicher Behandlungselemente (s. Kap. 19): Aufbau von selbstsicherem Verhalten durch Instruktion, Verhaltensformung und Modell-Lernen; Verhaltensübungen im Rollenspiel und "in vivo"; operante Verstärkermethoden; Feedback durch Therapeuten, Gruppenmitglieder und Videoaufzeichnungen.

Die Verfahren waren stark am beobachtbaren Verhalten orientiert und zielten auf die Vermittlung interaktioneller Basiskompetenzen ab (Einsatz von Blickkontakt, Stimme, Mimik, Gestik usw.): Aufbauend auf diesen Basisfertigkeiten geht es im weiteren um das Einüben sozial kompetenten Verhaltens in zwischenmenschlichen Standardsituationen (z.B. Rechte durchsetzen; Ausdruck eigener Gefühle, Bedürfnisse, Vorstellungen und Wünsche; Fähigkeit zur Kooperation und Kommunikation in unterschiedlichen sozialen Kontexten; adäquates Zurechtkommen mit sozialen Mittelpunktssituationen).

Im Gegensatz zu früheren Selbstsicherheitstrainings mit Betonung der Durchsetzungsfähigkeit und Selbstbehauptung steht heute das Einüben sozial angemessenen Verhaltens unter Berücksichtigung der Interaktionspartner und Kontextbedingungen stärker im Vordergrund.

Das Vorgehen einer Expositionstherapie bei Sozialer Phobie wird in dem Behandlungsmanual von Wlazlo (1995) beschrieben.

VT-Verfahren bei der Sozialen Phobie sollten - wegen der besonderen Lernbedingungen - möglichst in Gruppen durchgeführt werden. Für Patienten mit stark ausgeprägten Lerndefiziten kann das Vorschalten einer einzeltherapeutischen Therapiephase jedoch angezeigt sein, wenn sie sich überfordert fühlen und einen direkten Beginn in der Gruppe ablehnen.

Expositionsübungen in vivo sind bei der Therapie sozialer Ängste ein zentraler Bestandteil des Gesamtvorgehens. Im Unterschied zur Therapie spezifischer und agoraphobischer Ängste ist jedoch zu berücksichtigen, daß wegen des besonderen Charakters sozialer Situationen die Exposition in zeitlich eher kurzen Sequenzen stattfindet. Diese sind bei Übungen im natürlichen Umfeld zudem nicht beliebig wiederholbar und steuerbar. In Programmen mit hohen Expositionsanteilen wird deshalb die Notwendigkeit der mehrfachen Wiederholung der Übungen mit unterschiedlichen Interaktionspartnern innerhalb der entsprechenden Sitzungen hervorgehoben.

Kognitiv-behaviorale Therapien

In den letzten Jahren wurden kognitive Aspekte der Sozialphobie im Sinne einer Auseinandersetzung mit der innerpsychischen Wahrnehmung und Bewertung sozialer Situationen, ungünstigen Selbstverbalisationen und einem negativen Selbstkonzept stärker berücksichtigt. In Analogie zum kognitiven Modell der Panikattacken wurde ein spezifisches ***kognitives Modell der Sozialen Phobie*** formuliert. Es geht davon aus, daß bei Soziophobikern der subjektive, intern vorgenommene Vergleich zwischen dem tatsächlichen und dem erwarteten Aussehen und Verhalten in einer gegebenen sozialen Situation negativ ausfällt. Weiterhin beschreibt dieses Modell ungünstige, sich verstärkende Wechselwirkungen zwischen den folgenden Faktoren (Rapee & Heimberg 1997):

- hohe Erwartungen und (perfektionistische) Ansprüche an das Zurechtkommen in zwischenmenschlichen Situationen, bei gleichzeitig bestehenden Zweifeln an den eigenen Möglichkeiten, diesen Ansprüchen tatsächlich genügen zu können ,
- die soziale Umwelt wird als kritisch und potentiell ablehnend antizipiert. Aufgrund dieser Annahme besteht eine erhöhte und selektive Wahrnehmung (Sensibilisierung) für sozial bedrohliche Reize oder Signale,
- aus dem Gedächtnis werden im Zustand erhöhter Aktivierung frühere Schwächen und Versagen in vergleichbaren Situationen bevorzugt erinnert,
- erhöhte Selbstaufmerksamkeit (anstelle eines aufgabenbezogenen Aufmerksamkeitsfokus), führt zu einer verstärkten (expliziten) Wahrnehmung ansonsten weitgehend automatisch (implizit) ablaufender innerer Prozesse: die Selbstwahrnehmung körperlich-vegetativer Vorgänge (z.B. Interozeption der Hautdurchblutung, des Herzschlags, des Tremors, etc.) wird intensiver; kognitiv stehen Fragen nach der vermeintlichen Wirkung der eigenen Person oder Leistung ("welchen Eindruck gebe ich nach außen ab?") stark im Mittelpunkt; auf der Verhaltensebene versuchen Patienten häufig, willentlich Kontrolle über Emotionen und deren körperliche Begleiterscheinungen zu erlangen (z.B. "Reiß Dich zusammen. Jetzt bloß nicht zittern!").

- die intern wahrgenommene, physiologische Erregung führt zu wachsender Angst vor dem "Entdecktwerden" durch andere,
- für diesen Fall wird eine - für die eigene Person als katastrophal (weil peinlich, beschämend und abwertend) angesehene - negative Bewertung durch die Interaktionspartner als wahrscheinlich angenommen.

In einer solchen Situation kommt es zu ungünstigen, eskalierenden Kreisläufen zwischen den physiologischen, kognitiven und behavioralen Reaktionsebenen und in der Folge zu einer Intensivierung des Angsterlebens.

In der kognitiv-behavioralen Therapie geht es zunächst entsprechend um eine Identifizierung der in den sozialphobischen Situationen aktivierten kognitiven Mechanismen, insbesondere um die Aufmerksamkeitsfokussierung, sog. "automatische Gedanken" und negative Antizipationen.

Im zweiten Schritt werden diese Gedanken und Bewertungen im Sinne einer Disputation einer kritischen Überprüfung unterzogen. Fragen nach der Wahrscheinlichkeit des Eintretens der befürchteten negativen Konsequenzen ("Wie wahrscheinlich ist für Sie, daß Sie das Referat wegen zittriger Stimme und Denkblockade wirklich abbrechen müssen?"), nach alternativen Sichtweisen ("Nervosität bei Vorträgen kennt fast jeder Referent") und nach der Einschätzung der Situation aus dem Blickwinkel einer anderen Person ("Wie würde Ihr Freund mit aufkommender Nervosität in dem Referat umgehen? Würde er sich deshalb für völlig unfähig halten und glauben, das Rednerpult beschämt verlassen zu müssen?") sind hilfreiche Methoden zur Infragestellung und Modifikation negativ verzerrter Gedanken.

Im dritten Schritt wird dann eine Überprüfung der sozialen Wahrnehmungen, Erwartungen und Selbstbewertungen durch Verhaltensexperimente im Rollenspiel und durch In-vivo-Übungen vorgenommen. Besonders wichtig ist dabei, daß für die Verhaltensübungen konkrete, zunächst am beobachtbaren Verhalten orientierte Ziele aufgestellt werden (z.B. "Ich möchte in dem Beratungsgespräch mit einem Verkäufer mindestens drei Fragen stellen und jedesmal noch präzisierende Auskünfte einfordern"). Außerdem ist zu beachten, daß für die Übungstherapie realistische, kurz- und mittelfristige Ziele (z.B. "Ich möchte durch den Tanzkurs mit fremden Frauen Kontakt aufnehmen können") aufgestellt werden, die sich in dem zeitlichen Umfang der Therapie auch umsetzen lassen. Für das Erreichen langfristiger Ziele (z.B. eine feste Partnerin finden) können lediglich die bisher hinderlichen Einflüsse vermindert und durch funktionalere kognitive und verhaltensbezogene Faktoren ersetzt werden.

Die aktuelle VT der Sozialen Phobie erfolgt zumeist in Form ***komplexer Therapieprogramme***, die soziales Fertigkeitentraining, Expositionstherapie und kognitive Maßnahmen kombinieren.

24.6 VT bei Spezifischen Phobien

■ Merkmale der Spezifischen Phobie

Spezifische Phobien (ICD-10: F. 40.2/DSM-IV: 300.29.) zeichnen sich durch starke und für den Patienten unkontrollierbare Angstreaktionen bei der realen oder lediglich erwarteten Begegnung mit einem umschriebenen Objekt oder einer umgrenzten Situation aus. Isolierte Phobien werden nach der Art des angstauslösenden Stimulus weiterführend unterschieden in: Tier-Typ (z.B. Hunde, Katzen, Spinnen, Schlangen), Umwelt-Typ (z.B. Höhe, Dunkelheit, Gewitter, Sturm), Blut-Spritzen-Verletzungs-Typ (z.B. Injektionen, Anblick und Entnahme von Blut, medizinische Eingriffe), situativer Typ (z.B. Claustrophobische Ängste in Tunnels oder Fahrstühlen, im Kino; beim Fliegen oder Autofahren). Die Befürchtungen richten sich einerseits auf vorgestellte, von den Objekten ausgehende Gefahren und Bedrohungen; andererseits werden jedoch auch die eigenen Reaktionen in den Situationen wie das Erleben intensiver Angst- und Paniktacken, Schwindel oder Kontrollverlust befürchtet. Weil das phobische Vermeidungsverhalten auf einzelne, umgrenzte Situationen nicht notwendigerweise zu deutlichen Beeinträchtigungen in der Lebensführung führt, ist der Leidensdruck häufig nicht so stark ausgeprägt wie bei den komplexeren Agora- und Soziophobien. Besteht jedoch eine entsprechende Anforderungssituation, die eine Vermeidung nicht zuläßt (z.B. berufliche Notwendigkeit des Fliegens), kann eine isolierte Phobie (hier: Flugphobie) zu massiven Schwierigkeiten und Belastungen führen. Insgesamt gesehen sind gravierende Folgeprobleme, wie sekundärer Alkohol- oder Benzodiazepinmißbrauch/-abhängigkeit, seltener als bei den Agora- und Sozialen Phobien.

Systematische Desensibilisierung

In der Entwicklung der VT war die Systematische Desensibilisierung das erste systematisierte und von lerntheoretischen Modellen abgeleitete Verfahren zur Phobiebehandlung. Sie wurde von J. Wolpe Ende der 50er Jahre erstmals als ein direkt symptomorientiertes Verfahren eingeführt und unterschied sich damit von der bis dahin dominanten psychoanalytischen Psychotherapie. Das Vorgehen besteht aus drei Schritten:

1. *Vermittlung eines Entspannungsverfahrens* (Muskelentspannung nach Jacobson), das Entspannung als einen Antagonisten zur Angstreaktion verfügbar machen soll.
2. *Aufstellung einer Angsthierarchie*, bei der der Patient angstauslösende Objekte/Situationen in ansteigender Reihenfolge auf einer Intensitätsskala zwischen 0 und 100 anordnet.
3. *Graduiertes Durcharbeiten der Angsthierarchie* in Form von Vorstellungsübungen des Patienten. Der Patient soll sich dabei, ausgehend vom Zustand der Entspannung, mit den angstauslösenden Situationen in der Vorstellung (in sensu) konfrontieren. Diese Vorstellungen soll er beenden, sobald merkliche Angst auftritt und zunächst in den Entspannungszustand zurückkehren. Es wird vermittelt, starke emotionale und körperliche Reaktionen möglichst gar nicht aufkommen zu lassen, sondern zumindest bei hohen Intensitätsgraden durch körperliche Gegenmaßnahmen herunterzuregulieren. In wiederholten Durchgängen wird diese Situation erneut zur Konfrontation benutzt, bis der Patient diese in der Vorstellung entspannt und ohne Angst erleben kann. Nachdem Angstfreiheit bei den leichteren Angstitems erreicht wurde, wird nach dem gleichen Vorgehen die Hierarchie in ansteigender Schwierigkeit durchgearbeitet.

Die Systematische Desensibilisierung sieht keine therapeutenbegleiteten Übungen in der Realität (in vivo) vor. Es wurde erwartet, daß dem Patienten eine selbständige Übertragung auf die realen Situationen gelingt.

Dieses Verfahren wurde über viele Jahre in seiner Anwendung empirisch intensiv untersucht. Seit Ende der 60er Jahre wurde es aber aufgrund theoretischer Einwände, des hohen zeitlichen Aufwandes und der zunehmenden Etablierung der Expositionsverfahren in seiner Bedeutung relativiert. Heute spielt die Systematische Desensibilisierung in ihrer "klassischen" Form in der Behandlung spezifischer Phobien kaum noch eine Rolle. Wann immer realisierbar, sollte einer Reizkonfrontation in der Realität gegenüber der Desensibilisierung der Vorzug gegeben werden. Wichtige Grundprinzipien wie das Vorgehen in kleinen Schritten, die hierarchische Anordnung der angstauslösenden Situationen, die Vermittlung von Bewältigungsstrategien für Angstreaktionen, der praktisch übende Aspekt, usw. haben jedoch die Entwicklung der nachfolgenden Interventionen bei Angststörungen entscheidend beeinflußt.

Expositionsverfahren

Wie in der Therapie der Agoraphobie haben sich auch bei Spezifischen Phobien Verfahren der In-vivo-Konfrontation durchgesetzt. Als deren zentrale Merkmale sollen zusammenfassend hervorgehoben werden (s. auch Kap. 15):

1. die direkte Konfrontation mit den angstauslösenden Stimuli und Situationen,
2. die Reizexposition ist zeitlich verlängert,
3. das phobische Flucht- und Vermeidungsverhalten wird unterbunden.

Ziel der Exposition ist die Aufgabe des phobischen Vermeidungsverhaltens, die Wiederannäherung an die angstauslösenden Objekte/Situationen und das Erleben der Abnahme der Angst bei einem Verbleib in der Situation. Nur so kann erfahren werden, daß der vom Patienten befürchtete, stetig weitere Anstieg der Angstreaktion, bis hin zu den antizipierten katastrophalen Folgen, nicht wirklich eintritt. Außerdem werden neue Einschätzungen (Kognitionen) über die von den angstauslösenden Stimuli ausgehenden tatsächlichen - im Gegensatz zu den phantasierten - Gefahren und Bedrohungen möglich. Es findet eine Überprüfung der Befürchtungen "an der Realität" statt. Das Vorgehen ist ausführlicher in Kapitel 24.3 für die Agoraphobie beschrieben.

Es gibt Hinweise, daß ausgewählte Monophobien in Form extremer Kurzbehandlungen (z.T. sog. "1-Sitzung-Therapien") behandelbar sind. Bei Tier- und Höhenphobien kann zudem die Expositionstherapie durch eine Form des teilnehmenden Modell-Lernens ergänzt werden. Hier übernimmt der Therapeut passager die Rolle eines Modells, das zunächst demonstriert, wie ein Umgang mit dem angstauslösenden Objekt (z.B. Spinne) aussehen kann, bevor der Patient angehalten wird, dieses Verhalten in Anwesenheit des Therapeuten selbst auszuführen.

24.7 Empirische Absicherung

Die VT hat in der Behandlung der Phobien und Panikstörungen ihre kurzzeitige Effektivität gegenüber Kontrollbedingungen und konkurrierenden Therapieverfahren wiederholt unter Beweis gestellt. Die inzwischen fast unüberschaubar große Zahl von Einzelstudien zur Expositionstherapie und - inzwischen auch - zur Kognitiven Verhaltenstherapie wurde in einer Reihe von Sekundär- und Metaanalysen zusammenfassend bewertet (Marks 1987, Michelson & Marchione 1991, Grawe et al. 1994, Barlow & Lehmann 1996).

Dabei wurde deutlich, daß die Programme nur geringe Abbrecherquoten aufweisen, bei 65 bis zu 90% der Patienten, die die Therapie beenden, innerhalb vier- bis sechsmonatiger Behandlungszeiträume klinisch relevante Verbesserungen bewirken und über die Symptomatik i.e.S. hinausgehende psychopathologische und psychosoziale Verbesserungen erbringen.

Der größte Vorteil von VT gegenüber Pharmakotherapien bei Angststörungen ergibt sich unter Beachtung der langzeitigen Effekte. Hier konnte in zahlreichen Follow-up Studien bis neun Jahre nach Beendigung der VT (z.B. bei Agoraphobie und Panikstörung: Hand et al. 1986, O'Sullivan & Marks 1990) die hohe Stabilität der erreichten Veränderungen nachgewiesen werden. Die überwiegende Zahl der Patienten hatte offensichtlich gelernt, die Angst- und Panikreaktionen zu reduzieren, und kam selbständig ohne größere Rückfälle und weitere professionelle Hilfestellungen aus. Wichtiger als die Panikfreiheit zum Therapieende ist nach neueren Untersuchungen eine Veränderung des phobischen Vermeidungsverhaltens, der Abbau von Angstsensititvität und dysfunktionalen kognitiven Bewertungen.

Für die Soziale Phobie sind Langzeit-Katamnesen noch nicht in vergleichbar großer Anzahl vorhanden wie bei den anderen Angststörungen.

24.8 Rahmenbedingungen der Therapie von Angststörungen

■ Therapie-Setting

Verhaltenstherapien bei Angststörungen können im allgemeinen ***ambulant*** durchgeführt werden. Die ambulante Therapie ist dabei nicht nur aus pragmatischen und ökonomischen Gründen das bevorzugte Setting. Sie entspricht in den meisten Fällen auch den Vorstellungen der Patienten und hat durch die Lebens- und Alltagsnähe eine Reihe von Vorteilen, insbesondere die Durchführung von Übungen in den realen Auslösesituationen. Probleme des Transfers von der Therapie auf den Lebensalltag werden so verringert. Stationäre Behandlungen sind in der Regel nur bei Vorliegen erheblich komplizierender Faktoren angezeigt: ausgeprägte komorbide Störungen (z.B. Substanzabhängigkeiten, schwere Depression mit Suizidalität), besondere medizinische Komplikationen (gleichzeitige schwere körperliche Erkrankungen) oder massive psychosoziale Belastungsfaktoren. Als weitere Indikation kommen des weiteren außergewöhnlich schwere und chronifizierte Verlaufsformen mit Therapieresistenz nach adäquaten ambulanten Behandlungsversuchen in Betracht. Behandlungen in VT-orientierten psychosomatischen Kliniken können aber auch angezeigt sein, wenn entsprechende ambulante Therapiemöglichkeiten in Wohnortnähe fehlen.

Die ***Therapiedauer*** ist in Abhängigkeit von der vorliegenden Unterform der Angststörung, ihrer Schwere und Komplexität sowie dem Ausmaß vorliegender komplizierender Faktoren (z.B. Persönlichkeitsstörung) zu bestimmen. In der überwiegenden Zahl der Fälle ist die Behandlung im Rahmen eines Umfangs von etwa 15 bis 45 Therapiestunden durchführbar. Eine pragmatische Therapieplanung geht im ersten Schritt von der Durchführung der Behandlung als Kurzzeit-Therapie aus (nach den Psychotherapie-Richtlinien der Kassenärztlichen Bundesvereinigung: bis 25 Therapiestunden). Währenddessen wird überprüft, ob im Sinne einer adaptiven Indikation nach der Symptomtherapie i.e.S. eine Verlängerung der Therapie für die Bearbeitung anderer Problembereiche notwendig ist. Sinnvoll ist auch für den Fall, daß keine weiteren Therapiemaßnahmen erforderlich sind und die Behandlung beendet werden kann, daß Nachuntersuchungstermine in größer werdenden (z.B. 3, 6 und 12 Monate nach Therapieende) zeitlichen Abständen eingeplant werden. Sie sind mit geringem Aufwand der Stabilisierung und Rückfallprävention nützlich und bieten Gelegenheiten, den weiteren Verlauf zu verfolgen und ggfls. wichtige Anstöße für die Weiterführung oder Wiederaufnahme der Übungen zu geben. Für Patienten stellen sie häufig eine "Hintergrundsicherheit" dar, die die Ablösung von der Therapie erleichtern und das Selbsthilfepotential stärken können.

Kombinationsbehandlungen mit Psychopharmakotherapie

Seit mehreren Jahren hat die Frage einer parallelen Kombination aus VT und Pharmakotherapie bei Angststörungen - dabei besonders bei der Agoraphobie und Panikstörung - empirische Beachtung gefunden (Frommberger et al. 1995, Angenendt et al. 1998). Man hoffte, die Effekte der bereits als Monotherapien wirksamen Behandlungen ließen sich addieren oder gar potenzieren. Faßt man die Ergebnisse bei der Agoraphobie und Panikstörung zusammen, ergeben sich aus den meisten Studien zwar Hinweise auf eine kurzfristige Überlegenheit der Kombination von Antidepressiva (z.B. Imipramin, Clomipramin, Phenelzine, Fluvoxamin, Paroxetin) + VT gegenüber Placebo und VT. Insbesondere wurde ein rascherer Wirkungseintritt beobachtet. Die Erfolgsquoten bei Therapieende waren aber in etwa vergleichbar, so daß sich aus der Perspektive der VT kein überzeugender kurzzeitiger Additionseffekt ergab. Bei hochpotenten Benzodiazepinen (Alprazolam) zeigten sich in einer Studie schlechtere Resultate für die Kombination mit VT als für Placebo und VT. Bei Nachuntersuchungen waren die mit der Kombination behandelten Patienten in keinem Fall mehr überlegen, z.T. sogar unterlegen gegenüber den Patienten mit ausschließlicher VT. Eine parallele Kombinationstherapie ist *nicht* als Therapie der ersten Wahl zu betrachten, sondern sollte nur bei spezieller Indikation (z.B. schwere begleitende Depression) erfolgen.

Umgekehrt zeigen mehrere Studien zum sequentiellen Einsatz von kognitiv-behavioralen Programmen nach vorheriger Pharmakotherapie (z.B. mit Alprazolam), daß sie die Chancen eines erfolgreichen Absetzens der Medikamente erhöhen und die Rückfallrate bei der Agoraphobie und Panikstörung erheblich vermindern. Diese Ergebnisse bestätigen indirekt kognitiv-behaviorale Modellannahmen, daß eine ausschließlich medikamentöse Unterdrückung von Angstattacken bei unverändert fortbestehenden kognitiven Fehlbewertungen und subtilen Vermeidungstendenzen ein hohes Rückfallrisiko darstellen. Es werden keine aktiven, anderen Bewältigungsmöglichkeiten erlernt, und die Reduktion der Symptomatik wird vor allem auf das Medikament attribuiert.

Auch für Spezifische und Soziale Phobien ergeben sich empirisch keine Hinweise auf eine Überlegenheit einer kombinierten verhaltenstherapeutischen und pharmakologischen Therapie über eine ausschließliche VT. Bei den Phobien und der Panikstörung ist eine VT ohne begleitende medikamentöse Unterstützung die Therapie der ersten Wahl.

Differentielle Indikationen

Die Frage, welches Therapieverfahren bei welcher Angststörung und bei welchen Ausgangsbedingungen des Patienten kurz- und langfristig am besten geeignet ist, kann in dieser Form nicht generell beantwortet werden. Weder die Therapieforschung noch klinische Urteile erlauben derzeit optimale Indikationsentscheidungen. Im Einzelfall wird die Frage, welche Therapie für den individuellen Patienten mit Aussicht auf Erfolg zum Einsatz gebracht werden kann, unter Beachtung von 3 übergeordneten Faktoren entschieden werden müssen (Angenendt et al. 1998).

Art und Schwere der Angststörung

Kriterien wie Symptomdauer, bestehende Komorbidität, Ausmaß der Folgebeschwerden, Art und Effekte bisheriger Vorbehandlungen usw. bestimmen a priori mit, welche Form von Therapie überhaupt in Erwägung gezogen werden kann. Unkomplizierte, bislang unbehandelte

Angststörungen mit kurzer Symptomdauer ohne relevante begleitende Psychopathologie wären der eine Pol, dessen Gegenpol durch schwerste Verlaufsformen gekennzeichnet ist: Komplexe und chronifizierte Angststörungen mit psychiatrischer Begleitsymptomatik, Non-Response auf Vorbehandlungen und komplizierenden Faktoren, wie Persönlichkeitsstörungen oder massiven psychosozialen Folgeproblemen. Zwischen beiden Extremen befindet sich das Spektrum mittlerer und schwerer Angststörungen.

Komplexität des Therapieprogrammes

Der zeitliche und personelle Aufwand, spezielle Ausbildungserfordernisse des Therapeuten, die Komplexität der therapeutischen Maßnahmen (Standardtherapie vs. Multimodale Therapie), das therapeutische Setting (ambulant vs. stationär) und die Frage einer Mono-VT gegenüber einer Kombinationstherapie (z.B. mit Pharmakotherapie) sind Unterscheidungsmerkmale auf Seiten der Behandlungsmaßnahmen. Hier reicht das Spektrum von basalen verhaltensorientierten Interventionen unterhalb des Niveaus einer vollständigen VT (wie z.B. Beratung, Psychoedukation, Selbsthilfeprogramme) bis hin zu komplexen stationären Behandlungsprogrammen mit multimodaler VT, eventuell in Kombination mit anderen Therapieverfahren. Zwischen diesen Polen liegt das klassische Indikationsfeld ambulanter VT im Sinne der oben beschriebenen Verfahren.

Spezielle Merkmale der Therapiedurchführung

Hierunter versteht man die therapeutischen Bedingungen, die eine individuelle Feinanpassung zwischen den zuvor genannten Störungs-, Patienten- und Therapiemerkmalen ermöglichen. Fragen der Graduierung des Expositionsvorgehens, der Durchführung als Einzel- vs. Gruppentherapie, des Einsatzes von Patientenmanualen, der Bearbeitung anderer Problembereiche, des Einbezugs von Familienangehörigen in die Behandlung usw. sind nur einige Beispiele für die vielfältigen Durchführungsmodalitäten von VT bei Angststörungen im Einzelfall. Von der empirischen Therapieforschung wären weitere Beiträge zur Optimierung differentieller Therapieindikationen wünschenswert.

Bei allen Indikationsentscheidungen, welche Behandlung letztendlich im Einzelfall zur Anwendung kommen kann, müssen unter anderem folgende praktische, ausschlaggebende Gesichtspunkte bedacht werden: das Vertrautsein mit und die Verfügbarkeit von Therapiemöglichkeiten in der Versorgungspraxis, die Akzeptanz der Therapieverfahren durch Patienten und deren Kosten. Grundsätzlich sollte das Prinzip der "minimalen Interventionen" gelten, d.h. therapeutische Maßnahmen sollen sich auf das Maß von Hilfe beschränken, das für den Patienten notwendig ist und stets seine aktiven Bewältigungsbemühungen stärken. Aufwendigere Therapien sollten erst erwogen werden, wenn a priori zu erwarten ist, daß sie unterhalb dieses Niveaus nicht adäquat zu behandeln sind. Ansonsten bietet sich ein schrittweises ("sequentielles") Vorgehen an, bei dem aufwendigere Maßnahmen erst eingesetzt werden, wenn einfachere Interventionsformen nicht zu ausreichenden Veränderungen geführt haben.

24.9 Literatur

1. *Angenendt, J., Frommberger, U. & Berger, M.:* Zum Stellenwert psychotherapeutisch-pharmakologischer Kombinationstherapien bei Angststörungen. Verhaltenstherapie, 8, 1998, 160-169
2. *Angenendt, J., Frommberger, U., Trabert W., Stiglmayr C. & Berger, M.:* Angststörungen. In: Berger, M. (Hrsg.) Psychiatrie und Psychotherapie. Urban & Schwarzenberg, München 1999, S.567-617
3. *Bandelow, B. & Margraf, J.:* Empfehlungen für die Verwendung von Meßinstrumenten in der klinischen Angstforschung. Fortschritte der Neurologie und Psychiatrie, 62, 1994, 361-365
4. *Barlow, D.H. & Lehmann, C.L.:* Advances in the psychosocial treatment of anxiety disorders. Implications for national health care. Archives of General Psychiatry, 53, 1996; 727-735
5. *Bartling, G., Fiegenbaum, W. & Krause, R.:* Reizüberflutung. Theorie und Praxis. Kohlhammer, Stuttgart 1980
6. *Clark, D.M.:* A cognitive approach to panic. Behaviour Research and Therapy, 24, 1986, 461-470
7. *Frommberger, U., Angenendt, J. & Berger, M.:* Die Behandlung von Panikstörungen und Agoraphobien. Pharmakotherapie, Psychotherapie und deren Kombination. Nervenarzt, 66, 1995, 173-186
8. *Grawe, K., Donati, R. & Bernauer, F.:* Psychotherapie im Wandel. Von der Konfession zur Profession. Hogrefe, Göttingen 1994

9. *Hand, I., Angenendt, J., Fischer, M. & Wilke, C.:* Exposure in vivo with panic management for agoraphobia: treatment rationale and long-term outcome. In: *Hand, I., Wittchen, H.U.* (Hrsg.): Panic and phobias. Springer, Berlin/Heidelberg/New York 1986, S.104-127
10. *Hand, I.:* Verhaltenstherapie bei Angsterkrankungen. In: *Möller, H.J.* (Hrsg.): Therapie psychiatrischer Erkrankungen. Ferdinand Enke, Stuttgart 1993, S.534-547
11. *Hand, I.:* Verhaltenstherapie und kognitive Therapie in der Psychiatrie. In: *Kisker, K.P., Lauter, H., Meyer, J.-E., Müller, C. & Strömgen, E.* (Hrsg.): Psychiatrie der Gegenwart (Bd.1). Springer, Berlin 1986, S.277-306
12. *Kanfer, F.H., Reinecker, H. & Schmelzer, D.:* Selbstmanagement-Therapie. Ein Lehrbuch für die klinische Praxis. Springer, Berlin/Heidelberg 1990
13. *Margraf, J. & Schneider S:* Panik. Angstanfälle und ihre Behandlung. Springer, Berlin/Heidelberg 1990
14. *Marks, I.:* Fears, phobias and rituals. Oxford University Press, New York 1987
15. *Marks, I.:* Gegenwärtiger Stand von Reizkonfrontation ("Exposure") und Reizüberflutung ("Flooding"). Verhaltenstherapie, 3, 1993; 53-55
16. *Mathews, A.M., Gelder, M. & Johnston, D.:* Platzangst. Ein Übungsprogramm für Betroffene und Angehörige (deutsche Bearbeitung: *Hand, I. & Fisser-Wilke, C.*). Karger, Basel 1994
17. *Michelson, L.K. & Marchione, K.:* Behavioral, cognitive, and pharmacological treatments of panic disorder with agoraphobia: critique and synthesis. Journal of Consulting and Clinical Psychology, 59, 1991, 100-114
18. *O'Sullivan, G. & Marks, I.M.:* Long-term outcome of phobic and obsessive compulsive disorders after exposure: a review chapter. In: *Noyes, R., Roth, M. & Burrows, G.* (Hrsg.): Handbook of anxiety (Bd. 4). Elsevier, Amsterdam 1990
19. *Rapee, R.M. & Heimberg, R.G.:* A cognitive-behavioral model of anxiety in social phobia. Behaviour Research and Therapy, 35, 1997, 741-756
20. *Reinecker, H.:* Phobien. Agoraphobien, soziale und spezifische Phobien. Hogrefe, Göttingen 1993
21. *Schulte, D., Künzel, R., Pepping, G. & Schulte-Bahrenberg, T.:* Maßgeschneiderte Psychotherapie versus Standardtherapie bei der Behandlung von Phobikern. In: *Schulte, D.* (Hrsg.): Therapeutische Entscheidungen. Hogrefe, Göttingen 1991, S.15-42
22. *Wlazlo, Z.:* Soziale Phobie. Eine Anleitung zur Durchführung einer Exposition in vivo. Karger, Freiburg/Basel 1995

25. Generalisierte Angsterkrankungen

M. Linden, D. Zubrägel

25.1 Diagnose, Epidemiologie und Verlauf der Generalisierten Angsterkrankung

Nach der DSM-IV-Klassifikation klagen Patienten, die unter der Generalisierten Angsterkrankung (Generalized Anxiety Disorder - GAD) leiden, über exzessive, allgemeine und vielfältige Sorgen, Befürchtungen oder Ängste. Diese Symptome bestehen über einen Zeitraum von mindestens sechs Monaten. Die eigenen Sorgen, Befürchtungen und Ängste werden von den Patienten als schwer kontrollierbar erlebt und führen zu einer deutlichen Beeinträchtigung des Lebens der betroffenen Personen. Zusatzsymptome sind: Muskelanspannung, Ruhelosigkeit, leichte Ermüdbarkeit, Konzentrationsstörungen, Schlafstörungen, Reizbarkeit, Schwitzen, Herzrasen, Magenbeschwerden, Übelkeit, Erstickungsgefühle oder Schwindel.

Die Wahrscheinlichkeit, an einer Generalisierten Angsterkrankung zu erkranken, wird im DSM-IV mit einem Lebenszeitrisiko von 5% angegeben. Im klinischen Bereich wird die Störung nur wenig häufiger bei Frauen als bei Männern diagnostiziert (ca. 55%-60%), in epidemiologischen Studien dagegen sind ca. Zweidrittel der Patienten mit GAD weiblich.

Die Störung beginnt im allgemeinen zu Beginn des Erwachsenenalters, wobei Patienten mit GAD oftmals berichten, schon in der Kindheit und Jugend sehr ängstlich und nervös gewesen zu sein. Der Verlauf der GAD ist chronisch-persistent und durch Fluktuationen gekennzeichnet, wobei es gerade unter Belastungen zu einer deutlichen Verstärkung der Symptomatik kommen kann. Patienten mit einer über ein Jahr bestehenden GAD zeigen eine deutlich erhöhte Komorbidität mit anderen psychischen Störungen (Mancuse 1993), was als zusätzliches Verlaufsrisiko gelten kann.

25.2 Pathogenetische Modelle der Generalisierten Angsterkrankung

Bei den psychologischen Ätiologiemodellen der Generalisierten Angsterkrankung spielen kognitiv-orientierte Erklärungsansätze eine besondere Rolle. Sowohl Barlow (1988) als auch Eysenck (1992) beziehen sich auf ein Diathese-Streß-Modell, wonach betroffene Individuen durch eine spezielle Vulnerabilität gekennzeichnet sind, auf deren Hintergrund die Störung durch kritische Lebensereignisse ausgelöst werden kann. Während die Vulnerabilität bei Barlow biologischer Natur ist (im Sinne einer erhöhten autonomen Erregung), nimmt Eysenck an, daß es sich um eine kognitive Vulnerabilität im Sinne einer systematischen Verzerrung des kognitiven Systems handelt. Die gesamte kognitive Informationsverarbeitung (Aufmerksamkeit, Bewertung, Attribution) ist nach diesem Modell auf das Angsterleben ausgerichtet (Zapotoczky & Herzog 1995). Rapee (1991) nimmt eine allgemeine Persönlichkeitseigenschaft "generalisierte Angst" an, die eine Person - sofern diese Disposition stark genug ausgeprägt ist - anfällig für eine Angststörung macht.

Für die Bedeutung von Persönlichkeitsvariablen sprechen Untersuchungen, die eine erhöhte prämorbide Ängstlichkeit und eine Überanpassung und starke familiäre Belastungen bereits in der Kindheit fanden (Angst et al. 1991; Köhler et al. 1987). Für die Bedeutung von traumatischen bzw. kritischen Lebensereignissen bei der Genese der Generalisierten Angsterkrankung sprechen Befunde, wonach die Störung häufig erstmals im Anschluß daran auftritt. So zeigen beispielsweise Palinkas et al. (1993) erhöhte Prävalenzraten von GAD nach der Exxon Valdez Ölkatastrophe in Alaska oder Mathew et al. (1993) erhöhte Raten bei erwachsenen Kindern von alkoholkranken Eltern. Scheibe und Albus (1992) weisen darauf hin, daß Streßbelastungen grundsätzlich das Auftreten einer Angststörung beschleunigen können. Besonders interessante psychologische Modelle der GAD gehen von dem zentralen Konstrukt der "Sorgen" aus. Allen Definitionen des Begriffs "Sorgen" in der Literatur ist gemeinsam, daß es sich hierbei um ein kognitives antizipatorisches "Rehearsal" handelt, das mit einem negativen Affekt einhergeht. Sorgen haben sowohl dysfunktionale als auch funktionale Bedeutung. Bei der Prüfungsangst sind Sorgen in erster Linie als dysfunktional zu bewerten. Im Sinne einer Belegung von Arbeitsspeicher mit aufgabenirrelevanten Kognitionen wird die Fähigkeit zur Verarbeitung komplexer Informationen beeinträchtigt (Eysenck 1979). Andere Autoren stellen demgegenüber zunächst einmal die funktionale Bedeutung von "Worrying" in den Vordergrund (Matthews 1990). So postulieren Roemer und Borkovec (1993), daß man "Worrying" als Problemlöseprozeß verstehen kann, bei dem mögliche bedrohliche Situationen und deren Ausgang gedanklich durchgespielt werden. Dies gilt auch dann, wenn der Betroffene damit einer Lösung nicht näherkommt. Der positive Effekt von "Worrying" liege für die Betroffenen darin, daß hierdurch physiologisch-affektive Erregung und unangenehme bildliche Vorstellungen reduziert bzw. gänzlich unterdrückt würden.

Nach einer Untersuchung von Borkovec und Roemer (1995) unterscheiden sich Patienten mit GAD signifikant von den gesunden Kontrollpersonen durch eine stärkere Betonung der Möglichkeit einer Ablenkung von emotional beunruhigenden Themen durch "Worrying". In diesem Kontext wird "meta-worry" (Wells & Papageorgiou 1995), also die Sorge über die Sorge und die gleichzeitige Hauptbeschäftigung damit, zum krankmachenden Element.

Hinsichtlich der Häufigkeit und Schwere von Sorgen konnten zwischen Patienten mit GAD und solchen mit einer Episode einer Major Depression keine Unterschiede festgestellt werden (Starcevic 1995). GAD-Patienten und gesunde Probanden scheinen sich nicht in Bezug auf die Inhalte, über die sie sich sorgen, zu unterscheiden, wohl aber hinsichtlich der erlebten Kontrollierbarkeit und der Zeit, die die untersuchten Gruppen mit Sorgen zubringen (Craske et al. 1989). Zudem benennen Patienten deutlich mehr Bereiche, über die sie sich exzessiv sorgen (Roemer et al. 1997). Sanderson und Barlow (1990) konnten zusätzlich zeigen, daß GAD-Patienten im Vergleich zu Patienten mit anderen Angststörungen vor allem öfter von Sorgen über Kleinigkeiten ("minor hassles") berichten. Allerdings zeigten Mogg et al. (1995), daß der negative Verarbeitungsbias für bedrohliche Informationen bei GAD-Patienten kein stabiler Vulnerabilitätsmarker ist, sondern zeitlich variiert und psychologischer Beeinflussung zugänglich ist.

25.3 Therapie bei Generalisierten Angsterkrankungen

Die Wirksamkeit einer Pharmakotherapie bei GAD ist bislang nur im Rahmen einer episodischen Therapie bei wiederkehrenden krisenhaften Zuspitzungen belegt. Entsprechende positive Studienergebnisse für eine kurzzeitige pharmakologische Behandlung liegen für Serotonin-Agonisten (Feighner et al., 1989; Delle Chiaie et al., 1995; Pollack et al., 1997), Serotonin-Wiederaufnahmehemmer (Rocca et al., 1997), trizyklische Antidepressiva (Hoehn-Saric et al., 1998; Rickels et al., 1993) oder Benzodiazepine (Hoehn-Saric et al., 1988; Ansseau et al., 1991; Delle Chiaie et al., 1995) vor. Studien über längerfristig angelegte Behandlung der GAD fehlen jedoch bislang (Lader, 1998). Für eine langfristige Pharmakotherapie der GAD im ambulanten Bereich empfehlen Schweizer und Rickels (1997) Buspiron.

Bislang gibt es nur wenige Psychotherapiestudien zur Generalisierten Angsterkrankung, und die diesbezügliche Datenlage ist unbefriedigend verglichen mit den Fortschritten, die in der psychotherapeutischen Behandlung von Phobien oder Panikerkrankungen gemacht wurden. Allein schon aufgrund der Chronizität des Zustandes kann nicht ohne weiteres von einer guten Therapieansprechbarkeit ausgegangen werden.

Studien zur Wirksamkeit von "reinen" Entspannungsverfahren bei GAD (Mathews & Gelder 1969) zeigten signifikante anxiolytische Effekte, die aber nur kurzzeitig andauerten. Dies kann daran liegen, daß die Patienten dieses Verfahren nicht durchgängig praktizieren bzw. mit paradoxer Erregung darauf reagieren (Hoelsher et al. 1984). Zum anderen weisen Butler et al. (1987) darauf hin, daß über Entspannungsverfahren weder Kognitionen noch Vermeidungsverhalten, zwei wesentliche Komponenten dieser Störung, beeinflußt werden. Werden Entspannungsverfahren um diese Aspekte erweitert, zeigen sie anhaltende, wenn auch begrenzte, symptomreduzierende Effekte (Borkovec et al. 1993).

In ersten systematischen Psychotherapiestudien bei GAD untersuchten Butler et al. (1987) die Wirksamkeit eines Angstbewältigungsprogramms (Anxiety-Management-Training) im Vergleich zu einer Wartekontrollgruppe. Diesem Behandlungsansatz, der später von anderen Autoren erweitert bzw. übernommen wurde, liegt die Annahme zugrunde, daß die Angst durch einen Aufschaukelungsprozeß entsteht und durch das Aufdecken der aufrechterhaltenden Faktoren der Angst und das Durchbrechen des Aufschaukelungsprozesses kontrolliert werden kann. Butler et al. (1987) stellten bei den Patienten der Behandlungsgruppe im Vergleich zur Wartekontrollgruppe eine deutliche Verbesserung der Symptomatik fest. Im Durchschnitt verringerte sich der Gesamtscore in der 14-Item-Hamilton-Angstskala (HAM-A, Hamilton 1959) für die Therapiegruppe von 16 Punkten zu Therapiebeginn auf 6,6 Punkte zum Therapieende. Diese Veränderung blieb auch während des halbjährigen Katamnesezeitraums stabil. Zusätzlich verringerte ein Großteil der Patienten während der Studie und im Katamnesezeitraum die Medikation bzw. stellte sie ganz ein. Cadbury et al. (1990) untersuchten dieses Angstbewältigungstraining in Kleingruppen bei Patienten mit unterschiedlichen Angststörungen. Sie fanden nach einer zehnwöchigen Behandlung und im Follow-Up die deutlichsten Effekte für die Gruppe der GAD-Patienten. Da sowohl Techniken zur Reduktion körperlicher als auch kognitiver Symptome Bestandteile dieser Programme sind (Barlow 1996), bleiben die spezifischen Wirkvariablen dieser Programme unklar.

Bassler und Hoffmann (1994) untersuchten die Wirksamkeit einer stationären analytisch orientierten Therapie an Patienten mit Panikerkrankung, Agoraphobie bzw. Generalisierter Angsterkrankung. Mit dieser im Durchschnitt 100-tägigen stationären Therapie konnten für die Patienten mit Generalisierten Angststörungen keine zufriedenstellenden Resultate erzielt werden.

Aufgrund der in der Regel hohen Effektivität von kognitiver Verhaltenstherapie (KVT) bei anderen Angststörungen, liegt ein zunehmender Schwerpunkt der Therapieforschung auch bei GAD auf Effektivitätsvergleichen von KVT mit anderen psychologischen Interventionen bzw. Pharmakotherapie. In einer Untersuchung an allgemeinärztlichen Patienten verglichen Power et al. (1990) an einer Stichprobe von 101 Patienten in fünf Behandlungsbedingungen kognitive Verhaltenstherapie mit: KVT plus Diazepam, mit KVT plus Placebo, mit Placebo und mit Diazepam. Dabei zeigte sich am Ende einer zehnwöchigen Therapie eine Überlegenheit der Kombination von KVT und Diazepam hinsichtlich der Reduktion der angstbezogenen Symptomatik, wobei KVT allein ebenfalls eine relevante Symptomreduktion bewirkte. Die alleinige Behandlung mit Diazepam erzielte ähnliche Ergebnisse wie die Placebobedingung, was im Hinblick auf die Literatur zur Pharmakotherapie der GAD ungewöhnlich erscheint (Rickels & Schweizer 1990, Barlow 1988). Die Autoren heben als zentrales Ergebnis hervor, daß die Erfolge der KVT in der Katamnese stabil blieben. Dieser Effekt wird von Andrews (1990) im Sinne einer Reduzierung der Vulnerabilitätsfaktoren durch eine Behandlung mit KVT interpretiert.

In Studien, die kognitive Therapie mit nondirektiver Therapie vergleichen, fand sich in einer Studie eine höhere Wirksamkeit für die kognitive Therapie (Borkovec et al. (1987), in der zweiten Studie eine geringere (Blowers et al. 1987) und in der dritten Studie eine vergleichbare Effektivität (Borkovec & Mathews 1988). Beim Vergleich von "reiner" kognitiver Therapie (ohne Entspannungsverfahren) und "reiner" verhaltensorientierter Therapie fanden Butler et al. (1991) als zentrales Ergebnis eine höhere Wirksamkeit für die kognitive Therapie, wobei beide Therapiebedingungen der Wartelistenbedingung überlegen waren. Die Patienten der KVT-Gruppe zeigten signifikante und anhaltende Verbesserungen hinsichtlich ihrer Angstsymptomatik und dysfunktionaler Kognitionen. Es zeigt sich also im Vergleich zu anderen psychotherapeutischen Interventionen in der Regel eine vergleichbare bzw. größere Effektivität von kognitiver Verhaltenstherapie bei der psychotherapeutischen Behandlung von Generalisierten Angststörungen.

25.4 Inhalte der Kognitiven Verhaltenstherapie bei Generalisierten Angsterkrankungen

Auf der Grundlage der oben skizzierten psychologischen Modelle und der vorliegenden Symptomatik ergeben sich für ein kognitiv-verhaltenstherapeutisches Vorgehen die folgenden allgemeinen Ansatzpunkte:

- Verhaltens- und Kontingenzanalyse
- basale Informationsvermittlung und Reassurance
- Reduktion der vegetativen Übererregbarkeit und Entspannung
- Korrektur kognitiver Verzerrungen bei der Informationsaufnahme und -verarbeitung
- Abbau von Vermeidungsverhalten
- Verbesserung der Fähigkeit zur Bewältigung von Problemen und Alltagsbelastungen
- Aufbau angstinkompatibler Aktivitäten

■ Verhaltens- und Kontingenzanalyse

Die Verhaltensanalyse kann sich am S-POE-R-K-C-Modell orientieren. Es geht dabei darum, die Kontingenzen der Angst herauszuarbeiten. Bei GAD-Patienten sollte bei der Analyse von Stimuli (S), die Angst und Anspannung auslösen, ein Schwerpunkt auf der genauen Beschreibung von sog. "Minor Hassles" und angstauslösenden Kognitionen liegen. Minor Hassles sind kleine Alltagswidrigkeiten, die Anlaß zu katastrophisierenden Kognitionen und damit einer Daueranspannung geben können. Beispiele für Minor Hassles sind: Wartenmüssen an der Kaufhauskasse, Auseinandersetzung mit dem Lebenspartner, Verlust des Haustürschlüssels usw. Hinsichtlich der Organismusvariable (POE) ist die Rolle der vegetativen Reagibilität bei der Entstehung von Anspannungszuständen abzuklären. Bei der Beschreibung der Reaktion (R) spielen kognitive Reaktionen, wie z.B. die typischen katatrophisierenden, automatischen Gedanken sowie Vermeidungsverhalten, "Sorgenverhalten" (s.u.) und Schonhaltungen eine besondere Rolle. Bei der Analyse der Konsequenzen (K) sind die sozialen Konsequenzen und Behinderungen in täglichen Rollen- und Lebensbezügen abzuklären.

Neben dieser Mikroanalyse ist eine Makroanalyse durchzuführen, in der die Entwicklung der Symptomatik mit biographischen Daten in Verbindung zu setzen ist. Dies ist zum einen notwendig zur Abschätzung der Chronizität der Erkrankung, zum anderen werden diese Informationen aber auch gebraucht, da Patienten in der Regel nicht nur änderungsmotiviert, sondern auch erklärungsmotiviert sind. Schließlich kann dadurch auch die Erarbeitung einer neuen Sichtweise von Bedingungszusammenhängen (Reframing) erleichtert werden.

Auf der Basis einer solchen Verhaltensanalyse ist dann eine Therapiezielklärung vorzunehmen, wobei die Zielbestimmung in enger Zusammenarbeit mit dem Patienten erfolgen sollte.

■ Informationsvermittlung und Reassurance

Am Anfang der Therapie steht neben der beschriebenen Verhaltens- und Therapiezielanalyse auch der Aufbau einer tragfähigen therapeutischen Beziehung und die Motivierung des Patienten für die Therapieaufnahme. Wesentliches Therapieelement ist "Reassurance". Darunter versteht man beruhigende Äußerungen, die gezielt auf die aktuellen Besorgnisse des Patienten eingehen. Dies sind bei GAD-Patienten z.B. Erwartungen und Ängste, daß schlimme Folgen eintreten, wenn anstehende Probleme nicht sofort gelöst werden, oder daß wegen des eigenen körperlichen Zustandes dringlich somatische diagnostische und therapeutische Maßnahmen einzuleiten sind.

Teil des initialen Reassurance und zugleich Einleitung der folgenden Therapie ist die Information über den "Teufelskreis der Angst". Dieser sollte exemplarisch an Lebensdaten des Patienten dargestellt werden. Diese Form der Informationsvermittlung wurde von den Patienten einer Untersuchung von Cadbury et al. (1990) zur Effektivität von Angstbewältigungsprogrammen in Kleingruppen als besonders hilfreiche Behandlungstechnik bewertet. Dieses psychoedukative Verfahren soll bei Bedarf auch in späteren Therapiesitzungen wieder aufgegriffen werden.

■ Entspannungsverfahren und Arousalkontrolle

Behandlungsziel des Entspannungstrainings ist die bei dieser Patientengruppe häufig zu beobachtende erhöhte psychovegetative Erregbarkeit.

Die Methode der Wahl ist die "Progressive Muskelrelaxation" (PMR) nach Jacobson (1938). Im Vergleich zum autogenen Training hat die PMR den Vorteil, daß die Patienten während der Übungen mehr Selbstkontrolle behalten und auch zu einem gewissen Teil heterosuggestive Elemente genutzt werden können (Linden 1996). Nach dem Training sollte der Patient in der Lage sein, bei Bedarf eine allgemeine körperliche Entspannung herbeizuführen; er sollte die Entspannung als einen allgemein angenehmen Zustand erleben. Zur Einübung und Routinierung der Entspannung wird empfohlen, dem Patienten eine besprochene Kassette mit nach Hause zu geben.

Wenn der Patient im Rahmen des Entspannungstrainings gelernt hat, seinen Erregungsgrad selbst zu beobachten, dann soll er im nächsten Schritt die Kontingenzen von Entspannung und Arousal kennenlernen. Die Methode hierfür ist eine Mikroverhaltensanalyse. Durch "Gelenkte Phantasie" (Kirn 1996) können die Qualität und das Muster der arousalproduzierenden, diskriminierenden Stimuli identifiziert werden. Der Patient soll durch weitere Selbstbeobachtungsaufgaben die Unterscheidung von externen, somatosensorischen und kognitiven Stimuli lernen. Unter Rückgriff auf das Entspannungstraining wird der Patient angeleitet, sich in angstbesetzten Situationen unter Alltagsbedingungen sowohl muskulär als auch respiratorisch zu entspannen.

Veränderung katastrophisierender Kognitionen

Durch kognitive Therapie soll eine Identifikation und Modifikation innerer Dialoge und katastrophisierender Kognitionen erreicht werden. Hierfür kann das gesamte methodische Repertoire der kognitiven Therapie genutzt werden, wie z.B. Erfassung und Analyse automatischer Gedanken (Hautzinger 1996a) und interner Dialoge (Fliegel 1996), gelenkte Phantasie (Kirn 1996) oder Reattribuierung (Hautzinger 1996b).

Eine Intervention, die speziell auf katastrophisierende Kognitionen (worrying) abgestellt ist, ist die "Sorgen-Exposition" (Brown et al. 1993). Theoretisches Rational ist, wie oben bereits kurz beschrieben, daß "sich sorgen" psychologisch bedeutet, sich mit einer Bedrohung zu befassen, d.h. in gewissem Sinne Bewältigungsverhalten zu zeigen, was angstreduzierend wirkt. Wenn z.B. das Kind zu spät aus der Schule kommt, kann "aus dem Fenster schauen" und "sich Gedanken machen, was passiert sein könnte" zu einer partiellen Angstreduktion führen, selbst wenn das Kind dadurch nicht eine Minute früher nach Hause kommt. Sich zu sorgen ist also eine Form von Vermeidungsverhalten ("negative Reinforcement"), das daher nicht nur nicht spontan abklingt, sondern sich ausweitet. Die Behandlung der Wahl ist - wie bei Vermeidungsverhalten sonst auch - die Exposition.

Bei der Sorgen-Expositon nennt der Patient zwei oder drei "Hauptsorgen", die hinsichtlich der durch sie ausgelösten emotionalen Belastung hierarchisch geordnet werden. Unter Anleitung des Therapeuten stellt sich der Patient für eine Situation aus dem Bereich der am wenigsten belastenden "Hauptsorgen" den schlimmsten Ausgang möglichst lebhaft vor und verweilt in dieser Szene gedanklich ca. 25-30 Minuten. Da für eine Habituation wichtig ist, daß der Patient sich mit der Angst auch tatsächlich konfrontiert, kann der Therapeut verschiedene Strategien anwenden, um möglichen Vermeidungstendenzen des Patienten entgegenzuwirken. So kann er den Patienten zur Verbalisation des Erlebten (bzw. Vorgestellten) ermuntern und ihn in seinen Vorstellungen führen oder den Patienten bitten, sich die Szene unter Berücksichtigung der momentanen räumlichen Gegebenheiten vorzustellen. Nimmt der Patient z.B. als schlimmsten Ausgang einer Autofahrt eine Massenkarambolage an, kann er angewiesen werden, sich den Stuhl im Praxiszimmer, auf dem er gerade sitzt, als Autositz in einem von dieser Karambolage betroffenen Auto vorzustellen. Während der Übung gibt der Patient wiederholt das Ausmaß der erlebten Angst auf einer Skala von 1 bis 10 an. Nach Ablauf von 25-30 Minuten soll der Patient dann möglichst viele Alternativen zum schlimmsten Ausgang dieser Szene entwickeln und im Anschluß daran erneut das Ausmaß seiner Angst einschätzen.

Die gleichen Schritte werden mit anderen Situationen wiederholt. Wenn die Vorstellung nur noch geringe Angst erzeugt, erfolgt der Übergang zum nächsten Sorgenthema. Der Patient kann dieses Vorgehen auch als Hausaufgabe wiederholen, sobald er das Prinzip verstanden hat.

Abbau von Vermeidungsverhalten

Patienten mit GAD zeigen häufig korrektives, präventives oder rituelles Verhalten, das mit den Sorgen verbunden ist. Beispiele hierfür sind häufige Anrufe bei der Familie, um sich nach deren Wohlbefinden zu erkundigen oder das Vermeiden von Zeitungslektüre, um einer Beunruhigung durch unangenehme Neuigkeiten vorzubeugen. Dieses "Sorgen-Verhalten" kann ebenfalls als negativer Verstärker angesehen werden, da es zu einer kurzfristigen Angstreduktion führt. Durch Selbstbeobachtung muß der Patient lernen, dieses Sorgen-Verhalten zu erkennen und als einen Teil seiner Störung zu verstehen. Durch Selbstkontrollstrategien (Reinecker 1996) sind in nächsten Schritten Frequenz, Art und Anlaß des Sorgen-Verhaltens zu modifizieren.

Problemlösetraining

Eine Verbesserung der Problemelösefähigkeit soll den Patienten helfen, mit den kleinen Alltagsproblemen aktiv und auf eine andere Weise umzugehen, als sich zu sorgen. Das Grundprinzip dabei ist zu lernen, Probleme in kleine, besser zu bewältigende Teilschritte zu zerlegen, um damit der eher vagen und katastrophisierenden Betrachtung von Schwierigkeiten entgegenzuwirken. In einem zweiten Schritt sollen die Patienten für ein Problem mehrere, auch verschiedenartige Lösungsoptionen entwickeln, um das Spektrum der (kognitiven) Bewältigungsreaktionen in problematischen Situationen zu erweitern.

In den Bereich des Problemlösetrainings fällt z.B. auch das Einüben von Basisfertigkeiten im "Time Management". Zusätzlich zu Belastungen durch "Hassles" bzw. Alltagsstressoren erleben Patienten mit einer Generalisierten Angsterkrankung häufig Überforderungen durch Verpflichtungen und Termine. Im Rahmen eines Time Management-Trainings sollen die Patienten lernen, ihre Konzentration und Aufmerksamkeit auf die anstehende Aufgabe zu lenken und z.B. nicht auf die Sorge, ob sie diese Anforderung bewältigen oder nicht. Zu den zu erlernenden Basisfertigkeiten gehören z.B. die Abgabe von Verantwortung, Selbstsicherheit (um z.B. "nein" zu sagen), aber auch die Fähigkeit, Aufgaben hinsichtlich ihrer Wichtigkeit zu ordnen.

Aufbau angstinkompatibler Aktivitäten

Ein weiterer Schwerpunkt der Therapie liegt in der Förderung eines mit Angst inkompatiblen Verhaltens. Hierunter werden im wesentlichen alle Aktivitäten verstanden, die bislang vom Patienten ohne Angst ausgeführt werden konnten. Ein Kennzeichen von Angstpatienten ist, daß die Beschäftigung mit angstbezogenen Themen und Lebensbereichen einen wesentlichen Teil des Lebens umfaßt und dies zunehmend mehr, auf Kosten angstfreier Aktivitäten und Lebensräume. Therapeutisch folgt daraus, daß diese Entwicklung anzuhalten und umzukehren ist. Dazu müssen die Stärken, Ressourcen und unproblematischen Lebensbereiche des Patienten wahrgenommen und beschrieben werden, um dann durch Verfahren des Verhaltensaufbaus gestärkt und ausgeweitet zu werden.

25.5 Literatur

1. *Andrews, G.:* The diagnosis and management of pathological anxiety. The Medical Journal of Australia, 152, 1990, 656-659
2. *Angst, J., & Vollrath, M.:* The natural history of anxiety disorders. Acta Psychiatrica Scandinavia, 84, 1991, 446-452
3. *Ansseau, M., Olie, J.P., v. Frenckell, R., Jourdain, G., Stehle, B. & Guillet, P.:* Controlled comparison of efficacy and safety of four doses suriclone, diazepam, and placebo in Generalized Anxiety Disorder. Psychopharmacology 104, 1991, 439-443
4. *Barlow, D.H.:* Anxiety and its disorders. The nature and treatment of anxiety and panic. Guilford Press, New York 1988
5. *Barlow, D.H.:* Generalisiertes Angstsyndrom. In: *Margraf, J.* (Hrsg.): Lehrbuch der Verhaltenstherapie. (Bd. 2) Störungen. Springer, Berlin 1996
6. *Bassler, M. & Hoffmann, S.O.:* Stationäre Psychotherapie bei Angststörungen - Ein Vergleich ihrer therapeutischen Wirksamkeit bei Patienten mit generalisierter Angststörung, Agoraphobie und Panikstörung. Psychotherapie, Psychosomatik und medizinische Psychologie, 44, 1994, 217-225
7. *Blowers, C., Cobb, J. & Mathews, A.:* Generalised anxiety: a controlled treatment study. Behaviour Research and Therapy, 25, 1987, 493-502
8. *Borkovec, T.D., Mathews, A.M., Chambers, A., Ebrahimi, S., Lytle, R. & Nelson, R.:* The effects of relaxation training with cognitive or nondirective therapy and the role of relaxation-induced anxiety in the treatment of generalized anxiety. Journal of Consulting and Clinical Psychology, 55, 1987, 883-888

9. *Borkovec, T.D. & Mathews, A.M.:* Treatment of nonphobic anxiety disorder: a comparison of nondirective, cognitive and coping desensitisation therapy. Journal of Clinical and Consulting Psychology, 56, 1988, 877-884
10. *Borkovec, T.D. & Costello, E.:* Efficacy of applied relaxation and cognitive-behavioral therapy in the treatment of generalized anxiety disorder. Journal of Consulting and Clinical Psychology, 61, 1993, 611-619
11. *Borkovec, T.D. & Roemer, L.:* Perceived functions of worry among generalized anxiety disorder subjects: distraction from more emotionally distressing topics? Journal of Behaviour Therapy and Experimental Psychiatry, 26, 1995, 25-30
12. *Brown, T.A., O'Leary, T.A. & Barlow, D.H.:* Generalized anxiety disorder. In: *Barlow, D.H.* (Hrsg.): Clinical Handbook of Psychological Disorders. Guilford Press, New York 1993, S. 137-188
13. *Butler, G., Cullington, A., Hibbert, G., Kilmes, I. & Gelder, M.:* Anxiety management for persistent anxiety. British Journal of Psychiatry, 151, 1987, 535-542
14. *Butler, G., Fernell, M., Robson, P., Gelder, M.:* Comparison of behavior therapy and cognitive behavior therapy in the treatment of generalized anxiety disorder. Journal of Consulting and Clinical Psychology, 59, 1991, 167-175
15. *Cadbury, S., Childs-Clark, A. & Sandhu, S.:* Group anxiety management: Effectiveness, perceived helpfulness and follow-up. British Journal of Clinical Psychology, 29, 1990, 245-247
16. *Craske, M.G., Rapee, R.M., Jackel, L. & Barlow, D.H.:* Qualitative dimensions of worry in DSM-III-R generalized anxiety disorder subjects and nonanxious controls. Behaviour Research and Therapy, 27, 1989, 397-402
17. *Delle Chiaie, R., Pancheri, P., Casacchia, M., Stratta, P., Kotzalidis, G.D. & Zibellini, M.:* Assessment of the efficacy of buspirone in patients affected by Generalized Anxiety Disorder, shifting ot buspirone from prior treatment with lorazepam: a placebo-controlled, double-blind study. Journal of Clinical Psychopharmacology 15, 1995, 12-19.
18. *Eysenck, M.W.:* Anxiety: The Cognitive Perspective. Lawrence Erlbaum Association, Hove 1992
19. *Eysenck, W.:* Anxiety, learning, and memory: A reconceptualization. Journal of Research in Personality, 13, 1979, 363-385
20. *Feighner, J.P. & Cohn, J.B.:* Analysis of individual symptoms in generalized anxiety - a pooled, multistudy, double-blind evaluation of Buspirone. Neuropsychobiology 21, 1989, 124-130
21. *Fliegel, S.:* Selbstverbalisation und Angstbewältigung. In: *Linden, M. & Hautzinger, M.* (Hrsg.): Verhaltenstherapie. Springer, Berlin 1996, S.275-279
22. *Hamilton, M.:* The assessmant of anxiety states by rating. British Journal of Medical Psychology, 32, 1959, 50-55
23. *Hautzinger, M.:* Tagesprotokolle negativer Gedanken. In: *Linden, M. & Hautzinger, M.* (Hrsg.):. Verhaltenstherapie. Springer, Berlin 1996a, S. 312-319
24. *Hautzinger, M.*: Kognitives Neubenennen (Reattribuieren). In: *Linden, M. & Hautzinger, M.* (Hrsg.): Verhaltenstherapie. Springer, Berlin 1996b, S.197-202
25. *Hoehn-Saric, R., McLeod, D.R. & Zimmerli, W.D.:* Differential effects of Alprazolam and Imipramine in Generalized Anxiety Disorders: Somatic versus psychic symptoms. Journal of Clinical Psychiatry 49, 1988, 293-301
26. *Hoelsher, T.J., Lichstein, K.L. & Rosenthal, T.L.:* Objective vs. subjective assessment of relaxation compliance among anxious individuals. Behaviour Research and Therapy, 22, 1984, 187-193
27. *Jacobson, E. :* Progressive relaxation. University of Chicago Press, Chicago 1938
28. *Kirn, T.:* Imagination. In: *Linden, M. & Hautzinger, M.* (Hrsg.): Verhaltenstherapie. Springer, Berlin 1996, S.181-186
29. *Köhler, K., Vartzopoulos, D. & Ebel, H.:* Trennung und Angst. Der Nervenarzt, 58, 1987, 237-244
30. *Lader, M.H.*: The nature and duration of treatment for GAD. Acta Psychiatrica Scandinavia 98 (suppl 393) 1998, 109-117.
31. *Linden, M.*: Entspannungstraining. In: *Linden, M. & Hautzinger, M.* (Hrsg.): Verhaltenstherapie. Springer, Berlin 1996, S.135-138
32. *Mancuse, D.M., Townsend, M.H. & Mercante, D.E.:* Longterm follow-up of generalized anxiety disorder. Comprehensive Psychiatry, 34, 1993, 441-446
33. *Mathew, R.J., Wilson, W.H., Blazer, D.G. & George, L.K.:* Psychiatric disorders in adult children of alkoholics: Data from the epidemiologic catchment area project. American Journal of Psychiatry, 150, 1993, 793-799
34. *Mathews, A.:* Why worry? The cognitive function of anxiety. Behaviour Research and Therapy, 28, 1990, 455-468
35. *Mathews, A.M. & Gelder, M.G.:* Psychophysiological investigations of brief relaxation training. Journal of Psychosomatic Research, 13, 1969, 1-12
36. *Mogg, K., Brendan, P., Bradley, N.M. & White, J.:* A follow-up study of cognitive bias in generalized anxiety disorder. Behaviour-Research-Therapy, 33, 1995, 927-935
37. *Palinkas, L.A., Petterson, J.S., Russell, J. & Downs, M.A.:* Community Patterns of psychiatric disorders after the Exxon Valdez oil spill. American Journal of Psychiatry, 150, 1993, 1517-1523
38. *Pollack, M.H., Worthington, J.J., Manfro, G.G., Otto, M.W. & Zucker, B.G.:* Abecanil for the treatment of generalized anxiety disorder: A placebo-controlled comparison of two dosage ranges of Abecarnil and Buspirone. Journal of Clinical Psychiatry 58 (suppl 11) 1997, 19-23

39. *Power, K.G., Simpson, R.J., Swanson, V. & Wallace, L.A.:* Controlled comparison of pharmacological and psychological treatment of generalized anxiety disorder in primary care. British Journal of General Practice, 40, 1990, 289-294
40. *Rapee, R.M.:* Psychological factors involved in generalized anxiety. In: *Rapee, R.M. & Barlow, D.H.* (Hrsg.): Chronic anxiety. Generalized anxiety disorder and mixed anxiety-depression. Guilford Press, New York 1991
41. *Reinecker, H.:* Selbstkontrollstrategien. In: *Linden, M. & Hautzinger, M.* (Hrsg.): Verhaltenstherapie. Springer, Berlin 1996, S.270-274
42. *Rickels, K., Downing, R., Schweizer, E. & Hassmann H.:* Antidepressants for the treatment of Generalized Anxiety Disorder. A Placebo-controlled comparison of Imipramine, Trazodone, and Diazepam. Archives of General Psychiatry 50, 1993, 884-895
43. *Rickels, K. & Schweizer, E.:* The clinical course and longterm management of generalised anxiety disorder. Journal of Clinical Psychopharmacology, 10, 1990, 101-110
44. *Rocca, P., Fonzo, V., Scotta, M., Zanalda, E. & Ravizza, L.:* Paroxetin efficacy in the treatment of generalized anxiety disorder. Acta Psychiatrica Scandinavia 95, 1997, 444-450
45. *Roemer, L. & Borkovec, T.D.:* Worry: Unwanted cognitive activity that controls unwanted somatic experience. In: *Wegner, D.M. & Pennebaker, J.W.* (Hrsg.): Handbook of mental control. Prentice Hall, Englewood Cliffs/NJ 1993, S. 220-238
46. *Roemer, L., Molina, S. & Borkovec, T.D.:* An investigation of worry content among generally anxious individuals. Journal of Nervous and Mental Disease, 185, 1997, 314-319
47. *Sanderson, W.C. & Barlow, D.H.:* A description of patients diagnosed with DSM-II-R generalized anxiety disorder. Journal of Nervous and Mental Disease, 178, 1990, 588-591
48. *Scheibe, G. & Albus, M.:* Age at onset, precipitating events, sex distribution, and co-occurence of anxiety disorders. Psychopathology, 25, 1992, 11-18
49. *Schweizer, E. & Rickels, K.:* Strategies for treatment of Generalized Anxiety Disorder in the primary care setting. Journal of Clinical Psychiatry 58 (suppl 3) 1997, 27-31
50. *Starcevic, V.:* Pathological worry in major depression: a preliminary report. Behaviour Research and Therapy, 33, 1995, 55-56
51. *Wells, A. & Papageorgiou, C.:* Worry and the incubation of intrusive images following stress. Behaviour Research and Therapy, 33, 1995, 579-583
52. *Zapotoczky, H.G. & Herzog, G.:* Lerntheoretische Modellvorstellungen zur Ätiologie. In: *Kasper, S & Möller, H.J.* (Hrsg.): Angst- und Panikerkrankungen. Gustav Fischer, Jena/Stuttgart 1995

26. Verhaltenstherapie bei unipolaren Depressionen

M. Hautzinger

26.1 Einführung

In den zurückliegenden zwei Jahrzehnten haben sich psychotherapeutische, insbesondere verhaltenstherapeutische Methoden als wirksame Behandlungen bei unipolaren Depressionen etabliert. Übereinstimmend kommen verschiedene Autoren neuerer Übersichtsarbeiten und Metaanalysen beim Vergleich verschiedener Psychotherapien (insbesondere der Kognitiven Verhaltenstherapie und der Interpersonellen Psychotherapie) bzw. Psychotherapie mit Pharmakotherapie bei unipolaren Depressionen (meist nach DSM-Kriterien definiert) zu dem Schluß, daß die kognitive Verhaltenstherapie (Beck et al. 1996, Hautzinger 1997a) für die Mehrzahl der Patienten sehr wirksam ist, um klinisch relevante Besserungen zu erreichen. In diesen Effekten ist die Kognitive Verhaltenstherapie den bewährten Antidepressiva nicht unterlegen, sondern eher sogar überlegen (Dobson 1989, Conte et al. 1986, Robinson et al. 1990, Hollon et al. 1993, Hautzinger 1993).

26.2 Theoretischer Rahmen der Kognitiven Verhaltenstherapie bei Depressionen

Verstärkungstheoretische (Lewinsohn, Coyne) und kognitionspsychologische Hypothesen (Beck, Seligman) sowie neuere, multifaktorielle Vorstellungen zur Entwicklung unipolarer Depressionen (Hautzinger 1991) bilden den produktiven Hintergrund für die Kognitive Verhaltenstherapie.

■ Verstärkungstheoretische Hypothesen

Verstärkungstheoretische Vorstellungen nehmen an:

1. Eine geringe Rate (verhaltenskontingenter) positiver Verstärkung (Mangel an positiven Erfahrungen und ein Überwiegen negativer Erfahrungen) wirkt auslösend für depressives Verhalten.
2. Eine geringe Rate positiver Verstärkung (Löschungsbedingungen) hält eine Depression aufrecht und wirkt zusätzlich reduzierend auf die Verhaltensart.
3. Die Gesamtmenge positiver Verstärkung ist abhängig von dem Umfang potentiell verstärkender Ereignisse und Aktivitäten (welche wiederum beeinflußt werden von der Lerngeschichte, dem Alter, dem Geschlecht usw.), dem Umfang erreichbarer Verstärker, dem Verstärkerrepertoire und den Fähigkeiten, Verhalten zu zeigen, das verstärkt werden kann.
4. Depressives Verhalten wird zusätzlich aufrechterhalten durch die kurzfristig wirksamen Hilfsangebote, Sympathie und Anteilnahme.
5. Depressives Verhalten darf so als aktives Verhalten gesehen werden, das nicht nur kurzfristig Unterstützung und Zuwendung provoziert, sondern in Ermangelung entsprechender Handlungsalternativen und gestörten Kommunikationsformen längerfristig immer wieder negativ verstärkt wird.

Die Förderung von angenehmen Aktivitäten im Rahmen einer Psychotherapie ist sinnvoll und hilfreich, weil:

1. ein entsprechendes Aktivitätsniveau das Ausmaß potentieller positiver Verstärker erhöht;
2. Depressive viel Zeit mit passiven Verhaltensweisen (wie grübeln, vor sich hinstarren) verbringen, die keinen positiven Verstärkerwert besitzen;
3. ein Zusammenhang zwischen Aktivitätsrate, der Art der Aktivitäten und der Stimmung besteht;

4. depressive Patienten dazu neigen, ihre Aktivitätsrate gering einzuschätzen und Stimmungsunterschiede nur schwer wahrnehmen.

Der Aufbau sozialer und interaktioneller Fertigkeiten ist sinnvoll, weil:
1. depressiven Patienten oft die Fähigkeit fehlt, sich in sozialen Situationen angemessen und für den Interaktionspartner verstärkend zu verhalten;
2. Depressive oft ungünstige Interaktionsstile und Kommunikationsinhalte entwickeln und deren Wirkung nicht angemessen wahrnehmen;
3. depressive Patienten negative Gefühle nicht offen zum Ausdruck bringen;
4. Depressiven mittel- und längerfristig positives und förderliches soziales Verhalten fehlt.

■ Kognitionspsychologische Hypothesen

Die Grundthesen der kognitionspsychologischen Modelle lauten:
1. Grundlage einer depressiven Entwicklung ist eine kognitive Störung, wobei das Denken Depressiver einseitig, willkürlich, selektiv und übertrieben negativ ist
2. Auslöser für diese kognitive Störung sind negative Erfahrungen, Verluste, Nichtkontrolle und sozialisationsbedingte Vorgaben
3. Diese Schemata werden durch belastende Situationen aktiviert und im Sinne einer „nach unten gerichteten Spirale" verstärkt.
4. Da diese kognitiven Prozesse sehr automatisiert sind und durch zugrundeliegende, verfestigte, negativ zweifelnde, generalisierte Überzeugungssysteme gesteuert werden, sind die Abläufe sehr beharrlich und andauernd.

Veränderungen der automatischen Gedanken und Einstellungen sind notwendig, da:
1. depressive Patienten zu kognitiven Verzerrungen, falschen Attributionen und fehlerhaften Wahrnehmungen neigen;
2. ein Zusammenhang zwischen Gedanken, Gefühlen und Handlungen besteht;
3. Depressive die Tendenz haben, ihre Gedanken bereits als Tatsachen zu betrachten, ohne sie an der Realität zu überprüfen;
4. es neben der auf Selbstabwertung zielenden kognitiven Prozesse auch noch andere Selbstkontrollprinzipien, wie z.B. Selbstverstärkung, gibt. Aktuelle Weiterentwicklungen psychologischer Vorstellungen zur Depressionsgenese gehen über diese zu einfachen Hypothesen hinaus und integrieren verschiedene psychische und soziale Prozesse, die aufgrund von Forschungsbefunden Bestätigung fanden (Hautzinger 1991) und einen Begründungsrahmen für erfolgreiche kognitiv-verhaltenstherapeutische Maßnahmen abgeben.

26.3 Elemente und Vorgehen bei der Kognitiven Verhaltenstherapie

Unter Kognitiver Verhaltenstherapie versteht man einen problemzentrierten, strukturierten, psychologischen Behandlungsansatz, der bezogen auf Depressionen vier Schwerpunkte verfolgt:
1. Überwindung der Inaktivität bzw. von einseitigen, belastenden Aktivitäten;
2. Verbesserung des Sozial- und Interaktionsverhaltens sowie der sozialen Kontaktstruktur;
3. Erkennen, Überprüfen und Korrigieren dysfunktionaler Einstellungen und Überzeugungen;
4. Aufbau eines Bewältigungsrepertoires für zukünftige Krisen.

Depressionen werden diesem Verständnis nach sowohl durch gedankliche (kognitive) Prozesse als auch durch den Verlust von Verstärkern (Aktivitätsrate, Fertigkeiten, Belastungen) bedingt. Die Häufung unangenehmer Ereignisse oder die Folge unangemessenen Verhaltens beeinflussen dabei kognitive Strukturen ebenso wie negative Einstellungen und Erwartungen ihrerseits Auswirkungen auf die Aktivitätsrate eines Patienten, sein soziales Handeln und das Ausmaß positiver Erfahrungen haben.

In der Regel dauert eine Kognitive Verhaltenstherapie bei Depressionen zwischen 25 und 40 Sitzungen (meist in Einzelsitzungen, doch zunehmend auch in Gruppen) und nimmt sich zunächst der Passivität, dem Rückzug und der Lust- bzw. Antriebslosigkeit der depressiven Patienten an. Je nach Problemlage des Patienten schließen sich die kognitiven oder die auf das soziale Verhalten bezogenen Interventionselemente an (vgl. Tab. 26.1). Obgleich eine Reihe von Techniken und Hausaufgaben eingesetzt werden, folgt das Vorgehen keinem von vornherein festliegenden Therapieplan, sondern es soll individuell angepaßt und für den Patienten persönlich überzeugend vorgestellt und durchgeführt werden. Das Vorgehen, die Methoden, die Materialien, die Übungen und vor allem die Interaktionsweisen, die Voraussetzungen und die Beziehungsgestaltung sind ausführlicher als hier möglich in Hautzinger (1997a), Beck et al. (1996) und als Einzelverfahren in Linden und Hautzinger (2000) dargestellt.

Tabelle 26.1 Interventionselemente der Kognitiven Verhaltenstherapie bei Depressionen

1. Phase	**Schlüsselprobleme benennen**
	• Überblick • Kriterien: Dringlichkeit, Wichtigkeit, Veränderbarkeit • Aufbau einer therapeutischen Beziehung • Patienten in negativer Sichtweise akzeptieren (VEE) • Interesse (aktives Zuhören) • Professionalität (Kenntnis der Störung, andere Behandlung) • Arbeitsbündnis, empirisches Vorgehen
2. Phase	**Vermittlung des therapeutischen Modells**
	• Zusammenhang von Gedanken, Gefühlen und Verhalten anhand der Erlebnisse des Patienten • Elemente und Struktur der Therapie
3. Phase	**Aktivitätsaufbau**
	• Erfolg und Vergnügen Technik • Gestuftes Vorgehen, realistische Standards • Den Ablauf planen; wie sieht der erste Schritt aus? • Welche Hilfen kann es geben?
4. Phase	**Soziale Kompetenz**
	• Rollenspiele, Kommunikationsübungen: klare Instruktion, Bezug zu Problemen des Patienten (darf nicht nur dem Therapeuten klar sein!) • Differenzierte Rückmeldung • Erneutes Üben • Transfer, Anwendung im Alltag
5. Phase	**Kognitive Techniken (werden meist schon beim Aktivitätsaufbau eingesetzt)**
	• Erfassen von negativen Gedanken und Einstellungen • Zusammenhang von negativen Gedanken, Gefühlen und Verhalten verdeutlichen • Kognitionen als Hypothesen, nicht Fakten • Realitätstestung • Reattribution, alternative Erklärungen • Entkatastrophisieren • Pros und Cons, kurzfristige und langfristige Konsequenzen von Einstellungen

26.4 Grundfertigkeiten und Rahmenbedingungen der Kognitiven Verhaltenstherapie

Mag kognitive Verhaltenstherapie auf den ersten Blick wie eine Ansammlung von Techniken erscheinen, die in einem stark strukturierten Rahmen das Vorgehen bestimmen, so darf nicht übersehen werden, daß dieser kognitive, problemzentrierte Ansatz nur auf dem Hintergrund grundlegender therapeutischer Verhaltensweisen zur Wirkung kommen kann. Grundlegend für kognitive Verhaltenstherapeuten sind daher Neugier, Interesse, Bemühen, Echtheit und Aufrichtigkeit, Empathie und Verständnis, Akzeptanz und Wärme sowie fachliche Kompetenz und professionell-entspanntes Verhalten in der Interaktion.

Therapeut und Patient arbeiten zusammen an der Lösung bestimmter zentraler Probleme. Dazu strukturieren Therapeuten den therapeutischen Rahmen und den Inhalt der Sitzungszeit. Wesentlich ist, daß es gelingt, depressionsrelevante, bearbeitbare Problembereiche herauszuarbeiten. Dazu ist es erforderlich, wiederholt zusammenzufassen, das Gespräch auf zentrale Aspekte und Probleme zu lenken, Rückmeldungen zu geben und darauf zu achten, daß Übungen, Hausaufgaben und konkrete Schritte für die Bewältigung des Alltags die Sitzung bzw. ein Thema beschließen.

Beim Arbeiten an kognitiven Mustern verwirklichen Therapeuten den sogenannten „sokratischen Fragestil", eine Interaktionsform, die aus gelenkten, die Exploration und die Analyse leitenden, offenen Fragen besteht, um den Patienten selbst dazu zu bringen, Widersprüche und den Überzeugungen zuwiderlaufende Erfahrungen zu berichten, zu erkennen und zuzulassen. Ebenso werden dadurch Patienten dazu gebracht, selbständig alternative Sichtweisen und Lösungswege zu überlegen und für eine nachfolgende Prüfung, Erprobung und Einübung bereit zu haben.

Zu den Grundfertigkeiten von Psychotherapeuten im Umgang mit depressiven Patienten gehört es auch, die aktuelle Lage, die Leistungs- und Belastungsfähigkeit eines Patienten einschätzen zu können und alle therapeutischen Schritte darauf abzustimmen. Zu Beginn der therapeutischen Arbeit, aber auch in Krisen und verstärkt depressiven Phasen während der Therapie haben „beruhigende Versicherungen" und aktuelle Entlastung und kurzfristige Vorgaben ihren Sinn und Berechtigung (vgl. Hautzinger 1997a).

26.5 Steigerung positiver Erfahrungen, Aktivitätsaufbau

Mit zu den ersten therapeutischen Maßnahmen bei depressiven Patienten gehört es, auf der konkreten Handlungsebene erste Versuche der Aktivierung zu starten, um damit früh positive Erfahrungen und Verstärkung zu erreichen. Beim Aktivitätsaufbau geht es einerseits um die Steigerung bzw. den Wiederaufbau positiver Erfahrungen und Aktivitäten, andererseits um die Reduktion eines Übermaßes an negativen, belastenden Erfahrungen. Wichtigstes Instrument ist dabei der Wochen- und Tagesplan. Wird der Patient in einer Anfangsphase gebeten, in Form einer täglichen Selbstbeobachtung der Aktivitäten und Ereignisse dieses Protokoll auszufüllen, so dient es später auch dazu, die Tage zu strukturieren und Aktivitäten zu planen. Eine Liste persönlicher Verstärker und angenehmer Aktivitäten hilft in dieser Phase, genügend Ideen und Anregungen für diese allmähliche, sukzessive Steigerung der Aktivitäten verfügbar zu haben.

Mit positiven Aktivitäten werden Tätigkeiten bezeichnet, die vom Patienten als angenehm erlebt werden. Dabei kann es sich sowohl um aktiv initiierte Tätigkeiten als auch um Ereignisse handeln, die in verschiedenen Bereichen des individuellen Lebens wie Beruf, Freizeit und Alltag vorkommen. Wichtig ist die Unterscheidung von Aktivitäten, die als neutral oder unangenehm erlebt werden (Typ A), die aber aus verschiedensten Gründen ausgeführt werden müssen, und Aktivitäten, die als angenehm oder schön erlebt werden (Typ B), doch nicht zu den Pflichten zählen. Im täglichen Leben kann man nicht nur Aktivitäten ausführen, die man positiv erlebt. Deshalb muß bei der Tages- oder Wochenplanung auf die Ausgewogenheit der beiden Aktivitätsarten geachtet werden. Je mehr es gelingt, positive Aktivitäten regelmäßig in den Tagesablauf einzubauen, desto besser fühlt sich der Patient. Diese verbesserte Stimmung steigert dann wiederum die Bereitschaft, aktiver zu sein. Dieser Zusammenhang muß zunächst über Selbstbeobachtungen erkannt und als Wirkmechanismus verstanden werden.

Die Ziele sind im Einzelnen:

1. Erfassen von Ereignissen und Aktivitäten, die Verstärkerwert haben
2. Rückmeldung darüber, daß es bei einem bestimmten Patienten zwar eine Reihe potentiell angenehmer Aktivitäten gibt, er diese aber nicht nützt
3. Erkennen des wechselseitigen Einflusses von Aktivitäten und Befinden
4. Geplante und abgestufte Heranführung an angenehme Aktivitäten
5. Identifizieren und Kontrollieren depressionsfördernder Verhaltensweisen und Aktivitätsmuster
6. Vermittlung von Fertigkeiten zur Aufrechterhaltung eines ausgeglichenen Aktivitätsniveaus

Konkret werden die vom Patienten ausgefüllten „Wochenpläne" nach dem Zusammenhang von Handeln (Aktivitäten, Ereignisse) und Fühlen (Befinden, Stimmung) Stunde für Stunde eines bzw. mehrerer Tage ausgewertet. Daraus erwächst dann das Verständnis, daß es zwischen Befinden und Aktivitäten einen Zusammenhang gibt, der für therapeutische Zwecke genutzt werden kann. Getragen von der Idee, daß es leichter möglich ist, das eigene Tun und die Menge angenehmer Aktivitäten als direkt die Gefühle zu beeinflussen, geht es darum, eine ganz persönliche Liste angenehmer Aktivitäten zu erarbeiten. Dazu kann die von verschiedenen Autoren vorgeschlagene Liste verstärkender oder angenehmer Ereignisse verwendet werden. Gelingt es, eine derart persönliche Verstärkerliste zu erstellen, dann mündet die Therapie in eine Phase des aktiven Planens und Umsetzens der dort enthaltenen angenehmen Aktivitäten in den Alltag. Dazu werden meist wieder Wochenpläne als Strukturierungshilfen verwendet. Wichtig ist, gestuft, angepaßt an die Lage des Patienten vorzugehen und das Aktivitätsniveau allmählich auszuweiten.

Häufiges Hindernis bei dem Aktivitätsaufbau sind die weiter oben erwähnten Aktivitäten vom Typ A. Dabei handelt es sich um Belastungen, Verpflichtungen, Routinen und Aufgaben, die getan werden müssen oder von denen Patienten meinen, sie werden von ihnen verlangt. Erst eine Reduzierung dieser „Typ A"-Aktivitäten erlaubt Raum für angenehme, die Stimmung positiv beeinflussende Aktivitäten. Therapeutische Mittel sind:

- Stimuluskontrolle (Kontrolle und Beeinflussung von Auslösereizen),
- kognitive Interventionen (Regeln und Gewohnheiten hinterfragen, neue Einstellungen erproben),
- Einbezug des Sozialpartners und der Familie (deren Unterstützung einholen, Veränderung von Abläufen und Erwartungen),
- detaillierte Tages- und Wochenplanung, um über diese Art vertraglicher Verpflichtung neue Erfahrungen zu machen.

26.6 Instrumentelle Fertigkeiten, Sozialverhalten

Die sozialen Beziehungen sind bei depressiven Patienten häufig belastet. Soziale Kontakte sind verkümmert, soziales Verhalten ist gehemmt und reduziert. Bei vielen Patienten reicht allein die Behebung der Depression nicht aus, um dieses Brachliegen der sozialen Interaktionen und Interaktionsfähigkeiten zu überwinden. Der Aufbau und die Verbesserung von sozialer Sicherheit, Kontaktverhalten, Kommunikationsfertigkeiten und partnerschaftlichen Problem-bewältigungsfertigkeiten gehört daher zu einer erfolgversprechenden kognitiven Verhaltenstherapie. Die wesentlichen Mittel dabei sind:

- Verhaltensbeobachtungen,
- Rollenspiele und Verhaltensübungen zur Verbesserung der sozialen Wahrnehmung,
- Aufbau sozialer Fertigkeiten und selbstsicheres Verhalten,
- Einbeziehung des Partners und der Familie,
- Steigerung interpersonaler Aktivitäten während der Woche (Planung, Verwirklichung, gestuftes Vorgehen) zur Mehrung sozialer Kontakte,
- Kommunikationsübungen mit dem Partner,
- Umgang mit sozialen Belastungen (kognitive Methoden).

Konkret werden dabei Übungen aus dem Selbstsicherheitstraining durchgeführt: zum Durchsetzen, zum Nein-Sagen, zum Gefühle ausdrücken, zum Kritik üben, zum Wünsche und Bedürfnisse äußern, zum Lob ausdrücken usw. Ideal sind derartige Übungen in einer Gruppe mit Videounterstützung durchzuführen. Ausgangspunkt sind die sozial problematischen Situationen des Patienten, die zu nachspielbaren Szenen reduziert werden. Der Patient spielt sich meist selbst, während Therapeut bzw. Gruppenmitglieder die Interaktionspersonen darstellen. Um komplexere Verhaltensalternativen aufzubauen, ist auch eine Modellvorgabe und Rollentausch (Patient spielt den Interaktionspartner, Therapeut übernimmt Rolle des Patienten) angezeigt. Die Rollenspiele sind zunächst sehr kurz. Rückmeldungen erfolgen konstruktiv mit der Betonung des korrekten bzw. sozial kompetenten Verhaltens. Veränderungswünsche beziehen sich auf konkrete Bewegungen, Äußerungen, Gestik und Mimik. Die Übungen werden mehrfach wiederholt, bis die Patienten neue, kompetentere Verhaltensweisen übernehmen können.

Bei Partnerschaftsproblemen bieten sich Übungen zur Verbesserung der Interaktion bzw. Kommunikation an. Dazu ist die Einbeziehung der Familie bzw. des Partners erforderlich. Zunächst geht es um richtiges Zuhören, paraphrasieren, anerkennen, loben, verwöhnen, gemeinsame Aktivitäten, Wünsche ausdrücken, erst danach um kritisieren. In vielen Fällen ist ein derart ausführliches Kommunikationstraining nicht notwendig bzw. machbar. Einzelne Elemente lassen sich herausgreifen und in wenigen zusätzlichen gemeinsamen Gesprächen mit den beiden Partnern einarbeiten, einüben und in Form von Hausaufgaben im Alltag erproben. Oft finden im Rahmen einer Kognitiven Depressionstherapie nur ein oder zwei gemeinsame Gespräche mit dem Partner statt, dies mit dem Ziel, den Partner auf neue Verhaltens- und Denkweisen des Patienten aufmerksam zu machen, zu Verhaltensänderungen zu motivieren und gemeinsame Absprachen zu treffen.

Zur Steigerung sozialer Kontakte lassen sich Methoden einsetzen, wie sie bereits bei dem Thema Aktivitätsaufbau angesprochen wurden. In der bereits erwähnten Liste angenehmer Aktivitäten sind zahlreiche sozial Ereignisse enthalten, die nun besonders beachtet werden können. Wichtig ist bei dieser Therapiephase die Bereitschaft zum Experimentieren und Ausprobieren. Dazu müssen die Patienten auf die Konfliktsituationen vorbereitet werden (ideal sind Rollenspiele und kognitive Methoden). Erwartungshaltungen, Ziele und heimliche Wünsche sollten ausgesprochen und in der Therapie hinsichtlich der Erreichbarkeit besprochen und bezüglich der Frage, wie hilfreich derartige Kognitionen sind, bearbeitet werden. Die Vorbereitung auf wiederholte Mißerfolge und Enttäuschungen sind unerläßlich.

26.7 Kognitive Therapieelemente

Das Denken depressiver Patienten läßt sich beschreiben als global, eindimensional, absolutistisch, invariant, bewertend und kategorial. Nichtdepressives „reifes“ Denken ist dagegen mehrdimensional, nicht wertend, relativierend, variabel, reversibel, spezifisch und konkret. Eine solche Person ordnet Erklärungen nicht in „Schwarz-weiß-Kategorien“ ein oder erstellt „Charakterdiagnosen“, sondern legt menschlichen Erfahrungen und den Ursachen für Ereignisse ein Kontinuum zugrunde und erstellt „Verhaltensdiagnosen“. Ziel einer Depressionstherapie, die an diesen kognitiven Strukturen ansetzt muß daher sein, den Patienten dabei zu helfen, das depressiv-unreife Denken in ein differenziertes, reiferes Denken zu verändern.

Drei psychologischen Substraten mißt Beck et al. (1996) dabei Bedeutung bei:

1. der kognitiven Triade als beobachtbarer phänomenologische Ebene depressiven Denkens,
2. kognitive Schemata als Strukturen des Denkens und
3. kognitive Fehler oder Verzerrungen als inhaltliche Ebene des depressiven Denkens.

Die kognitive Triade ist durch drei typische Muster gekennzeichnet, nämlich:

1. die negative Sicht der eigenen Person,
2. die negative Sicht der Umwelt und Erfahrungen und
3. die negative Sicht der Zukunft.

Schemata bezeichnen stabile kognitive Muster, die die Wahrnehmung, Kodierung, Bewertung, das Erinnern und Problemlösen organisieren. Diese kognitiven Organisationsmuster bilden sich im Laufe der Entwicklung aufgrund von Lernprozessen heraus. Belastende Erfahrungen während der Sozialisation, traumatische Erfahrungen, chronische Belastungen, fehlende Modelle und Lernerfahrungen, aber möglicherweise auch biologische Vorgänge tragen zur Herausbildung der Schemata bei, die dann durch entsprechende aktuelle Gegebenheiten aktiviert werden.

Als *kognitive Fehler* lassen sich Übergeneralisierungen, selektive Abstraktionen, Personalisierungen, dichotomes Denken, „Sollte"-Tyranneien, emotionales Begründen, Magnifizieren des Negativen benennen. Diese Fehler verzerren in systematischer, der Wirklichkeit widersprechender Weise die Wahrnehmungen, das Erinnern, die Verarbeitung und die Erwartung eines Menschen (Beck et al. 1996).

Kognitive Elemente der Verhaltenstherapie zielen darauf, die fehlerhaften, verzerrten und nicht realitätsangemessenen Gedanken, Bewertungen, Schlußfolgerungen, Ursachenzuschreibungen und Überzeugungen zu erkennen, beobachten zu lassen, ihren Realitätsgehalt zu testen und letztendlich zu verändern. Diese Therapie ist daher immer problemorientiert, konkret und spezifisch. Es geht niemals darum, dem Patienten etwas auszureden und ihn per Argumentation eines Besseren zu belehren, sondern durch die Kooperationen zwischen Patient und Therapeut Probleme zu identifizieren, die individuellen Blockaden zu erkennen, Alternativen dazu zusammenzutragen und zu prüfen sowie diese auszuprobieren.

Vorbereitend hierfür ist eine verständliche und an den persönlichen Erfahrungen des Patienten ansetzende Information und Erklärung dessen, was Kognitionen sind, welche Rolle sie spielen und welche Auswirkungen sie für das emotionale Erleben und Verhalten haben. Grundsätzlich falsch ist es, dem Patienten unterstellen zu wollen, daß er falsch oder irrational denkt. Statt dessen wird versucht, die Art und Weise des Denkens in ganz konkreten Zusammenhängen zu erkennen, die Verbindung des Denkens zu den Gefühlen und körperlichen Symptomen herauszufinden und immer wieder die Adäquatheit und den Realitätsgehalt der Gedanken zu hinterfragen bzw. zu testen.

Der erste Schritt zur Bearbeitung kognitiver Prozesse ist daher die Entdeckung, das Beobachten und Protokollieren von automatischen Gedanken in relevanten und zentralen Problembereichen. Ausgangspunkt dabei sind die Empfindungen, Gefühle und Stimmungen, auch Beschwerden in einem konkreten Zusammenhang, etwa einer Situation oder einer Sensation, also internen und externen Auslösern. Der Patient soll sich die auslösende Sache nochmals genau vorstellen und sich an seine Gefühle zurückerinnern. Während dies geschieht, bittet der Therapeut den Patienten, alles zu äußern, was ihm/ihr zu dieser Vorstellung einfällt, durch den Kopf geht, bildhaft erscheint.

Bevorzugt benützt der Therapeut für das Festhalten dieser Kognitionen das *„Protokoll negativer Gedanken"*, das aus fünf Spalten besteht:

1. auslösende(r) Reiz, Situation
2. Gefühle, Empfindungen
3. automatische Gedanken
4. alternative, angemessene Gedanken
5. erneutes Gefühlsurteil aufgrund der alternativen, angemessenen automatischen Gedanken

Das anfängliche Beobachten und Protokollieren automatischer Gedanken füllt die drei ersten Spalten dieses Arbeitsblattes. Patient und Therapeut lernen auf diese Weise zu erkennen und zu benennen, welche automatischen Gedanken, welche kognitiven Fehler und immer wiederkehrenden Themen im Zusammenhang mit bestimmten Auslösern auftreten.

Eine Vielzahl von kognitiven Techniken ist vorgeschlagen worden, um die so zutage tretenden automatischen Gedanken und Themen - später auch die Grundüberzeugungen - zu beeinflussen. Grundlage all dieser Strategien ist immer das gelenkte Fragen des sokratischen Dialogstils. Wesentliche Methoden für das Ändern kognitiver Muster sind: Überprüfung und Realitätstesten, Experimentieren, Reattribuierung, kognitives Neubenennen, Alternativen finden, Rollentausch, Kriterien prüfen, „Was-ist-wenn"-Technik, Übertreiben, Entkatastrophisieren, Vorteile-Nachteile sammeln usw.

Der Prozeß der Änderung kognitiver Muster ist meist ein langsamer, mit vielen Rückschlägen. Die alten, gewohnten Denkmuster greifen rascher, vor allem in belastenden, kritischen Situationen und determinieren das emotionale Erleben. Die neuen Einstellungen und Denkweisen müssen geübt und wiederholt angewandt werden, bevor daraus neue automatische Gedanken bzw. Grundüberzeugungen werden.

Nachdem automatische Gedanken erkannt und zusammengetragen wurden, geht es darum, dieses kognitive Material einzeln zu bearbeiten und systematisch zu hinterfragen. Dazu wird vom Therapeuten die Grundhaltung eines unterstützenden, bemühten und freundlichen „Forschers" und nicht die neutral-distanzierte, fragende Haltung eines „Polizisten" verlangt. Es geht dabei zunächst darum, mit dem Patienten alle nur möglichen Informationen zu der entsprechenden Situation und der Entwicklung bis dahin zusammenzutragen und mit geeignten Methoden kognitive Dissonanz zu erzeugen (z.B. alternative Sichtweisen zusammenzutragen, „Rollentausch", Vor- und Nachteile sammeln usw.).

Weiterhin werden so Ziele konkretisiert und Wege zu den Zielen spezifiziert. Dadurch wird. i.d.R. deutlich, was genau die Probleme sind, in welchen Bereichen Lösungsstrategien und Fertigkeiten fehlen bzw. wie Patienten sich selbst mit ihren Überzeugungen im Weg stehen. Konkrete Übungen, Planungen und Hausaufgaben z.B. mittels eines Wochenplans, Interaktionsaufgaben oder des Protokolls negativer Gedanken (erweitert um Spalte 4) helfen dann, diese Lükken und Blockaden zu überwinden.

26.8 Stabilisierung der therapeutischen Veränderungen und Erfolge

Patienten sollen durch die kognitive Verhaltenstherapie in die Lage versetzt werden, mit zukünftigen depressiven Symptomen und möglichen Rezidiven selbst umzugehen. Diese Fähigkeit zur Eigensteuerung umfaßt das selbständige Umgehen mit: Belastungen und depressiven Beschwerden, Rückfall in alte Handlungsabläufe, Reduktion angenehmer, verstärkender Aktivitäten, Rückzug und soziale Vermeidung, Wiederaufleben alter, negativer und einseitiger Denkmuster und Überzeugungssysteme. Gegen Ende der Therapie werden die Patienten auf zukünftige Krisen und Rückschläge vorbereitet. Es wird dafür trainiert, das Gelernte verfügbar und anwendbar zu haben. Konkrete, alle Krisen betreffenden und belastenden Ereignisse werden „provozierend" durchgesprochen und Möglichkeiten der eigengesteuerten Überwindung erprobt. Es hängt vom Einzelfall ab, welche Behandlungsanteile besonders hervorgehoben und für zukünftige Krisen bereitgelegt werden.

26.9 Wirksamkeit kognitiver Verhaltenstherapie bei Depressionen

Inzwischen liegen zahlreiche empirische Untersuchungen zur Wirksamkeit der hier skizzierten Verhaltenstherapie bei depressiven Erkrankungen vor (Hautzinger 1993, Hautzinger und de-Jong-Meyer 1996; Hollon et al. 1993). Zusammen mit anderen verhaltenstherapeutischen Arbeiten demonstrieren diese Resultate überzeugend, daß mit der kognitiven Verhaltenstherapie eine psychotherapeutische Behandlung unipolarer Depressionen vorliegt, die kurzfristig der traditionellen Antidepressiva-Therapie gleichwertig, langfristig der pharmakologischen Behandlung sogar überlegen ist. Die frühen Arbeiten ließen dies bereits erkennen. Dort wurden Erfolgsquoten zwischen 63 und 83 Prozent gefunden. Die Abbrecherquote lag dabei immer deutlich niedriger als bei der medikamentösen Behandlung (zwischen 4% und 33% gegenüber 36% bis 57%). Neuere Vergleichsstudien bestätigen diesen Trend. Die Katamnesestudien zeigen einheitlich, daß die kognitive Verhaltenstherapie dazu beiträgt, daß die erzielten Erfolge gehalten, vereinzelt sogar gesteigert werden.

Eine eigene Vergleichsstudie (vgl. Hautzinger und deJong-Meyer 1996) verglich eine Therapie mit Amitriptylin (150 mg/d) - ergänzt um regelmäßige, unterstützend ärztliche Maßnahmen - und Kognitive Verhaltenstherapie (wie hier beschrieben) - alleine oder in Kombination mit dem Medikament - bei unipolar depressiven Patienten (DSM IV-Kriterien: Major Depression bzw. Dysthymie). Insgesamt wurden 191 derart diagnostizierte, nicht endogen-depressive Patienten aufgenommen. Das besondere an dieser Arbeit ist die Berücksichtigung von voll stationären, regulären Psychiatriepatienten. Die Behandlungen gingen über acht Wochen bei dreimal wöchentlichen Therapeutenkontakten, wobei die Verhaltenstherapie jeweils einstündig war und die unterstützenden Gespräche jeweils 20 bis 30 Minuten dauerten. Die Nachsorge erfolgte ein Jahr nach Abschluß der Therapien. Die Veränderungen und der Verlauf wurden auf verschiedenen Ebenen und mittels verschiedenster Methoden gemessen.

Alle Behandlungsbedingungen reduzierten die depressive Symptomatik über die Behandlungszeit auch klinisch signifikant, wobei die nach den acht Wochen erreichten Endwerte - im Vergleich zur internationalen Literatur mit zum Teil doppelt so langen Behandlungszeiträumen - um zwei bis drei Punktwerte höher lagen. Das Behandlungssetting spielte keine Rolle, sowohl ambulante als auch stationäre Patienten profitierten von allen Behandlungen gleich gut, lediglich die stationär behandelten Patienten waren schwerer depressiv beeinträchtigt und blieben dies auch bei Behandlungsende. Die Kombination aus Verhaltenstherapie und Pharmakotherapie erbrachten kurzfristig keine Vorteile.

Am Ende der Einjahreskatamnese konnten in den Bedingungen, in denen Kognitive Verhaltenstherapie zum Einsatz kam, die Erfolge gehalten, ja z.T. sogar geringfügig weiter verbessert werden, während die Amitriptylingruppe (ergänzt durch die unterstützenden Gespräche) sich wieder verschlechterte. Zwischen stationären und ambulanten Patienten ergaben sich im Katamneseverlauf jedoch Unterschiede. Die Verschlechterungen zum Nachkontrollzeitpunkt in der Amitriptylin-Behandlung betrafen vor allem die ambulant behandelten Patienten.

Zieht man als Erfolgskriterium die Quote derjenigen Patienten heran, die die Behandlung abgebrochen haben, liegen die Zahlen bei den mit Kognitiver Verhaltenstherapie behandelten Patienten deutlich günstiger. Auch die Responderrate (Anzahl klinisch relevant gebesserter Patienten, operationalisiert durch das Kriterium im BDI und HAMD unter 9 Punkte) wird durch die kognitive Verhaltenstherapie signifikant günstiger und erreicht zur Einjahreskatamnese knapp 60%, während durch Amitriptylin weniger als 35% erreicht werden.

Aus den Daten geht weiter hervor, daß die kognitive Verhaltenstherapie zur Antidepressivatherapie eine zumindest gleich wirksame Behandlungsalternative für depressive Patienten ist. Vorteile für die kognitive Verhaltenstherapie ergeben sich zum Katamnesezeitpunkt. Insbesondere ambulante Patienten sind durch die alleinige oder kombinierte Anwendung dieser psychologischen Methode deutlich gebessert und symptomfreier. Es wird ferner deutlich, daß ein achtwöchiger Behandlungszeitraum zu kurz ist, was sich insbesondere bei schwer depressiven Patienten zeigte. Durch eine Verlängerung - möglicherweise auch gestreckt über ein halbes oder ganzes Jahr - mit immer längeren Zeiträumen zwischen den Behandlungssitzungen, dürfte eine weitere Symptomreduktion und eine bessere Rezidivprophylaxe gelingen.

Dies konnten Frank und Mitarbeiter (1990) sowie Kühner und Angermeyer (1994) zeigen. Die Anwendung von Psychotherapie (Kognitive Verhaltenstherapie bzw. Interpersonelle Psychotherapie) bei Patienten, die aufgrund einer pharmakologischen Antidepressivatherapie als remittiert entlassen wurden, verhindert Rückfälle bzw. schiebt erneute depressive Phasen über den dreijährigen Nachuntersuchungszeitraum hinaus (bei Frank et al. 1990) hinaus. Diese Befunde stehen in Einklang mit den z.T. über mehrere Jahre gehenden Katamnesen oben dargestellter Arbeiten von z.B. Blackburn et al. (1986), Shea et al. (1992) und Evans et al. (1992). Inzwischen liegen die ersten Studien zur Anwendung der Kognitiven Verhaltenstherapie bei depressiven Jugendlichen (Clark et al. 1992, Lewinsohn et al. 1990) und bei depressiven älteren Patienten (Hautzinger 1997b) vor. Dabei wurde die Kognitive Verhaltenstherapie z.T. als Gruppentherapie mit ergänzendem Materialien- und Medieneinsatz angewendet. Es ist erfreulich zu sehen, daß auch bei diesen Patientengruppen die Kognitive Verhaltenstherapie auf positive Resonanz stößt und hilft, zu signifikanten und klinisch relevanten Veränderungen zu führen.

26.10 Merkmale einer wirksamen Psychotherapie bei Depressionen

Die Wirkmechanismen einer erfolgreichen verhaltenstherapeutischen Depressionsbehandlung sind noch weitgehend unbekannt. Aus den bisherigen Ergebnissen lassen sich jedoch folgende Aspekte einer wirksamen Psychotherapie herausarbeiten:

1. Begründungen geben, theoretisches Modell vermitteln (z.B. zum Zusammenhang von Verhalten, Denken und Fühlen), was aktiven Therapeuten erfordert
2. Toleranz für depressive Beschwerden entwickeln (z.B. trotz Schlaflosigkeit etwas tun, Ablenkungen von trüben Gedanken)
3. Strukturiertheit des Vorgehens (z.B. bei der Bearbeitung bestimmter Probleme, bei der

Therapiedurchführung des Behandlungsprogramms)
4. Kooperation und Mitarbeit des Patienten (z.B. beim Realitätstesten, Ausprobieren, Üben zwischen den Sitzungen)
5. Problemorientierung und Problemlösungsansatz (z.B.: nicht die Depression wird behandelt, sondern konkrete Probleme, die mit der Depression verbunden sind oder dahin geführt haben)
6. Schwerpunkt liegt bei den (eigenen) Aktivitäten des Patienten (insbesondere angenehme, soziale Aktivitäten)
7. Selbst-Kontrolle der negativen Gedanken und Überzeugungen (z.B. Beobachtung, Zusammenhänge erkennen, Alternativen erarbeiten, Erprobung und neue Erfahrungen mit den neuen Gedanken und differenzierteren, flexibleren Überzeugungen)
8. Fokus liegt auf dem Aufbau von Fertigkeiten zur Überwindung von Schwierigkeiten, verbunden mit der Steigerung der Selbstwirksamkeitsüberzeugung
9. Vorbereitung auf Krisen, Verschlechterungen und Rückfälle
10. Einbeziehung des Lebenspartners und der Familie.

26.11 Literatur

1. *Beck, A.T., Rush, A.J., Shaw, B.F. & Emery, G.:* Kognitive Therapie der Depression. 4. Aufl. Psychologie Verlags Union, Weinheim 1996
2. *Blackburn, I.M., Eunson, K.M. & Bishop, S.:* A two-year naturalistic follow-up of depressed patients treated with cognitive therapy, pharmacotherapy, and a combination of both. Journal of Affective Disorders, 10, 1986, 67-75
3. *Conte, H.R., Plutchik, R., Wild, K.V. & Karasu, T.B.:* Combined psychotherapy and pharmacotherapy for depression: A systematic analysis of the evidence. Archives of General Psychiatry, 43, 1986, 471-479
4. *Dobson, K.S.:* A meta-analysis of the efficacy of cognitive therapy for depression. Journal of Consulting and Clinical Psychology, 57, 1989, 414-419
5. *Evans, M.D., Hollon, S.D., DeRubeis, R.J., Piasecki, J.M., Grove, W.M., Garvey, M.J. & Tuason, V.B.:* Differential relapse following cognitive therapy and pharmacotherapy for depression. Archives of General Psychiatry, 49, 1992, 802-808
6. *Frank, E., Kupfer, D.J., Perel, J.M., Cornes, C., Jarrett, D.B., Mallinger, A.G., Thase, M.E., McEachran, A.B. & Grochocinski, V.J.:* Three-year outcome for maintenance therapies in recurrent depression, Archives of General Psychiatry, 47, 1990, 1093-1099
7. *Hautzinger, M:* Perspektiven für ein psychologisches Konzept der Depression. In: *Mundt, C., Fiedler, P., Lang, H. & Kraus, A.* (Hrsg.): Depressionskonzepte heute. Springer, Berlin/Heidelberg 1991, S. 236-248
8. *Hautzinger, M.:* Kognitive Verhaltenstherapie und Pharmakotherapie bei Depressionen im Vergleich. Verhaltenstherapie, 3, 1993, 26-34
9. *Hautzinger, M.:* Kognitive Verhaltenstherapie bei Depressionen. 4. Aufl. Psychologie Verlags Union, Weinheim 1997a
10. *Hautzinger, M.:* Kognitive Verhaltenstherapie bei Depressionen im Alter. In: *Radebold, H., Hirsch, R.D., Kipp, J., Kortus, R., Stoppe, G. & Struwe, B.* (Hrsg.): Depressionen im Alter. Steinkopff, Darmstadt 1997b
11. *Hautzinger, M. & deJong-Meyer, R.:* Depression (Themenheft). Zeitschrift für Klinische Psychologie, 25, 1996, 79-160
12. *Hollon, S.D., Shelton, R.C. & Davis, D.D.:* Cognitive Therapy for Depression: Conceptual Issues and Clinical Efficacy. Journal of Consulting and Clinical Psychology, 61, 1993, 270-275
13. *Lewinsohn, P.M., Clarke, G.N., Hops, H. & Andrews, J.A.:* Cognitive behavioral treatment for depressed adolescents, 21, 1990, 385-401
14. *Linden, M. & Hautzinger, M.:* Verhaltenstherapie: Techniken und Einzelverfahren. 4. Aufl. Springer, Berlin/ Heidelberg 2000
15. *Robinson, L., Berman, J.S. & Niemeyer, R.A.:* Psychotherapy of depression: A comprehensive review of controlled outcome research. Psychological Bulletin, 108, 1990, 30-49
16. *Shea, M.T., Elkin, I., Imer, S.D., Sotsky, S.M., Watkins, J.T., Collins, J.F., Pilkonis, P.A., Beckham, E., Glass, D.R., Dolan, R.T. & Parloff, M.B.:* Course of depressive symptoms over follow-up. Findings from the NIMH treatment of depression collaborative research program. Archives of General Psychiatry, 49, 1992, 782-787

27. Schizophrene Psychosen

G. Wiedemann, U. Riedl

27.1 Einführung

■ Grundlagen

Nach wie vor zählen schizophrene Psychosen zu den schwerwiegendsten psychiatrischen Erkrankungen. Eine Erklärung für den erschwerten therapeutischen Zugang zu dieser Störung stellt das breite Spektrum der verschiedenen Krankheitsverläufe dar. Dieses reicht von einer einmaligen Phase ohne Persönlichkeitsveränderung und günstiger Prognose über mehrere Phasen mit leichter Persönlichkeitsveränderung, bis zu chronisch produktiven Psychosen mit ausgeprägter Wesensänderung und langfristiger Hospitalisation. Gerade aus diesem Grund wird deutlich, daß es *die* „Psychotherapie bzw. Verhaltenstherapie" nicht geben kann. Viel mehr ergeben sich aus dem jeweiligen Krankheitsstadium und der vorliegenden Verlaufsform unterschiedliche Voraussetzungen für den therapeutischen Zugang.

Dennoch haben sich unter den psychotherapeutischen Behandlungsmethoden die verhaltenstherapeutischen Ansätze als sehr wirksam erwiesen. Dabei kann der zugrunde liegenden Vulnerabilität durch die Vermeidung einer schädlichen Über- bzw. Unterstimulierung bei der Behandlung Rechnung getragen werden. Die Verhaltenstherapie kann jedoch in der Regel nur als ein Baustein eines Gesamtbehandlungsplanes gesehen werden, während die medikamentöse Therapie, vorwiegend mit Neuroleptika, die Basis der Behandlung darstellt und häufig einen psychotherapeutischen Zugang erst möglich macht. Hinzu kommen - abhängig vom Schweregrad des Erkrankungsverlaufes - sozio- und arbeitstherapeutische Maßnahmen. Die verhaltensmedizinischen Maßnahmen haben „phasenprophylaktische" Bedeutung, da insbesondere auf Grund von Noncomplianceraten von 50 - 70 Prozent durchschnittlich alle zwei Jahre mit einem Rezidiv zu rechnen ist.

■ Definition

Bei der schizophrenen Erkrankung kommt es zum Auftreten charakteristischer, symptomatisch oft sehr vielgestaltiger psychopathologischer Querschnittsbilder mit Wahn, Halluzinationen, formalen Denkstörungen, Ichstörungen, Affektstörungen und psychomotorischen Störungen. Die neueren Klassifikationssysteme verlangen eine bestimmte Mindesterkrankungsdauer. Schizophrenieartige Bilder, die dieses Kriterium nicht erfüllen, werden als schizophreniforme Erkrankungen klassifiziert.

■ Epidemiologie

Die Schizophrenie stellt eine relativ häufige psychische Erkrankung dar. Mit einem Prozent Lebenszeitprävalenz erkrankt einer von hundert Erwachsenen im Laufe seines Lebens an einer schizophrenen Psychose. Im Länder- und Kulturvergleich finden sich keine Unterschiede bezüglich der Häufigkeit der Erkrankung. Männer und Frauen erkranken etwa gleich häufig, jedoch findet sich im Durchschnitt eine frühere Krankheitsmanifestation bei den Männern.

■ Symptomatik und Diagnose

In der Bundesrepublik werden psychische Störungen nach der internationalen Klassifikation der WHO diagnostiziert (ICD-10). Typische Symptome einer akuten Symptomatik der Schizophrenie sind formale und inhaltliche Denkstörungen, Halluzinationen / Wahrnehmungsstörungen, Störungen des Affekts, Störungen des Selbstgefühls, Störungen der Psychomotorik, Antriebsstörungen und Störungen im interpersonellen Bereich.

Die oft unterschiedliche Symptomatik des Krankheitsbildes wird im Rahmen des ICD-10 in differenzierten diagnostischen Kategorien erfaßt (s. Tab. 27.**1**).

Verlauf

Die Erkrankung kann akut auftreten, sich aber auch schleichend über mehrere Schübe hin entwickeln. Auf Grund moderner Versorgungskonzepte (prophylaktische Psychopharmakobehandlung, sozialpsychiatrische Angebote) erkrankt entgegen der früheren Annahme eines chronischen Verlaufs etwa ein Drittel der Patienten nach einer einmaligen Episode nie wieder. Ein Drittel der Betroffenen erfährt in ihrem Leben mehrere Episoden mit zwischenzeitlicher stabilerer Remission, jedoch zeigen ein weiteres Drittel der Erkrankten einen chronisch progredienten Verlauf.

Basisziele der psychotherapeutischen Intervention

Im Rahmen des verhaltenstherapeutischen Ansatzes bei psychotischen Störungen sollten folgende Ziele handlungsleitend sein:

- Vermittlung eines adäquaten Störungsmodells der Schizophrenie
- frühzeitige Wahrnehmung von Prodromalzeichen
- Verbesserung des Selbstmanagements im Sinne der Stärkung von Selbstverantwortung sowie die Verbesserung der Fähigkeit zur Selbsthilfe
- Ressourcenorientierte Aktivierung des Selbstwertgefühls
- Entwicklung einer geeigneten Medikamentencompliance
- Senkung der Rezidivrate durch Entwicklung eines situationsspezifischen Copings

Tabelle 27.1 Diagnostische Kategorien des ICD-10 für verschiedene Formen der Schizophrenie

F 20 Schizophrenie	
F 20.0	paranoide Schizophrenie vorrangig Wahnvorstellungen und akustische Halluzinationen
F 20.1	hebephrene Schizophrenie vorrangig flacher und inadäquater Affekt, zielloses und unzusammenhängendes Verhalten, im Denken und Sprechen desorganisiert, zerfahren; bei Jugendlichen und jungen Erwachsenen auftretend
F 20.2	katatone Schizophrenie vorrangig psychomotorische Störungen (Erregung, Stupor, stereotype Bewegungen, Befehlsautomatismen)
F 20.3	undifferenzierte Schizophrenie weist Merkmale mehr als einer der beschriebenen Unterformen auf
F 20.4	postschizophrene Depression depressive Episode im Anschluß an eine schizophrene Erkrankung; einige schizophrene Symptome müssen noch vorhanden sein
F 20.5	schizophrenes Residuum „Negativsymptomatik“ wie psychomotorische Verlangsamung, verminderte Aktivität, Passivität und Initiativemangel, Affektverflachung, Sprachverarmung, geringe nonverbale Kommunikation, verminderte soziale Leistungsfähigkeit, Vernachlässigung der Körperpflege nach vorherigem Auftreten einer oder mehrerer psychotischer Episoden
F 20.6	Schizophrenia simplex (seltene Diagnose) schleichende Progredienz von auffälligem Verhalten und veränderten Persönlichkeitsmerkmalen; Auftreten von „Negativsymptomen“ ohne vorhergehende produktive psychotische Symptome mit Abnahme des sozialen sowie der schulischen oder beruflichen Leistungsfähigkeit

Leitlinien des psychotherapeutischen Umgangs mit schizophrenen Patienten

Im therapeutischen Setting sollte neben Empathie auch ein Verständnis für die Symptomatik und die störungsbedingten psychischen Beeinträchtigungen vermittelt werden, jedoch die notwendige Distanz gewahrt bleiben. Die Basis des Vorgehens gründet auf der Informationsvereinfachung und Vermeidung von Über- oder Unterstimulationen.

Therapeutische Grundregeln im Umgang mit schizophrenen Patienten sollten sein:

- eindeutiger Kommunikationsstil
- klare Definition des Therapiestils
- einfache übersichtliche Informationen
- Wahrung personeller und zeitlicher Konstanz in der Therapie
- aktives, eher direktives Therapeutenverhalten
- Stärkung gesunder Ich-Anteile
- positive Erklärung der Symptomatik im Sinne eines Bewältigungsversuchs

27.2 Vulnerabilitäts-Streß-Bewältigungs-Kompetenz-Modell schizophrener Episoden

Bei der Vermittlung eines Krankheitsmodells zeigt sich das Vulnerabilitäts-Streß-Coping-Modell von Zubin und Spring (1977) als sehr praktikabel, da hiermit sowohl den Patienten als auch den Angehörigen das veränderte Wahrnehmen und Verhalten in der psychotischen Episode verständlich wird. Auch therapeutische Prinzipien können dadurch gut entwickelt werden. Die Vulnerabilität des Patienten stellt die Ausgangsbasis für eine Sensibilität zur psychotischen Dekompensation dar. Die psychotischen Episoden werden als instabile, wechselnde Zustände begriffen. Defizite in der Informationsverarbeitung stellen die Voraussetzungen für diese erhöhte Sensibilität dar. Es finden sich insbesondere veränderte Aufmerksamkeit, Gedächtnis- und Abstraktionsleistungen sowie nicht optimale autonome Reaktionen. Frühwarnsymptome zeigen an, daß sich der Organismus einer hypostasierten Schwelle nähert, welche schließlich nicht mehr ohne Symptome überschritten werden kann. Wird zu diesem Zeitpunkt die Belastung nicht reduziert bzw. stehen keine adäquaten Bewältigungsmöglichkeiten zur Verfügung, so nimmt die Exazerbation einer psychotischen Episode ihren Lauf. Insbesondere von Liberman (1986) wurde das Vulnerabilitäts-Streß-Modell so weiterentwickelt, daß neben äußeren Belastungen insbesondere die Bewältigungskompetenzen des Patienten selbst in den Mittelpunkt rücken. Hier wird großer Wert auf protektive Faktoren gelegt, welche das Risiko einer Psychose trotz gegebener Disposition vermindern. Die Protektoren stehen mit der eigentlichen Vulnerabilität, psychosozialen Belastungen usw. in Wechselwirkung. Hierbei gibt es personelle Ressourcen wie Bewältigungskompetenz, neuroleptische Medikation oder Selbstwirksamkeit als auch soziale Protektoren, wie eine gute Problemlösefähigkeit in der Familie oder sonstige unterstützende soziale Interventionsmöglichkeiten. Diese wiederum interagieren mit der individuellen Vulnerabilität, welche in einer dopaminergen Dysfunktion, einer reduzierten Verarbeitungskapazität, einer autonomen Hypererregung bei aversiven Reizen und auch in Form schizotyper Persönlichkeitsmerkmale bestehen kann. Als weitere Belastungen aus der Umwelt sind Lebensereignisse, überstimulierendes soziales Umfeld oder bestimmte zwischenmenschliche Kommunikationsmuster wie überkritisches Verhalten zu nennen. Durch Vermittlung von Krankheitswissen sowie Klärung unangemessener Vorstellungen bezüglich der Erkrankung oder therapeutischer Maßnahmen wird eine Korrektur möglich, um zusätzlichen psychischen Belastungen entgegenzuwirken.

27.3 Symptomspezifische Bewältigungsstrategie: Kontingenzmanagement

Zu erwähnen ist hier insbesondere das „Token-Economy"-System, ein modifiziertes operantes Konditionierungsverfahren. Adäquates Verhalten (morgendliches rechtzeitiges Aufstehen, Zähne putzen, Tragen sauberer Kleidung u.a.) wird mit sogenannten „Tokens" (Wertmarken, Münzen) belohnt, inadäquates (z.B. ständiges im Bett liegen) nicht. Diese Chips können dann gegen tatsächliche Verstärker wie Geld, beliebte Nahrung oder andere Privilegien eingetauscht werden. Somit wird ein positiver Verstärker mit wünschenswertem Verhalten gekoppelt und die Zeit zwischen beiden Situationen durch „Tokens" überbrückt.

Trotz positiver Effekte dieses Verfahrens trat es aus verschiedenen Gründen deutlich in den Hintergrund. Beispielsweise sind die Besserungen in den „Token Economy"-Programmen nicht extinktionsresistent, das heißt somit selten von langer Dauer. Auch generalisieren sie kaum auf andere Umweltbedingungen. Weiterhin fordert die Beeinflussung von Kontingenzen ein offenes, sichtbares Verhalten, so daß zeitweise nur die Verhaltenskorrelate von Halluzinationen usw. reduziert werden, während die psychiatrischen Symptome bestehen bleiben. Problematisch war auch die Nichtintegration von „Token Economy"-Progammen in umfassendere Rehabilitationsprogramme.

Dennoch waren diese Programme für inaktive und langzeithospitalisierte Patienten auf einer basalen Trainingsebene wirksam. Obwohl operante Methoden allein nur begrenzten Effekt haben, sind sie doch ein hilfreicher Baustein in einigen ausgearbeiteten Therapieformen geblieben.

27.4 Kognitiv-behaviorale und Coping-Verfahren

■ Generelle Therapiestrategien

Die Überzeugtheit der Patienten von der Gültigkeit ihrer psychotischen Erlebniswelt sollte vom Therapeuten nicht als falsch zurückgewiesen werden. Günstiger ist es, es vorläufig dabei zu belassen, daß Therapeut und Patient offensichtlich verschiedene Standpunkte haben. Auf der Grundlage einer vertrauensvollen Zusammenarbeit von Therapeut und Patient können nach Absprache mit dem Patienten einzelne Wahnideen auf ihren Realitätsgehalt überprüft werden. Dem Patienten wird für Ereignisse, die er als Bestätigung seiner Wahnüberzeugung wertet, eine natürliche, dem „Common Sense" verpflichtete Alternativerklärung angeboten, aus der überprüfbare Vorhersagen für künftige Ereignisse abgeleitet werden können.

■ Therapieformen und ihre Durchführung

Symptombezogene Copingstrategien zielen auf eine Reduktion der mit dem Wahnerleben assoziierten negativen Emotionen, auf eine Verringerung der Überzeugungsstärke und auf eine Verminderung wahnbedingter Handlungseinschränkungen, inklusive sozialer und interpersoneller Beeinträchtigungen. Produktiv psychotische Symptome wie Wahnüberzeugung und Halluzination werden einer genauen verhaltensanalytischen Diagnostik unterworfen.

Folgende Merkmale werden sorgfältig erfragt: Häufigkeit, Dauer und Intensität der Symptome, typische Auftretenszeiten sowie der Schweregrad jeder Episode (z.B. durch Fragen nach der Lautstärke von Halluzinationen oder nach der Dauer der Beschäftigung mit Wahngedanken).

Ein differenzierteres Verfahren erfaßt die Überzeugungsstärke, das Ausmaß der gedanklichen Beschäftigung mit den jeweiligen identifizierten Symptomen und das Ausmaß, in dem Handlungsabläufe durch das Wahnerleben unterbrochen werden. Im Weiteren werden emotionale, kognitive und körperliche Begleitsymptome erfaßt, typische Reaktionsmuster identifiziert, auslösende Bedingungen und Konsequenzen des Wahnerlebens eruiert sowie nach bereits vorhandenen aktiven Copingstrategien gefahndet. Auch hier gilt es, alle Verhaltensebenen (emotional, körperlich, kognitiv) abzuklären.

Effektive Copingstrategien können in kognitive, verhaltensorientierte, physiologische und sensorische unterteilt werden:

- *Kognitive Strategien* sind z.B. Aufmerksamkeitsverlagerung und Suche nach Ablenkung, Einengung der Aufmerksamkeit oder verbale Selbstinstruktionen zur Steuerung des eigenen Verhaltens, Reattribuierung der Ursache eines wahnhaft interpretierten Ereignisses bzw. Plausibilitätsprüfung.
- *Strategien auf der Verhaltensebene* bestehen in einer Verstärkung nichtsozialer Aktivitäten (wie Spazierengehen oder Sport), Aufnahme sozialer Aktivitäten, die nicht durch High-Expressed-Emotion-Charakteristika geprägt sind, kurzfristigem Rückzug aus sozialen Interaktionen (langfristiger sozialer Rückzug und Isolationstendenzen sind nicht zu

unterstützen) und Handlungen zur Realitätsüberprüfung.

- *Physiologische Strategien* meinen Entspannungstechniken oder gegen Hyperventilationsgefahr eingesetzte Atemkontrolltechniken (unangemessen sind Alkohol- und Drogenmißbrauch).
- *Externer sensorischer Input* wie z.B. Radiomusik oder Fernsehen kann die Intensität akustischer Halluzinationen reduzieren.

Es wird empfohlen, pro Zielsymptom zwei effektive Copingstrategien auszuwählen, die nacheinander zunächst in der therapeutischen Situation geübt werden. Dazu werden die symptomauslösenden Bedingungen und das Symptom selbst aktiviert, zuerst mittels imaginativer Verfahren, später auf der Ebene des offenen Verhaltens. Die Generalisierung auf alltägliche Situationen erfolgt über eine genau geplante und vom Patienten aufgezeichnete Hausaufgabenhierarchie mit Auffrischungsübungen und positiver verbaler Verstärkung bei Erfolgen der Patienten.

Zweck und Vorgehen des Coping-Ansatzes wird den Patienten am besten im Rahmen einer allgemeinen Psychoedukation über Wesen, Ursachen und Verlauf von schizophrenen Erkrankungen erläutert.

Nach bisherigen Erfahrungen ist es vorteilhaft, wenn die Patienten bereits ein gewisses Maß an Krankheitseinsicht haben. Aber selbst bei fehlender Einsicht können die Patienten zur Mitarbeit gewonnen werden, indem ihnen Erleichterung von symptomverbundenem, quälendem Erleben als Therapieziel in Aussicht gestellt wird. Das Erlernen eines besseren Umgangs mit residualen positiven Situationen ist vor allem bei mehrfach erkrankten schizophrenen Patienten mit persistierendem, therapieresistentem Wahn indiziert.

27.5 Kognitive Trainingsprogramme für schizophrene Patienten

Darunter sind weniger die klassischen Methoden der kognitiven Verhaltenstherapie, wie etwa Selbstinstruktion oder Problemlösung zu verstehen, sondern hochstrukturierte Copingtrainingsprogramme, bei denen die Bearbeitung von kognitiven Übungen im Zentrum steht. Zielbereiche sind subklinische, elementare Informationsverarbeitungsstörungen, welche bei schizophrenen Patienten immer wieder gefunden werden. Diesen elementaren kognitiven Informationsstörungen wird die Rolle von Vulnerabilitätsindikatoren zugesprochen. Sie interagieren sowohl mit psychosozialen Stressoren als auch mit psychophysiologischen Vulnerabilitätsmerkmalen. Letztere lassen sich vereinfacht als situationsunangemessene Über- oder Unteraktivierung des autonomen Nervensystems beschreiben. Man nimmt an, daß die subklinischen kognitiven Störungen eine wesentliche Grundlage darstellen für die prodromalen akuten und residualen Störungen der Wahrnehmung, der Aufmerksamkeit, des Denkens sowie der Entscheidungs- und Handlungsfähigkeit schizophrener Patienten. Manifeste schizophrene Symptome treten dann in Erscheinung, wenn die Ressourcen der Patienten zur Bewältigung psychosozialer Stressoren, wie z.B. erhöhte Anforderungen am Arbeitsplatz, nicht mehr ausreichen und die Informationsverarbeitung zusammenbricht.

Kognitive Trainingsprogramme bei Schizophrenen fanden in den letzten Jahren einige Verbreitung. Hier ist insbesondere das von Brenner und Mitarbeitern (1992) entwickelte *integrierte psychologische Therapieprogramm für schizophrene Patienten* (IPT) zu nennen. Auf der Grundlage des Vulnerabilitäts-Streß-Modells formulierte Brenner die Hypothese, daß eine trainingsbedingte Verbesserung elementarer kognitiver Defizite auf höhere, komplexere Informationsverarbeitungs- und Verhaltensebenen generalisiert (Pervasivitätshypothese) und die Effekte von psychosozialen Trainingsverfahren verbessert. Für die Praxis bedeutet dies, daß jedem verhaltensorientierten Lernprogramm, das auf die Vermittlung sozialer Fertigkeiten abzielt, ein Training zur Stabilisierung kognitiver Funktionen vorausgehen müßte. Das IPT für schizophrene Patienten enthält darüber hinaus hierarchisch aufeinander aufbauende Zwischenschritte von rein kognitiven zu psychosozialen Komponenten mit stärker affektiv betonten Inhalten. Die Patienten durchlaufen in Gruppen von fünf bis acht Teilnehmern die Unterprogramme kognitive Differenzierung, soziale Wahrnehmung, verbale Kommunikation, soziale Fertigkeiten und interpersonelles Problemlösen.

Kognitive Differenzierung

Ein Beispiel für die kognitive Differenzierung stellt die Kärtchenübung dar. Bei dieser Trainingseinheit sortieren die Patienten Karten nach bestimmten Merkmalen wie Farbe oder Form. Anschließend üben sich die Patienten anhand einzelner Wörter in der Bildung von Synonymen, Antonymen, Begriffshierarchien und Wortdefinitionen. Enthalten ist ferner eine Ein-Wort-Kommunikationsaufgabe. In einer abschließenden Übungseinheit werden die Patienten angehalten, mit gezielten Fragestrategien einen Gegenstand zu erraten.

Soziale Wahrnehmung

Im nächsten Unterprogramm lernen die Patienten, anhand von Dias relevante Aspekte des sozialen Wahrnehmungsfeldes zu erkennen und soziale Interaktionen adäquat zu bewerten.

Verbale Kommunikation

Aufgabe der Patienten ist es hier, sich in der Rolle des Zuhörers und Sprechers zu üben, indem sie z.B. zu einem Stichwort einen Satz formulieren oder sich einen kurzen Text über W-Fragen erschließen.

Soziale Fertigkeiten

Des Weiteren werden im Rollenspiel soziale Fertigkeiten geübt, wie Wünsche äußern, ein Gespräch beginnen usw. Die entsprechenden Übungssituationen werden vorgegeben und sind alltagsnahen Bereichen entnommen wie Stationsleben, Arbeitssuche, Freizeitkontakte und anderes. Besonderes Gewicht wird auf die kognitive Strukturierung der Übungsinhalte und des therapeutischen Vorgehens gelegt. Ansonsten gleichen die verhaltenstherapeutischen Methoden jenen, die in den Verfahren zur Verbesserung der Selbstsicherheit und der sozialen Kompetenz breite Anwendung gefunden haben. Sie bestehen im Einzelnen aus Instruktionen, Modellernen, Verhaltenseinübung, bei Bedarf auch unter Einsatz von Hilfstechniken wie Prompting oder Coaching, Rückmeldung und Verstärkung sowie Hausaufgaben zur Erfolgsgeneralisierung.

Interpersonelles Problemlösen

Im letzten Trainingsabschnitt des IPT praktizieren die Patienten systematisch Phasen des Problemlösens. Hier werden zunächst vom Therapeuten alltagsrelevante Probleme vorgegeben. Danach werden die Patienten zunehmend ermutigt, eigene Konflikte usw. einzubringen. Das Gesamtprogramm erstreckt sich über drei Monate. In der Regel finden, je nach Belastbarkeit der Patienten, wöchentlich mindestens zwei Sitzungen statt. Die Dauer einer Sitzung steigt parallel zur Komplexität der Übungsinhalte von 30 auf maximal 90 Minuten an.

Wenn auch die Wirksamkeit dieses Therapieprogramms in wissenschaftlichen Studien kontrovers diskutiert wird, erscheint die Indikation eines kognitiven Trainings in Anbetracht der klinischen Symptomatik und ihrer theoretischen Integration im Vulnerabiltäts-Streß-Modell dennoch plausibel. Noch nicht endgültig geklärt ist die klinische Relevanz der Langzeitwirkung des integrierten psychologischen Therapieprogramms. Insgesamt profitieren subakute Patienten stärker als chronisch schizophrene Patienten.

27.6 Kognitives (KT) und sozial-emotionales Training (SET)

Im Rahmen der Überprüfung der Pervasivitätshypothese des IPT wurden an der Tübinger Universitätsklinik für Psychiatrie und Psychotherapie zwei Trainingseinheiten entwickelt, die sowohl den Aspekt der Informationsverarbeitung als auch interpersonelle, also stärker emotional getönte Themen betonen (Rechsteiner-Fiesel et al. 1994). Die Vermittlung der Übungsinhalte erfolgt über Arbeitsblätter. Die therapeutischen Gruppensitzungen sind hinsichtlich Struktur und Dauer vergleichbar.

Das KT und SET sind jeweils für die Dauer von sechs Wochen mit einer wöchentlichen Frequenz von drei mal fünfzig Minuten konzipiert. Die Teilnehmerzahl der geschlossenen Gruppen wird auf acht stationäre schizophrene Patienten begrenzt.

Kognitives Training (KT)

Im Vergleich zum Training der kognitiven Differenzierung des IPT unterscheidet sich das KT konzeptionell in einigen Punkten:

1. Grundlage sind Befunde, die sich als schizophreniespezifische Informationsverarbeitungsstörungen herausgestellt haben. Die Schwierigkeiten der kognitiven Beeinträchtigung bei schizophrenen Patienten zeigen sich in einem Mangel, aktiv auf kortikal verankerte Regeln zurückgreifen zu können, so daß bereits Aufnahme und Verarbeitung gestört sind. Hieraus resultieren Hindernisse in der Handlungsplanung sowie in der Prädiktion künftiger Ereignisse. Auf kognitionspsychologischer Ebene kann sich diese Labilisierung von Organisationsprozessen auf allen Ebenen der Reizaufnahme und -verarbeitung bemerkbar machen.
2. Die Übungen orientieren sich enger an denjenigen kognitionspsychologischen Aufgabenstellungen, mit denen relativ konsistent schizophreniespezifische Defizite gefunden wurden. Übergeordnetes Ziel ist die Stabilisierung kognitiver Organisationsprozesse.
3. Das kognitive Training enthält eine Vielzahl von Übungen (s. Tab. 27.2). Die kognitiven Aufgabenstellungen wurden unter sieben Zielbereichen zusammengefaßt. Jeder Zielbereich enthält drei Aufgaben mit zunehmendem Schwierigkeitsgrad.

Allgemein empfiehlt sich eine freundliche Gruppenatmosphäre mit deutlicher Strukturgebung und einer transparenten Situation.

Sozial-emotionales Training (SET)

Die adäquate Wahrnehmung emotionaler Botschaften, die Differenzierung zwischen Beobachtung und Interpretation sowie die Vermittlung interpersoneller Handlungsstrategien stellen Ziele des sozial-emotionalen Trainings dar. Es hat psychoedukativen Charakter, soll zur Verbesserung sozial-kognitiver Schemata und des Selbstkonzepts der Patienten beitragen und ihnen ein effektiveres Streßcoping ermöglichen (Frittrang 1991).

Tabelle 27.2 Kognitives Training: Zielbereich und Aufgaben

Kognitive Zielbereiche	Aufgabenbeispiele
1. Textkohärenz	Erfinden eines Übergangssatzes zwischen vorgegebenem Anfangs- und Endsatz
2. Nutzung von Redundanz in Texten	Ausfüllen von Lücken in einem fortlaufenden Text
3. Referential Speaking	Kommunikationsaufgaben mit Worten und abstraktem Bildmaterial
4. Visuelle Wahrnehmungsorganisation	Erschließen bruchstückhafter Bilder, Puzzles zu Bildern von Gegenständen, Beschreiben von Comic-Bildern
5. Gedächtnis	Aufgaben und Spiele zum Memorieren von kategorisierbaren Gegenständen oder Worten
6. Kategorielle Zuordnung bei Ablenkung	Identifizieren zweier Begriffe aufgrund eines gemeinsamen Oberbegriffs (z.B. von Platin und Gold als Edelmetalle) bei starker assoziativer Ablenkung (Fisch)
7. Abstraktion von Sprichwörtern	Identifikation, Umbenennung und sozialer Transfer bedeutungstragender Worte

Ziele des SET

1. Training zur sozialen Wahrnehmung von Emotionen

- Erkennen und Bewerten von körpersprachlichen, paraverbalen und kontextbezogenen Botschaften in sozialen Interaktionssituationen
- Kognitive (Re)Strukturierung des Wahrnehmungsfeldes im Sinne einer Unterscheidung zwischen objektiv Beobachtbarem und subjektiver Interpretation

2. Kommunikationstraining

- Klare, auf den Interaktionspartner bezogene Äußerungen
- Aktives und aufmerksames Zuhören
- Lob aussprechen und annehmen können
- Formulieren von Wünschen
- Mitteilen von Kritik (sachlich, spezifisch, konstruktiv)
- Führen von Streitgesprächen, Strategien zur Vermeidung einer emotionalen Eskalation (Ich-Botschaften, aktives Zuhören, Nachfragen bei Unklarheiten, Auszeiten, Metakommunikation)
- Identifikation von irrationalen Kognitionen und deren Auswirkung auf Selbstbild und Verhalten

3. Soziales Problemlösetraining

- Förderung von Problemlöseressourcen in den Bereichen: Kontakt, Selbstsicherheit, zwischenmenschliche Konflikte und Umgang mit der Erkrankung

27.7 Training sozialer Kompetenzen (Social-Skills-Training)

Bei diesem verhaltenstherapeutischen Ansatz geht es insgesamt um Verbesserung sozialer Kompetenzen. Bei schizophrenen Patienten gibt es oft einen Mangel an sozialen Fertigkeiten seit deren frühen Kindheit. Oft zeigen sich auch Schwierigkeiten im sozialen Verhalten, nachdem eine akute psychotische Episode psychopharmakologisch gut beherrscht werden konnte. Unter den Personenvariablen stellt das Ausmaß der sozialen Fertigkeiten einen wesentlichen Prädiktor für den weiteren Verlauf einer schizophrenen Erkrankung dar.

Wichtige Lernprinzipien eines Trainings der sozialen Kompetenzen sind:

1. Symptom- bzw. Problembeschreibung als Indikator mangelnder sozialer Fertigkeiten
2. Erfassen der Ressourcen an sozialer Kompetenz
3. Zieldefinition
4. Etablierung einer konstruktiven Patient-Therapeut-Beziehung
5. Rollenspielübungen, Hausaufgaben
6. Einsatz der verhaltenstherapeutischen Techniken Shaping, Prompting und Modelling (siehe auch Abschnitt 27.5)
7. In-vivo-Übungen ebenfalls unter Einsatz von Hausaufgaben

Die konkrete Ausgestaltung des Trainings muß sich an dem vorhandenen Repertoire der Fähigkeiten sowie der spezifischen Situation der Betroffenen orientieren.

Speziell für schizophrene Patienten hat die Arbeitsgruppe um Liberman (Liberman 1989) sogenannte Module entwickelt, die systematisch verhaltenstherapeutische Techniken im Rahmen eines strukturierten Aufbaus von sozialen Fertigkeiten enthalten. Diese Module sollen die Fähigkeiten zum sozialen und unabhängigen Leben in der Gemeinschaft trainieren. Sie beziehen sich auf Erholungsfähigkeit in der Freizeit, persönliche Hygiene, eigenverantwortlichen Umgang mit Medikamenten sowie selbständige Modifikationsmöglichkeiten von Symptomen. Letzteres enthält z.B. den Bereich Umgang mit persistierenden psychotischen Symptomen.

Übungsschritte in den Trainingsmodulen nach R.T. Liberman (1989)

1. Inhalts- und Zielvorstellung des Moduls: mit Videoeinsatz werden sowohl Inhalt als auch die zu übenden Fertigkeiten dargestellt
2. Übung im Rollenspiel, Einsatz von Video fällt weg
3. Gruppenarbeit zur Erarbeitung der einzelnen Voraussetzungen, um eine Problemsituation zu bewältigen
4. Gruppendiskussion bezüglich der Probleme, die in der Ausführung der gelernten Fertigkeiten entstehen
5. In-vivo-Übungen und Hausaufgaben

Seitens der Therapeuten sollte unbedingt darauf geachtet werden, inwieweit ein Sozialtraining selbst zum Stressor im Sinne des Vulnerabiltätskonzeptes wird, das heißt eventuell bestehende kognitive Einbußen sollten besondere Beachtung finden.

27.8 Familientherapeutische Behandlungsansätze bei schizophrenen Psychosen

Die unterschiedlichen Behandlungsmöglichkeiten für Familien mit einem schizophrenen Mitglied lassen sich einerseits in ätiologisch orientierte Therapiekonzepte, andererseits in solche, die sich am Vulnerabilitäts-Streß-Modell orientieren, unterteilen. Bei letzteren nehmen im Vergleich zu ersteren familiäre Faktoren bezüglich der Entstehung und des Verlaufes schizophrener Psychosen eine deutlich relativierte Stellung neben biologischen und weiteren Faktoren ein. Zusätzlich kristallisierte sich bei den Therapien, die sich auf das Vulnerabilitäts-Streß-Modell beziehen, heraus, daß Verfahren, die sich ausschließlich auf Psychoedukation stützen, zwar den Wissensstand der Familien erhöhen, jedoch seitens der Rezidivprophylaxe keine länger anhaltenden Erfolge aufweisen (Tarrier 1989). In den etablierten Familientherapien stellt Psychoedukation den Einstieg in eine umfassendere Familientherapie dar. Empirischer Ausgangspunkt dieser psychoedukativen Therapieprogramme für Familien stellt die Expressed-Emotion-Forschung dar. Forschungen über das Konzept der Expressed-Emotion belegen die enge Beziehung zwischen Familienklima, Krankheitsverlauf und Rückfallrate der Patienten. Rezidive bei schizophrenen Patienten sind dann häufiger zu finden, wenn das familäre Umfeld von Kritik, Feindseligkeit und/oder Überfürsorglichkeit geprägt ist.

Die verschiedenen Programme unterscheiden sich sowohl im Ausmaß der direkten Beteiligung des Patienten an den Familiensitzungen als auch in der Art der Durchführung mit einzelnen Familien oder in Gruppen (Falloon et al. 1984). Allen Programmen gemeinsam sind jedoch folgende Inhalte:

1. Alle Familien werden über den heutigen Wissensstand bezüglich der Erkankung Schizophrenie, der verschiedenen Behandlungsmöglichkeiten sowie bezüglich der Medikamente und deren Haupt- und Nebenwirkungen ausführlich aufgeklärt. Diese Komponente begründet den Begriff psychoedukativ. Hierbei werden auch Mißkonzeptionen über Psychose und anderes diskutiert.
2. Die Notwendigkeit einer psychopharmakologischen Rezidivprophylaxe wird als integraler Bestandteil der Therapie eingeführt. Jeder Patient erhält eine neuroleptische Behandlung. Dosierung und Medikamentenmanagement sind patientensituativ unterschiedlich.
3. Durchführung eines strukturierten Kommunkationstrainings mit dem Ziel, sowohl problematisches Verhalten des Patienten selbst als auch übermäßige Kritik oder einengendes emotinales Überengagement bei Angehörigen zu modifizieren und insgesamt ein ausgewogeneres Miteinander entstehen zu lassen.
4. Ein spezieller Problemlöseansatz, der sich an aktuellen Problemen in der Familie orientiert, wird implementiert, um somit konkrete Lösungen für problematische Situationen herauszuarbeiten.
5. Leitlinie aller therapeutischen Bemühungen stellt bei den therapeutischen Programmen insgesamt eine Verbesserung der Lebensqualität aller Familienmitglieder dar, nicht nur die Lösung der individuellen Probleme des Patienten.
6. Es wird versucht, den Familien Hilfe zur Selbsthilfe zu vermitteln.

Der gemeinsame Schwerpunkt all dieser Therapieformen liegt also darin, die Kommunikations- und Problemlösefertigkeiten in der Familie zu verbessern. Dadurch soll die gesamte Familie fähig werden, krankheitsbedingte, aber auch anderweitig auftretende Schwierigkeiten in einer für alle Familienmitglieder zufriedenstellenden Art und Weise zu lösen. Eine therapeutische Überforderung der Patienten wird versucht zu vermeiden, da dies ein erneutes Aufflammen der Symptomatik auslösen könnte.

Therapieformen

Am bekanntesten wurde der Ansatz von Falloon (Falloon et al. 1984), dessen Familienbetreuung mit einer ausführlichen Diagnostik beginnt, in der die aktuelle Familiensituation in Einzelsitzungen einerseits mit den Angehörigen, andererseits mit dem Patienten analysiert wird. Zusätzlich beobachtet der jeweilige Therapeut das von ihm nicht direkt beeinflußte Interagieren zwischen den Familienmitgliedern in einem familientherapeutischen Setting. Diese Anfangsphase soll Defizite und Ressourcen der Kommunikations- und Problemlösefertigkeit der Familie deutlich machen. Die folgenden Sitzungen dienen der Information und des Austausches über die Erkrankung schizophrener Patienten, ihrer Behandlungsmöglichkeit und weiteres. Anschließend werden in mindestens vier familientherapeutischen Sitzungen Kommunikationsfertigkeiten erlernt und eingeübt. Hiermit sollen Schwierigkeiten in den gemeinsamen Gesprächen gelöst werden. Erst nach dieser Vorarbeit wird mittels eines strukturierten Problemlöseansatzes versucht, konkret bestehende Probleme effektiv zu lösen. Resultat vorangegangener Maßnahmen ist eine allgemeine Reduktion der Belastungen für Angehörige und Patienten innerhalb und außerhalb der Familie. Die Frequenz der Sitzungen variiert von anfangs wöchentlichen Terminen, über 14-tägigen bis hin zum Monatsrhythmus.

Umfangreiche Untersuchungen zur verhaltenstherapeutischen Familienbetreuung bei schizophrenen Patienten (Hogarty et al. 1991) zeigten deutlich die rezidivprophylaktische Wirksamkeit der Familientherapie. Insgesamt verringert die verhaltenstherapeutische Familientherapie zusammen mit der neuroleptischen Langzeitmedikation die Rückfallrate schizophrener Patienten im Vergleich zu Patienten mit einer nur reinen neuroleptischen Therapie. Verhaltenstherapie verbessert also den Verlauf sowohl gegenüber einer üblichen Routinebehandlung als auch im Vergleich zu ausschließlich edukativen Programmen.

27.9 Kombination von psychoedukativem Medikamententraining, kognitiver Psychotherapie (Problemlösetraining) und Bezugspersonenberatung

Therapiedurchführung

Das von D'Zurilla und Goldfried (D'Zurilla & Goldfried 1971) entwickelte Problemlösemodell wurde auf das Krankheitsbild der Schizophrenie zugeschnitten und individuenzentriert in Gruppen durchgeführt (Fiedler 1982). Die kognitive Therapie findet zunächst wöchentlich, später 2-wöchentlich über insgesamt ca. 15 Sitzungen statt. Das kognitive Therapieangebot enthält die Elemente Krankheitskonzepte und bisheriger Umgang mit Krisen, Problemlöseaufgaben und Krisenmanagement. Im Rahmen des ersten Teilziels werden eigene und fremde Krankheitskonzepte reflektiert, individuelle Frühsymptomlisten erstellt und eine Situationsbeschreibung bei Beginn einer Krise erarbeitet. Der zweite Abschnitt enthält drei Untereinheiten, nämlich Problembeschreibung, Zielbestimmung und Umsetzung ins Handeln. Bei ersterem erfolgt eine genaue Beschreibung eines aktuellen Problems und es werden Ziele und Teilziele gebildet. Danach werden Lösungsmöglichkeiten gesammelt, Vorentscheidungen getroffen, Lösungsschritte im Detail geplant, hilfreiche Selbstinstruktionen erarbeitet und der Versuch unternommen, ein Handlungsexperiment auszuführen. Im letzten Unterabschnitt wird das Ergebnis reflektiert, evtl. notwendige Korrekturen vorgenommen und das Verhaltensrepertoire auf verschiedene Problembereiche übertragen. Erst danach erfolgt der letzte Therapieschritt, für den die vorher erlernten Fähigkeiten genutzt werden. Der Umgang mit Krisen wird mit Hilfe entsprechender Problemlöseschritte angegangen und bestehende Krisenbewältigungsstrategien werden verbessert. Weiterhin wird versucht, Belastungen aktiv zu regulieren, indem Über- und Unterstimulierungen vermieden werden.

Kombinierte versus Einzelverfahren

In einer kontrollierten prospektiven Interventionsstudie mit chronisch schizophrenen Patienten in ambulanter Behandlung untersuchten Buchkremer und Mitarbeiter die differentiellen Effekte von psychoedukativem Medikamententraining, kognitiver Psychotherapie und Bezugspersonenberatung auf die Rehospitalisierungsrate und eine Reihe weiterer Variablen.

Es wurden vier unterschiedliche Therapiegruppen und eine Kontrollgruppe untersucht:

1. Patienten mit psychoedukativem Medikamententraining
2. Kombination aus einem psychoedukativen Medikamententraining für die Patienten und einem spezifischen Gruppenangebot für deren Bezugspersonen
3. Patienten, welche die Kombination aus einem psychoedukativen Medikamententraining und der kognitiven Psychotherapie erhielten
4. Patienten, die die Kombination aus einem psychoedukativen Medikamententraining und der kognitiven Psychotherapie sowie deren Bezugspersonen das spezifische Gruppenangebot erhielten
5. Kontrollgruppe mit einem vom Zeitumfang her entsprechenden, unspezifischen Freizeitangebot

Alle Patienten erhielten die gewohnte psychiatrische und neuroleptische Standardbehandlung. Es zeigte sich, daß die adäquate Kombination der Verfahren (Punkt 4) die besten Ergebnisse zu versprechen scheint (Buchkremer et al. 1997).

Isolierte Intervention bei einzelnen Symptomen sind in der Schizophreniebehandlung in ihren Effekten zumeist wenig zeitkonstant und kaum generalisierbar. Dies gilt ebenso für verhaltenstherapeutische Vorgehensweisen. Um den Patienten insgesamt gerecht zu werden, ist immer eine individuell zugeschnittene Kombination an therapeutischen Maßnahmen indiziert. Sämtliche verhaltenstherapeutischen Interventionen sind in ein Gesamtbehandlungsprogramm mit adäquat dosierter Medikation je nach Krankheitsphase, Milieu-, Sozial-, Beschäftigungs- und Arbeitstherapie zu integrieren. Die therapeutischen Maßnahmen wiederum sind in ein langfristig angelegtes Konzept mit stationärer und ambulanter Behandlung sowie Integration der Bereiche Familie, Arbeit und Wohnen einzubinden.

(Teile dieses Beitrags sind in einer Publikation in Verhaltensmodifikation und Verhaltensmedizin, 16(3):187-222 erschienen.)

27.10 Literatur

1. *Brenner, H.D., Roder, V., Kienzle, N. & Hodel,* B.: Integriertes Psychologisches Therapieprogramm für schizophrene Patienten (IPT). Psychologie Verlags Union, Weinheim 1992
2. *Buchkremer, G., Klingberg, S., Holle, R., Schulze-Mönking, H. & Hornung, W.P.:* Psychoeducational psychotherapy for schizophrenic patients and their key relatives or care-givers: results of a 2-year follow-up. Acta Psychiatrica Scandinavica, 96, 1997, 483-491
3. *D'Zurilla, T.J. & Goldfried, M.R.:* Problem solving and behavior modification. Journal of Abnormal Psychology, 78, 1971, 107-126
4. *Falloon, I.R.H., Boyd, J.L. & McGill, C.W.:* Family care of schizophrenia. Guilford, New York 1984
5. *Fiedler, P. & Buchkremer, G.:* Psychotherapie bei Patienten mit schizophrenen Störungen. Indikation und Kombination verhaltens- und sozialtherapeutischer Ansätze. In: *Fiedler, P., Franke, A., Howe, J., Kury, H. & Möller, H.-J.* (Hrsg.): Herausforderungen und Grenzen der Klinischen Psychologie. DGVT-Verlag, Tübingen 1982, S.11-19
6. *Frittrang, T.:* Entwicklung eines Sozial-Emotionalen Trainings (SET) - Psychoedukative Gruppenintervention für schizophrene Patienten. Unveröff. Diplomarbeit, Universität Tübingen 1991
7. *Hogarty, G.E., Anderson, C.M., Reiss, D.J., Kornblith, S.J., Greenwald, D.P., Ulrich, R F. & Carter, M.:* Family psychoeducation, social skills training, and maintenance chemotherapy in the aftercare treatment of schizophrenia. II. Two-year effects of a controlled study on relapse and adjustment. Environmental-Personal Indicators in the Course of Schizophrenia (EPICS) Research Group. Archives of General Psychiatry, 48, 1991, 340-347
8. *Liberman, R.P.:* Coping and competence as protective factors in the vulnerability-stress model of schizophrenia. In: *Goldstein, M.J., Hand, I. & Hahlweg, K.* (Hrsg): Treatment of schizophrenia. Family assessment and intervention. Springer, Heidelberg 1986
9. *Liberman, R.P. & Eckman, T.A.:* Dissemination of skills training modules to psychiatric facilities. Overcoming obstacles to the utilisation of a rehabiltation innovation. British Journal of Psychiatry, Suppl., 1989, 117-122
10. *Rechsteiner-Fiesel, D., Frittrang, T., van Voorthuizen, M., Straube, E.R. & Wiedemann, G.:* Effekte des Sozial-Emotionalen Trainings (SET) bei schizo-

phrenen Patienten im Vergleich zum Kognitiven Training (KT) und zur stationären Standardbehandlung. Extracta Psychiatrica, Suppl. 3, 1994
11. *Tarrier, N.:* Effect of treating the family to reduce relapse in schizophrenia: a review. Journal of the Royal Society of Medicine, 82, 1989, 423-424
12. *Wiedemann, G., Rechsteiner-Fiesel, D. & Buchkremer, G.:* Verhaltenstherapeutische Ansätze bei schizophrenen Störungen. Verhaltensmodifikation und Verhaltensmedizin, 16, 1995, 187-222
13. *Zubin, J. & Spring, B.:* Vulnerability: A new review of schizophrenia. Journal of Abnormal Psychology, 86, 1977, 103-126

28. Psychosomatische Störungen

A. Günthner

28.1 Einführung

"Begriffe, welche sich bei der Ordnung der Dinge als nützlich erwiesen haben, erlangen über uns leicht eine solche Autorität, daß wir ihres irdischen Ursprungs vergessen und sie als unabänderliche Gegebenheiten hinnehmen. Sie werden dann zu "Denknotwendigkeiten", "Gegebenen a priori" usw. gestempelt. Der Weg des wissenschaftlichen Fortschritts wird durch solche Irrtümer oft für lange Zeit ungangbar gemacht. Es ist deshalb durchaus keine müßige Spielerei, wenn wir darin geübt werden, die längst geläufigen Begriffe zu analysieren und zu zeigen, von welchen Umständen ihre Berechtigung und Brauchbarkeit abhängt, wie sie im einzelnen aus den Gegebenheiten der Erfahrung herausgewachsen sind. Dadurch wird ihre allzu große Autorität gebrochen. Sie werden entfernt, wenn sie sich nicht ordentlich legitimieren können, korrigiert, wenn ihre Zuordnung zu den gegebenen Dingen allzu nachlässig war, durch andere ersetzt, wenn sich ein neues System aufstellen läßt, das wir aus irgendwelchen Gründen vorziehen."

Diese Sätze wurden von Albert Einstein verfaßt, als er in seinem Nachruf über Ernst Mach dessen erkenntnistheoretische Orientierung und wissenschaftsphilosophisches Interesse würdigte. Diese Sätze könnten jedoch auch für die heutige Situation in der Medizin und klinischen Psychologie stehen, wenn es darum geht, welcher erkenntnistheoretische Wert dem Begriff "*psychosomatisch*" zukommt. Was heißt "psychosomatische Störung"? Ist dieser Begriff noch brauchbar, ist er in dieser allgemeinen Form noch berechtigt? Geht er zu "nachlässig" mit der gegebenen diagnostischen und therapeutischen Situation um, und müssen oder sollen wir ihn auf dem Hintergrund unserer heutigen biologischen und psychosozialen Erkenntnisse korrigieren, erweitern oder sogar ersetzen? Auch die Frage, wie die Ausklammerung oder Vernachlässigung psychosozialer Prozesse und Gegebenheiten bei der Formulierung des "Gegenstandes" in der Medizin begründet oder aber behoben werden kann, gehört in diesen erkenntnistheoretischen Rahmen.

Es folgen deshalb zunächst einige historische und wissenschaftstheoretische Ausführungen, um zu dem Begriff "*Psychosomatik*" aus verhaltenswissenschaftlicher Sicht eine Orientierung zu geben und um die Beurteilung, wie Verhaltenstherapie auf "psychosomatische Störungen" angewendet werden kann, zu erleichtern. Daran schließt sich eine Einordnung und Gliederung der "psychosomatischen Störungen" aus verhaltenstheoretischer Sicht an. Schließlich werden jeweils an einem ausgewählten Beispiel psychosomatischer Störungen aus den Bereichen "Herz-Kreislauf-System", "Verdauungssystem", "Atmungssystem" und "zentrales Nervensystem" Prinzipien und Methoden verhaltenstherapeutischer Ansätze dargestellt. Der Schwerpunkt liegt dabei nicht auf der Beschreibung einer Vielzahl von Einzelinterventionen bei einer möglichst großen Anzahl von Krankheiten, sondern auf der beispielhaften "Analyse längst geläufiger Begriffe" aus verhaltenstheoretischer Sicht. Dies geschieht mit dem Ziel, die Anwendbarkeit verhaltenstherapeutischer Prinzipien auch bei solchen Störungen zu belegen, die traditionellerweise als "psychosomatisch" bezeichnet werden.

28.2 Psychosomatik aus historischer und wissenschaftstheoretischer Sicht

Die enormen Erfolge und Fortschritte der Medizin im letzten Jahrhundert, z.B. durch die Zellularpathologie Virchows und die Mikrobiologie Pasteurs, begründeten einen Aufschwung der *naturwissenschaftlichen* Betrachtungsweise bei der Konzeptualisierung, Diagnose und Behandlung von Erkrankungen. Die Pervertierung medizinischen Denkens und Handelns in der Zeit des Nationalsozialismus, mit bewertenden und wissenschaftsfeindlichen Konzepten, wie Organminderwertigkeit oder Rassenhygiene, machte deutlich, daß eine naturwissenschaftliche Medizin als angewandte Wissenschaft *ohne* psychosoziale Sichtweise und ohne Einbindung in eine humanistische Verantwortungsstruktur leicht mißbraucht werden kann. Die Erfahrungen dieser Zeit haben wohl entscheidend dazu beigetragen, daß die Psychosomatik in den Jahren nach dem 2. Weltkrieg vor allem in den deutschsprachigen Ländern (z.B. durch V.v. Weizsäcker, Alexander Mitscherlich u.a.) sowie in den USA (z.B. durch Auswanderer wie F. Alexander) mit einer breiten ***biopsychosozialen*** Sichtweise einen Aufschwung erlebte.

Die zunehmende Bedeutung der Psychoanalyse in der ersten Hälfte des 20. Jahrhunderts fand sich auch in den psychosomatischen Betrachtungsweisen (z.B. Neurosenlehre) und Behandlungsansätzen wieder, mit Betonung introspektiver Verfahren. In der zweiten Jahrhunderthälfte fanden zunehmend Konzepte aus der (experimentellen) Lernpsychologie und biologischen Psychologie Eingang in die Betrachtung psychosomatischer Störungen. Parallel zu der ***psychoanalytischen Psychosomatik*** entwickelte sich so eine ***verhaltenstherapeutische Psychosomatik*** bzw. eine ***Verhaltensmedizin***. Es wäre zu einfach, diese beiden Ansätze als festgefügte Einheiten oder lediglich als Gegensätze zu begreifen. Sie sind nur unter Berücksichtigung ihrer historischen Entwicklung, des herrschenden Zeitgeistes, der jeweiligen Grundorientierung der wissenschaftlichen Gemeinschaft in der Medizin, der gesundheitspolitischen Strömungen und des jeweiligen Forschungsstandes zu verstehen. Auch weisen beide Ansätze trotz mannigfacher Unterschiede und Abgrenzungen doch viele Gemeinsamkeiten auf (s. Tab. 28.**1**).

Inwieweit die verstärkte Berücksichtigung der biologischen und verhaltenswissenschaftlichen Grundlagenforschung in der Theorienbildung sowie der Einsatz und die Entwicklung empirisch-wissenschaftlicher Forschungsmethoden und darauf aufbauender problemzentrierter Therapieansätze in der Praxis eine tiefgreifende Neuformulierung und Umgestaltung dessen, was wir "Psychosomatik" nennen, begründen (im Sinne eines Paradigmenwechsels nach dem Wissenschaftsphilosophen Thomas Kuhn), wird die Zukunft zeigen.

Tabelle 28.1 Gemeinsamkeiten einer psychoanalytisch und einer verhaltenstherapeutisch orientierten Psychosomatik

Grund-orientierung	• bio-psycho-sozial • interdisziplinär
Diagnostik	• entwicklungs-orientiert (Biographie, Lerngeschichte) • hypothesen-generierend (Deutungen, Bedingungsmodell)
Interventionen	• theoriegeleitet • einzelfall-orientiert
Ausbildung	• Theorie- und Methodenvermittlung • Selbsterfahrung • Fallberichte • (zum Teil) Arbeit in Kleingruppen

Verhaltenstherapeutische Psychosomatik und Verhaltensmedizin basieren auf wesentlichen Erkenntnissen *psychologischer Grundlagenfächer* (s. Abb. 28.**1**).

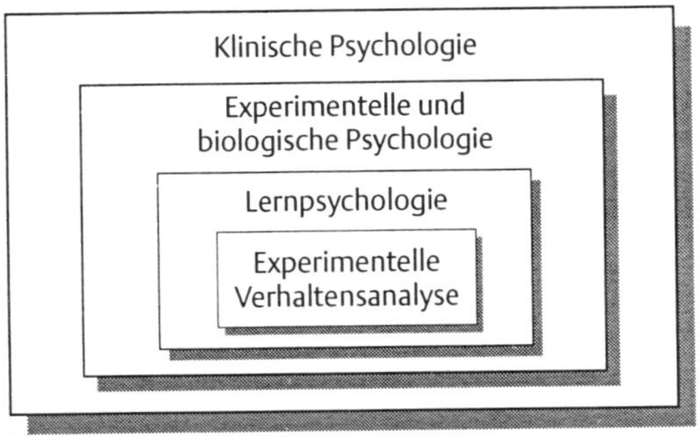

Abb. 28.**1** Psychologische Grundlagenfächer der Verhaltenstherapeutischen Psychosomatik und Verhaltensmedizin

Ihr wissenschaftlicher Anspruch läßt sich daran messen, inwieweit die diagnostischen Verfahren und Interventionen unter Rekurs auf die wissenschaftlichen Erkenntnisse begründet werden können und inwieweit das eigene Handeln selbst zum Gegenstand einer klinischen Versorgungsforschung und Evaluation gemacht werden kann.

Dabei ist zu berücksichtigen, daß Verhalten streng genommen nur unter kontrollierten Bedingungen (z.B. im Experiment) *„erklärt"*, unter klinisch-verhaltenstherapeutischen Bedingungen jedoch oft nur *„interpretiert"* werden kann unter Rückgriff auf experimentell begründete Modelle. Läßt sich zum Beispiel bei einem Patienten unter kontrollierten Bedingungen zeigen, daß konditionierte Reize, wie der Anblick eines bestimmten Gegenstandes, einen epileptischen Anfall unterbrechen bzw. verhindern können, so läßt sich die Beeinflußbarkeit seines Anfallsverhaltens unter Rückgriff auf Gesetze der klassischen Konditionierung erklären.

Würde man als Verhaltenstherapeut in einem verhaltensanalytischen Interview bei einem Epilepsiepatienten feststellen, daß sein Anfallsverhalten bevorzugt bei bestimmten Reizen auftritt, bei bestimmten anderen Reizen dagegen nie, also unter situativer Kontrolle von Umgebungsreizen steht, so könnte man dies als mögliches Ergebnis von Konditionierungsprozessen interpretieren und versuchen, in einem Bedingungsmodell Hypothesen zu formulieren, wie die Anfallshäufigkeit durch therapeutisch initiierte Konditionierungsprozesse gesenkt werden könnte (siehe hierzu auch weiter unten die Ausführungen zur Behandlung der Epilepsie). So gesehen ist jedes verhaltenstherapeutische Vorgehen bei psychosomatischen Störungen ein Einzelfall-Experiment unter mehr oder minder kontrollierten Bedingungen.

Aus diesen Ausführungen wird deutlich, daß eine Aussage wie "Die Krankheit X ist *psychisch* bedingt" inhaltslos ist, wenn nicht angegeben werden kann, aufgrund welcher prinzipiell überprüfbaren Gesetzmäßigkeiten und Randbedingungen diese Krankheit auftritt bzw. verändert werden kann. Das gleiche gilt für die Aussage "Die Krankheit X ist *psychosomatisch*", wenn damit die psychische Bedingtheit somatischer Prozesse gemeint sein soll. Wissenschaftstheoretisch problematisch ist schließlich die Annahme einer wie auch immer gearteten psychischen Bedingtheit von Krankheiten durch indirekte "Beweisführung" auf der Basis einer dualistischen Betrachtungsweise, etwa nach dem folgenden Schema:

- Krankheiten sind körperlich (K) oder psychisch (P) bedingt (Es gilt: K v P).
- Für die vorliegenden Krankheitszeichen findet sich keine körperliche Ursache (Es gilt: nicht K).
- Also ist die Krankheit psychisch bedingt (Also gilt: P).

Die bisherigen Ausführungen sollen dazu beitragen, dem Thema "psychosomatische Störungen als Anwendungsbereich der Verhaltenstherapie" einen wissenschaftstheoretischen Sinn zu geben. In Tab. 28.2 sind orientierend und zusammenfassend wichtige Charakteristika einer verhaltenstherapeutischen Sichtweise "psychosomatischer Störungen" aufgeführt, die bei den nachfolgenden Betrachtungen berücksichtigt werden sollten.

Bei gesundheitlichen Störungen wird eine wie auch immer geartete *Disposition* (Diathese, Vulnerabilität) angenommen, z.B. genetischer Art, die unter bestimmten Umweltbedingungen (Streß, Exposition) zu Krankheitserscheinungen führt. Ätiologisch wird bei psychosomatischen Störungen meist von der Interaktion einer Vielzahl von Faktoren ausgegangen.

Verhaltenstheoretisch interessant ist dabei z.B., daß auch genetische Strukturen und Prozesse sehr wohl von Verhaltensprozessen und Umweltbedingungen "kontrolliert" werden können. So besitzen Bakterien die Fähigkeit, Erbmaterial auszutauschen, Säugerzellen die Fähigkeit, Erbgut während der Meiose neu zu kombinieren (durch wechselseitigen Austausch identischer DNA-Bereiche zwischen homologen Chromosomen). Gene können durch Manipulation von Umweltbedingungen gezielt aktiviert bzw. inaktiviert werden und möglicherweise kann auch durch die Nahrung aufgenommene Fremd-DNA aus der Umwelt einen Einfluß auf innerorganismische Prozesse haben. Inwieweit die Möglichkeiten zur Verhaltenssteuerung durch explizite Kontrolle und Modifikation der *äußeren* Umgebung in der Zukunft ergänzt werden durch explizite Kontrolle und Modifikation der *genetischen* Umgebung, wird sich zeigen. Es verdeutlicht aber zugleich auch die oben erwähnte Notwendigkeit eines breiten bio-psycho-sozialen Ansatzes unter Reflexion der Verantwortlichkeiten eigenen, medizinischen und gesellschaftlichen Tuns.

Tabelle 28.2 Charakteristika einer verhaltenstherapeutischen Sichtweise "psychosomatischer Störungen"

Krankheitsmodell	• Vulnerabilitätsmodell • Diathese-Streß-Modell
Ätiologiekonzept	• multifaktoriell • interaktions-orientiert (Gene, Zellen, Organismus, Umwelt)
Betrachtungsweise	Mehrebenen-Betrachtung: • somatische Ebene (genetisch, biochemisch, physiologisch) • Ebene des beobachtbaren Verhaltens • subjektiv-verbale Ebene (Verbalverhalten/Kognitionen/Emotionen) • soziale und kulturelle Ebene
Diagnostik	• einzelfall-orientiert • hypothesen-generierend (Bedingungsmodell)
Intervention/Therapie	• problem- bzw. störungs-spezifisch • grundlagen-orientiert • diagnostik- bzw. hypothesen-geleitet

Aus der Beschreibung der Krankheits- und Ätiologiemodelle aus verhaltenstheoretischer Sicht läßt sich die Erfordernis einer *Mehrebenen-Betrachtung* ableiten, die nicht additiv (d.h. durch isolierte Betrachtung der einzelnen Ebenen), sondern zusammenhangsorientiert erfolgen sollte. Weiterhin sollte in der Diagnostik und Therapie psychosomatischer Störungen das allgemeine Krankheits- und Ätiologiewissen auf den jeweiligen Einzelfall angewendet werden, um auf der Basis individueller Bedingungsmodelle hypothesengeleitet überprüfbare Behandlungskonzepte zu entwickeln.

Daß ein derartiges Vorgehen nicht nur Kommunikation und interdisziplinäres Zusammenarbeiten auf Seiten der professionellen Helfer, sondern auch die explizite Berücksichtigung der Lebenswelt der Patienten voraussetzt, läßt sich aus den bisherigen Erläuterungen herleiten. Verhaltenstheoretisch macht es Sinn, daß gerade viele Hausärzte, Rehabilitationsmediziner, Psychotherapeuten und andere mit der Lebenswelt der Patienten konfrontierte Helfer für eine biopsychosoziale oder "psychosomatische" Sichtweise aufgeschlossen sind. Durch die Kenntnis, Berücksichtigung und Einbeziehung der individuellen Möglichkeiten und Lebensbedingungen der Patienten in ihre Therapie, erhöhen sie die Wahrscheinlichkeit, daß ihr Patient zufriedener ist (und damit auch eher wiederkommt), daß ihre Therapie erfolgreicher ist und daß damit auch ihre eigene berufliche Zufriedenheit steigt. Legt man dieses grob skizzierte allgemeine "Bedingungsmodell" für eine psychosomatische oder verhaltensmedizinische Sichtweise zugrunde, so könnte man folgern, daß die Wahrscheinlichkeit für eine solche Sichtweise in dem Maße zunimmt, indem es gelingt, die professionellen Helfer und Forscher in Medizin und Psychologie für die Berücksichtigung der psychosozialen Lebensbedingungen und der Individualität der Patienten zu belohnen. (Beispielsweise sind "Patientenzufriedenheit" und "Lebensqualität" in manchen Bereichen der Medizin bereits akzeptierte Gegenstandsbereiche).

28.3 Einordnung und Gliederung psychosomatischer Störungen aus verhaltenstheoretischer Sicht

Der Begriff "psychosomatische Störungen" bezieht sich je nach der Weite der Bedeutung auf:

1. alle Krankheiten und Störungen, bei denen hinsichtlich Auftretenswahrscheinlichkeit, Ausprägungsgrad oder Entwicklungsverlauf *Umgebungs- und Verhaltensaspekte* eine wesentliche Rolle spielen. Da dies - wenngleich auch in unterschiedlicher Wei-

se - praktisch für alle Krankheiten gilt, kann diese Definition psychosomatischer Störungen gleichgesetzt werden mit dem *psychosomatischen Ansatz* überhaupt, nachdem bei jeder Krankheit nicht nur die biologischen Tatsachen, sondern auch die psychosozialen Aspekte mitbedacht werden sollten. Selbst bei "genetisch bedingten" Krankheiten wie z.B. der Phenylketonurie sind "Umgebungsbedingungen" wie Frühdiagnostik und (frühe) diätetische Maßnahmen entscheidend für den Entwicklungsverlauf.

2. alle Krankheiten und Störungen, bei denen das *betroffene* Individuum - zumindest prinzipiell - durch sein Verhalten oder die Gestaltung seiner Umwelt einen *Einfluß* auf die Auftretenswahrscheinlichkeit, den Ausprägungsgrad oder den Entwicklungsverlauf hat. Während bei "genetischen" Krankheiten, wie z.B. der Phenylketonurie, die kontrollierenden Bedingungen nicht in der Verfügbarkeit des Individuums, sondern eher in der Verfügbarkeit seiner natürlichen und sozialen Umgebung liegen (Zeugungsverhalten der Eltern, medizinischer Forschungsstand und ethische Grundpositionen hinsichtlich Frühdiagnostik bzw. Frühintervention [prä-, peri-, postnatal], genetic engineering usw.), sind für viele Krankheiten und Störungsbilder umgebungs- und verhaltensrelevante Aspekte bekannt, die - zumindest prinzipiell - durch die Betroffenen beeinflußbar sind. So gibt es deutliche epidemiologische Hinweise, daß häufiges Zigarettenrauchen die Wahrscheinlichkeit für das Auftreten von Lungenkrebs erhöht, häufiger und intensiver Konsum alkoholischer Getränke mit einer höheren Wahrscheinlichkeit für eine Lebererkrankung verbunden ist, riskantes Sexual- oder Hygieneverhalten mit einer erhöhten Wahrscheinlichkeit für Infektionen einhergeht und riskantes Motorradfahren relativ häufig zu traumatischen Unfallfolgen führt.
3. alle Krankheiten und Störungen, bei denen ein *bestimmtes* Verhalten (oder Erleben) des betroffenen Individuums - zumindest prinzipiell - als *notwendig* (wenn auch nicht unbedingt als hinreichend) für das Auftreten, die Ausprägung oder die Entwicklung der Störung angesehen wird. Beispielsweise sind die Krankheitszeichen bei der Anorexia nervosa oder bei der Bulimia nervosa unmittelbar mit dem (notwendigen) gestörten Verhaltensmuster assoziiert. Auch beim sog. nervösen Atemsyndrom (Hyperventilationstetanie) ist ein bestimmtes Atemverhalten und Erleben ("Lufthunger", Engegefühl) notwendigerweise mit dem Auftreten dieser Störung verbunden.

Eine weitere Unterscheidungsdimension für psychosomatische Störungen ist die *Nachweisbarkeit oder Nichtnachweisbarkeit körperlicher Symptome oder "Ursachen"*, also die Frage, ob die Symptome "körperlich begründbar" sind. So bezieht sich die Bezeichnung *"somatoforme Störungen"* nach der Internationalen Klassifikation psychischer Störungen (ICD-10 Kapitel V [F]) auf "die wiederholte Darbietung körperlicher Symptome in Verbindung mit hartnäckigen Forderungen nach medizinischen Untersuchungen, trotz wiederholter negativer Ergebnisse und Versicherung der Ärzte, daß die Symptome nicht körperlich begründbar sind. Sind aber irgendwelche körperlichen Symptome vorhanden, dann erklären sie nicht die Art und das Ausmaß der Symptome oder das Leiden und die innerliche Beteiligung des Patienten". Als Beispiel seien sog. "Herz(angst)neurosen" angeführt, bei denen keine organische Ursache im Sinne einer Herzschädigung festgestellt werden kann. Dabei können "Herzanfälle" wiederholt auftreten, zum Teil besonders nach Herztodesfällen in der Umgebung des Patienten. Psychosomatische Störungen ohne organisches Korrelat wurden z.T. auch als sog. "funktionelle Störungen" bezeichnet bzw. als sog. "Konversionsneurosen", wenn man (aus psychoanalytischer Sicht) von einer Umwandlung seelischer Energie (Konflikte) in körperliche Energie (Symptome) ausging (basierend auf Sigmund Freuds Verständnis körperlicher Symptome bei den sog. Hysterien).

Unter sog. *"(Somato-)Psychosomatosen"* versteht man dagegen psychosomatische Erkrankungen mit nachweisbaren *organischen, pathalogisch-anatomischen Veränderungen.* Beispiele hierfür sind klassischerweise koronare Herzkrankheit, Ulcus duodeni, Colitis ulcerosa, Asthma bronchiale und Neurodermitis.

Viele der aus der Geschichte der Psychosomatik herrührenden "Begriffe, welche sich bei der Ordnung der Dinge als nützlich erwiesen haben" (im obigen Mach'schen-Einstein'schen Sinn) werden aus verhaltenswissenschaftlicher Sicht "durch andere ersetzt, wenn sich ein neues System aufstellen läßt, das wir aus irgendwelchen Gründen vorziehen". Dies ist nicht damit gleichzusetzen, daß die bisherigen Begriffe "falsch" wären, sondern daß verhaltenswissenschaftliche Konzeptionen unter Berücksichtigung neurobiologischer Grundlagenforschung möglicherweise präzisere bzw. überprüfbarere Begrifflichkeiten und Aussagen erlauben als die traditionelle psychoanalytisch orientierte Psychosomatik.

Nehmen wir z.B. den Begriff "*Konversion*" beim Ulcus duodeni. Nach B.F. Skinner würde man aus behavioristischer Sicht nicht davon sprechen, daß Ulcera durch nach innen gerichtete Wut und Ärger produziert werden, sondern daß die Bedingung, die als Wut und Ärger empfunden wird, einen medizinischen Bezug zu dem Ulcus hat. Beide - Wut/Ärger und Ulcus - können durch eine komplexe soziale Situation (mit)verursacht werden. Mit einer solchen Formulierung vermeidet man einerseits einen logischen Zirkelschluß bei der "Erklärung" von Ulcera durch Konversion, zum anderen gerät man nicht so leicht in Erklärungsnot für die Tatsache, daß peptische Ulcera seit Jahrhunderten bekannt sind und nicht nur weltweit bei vielen Menschen, sondern auch bei vielen Haustieren beobachtet werden können.

28.4 Beispiele verhaltenstherapeutischer Ansätze bei der Behandlung psychosomatischer Störungen

Die folgende Beschreibung verhaltenstherapeutischer Ansätze bzw. Möglichkeiten beschränkt sich auf Beispiele psychosomatischer Störungen mit nachweisbaren organischen Veränderungen (im Sinne sog. "Psychosomatosen").

■ Koronare Herzkrankheit (KHK)

Für die KHK sind mehrere biologisch prädisponierende Risikofaktoren bekannt. So erhöhen bei der sog. "familiären Hypercholesterinämie" (FH) Mutationen im Gen des Rezeptors für 'low density lipoproteins' (LDLR) die Wahrscheinlichkeit für das Auftreten atherosklerotischer Veränderungen. Durch gezielte genetische Veränderungen bei Tieren (z.B. Ausschaltung bestimmter Gene bei sog. "Knockout-Mäusen") lassen sich biologische Risiko- und Protektiv-Faktoren gut untersuchen. Daneben gibt es Hinweise, daß auch bestimmte Verhaltensweisen und psychosoziale Variablen mit einer erhöhten Wahrscheinlichkeit für das Auftreten einer KHK assoziiert sind. Hierzu gehören z.B. Zigarettenrauchen, Bewegungsmangel und ein bestimmtes Ernährungsverhalten. Situativ übergreifende und zeitlich überdauernde Verhaltensmuster wie Aggressivität, Feindseligkeit, Ehrgeiz, Wettkampfhaltung und Ungeduld, wurden von Friedman und Rosenman unter dem Begriff "Typ-A-Verhalten" beschrieben und im englischen Sprachraum dem sog. "coronary prone behavio(u)r" zugeordnet. Auch die Intensität und Verarbeitung von Ärger, Streß und Belastung sowie mangelnde soziale Unterstützung wurden mit dem Auftreten einer KHK in Zusammenhang gebracht. Belastungen des Berufslebens, vor allem Arbeit unter Zeitdruck, häufig unterbrochen durch Störungen, mit wenig Entscheidungsspielraum bei übersteigertem Leistungsstreben, wurden ebenso als KHK-relevant angesehen wie das gehäufte Auftreten bestimmter belastender Lebensereignisse (engl. life events), z.B. der Tod des Partners. Viele dieser Konzepte wurden zum Teil heftig diskutiert, vor allem wenn ihre relative Bedeutung (im Zusammenhang mit anderen, z.B. genetischen Faktoren) unklar war oder empirisch nicht belegte Aussagen getroffen wurden. Auch wurden viele dieser Konzepte entsprechend dem Forschungsverlauf abgeändert oder weiter differenziert. Berücksichtigt man jedoch die Tatsache, daß die Erfassung komplexer psychosozialer Gegebenheiten mit ihrer oft großen interindividuellen Variabilität gegenüber der Erfassung innerorganismischer biologischer Variablen besondere methodische Probleme und Anforderungen in sich birgt, so sprechen die bisherigen empirischen Ergebnisse doch klar für die Relevanz psychosozialer Faktoren bei der KHK.

Verhaltensdiagnostisch können neben der individuellen, funktionalen Verhaltens- und Problemanalyse bei KHK-Patienten mehr oder minder standardisierte Verfahren der Eigen- oder

Selbstbeurteilung eingesetzt werden, um relevante psychosoziale Faktoren wie die oben beschriebenen zu erfassen. Hierzu gehören beispielsweise Interview-Leitfäden oder Fragebögen zur Einschätzung von überdauernden Verhaltensmustern (oder "Persönlichkeitsdimensionen") wie dem Typ-A-Verhalten, Skalen zur Erfassung kritischer Lebensereignisse (Life Event Scales), Ärgerverarbeitungsfragebögen usw.

Verhaltenstherapeutisch orientierte *Interventionen* bei Patienten mit KHK können z.B. in folgenden Bereichen zur Anwendung kommen:

- Raucherentwöhnungs-Training, um den für die Entstehung und den Verlauf der KHK relevanten Risikofaktor zu kontrollieren.
- Streßbewältigungs-Training, um alternative Verhaltensweisen und Bewältigungsstrategien für kritische Situationen zu erlernen (z.B. Situationen, die bisher zu pectanginösen Herzanfällen geführt haben)
- Ärgerbewältigungs-Training (als Sonderfall des Streßbewältigungs-Trainings)
- Training zur Änderung von Eßgewohnheiten, um ernährungsbedingte Risikofaktoren zu kontrollieren
- Entspannungs-Training (z.B. progressive Muskelentspannung, autogenes Training) zur Regulierung des vegetativen Gleichgewichts
- körperliche Aktivierung (je nach Krankheitsstadium)
- ambulante Herzgruppen und komplexe Trainingsprogramme zur alltagsbegleitenden Rehabilitation

Die aufgeführten Interventionen haben oft mehrere Funktionen gleichzeitig. So findet in ambulanten Herzgruppen nicht nur auf der körperlichen Ebene (Koronarsport) ein Verhaltenstraining statt, sondern es ermöglicht auch durch Beobachtungslernen und soziale Vergleichsprozesse sowie durch den formellen oder informellen Austausch krankheitsbezogener Informationen eine differenzierte Auseinandersetzung mit der eigenen Krankheit. Auch die in diesen Gruppen erfahrbare soziale Unterstützung kann sich positiv auswirken.

Wie wirksam komplexe Verhaltensprogramme zur Änderung des Lebensstils sein können, läßt sich durch die Ergebnisse einer vieldiskutierten Studie belegen, dem sog. "Opening Your Heart Programme" von Dean Ornish. Dieses systematische und komplexe Verhaltenstrainingsprogramm umfaßte diätetische Maßnahmen, Meditation, Visualisierungstechniken, ein Training kommunikativer Fertigkeiten und andere Streßbewältigungstechniken, sowie Anleitungen zur Raucherentwöhnung und zu sicheren und moderaten Bewegungsübungen. Die Ergebnisse dieses rigorosen Trainingsprogramms belegten nicht nur eine Verbesserung der psychosozialen Situation und der Krankheitsverarbeitung, sondern in manchen Fällen auch eine Verhinderung des Fortschreitens der KHK bis hin zur teilweisen Reversibilität.

■ Ulcus duodeni, Ulkus-Krankheit

Beim Ulcus duodeni (Zwölffingerdarm-Geschwür) handelt es sich um einen Defekt der Schleimhaut im Duodenum. Bei rezidivierendem Auftreten spricht man auch von "Ulkus-Krankheit". Das gehäufte familiäre Vorkommen (etwa 2,5-faches relatives Risiko im Fall positiver Familienanamnese bei Verwandten ersten Grades) sowie eine höhere Auftretenswahrscheinlichkeit bei - autosomal dominant vererbtem - erhöhtem Serum-Pepsinogen-I-Spiegel weisen auch bei dieser Erkrankung auf die mögliche Rolle genetischer Faktoren hin. Die pathogene Rolle spiralig gewundener Helicobacter-pylori-Bakterien in der Magenschleimhaut als exogener Co-Faktor für die Entstehung bzw. die Rezidive des Ulcus duodeni ist empirisch gut belegt, ebenso wie die mit höherer Ulcus-Häufigkeit assoziierte gesteigerte gastrische Säuresekretion.

Mit dem Ulcus duodeni assoziierte Verhaltensmuster und psychosoziale Faktoren sind - wie bei der koronaren Herzkrankheit - das Zigarettenrauchen und emotional belastende Stress-Situationen. Experimentell läßt sich nachweisen, daß emotional belastende Stressoren die Magen-Darm-Aktivität (z.B. die Motilität) beeinflussen. Das häufige Bestehen einer Abhängigkeits-Unabhängigkeits- bzw. Nähe-Distanz-Problematik bei Ulcus-Patienten wird ebenfalls in der psychosomatischen Literatur beschrieben und auch durch prospektive Studien belegt. Weiterhin sprechen jahreszeitliche Einflüsse auf die Inzidenz des Ulcus duodeni sowie unterschiedliche Auftretenshäufigkeiten unter verschiedenen sozioökonomischen Bedingungen und in verschiedenen Zeitperioden sowie in verschiedenen

Berufsgruppen gleichfalls für die Bedeutung von Umweltfaktoren.

Im Vergleich zur koronaren Herzkrankheit bestehen für die Verhaltensdiagnostik und Verhaltenstherapie des Ulcus duodeni weniger klare Regeln. Allgemeine Maßnahmen, wie Entspannungs- und Streßbewältigungstraining sowie die Beachtung diätetischer Empfehlungen bzw. ein entsprechendes Verhaltenstraining, können auch hier eingesetzt werden. Gruppenorientierte Programme, wie sie bei der koronaren Herzkrankheit weit verbreitet und bewährt sind, finden sich hier relativ selten. Die große Bedeutung medikamentöser Strategien (z.B. H_2-Rezeptorenblocker, Antibiotika, Wismut-Präparate) kann hierfür nicht als Argument angeführt werden, da medikamentöse Strategien auch bei der koronaren Herzkrankheit indiziert und üblich sind. Der oft angeführte Abhängigkeits-Unabhängigkeits- bzw. Nähe-Distanz-Konflikt bei Ulcus-Patienten weist auf die Bedeutung beziehungs- und kommunikationsfördernder Interventionsstrategien hin. Hierfür bietet sich z.B. gerade die Arzt-Patienten- bzw. psychotherapeutische Beziehung selbst an, vor allem wenn es um die Compliance des Patienten geht. Vermeiden sollte man dabei, Ulcus-Patienten vorschnell als "schwierige" Patienten anzusehen. Verhaltenstheoretisch scheint die "Schwierigkeit" oft darin zu bestehen, dem Ulcus-Patienten operationalisierbare Verhaltensalternativen aufzuzeigen bzw. zu vermitteln und ihn - vor allem bei chronisch-rezidivierendem Verlauf - in sozial unterstützende Behandlungsstrukturen einzubinden, was z.B. bei koronarkranken Patienten oft leichter fällt.

Asthma

Beim Asthma handelt es sich um eine erhöhte Empfindlichkeit der Atemwege gegen verschiedenartige Reize (Hyperreagibilität), wobei die Behinderung der Atmung (Engstellung der Atemwege, Atemwegsobstruktion) im Schweregrad variabel ist, sei es "spontan" oder als Folge von Behandlungsmaßnahmen.

Biologische Prozesse, z.B. chronische Entzündungen auf immunologischer Basis oder Infekte als Auslöser, sind auch für asthmatische Störungen nachweislich von Bedeutung. Ohne hier auf verschiedene Unterformen und Schweregrade einzugehen, läßt sich auch für dieses Krankheitsbild zeigen, daß es nicht nur unter der Kontrolle identifizierbarer äußerer Reizbedingungen und Antigene steht (z.B. Exposition gegenüber Pollen), sondern daß auch Konditionierungsprozesse eine wesentliche Rolle spielen können (z.B. Anfallsprovokation bei Betrachtung eines Gemäldes, auf dem eine Heuernte dargestellt ist). Experimentelle Studien, aber auch viele Fallberichte, belegen die Relevanz von Prozessen der Reiz- und Reaktionsgeneralisierung. Da sich die Wahrnehmungsschwelle für Strömungswiderstände in den Atemwegen wahrnehmungspsychologisch gut bestimmen läßt, konnte experimentell auch nachgewiesen werden, daß sich Asthmapatienten in ihrer "Interozeption", d.h. dem Wahrnehmen innerer Körperfunktionen wie der Atemwegsobstruktion, teilweise beträchtlich unterscheiden, und daß bei gleichem Ausmaß der Atemwegsobstruktion große interindividuelle Unterschiede des subjektiven Erlebens (z.B. Ängstlichkeit, Atemnot) auftreten können.

In der Literatur zum Asthma als psychosomatische Störung werden oft mit dieser Krankheit assoziierte psychische Konflikt-Konstellationen (z.B. Ambivalenzkonflikt bei gleichzeitig bestehenden Nähe- und Distanzwünschen), auffällige elterliche Verhaltensweisen (z.B. Überprotektion) sowie gestörte Beziehungs- oder Kommunikationsmuster (z.B. inadäquater Umgang mit Aggressionen) beschrieben. Interpretiert man diese Sachverhalte als Beleg für eine "psychogene" (im Gegensatz zu einer somatogenen) Entstehung asthmatischer Störungen, so wird man den logischen Zirkelschluß-Charakter dieser Aussage schwerlich vermeiden können. (Auch wäre es äußerst schwierig, den empirischen Gegenbeweis für derartige, nach K. Popper infallible, das heißt durch Falsifikation nicht widerlegbare Aussagen anzutreten). Das heißt jedoch auch wieder nicht, daß derartige Konstellationen, vor allem wenn sie sich empirisch belegen lassen, irrelevant sind. Aus verhaltenstheoretischer Sicht könnte man, wie bereits oben am Beispiel von Ulcera ausgeführt, darüber sprechen, daß die Bedingung, die als Nähe-Distanz-Konflkikt empfunden wird, einen medizinischen Bezug zu der asthmatischen Störung hat und daß beide, Ambivalenzkonflikt und Asthma, durch eine komplexe biopsychosoziale Situation (mit-)verursacht werden. Die Rechtfertigung für eine solche Aussage muß sich jedoch an der Meßlatte einer biologischverhaltenswissenschaftlichen Empirie überprüfen und für den jeweiligen Einzelfall nachweisen bzw. (im klinischen Rahmen) - zumindest unter Bezug auf verhaltenswissenschaftliche Ergebnisse - sinnvoll interpretieren lassen.

Verhaltenstherapeutische Interventionen können durch gezielte Förderung spezifischer Verhaltensweisen bei der Pharmako- und Atem-Therapie des Asthmas zu einer effektiveren Behandlung beitragen (z.B. durch Training der regelmäßigen und adäquaten Handhabung des Dosieraerosols mit Vermeidung von Überdosierungen, welche vor allem bei sehr ängstlichen Patienten vorkommen können).

Weitere Trainingsmaßnahmen umfassen z.B. die Handhabung handlicher elektronischer Peak-Flow-Meter und das Führen zeit- bzw. ereignisbezogener Symptom-Tagebücher. Durch Selbstbeobachtung und systematische Analyse und Auswertung der entsprechenden Daten, zusammen mit den Ärzten bzw. Therapeuten, können nicht nur auslösende Bedingungen besser identifiziert, sondern möglicherweise auch die Selbstkontroll-Kompetenz der Patienten erhöht werden.

Wahrnehmungstraining unter Einsatz von Biofeedback, z.B. durch direkte Rückmeldung des Atemwegswiderstandes, wurde ebenfalls angewendet, wobei die therapeutischen Effekte diesbezüglich bisher eher moderat waren.

Daß wiederholt gute klinische Ergebnisse von auch längerfristigen psychoanalytisch orientierten Einzelbehandlungen sowie von syndromspezifischer, psychoanalytisch orientierter Gruppentherapie berichtet wurden, sollte nicht als Argument gegen verhaltenstherapeutische Bemühungen mißverstanden werden. Auch wenn man "Spontanverläufe" (d.h. Verläufe ohne expliziten therapeutischen Einfluß) in Rechnung stellen muß, so könnten in derartigen Therapien doch - aus verhaltenswissenschaftlicher Sicht - für den Einzelfall relevante Bedingungen bzw. Kontingenzen erfolgreich analysiert und verändert worden sein. Inwieweit sich dies z.B. auf die Beachtung möglicher psychosozialer Konfliktsituationen oder gestörter Beziehungsmuster wie oben beschrieben bezieht, ist noch unzureichend erforscht. Auf jeden Fall wäre auch dies ein Beispiel für einen möglicherweise erfolgversprechenden Dialog zwischen eher psychoanalytisch orientierten Psychosomatikern und eher verhaltenswissenschaftlich orientierten Therapeuten.

Schulungsprogramme und komplexere Therapieprogramme bei Asthma umfassen oft mehrere der bereits oben genannten Komponenten, wobei sich - besonders bei ängstlichen und nervösen Patienten - übende Verfahren, wie das autogene Training und andere Entspannungsverfahren, z.B. zusammen mit kognitiv-verhaltenstherapeutischen Interventionen, bewährt haben.

Epilepsie

In etlichen Lehrbüchern über Psychosomatik werden epileptische Anfallsleiden nicht explizit unter den psychosomatischen Krankheiten aufgeführt. Dabei ist schon seit langem bekannt, daß Verhaltensaspekte (z.B. Hyperventilation) und Umweltbedingungen (z.B. Exposition gegenüber bestimmten optischen, akustischen oder Geruchsreizen) mit einer erhöhten Auftretenswahrscheinlichkeit bestimmter Anfallstypen assoziiert sind. So wird z.B. berichtet, daß schon auf römischen Sklavenmärkten das Drehen eines Töpferrades dazu benutzt wurde, den Kauf anfallskranker Sklaven zu vermeiden. (Übrigens ein schöner Hinweis dafür, daß "Stimuluskontrolle" als verhaltensrelevantes Prinzip nicht erst seit der experimentellen Verhaltensanalyse eine Rolle spielt, sondern im Rahmen einer sozialen Verhaltensstrategie angewendet und verstärkt werden kann. Der Sklavenkäufer senkt durch Anwendung dieser "Screening-Methode" die Wahrscheinlichkeit des Verlustes eines generalisierten Verstärkers (Geld) ohne Erhalt eines entsprechenden Gegenwertes [gesunden, anfallsfreien Sklaven]).

Biologisch disponierende Faktoren, z.B. genetisch mitbedingte Erregbarkeitsmuster und Vorschädigungen des Gehirns, sind für epileptische Anfallsleiden wohlbekannt. Das Diathese-Streß- bzw. Vulnerabilitätsmodell läßt sich auch hier sehr gut anwenden. Zur "Streß"-Komponente lassen sich hier z.B. Stimulationen durch sensorische Reize - wie oben beschrieben - anführen, starke körperliche Belastungen mit begleitenden Elektrolytverschiebungen im Blut, starke psychische Belastungen mit Hyperventilation und einer begleitenden Verschiebung des Säure-Basen-Gleichgewichts im Blut usw. Zu den evozierbaren (auslösbaren) Anfällen gehören auch "willentlich" auslösbare Anfälle. (Verhaltenstheoretisch würden wir diesbezüglich eher von Anfällen sprechen, deren Auftretenswahrscheinlichkeit durch selbstkontrollierte Verhaltensweisen bestimmt wird.)

Ohne an dieser Stelle auf die Vielfalt der Unterformen einzugehen, lassen sich bei epileptischen Anfällen im allgemeinen pathologische Entladungsmuster bei der elektrischen Hirnaktivität nachweisen, die mehr oder minder allgemein (generalisiert) bzw. lokal umschrieben (fokal) auftreten und neurophysiologisch auf epileptogene Zell-Populationen zurückgeführt werden.

Verhaltenstherapeutische Interventionen bei epileptischen Anfällen basieren auf der Annahme, daß die Erregbarkeit bzw. das Erregungs-Hemmungs-Gleichgewicht von Neuronengruppen bzw. die Ausbreitung von Erregungen prinzipiell, wie jedes andere Verhalten auch, durch Konditionierungsprozesse kontrolliert bzw. beeinflußt werden kann.

So kann bei evozierbaren, einschließlich "willentlich" auslösbaren Anfällen die Anwendung oder das Erlernen von Vermeidungsstrategien angeraten sein. Viele Patienten setzen darüber hinaus oft sehr individuelle Selbstunterbrechungsstrategien ein, indem sie sich "bewußt" bestimmten Gegenreizen aussetzen, ein bestimmtes motorisches Verhalten zeigen (z.B. etwas essen, sich schnell hinlegen) oder konzentrative bzw. Entspannungsübungen absolvieren. Inwieweit diesen Verhaltensweisen eine "echte" Kontrolle der Anfälle entspricht oder aber das jeweilige Verhalten den Prinzipien folgt, die B.F. Skinner für die Entwicklung "abergläubischen Verhaltens" beschrieben und empirisch nachgewiesen hat, läßt sich nur am jeweiligen Einzelfall untersuchen. Durch empirische Studien ist jedoch nachweisbar, daß die Anwendung von Prinzipien der Gegenkonditionierung die Auftretensfrequenz eines Anfallsleidens senken kann. So kann z.B. durch die Einführung eines starken, unangenehmen Geruchsreizes und die Kopplung dieses unbedingten Reizes (unconditioned stimulus, UCS) an einen zunächst neutralen und schließlich konditionierten optischen Reiz (Armband)(conditioned stimulus, CS) ein Anfall unterbrochen werden. Bei diesem Vorgehen genügte nach der klassischen Konditionierung bereits der Anblick des Armbandes, um den Anfall zu verhindern bzw. zu unterbrechen.

Neben Anwendungen der klassischer Konditionierung kamen in weiteren Einzelfallstudien auch Verfahren der operanten Konditionierung zur Anwendung (Verstärkung anfallsinkompatiblen Verhaltens bzw. Bestrafung oder Löschung anfallsfördernden Verhaltens).

Verfahren zur Selbstkontrolle können einerseits auf spezifisches Verhalten bezogen eingesetzt werden (z.B. bei der Kontrolle der Atmung und somit der Kontrolle des Säure-Basen-Gleichgewichts im Blut), zum anderen auch im Rahmen komplexerer Trainingsprogramme mit Selbstbeobachtung und Wahrnehmungstraining für anfallsrelevante bzw. irrelevante Reize, Entspannungsübungen usw.

Zum Teil werden beim Aufbau von Selbstkontroll-Strategien Biofeedback-Verfahren eingesetzt, indem ein verhaltensrelevantes Biosignal (hier z.B. bestimmte Frequenzspektren im EEG) durch den Einsatz technischer Geräte dem jeweiligen Patienten rückgemeldet wird. So ließ sich in experimentell angelegten Studien nachweisen, daß instrumentelle Konditionierung mittels Biofeedback zur Erhöhung der Auftretenshäufigkeit bestimmter Frequenzspektren im EEG von Anfallspatienten (sog. sensomotorischer Rhythmus, SMR, mit 12 - 16 Hz) bei simultaner Unterdrückung langsamerer Frequenzen (3 - 7 Hz) über zentralen Hirnregionen zu einem Rückgang der Anfallsfrequenzen führte. (Oder einfacher: Patienten können lernen, durch Rückmeldung bestimmter Anteile ihrer elektrischen Hirnaktivität eben diese Hirnaktivität zu beeinflussen und dadurch ihre Anfallshäufigkeit zu senken).

Auch die instrumentelle Konditionierung langsamer Hirnrindenpotentiale (LP) führt bei manchen Patienten zu einer nachweisbaren Senkung der Anfallsfrequenz. (LP sind Verschiebungen der mittleren EEG-Linie über Sekunden bis Minuten hinweg zum negativen Pol hin und lassen sich bei der "Erwartung" bzw. Vorbereitung motorischer oder kognitiver Reaktionen mittels Filterung aus dem Oberflächen-EEG nachweisen).

Viele der letztgenannten Studien sind experimenteller Art, belegen aber auf eindrucksvolle Weise die Anwendbarkeit verhaltenswissenschaftlicher Methoden bei Krankheiten, die oft nicht den "klassischen" psychosomatischen Störungen zugerechnet werden. Die Übertragbarkeit dieser Ansätze auf den therapeutischen Alltag wird neben dem erforderlichen Aufwand auch davon abhängen, ob neben dem Erlernen (engl. aquisition) auch die Aufrechterhaltung (engl. maintenance) der anfallskontrollierenden Verhaltensweisen trainiert bzw. gefördert werden kann.

Schließlich sei noch darauf hingewiesen, daß oft auch allgemeine verhaltenstherapeutische Interventionen zur Förderung der Compliance der Epilepsie-Patienten ratsam sind. Für viele Anfallspatienten ist die regelmäßige Einnahme anfallsprophylaktisch wirksamer, jedoch nebenwirkungsbehafteter Medikamente über lange Zeiträume hinweg indiziert. Im Rahmen der Behandlung sehen sie sich etlichen und zum Teil wesentlichen Einschränkungen ihres gewohnten oder gewünschten Alltagslebens gegenüber, z.B. hinsichtlich der Ausübung bestimmter Sportarten oder beim Führen von Kraftfahrzeugen. Auch hier wäre es voreilig, das Problem mangelnder Compliance allein durch den Hinweis auf "schwierige" Patienten "erklären" zu wollen. "Schwierig" sind hier möglicherweise die (veränderten) Lebensbedingungen und Verhaltenskontingenzen mit Verlust wesentlicher Verstärkungsquellen, mangelnde Verhaltenskompetenzen zur Kompensation dieses Verlusts und anderes mehr. Im Rahmen einer funktionalen Verhaltens- und Problemanalyse zu den Auswirkungen der Erkrankung auf den Alltag und die Krankheitsverarbeitung bzw. Krankheitsbewältigung bei dem jeweils individuellen Patienten, bestehen für Verhaltenstherapeuten reichlich Möglichkeiten, diese Schwierigkeiten mit dem jeweiligen Patienten zu analysieren und die Brauchbarkeit allgemeiner oder individueller Problemlösestrategien zu erproben.

28.5 Hinweise und Empfehlungen für verhaltenstherapeutische Interventionen bei psychosomatischen Störungen

Im Folgenden werden orientierende Hinweise und Empfehlungen für verhaltenstherapeutische Interventionen bei psychosomatischen Störungen vorgestellt. Sie sind nicht mit dem Anspruch auf Leitlinien-Charakter verbunden, sondern sollen - im Zusammenhang mit einer funktionalen Verhaltens- und Problemanalyse - die praktische Anwendung verhaltenstheoretischer Prinzipien bei psychosomatischen Störungen bzw. bei Krankheiten mit organisch nachweisbarer Komponente erleichtern. (Siehe zum Folgenden auch Tab. 28.**1** und Tab. 28.**2** oben).

Für alle praktischen Zwecke lassen sich *drei Hauptziele* für die verhaltenstherapeutische Intervention bei psychosomatischen Störungen definieren, und zwar:

1. die Wiederherstellung der körperlichen, psychischen und sozialen *Identität und Integrität* oder - falls dies nicht möglich ist - die Verhinderung oder Minimierung von Funktionsstörungen oder Schädigungen,
2. die möglichst weitgehende Erhaltung oder Förderung der (wie auch immer definierten) *Lebensqualität*. (Als Anhalt kann hierbei das Lebensqualitätskonzept der World Health Organization - WHO - dienen.),
3. eine möglichst hohe Patientenzufriedenheit und Patientenmitarbeit.

In diesem Rahmen empfiehlt es sich, bei psychosomatischen Störungen:

1. eine *funktionale Verhaltens- und Problemanalyse* durchzuführen und ein *Bedingungsmodell* zu erstellen, das medizinische Sachverhalte/biologische Faktoren explizit mit einbezieht;
2. *Veränderungshypothesen* aus diesem Modell abzuleiten und zu definieren, welche Voraussetzungen vorliegen bzw. welche Interventionen erfolgen müssen, um diese Hypothesen zu überprüfen;
3. das Bedingungs- und Veränderungsmodell mit anderen (Therapeuten, Bezugspersonen des Patienten, dem Patienten selbst) zu besprechen und (zusammen) einen *individuellen Behandlungsplan* zu erstellen;
4. die Realisierung des Behandlungsplans als *(quasi) Einzelfallexperiment* anzusehen, mit Korrektur und flexibler Handhabung im Irrtumsfall.

Dabei sind neben der jeweiligen Beachtung krankheitsspezifischer Faktoren z.B. folgende Zielbereiche für verhaltenstherapeutische Interventionen relevant:

1. Das *Wissen* des Patienten um seine Erkrankung und seine "*Einstellung*" zu empfohlenen bzw. indizierten Behandlungsmaßnahmen und zum Behandlungs-system.

Beispiel: Weiß der Patient, warum bestimmte Untersuchungen durchgeführt werden? Kennt der Patient die Untersuchungsbefunde? Kann er daraus dieselben Schlüsse ziehen wie seine Therapeuten? Ist ihm das Wissen um die Erkrankung wichtig? Stimmt sein "Laien-Modell" der Erkrankung mit dem medizinisch-psychologischen bzw. bio-psycho-sozialen Krankheitsmodell seiner professionellen Helfer überein?

Die *Behandlungs-Compliance* des Patienten im Sinne eines *"regelgeleiteten" Verhaltens* ist im wesentlichen davon abhängig:

- ob er gelernt hat, sein krankheitsbezogenes Verhalten durch Beachtung von Regeln zu kontrollieren (z.B. Medikamente "nach Plan" einzunehmen und nicht nur, wenn ihm etwas weh tut),
- ob die Regeln seiner professionellen Helfer auch "seine" Regeln sind,
- ob in der sozialen Umgebung, in der er lebt, ganz andere Regeln gelten oder die Beachtung der medizinisch vorgegebenen Regeln bestraft wird (z.B. der Verzicht auf alkoholische Getränke in seiner Umgebung als Ausdruck bornierter Askese und mangelnder Lebensfreude angesehen wird).

2. *Habituelle Verhaltensmuster* und die sie kontrollierenden Bedingungen und Kontingenzen in Alltags- und therapeutischen Situationen.

Beispiel: Zeigt der Patient ein stark leistungsbetontes Wettbewerbsverhalten, z.B. nicht nur beruflich, sondern auch in Freizeit-Situationen? Zeigt er impulsiv-aggressives Kommunikationsverhalten auch in "friedlichen" sozialen Situationen ohne erkennbare Provokation oder in therapeutischen Situationen?

Reagiert er in der Regel frühzeitig auf gesundheitliche Alarmzeichen (z.B. leichte Herzbeschwerden) mit Klärungsversuchen oder Inanspruchnahme von Hilfen oder protestiert er nach Herzstillstand und geglückter Reanimation noch im Rettungswagen über die Freiheitsberaubung?

3. *Situative Faktoren* und aktuelle Lebensbedingungen (Wohnen, Arbeit, Partnerschaft und Familie, Finanzen usw.).

Beispiel: Lösen situative Faktoren oder Reize Krankheitszeichen aus (z.B. Schwebstoffe am Arbeitsplatz einen Asthma-Anfall oder berufliche Anforderungen unter Zeitdruck einen Herzanfall)? Gibt es dabei "konditionierte" Auslöser?

Fördern oder behindern situative Faktoren die Einhaltung indizierter therapeutischer Maßnahmen (z.B. Befolgen diätetischer Regeln bei Kantinen-Essen)?

4. Erfährt der Patient bei seinem Krankheitsbewältigungsverhalten ausreichende *Verstärkung*, z.B. in Form sozialer Unterstützung (sei es in der Familie, am Arbeitsplatz, in therapeutischen Situationen usw.)? (Wie oben beschrieben ist nicht unbedingt der Patient "schwierig", sondern die Bedingungen zum Aufbau und zur Aufrechterhaltung alternativer Verhaltensweisen.)

28.6 Literatur

1. *Adler, R., Bertram, W., Haag, A., Herrmann, J.M., Köhle, K. & von Uexküll, T.* (Hrsg.): Integrierte Psychosomatische Medizin in Praxis und Klinik. Schattauer, Stuttgart/New York 1992
2. *Ahrens, S., Hasenbring, M., Schultz-Venrath, U. & Strenge, H.* (Hrsg.): Psychosomatik in der Neurologie. Schattauer, Stuttgart/New York 1995
3. *Basler, H.D., Otte, H., Schneller, T. & Schwoon, D.R.:* Verhaltenstherapie bei psychosomatischen Erkrankungen. Kohlhammer, Suttgart/Berlin/Köln/Main 1979
4. *Birbaumer, N., Rockstroh, B., Elbert, T., Canavan, A., Daum, I. & Wolf, P.:* Verhaltensmedizin bei Epilepsie. In: *Hellhammer, D.H. & Ehlert, U.* (Hrsg.): Verhaltensmedizin: Ergebnisse und Anwendung. Huber, Bern/Stuttgart/Toronto 1991, S. 47-58
5. *Braun, J.R. & Willnow, T.E.:* Die "Knockout"-Maus als Krankheitsmodell. Deutsches Ärzteblatt, 93, 1996, B1384-B1388
6. Bräutigam, W., Christian, P. & Rad, M. von: Psychosomatische Medizin. Thieme, Stuttgart/New York 1992
7. *Christie, M.J. & Mellett, P.G.* (Hrsg.): Foundations of Psychosomatics. John Wiley & Sons, Chichester/New York/Brisbane/Toronto 1981
8. *Dilling, H., Mombour, W. & Schmidt, M.H.* (Hrsg.): Internationale Klassifikation psychischer Störungen: ICD-10, Kapitel V (F), klinisch-diagnostische Leitlinien, Weltgesundheitsorganisation. Huber, Bern/Göttingen/Toronto 1991
9. *Doerfler, W. & Schubbert, R.:* Fremde DNA im Säugersystem. Deutsches Ärzteblatt, 94, 1997, B2815-B2820
10. *Einstein ,A.:* Ernst Mach. In: *Wahsner, R. & von Borzeszkowski, H.-H.* (Hrsg.): Ernst Mach: Die Mechanik in ihrer Entwicklung. Historisch-kritisch dargestellt. Akademie-Verlag, Berlin 1988, S. 683-689 (Erstpublikation 1916 in: Physikalische Zeitschrift, 17, 101)
11. *Fenwick, P.B.C.:* Behavioral treatment of epilepsy. Postgraduate Medical Journal, 66, 1990, 336-338

12. *Friedman, M. & Rosenman, R.:* Association of specific overt behaviour patterns of blood and vascular findings. JAMA, 169, 1959, 1289-1296
13. *Friedman, M., Thoresen, C.E., Gill, J.J., Ulmer, D., Powell, L.H., Price, V.A., Brown, B., Thompson, L., Rabin, D.D., Breall, W.S., Levy, R., Bourg, E. & Dixon, T.:* Alteration of Type A behavior and its effect on cardiac recurrences in postmyocardial infarction patients: Summary results of the recurrent coronary prevention project. American Heart Journal, 112, 1986, 653-665
14. *Hellhammer, D.H. & Ehlert, U.* (Hrsg.): Verhaltensmedizin: Ergebnisse und Anwendung. Huber, Bern/Stuttgart/Toronto 1991
15. *Meerman, R. & Vandereycken, W.* (Hrsg.): Verhaltenstherapeutische Psychosomatik. Schattauer, Stuttgart/New York 1996
16. *Meyer, A.-E., Freyberger, H., Kerkjarto, M. von, Liedtke, R. & Speidel, H.* (Hrsg.): Jores Praktische Psychosomatik. Huber, Bern/Göttingen/Toronto/Seattle 1996
17. *Ornish, D.:* Dr. Dean Ornish's Programme for Reversing Heart Disease. Century, London/Sydney/Auckland/Johannesburg 1990
18. *Schonecke, O.W.:* Lerntheorie und Verhaltensmedizin - ihre Bedeutung für die Psychosomatik. In: *Ahrens, S.* (Hrsg.): Entwicklung und Perspektiven der Psychosomatik in der Bundesrepublik Deutschland. Springer, Berlin 1990, S. 137-156
19. *Skinner, B.F.:* 'Superstition' in the pigeon. Journal of Experimental Psychology, 38, 1948, 168-172
20. *Skinner, B.F.:* About Behaviorism. Alfred Knopf, New York 1974
21. *Uexküll, T. von* (Hrsg.): Psychosomatische Medizin. 5. Aufl. Urban & Schwarzenberg, München 1996
22. *Weyer, G.:* Konditionierbarkeit und kardiovaskuläre Reaktivität. Eine Perspektive der psychosomatischen Bluthochdruckforschung. Hogrefe - Verlag für Psychologie, Göttingen/Toronto/Zürich 1988

29. Sexuelle Störungen

G. Kockott

29.1 Einführung

Die Sexualität des Menschen ist sehr komplex. In ihr sind „biologische, soziologische und psychologische Faktoren beteiligt, aber sie alle wirken gleichzeitig, und das Endergebnis ist ein einziges, zur Einheit verschmolzenes Phänomen, das seiner Natur nach nicht nur biologisch, psychologisch oder soziologisch ist" (Kinsey et al. 1948) Der gleichzeitige Einfluß psychischer und biologischer Faktoren ist bekannt: Die sexuelle Reaktionsfähigkeit wird als psychosomatischer Prozeß angesehen. Seltener wird an den soziokulturellen Einfluß gedacht. Ende der 50er, Anfang der 60er Jahre erlebten wir einen sogenannten „sexuellen Liberalisierungsprozeß" (Sigusch und Schmidt 1973), der zu einem erfreulich offeneren und freieren Umgang mit der Sexualität führte; er brachte aber auch neue sexuelle Leistungsnormen hervor, die für viele krankmachend waren. Heute beobachten wir zwei neue Entwicklungen:

- eine „Medikalisierung der männlichen Sexualität" (Bancroft 1991, Schmidt 1993). Neue, an sich gute diagnostische Möglichkeiten bei den Erektionsstörungen des Mannes fördern die Tendenz, die männliche Sexualität wieder nur unter dem Blickwinkel körperlicher Verursachung zu sehen.
- Weiterhin sehen wir eine Zunahme sexueller Appetenzstörungen. Bei den Frauen wird sie vor allem soziologisch interpretiert, als Zeichen einer Gegenwehr der Frauen im Rahmen der Emanzipationsbewegung gegen eine noch immer vorhandene Dominanz des Mannes. Die Zunahme der Störungen, die auch bei Männern beobachtet wird, dürfte aber auch Ausdruck einer „sexuellen Übersättigung" durch die Medien sein.

Bei der Definition sexueller Devianz spielen vor allem soziokulturelle Normen eine entscheidende Rolle. Manches bei uns als sexuell deviant bezeichnete Verhalten hat in anderen Kulturen einen ganz anderen Stellenwert. So ist zum Beispiel der Transvestitismus bei uns eine Paraphilie. Bei einigen Naturvölkern Asiens und Indianerstämmen Nordamerikas dagegen genießen Transvestiten ein besonderes Ansehen.

29.2 Sexuelle Funktionsstörungen

■ Definition

Man bezeichnet als „sexuelle Funktionsstörungen" im Sinne eines Oberbegriffs alle Beeinträchtigungen der sexuellen Funktionen (Sigusch 1996). „Sexuelle Dysfunktionen" sind jene Störungen, bei denen eine vorwiegende oder ausschließliche körperliche Ursache gesehen wird. Unter „funktionellen Sexualstörungen" werden Beeinträchtigungen verstanden, die als psychisch bedingt angenommen werden. Für die Diagnose einer *Störung* wird gefordert, daß das sexuelle Problem einen deutlichen Leidensdruck oder interpersonelle Schwierigkeiten verursacht. Diese Kriterien sind von besonderer Bedeutung: aus epidemiologischen Studien ist bekannt, daß sexuelle Probleme eine hohe Prävalenz aufweisen, professionelle Hilfe dagegen sehr viel seltener gesucht wird. Offensichtlich gelingt es vielen Personen, sich mit einer beeinträchtigten sexuellen Funktionsfähigkeit zu arrangieren und ihr Sexualleben trotzdem zufriedenstellend zu erleben.

Die sexuellen Funktionsstörungen lassen sich unterteilen in die vier Hauptgruppen:

- Störungen der sexuellen Appetenz,
- Störungen der sexuellen Erregung,
- Schmerzen bei sexuellem Kontakt und
- Orgasmusstörungen.

Unter praktischen, therapierelevanten Gesichtspunkten hat es sich bewährt, die sexuellen Funktionsstörungen unter inhaltlichen und formalen Gesichtspunkten näher zu beschreiben.

Tabelle 29.**1** Funktionelle Sexualstörungen in den verschiedenen Phasen der sexuellen Interaktion (mit Angabe der ICD-10- bzw. DSM-IV-Nummern)

<table>
<tr><th>Phasen</th><th>Störungen beim Mann</th><th>Störungen bei der Frau</th></tr>
<tr><td>1. Appetenz</td><td colspan="2">Anhaltende und deutliche Minderung des sexuellen Verlangens (F 52.0; 302.71)
Sexuelle Aversion, Ekel, Ängste (F 52.1; 302.79)</td></tr>
<tr><td rowspan="3">2. Erregung</td><td colspan="2">Eregungs-/Erektionsstörungen:
Erregung/ Erektion im Hinblick auf Dauer und Stärke nicht ausreichend für befriedigenden Geschlechtsverkehr (F 52.2; 302.72)</td></tr>
<tr><td></td><td>Vaginismus (Scheidenkrampf):
Einführung des Penis durch krampfartige Verengung des Scheideneingangs nicht oder nur unter Schmerzen möglich (F 52.5; 306.51)</td></tr>
<tr><td colspan="2">Schmerzhafter Geschlechtsverkehr (Dyspareunie): Schmerzen im Genitalbereich während oder unmittelbar nach dem Koitus (F 52.6; 302.76)</td></tr>
<tr><td>3. Orgasmus</td><td>Vorzeitige Ejakulation: Samenerguß schon vor dem Einführen des Penis in die Scheide, beim Einführen oder unmittelbar danach (F 52.4; 302.75)

Ausbleibende Ejakulation: Trotz voller Erektion und intensiver Reizung kein Samenerguß, Anorgasmie (F 52.3; 302.73)

Ejakulation ohne Orgasmus: Samenerguß ohne Lust und Orgasmusgefühl</td><td>Orgasmusschwierigkeiten: Orgasmus nie oder nur selten (F 52.3; 302.73)</td></tr>
<tr><td>4. Entspannung</td><td colspan="2">Nachorgastische Verstimmung: Gereiztheit, innere Unruhe, Schlafstörungen, Depression, Weinanfälle, Mißempfindungen im Genitalbereich etc.</td></tr>
</table>

Inhaltlich lassen sich diese Störungsbilder danach unterscheiden, in welcher Phase der sexuellen Erregung sie auftreten (s. Tab. 29.**1**). *Formale* Beschreibungskriterien für sexuelle Funktionsstörungen sollten u. a. die Häufigkeit der Problematik (z.B. immer oder gelegentlich), die Umstände und Bedingungen ihres Auftretens sowie die Dauer und den Schweregrad beinhalten. Eine solche Diagnostik sexueller Symptomatik hat den Vorteil einer genauen und therapierelevanten Syndrombeschreibung. Das ist gleichzeitig ein guter Leitfaden für die Exploration von Patienten. Die neuen Klassifikationssysteme DSM-IV und ICD-10 haben sich weitestgehend an der Unterteilung der sexuellen Funktionsstörungen nach den inhaltlichen Gesichtspunkten orientiert.

Einige formale Merkmale sind herauszuheben, da sie diagnostische Hinweise geben:

- *Primär-sekundär.* Primär ist eine Störung, die von Beginn der sexuellen Aktivität an besteht; sekundär eine Störung, die nach einer symptomfreien Phase beginnt. Sekundäre Störungen haben meist relativ leicht explorierbare Auslöser.
- *Durchgängig-situationsabhängig.* Situationsabhängige Störungen treten nur bei bestimmten sexuellen Aktivitäten auf, z.B. nur beim Koitusversuch, nicht aber bei der Masturbation. Die Situationsabhängigkeit ist ein sehr deutlicher Hinweis auf eine psychisch bedingte Problematik. Als durchgängig werden solche Störungen bezeichnet, die bei jeder Form einer sexuellen Aktivität auftreten. Das spricht eher für eine körperliche Ursache.

- *Partnerabhängig-partnerunabhängig.* Partnerabhängige Störungen, also nur bei einem bestimmten Partner auftretend, sind ein sehr starkes Indiz für Schwierigkeiten mit diesem speziellen Partner.

Der diagnostische Prozeß

Das entscheidende diagnostische Instrument ist die ausführliche Sexualanamnese. Bei manchen Störungsbildern, vor allem bei Erektionsstörungen, kommen bedarfsweise spezifische somatisch-medizinische Untersuchungsverfahren und gelegentlich standardisierte psychometrische Instrumente hinzu. Die Sexualanamnese muß vor allem die unmittelbaren Entstehungsbedingungen, den sexuellen Status, partnerschaftliche Faktoren und die wesentlichen Konturen der sexuellen Entwicklung erfassen. Eine Einbeziehung des Partners in den diagnostischen Prozeß ist zur Komplettierung der Diagnose in den meisten Fällen sehr sinnvoll.

Für die Reihenfolge der Exploration gibt es kein starres Schema. Der Therapeut sollte sich zunächst vom Patienten leiten lassen, zuhören, wenig strukturieren, erst später steuernd eingreifen und die Anamnese komplettieren.

Man muß damit rechnen, daß Patienten, insbesondere Männer, der Überlegung einer Psychogenese ihrer sexuellen Problematik Widerstand entgegensetzen. Der Therapeut ist gut beraten, dann zunächst die ihm notwendig erscheinende Diagnostik zum Ausschluß organischer Ursachen fortzuführen, um sich damit eine fundierte diagnostisch abgesicherte Diskussionsbasis zu schaffen. Danach kann er auf die Möglichkeit einer Psychogenese zurückkommen.

Die derzeit bestehende sexuelle Symptomatik sollte umfassend erhoben werden. Spontan berichten die Patienten oft nur sehr pauschal oder nur unvollständig ihre sexuellen Probleme. Der Therapeut muß also nachfragen. Zur Entscheidung über das weitere therapeutische Vorgehen werden genaue Angaben benötigt über:

- Sexuelle Appetenz (verändertes Lustempfinden, Aversion)
- Ablauf sexueller Erregung (Erregungsstörungen bei der Frau, Erektionsstörungen beim Mann)
- Schmerzen bei sexuellem Kontakt (Dyspareunie, Vaginismus)
- Orgasmuserleben (verzögerter oder ausbleibender Orgasmus, Ejaculatio praecox)
- Sexuelle Versagensängste, Vermeiden sexueller Aktivitäten (sehr häufig anzutreffen, besonders bei Männern; Versagensängste können zum wesentlichen aufrechterhaltenden Faktor werden, siehe dort).

In der Differentialdiagnostik sollten drei Bereiche beachtet werden:

- *Abgrenzung der Störungsbilder voneinander.* Hier sehen wir geschlechtsspezifische Unterschiede. Während die Störungen beim Mann sehr isoliert bestehen können, treten die Störungen bei der Frau sehr viel seltener einzeln auf: die Symptomatik einer Störung ist oft die Folge oder auch die Ursache einer anderen Problematik. Lediglich der Vaginismus scheint isoliert vorzukommen.
- *Abgrenzung gegenüber anderen psychischen Störungsbildern.* Sexuelle Störungen können die Folge anderer psychischer Störungen sein, wie z.B. Depression, Abhängigkeit, Eßstörungen. Die zeitliche Abfolge beider Störungsbilder kann einen Hinweis auf die Verursachung geben.
- *Abgrenzung gegenüber somatischen Ursachen.* Hierauf wird bei der Besprechung der Ursachen noch näher eingegangen. Nach dem gegenwärtigen Kenntnisstand haben körperliche Faktoren vorwiegend bei den Erregungsstörungen des älteren Mannes und bei schmerzhaften sexuellen Kontakten (Dyspareunie) einen bedeutsamen Einfluß.

Die Störungsbilder

Appetenzstörungen

Patienten mit dieser Störung erleben unterschiedlich stark ausgeprägte Lustlosigkeit und sexuelle Desinteressiertheit, die sich bis zu einer sexuellen Aversion steigern kann, wenn dennoch sexuelle Kontakte aufgenommen werden. Eine sexuelle Aversion kann auch aus anderen negativen sexuellen Erlebnissen entstehen.

Hiervon abzugrenzen sind verschiedene Erscheinungsbilder reduzierten sexuellen Interesses, die nicht als eine Störung anzusehen sind. Die Intensität sexuellen Interesses unterliegt erheblichen inter- und intraindividuellen Schwankungen und ist sehr situationsabhängig.

Bei Frauen ist gegen Ende der Schwangerschaft und im Wochenbett das sexuelle Bedürfnis reduziert, eine Veränderung, die physiologisch ist. Auch eine aus den verschiedensten Gründen bewußt herbeigeführte sexuelle Enthaltsamkeit ist keine Sexualstörung.

Frauen leiden häufiger unter Appetenzstörungen als Männer.

Erregungsstörungen

Beim Mann entwickelt sich die Erektion für einen befriedigenden Koitus nicht stark genug, überhaupt nicht, oder sie hält nicht lange genug an. Sehr häufig ist die Gliedsteife während des Vorspiels noch ausreichend, läßt aber im Moment der versuchten Vereinigung deutlich nach; das ist ein wichtiger Hinweis auf eine psychische Bedingtheit. Entwickelt sich während des sogenannten Pettings die Erektion nur sehr schwach und schwankend oder kommt gar nicht zustande, und besteht diese Symptomatik „durchgängig", d.h. auch bei der Masturbation und den morgendlichen Erektionen, dann ist eine körperliche Ursache zu vermuten. Das Gegenteil zu dieser Form der Erektionsstörung ist der sogenannte Priapismus, die starke, über lange Zeit bestehende Erektion, die schließlich schmerzhaft werden kann. Als Nebenwirkung einer neu entwickelten Behandlungsmethode, der sogenannten Schwellkörperinjektionstherapie (s.u.), sieht man diese bisher seltene Symptomatik wieder öfter.

Bei der Frau entwickelt sich während der sexuellen Stimulierung die sogenannte Lubrikations-Schwellreaktion ungenügend oder sie kommt gar nicht zustande. Die individuellen Unterschiede in dieser Reaktion sind groß. Das völlige Ausbleiben geht jedoch meistens mit einem Gefühl der Enttäuschung einher. Manche Frauen entwickeln die üblichen körperlichen Reaktionen auf sexuelle Stimulierung, spüren aber subjektiv keine Erregung. Das ist am ehesten als Abwehr sexuellen Erlebens zu interpretieren. Isolierte Erregungsstörungen bei der Frau sind selten. Sie sind oft kombiniert mit Störungen der sexuellen Appetenz und mit Orgasmusstörungen.

Vaginismus

Der Vaginismus ist eine unwillkürliche und reflexartige Verkrampfung der Beckenbodenmuskulatur der Frau und des äußeren Drittels der Vagina. Die Verkrampfung tritt beim Koitusversuch auf. Die Einführung des Penis wird meist völlig unmöglich. Die Verkrampfung kann unterschiedlich stark sein. In ausgeprägten Fällen ist der Frau nicht einmal das Einführen eines Tampons oder eine gynäkologische Untersuchung möglich. Bei den meisten Frauen mit dieser Problematik besteht ungestörte Orgasmusfähigkeit über andere Formen der Stimulation.

Schmerzen beim Verkehr (Dys-, Algopareunie)

Diese Symptomatik tritt bei Männern sehr selten auf. Schmerzen werden dann vorwiegend an der Glans Penis empfunden. Gibt es hierfür keine körperliche Ursache, wie z.B. eine Phimose, dann ist die Symptomatik meistens durch eine Überempfindlichkeit bzw. eine starke Angst vor der Berührung der Glans bedingt.

Frauen leiden häufiger unter Schmerzen beim Verkehr. Bei dieser Störungsform besteht am ehesten die Wahrscheinlichkeit einer körperlichen Ursache (gynäkologische Probleme). Die unterschiedliche Schmerzsymptomatik ist für den Gynäkologen Richtschnur für die Diagnostik. Eine Dyspareunie kann die Folge einer anderen Sexualstörung sein: Die ausbleibende Lubrikation bei geringer oder fehlender sexueller Appetenz oder einer Erregungsstörung macht den Sexualakt schmerzhaft.

Orgasmusstörungen, Ejakulationsstörungen

Probleme beim Mann. Die verschiedenen Formen von Ejakulationsschwierigkeiten können in Störungen unterteilt werden, in denen zeitliche Veränderungen des Ejakulationsprozesses auftreten, und in solche, in denen der Ejakulationsprozeß selbst gestört ist. Probleme der ersten Art sollte man als Orgasmusstörungen des Mannes bezeichnen, da der Zeitpunkt des Orgasmuserlebens verändert ist, der Ejakulationsprozeß selbst aber nicht.

Hierzu gehören:

- Vorzeitiger Samenerguß (*Ejaculatio praecox, Orgasmus praecox*). Die Übergänge eines als rasch - aber nicht gestört - erlebten Geschlechtsverkehrs zur vorzeitigen Ejakulation sind fließend. Am besten definiert man die Ejaculatio praecox bzw. den vorzeitigen Orgasmus des Mannes als eine Störung, bei welcher der Patient kaum oder keine Kontrolle über den zeitlichen Ablauf des Ejakulationsprozesses besitzt; er kann den Zeitpunkt der Ejakulation nicht mehr steuern.
- Stark verzögerter oder ausbleibender Orgasmus (*Anorgasmie des Mannes*). Diese Symptomatik ist selten, sie kann Ausdruck einer Gehemmtheit sein, sie kann auch durch verschiedene Pharmaka, insbesondere Psychopharmaka und Alkohol verursacht werden. Eine verzögerte oder gelegentlich ausbleibende Ejakulation ist im höheren Lebensalter ein nicht seltenes, quasi physiologisches Ereignis.

Die *retrograde Ejakulation* (Ejakulation in die Blase) und die *Ejakulation ohne Orgasmus* stellen Veränderungen des Ejakulationsprozesses dar. Diese Formen sind selten und wahrscheinlich ausschließlich körperlich bedingt.

Orgasmusstörungen der Frau. Frauen spüren sehr unterschiedlich häufig einen Höhepunkt, da dieses Erleben in hohem Maße situations- und stimmungsabhängig ist. Höchstens die Hälfte aller Frauen kommt immer oder fast immer bei einem Geschlechtsverkehr zum Orgasmus. Der subjektive Leidensdruck ist sehr unterschiedlich. Gelegentlich oder auch öfters ausbleibender Orgasmus wird häufig nicht als Problem erlebt. Im Einklang mit der in der Einleitung besprochenen Definition einer Störung sollte man von einer Orgasmusstörung nur dann sprechen, wenn der Orgasmus regelhaft, bzw. meistens bei sexuellen Aktivitäten ausbleibt *und* die Frau darunter leidet oder sich daraus Partnerprobleme ergeben.

Wir unterscheiden vollständige und koitale Orgasmusstörungen. Frauen mit vollständigen Orgasmusstörungen haben im Verlauf ihres sexuellen Lebens bisher niemals bei irgendeiner sexuellen Aktivität einen Orgasmus erreicht. Sie schildern unterschiedliche Grade sexueller Erregung ohne Orgasmus, und es bleibt ein Gefühl des Unbefriedigtseins. Diese Patientinnen scheinen vor allem an verschiedenen Ängsten zu leiden, die mit dem Erleben von Sexualität verbunden sind. Frauen mit einer koitalen Orgasmusstörung haben zum Beispiel mehr oder weniger regelmäßig einen Orgasmus bei der Masturbation, jedoch nicht beim Koitus. Trotz prinzipiell bestehender Orgasmusfähigkeit scheinen diese Frauen unter ihrer Problematik in stärkerem Maße zu leiden als Frauen mit anderen sexuellen Problemen. Orgasmus beim Geschlechtsverkehr wird als die einzig richtige Befriedigung empfunden. Oft scheint eine Angst vor einer Art Kontrollverlust eine Rolle zu spielen, eine Angst, beim Erleben des Orgasmus „das Gesicht zu verlieren". Das könnte erklären, warum die Problematik nur in Anwesenheit eines Partners auftritt.

■ Ursachen

Die Angaben in der Literatur zum prozentualen Anteil organischer bzw. psychisch bedingter sexueller Funktionsstörungen schwanken erheblich, insbesondere bei den Funktionsstörungen des Mannes. Das hat zum einen seine Gründe in den oft nicht vergleichbaren Patientenstichproben der Veröffentlichungen, zum anderen in der multifaktoriellen Bedingtheit sexueller Störungen: In einem „Ursachenbündel" greifen häufig körperliche und psychische Bedingungen ineinander. Dann ist eine Entscheidung im Sinne eines „entweder-oder" nicht zu treffen.

Die genaue Erfassung der Anamnese und der bestehenden Symptomatik ist - trotz der Entwicklung neuer apparativer Methoden (z.B. Schwellkörperinjektionstestung mit Doppler-Sonografie) - ein ganz entscheidender Zugang geblieben, zumindest zur Differentialdiagnostik sexueller Störungen des Mannes.

Ein Überwiegen psychischer Ursachen oder eine ausschließliche Psychogenese ist anzunehmen, wenn die Symptomatik plötzlich begann und situationsabhängig besteht. Lassen sich partnerbezogene Probleme bzw. negative Lebensereignisse eruieren, die mit dem Beginn der Störung zeitlich zusammenfallen, so ist das ein weiterer Hinweis auf eine Psychogenese. Hat sich die sexuelle Problematik langsam entwickelt und besteht sie situationsunabhängig, also bei jeder Form einer sexuellen Aktivität, so ist eher an körperliche Ursachen zu denken. Als „Faustregel" kann gelten: sexuelle Funktionsstörungen des jungen Mannes sind meistens vorwiegend oder ausschließlich psychisch bedingt; mit zunehmendem Lebensalter steigt die Wahrscheinlichkeit körperlicher Teilursachen, die im höheren Lebensalter auch überwiegen können.

Die sexuellen Funktionsstörungen der Frau sind nach unserem heutigen Wissen mit Ausnahme der Dyspareunie meistens psychisch bedingt, unabhängig vom Lebensalter.

Körperliche Ursachen

Sexuelle Störungen im Zusammenhang mit einer körperlichen Erkrankung können durch diese Krankheit, ihre Folgekrankheiten und/oder die notwendigen Behandlungsmaßnahmen bedingt sein. Ein Beispiel ist die Hypertonie: 17% der unbehandelten und 25% der behandelten Hypertoniker (signifikanter Unterschied) leiden an Erektionsstörungen (Bulpitt et al. 1976). Beide Prozentzahlen liegen deutlich höher als in der Normalbevölkerung. Die häufigsten körperlichen Ursachen sexueller Funktionsstörungen (besonders beim Mann) stellen vaskuläre Störungen dar. Außerdem kommen neurogene Störungen, endokrinologische Veränderungen (selten), Folgen von Operationen im Genitalbereich, toxische Einflüsse (Drogen, Alkohol) und Nebeneffekte von Pharmaka in Frage. Bei den meisten Pharmaka ist aber keine klare Dosisabhängigkeit bekannt. Deshalb sind weitere Faktoren für das Auftreten einer Sexualstörung anzunehmen. An einer gut in den Alltag integrierten Gruppe von nicht akut psychotischen Patienten unter Langzeitmedikation konnte nachgewiesen werden, daß der Einfluß der Psychose auf die Sexualität größer war als der Nebenwirkungseffekt der neuroleptischen Behandlung (Kockott & Pfeiffer 1996).

Bei vorwiegend körperlich bedingten Störungen existiert eine gewisse Ursachenspezifität: vaskuläre Störungen beim Mann führen vorwiegend zu Erektionsproblemen, die (seltenen) endokrinologischen Veränderungen zu Störungen der sexuellen Appetenz. Lokale organische Probleme können beim Mann einen vorzeitigen Samenerguß, bei der Frau vor allem eine Dyspareunie verursachen. Für weitere Ausführungen wird auf die einschlägige Literatur verwiesen (Hertoft 1989).

Psychische Ursachen

Psychische Ursachen sexueller Störungen sind deutlich häufiger als körperliche, insbesondere bei der Frau. Die psychischen Entstehungsbedingungen, die im folgenden besprochen werden, finden sich bei allen Formen von Sexualstörungen; es gibt also keine Ursachenspezifität. Wieder gilt, daß nicht eine Problematik allein das Störungsbild erklären kann. Mehr noch als bei den körperlich bedingten Störungen sehen wir als Ursachenbündel ein Zusammenspiel von Persönlichkeitseigenschaften, Lebenserfahrungen, auslösenden Bedingungen und Eigendynamik des Symptoms. Die Ursachen funktioneller Sexualstörungen sind schwerpunktmäßig in folgenden vier Bereichen zu finden:

- innerpsychische Ängste
- partnerschaftliche Probleme
- Lerndefizite, sexuelle Erfahrungslücken
- der Selbstverstärkungsmechanismus der Versagensangst

Innerpsychische Ängste. Aus psychoanalytisch-psychodynamischer Sicht sind psychogene sexuelle Symptome das Resultat eines Konfliktes von angstauslösenden Triebimpulsen und deren Abwehr. Die sexuelle Symptomatik dient also einer Stabilisierung des psychischen Gleichgewichtes. Die sexuelle Symptomatik wird sozusagen in Kauf genommen, um den angstbesetzten „tieferen“ Konflikt zu vermeiden. Arentewicz und Schmidt (1993) nennen als wesentliche Bereiche Trieb-, Beziehungs-, Gewissens- und Geschlechtsidentitätsängste; mit letzterem meinen sie die Selbstunsicherheit gegenüber der eigenen Geschlechtsrolle.

Partnerschaftliche Probleme. Partnerprobleme und sexuelle Schwierigkeiten sind eng miteinander verzahnt. Sie bedingen sich oft gegenseitig und schaukeln sich dadurch auf. Besteht eine Sexualproblematik, dann kann der Partner nicht unbeteiligt bleiben. Bestehen partnerschaftliche Schwierigkeiten, so wird meist die Sexualsphäre als ein Teil der partnerschaftlichen Kommunikation in die Störung mit einbezogen, oder die Partnerproblematik wird sogar ausschließlich auf den Sexualbereich verlagert. Es kann sehr schwierig werden, den Zusammenhang zwischen dieser sexuellen Störung und einer „verdeckten Partnerproblematik“ zu erkennen. Arentewicz und Schmidt (1993) haben hierzu einige typische partnerdynamische Prozesse beschrieben; sie werden meist erst erkennbar, wenn die sexuelle Problematik in der Psychotherapie zum Fokus der Behandlung wird. Auf die Wechselwirkung zwischen individuellen, partnerschaftlichen und sexuellen Problemen hat besonders Zimmer (1985) hingewiesen. Diese Wechselwirkung der verschiedenen Probleme macht die diagnostische Abklärung und Verhaltensanalyse nicht leichter; das Wissen ist jedoch wichtig für die Therapieplanung.

Lerndefizite, sexuelle Erfahrungslücken. Damit sind fehlende Informationen über die gegenwärtig üblicherweise praktizierte und gelebte Sexualität gemeint. Traditionelle, aber überholte Vorstellungen von weiblicher und männlicher Sexualität können in Kontrast geraten zu den Erwartungen des Partners. Außerdem können Lücken in den eigenen sexuellen Erfahrungen Probleme bedingen.

Der Selbstverstärkungsmechanismus der Versagensangst. Vertreter der verschiedenen Psychotherapierichtungen sprechen der Angst eine wesentliche Rolle zu, nicht nur in der Entwicklung, sondern vor allem in der Aufrechterhaltung von funktionellen Sexualstörungen. Masters und Johnson (1970) unterstrichen die Bedeutung der Leistungsangst. Man nimmt an, daß diese Ängste die sexuelle Erregung verhindern und das autonome Nervensystem in einem großen Ausmaß hemmen, so daß physiologische Erregung unmöglich wird. Diese Annahmen blieben nicht ganz unwidersprochen, da die Evidenz, daß die Angst der wichtigste aufrechterhaltende Faktor von Sexualstörungen ist, vorwiegend auf klinischen Erfahrungen beruhte und nicht auf empirischen Daten (Schiavi 1976).

Aufgrund seiner Untersuchungen konnte Barlow (1986) nachweisen, daß sich Männer mit einer ungestörten und einer gestörten Sexualität in mehreren Faktoren unterscheiden:

- Bei sexuell Gestörten wird sexuelle Erregung durch Angst gehemmt, während Angst bei Männern ohne Sexualstörungen die Erregung häufig erhöht.
- Sexuelle Leistungsanforderung erhöht bei ungestörten Männern die sexuelle Erregung, sexuell gestörte Männer werden dadurch abgelenkt und behindert.
- Personen mit Sexualstörungen erleben in Situationen mit sexuellem Kontakt häufig negative Gefühle, während Personen mit einem ungestörten Sexualleben vorwiegend von positiven Emotionen berichten.
- Im Vergleich zu sexuell ungestörten Männern unterschätzen sexuell Gestörte das Ausmaß ihrer sexuellen Erregung.

Aus diesen empirischen Ergebnissen leitete Barlow ein Arbeitsmodell zur Erklärung der psychisch bedingten Sexualstörungen ab: Ein kognitiver Ablenkungsprozeß, der mit Angst interagiert, ist im wesentlichen verantwortlich für das Auftreten von Sexualstörungen.

Eine lerntheoretische Sicht

Man kann die verschiedenen klinischen Erfahrungen und empirischen Ergebnisse systematisieren und zu einer neuen theoretischen Sicht zusammenfügen (s. Abb. 29.**1**).

Zur leichteren Übersicht trennen wir zwischen den Bedingungen, die die Störung auslösen, und jenen, die sie aufrechterhalten. Das Bindeglied ist die Persönlichkeit. Eine einzelne negative Erfahrung wird in den meisten Fällen keine sexuelle Störung in Gang setzen. Erst die Summierung von ungünstigen Erfahrungen in verschiedenen Bereichen kann dazu führen. Die auslösenden Bedingungen schließen sich also gegenseitig nicht aus, sondern summieren bzw. potenzieren sich. Ob nun eine Person aufgrund dieser negativen Ereignisse eine sexuelle Störung entwickelt und eine andere mit ähnlichen Erfahrungen nicht, scheint unter anderem von Persönlichkeitsvariablen und zum Teil auch von der Reaktion des Partners und der individuellen Lerngeschichte abzuhängen. Zu dieser Frage liegen aus der Forschung allerdings nur wenige überzeugende Ergebnisse vor. Ungünstig wirken sich mangelnde Selbstsicherheit, ein geringes Selbstwertgefühl und eine starke Leistungsbezogenheit aus (Ansari 1975, Kockott 1981). Vergleichbar mit dem Modell von Beck zur Entstehung von Depressionen kann man auch bei sexuell gestörten Personen annehmen, daß Lebensereignisse vor allem dann zu Auslösern sexueller Gestörtheit werden, wenn sie frühere negative sexuelle Erfahrungen und die damit verbundenen Emotionen reaktivieren.

Bei der Aufrechterhaltung sexueller Funktionsstörungen spielen immer Erwartungs- und Versagensängste sowie eine gesteigerte Selbstbeobachtung eine zentrale Rolle (es sei denn, die sexuelle Problematik ist ausschließlich Ausdruck einer Partnerproblematik). Als Arbeitshypothese wird angenommen, daß sich ein sogenannter ***Selbstverstärkungsmechanismus*** der Versagensangst entwickelt.

In dem verhaltenstheoretischen Modell versteht man darunter Folgendes: In erotischen Situationen läuft eine lange Verhaltenskette ab, die beim ungestörten Sexualverhalten mit einem Gefühl zufriedener Entspannung, also mit einer positiven Konsequenz endet (s. Abb. 29.**2**). Bei gestörtem Sexualverhalten (s. Abb. 29.**3**) führt das erste, vielleicht zufällige Auftreten einer funktionellen Sexualstörung zur Erwartungsangst. Diese Erwartungsangst verhindert die intakte Funktion, was wiederum die Erwartungsangst erhöht und zu einer gesteigerten Selbstbeobachtung führt, mit der Folge erneuten Versagens. Durch den Selbstverstärkungsmechanismus verfestigen sich funktionelle Sexualstörungen, da die Störung von den ursächlich auslösenden Bedingungen unabhängig wird und über die Erwartungsangst funktionell autonom weiterbesteht.

Der Partner erlebt das gestörte Sexualverhalten ebenfalls enttäuschend. Da diese Enttäuschung die Angst des Betroffenen vor dem Versagen weiter erhöht, beginnt er, der Situation aus dem Wege zu gehen, Sexualität zu vermeiden. Dieses Vermeiden bringt dem Patienten kurzfristige Erleichterung, andererseits registriert der Partner diesen Rückzug und bezieht ihn vielleicht auf sich („nicht mehr geliebt zu werden?“). Das eröffnet Partnerprobleme.

Dieses Modell vereinfacht zwar die komplexen psychischen Ursachen von sexuellen Störungen. Es hat aber den großen Vorteil, für den Patienten gut verständlich zu sein. Man kann das Modell benutzen, um betroffenen Paaren das therapeutische Vorgehen zu erklären und deutlich zu machen, warum die Einbeziehung des Partners in die Behandlung wichtig ist.

Therapie

Bei weitem nicht jede sexuelle Störung bedarf einer spezifischen Therapie. Eine Reihe sexueller Probleme ist durch Unwissenheit, fehlende Aufklärung, durch sogenannte phallische Irrtümer, ungünstige äußere Verhältnisse, kleinere Partnerkonflikte oder durch Hemmungen bedingt, über Sexualität und sexuelle Wünsche zu sprechen. Diese Bereiche sind einer Sexualberatung zugänglich, die jedoch kompetent vorgenommen werden muß. Einen ausführlichen praxisrelevanten Abriß hierzu gibt Buddeberg (1996).

Einen Leitfaden für Patienten mit kardiologischen Problemen haben Bernardo et al. (1996) geschrieben.

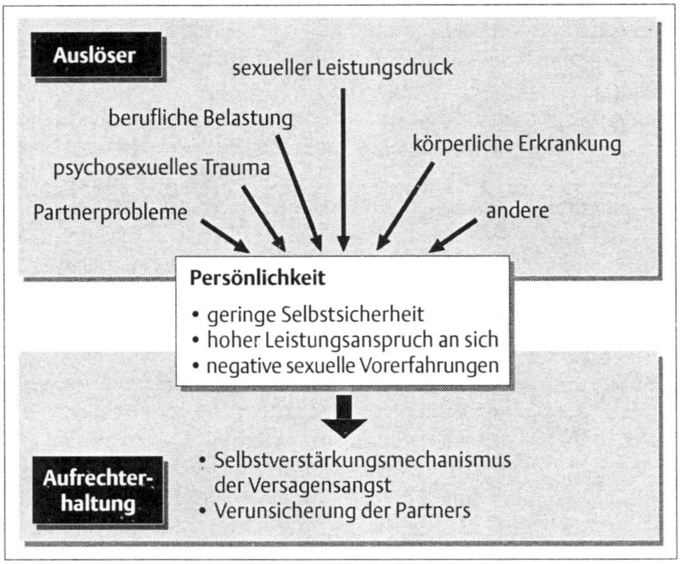

Abb. 29.**1** Entstehung und Aufrechterhaltung funktioneller Sexualstörungen

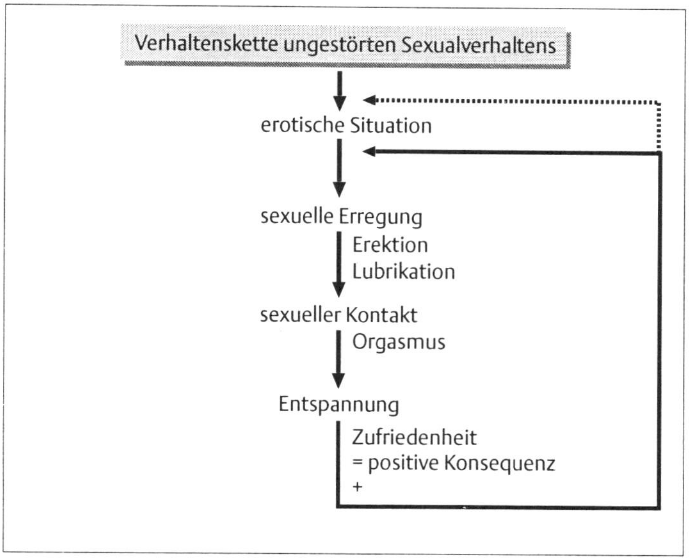

Abb. 29.**2** Verhaltenskette ungestörten Sexualverhaltens

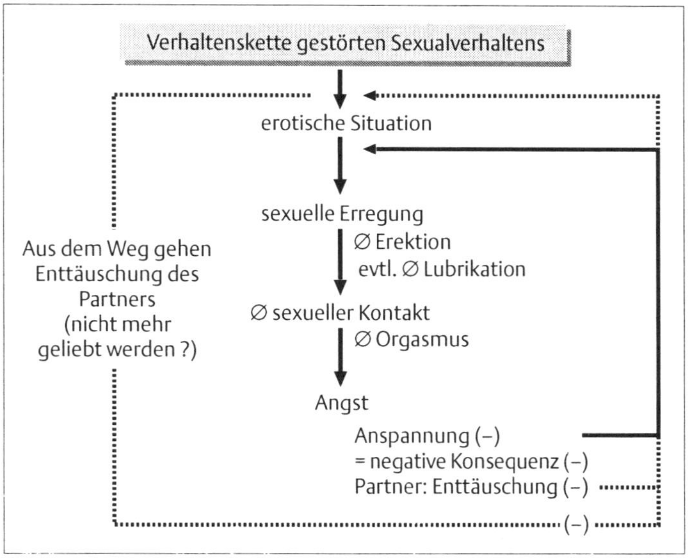

Abb. 29.**3** Verhaltenskette gestörten Sexualverhaltens

Die körperliche Behandlung sexueller Funktionsstörungen ist hier nicht Thema. Es wird auf die einschlägige Literatur verwiesen (Hertoft 1989). Wegen der Aktualität wird jedoch auf zwei neue Entwicklungen hingewiesen: auf die Schwellkörperautoinjektionstherapie (SKAT) und eine neue oral-medikamentöse Behandlungsform.

Schwellkörperautoinjektionstherapie (SKAT).

Die Injektion vasoaktiver Substanzen in den Penisschwellkörper erzeugt eine Erektion. Je nach Intaktheit des Schwellkörpers und der ihn versorgenden Gefäße entwickelt sich die Erektion rasch oder langsam und vollständig oder unvollständig. Dies wird in der Urologie in Kombination mit bildgebenden Verfahren (Doppler-

Sonografie) zur Diagnostik von Gefäßveränderungen benutzt. Inzwischen hat die Injektion dieser Substanzen auch als Behandlungsmethode von Erektionsstörungen Eingang gefunden. In katamnestischen Untersuchungen der letzten Jahre wird über hohe Abbruchraten (bis zu 60%) berichtet, zum Teil wegen eines erwünschten Wiederauftretens von Spontanerektionen, sehr viel häufiger jedoch wegen Unzufriedenheit mit der Applikationsart und wegen einer Ablehnung durch die Partnerin. Deshalb ist ihre Zustimmung die unbedingte Voraussetzung für diese Therapie. Die Behandlung ist bei Männern indiziert, deren Erektionsstörung irreversibel und durch andere Methoden nicht zu beeinflussen ist. Ihr Einsatz ist wahrscheinlich sinnvoll in Kombination mit einer Psychotherapie bei Männern mit Erektionsstörungen gemischter oder unklarer Genese im mittleren und höheren Lebensalter. Bedenklich ist die in jüngster Zeit beobachtbare Tendenz zur leichtfertigen Anwendung dieses Verfahrens ohne diagnostische Abklärung. Sehr bedenklich ist ihr ***alleiniger*** Einsatz bei psychisch bedingten Erektionsstörungen, da die Behandlung kontraindiziert sein kann, wenn z.B. eine Partnerproblematik die Ursache der Sexualstörung ist. Durch neue orale Therapeutika (Sildenafil) tritt SKAT in den Hintergrund.

Orale Medikation

Für Yohimbin-HCL wurde in kontrollierten Studien gegenüber Placebo in der Behandlung von Appetenz- und Erektionsstörungen der Männer eine Wirksamkeit nachgewiesen (Vogt et al. 1997). Sildenafil (Viagra®), ein selektiver Phosphodiesterasehemmer mit peripherer Wirkung, hat sich bei verschiedenen Indikationen als wirksam (Erektionsstörungen bei Diabetes mellitus und nach Prostata-Operationen) bis sehr wirksam (querschnittsbedingte und vorwiegend psychisch verursachte Erektionsstörungen) erwiesen und ist gut verträglich, auch bei Patienten mit coronarer Herzkrankheit (Zusman 1999). Die Anwendung von Sildenafil sollte psychotherapeutisch begleitet sein und mit klarer Indikation erfolgen (z.B. nicht bei sexuellen Störungen aufgrund von Partnerproblemen), Sildenafil unterstützt ausschließlich die Erektionsfähigkeit, beeinflußt nicht die sexuelle Appetenz. Ergebnisse über Sildenafil-gestützte Psychotherapien im Sinne einer „Somato-Psychotherapie" liegen bisher nicht vor.

Verhaltenstherapie

Die Psychotherapie richtet sich nach der Grundproblematik: so kann eine Partnertherapie, in der zunächst sexualtherapeutische Anteile keine Rolle spielen, oder eine Psychotherapie, die auf die Persönlichkeitsstörung ausgerichtet ist, notwendig sein. Stehen die sexuellen Probleme im Vordergrund, so hat sich das ***Vorgehen nach Masters und Johnson*** (1970) bewährt, das sich von Anfang an als sehr erfolgreich erwiesen hat.

Masters und Johnson publizierten 1970 (dt. Ausgabe 1973) ihr therapeutisches Vorgehen sowie die Behandlungsergebnisse. Das Therapieprogramm basiert auf ihren physiologischen Untersuchungen über das ungestörte Sexualverhalten und auf einer Kombination von Verfahren, die bis dahin zum Teil einzeln und unsystematisch angewendet wurden. Zum Beispiel geht die sogenannte "Squeeze-Technik" zur Behandlung der frühzeitigen Ejakulation auf Seamans (1956) zurück; das Einführen von Stäben (Hegarstiften) in die Vagina zur graduellen Angstreduzierung bei Patientinnen mit Vaginismus wurde schon Anfang dieses Jahrhunderts von Walthard (1909) angewendet; Frank (1948) berichtete über die therapeutische Wirkung des Koitusverbots. Obwohl Masters und Johnson selbst ihr Vorgehen nicht als verhaltenstherapeutisch beschreiben, läßt es sich in vielem auf lerntheoretische Annahmen zurückführen.

Die formalen Bedingungen ihres Konzeptes können mit den Begriffen Paar-, Team- und Intensivtherapie beschrieben werden. Das bedeutet folgendes: die Therapie geschieht immer gemeinsam mit dem Partner, da „es so etwas wie einen unbeteiligten Partner in einer Partnerschaft, in der sexuelle Störungen aufgetreten sind, nicht gibt" (Masters und Johnson, 1970).

Weiterhin forderten Masters und Johnson, daß die Therapie von zwei Co-Therapeuten - einem Mann und einer Frau - durchgeführt wird, weil dadurch beide Partner „einen Vertreter und einen Interpreten" haben, der sie aufgrund seiner eigenen Erfahrungen als Mann bzw. Frau besonders gut verstehen kann. Als „intensiv" wird die Therapie von Masters und Johnson deswegen bezeichnet, weil sie in zwei bis drei Wochen durchgeführt wurde.

Inhaltlich besteht die Therapie aus einer Reihe von aufeinander folgenden Verhaltensübungen, die das Paar zwischen den Sitzungen durchführt. Die Erfahrungen mit den Übungen werden jeweils in der nächsten Sitzung besprochen und ausgewertet. Zusätzlich werden alle sonstigen Probleme bearbeitet, die den sexuellen Bereich beeinträchtigen. Über verschiedene, im Schwierigkeitsgrad ansteigende Zwischenstufen wird das sexuelle Verhalten wieder aufgebaut, wobei jeder einzelne Schritt, lerntheoretisch gesehen, sich durch das positive Ergebnis selbst verstärkt.

Unter dem Gebot, zunächst keinen Koitus auszuüben, werden folgende Stufen durchlaufen:

- abwechselndes Streicheln des ganzen Körpers mit Ausnahme der Genitalregion („Sensate focus I")
- erkundendes Streicheln der Genitalien
- stimulierendes Streicheln und Umgang mit Erregung
- Petting bis Orgasmus
- Einführen des Penis ohne Bewegung
- Koitus mit erkundenden Bewegungen bis hin zu nicht mehr durch Verhaltensanweisungen beschränkten sexuellen Tätigkeiten („Sensate focus II")

Mit diesem Vorgehen können die häufig vorhandenen Leistungsängste des Patienten weitgehend vermindert werden, da das Ziel nicht der Orgasmus ist. Durch die Offenheit für sensorisches Erleben können sich langsam wieder angenehme erotische Körperkontakte entwickeln, wenn nun Schritt für Schritt die Kontakte erweitert werden. Anschließend werden weitere symptomspezifische Behandlungsprogramme benutzt: Für die Therapie der Erektionsstörungen schlagen Masters und Johnson die sogenannte Teasing-Methode vor (mehrfach sehr kurzfristiges Einführen des Penis in die Scheide); für die Behandlung der frühzeitigen Ejakulation die „Squeeze-Technik" (Reduktion des Ejakulationsdranges durch Fingerdruck auf den Penis) und für die Therapie des Vaginismus das Benutzen der eigenen Finger oder den Einsatz von Hegarstiften.

Masters und Johnson berichten von recht guten Erfolgen. Allerdings definieren sie ihre Erfolgskriterien nicht sehr eindeutig. Dennoch ist den Angaben zu entnehmen, daß Patienten mit frühzeitiger Ejakulation (97,8% erfolgreich) und mit einer primären Anorgasmie (83% erfolgreich) besonders gut auf diese Art von Therapie ansprechen, während Patienten mit einer sekundären Anorgasmie (77% erfolgreich) und Patienten mit einer primären Erektionsstörung (59,4% erfolgreich) schwieriger zu behandeln sind. Diese Zahlen waren auch bei einer katamnestischen Befragung bis zu fünf Jahren nach Therapieabschluß noch sehr ähnlich.

Modifikationen der Therapie nach Masters und Johnson und weitere Entwicklung. Seit 1970 wurden zahlreiche Weiterentwicklungen vorgeschlagen und zum Teil wissenschaftlich überprüft. Das Grundprinzip der Behandlung blieb dabei gleich.

Reduktion des Aufwandes. In verschiedenen Therapiestudien wurde untersucht, ob sich die Durchführung der Therapie mit einem anstatt mit zwei Therapeuten sowie ambulant mit ein bis zwei Sitzungen wöchentlich anstatt quasi stationärer Behandlung negativ auf die Erfolgsquote auswirkt. Eine unterschiedliche Wirksamkeit der verschiedenen Therapiesettings wurde nicht nachgewiesen.

Gruppentherapie von Paaren. Sowohl unter ökonomischen Aspekten, als auch zur Nutzung der therapeutischen Vorteile einer Gruppe wurde das von Masters und Johnson entwickelte Vorgehen in Gruppen von mehreren Paaren angewendet. Mehrere Autoren behandelten bezüglich der sexuellen Problematik homogene Gruppen mit gleichem Erfolg wie in der Einzeltherapie; auch über erfolgreiche Gruppentherapien bei Paaren mit unterschiedlichen sexuellen Störungen wird berichtet.

Techniken zur Verbesserung der sexuellen Erlebnisfähigkeit. Vorwiegend von verhaltenstherapeutischer Seite wurden die Therapien von Masters und Johnson durch neue Übungselemente ergänzt. Sie lassen sich unter dem Begriff „Arousal reconditioning" zusammenfassen. Sie haben das Ziel, die sexuelle Erregbarkeit und das Lustempfinden aufzubauen, da der Abbau von Angst und Hemmungen zwar notwendig, aber allein nicht in allen Fällen gleichzeitig zu einem positiven Erleben der Sexualität führt.

Zu den Techniken des „Arousal reconditioning" gehören zum Beispiel:

- Übungen zur Selbsterfahrung des Körpers (LoPiccolo und Lobitz 1973);
- der Gebrauch starker mechanischer Stimulation (Vibrator) bei Orgasmusstörungen und beim Ausbleiben der Ejakulation;
- der Einsatz von sexuellen Fantasien, die zum Teil erst erlernt werden müssen;

- die Anwendung von Rollenspielen, zum Beispiel das „Orgasmic role-playing“ von Lobitz und LoPiccolo (1972).

Behandlung von Frauen mit primärer Anorgasmie. Für Frauen, die noch nie einen Orgasmus erlebt haben, wurde von LoPiccolo und Lobitz (1972) ein Vorgehen entwickelt, das bei dieser Patientengruppe zu besseren Ergebnissen als nach dem Vorgehen von Masters und Johnson führte. In den neun Stufen des Programms lernt die Frau in systematischer Weise, ihre Angst- und Schuldgefühle gegenüber dem eigenen Körper abzubauen, neue positive Gefühle sowie bestimmte sexuelle Fertigkeiten aufzubauen und über die Masturbation einen Orgasmus zu erreichen.

Behandlung von Patienten ohne Partner. Erst in den letzten Jahren wandte sich die Therapieforschung verstärkt dieser Patientengruppe zu, für die das Vorgehen nach Masters und Johnson nicht geeignet ist. Frauen ohne Partner, die noch nie einen Orgasmus hatten, wurden in Frauengruppen mit dem „Masturbationsprogramm“ nach LoPiccolo und Lobitz mit sehr gutem Erfolg behandelt. Zusätzlich wurde in diesen Gruppen Wert auf den Aufbau des Selbstvertrauens gelegt. Diese Form der Gruppentherapie ist bei primärer Anorgasmie auch für Frauen, die in einer festen Partnerschaft leben, eine Alternative zur Paartherapie. Schwieriger ist die Situation der Männer, die zum Beispiel durch ihre Erektions- und Ejakulationsstörungen so entmutigt sind, daß sie sich nicht mehr trauen, den Kontakt zu einer Frau aufzunehmen. Masters und Johnson versuchten auch bei diesen Männern eine Paartherapie, in der sie mit Surrogatpartnern arbeiteten, d.h. mit Frauen, die gegen Bezahlung die Rolle der Partnerin in der Therapie übernahmen. Masters und Johnson gaben dieses Therapiekonzept nicht nur wegen juristischer Schwierigkeiten wieder auf, sondern vorwiegend wegen der zunehmenden Probleme zwischen Patienten und Surrogatpartnern. Eine befriedigende, empirisch überprüfte Behandlungsmethode existiert für alleinstehende Männer noch nicht. Das therapeutische Vorgehen orientiert sich heute an dem von Zilbergeld (1978) vorgeschlagenen Behandlungsprogramm. Dabei werden hauptsächlich Elemente des Selbstsicherheitstrainings eingesetzt, um die Fähigkeit zu fördern, Kontakte mit Frauen aufzubauen. Auch eignet sich eine Art systematische Desensibilisierung, die der Mann bei der Masturbation durchführt, um die sexuellen Versagensängste abzubauen. Dieses Vorgehen kann die sexuellen Schwierigkeiten oft beseitigen oder aber den Mann zumindest in die Lage versetzen, sich wieder zuzutrauen, eine neue Partnerschaft einzugehen.

Integration der sexualtherapeutischen Techniken in bestehende Therapiekonzepte. Masters und Johnson wurde häufig der Vorwurf gemacht, in ihrem Behandlungsprogramm die individuellen Unterschiede der einzelnen Patienten zu wenig zu berücksichtigen. Das führte dazu, daß Therapeuten verschiedener Orientierungen die Techniken von Masters und Johnson in ihr jeweiliges theoretisches Bezugssystem integrierten und weiter entwickelten. Kaplan (1981) integrierte psychodynamische und partnerdynamische Aspekte in die Therapie und nannte diese Richtung „The New Sex Therapy“. Verhaltenstherapeuten übernahmen die einzelnen Techniken von Masters und Johnson, setzten sie aber entsprechend der Verhaltensanalyse und mit individuellen Therapieplänen ein. Ein Beispiel für diese Integration in die Verhaltenstherapie ist das von Annon (1974, 1975) entwickelte PLISSIT-Modell („**P**ermission, **L**imited **I**nformation, **S**pecific **S**uggestion, **I**ntensive **T**herapy“). Hawton et al. (1989) und Rosen et al. (1994) berücksichtigen bei der Behandlung von Sexualstörungen verstärkt Elemente der kognitiven Verhaltenstherapie.

Einige Autoren sind bestrebt, die „Sexualtherapie“ mit den in der letzten Zeit entwickelten körperlichen Therapiemethoden zu kombinieren, insbesondere mit der Schwellkörperautoinjektionstherapie (SKAT) und oraler Medikation, vor allem bei (vorwiegend älteren) Patienten mit unklarer oder gemischter Ätiologie ihrer sexuellen Gestörtheit (z.B. Hartmann 1995). Diese neue Entwicklung im Sinne einer „Somato-Psychotherapie“ dürfte gute Erfolgsaussichten haben, wenn man bedenkt, daß der Anteil älterer Männer mit Erektionsstörungen unklarer oder gemischter körperlicher und psychischer Ätiologie wahrscheinlich 50% des Klientels beträgt, das wegen sexueller Störungen eine urologische Ambulanz aufsucht (Schwarzer et al. 1991).

Die Behandlung nach Masters und Johnson und ihre Variationen sind immer nur ein Teil einer Gesamttherapie. Die sexuelle Symptomatik sollte auf verschiedenen Ebenen verstanden und bearbeitet werden. Dabei spielen nach Schmidt (1996) immer auch paardynamische Perspektiven, individuell-biographische Aspekte des einzelnen Partners und die Perspektive des sogenannten Symptomgewinns eine wesentliche Rolle. Ebenso spielen sozialpsychologische Aspekte mit (z.B. emanzipatorische Bestrebungen), die im Einzelfall zwar weniger wichtig sein können, aber grundsätzlich auch zu bedenken sind.

29.3 Sexuelle Deviationen, Paraphilien

■ Definition

Auf der Ebene des Verhaltens ist eine Paraphilie am besten zu beschreiben als sexueller Drang nach einem unüblichen Sexualobjekt oder nach unüblicher Art sexueller Stimulierung. Zur „Normalität" gibt es fließende Übergänge. Von einer Paraphilie spricht man erst, wenn unübliche sexuelle Fantasien und/oder Handlungen das deutliche Übergewicht oder eine Ausschließlichkeit in der Sexualität erreicht haben.

Nach Schorsch (1985) kann man vier Intensitätsstufen unterscheiden:

- Stufe 1: Ein devianter Impuls taucht einmalig oder sporadisch auf, gebunden an einen aktuellen Konflikt oder eine besondere Lebenskrise.
- Stufe 2: Eine deviante Reaktion wird zum immer wiederkehrenden Konfliktlösungsmuster, ohne die sexuelle Orientierung zu bestimmen.
- Stufe 3: Es entwickelt sich eine stabile deviante Orientierung. Sexualität ist ohne devianten Inhalt nicht oder nicht intensiv zu erleben (sogenannte Fixierung).
- Stufe 4: Die stabile deviante Orientierung geht in eine progrediente Entwicklung über.

Die letzte Stufe ist von Giese (1962) als „sexuelle Süchtigkeit" beschrieben worden. Er hat charakteristische Leitsymptome herausgearbeitet:

- Verfall an die Sinnlichkeit: spezifische Reize erhalten Signalcharakter
- zunehmende Häufigkeit sexuell devianten Verhaltens mit abnehmender Befriedigung
- Trend zur Anonymität und Promiskuität
- Ausbau devianter Fantasien und Praktiken
- „süchtiges Erleben"

Eine fixierte Paraphilie (ab Stufe 3) wird unter anderem durch folgende Gesichtspunkte charakterisiert:

- Stereotypes ritualisiertes sexuelles Verhalten: dieselbe sexuelle Verhaltensweise wird immer wieder erneut durchgespielt, nur dadurch ist sexuelle Befriedigung möglich.
- Der Partner wird zum Objekt. Die individuellen Bedürfnisse des Partners sind zweitrangig und werden nur akzeptiert, wenn sie den Erwartungen des Devianten entsprechen. Vom Partner wird erwartet, daß er eine bestimmte Rolle spielt, er darf nicht er selbst sein.
- Die orgastische Befriedigung, sowohl physisch als auch psychisch, wird nur unter den ganz speziellen Bedingungen erreicht, die für die Abweichung charakteristisch sind, nicht dagegen beim gewöhnlichen Koitus. Dieser wird als Ersatz aufgefaßt.

Paraphilien sind keine abgegrenzten Entitäten, die mit einer jeweils typischen Persönlichkeitsauffälligkeit einhergehen, wie früher angenommen wurde. Sie treten auch nicht oft in isolierter Form, sondern häufig kombiniert auf. Sexuell Deviante müssen keineswegs aggressive Menschen sein; die meisten sind eher gehemmte Personen, die manchmal in ihrer Sexualität aggressive Impulse ausleben. Die häufigsten Formen sexueller Deviationen sind in Tab. 29.2 aufgelistet. Die Reihenfolge entspricht in etwa der Häufigkeit, mit der man diese Patienten in einer psychotherapeutischen Praxis erlebt.

■ Lernpsychologische Entstehungstheorien

Die lerntheoretisch orientierte Literatur über die Entwicklung und Aufrechterhaltung sexuell devianten Verhaltens ist spärlich. In jüngerer Zeit haben sich Laws und Marshall (1990) hiermit beschäftigt.

Tabelle 29.2 Sexuelle Deviationen, Paraphilien

	Über einen Zeitraum von mindestens 6 Monaten bestehen wiederkehrende, starke sexuelle Impulse, Handlungen und/oder sexuell erregende Phantasien,	ICD	DSM-IV
Exhibitionismus	... die das Entblößen der eigenen Geschlechtsteile gegenüber einem nichtsahnenden Fremden beinhalten.	F 65.2	302.4
Fetischismus	... die den Gebrauch lebloser Objekte (Z.B. weibliche Unterwäsche) beinhalten.	F 65.0	302.81
Pädophilie	... die sexuelle Aktivität mit einem vorpubertären Kind oder Kindern (gewöhnlich im Alter von 13 Jahren oder jünger) beinhalten.	F 65.4	302.2
Transvestitismus (transvestitischer Fetischismus)	...die im Zusammenhang mit weiblicher Verkleidung bei einem heterosexuellen Mann stehen.	F 65.1	302.3
Voyeurismus	... die die Beobachtung argloser Personen, die nackt sind, sich gerade entkleiden oder sexuelle Handlungen ausführen, beinhalten.	F 65.3	302.82
Frotteurismus	... die das Berühren und Sich-Reiben an Personen betreffen, die mit der Handlung nicht einverstanden sind.	F 65.8	302.89
Sexueller Masochismus	... die mit einem realen, nicht simulierten Akt der Demütigung, des Geschlagen- und Gefesseltwerdens oder sonstigen Leidens verbunden sind.	F 65.5	302.83
Sexueller Sadismus:	... die reale, nicht simulierte Handlungen beinhalten, in denen das psychische oder physische Leiden (einschl. Demütigung) des Opfers für die Person sexuell erregend ist.	F 65.5	302.84
Sodomie	... die sexuelle Aktivität mit Tieren beinhaltet.	F 65.8	302.9
Erotophonie	... die obszöne Telefonanrufe beinhalten mit Personen, die ahnungslos oder damit nicht einverstanden sind.	F 65.8	302.9

Ihr Ausgangspunkt ist, daß sich menschliches Sexualverhalten, also auch deviantes Sexualverhalten, entsprechend den Prinzipien des „gerichteten Lernens" nach Seligman (1970, 1971) unter Berücksichtigung evolutionsbiologischer Gesichtspunkte entwickelt. Damit wird erklärt, daß nicht jedes zufällige Zusammentreffen sexueller Erregung mit einer sexuell neutralen Handlung über klassische Konditionierung zu einer sexuell erregenden Handlung wird.

Wie Lernpsychologen vor ihnen nehmen auch sie an, eine sexuelle Erregung auf deviante Stimuli entwickle sich zunächst über klassische Konditionierung bei sexuellen Aktivitäten. Ist auf diese Weise eine sexuelle Erregung auf einen unüblichen Stimulus eingetreten, sei die weitere Festigung der sexuellen Deviation über operante Konditionierung vorstellbar: Die nunmehr sexuell getönte Handlung wird durch das Erlebnis des Orgasmus unmittelbar positiv verstärkt. Gleichzeitig wird dieser neue sexuelle Reiz in die Masturbationsfantasien übernommen, die ebenfalls durch das Erlebnis des Orgasmus unmittelbar positiv verstärkt werden. Wenn nun zusätzlich durch ungeschickte Kontaktaufnahme zu einer Partnerin übliche sexuelle Kontaktversuche scheitern, also negativ belohnt werden, dann wird das Sexualverhalten über die sogenannte differentielle Verstärkung noch weiter in die deviante Richtung geformt. Laws und Marshall nehmen an, daß weitere Formen sozialen Lernens zusätzlich wirksam sind.

Hat sich eine Deviation entwickelt, so sind diese Personen zu üblichen sexuellen Kontakten meistens nur noch in der Lage, wenn sie während des Sexualaktes die devianten Phantasien zu Hilfe nehmen. Viele entwickeln deshalb starke Ängste, bei üblichem sexuellen Kontakt ohne sexuell deviante Reize zu versagen. Das wiederum kann Anlaß sein, übliche Sexualkontakte zu meiden und statt dessen bei der sexuell devianten Handlung zu bleiben. Die deviante Handlung erfüllt dann zwei Funktionen: (1) Befriedigung des momentanen sexuellen Verlangens und (2) Reduktion der Versagensängste, da dem üblichen Sexualkontakt ausgewichen wurde.

Diese doppelte Verstärkung erhält theoretisch die sexuelle Deviation aufrecht. Nach Laws und Marshall tragen weiterhin wieder verschiedene Formen des sozialen Lernens zur Aufrechterhaltung von Paraphilien bei, insbesondere das symbolische Modell-Lernen. Ein besonders wirksamer Faktor könnte die intermittierende Verstärkung sexuell devianten Verhaltens sein, da ja nicht jeder Versuch eines sexuell devianten Ausagierens zum Erfolg führe.

Die integrierende Theorie von J. Money (1986)

John Money versucht, lerntheoretische, psychoanalytische und biologische Theorien in ein Modell zusammenzubringen. Nach seiner Sicht entwickle sich die Sexualität des Menschen durch ein Zusammenspiel von biologischen und psychischen Faktoren, die zu bestimmten Zeiten Einfluß auf den Entstehungsprozeß nehmen. Diese Triade - biologische und psychische Faktoren und ihre Einwirkung in kritischen Zeitperioden - ist nach Money entscheidend für die Entstehung der Geschlechtsidentität, der sexuellen Partnerorientierung und der sogenannten Lovemaps, d.h. der sexuell-erotischen Vorstellungswelt. In seiner Sicht ist die sexuelle Devianz ein Kunstgriff, der ein „sündig erlebtes" sexuelles Begehren zu einer „erlaubten" sexuellen Lust werden läßt. Der Sadomasochist zum Beispiel sühne durch seine sadomasochistische Handlung die Sünde der erlebten sexuellen Lust, der Fetischist richte seine sexuelle Lust auf einen leblosen Fetisch und umgehe dadurch die Sünde des Koitus. Nach Money sind jene Erfahrungen für die Entwicklung einer sexuellen Devianz besonders wichtig, die ein Kind um das 8. Lebensjahr herum erfährt. Das sei die Zeit, in der Kinder beginnen, sexuell Gemeintes als Sexuelles gedanklich zu erfassen. Zusätzlich diskutiert Money verschiedene Vulnerabilitätsfaktoren als vorgeburtliche Prädisposition.

■ Beratung

Beratende Gespräche erfüllen eine Reihe von Aufgaben:

1. Sie können für den Paraphilen die erstmalige Chance sein, ein offenes Gespräch zu führen; das allein kann eine psychische Entlastung darstellen.
2. In dem Gespräch kann geklärt werden, ob das sexuelle Verhalten überhaupt als deviant anzusehen ist oder nur vom Patienten oder dessen Partner als "pervers" erlebt wird. Aufklärung über die Variationsbreite üblichen Sexualverhaltens und diagnostische Abklärung sind dann Hauptaufgabe.
3. Wer will eine Veränderung? Die Motivation einer Veränderung ist in der Regel sehr ambivalent. Häufig ist der Druck von Angehörigen und der sozialen Umgebung sehr erheblich. Es wird also im Rahmen der Beratung zu entscheiden sein, ob eine Therapie indiziert ist und entsprechende Motivationsarbeit geleistet werden muß, oder ob z.B. Gespräche mit Angehörigen nötig sind, um Verständnis für die sexuellen Besonderheiten des Patienten zu wecken. Deviante, die mit ihrem unüblichen Sexualverhalten mehr oder minder gut zurechtkommen, suchen oft solche Beratungen, um ihre Befürchtungen und Sorgen besprechen zu können.
4. Ist das Akzeptieren der sexuellen Devianz zumindest teilweise möglich? Betroffene können ihre Deviation zeitweilig z. B. in Transvestitenclubs oder sadomasochistischen Zirkeln ausleben. Immer wird es darauf ankommen, einen für den Devianten und ggf. für den Partner akzeptablen Kompromiß zu finden.
5. Die beratenden Gespräche haben auch das Ziel, Informationen über therapeutische Möglichkeiten zu geben. Man kann damit bei Devianten mit Leidensdruck erreichen, daß sie sich ihrer sexuellen Devianz nicht hilflos ausgeliefert fühlen müssen. Es mag auch entlasten, wenn der Betroffene erfährt, nicht der einzige mit einer solchen Problematik zu sein.

Therapie

Therapieindikation

Eine Indikation zur Therapie ist grundsätzlich unter zwei Bedingungen gegeben:

1. Der Patient leidet unter seiner Deviation. Das dürfte der Fall sein bei der progredienten Verlaufsform mit fortschreitendem, quälendem Ausufern der devianten Sexualität. Leidensdruck ist außerdem bei Patienten mit sexuellen Handlungen im Sinne immer wiederkehrender Konfliktlösungsmuster anzunehmen, also bei Durchbrüchen devianter Verhaltensweisen, die dem Betroffenen selbst fremd erscheinen.
2. Verhaltensweisen, unter denen andere leiden. Das sind meistens Handlungen, die den Tatbestand einer Straftat gegen die sexuelle Selbstbestimmung erfüllen. Man kann in der Regel nicht davon ausgehen, daß der Deviante von vornherein für eine Therapie motiviert ist. Die Bereitschaft muß erst geweckt werden. Dann ist Therapie aber auch bei Devianten möglich, die vom Gericht die Auflage zur Behandlung erhalten haben (Schorsch et al. 1985). Die Indikation zu einer Therapie ergibt sich bereits aus der ganz pragmatischen Feststellung, daß mit einer Behandlung zumindest die Chance besteht, daß der Patient sein Verhalten ändern kann, während Bestrafung, insbesondere eine Gefängnisstrafe, seine Lebenssituation nicht bessern, wahrscheinlich nur verschlechtern kann.

In allen übrigen Situationen ist die Therapieindikation zumindest fraglich. Ganz allgemein gesagt und pointiert formuliert, kann man feststellen: Eine Indikation zur Therapie ist eher nicht gegeben, wenn das deviante Verhalten in Übereinstimmung der Beteiligten geschieht, keinem Dritten schadet und nicht Ausdruck eines devianten Durchbruchs oder einer progredienten Verlaufsform ist, unter der der Betroffene leidet.

Therapieziel

Die jeweils geltenden gesellschaftlichen Normen beeinflussen die Therapieziele. 1974 erschien im „Journal of Abnormal Psychology" ein Artikel über die lerntheoretische Behandlung eines homosexuellen Pädophilen. Der Autor (Kohlenberg 1974) hatte gemeinsam mit dem Patienten als Therapieziel eine Homosexualität formuliert, die auf Erwachsene ausgerichtet ist. Der Herausgeber bat vier Therapeuten um ihre Meinung zu diesem Ziel. Zwei von ihnen schrieben einen zustimmenden Kommentar, zwei lehnten dieses Therapieziel ab. In einem anderen Zusammenhang haben sich mehrere Autoren (Nordyke et al. 1977, Winkler 1977) kritisch mit einer Arbeit von Rekers et al. (1974) auseinandergesetzt, in der über die Behandlung mädchenhaften Verhaltens eines fünfjährigen Jungen berichtet wird. Sie kritisieren die enge Sicht männlichen und weiblichen Rollenverhaltens und fragen, wer denn das Therapieziel bestimmen sollte: der Patient, der Therapeut oder die gesellschaftliche Norm.

Aus diesen Beispielen ist abzuleiten, daß Psychotherapeuten niemals neutral in ihrer Behandlung sein können. Eigene Wertmaßstäbe und geltende Normen fließen immer mit ein. Wichtig ist, daß sich der Therapeut bei der Festlegung des Therapieziels hierüber im Klaren ist. Das gilt für alle Therapien, seien es nun psychotherapeutische oder sonstige Behandlungen.

Besonderheiten bei der Therapie sexuell Devianter

Die Psychotherapie von Paraphilen hat einige besondere Probleme. Auf Seiten der Patienten stehen häufig eine schwierige soziale Lage und eine sehr ambivalente Therapiemotivation der Behandlung entgegen. Die Therapeuten übernehmen die Behandlung einer sozial geringgeschätzten Personengruppe und beurteilen ihre Patienten zunächst nicht viel anders. Sie müssen sich eine therapeutische Haltung erst erarbeiten. Der Therapeut steht unter Erfolgsdruck. Je mehr die sexuelle Devianz mit fremdschädigendem Verhalten einhergeht, desto stärker ist der Druck. Das kann zu übergroßer Vorsicht und damit zur Rigidität in der Therapie oder zu einem Überaktionismus führen. Dies sind Haltungen, die einer Psychotherapie nicht förderlich sind. Wegen dieser besonderen Schwierigkeiten ist eine enge psychotherapeutische Supervision nötig. Zusätzlich ist für den Therapeuten bei sexuell Delinquenten die Frage der Verantwortlichkeit für eine erneute Straffälligkeit des Patienten sehr belastend. Einerseits unterliegt er der ärztlichen Schweigepflicht, andererseits müssen Wege gefunden werden, einen akut drohenden Rückfall zu verhindern. Gegebenenfalls muß mit dem Patienten vereinbart werden, notfalls die zuständigen staatlichen Institutionen in die Lage zu versetzen, schützend einzugreifen.

Therapeutische Leitlinien

- Die Psychotherapie sollte eine klare therapeutische Struktur mit Festlegung der Grenzen therapeutischen Handelns haben.
- Sie hat am Anfang oft supportiven Charakter; soziale Belange müssen geregelt werden.
- Die Bedeutung der Devianz für den Patienten und ihre Auswirkungen auf seine derzeitige Lebenssituation müssen erarbeitet werden. Das entspricht der Verhaltensanalyse. Sie ist die Grundlage für die Planung der therapeutischen Schritte. Dieser Teil der Behandlung kann einen langen Zeitraum der beginnenden Psychotherapie umfassen. Wenn die Bearbeitung der Devianz noch zu belastend ist, sollten zunächst andere Problembereiche angegangen werden, zum Beispiel partnerschaftliche Probleme. Die vollständige Darstellung der Devianz ist die Voraussetzung für den Aufbau alternativer Verhaltensweisen.
- Patienten mit sexueller Devianz sind sehr unterschiedlich „therapiefähig". Die Behandlung wird deshalb je nach Patient sehr unterschiedliche Therapieziele, Zugangsformen und Tiefegrade haben. Das kann ein schulenübergreifendes Handeln der Psychotherapeuten erforderlich machen. Man muß wohl akzeptieren, daß manche Patienten ihre Devianz therapeutisch nicht verändern können, oder dazu nicht bereit sind. Inhalt der Behandlung kann dann nur eine supportive Stützung unterschiedlichen Ausmaßes in kritischen Situationen sein.
- Der Patient soll vor allem lernen, die Verantwortung für sein Leben, das heißt auch für seine Devianz und deren Folgen, selbst zu übernehmen und eigenverantwortlich an Veränderungen zu arbeiten.
- Man erreicht wohl nur selten eine vollständige „Heilung", aber zumindest kann der Patient lernen, seine Devianz in Kontrolle zu halten und eine adäquatere zwischenmenschliche Kommunikation zu entwickeln; damit kann er seine Lebensqualität erhöhen.

Verhaltenstherapie

Das verhaltenstherapeutische Vorgehen bei devianten Patienten ist in den letzten Jahren sehr viel breiter und individueller geworden. Die ursprüngliche Betonung einer Reduzierung des devianten Verhaltens als wesentliches Therapieziel ist einer Betonung des Aufbaus üblichen heterosexuellen Verhaltens gewichen. Die Erfahrung hatte gezeigt, daß bei den meisten Patienten mit sexuellen Deviationen erhebliche heterosexuelle Verhaltensdefizite bestanden, und daß die alleinige Anwendung von Methoden zur Reduktion devianten Verhaltens wenig Erfolg brachte. Außerdem wurde man sich bewußt, bei alleiniger Reduzierung des devianten Verhaltens ein „posttherapeutisches Vakuum" herbeizuführen. Depressive Verstimmungen waren die Folge, wenn sexuell deviantes Verhalten der einzige Weg war, über den ein Patient befriedigende Sexualität erleben konnte.

Weiterhin zeigte sich mit zunehmender Erfahrung, daß bei vielen sexuell Devianten, insbesondere bei sexuell Delinquenten, erhebliche Defizite in ihren sozialen Kompetenzen und Kommunikationsfähigkeiten bestehen.

So ergeben sich heute in der Behandlung einer Paraphilie vier verhaltenstherapeutische Schwerpunkte:

1. Reduktion bzw. Kontrolle über das sexuell deviante Verhalten
2. Verbesserung bzw. Aufbau nicht-devianten, üblichen Sexualverhaltens
3. Verbesserung bzw. Aufbau sozialer Fertigkeiten und interpersoneller Kommunikation
4. Rückfallprävention

Reduktion bzw. Kontrolle über sexuell deviantes Verhalten

Verdeckte Sensibilisierung. Es handelt sich um eine rein kognitive Therapiemethode. Der Patient soll sich seine deviante Handlung so lebhaft wie möglich ins Gedächtnis rufen. Ist das Bild klar, so wird der Patient angehalten, diese Vorstellung plötzlich zu ändern und an ein besonders unangenehmes Ereignis in Verbindung mit der devianten Handlung zu denken, zum Beispiel von einem Familienmitglied überrascht zu werden.

Selbstkontrollmethoden. Der Patient lernt, sich selbst von devianten Handlungen abzulenken und alternative Verhaltensformen zu entwickeln. Mit dem Patienten wird die Verhaltens- und Gedankenkette genau exploriert, die einer devianten Handlung vorausgeht. Dann werden gemeinsam Wege erarbeitet, die die Wahrscheinlichkeit reduzieren oder gar aufheben, daß der Patient die Verhaltenskette fortsetzt, an deren Ende die deviante Handlung steht. Das sind zum Beispiel starke gedankliche Ablenkung oder gut trainierte Verhaltensalternativen, die dem Patienten angenehm sind, aber unvereinbar mit einer devianten Handlung sind.

Masturbatorische Sättigung. Der Patient masturbiert bis zum Orgasmus mit laut ausgesprochenen üblichen sexuellen Fantasien. Danach masturbiert er längere Zeit weiter zu laut ausgesprochenen, bis ins Detail gehenden devianten Fantasien, bis diese Handlung langweilig oder gar unangenehm wird. Dahinter steht der lerntheoretische Gedanke, übliche sexuelle Fantasien positiv zu verstärken und deviante Fantasien zu löschen. Die Wirksamkeit dieser Methode ist phallometrisch nachgewiesen worden (Johnston et al. 1992). Allerdings scheint sie auch die Erregung auf nicht-deviante, übliche sexuelle Reize leicht negativ zu beeinflussen.

Stimuluskontrollmethoden. Der Patient lernt, Umstände zu erkennen, unter denen deviantes Verhalten aufzutreten pflegt (z.B. unstrukturierte Freizeit, einsame Wege) und sein Verhalten so zu verändern, daß er möglichst selten in solche Situationen gerät (z.B. Freizeit strukturieren, belebte Straßen benutzen).

„Imaginal desensitization". McConaghy et al. (1985) sind der Meinung, sexuell deviantes Verhalten sei sehr häufig zwanghaftes Verhalten, das trotz besseren Wissens immer wieder ausgeübt werde. Dieses zwanghafte Verhalten werde aufrechterhalten durch ein Gefühl starker innerer Anspannung und innerer Erregung, die aversiv werde, wenn der Patient das Sexualverhalten nicht zu Ende führen könne. Bei der Methode der „Imaginal desensitization" soll der Patient - wie bei einer systematischen Desensibilisierung, aber ohne Hierarchie - sich vorstellen, die sexuell deviante Handlung auszuführen ohne sie zu beenden, während er entspannt ist. Damit soll der Erregungspegel soweit gesenkt werden, daß der Patient in der Lage ist, sein sexuelles Verhalten in Kontrolle zu halten, und in verführerischen Situationen der Vollendung bzw. Ausübung der devianten Handlung zu widerstehen. McConaghys Arbeitsgruppe berichtet über Erfolge, die der verdeckten Sensibilisierung ebenbürtig sind. Andere Arbeitsgruppen haben diese Methode bisher nicht übernommen.

Die bisher beschriebenen Methoden zur Kontrolle sexuell devianten Verhaltens werfen sehr deutlich ethische Fragen auf. Für den Einsatz dieser therapeutischen Techniken muß der Grundsatz der Verhältnismäßigkeit herangezogen werden. Da der Patient sie selbst ausführt, muß vor allem er die Entscheidung fällen; er muß das Therapieverfahren akzeptieren können. Die Erfahrung hat allerdings gezeigt, daß eine Behandlung ohne Einsatz von Verhaltenskontrollen wenig effektiv ist.

Verbesserung bzw. Aufbau üblichen, nicht-devianten sexuellen Verhaltens

Alle Variationen des Vorgehens nach Masters und Johnson sind je nach den individuellen Gegebenheiten verwendbar. Natürlich kann auch Sexualberatung bei dieser Patientenklientel von Bedeutung sein.

„Orgasmic reconditioning"

Hierunter werden verschiedene Verfahren verstanden, in denen versucht wird, über die Masturbationsfantasien übliches, nicht-deviantes Sexualverhalten durch sexuelle Erregung und das Erleben des Orgasmus positiv zu verstärken. Der Patient wird angehalten, zunächst mit seinen devianten Fantasien zu masturbieren; kurz vor dem Orgasmus soll er sich auf übliche Fantasien umstellen, und dies bei Wiederholung immer zeitiger tun. Über die verstärkende Wirkung des Orgasmus werden dadurch übliche Masturbationsfantasien vermehrt und deviante Fantasien verringert und schließlich gelöscht. Die Erfolge mit dieser Methode sind umstritten, obwohl sie weit verbreitet ist.

Verbesserung bzw. Aufbau sozialer Fertigkeiten und interpersoneller Kommunikation

Die hierzu benutzten Verfahren entsprechen den üblichen Methoden zur Verbesserung der sozialen Kompetenz, der Kommunikation und des Problemlöseverhaltens. Meistens werden diese neu zu erlernenden Verhaltensweisen im Rollenspiel geübt. Bei Paraphilen liegt dabei die Betonung auf einer Verbesserung der interpersonellen, partnerschaftlichen und heterosexuellen Verhaltensweisen, also auf einer Verbesserung des Umgangs und Verhaltens gegenüber Frauen, aber auch einer Verbesserung der Sicht seiner selbst. Bei manchen Devianten kann dieser Bereich zum Hauptanteil der Behandlung werden.

Rückfallprävention

Diesem Anteil des Behandlungsprogramms bei sexuell Devianten wird in den letzten Jahren zunehmende Bedeutung zugesprochen. Einige amerikanische Behandlungszentren haben das von Marlatt ursprünglich für Alkoholabhängige entwickelte Modell übernommen und an die Verhältnisse Paraphiler angepaßt (Pithers et al. 1983). Wesentlicher Inhalt sind die bereits besprochenen Selbstkontrollmethoden. Es wird weiterhin zwischen einem „Lapse", den ersten Anzeichen eines Rückfalls (bei Paraphilen sind das in der Regel auftauchende deviante Fantasien) und dem „Relapse", dem tatsächlichen Rückfall, unterschieden. Mit dem Patienten werden eine Fülle verschiedener Copingstrategien eintrainiert, die in den verschiedenen Schritten zum Rückfall hin vom Patienten eingesetzt werden können, um den drohenden Rückfall zu vermeiden.

Neue Entwicklungen

In jüngerer Zeit sind Bemühungen erkennbar, schulenübergreifend therapeutisch tätig zu sein. Schorsch et al. (1985) haben eine Arbeit vorgelegt, in der sie sich sehr ausführlich mit der Therapie sexueller Delinquenz auseinandergesetzt haben und über Erfahrungen in der Behandlung berichten. Sie gehen von einem psychodynamisch orientierten Verständnis aus und sehen in dem paraphilen Symptom eine Schlüsselfunktion für die jeweils zugrunde liegende Persönlichkeitspathologie. Für die Behandlung setzten sie „dem Konzept eines mehrmodalen Mosaiks von Behandlungsstrategien das Konzept einer sich entwickelnden offenen therapeutischen Gestalt" entgegen und benutzten dabei gesprächstherapeutische und viele verhaltenstherapeutische Techniken.

■ Sexuelle Delinquenz

Sexuell Delinquente sind Personen, die Straftaten gegen die sexuelle Selbstbestimmung begehen. Ganz überwiegend sind es Männer mit dem Tatbestand der Notzucht und Vergewaltigung. Die Mehrzahl sexuell Delinquenter hat keine paraphilen Sexualfantasien, sie agieren ihre Sexualität aggressiv in unterschiedlicher Intensität aus. Einige von ihnen neigen auch sonst zu sehr aggressiven Verhaltensweisen. Nur ein kleiner Teil sind Sadisten (ca. 10%), d.h. Personen mit einer sexuell devianten sadistischen Fixierung.

Eine sexuelle Delinquenz verursacht zwei Gruppen, die eine Behandlung benötigen, die Täter und die Opfer. Die therapeutischen Bemühungen um diese beiden Gruppen sind erst in den letzten zwei Jahrzehnten verstärkt worden.

Die Opfer

Das Erleben einer Notzucht oder Vergewaltigung ist immer ein Trauma mit erheblichen psychischen Folgen, die als posttraumatische Belastungsreaktionen beschrieben sind. Daher orientiert sich die Behandlung der Opfer an der Therapie für posttraumatische Belastungsreaktionen. Bei vergewaltigten Frauen sind zwei Verfahren häufig angewandt worden: „Prolonged exposure" und „Stress inoculation training" (SIT).

„Prolonged exposure" ist eine abgemilderte Form des Flooding: die Patientinnen stellen sich wiederholt die traumatische Situation so lebhaft wie möglich vor und beschreiben sie laut in jeder Therapiesitzung. Ein hiervon angefertigtes Tonband hören sie sich mindestens einmal täglich an. Zusätzlich suchen sie den gefürchteten, aber jetzt voll abgesicherten Ort des Geschehens auf.

SIT ist ein Therapiepaket aus Muskelentspannung mit kontrolliertem Atmen, Gedankenstopptraining, einem „Guided-self-dialogue", in dem verzerrte Annahmen verarbeitet werden („ich bin selbst schuld, ein Opfer geworden zu sein") und einer „stress-inoculation", in der Copingstrategien entwickelt und im Rollenspiel geübt werden. Beide Therapieformen erwiesen sich als erfolgreich, SIT jedoch war wirksamer (Foa et al. 1991). Aus ethischen Gründen wird man sich aber bei dieser Patientengruppe nur extrem selten zu einer Behandlung mit „prolonged exposure" entschließen können.

Verhaltenstherapie der Täter

Das therapeutische Vorgehen ist ähnlich wie bei der Behandlung sexueller Devianz, allerdings mit anderen Schwerpunkten; außerdem kommen einige neue Elemente hinzu.

Sexualverhalten. Sofern sexuell deviante Präferenzen bzw. sexuell aggressive Vorstellungen vorhanden sind, werden sie wie bei den Paraphilien mit verdeckter Sensibilisierung, masturbatorischer Sättigung und verschiedenen Selbstkontrollmethoden behandelt. Der Aufbau üblichen Sexualverhaltens geschieht je nach Notwendigkeit mit „orgasmic reconditioning" und Anteilen des Vorgehens nach Masters und Johnson.

Soziale Kompetenz. Dieser Bereich spielt in der Therapie sexuell Delinquenter eine sehr große Rolle; über Selbstsicherheits- und Kommunikationstraining sowie Empathie- und Intimitätstraining wird die soziale Kompetenz gebessert. Entsprechende Copingstrategien werden im Rollenspiel eingeübt. Weitere wichtige Bereiche sind die Umstrukturierung der Freizeit und der adäquate Umgang mit legalen Drogen, also insbesondere mit Alkohol.

Kognitive Verzerrungen. Sexuell aggressive Täter haben oft gegenüber Frauen sehr negative, abwertende Einstellungen. Das kann zu Überzeugungen führen wie: „Frauen wollen sowieso mit Gewalt genommen, vergewaltigt werden, ihre Gegenwehr ist nur ein Spiel". Pädophile behaupten oft (und glauben auch), ihre Handlungen seien gut für die Sexualerziehung des Kindes, seien ein Zeichen körperlicher Anteilnahme für emotional depravierte Kinder. Sie meinen, die Kinder hätten Spaß an den sexuellen Handlungen. Alle sexuell Delinquenten tendieren dazu, mit solchen kognitiven Verzerrungen die Verantwortung für ihre Handlungen von sich zu weisen oder zumindest zu verringern.

Das therapeutische Vorgehen, das diese Verzerrungen beseitigen soll, durchläuft mehrere Schritte:

- Die Bedeutung der Verzerrungen für die Aufrechterhaltung des delinquenten Sexualverhaltens erklären.
- Informationen über das tatsächliche Erleben der Opfer geben und
- das Verändern von diesen Verzerrungen üben, unter Umständen in Gruppen mit Rollenspielen.

Eine besonders wirksame Methode könnte die kognitive Umstrukturierung im Rollenspiel mit vertauschten Rollen in der Gruppe sein: der Therapeut übernimmt die Rolle des Täters, der Täter die Rolle des Opfers. Das allerdings erfordert sehr viel Fingerspitzengefühl und therapeutische Erfahrung. Die Wirksamkeit der Methoden zur Veränderung kognitiver Verzerrungen ist noch nicht bewiesen.

29.4 Literatur

1. *Annon, J.S.:* The behavioral treatment of sexual problems. Vol.1, Enabling System Inc., Honululu, 1974
2. *Annon, J.S.:* The behavioral treatment of sexual problems. Vol.2, Enabling System Inc., Honululu, 1975
3. *Ansari, J.M.:* A study of 65 impotent males. British Journal of Psychiatry, 127, 1975, 337-341
4. *Arentewicz, G., Schmidt, G.* (Hrsg.): Sexuell gestörte Beziehungen (3.Auflage), Enke Verlag, Stuttgart, 1993
5. *Bancroft, J.:* Die Zweischneidigkeit der Medikalisierung männlicher Sexualität. Zeitschrift für Sexualforschung, 4, 1991, 294-308
6. *Barlow, D.H.,:* Causes of Sexual Dysfunction: The Role of Anxiety and Cognitive Interference. Journal of Consulting and Clinical Psychology, 54(2), 1986, 140-148
7. *Bernado, A., Halhuber, M.J., Kockott, G.:* Herz und Sex. Sexualität bei Herzinfarkt-Kranken und - Gefährdeten. Facultas Universitätsverlag, Wien, 1996
8. *Buddeberg, C.:* Sexualberatung. 3.Auflage, Enke Verlag, Stuttgart, 1996
9. *Bulpitt, C.J., Dollery, C.T., Carne, S.:* Change in symptoms of hypertensive patients after referral to hospital clinic. British Heart Journal, 38, 1976, 121-128
10. *Foa, E.B., Rothbaum, B.O., Riggs, D.S., Murdock, T.B.:* Treatment of posttraumatic stress disorder in rape victims: a comparison between cognitive-behavioral procedures and counseling. Journal of Consulting and Clinical Psychology, 59, 1991,715-723
11. *Frank, R.T.:* Dyspareunia: A problem for the general practioner. Journal of the American Medical Association, 136, 1948, 361-365
12. *Giese, H.:* Psychopathologie der Sexualität. Enke Verlag, Stuttgart, 1962
13. *Hartmann, U.:* Die kombinierte psycho-somatische Behandlung erektiler Dysfunktionen. Psycho, 21, 1995, 651-657
14. *Hawton, K., Salkovskis, P.M., Kirk, J., Clark, C.M.*(Hrsg.): Cognitive behavior therapy for psychiatric problems. A practical guide. Oxford Medical Publications, Oxford, 1989
15. *Hertoft, P.:* Klinische Sexologie. Deutscher Ärzte-Verlag, Köln. 1989
16. *Johnston, P., Hudson, S.M., Marshall, W.L.:* The effects of masturbatory reconditioning with nonfamilial child molesters. Behaviour Research and Therapy, 30, 1992, 559-561
17. *Kaplan, H.S.:* The New Sex Therapy. Brunner & Mazel, New York, 1981

18. *Kinsey, A.C., Pomeroy, W.B., Martin, C.E.:* Das sexuelle Verhalten des Mannes. S. Fischer Verlag, Frankfurt, 1948
19. *Kockott, G.:* Die sexuellen Funktionsstörungen des Mannes. Enke Verlag, Stuttgart, 1981
20. *Kockott, G.:* Weibliche Sexualität. Hippokrates Verlag, Stuttgart, 1988a
21. *Kockott, G.:* Männliche Sexualität. Hippokrates Verlag, Stuttgart, 1988b
22. *Kockott, G.:* Sexuelle Variationen. Hippokrates Verlag, Stuttgart, 1988c
23. *Kockott, G., Pfeiffer, W.:* Sexual disorders in nonacute psychiatric outpatients. Comprehensive Psychiatry, 37, 1996,56-61
24. *Kohlenberg, R.J.:* Treatment of a homosexual pedophiliac using in vivo desensitization: a case study. Journal of Abnormal Psychology, 83, 1974,192-195
25. *Laws, D.R. & Marshall, W.L.:* A conditioning theory of the etiology and maintenance of deviant sexual preference and behavior. In *Marshall, W.L., Laws, D.R., Barbaree, H.E.*(Hrsg.): Handbook of sexual assault: issues, theories and treatment of the offender. Plenum Press, New York, 1990
26. *Lobitz, W.C. & LoPiccolo, J.:* New methods in the behavioral treatment of sexual dysfunction. Journal of Behavior Therapy and Experimental Psychiatry, 3, 1972, 265-271
27. *LoPiccolo, J. & Lobitz, W.C.:* The role of masturbation in the treatment of orgasmic dysfunction. Archives of Sexual Behaviour, 2, 1972, 163-171
28. *LoPiccolo, J. & Lobitz, W.C.:* Behavior Therapy of Sexual Dysfunctions. In *Hamerlynck, C., Handy, L.C., Mash, E.J.* (Hrsg.): Behavior Change, Research Press, Champagain/IL, 1973, S.343-358
29. *Masters, W.H. & Johnson, V.E.:* Human sexual inadequacy. Little Brown, Boston, 1970, (Deutsche Ausgabe: Impotenz und Anorgasmie. Goverts, Krüger und Stahlberg, Hamburg, 1973)
30. *McConaghy, N., Armstrong, M.S., Blaszczynski, A.:* Expectancy, covert sensitization and imaginal desensitization in compulsive sexuality. Acta Psychiatrica Scandinavica, 72, 1985, 176-187
31. *Money, J.:* Lovemaps. Irvington, New York, 1986
32. *Nordyke, N.S., Baer, D.M., Etzel, B.C., Leblanc, J.M.:* Implications of the stereotyping and modification of sex role. Journal of Applied Behaviour Analysis, 10,1977,553-557
33. *Pithers, W.D., Marques, J.K., Gibat, C.C., Marlatt, G.A.:* Relapse prevention with sexual aggressives: A self-control model of treatment and maintenance of change. In *Geer, J.G. & Stuart, I.R.* (Hrsg.): The sexual aggressor: current perspectives in treatment. Van Nostrand Reinhold, New York, 1983
34. *Rekers, G.A., Lovaas, O.J., Low, B.:* The behavioral treatment of a transsexual preadolescent boy. Journal of Abnormal Child Psychology, 2, 1974, 99
35. *Rosen, R.C., Leiblum, S.R., Spector, G.P.:* Psychologically based treatment for male erectile disorder: a cognitive-interpersonal model. J.sex.Marital Therapy, 20, 1994, 67-85
36. *Schiavi, R.:* Sexual therapy and psychophysiological research. American Journal of Psychiatry, 133, 1976, 562-566
37. *Schmidt, G.:* Tendenzen und Entwicklungen. In *Arentewicz, G. & Schmidt, G.* (Hrsg.). Sexuell gestörte Beziehungen (3. Auflage), Enke Verlag, Stuttgart, 1993
38. *Schmidt.G.:* Paartherapie bei sexuellen Funktionsstörungen. In *Sigusch, V.* (Hrsg.): Sexuelle Störungen und ihre Behandlung, Thieme Verlag, Stuttgart, 1996
39. *Schorsch, E.:* Sexuelle Perversionen. Medizin, Mensch, Gesellschaft, 10, 1985, 253-260
40. *Schorsch, E., Galedary, G., Haag, A., Hauch, M., Lohse, H.:* Perversion als Straftat. Springer Verlag, Berlin, 1985
41. *Schwarzer, J.U., Kropp, W., Kockott, G., Bäumler, S.:* Partnerinnenexploration bei der Abklärung der erektilen Dysfunktion. Zeitschrift fü urologie, 1, 1991, 57-58
42. *Seamans, J.J.:* Premature ejaculation: A new approach. South Medical Journal, 49, 1956, 353-357
43. *Seligman, M.E.P.:* On the generality of the laws of learning. Psychological Review, 77, 1970, 406-418
44. *Seligman, M.E.P.:* Phobias and preparedness. Behavior Therapy, 2, 1971, 307-320
45. *Sigusch, V. & Schmidt, G.:* Jugendsexualität. Beiträge zur Sexualforschung (52). Enke Verlag, Stuttgart, 1973
46. *Sigusch, V.* (Hrsg.): Sexuelle Störungen und ihre Behandlung. Thieme Verlag, Stuttgart, 1996
47. *Vogt, H.J., Brandl, P., Kockott, G., Schmitz, J.R., Wiegand, M.H., Schadrack, J., Gierend,M.:* Doubelblind, placebo-controlled safety and efficacy trial with Yohimbine hydrochloride in the treatment of nonorganic erectile dysfunction. International Journal of Impotence Research, 9, 1997, 155-161
48. *Walthard, M.:* Die psychogene Ätiologie und die Psychotherapie des Vaginismus. Münchner Medizinische Wochenzeitschrift, 56, 1909, 1998-2000
49. *Winkler, R.C.:* What types of sex-role behavior should behavior modifiers promote? Journal of Applied Behaviour Analysis, 10, 1977, 549-552
50. *Zilbergeld, B.:* A guide to sexual fulfillment. Little Brown, Boston, 1978. (Deutsche Übersetzung: Männliche Sexualität, DGVT-Forum, Band 5, Tübingen, 1983)
51. *Zimmer, D.:* Sexualität und Partnerschaft. Urban und Schwarzenberg, München, 1985
52. *Zusman, R.M.:* Cardiovascular data on sildenafil citrate. The American Journal of Cardiology, 83, 1999, 1c-44c

30. Schmerzstörungen

A. Batra

30.1 Einführung

Rücken-, Gelenks-, Gesichts-, Kopf- oder auch generalisierte Schmerzerkrankungen sind häufig. Ca. 16 Millionen Menschen in Deutschland leiden allein an Kopfschmerzen. Schmerzstörungen, die 20 % der Bundesbevölkerung betreffen, verursachen hohe Folgekosten von ca. 4 Mrd. DM durch Arbeitsausfall, ärztliche Behandlungen und Medikamenteneinnahme.

5 Millionen Bundesbürger leiden unter chronischen Schmerzen. In regelmäßiger ärztlicher Behandlung befinden sich etwa 500.000 Menschen.

Schmerz wird unterteilt in einen akuten, an konkrete Auslöser (z.B. entzündliche Prozesse oder Verletzungen) gebundenen Schmerz, der wenige Sekunden bis maximal einige Tage oder Wochen anhalten kann, und in einen chronischen Schmerz, der konstant, jedoch mit wechselnder Intensität vorhanden ist, vielfältige Ursachen haben kann und seit mindestens sechs Monaten anhält.

■ Symptomatik chronischer, generalisierter Schmerzen

Chronische Schmerzen sind oftmals durch ausgedehnte Schmerzen am gesamten Bewegungsapparat charakterisiert. Sie werden als „psychogener Rheumatismus“, „somatoforme Schmerzstörung“, „Weichteilrheumatismus“, „Fibromyalgie“ und durch viele andere Begriffe ganz unterschiedlich diagnostiziert, klassifiziert und ätiologisch begründet. Die diagnostische Zuordnung ist in Einzelfällen weniger durch das meist diffuse Beschwerdebild als durch die Betrachtungsweise und konzeptuelle Heimat des Untersuchers erklärt.

Den Störungen gemeinsam ist die Kombination der Schmerzen mit vegetativen und funktionellen Störungen sowie psychopathologischen Veränderungen.

Zu den vegetativen und funktionellen Störungen gehören eine ausgeprägte Tagesmüdigkeit, Steifigkeit am ganzen Körper, ein Morgentief, aber auch Schlafstörungen, Angst, Kopfschmerzen oder Beschwerden im Urogenitalsystem (Miktionsstörungen, Dysmenorrhoe, Libidoverlust).

Psychopathologische Veränderungen treten in vielen Fällen als Angst, Antriebsminderung oder Depressivität auf.

Die Folgen chronischer Schmerzen sind als Einschränkung der Arbeitsfähigkeit bis hin zur Invalidität auf der einen Seite zu charakterisieren, auf der anderen Seite stehen die Depressivität, der soziale Rückzug und eine gelernte Hilflosigkeit im Vordergrund der psychosozialen Veränderungen.

■ Ätiologische Konzepte

Während die Diagnostik und Behandlung akuter Schmerzen die Domäne der Organmedizin ist, existieren für chronische Schmerzen bei mehreren ätiologischen Konzepten auch unterschiedliche, und insbesondere auch psychotherapeutische Behandlungskonzepte.

Die somatischen Modelle für chronische Schmerzen gehen von vielerlei möglichen Ursachen aus: genannt werden u.a. statische Fehlfunktionen, degenerative Veränderungen oder Störungen des Muskelstoffwechsels, Infektionen (z.B. mit Retroviren oder dem Ebstein-Barr-Virus), autoimmunologische Geschehen (z.B. Serotonin- oder Muskelantikörper), Intoxikationen mit Schwermetallen oder aber Schlafstörungen, insbesondere Störungen des REM-Schlafes, die für die Chronifizierung von Schmerzen verantwortlich sein können.

Auf einer physiologischen Betrachtungsebene sind Übererregungen peripherer oder spinaler

Nozizeptoren, eine reduzierte supraspinale Hemmung oder eine erhöhte supraspinale Empfindlichkeit für die qualitative Veränderung der Schmerzwahrnehmung und eine generell erhöhte Schmerzempfindlichkeit in der Diskussion.

In einem psychiatrischen oder psychotherapeutischen Modell werden Schmerzen häufig durch eine somatisierte Depression erklärt, sind aber auch als Reaktionsbildungen bei einer narzißtischen, depressiven oder histrionischen Persönlichkeitsstruktur vorstellbar. Interessant sind Untersuchungen der Persönlichkeitsprofile von Patienten mit verschiedenen psychosomatischen Leiden, zu denen auch ein Teil der chronifizierten Schmerzerkrankungen zu rechnen ist. Diese zeigen Gemeinsamkeiten im Sinne einer Konfliktleugnung, einer Alexithymie, eines Perfektionismus, einer Angst vor Abhängigkeit und einer Unfähigkeit zu genießen.

Schmerzreaktionen (z. B. bei der Geburt, bei religiösen Ritualen oder auch im Alltag) unterliegen eindeutig auch kulturellen und biographischen Einflüssen. Schmerzreaktionen werden erlernt (und verlernt) wie jedes andere menschliche Verhalten. Die Chronifizierung von Schmerzen geht mit spezifischen, schmerzbezogenen Verhaltensmustern einher. Aufmerksamkeitsverschiebungen oder Ablenkungen lassen den Schmerz dagegen an Intensität verlieren. Hierfür sind kognitive Faktoren ausschlaggebend.

Aus verhaltenstherapeutischer Sicht bieten insbesondere das Konzept der gelernten Hilfslosigkeit oder aber der operanten Verstärkung des Krankheitsverhaltens mögliche Erklärungsansätze für eine Chronifizierung von Schmerzen.

Schmerz aus verhaltenstherapeutischer Sicht

Wie sehr Schmerz aus lernpsychologischer Sicht von kognitiven Faktoren beeinflußt wird, ist leicht plausibel zu machen:

Die Erwartung eines Schmerzreizes erhöht die kognitive und die emotionale Spannung - Angst als Ausdruck der emotionalen Spannung erhöht die Schmerzempfindlichkeit. Schmerzäußerungen sind durch Persönlichkeitsfaktoren, soziale Einflüsse oder Umweltbedingungen moduliert, werden in Abhängigkeit von diesen Bedingungen unterschiedlich stark wahrgenommen oder zumindest geäußert.

Ausgehend von der Beobachtung, daß gleiche Verletzungen bei verschiedenen Patienten zu unterschiedlichen Schmerzreaktionen führen, wird Schmerz im Schmerzkonzept von Melzack und Wall (1965) durch vielfältige sensorische, motivationale und affektive Faktoren modelliert. Die Autoren postulieren Schmerz als eine Funktion der gesamten Person mit ihren gegenwärtigen Gedanken, Befürchtungen und Zukunftserwartungen.

Die sogenannte „Gate-Control-Theory" von Melzack und Wall greift diese multikausalen Bedingungen des Schmerzes auf und stellt den Bezug zu zentral-nervösen Strukturen her, die aus dem sensorischen, dem affektiv-motivationalen und dem kognitiven System beeinflußt werden. Damit scheint eine Modulation des Schmerzerlebens sowohl über die affektiv-motivationale Ebene als auch über einen kognitiven Verarbeitungsprozeß möglich zu sein. Schmerz kann somit zum einen durch eine Blokkade des sensorischen Reizleitungssystems, in diesem Konzept beispielsweise durch eine Überlagerung der Schmerzreize mit Berührungsreizen, oder durch motivational-affektive (depressive oder ängstliche Gestimmtheit) sowie kognitiv-evaluative (Erwartungen, Erfahrungen) Faktoren beeinflußt werden.

Unzweifelhaft bestehen zahlreiche Beziehungen zwischen Soma- und Schmerzerleben sowie Schmerzbeurteilung und Psyche.

Diese Betrachtungsweise läßt sich außerdem leicht auf das S-POE-R-K-C-Modell zurückführen: Diskriminative Stimuli (soziale, körperliche oder intrapsychische Situation) führen bei Auftreten begünstigender Organismusvariablen (POE: Verletzungen, Ermüdung, Erschöpfung, Krankheit, Frustrationen, Einstellungen und Erwartungen) zur Reaktion „Schmerz"

Die (Schmerz-)Reaktion wird in einem „trimodalen Modell der Schmerzreaktion" analog dem System-Modell der Regulation menschlichen Verhaltens nach Kanfer (s. Kapitel 3: Modelle der Verhaltenstherapie) unterteilt in eine beobachtbare Ebene, die Ebene der kognitiven Prozesse und Inhalte sowie die Ebene der biologisch-physiologischen Prozesse. Unterschieden werden die:

- motorisch-verhaltensmäßige Ebene (Mimik, Schonhaltung)

- subjektiv-verbale Ebene (Klagen, Stöhnen, verdeckte Reaktionen in Form von Gedanken, Gefühlen und Vorstellungen)
- eine physiologische Ebene (Erregung der Nozizeptoren und Beeinflussung durch biochemische Prozesse)

Die negativen *K*onsequenzen sind nicht nur in der Chronifizierung der Schmerzen, sondern auch in den Veränderungen im sozialen Bereich (Isolation) und der zunehmenden affektiven (Depression) und kognitiven Folgeerscheinungen (Selbstunsicherheit, geminderte soziale Kompetenz durch geringere Selbstwirksamkeitserwartung) zu sehen. Positive Konsequenzen können sich im Sinne einer Entlastung, Versorgung oder Exkulpation einer subjektiv erlebten oder objektiv vorhandenen Leistungsinsuffizienz ergeben.

Die *Vulnerabilitätshypothese* faßt diese zahlreichen Bedingungsfaktoren zusammen: Somatische Probleme, edukative Faktoren, soziale Bedingungen und Konsequenzen, die psychische Prädisposition, kognitive Faktoren wie Einstellungen oder Werthaltungen aber auch operante Verstärkungsmechanismen sind für die Entstehung und Aufrechterhaltung chronischer Schmerzen verantwortlich.

30.2 Therapeutische Optionen bei chronischen Schmerzen

Im Rahmen einer medizinischen Behandlung ist zu allererst natürlich die differentialdiagnostische Abklärung der Ursache der Schmerzen von Belang. Danach steht der Versuch im Vordergrund, eine medikamentöse oder andere biologisch-interventionelle Schmerzreduktion vorzunehmen. Erst dann, wenn hierdurch keine ausreichenden Veränderungen herbeizuführen sind, werden Voraussetzungen für die psychotherapeutische Behandlung gesehen. Die Einleitung einer Psychotherapie erfolgt somit oft erst sehr spät innerhalb des therapeutischen Prozesses. Dies ist im Sinne eines günstigen Ausgangs der Behandlung als ungünstiger Prognosefaktor zu werten.

Therapeutische Ansätze mit *Medikamenten* sind vielfach untersucht. Einfache Analgetika oder nicht-steroidale Antirheumatika (NSAR) haben im Verlauf der Chronifizierung häufig ihre Wirksamkeit verloren. Viele Patienten profitieren nur noch von lokalen Infiltrationen. Muskelrelaxantien oder auch Benzodiazepine haben eine nur vorübergehende Wirkung auf den Verlauf der chronischen Schmerzen. Beobachtet wurden aber auch günstige Einflüsse von trizyklischen Antidepressiva (z.B. Clompipramin oder Amitriptylin) oder SSRI (z.B. Fluoxetin oder Sertalin) in niedriger Dosierung, die zwar nicht zu einer Schmerzfreiheit, jedoch zu einer Schmerzreduktion oder zu einer Minderung des täglichen Bedarfs an Analgetika führen können.

Nicht medikamentöse therapeutische Ansätze haben häufig eine bessere und länger anhaltende Effektivität. Hierzu gehören sportliche Aktivitäten, wenngleich hier eine geringe Compliance zu verzeichnen ist, ansonsten auch lokale Wärmeanwendungen, Entspannungsübungen, Akupunktur und Hypnose. Letzteren kommen vermutlich vor allem (auto-) suggestive Einflüsse zugute. Psychophysiologische Verfahren wie das Bio-Feedback, Entspannungsmethoden, wie das Muskelentspannungstraining nach Jacobson, oder verhaltenstherapeutische Selbstkontrollmethoden führen eindeutig zu einer Schmerzreduktion.

Psychotherapeutische Schmerzbehandlung

Eine psychotherapeutische Schmerzbehandlung ist dann indiziert, wenn folgende Bedingungen erfüllt sind (Birbaumer 1986):

- Schmerzen ohne nachweisbaren Organbefund und Vorliegen einer umfassenden psychologischen Diagnostik (Verhaltensanalyse und Testdiagnostik), die psychologische Ursachen als wahrscheinlich identifiziert hat.
- Schmerzen mit Organbefund, wenn die indizierten medizinischen Behandlungen keine wesentliche Besserung erbrachten.
- Schmerzen mit Organbefund, wenn depressive Verstimmungen oder Angstzustände vorliegen (in Kombination mit einer medizinischen Behandlung).

Die *Indikation* für eine psychotherapeutische Schmerzbehandlung ergibt sich vor allem bei chronischem Schmerzleiden. Hierzu gehören Spannungskopfschmerzen, chronisch rheumatische Leiden, chronische Rückenschmerzen oder generalisierte somatoforme Schmerzstörungen, Weichteilrheumatismus und ähnliche, somatisch nicht klärbare chronifizierte Schmerzsyndrome. Eine Voraussetzung für die psychologische Schmerzbehandlung ist die medizinisch-somatische Abklärung im Vorfeld, die Motivation zur Teilnahme an einer Schmerzkontrollbehandlung und - verbunden mit der aktiven Mitarbeit - natürlich ein Maß an Schmerzen, das eine aktive Mitarbeit in einer psychotherapeutischen Behandlung noch gestattet.

Als *Ziel* der psychotherapeutischen Behandlung ist nicht die Schmerzfreiheit anzusehen, sondern eine Kontrolle im Umgang mit den Schmerzen. Hierzu gehört eine positive Beeinflussung der Schmerzwahrnehmung durch ein Entspannungstraining, der Abbau von Folgeerscheinungen der Schmerzen, z.B. von Angst oder Anspannung, und der Abbau der erlebten Hilflosigkeit im Umgang mit den Schmerzen. Die Therapie zielt auf einen Aufbau schmerzinkompatibler Aktivitäten, die Beeinflussung primärer und sekundärer depressiver Kognitionen und eine Reduktion der Arztbesuche und der Medikamenteneinnahme.

Mit dem Therapieerfolg verbunden ist eine Erhöhung der erlebten Selbsteffizienz und eine Reduktion fehlangepaßter Verhaltensweisen.

Als primäres Ziel werden also die Kontrolle chronischer Schmerzen, die soziale Wiedereingliederung und die Beseitigung der Depressivität angesehen. Dies sind weitreichende Ziele, die über eine Schmerzbewältigung, eine Verbesserung der Copingstrategien zum Umgang mit den Schmerzen und die Stabilisierung im sozialen Umfeld den Erhalt des Arbeitsplatzes möglichst lange gewährleisten sollen.

Unter der einschränkenden Bedingung, daß der Patient oft erst dann zur Psychotherapie kommt, wenn alle somatischen Möglichkeiten ausgeschöpft und die Chronifizierungsprozesse bereits abgelaufen sind, müssen die sekundären Behandlungsziele vor allem in der sozialen Reintegration und Stabilisierung, in der Erhaltung der Arbeitsfähigkeit und in der Reduktion der Arztbesuche gesehen werden.

Verhaltenstherapeutische Schmerzbehandlung

Allgemeines Behandlungssetting

Verhaltenstherapeutische Schmerzbehandlungen werden meist im Rahmen von gruppentherapeutischen Settings mit einer Doppelstunde pro Woche bei einer Gruppengröße von 6 bis 10 Teilnehmern durchgeführt.

Ergänzend können Patienten auch Selbsthilfematerialien auf verhaltenstherapeutischer Grundlage empfohlen werden (z.B. Broome & Jellicoe 1989).

Inhalt einer jeden verhaltenstherapeutischen Schmerzkontrollbehandlung ist zunächst eine Information und Aufklärung über die Genese der Schmerzen, über medizinische und psychologische Schmerzkonzepte und die Vermittlung der Therapierationale sowie eine Aufklärung über die mögliche Wirksamkeit der Behandlung, um die Ansprüche, die innerhalb der Teilnehmerrunde formuliert werden, vorab an realistischen Zielen (s. Tab. 30.1) zu orientieren. Diese erste Phase kann auch im Rahmen einer Einzelberatung der eigentlichen Therapie vorgelagert werden.

Tabelle 30.1 Therapeutische Ziele

Abbau der erlebten Hilflosigkeit im Umgang mit den Schmerzen
Erhöhung der erlebten Selbsteffizienz und Kontrolle im Umgang mit den Schmerzen
Positive Beeinflussung der Schmerzwahrnehmung durch Entspannungstraining
Abbau von Angst und allgemeiner Anspannung
Abbau fehlangepaßter Verhaltensweisen
Aufbau von schmerzinkompatibler Aktivität
sekundär eine Beeinflussung depressiver Verstimmung
Reduktion der Arztbesuche und der Medikamenteneinnahme

Die Therapie kann zusätzlich auch krankengymnastische Übungsbehandlungen beinhalten, im wesentlichen konzentriert sie sich jedoch auf die Vermittlung der Selbstkontrollmethoden, Methoden des verdeckten Konditionierens, auf kognitive Verfahren zur Reattribuierung der Schmerzen und schmerzauslösenden Situationen, auf die Entwicklung von Alternativverhalten, den Einsatz schmerzinkompatibler Verstärker und die begleitende Durchführung von Muskelentspannungstrainings, z.B. der progressiven Muskelrelaxation nach Jacobson.

Diagnostikphase

Voraussetzungen für eine verhaltenstherapeutische Schmerzbehandlung sind eine ausführliche medizinische und psychologische Schmerzdiagnostik, eine Schmerzanamnese und der Versuch einer Verhaltensanalyse, um die funktionellen Bedingungen des Schmerzverhaltens sowohl hinsichtlich der sozialen als auch der kognitiven Einflüsse zu eruieren. Psychophysiologische Messungen können einer Quantifizierung der Schmerzwahrnehmung und der Schmerzverarbeitung dienen.

Die subjektive Schmerzwahrnehmung wird sowohl auf einer sensorischen als auch affektiven Ebene gemessen. Informationen erhält der Untersucher über ein Interview oder mit Hilfe vorgegebener Instrumente. Die reine Quantifizierung der Schmerzstärke erfolgt über isolierte visuelle Analogskalen und Schmerztagebücher, wobei stets berücksichtigt werden muß, daß nur eine eingeschränkte individuelle Vergleichbarkeit herrscht. Schmerztagebücher können unterschiedlich differenziert die Schmerzqualität erfassen, beispielsweise über visuelle Analogskalen mit Werten zwischen 0 und 10, die viermal am Tag ausgefüllt werden und besondere Vorkommnisse, eine zusätzliche Medikamenteneinnahme oder die berufliche Aktivität, das Freizeitverhalten oder die Schlafqualität mit erfassen (siehe Abb. 30.**1**).

Standardisierte und halbstandardisierte diagnostische Verfahren dienen der Gewinnung von Informationen über die Schmerzattribution und das Schmerzverhalten des Patienten. Schmerzfragebögen, hierzu gehören Wortlisten oder Wortkategorien, dienen der qualitativen Beschreibung. Drei-Spalten-Techniken sind bei der Einteilung der Beschwerden in die Dimensionen der physiologisch-sensorischen, affektiv-emotionalen und kognitiven Merkmale hilfreich (siehe Abb. 30.**2**).

Datum: ☐☐.☐☐.☐☐☐☐

Bitte notieren Sie die Anzahl der Stunden, die Sie heute für die aufgeführten Tätigkeiten verwenden konnten:

berufliche Aktivität: ☐☐ Freizeit: ☐☐

Mittagsruhe: ☐☐ Schlaf: ☐☐

Bitte beurteilen Sie die Stärke Ihrer Schmerzen zwischen „0" und „10"
(0 = keine, 1 – 2 = leicht, 3 – 4 = mäßig stark, 5 – 6 = stark,
7 – 8 = heftig, 9 – 10 = unerträglich)

morgens ______ 0 2 4 6 8 10

mittags ______ 0 2 4 6 8 10

abends ______ 0 2 4 6 8 10

nachts ______ 0 2 4 6 8 10

Medikamente (was, wieviel, wann, Wirkung?):

______

______

Besondere Vorkommnisse: ______

Abb. 30.**1** Auszug aus einem Schmerztagebuch

Situation	Gefühl	Gedanken
Beschreiben Sie Ihre Tätigkeit/die Situation in der die Schmerzen auftraten:	Beschreiben Sie Ihre Gefühle in dieser Situation:	Beschreiben Sie Ihre Gedanken in dieser Situation:
beim Einkaufen, im Garten, nach dem Abendessen	*Wut, Ärger, Trauer etc.*	*„...nein, nicht schon wieder...", „gleich geht es los...", „...jetzt ist der Tag gelaufen..."*

Abb. 30.2 Dreispaltentechnik zur Schmerzdiagnostik

Der Verlauf der Schmerzintensität im Therapieprozeß, aber auch der sekundären Variablen (Depressivität, Ängstlichkeit, allgemeine Befindlichkeit) wird üblicherweise mit Hilfe von visuellen Analogskalen, einfachen Fragebögen oder mit Hilfe von Schmerztagebüchern dokumentiert. Im Hinblick auf das Therapieziel verliert die quantitative Schmerzdiagnostik im weiteren Verlauf an Bedeutung. Wichtig ist es vielmehr, die sekundären Therapieziele in die Psychodiagnostik einfließen zu lassen und im Verlauf der Behandlung nach der Befindlichkeit, den positiven Veränderungen, z.B. im Bereich der Affektivität, der Freizeitaktivität oder des Schlafverhaltens zu fragen.

Therapiephasen

In der einleitenden ***edukativen*** Phase werden ausführliche Informationen über physiologische und psychologische Schmerzverarbeitungsmechanismen gegeben. Dazu gehört eine Vermittlung der Gate-Control-Theorie und der Hinweis darauf, daß sowohl sensorische Berührungsreize, als auch affektive Elemente und kognitive Werthaltungen die Qualität des Schmerzes verändern können.

Lernerfolg dieses Therapieabschnittes ist es, die chronifizierten Schmerzen faßbar zu machen, sie als beeinflußbar anzusehen, die beschränkten Dimensionen der möglichen Beeinflussung anzuerkennen und die Selbstwirksamkeitserwartung zu stärken.

Diese edukative Therapiephase erfolgt in einem therapeutisch-direktiven Vorgehen mit Hilfe von Informationsmaterial, Videobändern, Schautafeln oder ähnlichem. Wichtig ist die frühzeitige aktive Einbindung der Teilnehmer, um einer passiven, konsumierenden Haltung vorzubeugen. Die edukative Phase sollte nicht viel länger als vier Therapiestunden (zwei Doppelstunden) in Anspruch nehmen.

Therapiebegleitend und im Anschluß an die edukative Phase werden die belastenden Gedanken, negativen und bereits vorhandenen positiven Selbstverbalisationen und die wahrgenommenen Emotionen kontinuierlich erfaßt und der kognitiven Umstrukturierung in der übenden Phase zugänglich gemacht. Diese diagnostische Phase ist in und zwischen den ersten Therapiestunden anzusiedeln.

In der ***übenden*** Phase werden von den Gruppenteilnehmern die bisher erfahrenen Möglichkeiten der Beeinflussung der Schmerzen vorgestellt und diskutiert. Es gilt, das individuelle Interventionsspektrum des einzelnen zu erweitern. Die neuen Schmerzbewältigungsverfahren dienen dem Erlernen einer aktiven Schmerzkontrolle und Schmerzregulation des anhaltenden chronischen Schmerzes. Hierzu gehören Entspannungstraining, vorzugsweise in einer modifizierten Variante der progressiven Muskelentspannung nach Jacobson, die die motorische Anspannungsphase in sensu verlagert, Techniken zur Aufmerksamkeitsverschiebung und Ablenkung (Gedankenstopp, Herbeirufen angenehmer Gedankeninhalte, verdecktes Konditionieren) mittels Autosuggestion und imaginative oder nichtimaginative Vorstellungsübungen. Letztere werden initial vom Gruppentherapeuten vorgegeben, später dann aber von Gruppenteilnehmern selbständig geübt und fortgeführt.

Die übende Phase sollte wenigstens sechs Therapieeinheiten (Doppelstunden) umfassen. In der abschließenden ***evaluativen Praxisphase*** werden die neu erworbenen Fertigkeiten im Alltag geübt.

Tabelle 30.2 Tabellarische Darstellung eines Schmerzkontrollprogramms (modifiziert nach Köhler 1982, Rehfisch 1988)

1. Diagnostische und edukative Phase:	
1.	Basisdiagnostik, Klärung der Schmerzausprägung (quantitative Meßverfahren)
2.	Klärung der Schmerzattribution (kognitive und emotionale Bewertungen schmerzhaften Erlebens)
3.	Einführung in die Selbstbeobachtung (visuelle Analogskala, Schmerztagebücher ...)
4.	Aufdeckung individueller Ressourcen (Was für Fähigkeiten, Hobbys, Interessen, soziale Versorgungsstrukturen etc. stehen zur Verfügung?)
5.	Information über Schmerzwahrnehmung: Mitteilung der psychologischen und physiologischen Konzepte zur Schmerzentstehung, Schmerzweiterleitung, Schmerzbeeinflussung durch Berührungsreize etc
6.	Beratung und Edukation zur Pathophysiologie, Vorstellung der Gate-Control-Theorie und der häufig wahrgenommenen physiologischen und physikalischen Auslöser
7.	Gruppengespräche zur Förderung der Motivation zur aktiven Mitarbeit, Austausch über positive Erfahrungen im Rahmen der Techniken, Austausch über Verhaltensdefizite
2. Übende Phase:	
1.	Minderung der Medikation durch Zuteilungspläne, Optimierung der Dosis mit Hilfe der operanten Verstärkung
2.	Biofeedback zur Behandlung akuter Schmerzsyndrome (vor allem induziert durch Spannungskopfschmerzen, Rückenschmerzen). Häufig stehen hierfür die apparativen Möglichkeiten jedoch nicht zur Verfügung
3.	Kontrolle physiologischer Reaktionen durch die Einführung des Muskelentspannungstrainings zur Reduktion des Muskeltonus
4.	Autosuggestive Beeinflussung der Schmerzwahrnehmung durch Umattribution des Schmerzes, Schmerz wird gleichgültig, nebensächlich, Wahrnehmung der auslösenden Bedingungen wird wichtiger, Veränderungsmöglichkeiten in der auslösenden Situation werden vorgestellt und diskutiert
5.	Aufmerksamkeitsfokussierung / Verschiebung
6.	Ablenkung
7.	Gedankenstopp
8.	Vorstellung der Wechselwirkungen von förderlichen Gedanken, einer angenehmen Stimmung, der körperlichen Entspannung und der Minderung der Schmerzempfindung einerseits und der negativen Gedanken, die zu einer Niedergeschlagenheit, Angst oder Depressivität führen, mit einer körperlichen Anspannung verbunden seien und zu stärkeren Schmerzen mit einem geringen Vertrauen, die Schmerzen zu vermeiden, einhergehen
3. Praxisphase:	
1.	Erhöhung des allgemeinen Aktivitätsniveaus im Alltag (durch Bewegungsprogramme, gemeinsame Sportaktivitäten, mit dem Ziel, das Vermeidungs- und Schonungsverhalten zu reduzieren, Schmerzreize weniger im Vordergrund zu erleben und auch andere Phänomene wie das Schlafverhalten zu normalisieren)
2.	Erhöhung der Problemlösefertigkeiten, der sozialen Kompetenz und Selbstsicherheit
3.	Die Reduktion einer Inanspruchnahme von klinischen Institutionen und der Medikation

Im Anschluß an die Vermittlung der Techniken zur Schmerzbewältigung sollen die Patienten im Sinne eines Schmerzimpfungstrainings lernen, die erlernten Techniken im Alltag zur Bewältigung konkreter Situationen einzusetzen. Voraussetzung hierfür ist, daß die Patienten schwierige und schmerzauslösende oder schmerzverstärkende Situationen identifizieren können, ungünstige Verhaltensweisen wahrnehmen und negative Selbstinstruktionen und Emotionen, die den Einsatz förderlicher Verhaltensweisen verhindern, erkennen lernen und durch positive Selbstinstruktionen ersetzen können. Kognitive Konfrontationen mit den realen oder imaginativen Schmerzen bereiten auf den Schmerz vor. Der Aufbau schmerzinkompatibler Verhaltensweisen sichert die Aktivität des Schmerzpatienten auch beim Auftreten von Schmerzen. Die Einführung der Selbstverstärkung für eine erfolgreiche Schmerzbewältigung erhöht die Compliance bei der regelmäßigen Anwendung der erlernten Techniken.

Durch die gezielte Anwendung und Übung der Techniken im Alltag sollen die erlebte Hilflosigkeit der Patienten im Umgang mit den Schmerzen abgebaut werden und die erlebte Selbsteffizienz gefördert werden (Bullinger & Turk 1982).

Ein weiterer Schwerpunkt kann auf die soziale Interaktion des Betroffenen mit seiner Umwelt, mit dem Partner oder dem Arbeitsplatz sowie den Aktivitätsaufbau gelegt werden.

In dieser letzten Phase der Behandlung soll den Patienten die Möglichkeit gegeben werden, Folgeprobleme, die sich im Verlauf der Chronifizierung der Erkrankung ergeben haben, anhand eines Problemlösetrainings zu bearbeiten. Bereiche, die eine solches Problemlösetraining umfassen kann, sind zum Beispiel Selbstsicherheit (im Hinblick auf Familie, Freunde, Bekannte, Arbeitskollegen, Gesundheitsinstitutionen) oder allgemeine Aktivität (Umgang mit Arbeitsunfähigkeit, Freizeitverhalten, Tagesstrukturierung).

Eine Unterstützung der einzelnen Therapieschritte wird intensiv mit Hilfe von Selbstkontrollmethoden, insbesondere (verdeckten) operanten Verstärkungsmechanismen betrieben.

Die evaluative Phase sollte wenigstens vier Therapieeinheiten (Doppelstunden) umfassen.

Eine Kurzfassung aus einem Schmerzbewältigungsprogramm ist oben in Abb. **30.1**. dargestellt.

■ Verhaltenstherapeutisches Vorgehen bei chronifizierten Schmerzsyndromen mit einer beschränkten Therapiemotivation

Andere Vorgehensweisen ergeben sich bei Patienten mit chronifizierten Schmerzen, die für eine aktive Schmerzkontrollbehandlung nicht zur Verfügung stehen. Hier liegen möglicherweise Verstärkerkontingenzen vor, die eine Reduktion des Problemverhaltens erschweren.

Bei einer schmerzinduzierten Schonhaltung, bei einer Reduktion der körperlichen und sozialen Aktivitäten infolge der Schmerzen, bei einem Schmerzmittelmißbrauch und generell einer erhöhten Aufmerksamkeitslenkung auf den Schmerz, aber auch bei einer starken Inanspruchnahme positiver Konsequenzen des Schmerzes im Sinne eines sekundären Krankheitsgewinns ist eine operante Schmerztherapie indiziert.

Die Verminderung des Klagens geschieht durch ablenkende Instruktionen, projektive Vorstellungen, aber auch (mit Einverständnis des Patienten) durch die Einbeziehung der Umgebung, um anhaltende Verstärkungen des Rückzugsverhaltens und des Schmerzverhaltens zu unterbrechen. Kontaktpersonen sollen Schmeräußerungen ignorieren, positive und aktivitätsfördernde Äußerungen dagegen verstärken. Die Förderung des gesunden Verhaltens soll in einer Selbstverstärkung und durch eine therapeutische Verstärkung im Rahmen des Therapieprogramms erfolgen.

Ein solches verhaltenstherapeutisches Schmerzbehandlungsprogramm sieht folgende Komponenten vor:

- Aktivierung (Bewegungsprogramme, Sport) und
- kognitive Umstrukturierung (Selbstverbalisation), die unmittelbar und hochwirksam verstärkt werden (Einsatz von Verstärkerfragebögen zur Identifikation wirksamer Verstärker)
- unmittelbare operante Verstärkung bei einer
  - Erhöhung des Aktivitätsniveaus
  - Minderung der Arztbesuche
  - geringeren Inanspruchnahme klinischer Einrichtungen
  - Minderung der Schmerzäußerung
  - Reduktion der Einnahme von Analgetika

- Aufbau gesunden Verhaltens (beispielsweise krankengymnastische Übungen)
- Veränderung der Verstärkerkontingenzen in der Familie,
- Abbau sozialer Defizite.

30.3 Literatur

1. *Birbaumer, N.:* Schmerz. In: *Miltner, W., Birbaumer, N. & Gerber W.D.:* Verhaltensmedizin. Springer, Berlin/Heidelberg/New York/Tokio, 1986, S. 113-134
2. *Broome, A., & Jellicoe, H.:* Mit dem Schmerz leben. Anleitung zur Selbsthilfe. Huber, Bern 1989
3. *Bullinger, M. & Turk, D.C.:* Selbstkontrolle, Strategien zur Schmerzbewältigung. In: *Keeser, W., Pöppel, E. & Mitterhusen, P.* (Hrsg.): Schmerz. Urban & Schwarzenberg, München 1982
4. *Melzack, R., Wall, P.:* Pain mechanisms, a new theory. Science, 150, 1965, 971
5. *Köhler, H.:* Psychologische Schmerzbewältigung bei chronischer Polyarthritis. Dissertation Universität Tübingen 1982
6. *Rehfisch, H.P.:* Psychologische Schmerztherapie bei Patienten mit chronischer Polyarthritis. Aktuelle Rheumatologie, 13, 1988, 34-37

31. Suchterkrankungen

C. Veltrup, A. Batra

31.1 Einführung

In allen Kulturen gibt es psychoaktive Substanzen, die die Menschen konsumieren, um Genuß zu erleben und Wohlbefinden zu erzeugen oder zu fördern. Der Gebrauch solcher zentralnervös wirkender Substanzen birgt für einen Teil der Konsumenten auch das Risiko eines schädigenden Gebrauchs oder der Entwicklung einer Suchterkrankung. Zu den psychotropen Stoffen, die eine psychische Störung oder Verhaltensbeeinträchtigung bewirken können, gehören gemäß der ICD-10 (Dilling et al. 1991): Alkohol, Opioide, Cannabinoide, Sedativa, Hypnotika, Kokain, Halluzinogene, Tabak, flüchtige Lösungsmittel und sonstige Stimulantien, wie z.B. Koffein. Eine sehr gute Übersicht zu den vorhandenen Rauschdrogen findet sich bei Schmidtbauer und Scheid (1989).

Vielfach werden unter den Suchterkrankungen auch Störungen des Eßverhaltens („Magersucht", „Eßsucht") subsumiert. Die Klassifikationssysteme ICD-10 bzw. DSM-IV ordnen diese Störungsbilder, ebenso wie den Mißbrauch von Laxantien und anderen nicht-psychotropen Substanzen der Oberkategorie „Verhaltensauffälligkeiten mit körperlichen Störungen" zu.

Im folgenden Kapitel wird schwerpunktmäßig auf Störungen durch Tabak und Alkohol eingegangen.

■ Epidemiologie

Die Erfassung von Prävalenzwerten zum Suchtmittelmißbrauch bzw. -abhängigkeit ist über repräsentative Bevölkerungsumfragen nur schwer möglich.

Die vorliegenden Schätzungen (s. Tab. 31.**1**) basieren auf unterschiedlichen Verfahren und Berechnungsmodellen, in der Daten aus der Polizeistatistik, den Verkaufsstatistiken der herstellenden Industrie und aus klinisch-epidemiologischen Studien bzw. Behandlungsstatistiken mit einfließen. Die veröffentlichten Zahlen sind in den letzten Jahren stabil; größere Veränderungen sind auch in naher Zukunft nicht zu erwarten.

Tabelle 31.**1** Prävalenz der Substanzabhängigkeit in Deutschland (Hüllinghorst 1997)

Behandlungsbedürftige Abhängigkeit von:	Anzahl
Alkohol	2.500.000
Medikamenten	1.400.000
„harten" Drogen	150.000
Tabak	6.000.000

In Deutschland rauchen mehr als 33% aller Männer und 20% aller Frauen über dem 15. Lebensjahr; insgesamt sind es etwa 24 Millionen Menschen. Die Raucherprävalenz sank zwar zwischen 1989 und 1995 um etwa 2%, im gleichen Zeitraum stiegen allerdings die Verkaufszahlen von Tabakwaren sowie die Tabaksteuereinnahmen: Zuletzt wurden 1996 136,2 Milliarden Zigaretten verkauft, die Tabaksteuereinnahmen betrugen im gleichen Jahr 20,6 Milliarden DM. Der durchschnittliche Beginn des Rauchens hat sich bei den Jugendlichen auf das 16. Lebensjahr vorverlagert. Mädchen beginnen mittlerweile genauso früh mit dem Rauchen wie Jungen. Der Tabakkonsum fordert bedeutend mehr Todesopfer als andere stoffgebundene Süchte: fast 80.000 Menschen starben 1994 in Deutschland an tabakassoziierten Herz-Kreislauf-Erkrankungen, Lungenkarzinomen oder anderen pulmonalen Erkrankungen. Die Zahl der Todesfälle im Zusammenhang mit einem regelmäßigen Tabakkonsum beträgt in der Europäischen Union jährlich mehr als 400.000.

Eine Repräsentativerhebung von Herbst et al. (1996) hat ergeben, daß von den ca. 8000 befragten Personen im Alter zwischen 18 und 59 Jahren, ca. 21,8% in den alten und 7,1% in den neuen Bundesländern, mindestens einmal in ihrem Lebe eine illegale Droge konsumiert haben. Dabei handelt es sich überwiegend um Erfahrungen mit Cannabisprodukten.

Holly et al. (1997) haben eine repräsentative Untersuchung an über 3000 deutschen Jugendlichen und jungen Erwachsenen im Alter von 14 bis 24 Jahren durchgeführt Sie fanden in dieser Gruppe eine Lebenszeitprävalenz für Alkoholmißbrauch von 9,7%, weiterhin erfüllten 6,2% der untersuchten Stichprobe die Kriterien für eine Alkoholabhängigkeit.

John et al. (1996) haben in einer Studie die Prävalenz von Alkoholmißbrauch und -abhängigkeit in der medizinischen Basisversorgung (Allgemeinkrankenhäuser und Allgemeinarztpraxen) untersucht. Die gefundenen Ergebnisse sind in Tabelle 31.2 dargestellt.

Tabelle 31.2 Aktualprävalenz von Alkoholmißbrauch und -abhängigkeit in der medizinischen Basisversorgung

Aktualprävalenz	Allgemeinkrankenhaus N = 1167	Allgemeinarztpraxen N = 929
Alkoholmißbrauch	4,8%	3,5%
Alkoholabhängigkeit	12,7%	7,2%
Remittierte Alkoholabhängigkeit	2,6%	5,3%

Theoretische Erklärungsmodelle

Bei der Frage der Genese der Abhängigkeit wird man konfrontiert mit einer Vielzahl von Erklärungsmodellen. In jüngster Zeit wurden multikausale biopsychosoziale Ansätze entwickelt, die das Geschehen bei der Entwicklung einer Abhängigkeit angemessen beschreiben und erklären helfen. Es werden drei Faktoren (Person, Droge, Umweltbedingungen) als voneinander relativ unabhängige Dimensionen betrachtet, die mit jeweils spezifischen Einflüssen zur Entwicklung und Aufrechterhaltung einer Abhängigkeit beitragen, wobei noch wenig über die Interaktionen dieser drei Dimensionen bekannt ist.

An dieser Stelle sollen einige biologische und psychologische Theorien zusammenfassend dargestellt werden.

Biologische Aspekte der Sucht

Die biologischen Ursachen abhängigen Verhaltens sind noch lange nicht aufgeklärt. Zahlreiche Befunde aus der epidemiologischen Forschung legen allerdings nahe, daß eine physische Prädisposition für die Entstehung oder die Aufrechterhaltung einer Suchterkrankung maßgeblich oder zumindest kontribuierend wirksam sein kann.

Die familiäre Häufung von Suchterkrankungen ist gut untersucht - dabei weisen insbesondere Zwillings- und Adoptionsuntersuchungen für die Alkoholabhängigkeit nach, daß über eine „soziale Vererbung" (die Weitergabe von Verhaltensweisen durch ein Erlernen) hinausgehend eine hereditäre Komponente vorhanden ist. Offen ist allerdings, in welchem Umfang dies zum Tragen kommt: Eine Suchterkrankung könnte beispielsweise ein Epiphänomen oder ein Selbstheilungsversuch bei einer primären Disposition zu einer psychotischen Störung oder einer Angsterkrankung sein. Verschiedene Untersuchungen beschreiben eine erhöhte Komorbidität von Alkoholismus mit anderen psychischen Störungen. Am Tiermodell wurde ein mesolimbisch-mesocorticales Belohnungssystem („Rewardsystem") beschrieben. Durch die Zufuhr psychotrop wirksamer Substanzen wird in einem dopaminergen Kerngebiet (Nucleus accumbens) die Dopaminausschüttung aktiviert. Die damit verbundene angenehme Empfindung ist aus lernpsychologischer Sicht hinsichtlich des Suchtverhaltens verstärkend wirksam. Die biologische Komponente ist wiederum in einer genetisch verankerten, erhöhten Vulnerabilität durch Anomalien auf Rezeptorebene zu sehen.

Genetische Polymorphismen führen außerdem durch die Bildung unterschiedlich aktiver alkoholabbauender Isoenzyme zu einer großen Variabilität der Alkoholverträglichkeit. Damit verbundene, aversiv wirksame Unverträglichkeitsreaktionen könnten einen protektiven Einfluß haben.

Psychologische Erklärungsansätze

Die wichtigsten psychologischen Beiträge zur Entwicklung und Aufrechterhaltung von Sucht sind von der Psychoanalyse und von der Lerntheorie entwickelt worden.

Die *Psychoanalyse* unterscheidet drei Erklärungsmodelle:

1. Im Triebmodell ist Sucht der Versuch, einen Triebkonflikt zu lösen. Das Trinken wird als eine Regression auf die orale Phase definiert. Der gesteigerte Alkoholkonsum dient dazu, Unlust zu verhindern und Lust zu maximieren.
2. Nach dem ich- oder strukturpsychologischen Modell der Sucht wird die Droge (unbewußt) eingesetzt, um einen Defekt in der Persönlichkeitsstruktur zu kompensieren. Dem Suchtmittel kommt somit ein Selbstheilungscharakter zu, wobei die wesentliche Selbstheilungsfunktion des Suchtmittels in der Affektdämpfung und -regulierung liegt.
3. Das objektpsychologische Modell stellt den Selbstzerstörungscharakter der Sucht in den Mittelpunkt. Der Abhängige entwickelt selbstdestruktive Aggressionen gegen das Ich als Bestrafung für aggressive Impulse, die er als für sich nicht akzeptabel erlebt.

Aus *lern- bzw. verhaltenstheoretischer Sicht* ist Sucht ein erlerntes Verhalten. In der Entwicklung und Aufrechterhaltung von Alkoholmißbrauch und -abhängigkeit greifen viele Bedingungen ineinander:

- durch Modelle vermittelte Verhaltensweisen,
- später auch selbst erlebte bzw. erwartete positive Wirkungen (z.B. Spannungsreduktion, Selbstsicherheit, Gefühl der Zugehörigkeit usw.)
- sowie kognitive Prozesse.

Der erste Konsum einer Droge hat häufig auf der pharmakologisch-physischen Ebene entweder keine oder negative Auswirkungen, wie z.B. Übelkeit. Das weitere Konsumverhalten wird allein durch die erlebte soziale Akzeptanz oder durch die Beobachtung der positiven Wirkungen bei anderen verstehbar. Bei fortgesetztem Konsum werden dann positive Konsequenzen, wie z.B. Rausch, Entspannung oder Glücksgefühle erlebt. Diese positiven Wirkungen werden besonders stark erlebt, wenn jemand zusätzlich die Beendigung negativer emotionaler oder sozialer Situationen erfährt (z.B. Probleme in der Partnerschaft, Schwierigkeiten am Arbeitsplatz). Gleichzeitig tritt das Phänomen des zustandsabhängigen Lernens hinzu. So können beispielsweise im alkoholisierten Zustand gelernte Verhaltensweisen auch nur unter Alkoholeinfluß gut reaktiviert werden.

Im Verlauf des Suchtprozesses lernt eine Person, sich immer mehr Verstärkungen durch die Droge zu holen. Es wird gelernt, unter welchen Bedingungen die Suchtmitteleinnahme vorwiegend positive oder negative Konsequenzen hat. Jedoch erfolgt infolge der Inkonsistenz von Belohnung und Bestrafung bei den Betroffenen kein gutes Diskriminationslernen. Es besteht somit eine hohe Löschungsresistenz, weil eine intermittierende Verstärkung stattgefunden hat.

Bühringer (1998) führt aus, daß bei einer körperlichen Abhängigkeit das Fehlen der Droge zu einem Stoffwechselmangel im Körper führt und schließlich zum Entzugs- bzw. Abstinenzsyndrom. Durch Drogenkonsum können diese Folgen beseitigt werden. Langfristig kann es zu einem völligen Zusammenbruch des alltäglichen Verhaltensrepertoires kommen; die Beseitigung der Entzugserscheinungen durch erneuten Konsum einer psychotropen Substanz steht im Vordergrund.

Der Stellenwert des Paradigmas der Klassischen Konditionierung ist auch im Zusammenhang mit dem Craving und dem Rückfall von Bedeutung. So können neutrale Stimuli - spezifische Situationen oder Gedanken - wegen ihrer zeitlichen Koppelung mit dem Alkoholkonsum selbst zu Auslösern für das Trinken werden.

Für die Beschreibung des Rückfallgeschehens greifen Marlatt und Gordon (1985) auf Überlegungen zur sozial-kognitiven Lerntheorie von Bandura (1979) zurück.

Die Einflußfaktoren der Rückfälligkeit werden als ein hierarchischer Prozeß beschrieben, in dem sowohl interpersonale Bereiche (gesellschaftliche Bedingungen, Herkunftsfamilie, aktuelle soziale Beziehungen) als auch intrapersonale Aspekte (Persönlichkeit, Lebensstil) das erneute Suchtmittelkonsumverhalten beeinflussen, ohne daß in jedem Falle eine zeitliche oder räumliche Nähe zur konkreten Auslösesituation besteht. Als bedeutsame Rückfallvorläufer werden Lebensstilfaktoren und kognitive Voraussetzungen angenommen, die zu rückfallgefährdenden Risikosituationen führen.

Ein unausgeglichener Lebensstil mit vielen unangenehmen Erledigungen und wenig angenehmen Ereignissen fördert das Auftreten von Gefährdungssituationen. So neigen Alkoholiker nach erfolgter Behandlung häufig zu einer rigiden Alltagsgestaltung und stark kontrolliertem bzw. kontrollierendem Verhalten. Diese Balanceverschiebung führt zu negativen Gefühlen. Das Bedürfnis nach Entschädigung für die vielen Pflichten fördert den Wunsch, sich „etwas zu gönnen".

Weiterhin werden von Marlatt und Gordon (1985) als Rückfallvorläufer „scheinbar irrelevante, unwesentliche Entscheidungen" angenommen (z.B. Einkauf von alkoholischen Getränken für mögliche Gäste). Bei beeinträchtigter individueller Kontrollfähigkeit und nicht vorhandenen oder ineffektiven Coping-Strategien besteht in Risikosituationen die Gefahr eines erneuten Trinkens. Positive Erwartungen an die Wirkung des Suchtmittels steigern den Drang (Craving) nach dem Konsum psychotroper Substanzen. Nach dem ersten Trinken postulieren Marlatt und Gordon (1985) einen kognitiv-emotional mediierten „Abstinenz-Verletzungs-Effekt", der durch kognitive Dissonanz (Nachentscheidungsdissonanz) und ungerechtfertigte internale Attributionen gekennzeichnet ist. Der erste Alkoholkonsum nach Abstinenz wird als persönliches Fehlverhalten bewertet, ohne daß beispielsweise äußere Umstände, die das Wiedertrinken gefördert haben, angemessen berücksichtigt werden. Die kognitive Dissonanz entsteht durch den Bruch mit der eigenen Überzeugung und Verhaltensabsicht. Innere Anspannung und kognitive Dissonanz sind die motivationalen Grundlagen für die Entwicklung eines schwerwiegenden Rückfalls („full blown relapse").

Das Auftreten des Abstinenz-Verletzungs-Effektes ließ sich allerdings bei alkoholabhängigen Rückfälligen nicht konsistent bestätigen (vgl. Veltrup 1995). Vielmehr finden sich viele Betroffene, die den Bruch mit dem Abstinenzvorsatz als wenig problematisch beschreiben. Es sind impulsive Entscheidungen getroffen worden, um bestehenden inneren und äußeren Konflikten aus dem Weg zu gehen. Diese Entscheidung kann im Nachhinein von den Betroffenen gut gerechtfertigt werden.

Am Beispiel des Rauchens werden noch einmal stichwortartig lerntheoretische Gesichtspunkte für die Entstehung und Aufrechterhaltung eines Suchtverhaltens aufgeführt:

- *Klassisches Konditionieren.* Koppelung angenehmer psychotroper Effekte des Rauchens an neutrale Stimuli (z.B. Pausenzeichen, Aschenbecher, Anlassen des Autos).
- *Operantes Konditionieren.* (1) Positive Verstärkung durch die psychotropen Effekte, Entspannung, Pausen, Geselligkeit usw., (2) negative Verstärkung durch Vermeidung von Entzugssymptomen, Arbeit, Streit, Spannung usw.
- *Lernen am Modell.* Vorbildfunktionen von Bezugspersonen und Idolen.
- *Kognitives Lernen.* Positive Kognitionen und Eigenattributionen in Verbindung mit dem Rauchen (z.B. Selbständigkeit, Erwachsenwerden, Freiheit, Abenteuer, Attraktivität).

■ Diagnostische Merkmale

In Tab. **31.3** sind die diagnostischen Leitlinien für die Klassifizierung von Substanzmißbrauch und -abhängigkeit nach ICD-10 zusammengestellt. Dabei werden vor allem Merkmale der psychischen Abhängigkeit (z.B. Craving), der körperlichen Abhängigkeit (Toleranz, Entzugssymptome) und gesundheitliche sowie soziale Konsequenzen erfaßt. Darüber hinaus werden noch folgende weitere Störungen durch psychoaktive Substanzen unterschieden: akute Intoxikation, Entzugssyndrom, Delir, psychotische Störung, amnestisches Syndrom, Restzustand oder verzögert auftretende psychotische Störung.

In beiden Klassifikationssystemen, ICD-10 und DSM-IV, werden nur wenige Kriterien zur Diagnosestellung herangezogen. Für eine detaillierte Analyse des Störungsbildes oder als Grundlage für die Therapieplanung sind diese Angaben keinesfalls ausreichend.

Das empirisch abgesicherte Wissen zur Behandlung von Suchterkrankungen reicht nicht aus, um aus der Klassifikation direkte therapeutische Maßnahmen abzuleiten.

Tabelle 31.**3** Diagnostische Leitlinien von Substanzmißbrauch und -abhängigkeit

	Mißbrauch	**Abhängigkeit**
ICD-10	• Substanzkonsum verantwortlich für körperliche, psychische, interpersonale Konsequenzen • klar beschreibbare Schädigung • Dauer: mindestens einen Monat oder mehrfach über 12 Monate • Ausschluß einer Abhängigkeit	Mindestens drei Merkmale über mindestens einen Monat oder mehrfach über 12 Monate: • Craving • verminderte Kontrollfähigkeit • Entzugssyndrom • Toleranzentwicklung • Einengung auf Substanzgebrauch • Konsum trotz schädlicher Folgen

Tabelle 31.**4** Screening-Verfahren zur Erfassung von Alkoholproblemen

Instrument	**Anzahl der Items**	**Diagnosestellung: Alkoholmißbrauch bzw. –abhängigkeit**
AUDIT (Babor & Grant 1989)	10 Items (fünffach gestuft)	> 8 Punkte
CAGE (Mayfield et al. 1974)	4 dichotome Items	> 1 Zustimmung
LAST (Rumpf et al. 1997)	7 dichtome Items	> 1 Zustimmung
SceeT-9 (Richter et al. 1994)	9 Items	Grenzwertüberschreitung

Tabelle 31.**5** CAGE-Fragebogen zur Erfassung von Alkoholmißbrauch

		Ja	**nein**
C ut Down Drinking	Haben Sie jemals daran gedacht, Ihren Alkoholkonsum einzuschränken?		
A nnoyance	Haben Sie jemals bei anderen Menschen Anstoß erregt, weil Sie nach deren Meinung zu viel trinken?		
G uilt	Haben Sie sich jemals schuldig gefühlt wegen Ihres Trinkens?		
E ye Opener	Haben Sie morgens jemals als erstes Alkohol getrunken, um sich nervlich zu stabilisieren oder einen Kater loszuwerden?		

Nach Bühringer (1996) ist es sinnvoll, in der Suchtdiagnostik mehrere diagnostische Quellen zu verwenden, u.a. chemisch-toxische Analysen (z.B. Blutalkoholkonzentration, CO-Atemluftanalyse für Nikotin, bestimmte Blut und Leberwerte, Urinproben für illegalisierte Drogen und Medikamente), Fragebögen und Testverfahren, klinische (strukturierte) Interviews, Beobachtungsverfahren (z.B. äußere Symptomatik) und auch Angehörige zu befragen.

In der Behandlung des Alkoholmißbrauchs bzw. der -abhängigkeit hat sich die Anwendung von diagnostischen Verfahren zur Erfassung der Störungsmerkmale in Kombination mit Instrumenten, die primär die Änderungsbereitschaft des Betroffenen prüfen, bewährt.

In der Tab. 31.**4** findet sich eine Übersicht der wichtigsten Screening-Verfahren. Das kürzeste und in der internationalen Literatur auch weit verbreitete Screening-Instrument ist der CAGE.

Die Items der deutschsprachigen Version sind in Tab. 31.5 dargestellt.

Neben der Erfassung der Symptome und Folgeschäden ist die Erhebung der Veränderungsbereitschaft von großer Bedeutung. Das „Model of Change“ von Prochaska und DiClemente (1983) definiert folgende Phasen der Veränderung: „Precontemplation“, „Contemplation“, „Action“ sowie „Maintenance“ und bildet die theoretische Grundlage für zahlreiche Verfahren., z.B. den „Readiness of Change Questionnaire“ (Rollnick et al. 1992) mit 12 Items. Über drei Subskalen mit jeweils vier fünffach gestuften Items („stimme voll zu“, „stimme zu“, „bin unsicher“, „stimme nicht zu“, „stimme überhaupt nicht zu“) werden die Veränderungsdimensionen „Vorabsicht“, „Absicht“ und „Umsetzung“ erfaßt.

Eine Abhängigkeit von Tabak läßt sich bei Auftreten folgender rauchanamnestischer Variablen diagnostizieren: frühmorgendliches Rauchen, Konsum von mehr als 10 Zigaretten pro Tag und mehrfache, vergebliche Abstinenzversuche in der Vergangenheit sprechen für eine Tabakabhängigkeit. Der „Fagerström Test for Nicotine Dependence“ (Abb. 31.1) erlaubt darüber hinaus eine Quantifizierung der Abhängigkeit.

1. Wann nach dem Aufwachen rauchen Sie Ihre erste Zigarette?

☐ Innerhalb von 5 Minuten	3 Punkte
☐ Nach 6 bis 30 Minuten	2 Punkte
☐ Nach 30 bis 60 Minuten	1 Punkt
☐ Es dauert länger als 60 Minuten	0 Punkte

2. Finden Sie es schwierig, an Orten, wo das Rauchen verboten ist (z.B. Kino, Bücherei usw.), das Rauchen sein zu lassen?

☐ ja	1 Punkt
☐ nein	0 Punkte

3. Auf welche Zigarette würden Sie nicht verzichten wollen?

☐ Die erste am Morgen	1 Punkt
☐ andere	0 Punkte

4. Wieviele Zigaretten rauchen Sie durchschnittlich pro Tag?

☐ >30	3 Punkte
☐ 20–30	2 Punkte
☐ 10–20	1 Punkt
☐ 0–10	0 Punkte

5. Rauchen Sie am Morgen im allgemeinen mehr als am Rest des Tages?

☐ ja	1 Punkt
☐ nein	0 Punkte

6. Kommt es vor, daß Sie rauchen, wenn Sie krank sind und tagsüber im Bett bleiben müssen?

☐ ja	1 Punkt
☐ nein	0 Punkte

Abb. 31.1 Der Fagerström Test für Nikotinabhängigkeit (FTND)

Der Summenwert aus 6 Fragen gestattet eine Einordnung als sehr geringe (0 - 2 Punkte), geringe (3 - 4), mittelschwere (5), schwere (6 - 7) und sehr schwere Form der Abhängigkeit (8 - 10 Punkte). Andere, umfangreichere Instrumente (z.B. die Westmead Tolerance Scale) berücksichtigen in stärkerem Maße die psychischen Faktoren der Abhängigkeit, sind aber keine valideren Vorhersageinstrumente für die Rückfallgefahr.

Behandlungssystem

In Anlehnung an Wienberg (1992) läßt sich das Versorgungssystem wie folgt einteilen:

- medizinische Basisversorgung (v.a. niedergelassene Ärzte, Allgemeinkrankenhäuser),
- psychosoziale-psychiatrische Basisversorgung (u.a. sozialpsychiatrische Dienste, psychiatrische Kliniken) und
- das suchtspezifische Unterstützungssystem, u.a. bestehend aus Fachberatungsstellen, Fachkliniken (Entwöhnungseinrichtungen) und den Selbsthilfegruppen.

Wienberg weist darauf hin, daß das Suchthilfesystem jährlich nur von einem geringen Teil der Abhängigen - unter 10% - in Anspruch genommen wird.

Bei der Gruppe der Alkoholabhängigen ist die Zahl der Inanspruchnehmer von stationären Behandlungseinrichtungen aufgrund der vorliegenden Prävalenzuntersuchungen präziser zu erheben. John et al. (1997) gehen davon aus, daß von allen stationären Aufnahmen Alkoholabhängiger ca. 90% auf Allgemeinkrankenhäuser, ca. 6% auf psychiatrische Krankenhäuser und ca. 3% auf Rehabiliationskliniken entfallen.

Die niedergelassenen Hausärzte sind nach Wienberg (1992) in der Regel die ersten professionellen Helfer, die Kontakt zu Mißbrauchern und Abhängigen bekommen. Mittlerweile liegen auch Modelle vor, wie in einem Praxen-Setting geeignete Kurzinterventionen zur Förderung der Änderungsbereitschaft durchgeführt werden können. Die Wirksamkeit dieser Maßnahmen (vgl. Übersicht bei John 1994) kann als empirisch abgesichert gelten (Küfner 1997).

Das professionelle Hilfesystem kümmert sich vorzugsweise um Menschen mit Alkohol-, Drogen- oder Medikamentenproblemen. Derzeit bieten Krankenkassen keine Raucherentwöhnungstherapien mehr an. Gelegentlich stehen Gruppenbehandlungen im Volkshochschulprogramm zur Verfügung. Therapieangebote in der ärztlichen oder psychologischen Praxis werden von den Kassen nicht honoriert.

Wirksamkeit psychotherapeutischer Maßnahmen

Im Bereich der Therapie von Abhängigen „illegaler" Drogen liegen nur sehr wenige Daten zum Erfolg der verschiedenen Interventionen vor.

Bühringer (1998) gibt einen Überblick über die Effektivität der Behandlung von Drogenabhängigen in Deutschland. Demnach beenden im Mittel 28%, bei einer Schwankungsbreite von 10% bis 60%, ihre stationäre Enwöhnungsbehandlung planmäßig. Bei 50% der Abstinenten kann die Therapie ein Jahr nach Beendigung weiter als erfolgreich bewertet worden. Nach vier Jahren liegt der Anteil der „Erfolgreichen" bei noch 27%.

Süß (1995) hat in einer Metananalyse (54 Studien) zur Effektivität von psychologischen Interventionen bei Alkoholabhängigen gefunden, daß nach einer mittleren Katamnesedauer von 14,4 Monaten (und einer Mindestkatamnesedauer von sechs Monaten) 37,3% der behandelten Patienten abstinent gelebt haben. In Deutschland wurde im Rahmen einer multizentrischen Studie von Missel et al. (1997) an 3000 stationär entwöhnungsbehandelten Alkoholabhängigen gefunden, daß 86,8% regulär entlassen wurden und insgesamt 47,0% aller Patienten über ein Jahr nachklinisch abstinent gelebt haben.

Die vorliegenden ersten Ergebnisse aus dem „Project Match" (Project MATCH Research Group 1997) belegen, daß die durchgeführten unterschiedlichen Therapieformen zur Alkoholabhängigkeit ähnliche „Erfolgsquoten" erzielen (vgl. Tab. 31.**6**). Verglichen wurde ein *kognitiv-behavioraler Ansatz* (12 ambulante Sitzungen) mit der *12-Stufen-Therapie* (in Anlehnung an das Konzept der Anonymen Alkoholiker) sowie der *„Motivational Enhancement-Therapy"*, einem Programm, welches die Überlegungen von Miller und Rollnick (1991) zur motivationalen Beratung umsetzt (vier Sitzungen über einen Zeitraum von 12 Wochen verteilt).

Tabelle 31.6 Trinkverhalten zwischen dem 6. und dem 9. Monat nach Behandlungsabschluß (Project Match Research Group 1997)

Behandlungs-setting	Therapieform	Trinkverhalten			
		Abstinenz	Moderates Trinken	Schweres Trinken oder alkohol-bezogene Probleme	Schweres Trinken und alkohol-bezogene Probleme
Ambulante Nachsorge bei mind. 7 Tagen (Tages-) Klinikaufenhalt (N = 724)	Cognitive-Behavior-Therapy	44,8%	13,2%	15,2%	26,8%
	Motivational Enhancement Therapy	42,6%	6,6%	19,0%	31,8%
	Twelve-Step-Facilitation Therapy	44,8%	8,6%	16,4%	30,2%
Ambulante Behandlung (N = 904)	Cognitive-Behavior-Therapy	20,8%	17,4%	18,1%	43,8%
	Motivational Enhancement Therapy	23,3%	14,5%	20,6%	41,6%
	Twelve-Step-Facilitation Therapy	31,9%	14,4%	17,8%	35,9%

Die Ergebnisse zeigen allerdings auch, daß eine zumindest kurze (teil-) stationäre Behandlung mit einer ambulanten Nachsorge deutlich erfolgreicher ist als eine ausschließliche ambulante Behandlung.

Nicht nachweisen ließ sich, daß bestimmte Subgruppen von alkoholabhängigen Patienten von einer Therapieform besonders profitieren. Ein umfassender Überblick über die Wirksamkeit von sozio- und psychotherapeutischen Interventionen bei Abhängigen findet sich bei Küfner (1997).

Ein Spontanentschluß, sich das Rauchen abzugewöhnen (typische Gelegenheiten sind Silvester, gelegentlich auftretende Katergefühle, schwere Erkrankungen, Todesfälle nahestehender Raucher) führt nur selten zu einer langfristigen Abstinenz. Nach 12 Monaten sind noch 1 bis 3% der Entwöhnungswilligen abstinent. Auch der ärztliche Ratschlag erhöht die Abstinenzwahrscheinlichkeit nur geringfügig auf 5%. Dies spricht für die Notwendigkeit, Behandlungsprogramme zu entwickeln und großflächig anzubieten. Trotzdem stehen nur wenige Therapieangebote für entwöhnungswillige Raucher zur Verfügung, ungeachtet der zahlreichen Gesundheitsschäden, die durch den regelmäßigen Tabakkonsum entstehen.

In verschiedenen Studien erzielen multimodale verhaltenstherapeutische Programme, wenn sie mit einer passageren Nikotinsubstitution zur Unterdrückung der initialen Entzugssymptome kombiniert werden, langfristige Abstinenzraten (über 12 Monate) von maximal 35%. Programme, die auf die individuellen Bedürfnisse der Raucher abgestimmt werden (z.B. für Coronarpatienten, Schwangere), erreichen auch höhere Erfolgsquoten (langfristig bis zu 50%).

31.2 Ausgewählte Behandlungsansätze

Die Nutzung von verhaltenstherapeutischen Verfahren ist in der Suchtbehandlung immer noch wenig verbreitet, am meisten noch im Zusammenhang mit der Raucherentwöhnung, seltener in der Behandlung des Alkoholismus. Arend (1994) hat die verhaltenstherapeutischen Ansätze und ihre Effektivität in der Therapie der Alkoholabhängigkeit zusammengestellt (vgl. Tab. 31.7).

Tabelle 31.7 Verhaltenstherapeutische Ansätze und Effektivität bei Alkoholabhängigkeit (Arend 1994)

Methode	Techniken	Wirksamkeit
Klassische Konditionierung	chemische Aversion (Emetika)	Wirksamkeit nicht nachgewiesen
	Covert Sensitization	kurzfristige Erfolge
Exposition und Reaktionsverhinderung		erfolgreich
Operante Ansätze	Kontingenzmangement	unter Laborbedingungen erfolgreich
	Community-Reinforcement	sehr erfolgreich
Coping Skills Training	Entwicklung von *interpersonellen* (sozialen/ kommunikativen) *Kompetenzen*: • Selbstsicherheitstraining • Ablehnungstraining • Ehetraining • berufsbezogene Fertigkeiten	erfolgreiche Behandlungsstrategien
	Entwicklung von *intrapersonellen Kompetenzen*: • Entspannungstraining • Systemat. Desensibilisierung	nur bescheidene Erfolgsquoten gute Erfolsquoten
	Entwicklung von *kognitiven Kompetenzen*	gute Behandlungsergebnisse (aber: es fehlen Studien, die die Effektivität der kognitiven Restrukturierung belegen)
Multimodale Ansätze		wirksam v.a. im Zusammenhang mit dem Therapieziel des kontrollierten Trinkens
Selbstkontroll- und Selbstmanagement-ansätze	• Therapeutischer Vertrag • Gedankenstopp • Problemlösetraining • Selbstsicherheit	für das Ziel des kontrollierten Trinkens ist Wirkung empirisch belegt, noch nicht für Abstinenz

Verhaltensmodifikatorische Kurzintervention für Mißbraucher und Abhängige

Für die medizinische Basisversorgung ist es notwendig, Behandlungsstrategien zu entwickeln, die möglichst kurz und strukturiert sind und eine präzise Diagnosestellung ermöglichen sowie die Bereitschaft zur Verhaltensänderung fördern. Miller und Sanchez (1993) haben zusammenfassend sechs therapeutische Grundhaltungen herausgearbeitet, die bei der Förderung der Veränderungsbereitschaft wirksam sind. Diese Faktoren werden durch das Akronym FRAMES charakterisiert: Feedback (Rückmeldung über negative Folgen des Konsumverhaltens), Responsibility (Betonung der Eigenverantwortung), Menu (Entscheidungsmöglichkeiten geben, z.B. zwischen verschiedenen Therapieformen), Empathy (einfühlendes, nicht-wertendes Verstehen), Self-efficacy (Förderung der Selbstwirksamkeitsüberzeugungen, des Glaubens an die eigene Kompetenz).

Mit dem Programm von NIAAA (1995) kann auf sehr effektive Weise ein Screening und eine Kurzintervention durchgeführt werden (s. Tab. **31.8**). Der verwendete CAGE-Fragebogen ist im Abschnitt 31.1 beschrieben worden.

Tabelle 31.**8** Alkohol-Screening und Kurzintervention für niedergelassene Ärzte

1.	**Alkoholkonsum erfragen** (durchschnittliche Menge, Gelegenheit, CAGE)	**Männer:** wenn Konsum mehr als 14 Trinkeinheiten pro Woche und mehr als vier pro Gelegenheit **Frauen:** Wenn Konsum mehr als 7 Trinkeinheiten pro Woche bei mehr als 3 pro Gelegenheit **oder: CAGE > 1, dann Schritt 2**
2.	**Erfassung alkohol-bezogener Probleme** (körperliche Beeinträchtigungen, Verhaltensauffälligkeiten, Abhängigkeit)	Erfassung des Konsummusters Erhebung alkoholbedingter Probleme (z.B. Beeinträchtigungen des Gesundheitszustandes) Prüfung der Abhängigkeitsmerkmale
3.	Angemessenen **Ratschlag** geben	Medizinische Bedenken mitteilen Ziel festlegen (bei Mißbrauch: Reduzierung der Trinkmenge, Festlegung eines Trinkziels; bei Abhängigkeit: Abstinenz, Einbeziehung oder Überweisung zum „Spezialisten") konkreten Aktionsplan festlegen
4.	**Beobachtung** der weiteren Entwicklung	Kontinuität der Hilfe gewährleisten positive Veränderungen würdigen Kooperation mit „Suchtspezialisten"

Tabelle 31.**9** Life-Style-Erfassung bei Alkoholmißbrauchern

		Konkrete Beschreibung
Ist ein großer Teil der Freizeitaktivitäten, der Erholungsphasen usw. mit Trinken verbunden?	Ja Nein	
Glauben Sie, daß Sie einen Teil Ihrer Freizeitgestaltung ändern müssen, um Ihren Alkoholkonsum in den Griff zu bekommen?	Ja Nein	
Wenn Sie keinen oder nur geringe Mengen Alkohol trinken würden, würde dann in Ihrer Alltagsgestaltung eine Lücke entstehen, die Sie anders füllen müßten?	Ja Nein	
Trinken Sie manchmal nur deshalb Alkohol, weil dieser verfügbar ist?	Ja Nein	
Trinken Sie zumeist in Gesellschaft von Menschen, von denen zumindest einige genauso viel oder sogar mehr trinken als Sie selbst?	Ja Nein	
Gibt es Menschen, in deren Gesellschaft Sie es sich schwer vorstellen könnten, gar nicht oder deutlich eingeschränkt zu trinken?	Ja Nein	
Gibt es Verwandte oder Freunde, die Sie in Ihrem Bemühen unterstützen, das überhöhte Trinken zukünftig zu vermeiden?	Ja Nein	
Glauben Sie, daß Sie Ihre Beziehungen zu anderen ändern müßten (z.B. einige Bekannte weniger häufig treffen), um Ihr Alkoholproblem in den Griff zu bekommen?	Ja Nein	

Es läßt sich zeigen, daß sich mittels eines solchen Kurzprogrammes deutliche Veränderungen des Trinkverhaltens erreichen lassen. Nach Süß (1995) liegt die mittlere Abstinenzrate bei der Intend-to-treat-Analyse bei ca. 20%.

■ Programm für Alkoholmißbraucher

Sobell und Sobell (1993) haben ein verhaltenstherapeutisches Programm für Alkoholmißbraucher entwickelt. In vier Sitzungen wird versucht, das problematische Konsumverhalten umfassend zu beschreiben und Verhaltensalternativen zu entwickeln. Es handelt sich um ein Selbstkontrollprogramm in Anlehnung an den Selbstmangement-Ansatz von Kanfer et al. (1996). Die von den Autoren verwendeten diagnostischen Verfahren liegen leider noch nicht in deutscher Adaption vor, sind aber in Vorbereitung. Der Life-Style-Fragebogen erfaßt die Bedeutung des Alkoholkonsums für die Gestaltung des Alltags (Tab. 31.**9**).

Das *Konsumverhalten soll* von den Patienten umfassend *beobachtet und dokumentiert werden*. Es wird zum einen retrospektiv für einen umgrenzten Zeitraum (z.B. 90 Tage) erhoben („Time-Line-Follow-Back"); des weiteren soll jedoch auch das aktuelle Konsumverhalten genau beobachtet werden. Mit den Patienten werden die problematischen Trinksituationen (Trigger, Konsequenzen des Trinkverhaltens, Häufigkeit des Auftretens) ausführlich erarbeitet, aber auch die Phasen und Situationen mit eingeschränktem Alkoholkonsum (bis zu 40g reinen Alkohol) erfaßt (vgl. Tab. 31.**10**).

Tabelle 31.**10** Verhaltenstherapeutische Intervention für Alkoholmißbraucher

Sitzung	Inhalt	Hausaufgaben
Diagnostische Abklärung	Prüfung des Atemalkohols Abschätzung der Abhängigkeit mit Hilfe von Skalen Zielerfassung	Erfassung der problematischsten Trinksituationen Erfassung der Trinksituationen mit begrenztem Alkohol-konsum Lesen eines Informationstextes Selbstbeobachtung des Alkoholkonsums
1. Sitzung	Erklärung der Therapiegrundlage Besprechung der letzten Hausaufgabe Besprechung des trinkbezogenen Therapieziels Besprechung der Selbstbeobachtungsresultate	Life-Style Fragebogen Selbstbeobachtung des Alkoholkonsums
2. Sitzung	Besprechung des Life-Style- Fragebogens Diskussion von Ressourcen-abschätzung für Änderungen in wichtigen Lebensfeldern Selbstbeobachtung (Diskrepanz)	Lesen eines Informationstextes Entwicklung von Alternativen Entwicklung eines Handlungsentwurfes
3. Sitzung	Besprechung der Hausaufgaben (Info-Text) Ergebnisse der Selbstbeobachtung (Diskrepanz)	
4. Sitzung	Zielerfassung für Follow-Up Selbstbeobachtung Diskussion: Life-Style und Handlungsentwurf Hinweis auf weiterführende Unterstützungs-angebote Zusammenfassung der bisherigen Behandlung und Abschluß	

Tabelle 31.**11** Zielformulierung bei Alkoholmißbrauchern (Zeitvorgabe: 6 Monate)

Ziel			Persönliche Bemerkungen
Abstinenz			
Durchschnittliche tägliche Trinkmenge			
Maximale tägliche Trinkmenge			
Anzahl der Trinktage pro Woche			
Anzahl der maximalen Trinktage pro Monat			
Anzahl der maximalen Trinkmenge pro Monat			
Bedingungen für Alkoholkonsum			
Ausschließende Bedingungen			
Wichtigkeit des Therapieziels	0 =	nicht wichtig	
	50 =	wichtig wie viele andere Ziele	
	100=	das wichtigste in meinem Leben	
Zuversicht	0 =	überhaupt nicht	
	50 =	mittel	
	100=	extrem zuversichtlich	

Die Patienten werden dann aufgefordert, *alternative Verhaltensmöglichkeiten* für die problematischen Konsumsituationen zu erfassen, die Konsequenzen des alternativen Verhaltens abzuschätzen, die Alternativen in eine Rangreihe zu bringen und dann konkrete Handlungsentwürfe zu entwickeln.

Bei diesem Ansatz besteht die *Möglichkeit*, daß der Teilnehmer sich für ein *moderates Trinken* entscheidet. Dabei sind nach Sobell und Sobell (1993) folgende Vorgaben zu berücksichtigen:

1. nicht mehr als drei Trinkeinheiten (jeweils ca. 10g reinen Alkohol) an nicht mehr als vier Tagen in der Woche,
2. kein Alkoholkonsum unter Hoch-Risiko-Bedingungen,
3. nicht mehr als eine Trinkeinheit pro Stunde,
4. vor dem geplanten Alkoholkonsum ca. 20 Minuten warten.

Es wird mit jedem Patienten individuell das Trinkziel festgelegt (vgl. Tab. 31.**11**). Der Patient soll die Wichtigkeit des Behandlungsziels einschätzen und auch zuversichtlich sein, das angestrebte Ziel erreichen zu können.

■ Kognitive Therapie der Sucht

Beck et al. (1997) haben ihre kognitive Therapie für Suchtmittelabhängige weiterentwickelt. Dabei betonen die Autoren ausführlich die Wichtigkeit der therapeutischen Beziehung (u.a. Vertrauen aufbauen und Vertraulichkeit zusichern) für das Gelingen der Therapie. Neben der klaren Strukturierung der Therapiesitzungen (Aufstellen einer Tagesordnung, Anknüpfen an die letzte Sitzung, Sokratischer Dialog, Hausaufgaben) wird dem Patienten das kognitive (Störungs-) Modell vermittelt. Die Patienten sollen erfahren, welche kausalen Beziehungen zwischen (externen und internen) Stimuli, Kognitionen (aktivierten suchtspezfischen Annahmen, Grundüberzeugungen und automatischen Gedanken) und Gefühlen bestehen, die zu einem bestimmten Suchtmittelverhalten führen.

Die Autoren empfehlen den Gebrauch von Fragebögen zu Grundannahmen der Patienten über Suchtmittel und dem Verlangen danach, um mit ihnen gemeinsam deren suchtmittelspezifische Annahmen zu entdecken. Die suchtspezifischen Annahmen können antizipatorischer Natur sein, es kann sich um Gedanken handeln, die auf die Reduktion von Spannung ausgerichtet sind sowie um erlaubniserteilende Gedanken („Wenn ich jetzt Alkohol trinke, dann geht es mir sofort besser"). Die Items werden auf einer mehrstufigen Skala von 1 (lehne ich völlig ab) bis 7 (stimme völlig zu) erfaßt. Nach dieser Phase erfolgt die Festlegung der Therapieziele, die mit dem Patienten zusammen erarbeitet werden. Die Ziele sollten in Zusammenhang mit der Suchtmittelabstinenz formuliert werden und konkret, meßbar sowie verhaltensbezogen sein.

Zu den genutzten Techniken dieses Therapieansatzes gehören neben *kognitiven Techniken* (Analyse der Vor- und Nachteile des Alkoholkonsums, Gedankentagebuch, Identifikation und Modifikation suchtspezifischer Annahmen) und dem Einsatz von *Imaginationstechniken* (um Selbstkontrolle zu „visualisieren") auch eher *verhaltensbezogene Techniken (*wie Rollenspiele, Aktivitätenplanung, Entspannungstraining, Problemlösetraining, Stimuluskontrolle usw.). Beck et al. (1997) betonen, daß die Anwendung der Behandlungselemente in Abstimmung mit dem individuellen Fallkonzept eines Patienten geplant werden sollte.

Von großer Bedeutung ist auch die *Reduzierung des Craving*. Hier werden folgende Behandlungstechniken vorgeschlagen:

1. *Ablenkung* (z.B. durch Reden mit anderen Menschen, Verlassen der Risikosituation, Ablenkung durch alternative Beschäftigung)
2. Entwicklung von Notfallkarten mit *Selbstinstruktionen*, die zur Bewältigung von suchtmittelkritischen Situationen beitragen (z.B. „Ich fühle mich gut, wenn ich keinen Alkohol trinke")
3. *Vorstellungsübungen* (z.B. Gedankenstopp, Bewältigungsphantasien, Ersetzen durch negative Bilder, wenn Craving auftritt)
4. Erarbeiten von *rationalen Gegengedanken* zum automatischen Gedanken
5. *Aktivitätenplanung* (Umgang mit Langeweile)
6. Einüben von Entspannungstechniken

■ Rückfallpräventionsprogramme

Durch Marlatt und Gordon (1985) sind Programme zur Rückfallprävention sehr populär geworden. Das Modell der beiden Autoren legt nahe, auf unterschiedlichen Ebenen anzusetzen, um das Auftreten eines Rückfalls zu verhindern.

Der erste Ansatzpunkt wäre die *Erreichung eines ausgeglichenen Lebensstils* und Lebenszufriedenheit zur Rückfallvermeidung. Als verhaltenstherapeutische Techniken bieten sich je nach individueller Problemlage des Patienten an: Übungen zur sozialen Kompetenz, Streßbewältigungsprogramm, Lebensstilberatung (Entwicklung von sportlichen Aktivitäten, „positiven" Süchten, Bewerbungstraining), Genußtraining, Paarberatung (z.B. bei Vorliegen sexueller Funktionsstörungen).

Ein dem konkreten Rückfallgeschehen näherer Schritt wäre die *Identifikation von Gefährdungsbedingungen*. Mit dem Patienten kann beispielsweise eine Verhaltensanalyse eines früheren Rückfalls erarbeitet werden oder es können Phantasien zu möglichen Rückfallgefahren besprochen werden. Von Annis et al. (1992) wurden das „Inventory of Drug Taking Situations (IDTS)" entwickelt, um auf ökonomische Weise diejenigen Situationen (high risk situations) identifizieren zu können, in denen eine Person besonders versucht ist, Suchtmittel einzunehmen. Dieselben 50 Situationsitems wurden außerdem von Annis et al. (1992) im „Drug Taking Confidence Questionnaire (DTCQ)" verwendet, um die Abstinenzzuversicht von Betroffenen zu erheben.

Zurückgehend auf die Arbeiten von Marlatt und Gordon (1985) werden hierbei folgende acht Risikobereiche unterschieden: Negative Gefühlszustände, körperliche Beschwerden, angenehme Gefühlszustände, plötzliches Verlangen, Versuch kontrolliert zu trinken, soziale Konflikte, soziale Verführung, Geselligkeit. Von beiden Fragebögen existieren Parallelversionen für Alkohol-, Medikamenten- und Drogen- sowie Nikotinabhängige. Deutsche Übersetzungen wurden bislang lediglich für Alkoholabhängigkeit (Klein et al. 1995; Lindenmeyer 1996) vorgelegt und validiert. In allen Studien ergaben sich zufriedenstellende Testgütekriterien, auch wenn die Faktorenstruktur der Fragebögen nicht immer befriedigend repliziert werden konnte.

Die Erkenntnisse aus diesem Fragebogen können genutzt werden, um *Übungen in besonderen Risikobereichen* durchzuführen. So kann die Durchführung eines Ablehnungstrainings bei einzelnen Patienten im Vordergrund stehen, während bei anderen zur Bewältigung des Alkoholcravings verstärkt Expositionsübungen durchgeführt werden sollten. Dem „Cue-Exposure“ liegt die Vorstellung zugrunde, daß Verlangen nach einem Suchtmittel auf bestimmte Situationen konditioniert und durch erhöhte Reagibilität auf diese Droge vermittelt wird. Beim „Cue-Exposure“ werden dem Patienten dessen „Lieblingsgetränke“ als Stimuli zur Hervorrufung von Craving eingesetzt. Durch visuelle, olfaktorische und z.T. durch gustatorische Stimulation kommt es zu einem Anstieg des Craving, welches allerdings nicht mehr durch nachfolgenden Alkoholkonsum verstärkt und deshalb gelöscht wird. Drummond und Glautier (1994) konnten zeigen, daß nach Cue-Exposure die nachklinische Dauer bis zum ersten Rückfall signifikant verlängert wurde und die im Katamnesezeitraum konsumierte Alkoholmenge geringer war als bei Patienten, die kein Cue-Exposure erhalten hatten.

Lörch et al. (1998) diskutieren unterschiedliche Mechanismen zur Wirkung dieser Expositionsform:

1. Löschung von Craving durch Ausbleiben negativer Verstärkung
2. Unterbrechung von Trink-Verhaltensketten
3. Änderung der Erwartungen bezüglich der Kontrollierbarkeit von Craving-Situationen
4. Verbesserung der Selbstwirksamkeitserwartungen bezüglich der eigenen Abstinenzfähigkeit
5. Etablieren von neuen Coping-Strategien

Sekundärpräventive Programme im Zusammenhang mit dem Rückfallgeschehen bemühen sich um eine konstruktive Bewältigung von eingetretenen Abstinenzbeendigungen. Velleman (1992) schlägt vor, mit Alkoholabhängigen Kognitionen einzuüben, die sie nach dem ersten Alkoholkonsum nutzen können, um das Weitertrinken zu erschweren oder zu verhindern. Diese Gedanken sollen Gefühlen und Bewertungen, die bei Alkoholikern häufig auftreten, entgegenwirken bzw. diese ersetzen.

So soll der Betroffene sich nach dem Trinken beispielsweise sagen: (1) „Jetzt noch weiter zu trinken, bedeutet, eine Katastrophe bewußt auszulösen und in Kauf zu nehmen“. (2) „Ich kann mein Trinken jetzt noch kontrollieren“. Der Patient soll sich die entscheidenden Vorteile der Abstinenz vor Augen führen (z.B. „Wenn ich weiter abstinent lebe, werde ich befördert“). Es werden nur solche Gedanken und Vorstellungen beschrieben, die die Vorteile des Nicht-Weitertrinkens betonen. Angstauslösende Gedanken („Wenn ich nun weiter trinke, werde ich bald sterben“) sind für die erfolgreiche Bewältigung von ambivalent besetzten Handlungen wenig hilfreich.

Marlatt und Gordon (1985) schlagen vor, den Patienten ein Set versiegelter „Erinnerungs-Karten“ auszuhändigen, die sie immer bei sich tragen müssen. Nach dem ersten erneuten Alkoholkonsum wird der Umschlag geöffnet. Der Betroffene findet Botschaften, wie sie oben bereits beschrieben wurden, nämlich Gedanken, die mit dem Weitertrinken nicht vereinbar sind. Diese Karten können während der Behandlung von dem Patienten selbst erarbeitet werden.

Eine nächste Möglichkeit der Rückfall-Bewältigung ist das Verfassen eines Abstinenzbeendigungs-Vertrages. Die Patienten sollten sich nach Erreichen von Abstinenz mit einer relevanten Bezugsperson zusammensetzen und gemeinsam festlegen, was im Falle eines Wiedertrinkens geschehen sollte. Die gemeinsam verabredeten Vorgehensweisen werden schriftlich fixiert und von beiden „Vertragspartnern“ unterschrieben. Alle Beteiligten erhalten einen Durchschlag. Wichtig ist, daß konkrete Verabredungen getroffen werden.

Für die ambulante Praxis ist von Arend (1994) ein sehr umfassendes Rückfallpräventionsmanual entwickelt worden. Dieses Programm umfaßt viele Selbstkontrolltechniken und Expositionsübungen zur Bewältigung von Hoch-Risikosituationen, beinhaltet aber auch den Aufbau von intra- und interpersonellen Fertigkeiten zur Erreichung von Lebenszufriedenheit und psychosozialer Stabilität (Entspannungstraining, Problemlösetraining, Selbstsicherheitstraining). Das Programm ist im Rahmen einer Einzeltherapie durchführbar.

■ Raucherentwöhnung

Ungeachtet der Tatsache, daß auch Verfahren wie die Akupunktur oder die Hypnose einen großen Stellenwert in der Raucherentwöhnung besitzen, soll im Folgenden die Darstellung auf die Entwöhnungsverfahren mit lernpsychologischer Basis beschränkt bleiben.

Das Ziel der *Aversionstherapie* ist eine Bestrafung des Rauchens oder des Rauchverlangens durch aversive Reize. Folgende Methoden können angewendet werden:

- Die direkte Bestrafung durch Verabreichung von schmerzhaften Reizen (Schnippen eines Gummis am Handgelenk, Elektroschocks) bei einem Rückfall oder bei Gedanken an das Rauchen.
- Forciertes, exzessives (Schnell-) Rauchen mit dem Ziel, das Rauchverlangen mit einer aversiv erlebten Situation zu koppeln. Dieses Verfahren hat sich bei kardialen Vorerkrankungen als zu gefährlich erwiesen.
- Vorstellungsübungen zu unangenehmen Folgeerscheinungen des Rauchens (Übelkeit, Schwindel, Kopfschmerzen) um positive Attributionen des Rauchens zu löschen. Diese verdeckte Sensibilisierung erfolgt zumeist in Verbindung mit einer Entspannungsübung.

Die Durchführung einer *Entspannungsübung* soll eine innere Distanzierung zum Rauchen ermöglichen. Autogenes Training oder eine progressive Muskelrelaxation nach Jacobson sind im Rahmen eines umfassenderen Therapieprogramms zur Raucherentwöhnung zwar supportiv, für sich alleine aber als Entwöhnungshilfe nicht ausreichend wirksam.

Die gegenwärtig üblichen Raucherentwöhnungstherapien basieren auf *Selbstkontrollprogrammen* (s. Kap. 13). Die Stimuluskontrolle, -einengung und -beseitigung dient einer Reduktion und Aufgabe des Rauchverhaltens. Bei der Reduktionsmethode, die eine Abstinenz durch eine allmähliche Reduktion der täglich konsumierten Zigaretten anstrebt, werden die Situationen (nur noch auf dem Balkon, nur in der Freizeit), Bedingungen (nur noch geschnorrte Zigaretten) und Modalitäten des Rauchens (nur noch halbe Zigaretten) zunehmend eingeengt. In das Repertoire der Selbstkontrollbehandlungen gehen außerdem Elemente wie die Selbstbeobachtung, operante (Selbst-)Verstärkung und Bestrafung und das Vertragsmanagement ein.

Versuchungssituationen und beruflicher oder privater Streß sind die häufigsten Rückfallursachen. In *Rollenspielen* werden rückfallgefährdende Situationen durchgespielt und Bewältigungsmöglichkeiten trainiert.

Eine *Bestimmung des Kohlenmonoxidgehaltes der Ausatemluft* dient nicht nur der Abstinenzkontrolle, sondern läßt sich zudem als Feedbakkinstrument zur Stärkung der Abstinenzmotivation einsetzen: der entwöhnungswillige Raucher erhält eine anschauliche Rückmeldung über die gesundheitlichen Verbesserungen, die sich unmittelbar mit Beginn einer Abstinenz einstellen.

Neuere Behandlungsprogramme erhöhen die Eingangsmotivation durch *gezielte Informationen zu den Vorteilen des Nichtrauchens* und verzichten weitgehend auf eine Darstellung der negativen Konsequenzen des Rauchens. Letztere sind hinlänglich bekannt. Die damit verbundene kognitive Dissonanz kann durch zusätzliche Informationen zu den Gefahren des Rauchens, die bislang ohnehin verleugnet wurden, nicht wirksam erhöht oder besser umgesetzt werden.

Durch den *Aufbau alternativer Verhaltensweisen* wird berücksichtigt, daß sich mit der Abstinenz oftmals auch Lebensgewohnheiten ändern. Hilfreich sind neue Hobbys und sportliche Aktivitäten, die mit dem Rauchen nicht vereinbar sind und durch positive Veränderungen der Lebenssituation wiederum verstärkend wirksam werden.

Streßsituationen, die allzu häufig rückfallgefährdend sind, können durch den Einsatz von Entspannungstechniken (vorzugsweise das Muskelentspannungstraining nach Jacobson, das einfach und schnell zu erlernen ist) entschärft werden.

Eine *passagere Nikotinsubstitution* (Nikotinpflaster, -kaugummi oder -nasenspray) für die Dauer von zwei bis maximal drei Monaten kann Entzugssymptome wirkungsvoll unterdrücken und das Rauchverlangen mindern.

Sogenannte *multimodale Programme* vereinigen die initiale Motivationserhöhung durch gezielte Informationen und Feedback. Dazu kommt die Selbstbeobachtung und Löschung alter Verhaltensmuster durch Selbstkontrolltechniken und Vertragsmanagement. Der Aufbau alternativer Verhaltensweisen inklusive einer Entspannungsmethode, die kognitive Umstrukturierung sowie die operante Verstärkung der Erfolge und neu erlernter Verhaltensweisen kommen neben der Vermittlung rückfallprophylaktischer Maßnahmen in Rollenspielen zum Tragen. Ergänzt werden Informationen zur

Ernährung und Gewichtskontrolle, da im Gefolge der Abstinenz mit einer Gewichtszunahme zu rechnen ist.

Die Behandlung erfolgt im Rahmen von verhaltenstherapeutischen Gruppentherapien, als Einzeltherapie oder mit Hilfe von Selbsthilfemanualen, die über den Buchhandel (z.B. Unland 1995) oder die Bundeszentrale für gesundheitliche Aufklärung (BZgA) bezogen werden können.

In der *„Schluß-Punkt-Methode"* wird in den ersten Therapiestunden der Rauchstopp zu einem festgelegten Termin vorbereitet, während die *„Reduktionsmethode"* durch eine schrittweise Verringerung den Entwöhnungsprozeß erleichtern soll.

Im Folgenden wird in Auszügen ein *verhaltenstherapeutisches Raucherentwöhnungs-programm* vorgestellt, das als sechswöchige Entwöhnungsbehandlung mit wöchentlichen Einzel- oder Gruppensitzungen konzipiert ist:

Erster Termin:

1. Motivationsförderung

- Frage: Was sind Ihre persönlichen Gründe für das Aufhören?
  Genannt werden häufig gesundheitliche Gründe, die nachlassende körperliche Leistungsfähigkeit, die Vorbildfunktion gegenüber den eigenen Kindern, das Gefühl der Abhängigkeit, selten auch finanzielle Gründe.
- Frage: Welche persönlichen Vorteile versprechen Sie sich durch das Nichtrauchen?
  Die Antworten ähneln denen der vorangegangenen Frage - dazu werden auch körperliche Veränderungen (Fitneß, besseres Geschmacks- und Geruchsempfinden) und andere Vorteile (weniger Vorwürfe von anderen, rauchfreie Kleidung) genannt.
- Information: Tabak-assoziierte Gesundheitsschäden, Gefahren des Passivrauchens, positive körperliche Veränderungen durch die Tabakabstinenz (Rückgang der Gefahr für ernsthafte körperliche Folgeschäden bereits nach wenigen Tagen)
- Aufgabe: (wenn verfügbar) Bestimmung des Kohlenmonoxidgehaltes der Ausatemluft mit einem CO-Monitor.
- Information: Aufklärung über die Bedeutung von Kohlenmonoxid und Sauerstoffsättigung für die körperliche Fitneß
- Aufgabe: Dokumentation der Motivationsgründe und Veränderungen durch das Nichtrauchen zur späteren Erinnerung.

2. Selbstbeobachtung

- Frage: Wieviele Zigaretten rauchen Sie durchschnittlich pro Tag?
- Aufgabe: Ändern Sie noch nichts an Ihrem Rauchverhalten, beobachten Sie nur Ihren Zigarettenkonsum: Protokollieren Sie die Zahl der täglich gerauchten Zigaretten stets vor dem Anzünden jeder Zigarette mittels einer Strichliste (s. Abb. 31.2)
- Frage: Wann am Tag rauchen Sie am meisten? In welchen Situationen rauchen Sie?
- Aufgabe: Protokollieren der Rauchsituationen an einem Arbeitstag und an einem Tag des Wochenendes in einer vierspaltigen Tabelle (Ort/Zeit/Situation/Zahl der Zigaretten), Anwendung eines Situationsfragebogens.
- Information: Rauchen ist ein erlerntes Verhalten. Die Abstinenz wird durch vielerlei Faktoren erschwert: Entzugssymptome, Gewohnheiten oder Verführungssituationen.

Tag	Anzahl der Zigaretten	Summe
1	卌 卌 卌 卌 II	22
2	卌 卌 卌 卌	20
3	卌 卌 卌 卌	20
4	卌 卌 卌 II	17
5	卌 卌 卌 I	16
6	卌 卌 卌	15
7	卌 卌 卌 I	16
	Gesamtsumme:	126
	Durchschnittswert:	18

Abb. 31.2 Strichliste

Dieses Raucherentwöhnungsprogramm ist besonders wirksam durch die Kombination von Verhaltenstherapie und Nikotinsubstitution - so werden sowohl die psychische als auch die körperliche Abhängigkeit in Angriff genommen. Die erste Phase der Selbstbeobachtung ist die Basis für die kommende Verhaltensänderung. Am ersten Tag der Abstinenz wird die vorübergehende Nikotinsubstitution die Gefahr eines Rückfalls durch die Dämpfung der Entzugssymptome reduzieren. Es folgt die Erläuterung der Bedeutung von auslösenden Stimuli, positiven und negativen, kurz- und langfristigen Konsequenzen.

Zweiter Termin:

1. *Auswertung der Strichliste, des Situationsfragebogens und der Tagesprotokolle.* Frage: Was müssen Sie unternehmen, um in den beschriebenen Situationen auf das Rauchen verzichten zu können? Wo erwarten Sie Schwierigkeiten, welche alternativen Beschäftigungen können Sie sich vorstellen? Wie können Sie sich auf Versuchungssituationen vorbereiten? Was können Sie unternehmen, um Ihre Umgebung an Ihre Bedürfnisse als Ex-Raucher anzupassen?

2. *Abstinenzvereinbarung, Vertragsmanagement.* Aufgabe: Legen Sie Ihren ersten Nichtrauchertag fest. Unterschreiben Sie eine schriftliche Vereinbarung. Machen Sie Ihren ersten Nichtrauchertag in der Familie, am Arbeitsplatz oder im Freundeskreis bekannt.

3. *Selbstbelohnung.* Frage: Welche wirksamen Belohnungen (Verstärker) können Sie sich vorstellen? Welche Erlebnisse, Tätigkeiten oder materiellen Dinge sind Ihnen wichtig? Was wollten Sie sich schon lange mal gönnen? Wie können Sie sich selbst verwöhnen? Aufgabe: Belohnen Sie sich für Ihren ersten erfolgreichen Nichtrauchertag! Bestimmen Sie die Belohnung im Voraus. Sehen Sie auch für die nächsten Etappen (der zweite Nichtrauchertag, die erste Nichtraucherwoche) kleine Belohnungen vor.

4. *Einsatz der Nikotinsubstitution.* Aufgabe: Bestimmen Sie Ihre individuelle Stärke der Nikotinabhängigkeit mit dem Fagerström-Test für Nikotinabhängigkeit.

Information: Erläuterung der Anwendungsrichtlinien für die Nikotinsubstitution ab dem ersten Nichtrauchertag. Hinweis auf Nebenwirkungen und Kontraindikationen. Entscheidung für Nikotinkaugummi (leichte bis mittelschwere Abhängigkeit, intermittierendes Konsummuster), Nikotinpflaster (mittelschwere bis schwere Abhängigkeit, kontinuierliches Konsummuster) oder Nikotinnasenspray (sehr schwere Abhängigkeit, hoher Tageszigarettenkonsum)

Dritter Termin:

1. *Überprüfung der Abstinenz / Feedback.* Aufgabe: (wenn verfügbar) Bestimmung des Kohlenmonoxidgehaltes der Ausatemluft. Frage: Schwierigkeiten bei der Abstinenz? Nebenwirkungen der Nikotinsubstitution? Erfolgreiche Selbstbelohnung? Vorstellung der Verstärker und Überprüfung der Wirksamkeit

2. *Erneuern der Abstinenzvereinbarung, Selbstbelohnung.* Aufgabe: Wählen Sie eine Person Ihres Vertrauens zum Kurshelfer. Schließen Sie mit ihr Vereinbarungen und Wetten über Ihren Abstinenzerfolg ab. Bestandteil der Vereinbarungen sollten insbesondere auch Konsequenzen bei Einhaltung bzw. Nichteinhaltung des Abstinenzzieles sein.

3. *Ernährung.* Information: Gefahr der Gewichtszunahme durch andere Eßgewohnheiten und veränderten Grundumsatz. Neben sportlichen Aktivitäten hilft der Verzicht auf kalorienreiche Nahrungsmittel und Getränke.

4. *Entspannungsverfahren.* Vermittlung des progressiven Muskelentspannungstrainings nach Jacobson in vier Einheiten während der dritten bis sechsten Kursstunde.

Vierter bis sechster Termin:

1. *Überprüfung der Abstinenz / Feedback.* Aufgabe: (wenn verfügbar) Bestimmung des Kohlenmonoxidgehaltes der Ausatemluft. Frage: Schwierigkeiten bei der Abstinenz? Nebenwirkungen der Nikotinsubstitution? Erfolgreiche Selbstbelohnung? Vorstellung und Überprüfung der Wirksamkeit der Verstärker.

2. *Motivationskontrolle.* Aufgabe: Rekapitulation der Gründe zur Tabakabstinenz und der selbsterarbeiteten Vorteile des Nichtrauchens.

3. *Selbstverstärkung.* Frage: Welche positiven Veränderungen (Fitneß, Geschmacksempfinden usw.) haben Sie bislang schon feststellen können? Aufgabe: Erstellen einer Liste von Belohnungen, die den einzelnen Abstinenzzielen (30., 60., 90. und 365. Nichtrauchertag) zugeordnet werden.

4. *Einsatz von Entspannungsverfahren, Abstinenzvereinbarungen und Kurshelfern.*

5. *Rückfallprophylaxe.* Aufgabe: (1) Protokoll der Versuchungssituationen und des praktizierten Alternativverhaltens (2) Durchspielen von schwierigen Versuchungssituationen im Rollenspiel.

31.3 Literatur

1. *Annis, H.N., Martin, G. & Graham, J.M.:* Drug Taking Confidence Questionnaire (Alcohol) DTCQA. User's guide. Addiction Research Foundation, Toronto 1992
2. *Annis, H.N., Martin, G. & Graham, J.M.:* Inventory of Drug Taking Situations (Alcohol). IDTSA. User's guide. Addiction Research Foundation, Toronto 1992
3. *Arend, H.:* Alkoholismus – Ambulante Therapie und Rückfallprophylaxe. Beltz Psychologie Verlags Union, Weinheim 1994
4. *Beck, A.T., Wright, F.D., Newman, C.F. & Liese, B.S.:* Kognitive Therapie der Sucht. Beltz Psychologie Verlags Union, Weinheim 1997
5. *Bühringer, G.:* Schädlicher Gebrauch und Abhängigkeit von psychoaktiven Substanzen. In: *Margraf, J.* (Hrsg.): Lehrbuch der Verhaltenstherapie. (Bd. 2) Störungen. Springer, Berlin 1996, S. 215-243
6. *Bandura, A.:* Sozial-kognitive Lerntheorie. Klett-Cotta, Stuttgart 1979
7. *Bühringer, G.:* Schädlicher Gebrauch und Abhängigkeit von illegalen Drogen. In: *Reinecker, H.* (Hrsg.): Lehrbuch der Klinischen Psychologie. 3. Aufl. Hogrefe, Göttingen 1998, S. 389-416
8. Diagnostisches und statistisches Manual psychischer Störungen. DSM-IV. Hogrefe, Göttingen 1996
9. *Dilling, H., Mombour, W. & Schmidt, M.H.* (Hrsg.): Internationale Klassifikation psychischer Störungen. ICD-10. Kapitel V (F). Klinisch-diagnostische Leitlinien. Hans Huber, Bern/Göttingen/Toronto 1991
10. *Drummond, D.C. & Glautier, S.:* A controlled trial of cue exposure treatment in alcohol dependence. Journal of Consulting and Clinical Psychology, 62, 1994, 809-817
11. *Herbst, K., Kraus, L. & Scherer, K.:* Repräsentativerhebung zum Gebrauch psychoaktiver Substanzen bei Erwachsenen in Deutschland. Schriftliche Erhebung 1995. IFT Institut für Therapieforschung, München 1996
12. *Holly, A., Türk, D., Nelson, C.B., Pfister, H. & Wittchen, H.-U.:* Prävalenz von Alkoholkonsum, Alkoholmißbrauch und -abhängigkeit bei Jugendlichen und jungen Erwachsenen. Zeitschrift für Klinische Psychologie, 26, 1997, 171-178
13. *Hüllinghorst, R.:* Zur Versorgung Suchtkranker in Deutschland. In: *Deutsche Hauptstelle gegen die Suchtgefahren* (Hrsg.): Jahrbuch Sucht 98. Neuland, Geesthacht 1997, S. 123-141
14. *John, U., Hapke, U., Rumpf, H.-J., Hill, A. & Dilling, H.* (Hrsg.): Prävalenz und Sekundärprävention von Alkoholmißbrauch und -abhängigkeit in der medizinischen Versorgung. Schriftenreihe des Bundesministeriums für Gesundheit (Bd. 71). Nomos Verlagsgesellschaft, Baden-Baden 1996
15. *John, U.:* Ansätze zur Sekundärprävention der Alkoholabhängigkeit im Rahmen der medizinischen Behandlung. Zeitschrift für Medizinische Psychologie, 3, 1994, 99-105
16. *John, U., Hapke, U. & Rumpf, H.-J.:* Gesundheitsversorgung und Sekundärprävention von psychotropen Substanzen. In: *Watzl, H. & Rockstroh, B.* (Hrsg.): Abhängigkeit und Mißbrauch von Alkohol und Drogen. Hogrefe, Göttingen 1997, S. 185-199
17. *Kanfer, F.H.; Reinecker, H. & Schmelzer, D.:* Selbstmanagement-Therapie. 2. Aufl. Springer, Berlin 1996
18. *Klein, M., Funke, J., Funke, W. & Scheller, R.:* Hochrisikosituationen für den Alkoholrückfall: Theorie, Diagnostik und Klassifikation. In: *Körkel, J., Lauer, G. & Scheller, R.* (Hrsg.): Sucht und Rückfall. Brennpunkte deutscher Rückfallforschung. Enke, Stuttgart 1995, S. 38-50
19. *Küfner, H. :* Behandlungsfaktoren bei Alkohol- und Drogenabhängigen. In: *Watzl, H. & Rockstroh, B.* (Hrsg.): Abhängigkeit und Mißbrauch von Alkohol und Drogen. Hogrefe, Göttingen 1997, S. 201-228
20. *Lindenmeyer, J.:* Alkoholreagibilität, Informationsverarbeitungsprozesse und Abstinenzzuversicht bei Alkoholabhängigen. Dissertation im Fachbereich Psychologie der Philipps-Universität Marburg 1996
21. *Lörch, B., Schlegel, S., Hautzinger, M. & Wetzel, H.:* Neuere verhaltenstherapeutische Behandlungsansätze bei Alkoholabhängigen. In: *Hartwick, P., Haas, S., Maurer, K. & Pflug, B.* (Hrsg.): Alkohol- und Drogenabhängigkeit: Konzepte und Therapie. Verlag Wissenschaft und Praxis, Sternenfels 1998, S. 43-53
22. *Marlatt, G.A. & Gordon, J.R.:* Relapse prevention. Maintenance strategies in the treatment of addictive behaviors. Guilford Press, New York 1985
23. *Miller, W.R. & Rollnick, S.:* Motivational Interviewing. Preparing people to change addictive behavior. Guilford Press, New York 1991
24. *Miller, W.R. & Sanchez, V.C.:* Motivating young adults for treatment and lifestyle change, In: *Howard, G.* (Hrsg.): Issues in Alcohol Use and Misuse by Young Adults. Notre Dame, IN, University of Notre Dame Press 1993
25. *Missel, P., Braukmann, W., Buschmann, H., Dehmlow, A., Herder, F., Jahreiss, R., Ott, E., Quinten, C., Schneider, B. & Zemlin, U.:* Effektivität und Kosten in der Rehabilitation Abhängigkeitskranker. Ergebnisse einer klinikübergreifenden Katamnese. Sucht aktuell, 3, 1997, 10-22
26. *Petry, J.:* Psychotherapie der Glücksspielsucht. Beltz Psychologie Verlags Union, Weinheim 1996
27. *Project MATCH Research Group:* Matching alcoholism treatments to client heterogeneity: Project MATCH posttreatment drinking outcomes. Journal of Studies on Alcohol, 58, 1997, 7-29
28. *Schmidtbauer, W. & vom Scheidt, J.:* Handbuch der Rauschdrogen. Fischer, Frankfurt 1989
29. *Sobell, M.B. & Sobell, L.C.:* Problem drinkers. Guided self-change treatment. Guilford Press, New York 1993
30. *Süß, H.-M.:* Zur Wirksamkeit der Therapie bei Alkoholabhängigen: Ergebnisse einer Metaanalyse. Psychologische Rundschau, 46, 1995, 248-266

31. *Unland, H.:* Wir gewöhnen uns das Rauchen ab - wieder frei und selbstbestimmt leben. Ein kognitiv-verhaltenstherapeutisches Raucherentwöhnungsprogramm. dgvt, Tübingen 1995
32. *Veltrup, C.:* Eine empirische Analyse des Rückfallgeschehens bei entzugsbehandelten Alkoholabhängigen. In: *Körkel, J., Lauer, G. & Scheller, R.* (Hrsg.): Sucht und Rückfall. Brennpunkte deutscher Rückfallforschung. Enke, Stuttgart 1995, S. 25-35
33. *Wienberg, G.* (Hrsg.): Die vergessene Mehrheit. Psychiatrie-Verlag, Bonn 1992

32. Eßstörungen

R. Meermann, E.-J. Borgart, E. Okon

32.1 Krankheitsbilder und diagnostische Kriterien von Anorexia nervosa und Bulimia nervosa

■ Anorexia nervosa

Im klinischen Erscheinungsbild einer Patientin mit Anorexia nervosa ist neben dem kachektischen Gesamtzustand besonders das subjektive Erleben der Patientin, vor allem die verzerrte Einstellung zu ihrem Körpergewicht und ihrer äußeren Erscheinungsform, dominierend. Trotz vorhandenen Untergewichtes fühlen sie sich immer noch zu dick (Körperschemastörung). Häufig verdecken die Patientinnen ihre Körperumrisse in weiten Kleidern. Im Untersuchungsgespräch werden oftmals somatische Ursachen für das Untergewicht vermutet, das Problem des Eßverhaltens wird eher bagatellisiert. Auf ein mögliches Therapieziel „Gewichtszunahme" angesprochen, zeigen sich oft Widerstände, die bis zum Therapieabbruch führen können.

Klinisch erscheint die Magersucht zumindest in zwei Formen: einerseits als rein diäthaltende (restriktive) Anorexia nervosa, andererseits als Störungsbild mit Erbrechen und/oder Laxantienabusus (bulimische Verlaufsform der Anorexia nervosa). Fremdanamnestische Angaben in bezug auf das Eßverhalten sind insbesondere bei jüngeren Patientinnen, die noch im häuslichen Umfeld wohnen, hilfreich. Insgesamt stellt die klinische Diagnose der Anorexia nervosa kein allzu großes Problem dar. In Tab. 32.**1** finden sich die diagnostischen Kriterien der Anorexia nervosa nach ICD-10.

Differentialdiagnostisch muß die Anorexia nervosa von möglichen somatischen Ursachen für Unterernährung und Untergewicht abgegrenzt werden. Aus psychiatrischer Sicht sind differentialdiagnostisch neben Depressionen vor allem schizophrene Patientinnen abzugrenzen, die aufgrund von Wahnvorstellungen nicht mehr essen. Weitere Differentialdiagnosen sind Zwangsstörungen und psychogenes Erbrechen.

■ Bulimia nervosa

Die Bulimia nervosa ist gekennzeichnet durch wiederholte Episoden von „Freßanfällen", die als Folge eines regelmäßig auftretenden Kontrollverlustes über das Eßverhalten entstehen. Während dieses Kontrollverlustes kommt es zu teilweise massiven Freßanfällen mit exzessiver Zuführung von meist sehr kalorienreicher und leicht verdaulicher Nahrung. Die Aufnahme von mehr als 10.000 Kalorien ist dabei durchaus möglich. Um einer Gewichtszunahme durch diese Freßanfälle gegen zu steuern, greift die betroffene Patientin regelmäßig zu verschiedenen Maßnahmen. Am häufigsten sind selbstinduziertes, aber manchmal auch automatisiertes Erbrechen zu beobachten, zusätzlich aber auch die Einnahme von Appetitzüglern, Laxantien oder Diuretika sowie Diäthalten. Häufig berichten Patientinnen, daß ihr emotionaler Zustand vor einem solchen Freßanfall eine besondere Form der inneren Angst, Angespanntheit oder Unzufriedenheit darstellt. Zusätzlich können Freßanfälle hervorgerufen werden durch: Hungergefühle, das Gefühl, dem Bedürfnis nach verbotener Nahrung nachgegeben zu haben, aber auch durch Gefühlszustände wie Angst, Depressionen, Wut, Enttäuschung oder Einsamkeit. Die Freßanfälle können dabei der Kompensation unangenehmer Gefühlszustände dienen, können aber auch in Folge unstrukturierter Zeiteinteilung und Langeweile auftreten. Tab. 32.**2** zeigt die Kriterien für Bulimia nervosa im ICD-10.

Tabelle 32.**1** ICD 10 - Kriterien der Anorexia nervosa (F50.0)

Nummer	Diagnostische Leitlinien:
1	Tatsächliches Körpergewicht mindestens 15% unter dem erwarteten Gewicht (entweder durch Gewichtsverlust oder nie erreichtes Gewicht) oder Quetelets-Index* von 17,5 oder weniger. Bei Patientinnen in der Vorpubertät kann die erwartete Gewichtszunahme während der Wachstumsperiode ausbleiben. *Quetelets-Index: W/(H*H) (W=Körpergewicht in Kilogramm, H= Körpergröße in Metern, ab dem 16. Lebensjahr)
2	Der Gewichtsverlust ist selbst herbeigeführt durch: • Vermeidung von hochkalorischen Speisen; sowie eine oder mehrere der folgenden Verhaltensweisen: • selbst induziertes Erbrechen • selbst induziertes Abführen • übertriebene körperliche Aktivitäten • Gebrauch von Appetitzüglern oder Diuretika
3	Körperschema-Störung in Form einer spezifischen psychischen Störung: die Angst, zu dick zu werden, besteht als eine tiefverwurzelte überwertige Idee; die Betroffenen legen eine sehr niedrige Gewichtsschwelle für sich selbst fest.
4	Eine endokrine Störung auf der Hypothalamus-Hypophysen-Gonaden-Achse. Sie manifestiert sich bei Frauen als Amenorrhoe und bei Männern als Libido- und Potenzverlust. (Eine Ausnahme ist das Persistieren vaginaler Blutungen bei anorektischen Frauen mit einer Hormonsubstitutionsbehandlung zur Kontrazeption.) Erhöhte Wachstumshormon- und Kortisolspiegel, Änderungen des peripheren Metabolismus von Schilddrüsenhormonen und Störungen der Insulinsekretion können gleichfalls vorliegen.
5	Bei Beginn der Erkrankung vor der Pubertät ist die Abfolge der pubertären Entwicklungsschritte verzögert oder gehemmt (Wachstumsstopp; fehlende Brustentwicklung und primäre Amenorrhoe beim Mädchen; bei Knaben bleiben die Genitalien kindlich). Nach Remission wird die Pubertätsentwicklung häufig normal abgeschlossen, die Menarche tritt aber verspätet ein.

Tabelle 32.**2** ICD 10 - Kriterien der Bulimia nervosa (F50.2)

Nummer	Diagnostische Leitlinien
1	Eine andauernde Beschäftigung mit Essen, eine unwiderstehliche Gier nach Nahrungsmitteln; die Patientin erliegt Eßattacken, bei denen große Mengen Nahrung in sehr kurzer Zeit konsumiert werden.
2	Die Patientin versucht, dem dickmachenden Effekt der Nahrung durch verschiedene Verhaltensweisen entgegenzusteuern: selbstinduziertes Erbrechen, Mißbrauch von Abführmitteln, zeitweilige Hungerperioden, Gebrauch von Appetitzüglern, Schilddrüsenpräparaten oder Diuretika. Wenn die Bulimie bei Diabetikerinnen auftritt, kann es zu einer Vernachlässigung der Insulinbehandlung kommen.
3	Eine der wesentlichen psychopathologischen Auffälligkeiten besteht in der krankhaften Furcht davor, dick zu werden; die Patientin setzt sich eine scharf definierte Gewichtsgrenze, deutlich unter dem prämorbiden, vom Arzt als optimal oder „gesund" betrachteten Gewicht. Häufig läßt sich in der Vorgeschichte mit einem Intervall von einigen Monaten bis zu mehreren Jahren eine Episode einer Anorexia nervosa nachweisen. Diese frühere Episode kann voll ausgeprägt gewesen sein, oder war eine verdeckte Form mit mäßigem Gewichtsverlust oder einer vorübergehenden Amenorrhoe.

Die Freßanfälle führen bei den Patientinnen häufig zu einem Gefühl des Vollgestopftseins, des Aufgequollenseins und dem Gefühl eines allgemeinen Unbehagens. Häufig kommt es nach solchen Eß-Brech-Anfällen zu ausgeprägten depressiven Verstimmungszuständen. Auch zeichnen sich Patientinnen mit Bulimia nervosa durch eine verzerrte Einstellung gegenüber Essen und Ernährung und durch eine alles beherrschende Angst vor dem Dickwerden aus. Aus diesem Grund kontrollieren sie häufig ihr Gewicht auf der Waage, oftmals direkt nach erfolgten Gewichtsregulierungsmaßnahmen wie Erbrechen. Auch Bulimia nervosa-Patientinnen unterliegen einer falschen Wahrnehmung hinsichtlich ihres Körpers, sie fühlen sich häufig zu dick (Körperschemastörung). Sie neigen häufig dazu, ihre Krankheit über Jahre hinweg zu verheimlichen. Diese Heimlichkeit kann sogar in sehr engen sozialen Systemen wie Familie oder Ehe durchgehalten werden. Ein nicht zu unterschätzendes Problem der Bulimia nervosa sind die oft gravierenden sozialen und finanziellen Folgen der Freßattacken. Nicht wenige Patientinnen mit Bulimia nervosa haben große finanzielle Probleme und Verschuldungen.

Sowohl Anorexia nervosa als auch Bulimia nervosa sind durch das sozio-kulturelle Schlankheitsideal beeinflußt. Die verlorene Kompetenz, mit dem eigenen Körper und Gewicht realistisch umzugehen, führt bei vielen Patientinnen dazu, daß eine Anorexia nervosa nach einiger Zeit in eine Bulimia nervosa wechseln kann. Dies ist eine Entwicklung, die auf die engen Zusammenhänge der verschiedenen Eßstörungen deutlich hinweist. Letzteres spricht für ein dynamisch-dimensionales Bild der Eß- und Gewichtsstörungen. Tab. 32.**3** zeigt abschließend wesentliche Kennzeichen der Krankheitsbilder Anorexia und Bulimia nervosa.

32.2 Das dimensionale Modell der Eß- und Gewichtsstörungen

Das Spektrum der Eß- und Gewichtsstörungen umfaßt die Anorexia nervosa, die Bulimia nervosa und die Adipositas. Diese drei Störungen bilden ein Kontinuum, auf dem sich insgesamt 5 Unterformen von Eßstörungen unterscheiden lassen. Das in Abb. 32.**1** gezeigte Dysorexia-/Dysponderosis-Kontinuum stellt einen Versuch dar, Eß-/Gewichtsstörungen auf eine dynamische und dimensionale Art und Weise zu beschreiben.

Tabelle 32.**3** Vergleich der Krankheitsbilder Anorexia nervosa und Bulimia nervosa (aus Vandereycken, Norré, Meermann 1996)

	Anorexia nervosa	Bulimia nervosa	beide Symptome
Epidemiologie	90-95% weiblich, etwas jünger, ca. 1-3% aller Mädchen vor der Hochschulreife zeigen (prä-) klinische Symptome	mehr als 80% weiblich, etwas älter, 5-13% der Hochschulbesucherinnen zeigen (prä-)klinische Symptome	nimmt mit höherem sozioökonomischen Status zu
Krankheitsverlauf	häufige Umwandlung in chronische Bulimia nervosa	selten Umwandlung in eine chronische Anorexia nervosa	
Gewicht	unter 80% des Idealgewichts	Gewicht in oder um den Normbereich	
menstruelle Perioden	fehlen	unregelmäßig oder fehlen	
Verhalten	Angst vor dem Dickwerden durch erwarteten Kontrollverlust beim Essen; mehr zwanghaft, sind sich weniger der psychologischen Gestörtheit bewußt	Angst vor dem Dickwerden durch tatsächlichen Kontrollverlust beim Essen; mehr hysterisch, sind sich der psychologischen Gestörtheit stärker bewußt	Besessenheit von Nahrung, Gewicht und Körperfülle, oft dysphorisch und schuldbeladen, oft gesellschaftlich isoliert

Insbesondere bietet dieses Modell die Möglichkeit der Berücksichtigung von Veränderungen im klinischen Erscheinungsbild der Eßstörungen bei ein und derselben Patientin. Wenn man das zugrunde liegende seelische Problem als gestörtes Eßverhalten bezeichnet (unregelmäßiger Appetit, Hunger und/oder Sättigung), wird die Störung der Dimension „Dysorexia“ (Anorexia oder Nahrungsmittelabstinenz versus Hyperorexia oder Überessen) zugeordnet. Wenn man die Krankheit als Ausfall oder Störung der Gewichtsregulation ansieht, erscheint es passender, von Dysponderosis (Streben nach Dünnsein oder Magersucht versus Fettleibigkeit oder Adipositas) zu sprechen.

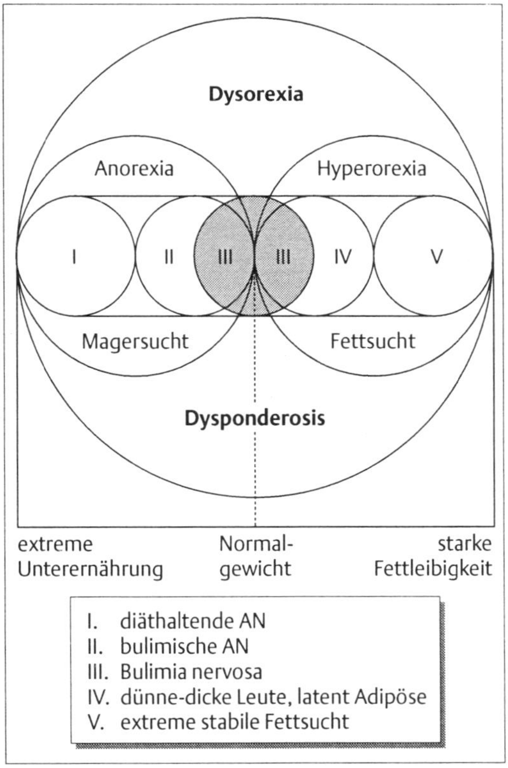

Abb. 32.**1** Das Dysorexia-Dysponderosis Kontinuum (aus Meermann und Vandereycken 1987)

Auf dem einen Ende des Kontinuums findet sich das klassische Bild der restriktiven Anorexia nervosa (I), die Patientin nimmt ständig ab und möchte nicht zunehmen. Die Untergruppe (II) der bulimischen Anorexia nervosa (II) leitet über zur Bulimia nervosa. Am anderen Ende des Kontinuums finden sich die mehr oder weniger stabilen psychosomatischen Fettleibigen (V). Zwischen den Patientinnen mit Bulimia nervosa und den Adipösen findet sich noch eine Gruppe zwanghaft zum Überessen neigender Patienten, die nur durch ständige gedankliche Beschäftigung mit Nahrung und Kalorien ihr Normgewicht halten können.

32.3 Zur Ätiologie von Anorexia nervosa aus kognitiv-verhaltenstherapeutischer Sicht

Zum Verständnis der Eßstörung haben in den letzten Jahrzehnten verschiedene theoretische Richtungen ihren Beitrag geleistet. Es gibt lerntheoretische, psychodynamische, systemtheoretische, soziokulturelle oder biologische Modelle. Im Folgenden soll das kognitiv-verhaltenstherapeutische Modell der Entstehung und Aufrechterhaltung von Anorexia nervosa vorgestellt werden. Aus kognitiv-verhaltenstherapeutischer Sicht läßt sich die Entstehung der Anorexia nervosa hauptsächlich durch drei klinisch relevante Verhaltensweisen erklären: kognitiven Defiziten, Störungen der Körperwahrnehmung und falsch gelernten Problemlösestrategien.

■ Kognitive Defizite

Bei vielen magersüchtigen Patientinnen finden sich charakteristische kognitive Schemata: dichotomes Argumentieren, abergläubisches Denken oder eine Tendenz zur Personalisierung.

Derzeit können wir über die Ursachen solch kognitiver Beeinträchtigungen und Verzerrungen nur spekulieren: etwa Verzerrungen als Sekundäreffekte der Auszehrung, eine bewußtseinsferne psychologische Abwehr, bewußte Negierungen oder eine Kombination all dieser Mechanismen. Festzustellen ist sicherlich, daß Unterernährung zu einer Bewußtseinseinengung der total in sich selbst vertieften Patientinnen führt, die nur noch über Essen und ihr Gewicht grübeln.

Tab. 32.**4** (nach Garner & Bemis 1982) listet einige typische anorektische Kognitionen auf.

Tabelle 32.4 Anorektische Kognitionen (nach Garner und Bemis 1982)

Selektive Abstraktion, oder das Begründen einer Überzeugung mit einzelnen Indizien, während widersprüchliche und glaubwürdigere Beweise ignoriert werden. Beispiele: „Ich kann mich einfach nicht beherrschen. Als ich gestern in einem Restaurant zu Abend aß, habe ich alles gegessen, was mir serviert wurde, obwohl ich mir schon vorher vorgenommen hatte, vorsichtig zu sein. Ich bin so schwach". „Für mich ist die Nahrungsaufnahme die einzige Möglichkeit, mich unter Kontrolle zu haben". „Wenn ich dünn bin, bin ich etwas Besonderes".
Übergeneralisierung, oder das Aufstellen einer Regel auf der Basis nur einer einzigen Begebenheit und die Übertragung dieser Regel auf andere, unähnliche Situationen. Beispiele: „Als ich noch Kohlenhydrate gegessen habe, war ich dick; deshalb muß ich jetzt kohlenhydratreiche Kost vermeiden, um nicht fett zu werden". „Früher hatte ich Normalgewicht; und ich war nicht glücklich. Also weiß ich, daß ich mich auch nicht besser fühlen werde, wenn ich zunehme".
Übertreibung, oder die Überschätzung der Wichtigkeit von unerwünschten Konsequenzen. Die Stimuli werden mit einer tieferen Bedeutung belegt, die sich bei einer objektiven Analyse nicht bestätigen läßt. Beispiele: „Fünf Pfund zuzunehmen, gäbe mir den Rest." „Ich könnte es nicht aushalten, wenn sich jemand über meinen Gewichtszuwachs äußern würde". „Ich habe zwei Pfund zugenommen, also kann ich keine Shorts mehr tragen".
Dichotomes oder Alles-oder-Nichts-Denken, oder Denken in extremen und absoluten Begriffen. Geschehnisse können nur schwarz oder weiß, richtig oder falsch, gut oder schlecht sein. Bespiele: „Wenn ich mich nicht total in der Gewalt habe, verliere ich jegliche Kontrolle über mich. Wenn ich diesen Aspekt meines Lebens nicht meistern kann, verliere ich alles". „Wenn ich ein Pfund zunehme, dann kann ich nicht aufhören und nehme hundert Pfund zu". „Wenn ich meinen Tagesablauf nicht plane, verläuft alles chaotisch, und ich erreiche nichts".
Personalifizierung und Selbst-Referenz, oder die egozentrische Interpretation von unpersönlichen Ereignissen oder die Überbewertung von die Person betreffenden Ereignissen. Beispiele: „Als ich vorbeiging, lachten und tuschelten zwei Leute. Sie haben wahrscheinlich gesagt, wie unattraktiv ich doch aussähe. Ich habe nämlich drei Pfund zugenommen...". „Es ist mir peinlich, wenn mir andere Leute beim Essen zuschauen". „Wenn ich jemand sehe, die Übergewicht hat, mache ich mir Sorgen, daß ich einmal so sein werde, wie sie".
Abergläubisches Denken, oder der Glaube an eine Ursache-Wirkung-Beziehung zwischen absolut unabhängigen Ereignissen. Beispiele: „Ich kann mich an Nichts erfreuen, weil man es mir wegnehmen wird." „Wenn ich eine Süßigkeit esse, so wird sie sofort in Bauchspeck umgewandelt."

■ Störungen der Körperwahrnehmung

Eßgestörte Patientinnen haben eine starke Tendenz, ihre eigenen Körperdimensionen zu überschätzen und unrealistisch wahrzunehmen. Eine ganze Reihe psychologisch-psychopathologischer Charakteristika und Prädiktorvariablen wie Hyperaktivität, Krankheitsverleugnung, psychosexuelle Unreife, frühere ergebnislose Krankenhausbehandlung, Krankheitsdauer etc. korrelieren positiv mit dem Ausmaß der Überschätzungstendenz. Deutlich sind auch ausgeprägte Störungen in der interozeptiven Körperwahrnehmung, etwa im Bereich der Hunger- und Sättigungswahrnehmung oder Geschmackswahrnehmung.

Die falsche Problemlösestrategie

Die Zeit der Pubertät ist für viele Jugendliche eine Zeit seelischer Instabilität, Angst und Unsicherheit. In dieser Phase ist körperliche Attraktivität für die heranwachsenden Mädchen ein wichtiger Aspekt der Selbstfindung. Gleichzeitig findet sich in der Öffentlichkeit eine starke Propagierung schlanker Modeideale, die eine wichtige Moderatorfunktion in der Auseinandersetzung mit dem eigenen Körper besitzen. Übertriebene Schlankheit kann zusätzlich sexuelle Triebimpulse, die als widersprüchlich erlebt werden, steuern, indem man sie vergeistigt oder durch Hungern die körperliche Reifung verzögert. Neben diesem Aspekt der körperlichen und seelischen Entwicklung und Selbstfindung ist die Pubertät aber auch eine Zeit schwieriger sozialer und familiärer Anpassungen mit Auseinandersetzungen in vielen sozialen Feldern. In dieser widersprüchlich und konflikthaft erlebten Zeit kann eine starke Fixierung auf Schlankheitsnormen, etwa durch strenges Diäthalten, dadurch positiv verstärkt werden, daß einerseits ein höheres Maß an Attraktivität erreicht wird. Andererseits kann die Gewichtsreduktion dadurch negativ verstärkt werden, daß die Auszehrung und körperliche Schwäche eine Möglichkeit bietet, aus sozialen oder zwischengeschlechtlichen Konfliktsituationen flüchten zu können. Zusätzlich erhält die Patientin Macht und Kontrolle über ihre Familie und das soziale System, in dem sie lebt. Diese angenehm empfundenen Konsequenzen bekräftigen selbstkontrolliertes Hungern.

Hungern entwickelt sich zu einer vielfältig verstärkten Verhaltensweise, die den Patientinnen die Vermeidung angstauslösender Reize ermöglicht, wie etwa eine Auseinandersetzung mit bevorstehenden kritischen Lebensereignissen wie Auszug, Berufsfindung, Partnerwahl. Oder es verhindert die Auseinandersetzung mit der eigenen Sexualität und Körperlichkeit. Der demonstrative Prozeß des Hungerns und der daraus resultierende reduzierte Allgemeinzustand führen im sozialen Umfeld der Patientinnen irgendwann entweder zu positiver Aufmerksamkeit im Sinne von Sorge oder Fürsorglichkeit oder aber zu Verhaltensweisen wie Verärgerung und Zorn wichtiger Bezugspersonen. Damit gewinnt dieser Prozeß des Hungerns im Interaktionsverhalten der Patientinnen eine Rolle als breit einsetzbare Verhaltensstrategie zum Ausüben von Kontrolle und Macht.

Im weiteren Fortschreiten der Erkrankung werden zudem alle Nahrungsmittel, die Kalorien enthalten, aber auch gemeinsame Essenssituationen mit oben beschriebenen Bezugspersonen, zu aversiven Reizen, die zu einer Abwärtsspirale von Hungern und Gewichtsverlust führen.

Im Erleben der Patientinnen führt der Prozeß des Hungerns mit all seinen Konsequenzen zu einem Dilemma: Das Verhalten wird in seinen Konsequenzen einerseits als positiv erlebt, gleichzeitig sind die eintretenden körperlichen und geistigen Schäden nicht zu übersehen. Die durch dieses Dilemma ausgelösten kognitiven Dissonanzen werden möglicherweise dadurch aufgelöst, daß Normen für Wohlergehen und Aussehen umdefiniert werden in eine neue und nur subjektiv gültige Sichtweise, mit der Folge der beschriebenen Körperwahrnehmungsstörungen.

32.4 Zur Ätiologie der Bulimia nervosa

Zur Ätiologie der Bulimia nervosa hat sich letztendlich noch kein einheitliches Erklärungsmodell durchgesetzt. Es gibt eine ganze Reihe von Erklärungsansätzen, wobei die verwendeten Modelle häufig eher beschreibenden Charakter haben.

So gibt es zum Beispiel einen engen Zusammenhang zwischen der Bulimia nervosa und dem komorbiden Auftreten von Depressionen, wobei noch nicht eindeutig geklärt ist, ob die Bulimia nervosa als Auslöser für eine depressive Störung gilt, oder die Bulimie ein Symptom im Rahmen einer Depression darstellt. Die Befundlage ist insgesamt uneinheitlich.

Die übermäßige Nahrungsaufnahme von hochkalorischen Stoffen im Rahmen einer Bulimie kann möglicherweise auch als eine spezielle Form der Suchterkrankung betrachtet werden, da eine ganze Reihe von klassischen Suchtkriterien erfüllt sind, wie etwa:

- Kontrollverlust
- Einsatz des Suchtmittels in der Bewältigung von Streß oder Unlustgefühlen
- Tendenz zur Geheimhaltung
- Fortdauer der Sucht trotz mannigfacher aversiver Konsequenzen

Auf kognitiver Ebene finden sich bei Bulimia-nervosa-Patientinnen häufig dysfunktionale Gedanken über Nahrung, Diäten und Gewichtskontrolle sowie Fehlwahrnehmungen beim Körpergefühl und inadäquate Bewältigungsfertigkeiten für die Lösung von Problemen. Die wichtigste Dysfunktion besteht dabei in der Zwangsvorstellung, schlank sein zu müssen, was häufig zu falschen Lebensstrategien im Umgang mit Nahrung, Körper und Gewicht führt. Zusätzlich finden sich Gedanken in der Richtung, daß Nahrungsaufnahme ohne Erbrechen in jedem Fall zu einer Gewichtszunahme führe, eine Kalorie eiweißreicher Nahrung nicht mit einer Kalorie „Süßigkeiten" gleichzusetzen sei oder das Körpergewicht unbedingt stabil bleiben müsse und nicht schwanken dürfe.

Das gesamte Denken von Bulimia-nervosa-Patientinnen ist durch ausgeprägten Perfektionismus und dichotomes Denken charakterisiert: Entweder ich lebe Diät oder ich werfe alle Regeln über Bord und „fresse". Viele Anforderungen im beruflichen oder privaten Leben können wegen der überhöhten Ansprüche der Patientinnen an sich selbst unter realistischen Voraussetzungen niemals erreicht werden. Somit leiden die Patientinnen häufig an Versagensgefühlen, die wiederum mit übermäßiger Nahrungszufuhr als Bewältigungsmechanismus gelindert werden sollen.

Eine weitere Beobachtung ist, daß bulimische Patientinnen häufig während ihres Eß-Brechanfalls über Dissoziationserlebnisse berichten. So bieten sich hier Vermutungen an, daß die Freßanfälle und das Erbrechen für eine gewisse Zeit gleichsam zu einer Persönlichkeitsveränderung führen können oder es zu einer Amnesie kommt.

Fairburn (1983) versucht, Entstehung und Aufrechterhaltung einer Bulimia nervosa in einem kognitiven Verhaltensmodell darzustellen, das die wichtigsten Aspekte der kognitiv-verhaltenstherapeutischen Sichtweise zusammenfaßt (s. Abb. 32.**2**).

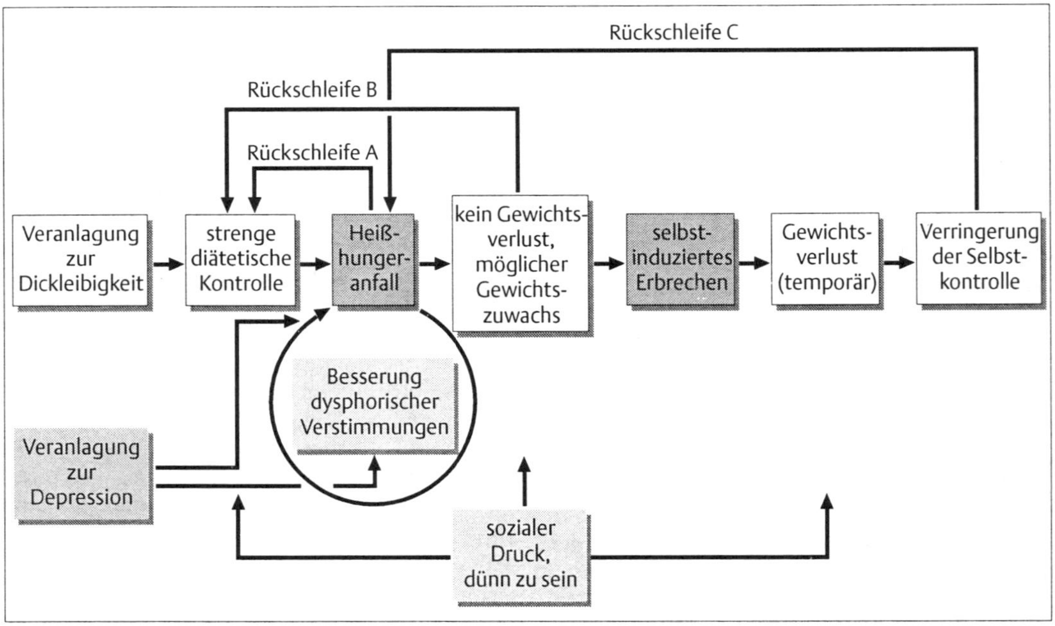

Abb. 32.**2** Entstehung und Aufrechterhaltung einer Bulimia nvervosa – Ein kognitives Verhaltens-Modell (nach Fairburn 1983)

32.5 Aspekte ambulanter Verhaltenstherapie bei Anorexia nervosa und Bulimia nervosa

Grundsätzlich erscheinen ambulante Behandlungsversuche bei Patientinnen mit Eßstörungen aus verschiedenen Gründen immer indiziert. So gilt es, die Autonomie der Patientin und den sozialen Bezug zur Ursprungsfamilie oder zum Partner möglichst zu wahren. Prognostisch günstig sind ambulante Therapieversuche bei jungen Patientinnen mit guter familiärer Integration und bisher eher kurzer Krankheitsdauer. In anderen Fällen schafft die ambulante Therapie erst die notwendige Krankheitseinsicht und Therapiemotivation für eine stationäre Behandlung. Gute Erfahrungen wurden bei der Behandlung von Anorexia nervosa mit ambulanter Gruppentherapie gemacht, deren Vorteile wie folgt zusammengefaßt werden können:

- Eine ambulante Gruppe ist ein nicht zu unterschätzendes diagnostisches Instrument, da aufgrund der Interaktion der Patientinnen untereinander häufig Informationen gewonnen werden, die im reinen Einzelgespräch nur schwer zu erhalten sind.
- Die Gruppe kann eine gute Vorbereitung für eine stationäre Behandlung darstellen. Vor allem bei einer Gruppenzusammensetzung mit unterschiedlich „erfahrenen" Patientinnen (etwa mit stationären Aufenthalten) können Aspekte des Modellernens eine wichtige Rolle spielen.
- Andererseits kann eine Gruppe auch nach einem stationären Behandlungsversuch noch weiterführende Unterstützung bieten und der Verfestigung erreichter Therapieerfolge dienen.
- In Langzeitverläufen kann eine Gruppe auch eine regelmäßige Wiederauffrischungsmöglichkeit für ehemalige Patientinnen darstellen, die längere Zeit nicht mehr in Behandlung sind.

Es muß an dieser Stelle aber ausdrücklich betont werden, daß - bei allen vorteilhaften Möglichkeiten, die eine ambulante Therapie bietet - Gewichtszunahme, Gewichtsstabilisierung und Erreichen eines prämorbiden oder dem Alter und der Körpergröße entsprechenden Mindestgewichts auch im ambulanten Rahmen immer erklärtes Behandlungsziel sein muß!

Auch bei der Bulimia nervosa scheint die ambulante Gruppentherapie die Methode der Wahl. Dabei können im Rahmen einer verhaltenstherapeutisch orientierten Gruppentherapie folgende spezifisch verhaltenstherapeutische Strategien vermittelt werden:

- Selbstbeobachtung durch Tagebuchführung zur Analyse der auslösenden und aufrechterhaltenden Bedingungen der Eßstörung sowie zur Auflistung erfolgreicher Selbstkontrolltechniken
- regelmäßige öffentliche Überprüfung von abgesprochenen Therapiezielen (Goal Attainment Scaling)
- Erlernen von Selbstkontrolltechniken zur Reduzierung von Freßattacken und selbstinduziertem Erbrechen (Beispiele s. Tab. 32.**5**)
- Hilfestellung bei der Veränderung krankheitsrelevanter Kognitionen

Tabelle 32.5 Beispiele möglicher Selbstkontrollregeln

• Mahlzeiten nur an einem festen Ort, vorzugsweise im Beisein anderer einnehmen.
• Vorübergehende Entfernung aller Nahrungsreize und anschließend schrittweise Wiedereinführung derselben.
• Entwickeln und Einüben möglicher Verhaltensalternativen für den Fall des Verlangens nach einem Eßanfall (z.B. soziale Kontakte, Spaziergang machen, Musik hören, Entspannungstraining durchführen).
• Entfernen „diätassoziierter" Reize aus der Umgebung wie Waagen, Diätbücher und Kalorientabellen.
• Erarbeitung von Möglichkeiten zum Hinauszögern eines Eßanfalls, d.h. eine Verlängerung des Intervalls zwischen Anfall und Erbrechen.

32.6 Aspekte stationärer Verhaltenstherapie bei Anorexia nervosa und Bulimia nervosa

Im Gesamtverlauf einer Eßstörung wird sich in den meisten Fällen eine stationäre Behandlung nicht vermeiden lassen. Entscheidungshilfen für eine stationäre Einweisung aus Sicht der Patientin und der Familie sowie Entscheidungshilfen aus ärztlicher Perspektive gibt Tab. 32.**6**.

Kurzzeitperspektive stationärer Verhaltenstherapie

Die Wiederherstellung des prämorbiden Gewichts oder eines Mindestzielgewichts stellt eine notwendige Voraussetzung für jede psychotherapeutische Arbeit mit einer eßgestörten Patientin dar. Wir halten es für einen gravierenden Kunstfehler, Psychotherapie mit Patientinnen zu beginnen, die stark untergewichtig oder kachektisch sind, ohne daß im Gesamtbehandlungsrahmen für eine adäquate Gewichtsrestitution Sorge getragen wird. Operante Verstärkungsprogramme (Gewichtszunahmeprogramme) stellen dabei eine rasche und humane Behandlungsmaßnahme dar, um Patientinnen bei der Erreichung eines prämorbiden Gewichtsniveaus oder eines neu zu definierenden Zielgewichtes zu unterstützen. Dabei sollte darauf geachtet werden, daß die Wiederherstellung des normalen Körpergewichtes schrittweise und gleichmäßig vor sich geht.

Langzeitperspektive stationärer Verhaltenstherapie

Tab. 32.7 faßt wichtige verhaltenstherapeutische Elemente einer stationären Behandlung von Eßstörungen zusammen. Die einzelnen Bausteine werden im Folgenden kurz vorgestellt.

Einzeltherapie: Wie bei anderen Störungsbildern auch, werden im Rahmen einzeltherapeutischer Sitzungen eine ausführliche Verhaltensanalyse erstellt und individuelle Therapieziele erarbeitet. Zusätzlich werden Erfahrungen aus verschiedenen therapeutischen Gruppen reflektiert. Aufbauend darauf werden dem Behandlungsverlauf entsprechende konkrete Verhaltensaufgaben festgelegt. Wesentlicher Bestandteil der Einzeltherapie ist die Besprechung detaillierter Eßprotokolle (s. Tab. 32.**8**), die die Patientinnen während der gesamten Therapie zur Realitätsprüfung des Eßverhaltens und zur Unterstützung und Stabilisierung der Gewichtszunahme führen. Weiteres Ziel der Eßprotokolle ist das Training der Patientinnen in der Fähigkeit zur Verhaltensanalyse ihrer eigenen Problematik. Weiterer wichtiger Aspekt der Einzelgespräche sind die Auseinandersetzung mit Leidensdruck, Veränderungsbereitschaft und Therapiemotivation.

Gruppentherapie für Eßgestörte: Eine indikative Eßgestörtengruppe zeichnet sich dadurch aus, daß sie hinsichtlich des Störungsbildes eine homogene Gruppe darstellt, und daß die teilnehmenden Patientinnen einen erheblichen Teil ihrer Therapiezeit mit Mitpatientinnen gleicher Problematik verbringen. Vorteil der homogenen Gruppenzusammensetzung ist die Tatsache, daß von der Bearbeitung eines individuellen Problembereiches häufig auch einige andere Gruppenmitglieder profitieren können (Modellernen). Die Patientinnen fühlen sich in einer Gruppe gleichbetroffener Patientinnen häufig schneller angenommen und zeigen mehr Offenheit bezüglich ihrer Symptomatik. Nicht zu unterschätzen ist auch der Effekt, daß die Patientinnen innerhalb einer solchen Gruppe den sonst vorhandenen Sonderstatus in ihrem „normalen" sozialen Umfeld verlieren. Einer der wöchentlichen Gruppentermine sollte unter der Überschrift „Essen und Gewicht" stehen und der Reflexion des wöchentlichen Wiegetermins dienen. Abschließend stellt eine solche indikative Gruppe für eßgestörte Patientinnen ein reichhaltiges Übungsfeld für soziale Interaktionen dar, ein Bereich, in dem viele Patientinnen deutliche Defizite aufweisen. Darüber hinaus stellt die Rückmeldung der Mitpatientinnen zu den vorgestellten Themen, aber auch zum berichteten Eßverhalten und Gewicht sowie zu dem Verhalten in der Gruppe und zu konkreten Veränderungsschritten eine wichtige Förderung von Therapiemotivation und Veränderungsbereitschaft dar.

Psychomotorische Therapie: Im Rahmen der Psychomotorischen Therapie können die Patientinnen neue Erfahrungen im Umgang mit dem eigenen Körper gewinnen, Akzeptanz für Veränderungen des Körpers entwickeln, leistungsbetonte, selbstschädigende Lebensgewohnheiten abbauen und soziale Kompetenzen in einer Gruppe aufbauen (Meermann 1991). In diesem Rahmen wird von jeder Patientin bei Therapiebeginn eine Videoaufnahme in Badebekleidung gemacht, bei der die Patientin von allen Seiten in Großaufnahme aufgenommen wird. Ein zweites Videoband wird nach Erreichen des Mindestzielgewichtes oder, falls keine Gewichtszunahme erforderlich ist, gegen Therapieende aufgenommen. Die Videoaufnahmen werden jeweils im Rahmen der psychomotorischen Therapie mit der gesamten Gruppe angesehen, wobei zunächst die jeweilige Patientin ihre Wahrnehmung des Körpers und damit verbundene Gefühle äußert. Anschließend erhält sie von den anderen Gruppenmitgliedern Rückmeldungen über die Wahrnehmung ihres Körpers und auch bezüglich ihrer geäußerten Selbsteinschätzung. Ziel dieser Rückmeldung ist die Realitätsüberprüfung der jeweiligen eigenen Einschätzung und die Förderung einer realistischen Körperwahrnehmung.

Tabelle 32.6 Indikationen für eine stationäre Einweisung, 1. bezogen auf die Patientin und ihre Familie (nach Anyan und Schowalter), 2. nach medizinischen, psychosozialen und psychotherapeutischen Kriterien (nach Hodas et al. 1982 und Pierloot et al. 1982)

1.a Patienteneinschätzung
• Die körperliche Verfassung der Patientin • Der Negativismus der Patientin in Bezug darauf, ein Problem zu haben und deshalb Hilfe zu benötigen • Die Meinung der Patientin dazu, an welchem Ort sie in der Lage wäre, gesund zu werden, ob zu Hause oder im Krankenhaus
1.b Familieneinschätzung
• Die Existenz von Eheproblemen und ihre Schwere • Die Erkenntnis der Eltern, daß eine Behandlung notwendig ist, sowie ihre Fähigkeit, sich zur Unterstützung dieser Behandlung miteinander zu verbünden • Das Ausmaß des Ärgers oder der Angst der Eltern über die körperliche oder emotionale Verfassung der Patientin
2.a Medizinische Kriterien
Eine lebensbedrohliche Situation oder eine starke Verschlechterung der Gesundheit der Patientin macht eine Einweisung notwendig oder sogar unumgänglich: • starker akuter oder nicht nachlassender extremer Gewichtsverlust (z.B. 30% oder mehr unter dem statistischen Normalgewicht); • Veränderung der wichtigen Lebenszeichen (orthostatische Hypotonie, Bradykardie, Hypothermie) und Fehlen der Urin-Ketonkörper • Elektrolytanomalien, besonders Hypokaliämie (oft durch Laxativ/Diuretika-Mißbrauch oder wiederholtes Erbrechen verursacht); • Bei stark kachektischen Patientinnen zusätzliches Auftreten einer Infektion. Eine ausgeprägte suizidale Tendenz oder Suizidversuche (meist bei „Anfallsessern") und psychotische Reaktionen können auch als medizinische Kriterien betrachtet werden.
2.b Psychosoziale Kriterien
Die Einweisung in ein Krankenhaus ist der einzige Weg aus dem sich ständig verschlimmernden Teufelskreis, in dem die Patientin gefangen ist, z.B. ausgeprägte Familienstörungen (mit starker Verleugnung oder Unfähigkeit, an einer ambulanten Therapie teilzunehmen), oder aus einer Situation normaler sozialer Isolation (mit Unfähigkeit zu lernen oder zu arbeiten). Diese Situationen können zugleich Ursache und Konsequenz des anorektischen Verhaltens sein, und beinhalten ein hohes Risiko für die Entstehung einer chronischen Erkrankung.
2.c Psychotherapeutische Kriterien
In ihrer negativen Ausprägung betreffen diese Kriterien zum Beispiel das Versagen vorhergehender Behandlungsversuche (besonders bei Patientinnen mit schlechteren Prognosen, d. h. bei längerer Krankheitsdauer, spätem Krankheitsbeginn, bei Auftreten von Eßanfällen, Erbrechen oder Abführen) und bei Motivationsmangel oder totaler Verweigerung (von Seiten der Patientin und/oder ihrer Familie), an einer ambulanten Behandlung mitzuwirken. Die Einweisung in eine auf solche Fälle spezialisierte Umgebung kann auch positive Indikationen haben, da sie ein besonderes psychotherapeutisches Klima bietet, das beachtliche Veränderungen hervorrufen kann, die zu bewirken es sonst eine ganze Zeit gedauert hätte, d.h. Einweisung als Katalysator für einen Veränderungsprozeß.

Tabelle 32.7 Elemente stationärer Verhaltenstherapie von Anorexia nervosa und Bulimia nervosa

Behandlungselemente		Ziel
1.	Einzelgespräche	Individuelle Verhaltensanalyse
2.	Eßgestörten-Problemlösegruppe (PLG)	Informationen, Strategien erarbeiten, interaktionell und klärungsorientiert
3.	Psychomotorische Therapie	Therapie der Körperschemastörung, verbesserte Körperwahrnehmung
4.	Goal-attainment-scaling (GAS)	Individuelle Problemlösungen erarbeiten, Verhaltenserprobung
5.	Training sozialer Fertigkeiten	Erhöhung der sozialen Kompetenz
6.	Operantes Gewichtsprogramm	Normalisierung von Eßverhalten und Körpergewicht
7.	Familien- und Partnergespräch Angehörigengruppe	Erarbeitung von Problemlösungen im sozialkommunikativen Bereich
8.	Externe Belastungserprobung	Realistätstestung der neu gewonnenen Fertigkeiten
9.	Kochgruppe	Planung und Zubereitung von Mahlzeiten
10.	Progressive Muskelrelaxation nach Jacobson	Körperliche Entspannung
11.	Imaginative Tiefenentspannung/ Trancearbeit	Körperliche Entspannung, verbesserte Körper- und Gefühlswahrnehmung

Tabelle 32.8 Eßprotokoll

Datum/ Uhrzeit	Nahrungsart/ -menge	Heißhunger		Erbrechen		Situation	Gedanken/Gefühle	
		+	-	+	-		vorher	nachher

Training sozialer Fertigkeiten: Hierbei handelt es sich um eine Gruppe mit dem Ziel, soziale Fertigkeiten in folgenden Bereichen aufzubauen oder zu verfeinern:

- Kontakte knüpfen
- Wünsche und Forderungen stellen
- Nein-sagen-können
- positive und negative Gefühle äußern
- Kritik geben und annehmen

Wichtiger Bestandteil in allen Gruppen, in denen neues Verhalten aufgebaut werden soll, sind Rollenspiele mit Videofeedback. Patientinnen spielen dabei einige für sie als kritisch oder schwierig erlebte Situationen durch. Anschließend erhalten sie von der Gruppe und den Therapeuten positive Verstärkung für ihr Verhalten sowie Veränderungsvorschläge, die dann in weiteren Rollenspielen umgesetzt werden können. Somit wird das Verhaltensrepertoire der Patientinnen erweitert und sie bekommen alternative Konfliktbewältigungsmöglichkeiten an die Hand, die insbesondere in ihrem sozialen Umfeld zum Tragen kommen. Ziel dieser Gruppe ist dabei nicht primär eine vergrößerte Durchsetzungsfähigkeit, sondern das adäquate Verhalten in sozialen Interaktionen, d.h. zum Beispiel eigene Rechte zu vertreten ohne die Rechte anderer zu verletzen.

Operantes Gewichtszunahmeprogramm: Mit den Patientinnen werden allgemeine Konsequenzen bei nicht eingehaltenen Therapiezielen bezüglich des Gewichtes abgesprochen. Grundsätzlich hat es sich bewährt, daß die Patientinnen zuerst selbstkontrolliert ihr Eßverhalten zu stabilisieren versuchen. Erst wenn sie nicht in der Lage sein sollten, das Eßverhalten und die Gewichtszunahme selbstkontrolliert zu steuern, wird durch die jeweiligen Behandler die Kontrolle über die Tages- und Wochenstruktur der Patientin übernommen. Dabei wird grundsätzlich nach folgenden Prinzipien verfahren: Die wöchentliche Gewichtszunahme muß mindestens 700 g betragen, sollte jedoch nicht höher als 3 kg pro Woche sein. Nahrungsmittel werden nicht auf den Zimmern gehortet. Sofern entsprechende Bedingungen nicht eingehalten werden, treten bestimmte (und im Vorfeld mit der Patientin besprochene!) Konsequenzen in Kraft. Eine detaillierte Beschreibung eines operanten Gewichtszunahmeprogrammes findet sich in Kapitel 32.8.

Familien- und Partnergespräch, Angehörigengruppe: Grundsätzlich hat es sich bewährt, während der Therapie mindestens ein Familien- oder Partnergespräch zu führen, in dem die Patientin die Möglichkeit hat, eigene Wünsche und Vorstellungen an die Familie und den Partner in geschützter Atmosphäre zu äußern (Meermann und Zelmanski 1994). Die Themen eines solchen Gespräches werden von der Patientin sinnvollerweise vorher im Rahmen einer Einzelsitzung festgelegt. Zusätzlich hat es sich als günstig erwiesen, auch den Angehörigen ein offenes Angebot zu unterbreiten, sich mit anderen Betroffenen auszutauschen, Meinung und Einstellung zum Thema Eßstörung zu hinterfragen sowie sich mit eigenen Gefühlen auseinanderzusetzen. Themen eines solchen Gespräches könnten etwa die Schuldgefühle von Eltern, Unverständnis bezüglich der Symptomatik oder Ängste und Unsicherheiten im Hinblick auf den Umgang mit der Patientin nach der Therapie sein. Um auch für die Angehörigen eine geschützte Atmosphäre zu bieten, sind die Patientinnen bei den Angehörigentreffen nicht dabei. Selbstverständlich werden alle Aspekte der Schweigepflicht beachtet.

Berufliche Belastungserprobungen: Im Rahmen der Sozialanamnese und Arbeitsplatzanalyse von eßgestörten Patientinnen wird häufig deutlich, daß es für eine die stationäre Therapie überdauernde Festigung des Therapieerfolges notwendig ist, eine berufliche Reintegration vorzubereiten. Hier bieten sich Realitätstestungen in einem Umfeld an, das reale Belastungen bereitstellt. Verhaltenstherapeutisch handelt es sich in diesem Fall um Expositionen. Generell können solche Maßnahmen vorübergehende Beurlaubungen ins häusliche oder private Umfeld beinhalten, es können Probearbeitsverhältnisse in fremden Betrieben sein oder aber auch vorübergehendes Arbeiten in der Klinik. Erst eine solche Belastungserprobung ermöglicht den Patientinnen unter realen Bedingungen eine kritische Überprüfung der Therapiefortschritte sowie eine Bearbeitung noch vorhandener Verhaltensdefizite bei eventuellen Mißerfolgen.

Kochgruppe: In einer selbstverantwortlich gestalteten Kochgruppe haben Patientinnen die Möglichkeit, wieder zu lernen, Mahlzeiten selbständig zu planen, die benötigten Mengen festzulegen und die zubereiteten Mahlzeiten dann in einer Gemeinschaft zu sich zu nehmen.

Progressive Muskelentspannung nach Jacobson: Mit der Progressiven Muskelentspannung nach Jacobson soll eine unspezifische Bewältigungsstrategie erlernt werden, die vor allem in belastenden Situationen zur Reduzierung von Anspannung und innerer Unruhe eingesetzt werden kann. Andererseits bietet sich durch das Entspannungstraining auch die Möglichkeit, eine weitere Form veränderter Körperwahrnehmung zu erreichen.

Imaginative Tiefenentspannung: Vanderlinden und Vandereycken (1995) haben sehr gute Erfahrungen mit der Integration hypnotischer Techniken in die verhaltenstherapeutische Behandlung von Eßstörungen gemacht. Dabei spielt insbesondere die Überlegung eine Rolle, daß Patientinnen mit Eßstörungen erhöhte Suggestibilitätswerte zeigen sowie stärkere Dissoziationserfahrungen machen können. Ziel dieser Techniken ist eine verbesserte Entspannungsfähigkeit, ein besserer Zugang zu Emotionen und eine veränderte Körperwahrnehmung. Bewährt haben sich vor allem indirekte Induktionen und Formulierungen, die den Patientinnen viel Raum lassen zur selbständigen Steuerung ihrer Tranceerfahrungen.

32.7 Exploration, Anamnese und Gesprächsführung bei magersüchtigen und bulimischen Patientinnen

■ Exploration und Anamnese

Der Explorations- und Anamnesephase kommt in der Therapie bei eßgestörten Patientinnen eine wichtige Bedeutung zu. Einerseits dient diese Phase der Informationsgewinnung bezüglich der Symptomatik oder sonstiger auffälliger Parameter, andererseits wird der Grundstein für das zukünftige Arbeitsbündnis gelegt, das für die gesamte Dauer der Therapie Bestand haben wird. Gleichzeitig erscheint es sinnvoll, bereits in den ersten Sitzungen zu verschiedenen Punkten routinemäßig detaillierte Informationen zu erfragen, um sich ein umfassendes Bild von der Gesamterkrankung der Patientinnen zu machen. Diese Punkte sind im Einzelnen:

1. *Ausführliche Gewichtsanamnese*: aktuelles Gewicht und Körpergröße, biographisches Maximal- und Minimalgewicht, Gewichtsschwankungen, prämorbides Gewicht, Wunschgewicht der Patientin
2. *Gewichtsregulierende Maßnahmen*: Gab oder gibt es im Rahmen der Eßstörung Erbrechen, falls ja: automatisch oder selbstinduziert? Steht dies im Zusammenhang mit Eßanfällen? Einnahme von Laxantien, Diuretika, Appetithemmern, Süßstoff?
3. *Exploration des Eßverhaltens*: Wie sieht im Tages- und Wochenverlauf das Ernährungsverhalten der Patientin aus? Verfolgt sie spezielle Diäten? Wie ist die Nahrung zusammengesetzt? Dauer der einzelnen Mahlzeiten? Gibt es sogenannte „verbotene" Nahrungsmittel?
4. *Medikamente*: Welche Medikamente nimmt die Patientin ein, insbesondere Abführmittel, Appetitzügler, Diuretika?
5. *Suchtmittelanamnese*: Nahm oder nimmt die Patientin Alkohol, Nikotin, Drogen?
6. *Genese der Störung*: Wann und unter welchen Voraussetzungen begann die Eßstörung, wie war damals die biographische Situation, welche auslösenden Bedingungen gab es für das Problemverhalten in der sozialen Umwelt? Gab es auffällige Wechsel in der Symptomatik, vor allem Wechsel zwischen Anorexia nervosa, Bulimia nervosa, übergewichtigen Phasen?
7. *Vorbehandlungen*: Gab es stationäre oder ambulante Vorbehandlungen, was wurde dort erarbeitet und erreicht? Welche Bewältigungsmöglichkeiten hat die Patientin sonst noch für sich entdeckt, etwa Selbsthilfegruppen oder Lektüre störungsbezogener Literatur?
8. *Suizidalität*: Gab oder gibt es Selbstmordgedanken oder -versuche, gibt es zusätzlich zur Suizidalität oder unabhängig davon selbstschädigendes Verhalten, anderweitige Impulsdurchbrüche?
9. *Therapieziele*: Welche Therapieziele hat die Patientin: in Bezug auf ihr Gewicht oder in Bezug auf ihre sonstige Lebenssituation?

■ Gesprächsführung

Die Therapie mit eßgestörten Patientinnen wird von vielen Therapeuten als schwierig eingeschätzt. Die Patientinnen sind in der Regel sehr erprobt, sich auch in komplexen sozialen Situationen auf ihre spezielle Art und Weise zurechtzufinden. Die Verhaltensweisen, welche die Patientinnen etwa im Elternhaus anwenden, werden auch die Verhaltensweisen sein, die sie in therapeutischen Beziehungen an den Tag legen werden. Möglicherweise appellieren sie einerseits aufgrund ihres schlechten Aussehens an den Altruismus des Behandlers, andererseits kann auch durch vorhandene Non-Compliance ein Gefühl des Ärgers oder der Ungeduld hervorgerufen werden. In aller Regel wird es so sein, daß die Patientinnen widersprüchliche Botschaften an den Therapeuten senden.

In dieser Situation ist die Kompetenz des Therapeuten gefragt, sich auch auf seine eigenen Gefühle hin zu beobachten und seine emotionalen Reaktionen auf das Verhalten der Patientinnen als diagnostisches und therapeutisches Element zu begreifen. Als mögliche Reaktionen in der therapeutischen Interaktion sind weder Äußerungen von Ärger oder Ungeduld noch allzu großes Verständnis und Nachgiebigkeit adäquat. Es ist eher indiziert, den Patientinnen zwar verständnisvoll, aber dennoch konsequent gegenüber zu treten. Dabei wird vor allem darauf zu achten sein, jegliche Entscheidung im Therapieprozeß mit all seinen Konsequenzen offen mit der Patientin zu besprechen. Dies beinhaltet auch eine offene Darstellung der therapeutischen Meinung, wenn diese von derjenigen der Patientin abweicht. Letztendlich ist es immer die Patientin, die die relevanten Entscheidungen treffen muß, was unter Umständen auch, etwa bei wiederholten Verstößen gegen abgesprochene Gewichtszunahmestufen, das Ende einer Therapie bedeuten kann.

Gerade aufgrund der schwierigen Beziehungen zwischen Therapeuten und Patientinnen im Therapieprozeß scheint es hilfreich, immer wieder das Gespräch mit anderen Kollegen zu suchen, um sich vor den beiden therapeutischen Fallen, einerseits übergroße Strenge, andererseits Überidentifikation mit den Patientinnen, zu schützen.

In aller Regel wird offenes, ehrliches und konsequentes Auftreten des Therapeuten durch eine ausreichend tragfähige Therapiebeziehung - bei allen sicherlich vorhandenen Komplikationen - belohnt.

32.8 Beispiel für eine Patienteninformation zu einem operanten Gewichtszunahmeprogramm

Informationen für Patienten, bei denen eine Gewichtszunahme angezeigt ist

„Programmregeln"

I. Allgemeine Prinzipien

Wir möchten Sie gerne über die Hauptprinzipien und Regeln unseres Behandlungsprogrammes informieren, mit deren Hilfe wir während Ihres Aufenthaltes hier Einigungen erreichen und Entscheidungen treffen werden. Natürlich berücksichtigen wir individuelle Unterschiede, so daß der spezifische Behandlungsplan Ihrer persönlichen Situation und dementsprechend Ihren therapeutischen Zielen angepaßt ist.

Das erste Ziel der Behandlung ist die Wiederherstellung des normalen Körpergewichts und Eßverhaltens. Um dieses zu erreichen, haben wir einen Behandlungsplan erstellt, der Ihnen relative Freiheit gibt, aber auch einige Einschränkungen beinhaltet. Nur wenn es sich zeigen sollte, daß Sie allein nicht in der Lage sind, ihr Eßverhalten zu steuern, werden wir für eine kurze Zeit - ggf. auch wiederholt - die Kontrolle übernehmen, solange, bis Sie wieder die Verantwortung für sich selbst übernehmen können.

II. Nahrungsaufnahme und Gewichtsregeln

Als erstes werden die konkreten Ziele der Behandlung mit Ihnen besprochen werden. Das bedeutet zum Beispiel, daß wir uns auf ein "gesundes" Gewicht oder auch Zielgewicht einigen müssen. Es wird auf einer wissenschaftlichen Norm basieren, entsprechend Ihrem Alter und Ihrer Größe.

A. Grundlegende Prinzipien

Die Wiederherstellung des normalen Körpergewichtes sollte schrittweise und gleichmäßig vor sich gehen, weder zu langsam, noch zu schnell. Stichtag für die wöchentliche Gewichtszunahme ist jeweils der Freitag.

Bedingungen:

1. Die 1. Woche des Klinikaufenthaltes gilt als Eingewöhnungszeit und Beobachtungsphase.
2. Ihr Körpergewicht darf nicht unter das jetzige Gewicht fallen.
3. Die wöchentliche Gewichtszunahme muß mindestens 700g betragen. Sie sollten nicht mehr als 3kg pro Woche zunehmen. Das Gewicht wird einmal pro Woche, jeweils am Freitag kontrolliert.
4. Es ist Ihnen nicht gestattet, in Ihren Zimmern Nahrungsmittel zu "horten". Dies bedeutet, nicht mehr als eine Tagesration an Obst, Süßigkeiten oder ähnlichem auf dem Zimmer zu haben.
5. So lange Sie die Bedingungen 1 - 4 allein in Selbstkontrolle erfüllen *(„Selbstkontrollprogramm")*, tritt das Programm (mit Phase I bis Phase III) nicht in Kraft.

Gelingt es Ihnen nicht, Ihr Gewicht durch ein Selbstkontrollprogramm (nach den Regeln 1 - 4) zu erhöhen, so schalten wir nach einer Woche auf das „normale Programm" um. Werden die Bedingungen auch dann nicht erfüllt, schalten wir sofort auf die „Ausnahmebedingungen" um.

B. Das normale Programm

Wir unterscheiden zwischen drei Phasen:

- 1. Phase: Zeitraum, in dem Sie ein Drittel des zuzunehmenden Gewichtes zugenommen haben
- 2. Phase: Zeitraum, in dem Sie zwei Drittel des zuzunehmenden Gewichtes zugenommen haben
- 3. Phase: Zeitraum, in dem Sie Ihr Zielgewicht erreicht haben

Bei dem zu drittelnden Gewicht wird die Differenz zwischen Ihrem Zielgewicht und dem Gewicht, mit dem Sie in das Programm gekommen sind, zur Grundlage genommen.

Als Übereinkünfte bestehen zwischen uns:

Während der ersten Phase:

- Essen wird auf dem Zimmer eingenommen. Sie erhalten eine festgelegte Portion, die nach einer halben Stunde wieder weggeräumt wird. Zusätzlich erhalten Sie zwei Zwischenmahlzeiten. Außer diesem Essen wird in der Regel nichts weiteres eingenommen.
- Sie dürfen die Etage nur zu medizinischen Untersuchungen und zu folgenden therapeutischen Aktivitäten verlassen: Eßgestörtengruppe, Körpertherapie, Kochgruppe, Training sozialer Fertigkeiten, Entspannungstraining, Einzeltherapie, Angehörigentreff.
- Besuch von außerhalb kann nur nach Absprache an einem Tag der Woche für maximal zwei Stunden empfangen werden. Sie dürfen, außer nach Absprache, keine Briefe empfangen und keine Telefonate führen.
- Nach drei Wochen kontinuierlicher Gewichtszunahme von mindestens je 700g können Sie das Haus, nach Absprache mit dem Therapeuten, für einen festgelegten freien Nachmittag verlassen.

Während der zweiten Phase:

- Die Mahlzeiten werden im Speisesaal eingenommen.
- Sie dürfen sich in der gesamten Klinik aufhalten, an besprochenen therapeutischen Maßnahmen teilnehmen, die Klinik täglich für eine Stunde (bis 17.00 Uhr) und an einem freien Nachmittag pro Woche, nach Absprache mit dem Therapeuten, verlassen.
- Besuche von außerhalb sind zweimal pro Woche, nach Absprache mit dem Therapeuten, für maximal zwei Stunden erlaubt.
- Briefe dürfen verschickt und empfangen, Telefonate geführt werden.

Während der dritten Phase:

- Es gelten keine besonderen Bedingungen über die Grundregeln 1 bis 4 hinaus.

C. Ausnahmebedingungen

1. Wenn Sie sich in Phase 1 oder 2 befinden und das für den Freitag vorgegebene Gewicht nicht erreicht haben, gilt Folgendes: Sie werden für vier Tage in das Einschränkungsprogramm zurückgestuft. Falls Sie am Dienstag das vorgegebene Gewicht ebenfalls nicht erreicht haben, wird das Einschränkungsprogramm bis zum darauffolgenden Freitag verlängert.
2. Wenn Sie sich in Phase 3 befinden und das für den Freitag vorgegebene Gewicht nicht erreicht haben, gilt Folgendes: Sie werden für vier Tage in die Phase I zurückgestuft. Sofern Sie am Dienstag das vorgegebene Gewicht ebenfalls nicht erreicht haben,

wird Phase I bis zum nächsten Freitag verlängert. Sollten Sie auch dann das für den vorherigen Freitag vorgegebene Gewicht nicht erreicht haben, werden Sie für vier bis sieben Tage in das Einschränkungsprogramm zurückgestuft.

3. Wenn Sie nach entsprechender Gewichtszunahme am Dienstag aus den Ausnahmebedingungen in das normale Programm zurückgehen, müssen Sie für jeden weiteren Tag 100g, d.h. bis zum nächsten Freitag, mindestens 300g zunehmen.
4. Wenn Sie auch unter den o.g. Bedingungen die vorgegebene Gewichtszunahme nicht erreichen oder sogar abnehmen, wird gemeinsam mit Ihrem Bezugstherapeuten und den anderen Patienten Ihrer Gruppe über weitere Schritte gesprochen.

D. Einschränkungsprogramm

- Mahlzeiten werden auf Ihrem Zimmer eingenommen.
- Sie bekommen auf Wunsch dreimal täglich ein Proteingetränk.
- Tägliche Gewichtskontrolle.
- Sie dürfen sich nur in Ihrem Zimmer aufhalten. Beschäftigungen: Lesen, Radio hören, Zeichnen, Handarbeiten etc. Keine Besuche auf dem Zimmer, keine Besuche von außerhalb, keine Telefonate oder Briefe, außer nach Absprache mit dem Therapeuten.
- Therapeutische Aktivitäten beschränken sich auf die Eßgestörtengruppe, die Körpertherapie, Kochgruppe, Angehörigentreff und die Einzeltherapie.

32.9 Literatur

1. *Anyan W.R. & Schowalter, J.E.:* A comprehensive approach to anorexia nervosa. Journal of the American Academy of Child Psychiatry, 22,1983, 122-127
2. *Fairburn, C.G.:* The place of a cognitive behavioral approach in the management of bulimia. In: *Darby, P.L., Garfinkel, P.E., Garner, D.M. & Coscina, D.V.* (Eds.): Anorexia Nervosa: Recent Developments in Research. Liss, New York 1983
3. *Garner, D.M. & Bemis, K.M.:* A cognitive-behavioral approach to anorexia nervosa. Cognitive Therapy and Research, 6, 1982, 123-50
4. *Hodas, G., Liebmann, R. & Collins, M.J.:* Pediatric hospitalization in the treatment of anorexia nervosa. In: *Harbin, H.T.* (Eds.): The Psychiatric Hospital and the Family. Spectrum Publications, Jamaica (N.Y.), 1982, S. 131-141
5. *Meermann, R. & Vandereycken, W.:* Therapie der Magersucht und Bulimia nervosa. Ein klinischer Leitfaden für den Praktiker. De Gruyter, Berlin 1987
6. *Meermann, R. & Zelmanski, S.:* Theorie und Praxis der Selbsthilfearbeit bei Eßstörungen. Roederer, Regensburg 1994
7. *Pierloot, R., Vandereycken, W. & Verhaest, S.:* An inpatient treatment programm for anorexia nervosa patients. Acta Psychiatrica Scandinavica, 66, 1982, 1-8
8. *Vandereycken, W., Norré, J. & Meermann, R.:* Bulimia nervosa: Diagnostik und Behandlung. In: *Meermann, R. & Vandereycken, W.* (Hrsg.): Verhaltenstherapeutische Psychosomatik. Schattauer, Stuttgart/New York 1996, S. 257-290
9. *Vanderlinden, J. & Vandereycken, W.:* Hypnose bei der Behandlung von Anorexie und Bulimie. Quintessenz Medizin Verlag, München 1995

33. Chronische Erkrankungen

E. Okon, R. Meermann, E.-J. Borgart

33.1 Einführung

Eine chronische Erkrankung bedeutet für den betroffenen Patienten ein einschneidendes Lebensereignis, das ab dem Zeitpunkt der Diagnose vielfältige Auswirkungen auf seine zukünftige Alltags- und Lebensgestaltung hat. Ängste und falsches Wissen um einen möglichen weiteren Krankheitsverlauf werden die gedankliche Auseinandersetzung des Patienten mit seiner Erkrankung prägen.

Das soziale Umfeld ist ebenfalls von der Erkrankung betroffen. Sei es durch materielle Folgen (Arbeitslosigkeit, drohender Verlust der Erwerbsfähigkeit, Berentung) oder durch Auswirkungen der Erkrankung auf eigene persönliche oder soziale Aktivitäten.

■ Die Auswirkung chronischer Krankheiten auf den Alltag von Patienten

Die Einschränkungen einzelner Patienten durch chronische Erkrankungen sind vielfältig und hängen von der Art der Erkrankung ab.

So ziehen ***degenerative Erkrankungen der Wirbelsäule und der Gelenke*** häufig Funktionseinschränkungen im gesamten Rückenbereich nach sich. Stehen und Gehen ist behindert, Sitzen bereits nach kurzer Zeit unangenehm. Der betroffene Patient leidet an chronischen Schmerzen und braucht Unterstützung bei der Bewältigung täglicher Aktivitäten. Er leidet möglicherweise durch die eingeschränkte Bewegungsfähigkeit an Langeweile, da er weitaus weniger das Haus verlassen kann, als dies früher der Fall gewesen ist. Verstärkt werden diese Probleme häufig durch mangelndes Verständnis oder mangelnde Geduld der Partner.

Für den *Herz-Kreislauf-Erkrankten* ergeben sich Krankheitsfolgen wie mangelnde Gehfähigkeit aufgrund von Atemnot oder Probleme bei der Blasenentleerung (Nykturie). Die Ernährung muß möglicherweise diätetisch an die Erkrankung angepaßt werden. Die Sexualität kann beeinträchtigt sein. Oder es fallen sportliche Betätigungen wie Wandern, Dauerlauf, Fahrradfahren weg, so daß die Fähigkeit zu einem befriedigenden Freizeitleben maßgeblich beeinträchtigt ist.

Chronische psychische Erkrankungen - vor allem aus dem Psychosenbereich - verändern nicht nur aufgrund körperlicher Einschränkungen die Beteiligung am beruflichen und sozialen Leben. Häufig ist der Betroffene nach einer Erkrankung passiv und zurückgezogen, Aufmerksamkeit und Konzentration sind beeinträchtigt. Störreize aus der Umgebung können auslösenden Charakter für eine neue psychotische Episode besitzen. Gelegentlich sind auch Reduzierungen in der sozialen Anpassungsfähigkeit, z.B. Körperhygiene, zu beobachten. Unverständnis der sozialen Umgebung verstärkt häufig die Krankheitsfolgen, da für außenstehende Personen die Ursache der Veränderungen beim Patienten nicht immer erkennbar ist. Eventuell weniger einschränkend, aber dennoch das Alltagsleben beeinträchtigend, sind die Folgen nichtpsychotischer chronischer psychischer Erkrankungen. So können durch Depressionen Antrieb und Gefühlsschwingung beeinträchtigt, Schlaf, Konzentration und Gedächtnis reduziert sein. Die Fähigkeit, Freude, aber auch Trauer oder Zorn zu erkennen, mag eingeschränkt sein. Und häufig werden, z.B. bei Ängsten, Verhaltensweisen ausgeübt, die zwar kurzfristig entlasten (etwa Schonung, sozialer Rückzug, konsekutiver Alkoholabusus), langfristig aber zu Isolierung, Verlusterlebnissen und weiterer Stimmungsverschlechterung führen.

Unterschiedliche Ebenen von Einschränkungen

Dieser kurze Überblick zeigt bereits, daß die Auswirkungen einer chronischen Erkrankung individuell vor dem Hintergrund der jeweiligen persönlichen Lebensumwelt auf unterschiedlichen Ebenen analysiert werden müssen. Eine mögliche Klassifikation schlägt die Weltgesundheitsorganisation mit der ICIDH (International Classification of Impairments, Disabilities, and Handicaps) vor, die für alle Beeinträchtigungen durch Krankheiten, angeborene Leiden oder Verletzungen den Begriff der Behinderung gebraucht. Dieser Begriff ist im Bereich psychischer Erkrankungen eher ungewohnt und leidet - zumindest in Deutschland - auch unter seinem stigmatisierenden Charakter. Die ICIDH befindet sich zur Zeit im Revisionsverfahren zur ICIDH-2. Grundsätzliche Veränderungen betreffen die Begrifflichkeit (stigmatisierende Begriffe wie Handicap, Behinderung werden vermieden) und auf die Funktionsdiagnostik wird vor dem Hintergrund rehabilitativer Konzepte verstärkt Wert gelegt (Schuntermann 1997). Die derzeit noch gültige ICIDH formuliert drei Konzepte zur Erklärung gesundheitlicher und sozialer Leistungsfähigkeit: jegliche Form der Behinderung (Erkrankung) manifestiert sich auf drei Ebenen - „Impairment", „Disability", „Handicap" (s. Abb. 33.**1**).

1. *Schaden (Impairment).* Auf dieser Ebene wird festgestellt, welcher (organische) Schaden tatsächlich vorhanden ist. Hier lassen sich die entsprechenden Diagnosen auf der somatischen Ebene subsummieren, möglicherweise auch - falls vorhanden - hirnorganische Beeinträchtigungen.
2. *Individuelle/funktionelle Einschränkung/ Fähigkeitsstörung (Disability).* Auf dieser Ebene werden alle konkreten Folgen abgebildet, die die organische Einschränkung für den Patienten hat. So kann der Frage nachgegangen werden, was dieser Patient nicht mehr kann. Es werden Einschränkungen aufgeführt wie mangelnde Bewegungsfähigkeit, mangelnde Konzentrationsfähigkeit, Schmerzen, der Verlust der Fähigkeit zum Umgang mit Alltagsgegenständen usw.

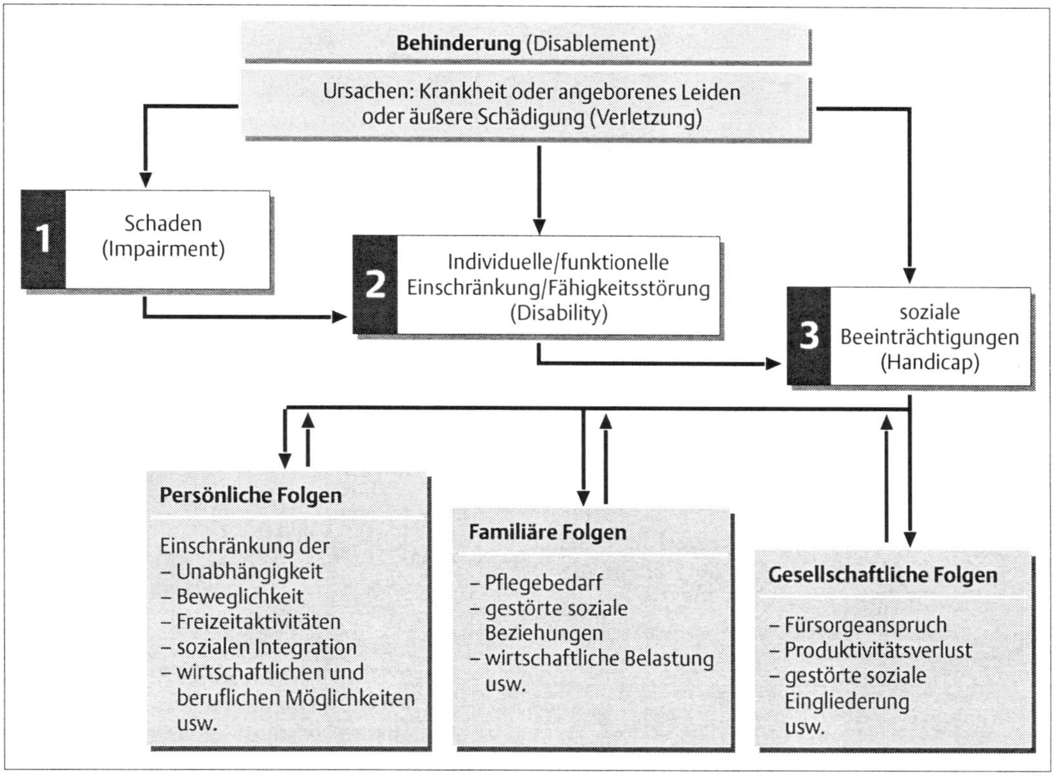

Abb. 33.**1** Unterschiedliche Ebenen der Behinderung (aus: Bundesarbeitsgemeinschaft für Rehabilitation 1994)

3. *Soziale Beeinträchtigung (Handicap).* Auf dieser Ebene finden sich alle Konsequenzen der Erkrankung im sozialen Umfeld des Patienten, etwa im Bereich persönlicher Folgen, wie eine Einschränkung der Unabhängigkeit, Freizeit oder der wirtschaftlichen und sozialen Integration. Möglicherweise kommt es zu zusätzlichen Folgen im Bereich der Familie (notwendig gewordene Pflege, gestörte soziale Beziehungen). Letztlich finden sich auch gesellschaftliche Folgen i.S. von Fürsorgeanspruch, Produktivitätsverlust, Herausfallen aus dem Arbeitsprozeß.

Das vorgestellte Raster ist eine mögliche Gliederungsvorgabe und Richtschnur bei der Strukturierung der notwendigen Verhaltensanalyse der chronischen Erkrankung und ihrer Folgen. Ein Vorteil dieser Gliederung liegt darin, daß die traditionelle Diagnostik um den Aspekt der Funktionsdiagnostik (die ja der verhaltenstherapeutischen Denkweise entspricht) erweitert wird. Das Denken in funktionellen Einschränkungen ist in der rehabilitativen Medizin als Richtschnur für therapeutisches Handeln viel geeigneter als reines Denken in nosologischen Diagnosen (Raspe 1997).

■ Chronische Erkrankung als permanenter Belastungsfaktor (Stressor)

Dinger-Broda (1994) faßt die wichtigsten Belastungsfaktoren chronischer Erkrankungen zusammen:

- Meist handelt es sich bei einer chronischen Erkrankung um irreversibles Geschehen, d.h. weder ein prämorbider Zustand noch frühere Lebensumstände können wiederhergestellt werden.
- Der zukünftige Krankheitsverlauf ist meist nicht vorhersehbar, die weitere Lebensplanung ist daher von Unwägbarkeiten bestimmt. Zusätzlich ist die Zukunftsperspektive unklar, je nach Art der Erkrankung ist eine Konfrontation mit dem eigenen Tod impliziert.
- Die körperliche Leistungsfähigkeit läßt nach; Schmerzen und eventuell Ermüdung stellen sich ein, körperliche und geistige Behinderungen treten auf.
- Es gibt spezifische Rollenveränderungen im sozialen Umfeld.

Die Patienten fühlen sich häufig dem bevorstehenden Prozeß hilflos ausgeliefert. Erlebte Hilflosigkeit ist ein wichtiger ätiologischer Faktor bei der Entstehung von Depressionen. Es mag zu Befindlichkeitsstörungen wie Ängsten, Labilität, Reizbarkeit oder einem Verlust an Selbstwertgefühl kommen. Aufgrund der nachlassenden Leistungsfähigkeit kommt es zu einem Rückzug aus wichtigen sozialen Feldern wie Beruf oder Freundeskreis. Dieser Rückzug kann freiwillig, aber auch erzwungenermaßen stattfinden.

Krankheit als chronischer Belastungsfaktor oder Stressor führt zur Notwendigkeit spezifischer kognitiver und verhaltensbezogener Auseinandersetzungen der betreffenden Patienten mit der neuen Lebenssituation.

Menschen reagieren nach Lazarus (Lazarus & Launier 1978) auf jegliche Form von Belastung in vier möglichen Bewältigungsverhaltensweisen:

1. *Informationssuche.* Die Wissensgrundlage über die belastende Situation wird erweitert; im Falle einer chronischen Erkrankung etwa durch Literaturstudium, Fernsehsendungen oder das Befragen von Freunden und Verwandten.
2. *Direkte Aktion.* Eine mögliche Reaktionsweise besteht auch im Durchführen direkter, nicht immer vernünftiger Aktionen, etwa vorschnelles Aufsuchen bestimmter Behandlungsmaßnahmen, übertriebene Tabletteneinnahme, unreflektiertes Aufsuchen paramedizinischer Behandlungsansätze.
3. *Aktionshemmung.* Hier wird die Auseinandersetzung mit der Erkrankung durch einen Handlungsaufschub blockiert. So können Arztbesuche verschoben oder die Durchführung notwendiger Untersuchungen verzögert werden; die Lebensumstände werden nicht im Hinblick auf die Erfordernisse der chronischen Erkrankung umgestellt; Belastungsgrenzen werden möglicherweise nicht wahrgenommen.
4. *Intrapsychische Verarbeitungsmodi.* Hier kommt es zu charakteristischen gedanklichen Prozessen, die zu einer Umbewertung, Neudefinition oder Bagatellisierung der chronischen Erkrankung dienen. Die Erkrankung wird im günstigsten Fall in die bestehenden Lebenseinstellungen und

-pläne integriert. Letztendlich fallen unter diesen Prozeß alle diejenigen gedanklichen Strategien, die die Emotionen regulieren und damit zu einer Verbesserung des Wohlbefindens beitragen können.

Zumindest in der ersten Phase der Verarbeitung einer chronischen Erkrankung scheinen Patienten zudem unter einem erhöhten psychophysiologischen Anspannungsniveau zu stehen. Dieses kann - unabhängig von der eigentlichen Form der Erkrankung - einen das Wohlbefinden beeinträchtigenden Charakter oder sogar Krankheitswert annehmen.

Die Art und Weise, wie ein Patient seine Krankheit und daraus resultierende individuelle und soziale Folgen interpretiert und zukünftige Handlungsmöglichkeiten ableitet, hängt stark von den gedanklichen Bewertungsprozessen und vom Wissen über die Erkrankung ab. Auf der Basis dieser Kombination von Wissen und Bewertung sowie Einschätzen der individuellen Handlungsmöglichkeiten resultiert die Fähigkeit des Patienten, mit Erkrankungen adäquat umzugehen (Coping) oder resignierend sich einem vermeintlich nicht vorhersehbaren Schicksal auszuliefern.

33.2 Komplikationen in der Behandlung: Chronisches Krankheitsverhalten und Non-Compliance

Geht man von der prinzipiellen Behandelbarkeit chronischer Krankheitsbilder oder zumindest deren Folgen aus, sollte auch in Bezug auf die soziale und berufliche Anpassung entsprechender Patienten von einer zufriedenstellenden Prognose ausgegangen werden können. Die Erfahrung in der Arbeit mit chronisch Kranken zeigt jedoch, daß durch zwei komplexe (Fehl-) Verhaltensmuster der Behandlungs- und Betreuungsprozeß gestört werden kann: Chronisches Krankheitsverhalten und Non-Compliance.

■ Abnormes Krankheitsverhalten und die Rolle des Arztes

In der Regel sucht eine Person einen Arzt auf, wenn sie eine unangenehme Empfindung körperlicher oder seelischer Natur als Symptom deutet, das beunruhigend wirkt. Die entsprechende Person fühlt sich krank.

Ob eine Person über bestimmte Empfindungen oder Symptome berichtet, mag von der individuellen Lebenseinstellung motiviert sein oder von externen Variablen wie Verstärkung oder Bestrafung von Gefühlsäußerungen durch andere. An dieser Stelle spielt auch der Arzt eine entscheidende Rolle. Er veranlaßt die Patienten durch Befragen über Empfindungen dazu, die Aufmerksamkeit auf den Körper zu richten, wie sie es sonst möglicherweise nicht getan hätten. Somit ist die Wahrnehmung eines inneren Zustandes abhängig von dem Aufforderungscharakter der äußeren Umgebung.

Menschen neigen dazu, in einer solchen Situation plausible Erklärungsmodelle für ihre Körperempfindungen zu entwickeln. Im Anschluß werden dann wahrscheinlich Körpererfahrungen selektiv in Richtung auf das Vorhandensein bestätigender Informationen überwacht. Es etabliert sich ein Gedankensystem hinsichtlich pathophysiologischer Prozesse, das zunehmend schwieriger zu revidieren sein wird. Auch an dieser Stelle kann die Umwelt den Selektions- und Benennungsprozeß beeinflussen, indem etwa chronisches Klagen oder Ignorieren von Symptomen gefördert wird.

Von größeren Problemen ist auszugehen, wenn die Lebensumstände dieser Patienten zusätzlich durch andauernden Streß belastet werden (z.B. Konflikte im sozialen System). Prognostisch ungünstig sind ebenfalls unangemessene Verarbeitungsstrategien bei Lebenskrisen und lebensverändernden Ereignissen, das Vorliegen einer langfristigen, möglicherweise nicht mehr revidierbaren weiteren Behinderung und größere soziale Belastungsfaktoren wie etwa Arbeitslosigkeit oder finanzielle Engpässe.

Neben den manifest Erkrankten gibt es noch einen Patiententypus, der sich beim Arzt ohne nachweisbaren somatischen Befund vorstellt. Solche Patienten mögen von Überzeugungen getrieben werden, wie derjenigen, krank zu sein.

Sie neigen zu einer starken somatischen Fokussierung. In letzter Konsequenz kommt es zu ausgeprägten affektiven Störungen. Vertreter dieser Patientengruppe neigen zu häufigen Arztbesuchen oder unkoordinierten parallelen Behandlungen bei verschiedenen Ärzten, ohne diese jeweils über andere Therapien zu informieren. Nicht selten kommt es zu einem medizinischen Überkonsum. Solche somatisierenden Darstellungen sind problematisch, weil medizinische Diagnostik und Interventionen das beschwerdeschildernde Verhalten bis zum Grad einer somatischen Fixierung verstärken können.

Nach einer Erkrankung ist der Arzt primärer Ansprechpartner für die Patienten mit ihren Befürchtungen. Trotzdem werden sie sofort solche Reaktionen und Empfehlungen des Arztes identifizieren, die nicht mit ihren eigenen Einstellungen und ihrer früheren Lerngeschichte und Lebenssituation übereinstimmen. Wenn der Arzt in dieser Situation - nach ausführlicher Untersuchung und Besprechung mit dem Patienten - eine einigermaßen einleuchtende Erklärung der Krankheit und des einzuschlagenden Kurses gibt, reagieren die meisten Erkrankten mit Erleichterung oder ergeben sich in ihr Schicksal und zeigen ein „normales Krankheitsverhalten". Bei einem günstigen Therapieverlauf lernen die Patienten, mit ihrer Erkrankung umzugehen und unter veränderten Lebensbedingungen neue berufliche und/oder private Perspektiven zu entwickeln. Im ungünstigen Fall gehen sie jedoch in ihrer Rolle als Kranker und Patient auf. Sie stellen ihre Symptome in den Mittelpunkt und richten ihr Verhalten vornehmlich am sekundären Krankheitsgewinn aus. Reagiert ein Patient auf diese Weise, spricht man von ***abnormem Krankheitsverhalten*** (zu den verschiedenen Erscheinungsformen s. Tab. 33.1). Die Vorstellungen von Gesundheit und Krankheit bei Arzt und Patient differieren und der Arzt sieht sich einer Diskrepanz zwischen dem objektiven Befund eines erkannten Syndroms oder einer Krankheit und dem Krankheitsverhalten des Patienten gegenüber. Der Patient kann dabei sowohl auf somatische als auch auf psychische Veränderungen fixiert sein. Beschwerden können ohne ausreichenden pathologischen Befund bestehen oder pathologisch faßbare Erkrankungen können auch weitgehend verleugnet werden.

Wenn der Arzt dieses abnorme Krankheitsverhalten nicht berücksichtigt oder sogar im Gegenteil verstärkt und wenn die unmittelbare Umwelt des Patienten keinen korrigierenden Einfluß ausübt, kann eine Lerngeschichte beginnen, die möglicherweise nach einem Zeitraum von vielleicht einigen Monaten in einem therapierefraktären ***chronischen Krankheitsverhalten*** enden wird. Einen Überblick über die jeweiligen Definitionen der Begriffe unter Berücksichtigung der entsprechenden Literatur gibt folgender Exkurs.

Exkurs: Krankheit, normales, abnormes und chronisches Krankheitsverhalten

Begriffliche Überlegungen zum Krankheitsverhalten gab es im anglo-amerikanischen Raum bereits in den 50er und 60er Jahren (Mechanic & Volkart 1960). Diese wurden in der folgenden Zeit zu den heute gebräuchlichen Konzepten elaboriert. Die wichtigsten Begriffe auf diesem Weg werden kurz und möglichst originalgetreu definiert.

Krankheit. In der Literatur finden sich verschiedene Begriffe, die die Auseinandersetzung von Patienten mit ihrer Erkrankung beschreiben. Krankheit bedeutet dabei eine Abweichung von einem normalerweise regelhaften „gesunden" Zustand, die irgendeine Art von Leiden hervorruft. Im Englischen wird auf der semantischen Ebene noch die Unterscheidung getroffen zwischen „Disease" und „Illness", wobei ersteres für anatomische Schädigungen und Veränderungen steht, resultierend aus ätiologischen Faktoren wie degenerativen Prozessen, Traumata, Vergiftungen, Infektionen. Letzteres steht zusätzlich für die individuelle Disposition zum Leiden und den Umgang mit dem Verlust von Quellen sozialer Gratifikation. Illness hat also zusätzliche individuelle und subjektive Qualitäten (Ford 1983).

Krankenrolle („Sick Role"). Die Krankenrolle stellt eine mögliche Copingstrategie im Umgang mit Erkrankungen dar, indem der „Kranke" entweder über seine Erkrankung persönliche Fehler oder Defizite entschuldigt oder um positive Konsequenzen i.S. eines sekundären Krankheitsgewinns zu erhalten (Ford 1983).

Krankheitsverhalten. Der Begriff Krankheitsverhalten beschreibt „die Art und Weise, wie Menschen ihr eigenes gesundheitliches Befinden erleben, wahrnehmen, bewerten und darauf reagieren. (...) Zur wissenschaftlichen Auseinandersetzung scheint es hilfreich, Krankheitsverhalten in zwei breiter gefaßte Kategorien aufzuteilen: normal und anormal" (Pilowsky 1997, Übers.v. Verf.).

„Normales" Krankheitsverhalten. Der Begriff „normal" legt nahe, daß das Verhalten geeignet und angemessen ist. Unabhängig von einer gewissen allgemeingültigen Überzeugung ist je-

doch unser gegenwärtiges Wissen über verschiedene Ausprägungen von Krankheitsverhalten unter wechselnden Bedingungen begrenzt. Folglich bilden klinische Praktiker in ihrer alltäglichen Arbeit eigene Normen für Krankheitsverhalten aus: auf der Basis klinischer Beobachtungen oder auch - weniger befriedigend - aufgrund eigener Erfahrungen mit Krankheiten (Pilowsky 1997, Übers. v. Verf.).

Tabelle 33.1 Erscheinungsformen abnormen Krankheitsverhaltens (nach Pilowsky 1997)

	auf körperliche Symptome fixiert	psychisch fixiert
krankheits-bejahend	*Motivation überwiegend bewußt* • Simulation • chronische erfundene Krankheit mit körperlichen Symptomen (Münchhausen-Syndrom) • erfundene Krankheit mit körperlichen Symptomen	*Motivation überwiegend bewußt* • Simulation • erfundene Krankheit mit psychischen Symptomen (Ganser-Syndrom)
	Motivation überwiegend unbewußt neurotisch • Somatisierungsstörungen • Konversionsstörungen • psychogene Schmerzempfindungsstörungen • Hypochondrie psychotisch • hypochondrischer Wahn bei depressiver Erkrankung, schizophrenen Störungen und monosymptomatischen hypochondrischen Psychosen	*Motivation überwiegend unbewußt* neurotisch • „psychische Hypochondrie" • „Phrenophobie" dissoziative Reaktionen • psychogene Amnesie psychotisch • Wahrvorstellungen mit Gedächtnisverlust oder Verlust der Hirnleistung
krankheits-leugnend	*Motivation überwiegend bewußt* • Krankheitsverleugnung, um Arbeitsplatz zu erhalten • Krankheitsverleugnung, um die gefürchtete Therapie abzuwenden • Krankheitsverleugnung aus Scham- und Schuldgefühl (z.B. Geschlechtskrankheiten)	*Motivation überwiegend bewußt* • Verleugnung psychotischer Symptome, um Stigmata oder Klinikaufnahme zu vermeiden oder Klinikentlassung zu erwirken • Verleugnung einer psychotischen Störung, um Diskriminierung durch Krankenpflegepersonal oder Angestellte zu umgehen
	Motivation überwiegend unbewußt neurotisch • Non-Compliance nach Myokardinfarkt • kontraphobisches Verhalten bei Hämophilie • Non-Compliance gegenüber antihypertensiver Therapie psychotisch • Verleugnung der somatischen Störungen z.B. im Rahmen hypomanischer oder schizophrener Zustandsbilder / Störungen neuropsychiatrisch • Anosognosie	*Motivation überwiegend unbewußt* neurotisch • Verweigerung einer psychologischen Diagnostik oder Therapie bei neurotischer Störung, Persönlichkeitsstörung oder Abhängigkeitssyndrom (Alkohol, Opiate, etc.) psychotisch • Verleugnung der Krankheit (mangelnde Krankheitseinsicht) bei psychotischer Depression, manischen und schizophrenen Zustandsbildern neuropsychiatrisch • Konfabulation bei Korsakoffpsychose und anderen hirnorganischen Störungen

Abnormes Krankheitsverhalten. Abnormes Krankheitsverhalten beinhaltet einen ungeeigneten und unpassenden Weg zur Wahrnehmung und Bewertung von und zur Reaktion auf das eigene gesundheitliche Befinden, welches auch bestehen bleibt trotz der Vermittlung zutreffender und nachvollziehbarer klarer Informationen über den gesundheitlichen Zustand des Patienten durch den Arzt (...) sowie entsprechender Informationen über geeignete Behandlungsstrategien (sofern vorhanden). Der Diskussion mit dem Patienten sowie der Möglichkeit zur Nachfrage, Klärung und Verhandlung wurde nach gründlicher Untersuchung aller relevanter Parameter (körperlich, psychologisch und sozial), unter Berücksichtigung von Alter, Erziehung und soziokulturellem Hintergrund des Patienten genügend Raum gegeben (Pilowsky 1997, Übers. v. Verf.).

Chronisches Krankheitsverhalten. Chronisches Krankheitsverhalten liegt vor, wenn das subjektive Krankheitsgefühl des Patienten und das daraus resultierende Verhalten in keiner angemessenen Relation zu den medizinischen Befunden steht. Das bedeutet, daß Patienten sich kranker verhalten, als es nach Würdigung der aktuellen medizinischen Befunde gerechtfertigt wäre. Dabei haben sich Folgerungen, die der Patient mit seinem Denken, Fühlen und Handeln im Zusammenhang mit seinen Beschwerden gezogen hat, als eigenständige spezifische Verhaltensauffälligkeit gewissermaßen verselbständigt. Chronisches Krankheitsverhalten stellt dabei einen Lern- und Erfahrungsprozeß als Ergebnis des Umgangs mit einer Erkrankung dar und ist ein den „klassischen Diagnosen“ übergeordnetes Verhaltensmuster (Zielke & Sturm 1994).

Bestimmungsstücke chronischen Krankheitsverhaltens

Chronisches Krankheitsverhalten wird durch folgende Vehaltensweisen charkterisiert (zitiert aus Vandereycken und Meermann 1996):

- Verlangen nach Fürsorge und Aufmerksamkeit, wie etwa vermehrte diagnostische Tests, übermäßige Medikation, chirurgische Maßnahmen und Hilfestellungen bei täglichen Aktivitäten.
- Demonstrative Hilflosigkeit, einschließlich Untätigkeit, Unempfänglichkeit für Vorschläge, verbunden mit der Unfähigkeit, etwas ohne Hilfe oder Anleitung durch andere zu tun.
- Übergroße Fügsamkeit und Anpassungsbereitschaft wie etwa Bekundungen von Respekt und Wertschätzung für jegliche Maßnahme des Arztes ohne eigene Reflexion derselben.
- Verdeckte Feindseligkeit, bei dem für Außenstehende zugrundeliegender Ärger offensichtlich ist, vom Patienten aber geleugnet wird.
- Drohungen, sich selbst zu schädigen oder die Behandlung abzubrechen, wenn weitere oder andere Hilfe nicht gegeben wird.
- Ungewöhnliche Streitlust, gewöhnlich in Form fortgesetzter Auseinandersetzungen über Einzelheiten zurückliegender oder angeblich versprochener Untersuchungen und Behandlungen.
- Spaltungsversuche durch den Patienten in ein Behandlungsteam hinein. Die fachliche Meinung oder Hilfsbereitschaft eines Behandlers wird gegen diejenige anderer ausgespielt oder herabgesetzt.
- Albernheit oder kindliches Verhalten des Patienten, unpassende, lächerliche oder kokette Reaktionen oder auch Ignorieren von Ratschlägen, ähnlich wie bei Heranwachsenden.

Alle diese Verhaltensweisen haben einen vom Patienten gewünschten Effekt: Sie rufen Fürsorge oder Aufmerksamkeit hervor und der Patient wird von der Verantwortung für seinen Zustand befreit, indem die Last der Gesundheitsfürsorge auf die Schultern von Ärzten, Therapeuten oder anderen Bezugspersonen gelegt wird. Chronisches Krankheitsverhalten ist ein typisches Verhaltensmuster, das erlernt und durch positive und negative Verstärkung dauerhaft aufrechterhalten wird.

In seinem Verlauf resultiert chronisches Krankheitsverhalten zusammengefaßt aus drei Einflußfaktoren:

1. Modellernen, besonders in der Kindheit (wie verhielten sich kranke Angehörige)
2. direkte soziale Verstärkung (von Klagen, Schmerzverhalten) durch Familie, Freunde, Ärzte
3. Vermeidungslernen im Sinne der Befreiung von sozialen Verantwortlichkeiten

Compliance und Non-Compliance

Die traditionelle medizinische Praxis geht auf Seiten des Patienten immer von vernünftigem Verhalten aus: Er sucht medizinischen Rat und wird daher diesen Rat mit angemessener Ernsthaftigkeit befolgen. Für einen Arzt, der an die Effektivität wissenschaftlich abgesicherter medizinischer Behandlungen glaubt, handelt jemand nicht sinnvoll, der medizinische Hilfe zwar sucht, anschließend aber den Rat des Experten ignoriert oder nicht vollständig befolgt. In einem solchen Fall spricht man von mangelnder Compliance.

Begriffsbestimmung. Der Begriff Compliance deutet an, daß es sich hier vor allem um eine Eigenschaft des Patienten handelt. Dieser Ausdruck wurde im Laufe der Zeit zu einem medizinischen Fachausdruck für ein allgemeines soziales Phänomen: Gehorsamkeit gegenüber Autoritäten. Diese Gehorsamkeit wird als individuelle Eigenschaft des Patienten angesehen, dem bei Nichterreichen des Therapieziels alle Verantwortung gegeben wird.

Wertfrei kann medizinische oder therapeutische Compliance definiert werden als das Ausmaß, in dem das Verhalten einer Person mit medizinischen oder gesundheitsbezogenen Anweisungen übereinstimmt. Compliance wird als konsequente und kooperative Reaktion auf angemessene Behandlung oder gesundheitsbezogene Ratschläge betrachtet. Non-Compliance kann sich dagegen unterschiedlich äußern, variierend von völliger Aufgabe abgesprochener Behandlungsstrategien bis zu subtilen Abweichungen von den Regeln. Häufig ist das Verhalten des Patienten jedoch nicht eine Frage von Unwillen, Widerstand oder Mangel an Kooperation. In vielen Fällen ist es eher eine Teilcompliance, die als nicht compliant interpretiert wird. Es gibt aber auch das andere Extrem: manche Patienten sind „übercompliant“, wobei diese ausgeprägte Kooperationsbereitschaft ein Aspekt eines perfektionistischen oder eines dependenten Lebensstils ist. Noch eine weitere Gruppe von Patienten zeigt pseudocompliante oder ritualisierte Reaktionen auf Anordnungen. Um dem Arzt zu gefallen und als guter Patient zu gelten, wird mehr Wert auf Gehorsamkeit gelegt als auf systematische und eigenverantwortliche Kooperation.

Compliance als Ergebnis der Arzt-Patient-Interaktion. Bei langwierigen Erkrankungen nimmt das Ausmaß der Kooperationsbereitschaft bei der Behandlung mit der Zeit ab. Die Art der Ratschläge hat dabei einen bedeutsamen Einfluß. Patienten sind in der Regel weniger bereit zur Mitarbeit, wenn ein Behandlungsprogramm zu komplex wird, oder gesundheitsbezogene Empfehlungen mit wichtigen persönlichen Gewohnheiten oder seit langem etablierten Verhaltensmustern interferieren. Dies gilt umso mehr, wenn bestimmte Gewohnheiten als selbstbelohnend betrachtet werden, wie z.B. übermäßiger Alkoholgenuß, zu viel und zu fette Ernährung, Rauchen oder Bewegungsmangel.

Kooperation ist eine Funktion des sozialen Kontextes der Krankheit und ihrer Behandlung. Das Ausmaß der Kooperation wird bestimmt durch den abgesprochenen Behandlungsplan, die behandelnden Ärzte und das häusliche Umfeld des Patienten. Dabei sind die wichtigsten Aspekte in Bezug auf das Behandlungsprogramm: Komplexität und die Dauer sowie das Instruktionsverständnis auf Seiten des Patienten und seine Zufriedenheit mit dem Behandler. Zusätzlich ist eine stabile und unterstützende private Umgebung geeignet, Kooperation zu fördern. Auf Seiten des Therapeuten sind kooperationsfördernde Faktoren, eine positive Einstellung zum Patienten (Wärme, Empathie, Interesse) sowie ein klarer und verständlicher Kommunikationsstil (spezifische, detaillierte, konkrete und wiederholte Instruktionen) erforderlich.

Ein weiterer entscheidender Prädiktor von Kooperation ist die Einstellung des Patienten zu seiner Krankheit, sein persönliches Krankheitsmodell. Ein Patient wird eher geneigt sein, auf der Basis therapeutischer Instruktionen zu kooperieren, wenn er glaubt, daß seine eigenen gesundheitsbezogenen Handlungen für nachfolgende Konsequenzen verantwortlich sind (die sogenannte internale Kontrollüberzeugung). Menschen hingegen, die Gesundheit und Krankheit eher externen Kräften, wie „Schicksal“ oder „Pech“ zuschreiben, sind aller klinischen Erfahrung nach weitaus weniger bereit, an einem Gesundungsprozeß mitzuwirken oder medizinische Anweisungen zu befolgen.

33.3 Verhaltenstherapeutische Behandlungsansätze in der Behandlung chronisch Kranker

Verhaltenstherapie und Verhaltensmedizin

Morbiditäts- und Mortalitätsraten verschiedener chronischer Erkrankungen ziehen die Konsequenz einer Umorientierung in der medizinischen Behandlung nach sich. Die besondere Bedeutung chronischer Erkrankungen wird durch eine Reihe von Schwierigkeiten geprägt.

Die Ätiologie vieler chronischer Erkrankungen ist unklar. Sie erfordern meist eine langwierige und kostenaufwendige Behandlung. Die traditionelle Medizin stößt häufig sowohl bei Prävention als auch Rehabilitation an ihre Grenzen. Ein rein auf „Heilung" gerichtetes Therapieverständnis kann den Erfordernissen in der Behandlung chronischer Erkrankung nicht mehr gerecht werden. Vielmehr müssen Behandlungsmodelle auch die Krankheitsverarbeitung sowie psychologische, soziale und sozialmedizinische Aspekte berücksichtigen.

Für den Bereich der Medizin, der sich an der Schnittstelle zwischen somatischer Medizin und Verhaltenstherapie, besonders mit der Behandlung und Rehabilitation chronischer Erkrankungen beschäftigt, hat sich der Begriff Verhaltensmedizin durchgesetzt. Dabei geht die Verhaltensmedizin sowohl in Bezug auf die empirischen und methodischen Grundlagen als auch in Bezug auf ihre Anwendungsbereiche über die Definition von Verhaltenstherapie als spezifischer psychotherapeutischer Methode hinaus, indem sie die Zusammenführung von Verhaltenstherapie und Somatomedizin vollzieht. Gemeinsam ist beiden Begriffen die zentrale Rolle der Lernpsychologie und der experimentellen oder empirisch begründeten Verhaltenspsychologie. Diese geben eine gemeinsame Sprache vor, in der Verhaltensmediziner und Verhaltenstherapeuten miteinander kommunizieren. Eine gute Einführung auch zur Verhaltensmedizin einzelner Krankheitsbilder geben Miltner et al. (1986).

Die folgende Skizzierung verhaltenstherapeutischer Behandlungsansätze soll auf die Darstellung allgemeiner Strategien beschränkt werden, die mit möglichst breitem Einsatzbereich die verhaltenstherapeutische Unterstützung der „eigentlichen" Behandlungsmaßnahmen erlauben.

Diagnostik

Auch zu Beginn einer Therapie chronisch kranker Menschen steht eine Verhaltensanalyse. Da die Problem- und Verhaltensanalyse an anderer Stelle in diesem Buch ausführlich dargestellt wird, sollen nur überblicksartig Fragestellungen skizziert werden.

Definition und Analyse des Problemverhaltens

Das Umgehen des Patienten mit seiner Erkrankung und die sozialen und beruflichen Konsequenzen werden auf physiologischer, subjektiver und der Verhaltensebene detailliert beschrieben. Darin einbezogen sind: Schmerzverhalten, Medikamenteneinnahme, sozialer Rückzug, kognitive Bewertungsprozesse i.S. von Hilflosigkeit, Resignation, aber auch Wut und Aggression. Physiologisch ist auf erhöhte Anspannungszustände zu achten.

Ein Augenmerk gilt Verhaltensdefiziten des Patienten, die ihm entweder die Bewältigung der Krankheit erschweren (etwa wenn es ein Patient in seiner Sozialisation nicht gelernt hat, mit nahen Angehörigen über Gefühle wie Trauer oder Angst zu reden) oder wenn ein Patient nicht die notwendigen Dinge ausführt, die zur Bewältigung der Erkrankung eigentlich notwendig sein sollten (etwa genügend Krankengymnastik durchführen).

Im Rahmen rehabilitativer Diagnostik wird bei der Problemanalyse ein besonderer Schwerpunkt auf die Ebenen „Disability" und „Handicap" gelegt. Eine „normale" medizinische Diagnose sagt noch nichts aus über daraus resultierende Einschränkungen im beruflichen oder sonstigen sozialen Leben.

Organismusvariablen

Beim Vorliegen körperlicher Schädigungen oder geistiger Beeinträchtigungen sind häufig Grenzen für Veränderungsmöglichkeiten gesetzt. Diese sollten im Vorfeld einer Behandlung geklärt werden, um zu realistischen Therapiezielen zu kommen und Überforderungen des Patienten zu vermeiden.

Reiz- und Umgebungsbedingungen

Hier gilt es, fördernde Bedingungen für chronisches Krankheitsverhalten, aber auch supportive Bedingungen im sozialen Umfeld, die die Krankheitsbewältigung ermöglichen können, zu analysieren. Möglicherweise finden sich zusätzliche Belastungsfaktoren, die mit der eigentlichen Erkrankung nichts zu tun haben, insgesamt aber dazu angetan sind, das Wohlbefinden des Patienten zusätzlich zu beeinflussen (z.B. ungünstige Arbeits- oder Wohnbedingungen).

Konsequenzen des Problemverhaltens

Solche Konsequenzen können z.B. die kurzfristige Entlastung durch übertriebenes Schonverhalten sein, oder der Patient erlangt durch übertriebenes Schmerzverhalten soziale Aufmerksamkeit, Trost und Zuwendung. Negative Konsequenzen können in einem Verlust sozialer Verstärker (berufliche Anerkennung fällt weg, Rückzug aus Freizeitaktivitäten) bestehen. Diese können dann möglicherweise wieder zu sekundären Befindlichkeitsstörungen oder Erkrankungen führen wie depressiven Verstimmungen oder Ängsten.

Motivations- und Ressourcenanalyse

Um mit dem Patienten ein Umgehen mit seiner chronischen Erkrankung und eine Neuentwicklung von Lebensperspektiven zu entwickeln, ist es notwendig, mit ihm zu überlegen, welche positiven Ansatzpunkte und Ressourcen sein aktuelles Leben bietet. Diese können ihm einerseits eine vorübergehende Stabilität verleihen in der Phase des ersten Akzeptierens der Erkrankung, möglicherweise finden sich aber auch Ansatzpunkte, die neue berufliche oder private Aktivitäten ermöglichen können. Letztendlich muß gemeinsam mit dem Patienten eine Perspektive entwickelt werden, wie nach Eintreten der Erkrankung die zukünftige Lebensgestaltung aussehen könnte und mit welcher Interessenlage der Patient in Zukunft sein Leben gestalten will.

■ Exkurs: Werden Gesundheit und Krankheit auf einer oder zwei Dimensionen abgebildet?

Lutz (1992) geht der Frage nach, ob Gesundheit und Krankheit sich auf einer einzigen Dimension abbilden lassen oder ob es sich bei beiden Zuständen um voneinander unabhängige Konstrukte handelt. Die Beantwortung hat durchaus wichtige Implikationen für die Praxis, geht es doch darum, sich dem (zugegebenermaßen provokant formulierten) Problem zu stellen: „Können Behinderte gesund sein?“ Stellen Gesundheit und Krankheit lediglich eine bipolare Dimension dar, bedeutet eine reine Symptomreduktion im Rahmen eines komplexen Krankheitsgeschehens gleichzeitig mehr Gesundheit. Eine schwere chronische Erkrankung bedeutet jedoch in diesem Denkmodell für immer eine Fixierung auf der „kranken“ Seite des Kontinuums, ohne jegliche Möglichkeit zukünftigen Wohlbefindens. In Anlehnung an Antonovsky (1979) schlägt Lutz eher ein orthogonales Modell von Gesundheit und Krankheit vor (s. Abb. 33.**2**).

Nach diesem Modell können Gesundheit und Krankheit unabhängig voneinander „behandelt“ werden. Und unabhängig von der Ausprägung auf der Dimension Krankheit (die natürlich nach allen Regeln der medizinischen Kunst behandelt werden muß!) besteht im Rahmen des therapeutischen Prozesses die Möglichkeit, sich auf die Suche nach gesunden Anteilen im Verhaltensrepertoire des Patienten zu machen und diese unabhängig von der Krankheitsbehandlung zu fördern.

Informations- und Datenquellen

Zur Datenerhebung bieten sich folgende Methoden an:

- *Klinisches Interview.* Hier wird im Gespräch mit dem Patienten gemeinsam das Krankheitsverhalten beschrieben. Die einzelnen Problembereiche werden unter verhaltenstherapeutischen Gesichtspunkten analysiert, gemeinsam mit dem Patienten werden auslösende und nachfolgende Bedingungen erhoben. Das verhaltenstherapeutische

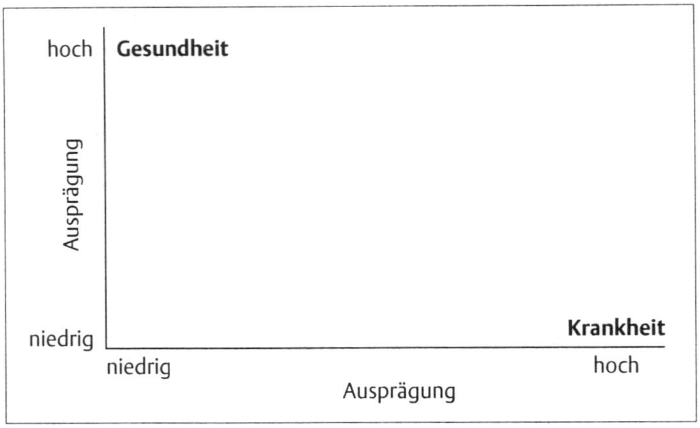

Abb. 33.2 Orthogonales Konzept von Gesundheit und Krankheit (nach Lutz 1992)

Gespräch in dieser Therapiephase dient nicht nur der Informationsgewinnung, sondern kann auch erste therapeutische Implikationen besitzen, indem der Patient merkt, daß sich ein für ihn unüberschaubar erscheinendes Problem durch gezielteres Nachfragen in besser faßbare Teilprobleme zerlegen läßt. Indem Aspekte der Problemanalyse und Informationsgewinnung eingeführt werden, wird der Patient gleichzeitig in einem ersten Schritt zu konstruktiver Problemlösung geschult.

- *Verhaltensbeobachtungen.* Je nach zugrundeliegender Erkrankung können funktionelle Auswirkungen der Erkrankung beobachtet werden. Die Interaktion des Arztes mit dem Patienten kann eine valide Verhaltensbeobachtung sein für die vorhandenen sozialen Kompetenzen. Eher im stationären Rahmen lassen sich durch Verhaltensbeobachtung Erkenntnisse gewinnen über: Schmerz- und Schonverhalten, Compliance bez. der Tabletteneinnahme, Durchführung krankengymnastischer Übungen, Diskrepanzen im Krankheitsverhalten zwischen „offiziellen Behandlungsmaßnahmen" und „Freizeit". Ein Beispiel für eine kurze Erhebung von „Disabilities" und „Handicaps" im Rahmen einer stationären verhaltenstherapeutischen Behandlung liefert Abb. 33.3 mit einem „Beobachtungsbogen Ergotherapie", mit dem vor allem soziale Kompetenzen und Arbeitsfähigkeiten erfaßt werden.
- *Fremdanamnese.* Wenn immer möglich, sollte eine Einbeziehung wichtiger sozialer Interaktionspartner vorgenommen werden. Häufig liefern Familienangehörige, z.B. Ehepartner, zusätzliche Informationen über die Rolle des Patienten und seiner Erkrankung im sozialen System. Gravierende Veränderungen im Verhalten von Patienten sind diesem aufgrund eines schleichenden Verlaufes möglicherweise nicht bewußt, können aber von „außenstehenden" Familienangehörigen deutlich benannt werden.
- *Selbstbeobachtungsverfahren.* Je nach Krankheitsbild können viele Verhaltensweisen durch den Patienten protokolliert werden: tägliche Aktivitäten, soziale Kontakte, die Einnahme von Medikamenten, die Durchführung gesundheitsfördernder oder therapeutischer Aktivitäten, Gedanken zur Krankheitsverarbeitung und Zukunftsperspektive (etwa im Sinne eines Tagebuches).

Therapeutische Strategien

Nach der Problem- und Verhaltensanalyse definiert der Arzt gemeinsam mit dem Patienten Behandlungsziele und daraus resultierende therapeutische Methoden. In der Regel ist dies eine Kombination aus übergeordneten Perspektiven (wie Besserung der beeinträchtigten Gesundheit, Befähigung zu einem aktiveren Leben, erfolgreiche Krankheitsbewältigung oder auch Erhöhung des subjektiven Wohlbefindens) und Zielen auf einer palliativen Ebene (wie dem Erlernen von Entspannungsmethoden, Streßbewältigungsmethoden oder Verbesserung der körperlichen Leistungsfähigkeit).

Patient: ______________________ Datum: __________ Team: ______________

Bezugstherapeut: ______________

Ergotherapeut: ______________

Materialgruppe ☐ Holz ☐ Ton ☐ Batik ☐ Linol ☐ Speckstein ☐

Produktorientiertes Arbeiten ☐

Einzeltermine ☐

Projektgruppe ☐ Thema ________________ Sonstiges ________________

Teilnahme ________ mal Fehlzeiten ________ mal

Grundarbeitsfähigkeiten: gelingt:	immer	meist	selten	nie
Regelmäßigkeit der Teilnahme	☐	☐	☐	☐
pünktliche Teilnahme	☐	☐	☐	☐
Verstehen von Anweisungen	☐	☐	☐	☐
Konzentration auf die Aufgabe	☐	☐	☐	☐
Angemessenes Arbeitstempo	☐	☐	☐	☐
Ausdauer bei der Arbeit	☐	☐	☐	☐
Ausdauer bei Routinearbeiten	☐	☐	☐	☐
Spezielles Arbeitsverhalten:				
Planung und Selbstorganisation	☐	☐	☐	☐
Umsetzung des Arbeitsplanes	☐	☐	☐	☐
Ordnung am Arbeitsplatz	☐	☐	☐	☐
Realistische Einschätzung der eigenen Fähigkeit	☐	☐	☐	☐
Realistische Einschätzung des Arbeitsergebnisses	☐	☐	☐	☐
Ertragen und Verarbeiten von Mißerfolgen	☐	☐	☐	☐
Verhalten im sozialen Kontakt/Gruppenfähigkeit:				
Angemessene Kontaktaufnahme	☐	☐	☐	☐
Halten von Kontakten	☐	☐	☐	☐
Integration in die Gruppe	☐	☐	☐	☐
Abstimmung mit anderen Teilnehmern	☐	☐	☐	☐
Vertreten eigener Interessen	☐	☐	☐	☐
Einlassen in den Gruppenprozeß	☐	☐	☐	☐

Sonstiges: ____

Abb. 33.**3** Beobachtungsbogen Ergotherapie

Kurzfristige Interventionsstrategien

Dauert der Krankheitsprozeß noch nicht allzu lange, ist davon auszugehen, daß der Patient seelisch und körperlich unter Anspannung steht. In dieser Phase ist es erst einmal wichtig, den Patienten zu stabilisieren. Ihm muß möglicherweise durch Krankheitsaufklärung und durch stützende und stabilisierende Interventionen (eventuell an der eigentlichen Symptomatik vorbei) Hilfestellung bei der Bewältigung der neuen krisenhaften Lebenssituation gegeben werden (i.S. der Bewältigungsmöglichkeit „Informationssuche“ und „direkte Aktion“). Neben dem Angebot eines vertrauensvollen Gespräches, in dem der Patient die Möglichkeit hat, auch Ängste und Befürchtungen zu äußern, sollten in dieser Phase vor allen Dingen palliative Streßbewältigungstechniken erarbeitet werden. Hier bieten sich verschiedene Entspannungsmethoden an. Unter pragmatischen Gesichtspunkten ist die progressive Muskelentspannung ein probates und von vielen Patienten leicht zu erlernendes Verfahren. In letzter Zeit gewinnen aber auch imaginative Verfahren, die mit der Vorstellungswelt des Patienten arbeiten, an Bedeutung. Eine längere Erfahrung gibt es in diesem Zusammenhang etwa mit der Therapie nach Simonton im Tumorbereich (Simonton et al. 1982).

Um einem drohenden Rückzug etwa aus Scham- oder Schuldgefühlen des Patienten vorzubeugen, ist eine vorsichtige Aktivitätsstabilisierung oder ein Aktivitätsaufbau bei dem Patienten indiziert. Das Verhindern eines Rückzuges aus positiv bewerteten Lebensbereichen wirkt relativ schnell stimmungsstabilisierend und kann auf Dauer Ressourcen beibehalten oder neu schaffen. Lassen sich im Gespräch keine befriedigenden Aktivitäten explorieren, bieten sich Aktivitätsfragebögen an, die retrospektiv Hobbies, Freizeitaktivitäten oder Sozialkontakte in früheren Lebensphasen anhand detaillierter Itemlisten erheben. Ebenfalls in dieser frühen Phase sollte der Patient dazu aufgefordert werden, eine Protokollierung relevanter Gedanken und Befürchtungen vorzunehmen. Diese Protokollierung kann einerseits entlastenden Charakter haben, kann aber andererseits auch therapeutisches Material sein, das im weiteren Therapieprozeß durch Methoden der kognitiven Umstrukturierung gezielt verändert wird.

In der therapeutischen Beziehung ist darauf zu achten, den Patienten als eigenverantwortlichen Partner zu stützen. Gemeinsam müssen geeignete Strategien entwickelt werden, die Kooperation sicherstellen und den Patienten auch außerhalb der Therapie aktiv an seiner gesundheitlichen Entwicklung mitwirken läßt.

Strategien zur Steigerung der Kooperation beinhalten gewöhnlich folgende Hauptkomponenten (nach Vandereycken und Meermann 1996):

- Individualisierung der Behandlung und Minimierung ihrer Komplexität.
  Beispiel: Ausführliche Verhaltensanalyse und Besprechung des therapeutischen Vorgehens mit dem Patienten.
- Verbesserung des Verständnisses der therapeutischen Anweisungen beim Patienten.
  Beispiel: Einfache und klare Anweisungen; schwierigere Instruktionen noch einmal vom Patienten mit eigenen Worten wiederholen lassen; Empfehlung patientengerechter Literatur.
- Einüben der Fähigkeit zur Selbststeuerung und Selbstbeobachtung.
  Beispiel: Der Patient sollte von Anfang an durch „Hausaufgaben“ zu einer aktiven Mitarbeit außerhalb des Arztzimmers motiviert werden, wie etwa durch das Ausfüllen von Selbstbeobachtungs-Protokollen oder durch eigenständiges schriftliches Formulieren von Fragestellungen.
- Direkte Verstärkung von Kooperation (vorzugsweise Selbstverstärkung).
  Beispiel: Lob für durchgeführte Behandlungsmaßnahmen, Lob für „Tapferkeit“ oder Therapieverträge mit Zielen, für deren Erreichung der Patient sich selbst belohnt („Für drei Monate regelmäßiger Krankengymnastik gönne ich mir ein Urlaubswochenende mit meiner Familie!“)
- Kooperationsunterstützende Gestaltung der sozialen Umgebung.
  Beispiel: Durch gelegentliche Familien-/Partnergespräche die Familie im Rahmen sozialer Kontrakte zu Helfern machen.

Langfristige Strategien in der verhaltenstherapeutischen Behandlung chronisch kranker Menschen

Als langfristige Ziele in der Behandlung chronisch Kranker gelten Maßnahmen zur erfolgreichen Krankheitsbewältigung, zum Aufbau von persönlichen Ressourcen und gesundheitsförderndem Verhalten.

- So gilt es, gemeinsam mit dem Patienten Selbsthilfemöglichkeiten im Umgang mit der Erkrankung zu erarbeiten. Dabei sollte der Patient durchaus ermutigt werden, mit eigenen Bewältigungsmöglichkeiten zu experimentieren.
  Beispiel: Manchen Menschen hilft die (Wieder-)Aufnahme religiöser Aktivitäten, andere bewältigen ihre Krankheit durch Malen, Gedichte schreiben oder soziales Engagement in einer Selbsthifegruppe. Sofern sich in der Ressourcenanalyse oder im weiteren Therapieverlauf Hinweise auf solche Aktivitäten finden, sollten Patienten auf deren weitere Durchführung hin verstärkt werden.
- Unangemessene diagnostische Untersuchungen sollten verhindert werden. Das Aufsuchen von notwendigen Behandlern durch den Patienten sollte sich auf das medizinisch notwendige Maß beschränken. Ein übermäßiges „Doktor-hopping“ muß vermieden werden, da dies in aller Regel auch zu unnötigen und überflüssigen medikamentösen Behandlungen führt.
  Beispiel: Patienten erzählen von sich aus über solche Verhaltensweisen wenig, antworten bei direktem Nachfragen in der Regel aber ehrlich, gelegentliche Nachfragen nach anderen Behandlern (auch „Paramedizinern“) sollten routinemäßig erfolgen.
- Aufmerksamkeit und Fürsorge für die Krankenrolle und Zuwendung durch Bezugspersonen sollten aus dem Alltag eliminiert werden.
  Beispiel: Der Patient sollte weiter im Rahmen seiner Möglichkeiten Pflichten im Haushalt übernehmen. Angehörige sollten sensibel gemacht werden für „vorauseilendes Entmündigen“: „Das laß' mich mal machen, du bist ja krank und kannst das nicht!“
- Gleichzeitig sollte der Patient motiviert werden, vermehrt unangenehme und beschwerdeinduzierende Situationen aufzusuchen, um durch solche Expositionsübungen eine wachsende Stabilität gegenüber äußeren Stressoren zu erlangen.
  Beispiel: trotz ausgeprägtem Schmerzverhalten jeden Tag eine Stunde spazierengehen, trotz Tinnitus die ungeliebte Familienfeier besuchen.
- Zur Erreichung dieser übergeordneten und langfristigen Therapieziele sollte der Patient dazu motiviert werden, mit Verhaltenskontrakten und Selbstbeobachtungen Lebens- und Behandlungsziele zu definieren und diese zu überprüfen. Auch hier gilt es, den Patienten zu ermutigen, konkrete und operationalisierte Zwischenschritte zu formulieren, die in definierten Zeiträumen überprüft werden können.
  Beispiel: Globale und eher negativ formulierte Behandlungsziele wie: „Ich will nicht mehr, daß es mir so schlecht geht“, sollten durch positive Ziele: „Ich würde gern weiterhin einmal in der Woche in meinen alten Sportverein gehen“ ersetzt werden.
- Je nach Art und Schwere der chronischen Erkrankung stellt sich die Frage der Wiedereingliederung in das Erwerbsleben. Mit dem Patienten sind Fragen der medizinischen und/oder beruflichen Rehabilitation zu klären. Hier ist die Kompetenz der Behandler gefragt, mittels sozialmedizinischer Maßnahmen eine solche Wiedereingliederung zu ermöglichen.
  Beispiel: Hamburger Modell (§ 74 SGB V), Maßnahmen der medizinischen oder beruflichen Rehabilitation wie Arbeitsplatzumgestaltung.

33.4 Ausblick

In der Regel erfordert die Therapie chronisch kranker Patienten einen längeren Therapieverlauf, der nach einer initialen Behandlungsphase auch einen manchmal größeren Zeitraum mit stützender Behandlung umfaßt. Eine weitere Besonderheit ist darin zu finden, daß es nicht darum geht, einen jetzt kranken, durch einen prämorbid bekannten gesunden Zustand zu ersetzen.

Vielmehr wird es immer übergeordnetes Therapieziel sein, einen jetzt veränderten und möglicherweise mit reduzierten Fähigkeiten versehenen Zustand zu akzeptieren und sich unter neuen persönlichen und sozialen Voraussetzungen für die Zukunft zu orientieren.

Die Einbeziehung verhaltenstherapeutischer Methoden in die Therapie chronisch Kranker bietet gute Möglichkeiten, den Patienten im Gesundungs- oder Rehabiltationsprozeß zu unterstützen. Dabei spielt es nur eine untergeordnete Rolle, ob zur somatischen Behandlung durch den entsprechenden Facharzt zusätzliche Kompetenz von psychiatrisch-neurologischen Fachkollegen oder psychologischen Verhaltenstherapeuten hinzugezogen wird, oder ob verhaltenstherapeutische Methoden zur Verringerung von Krankheitsverhalten und zur Verbesserung der Arzt-Patient-Kooperation im Rahmen der eigentlichen Behandlung angewandt werden.

33.5 Literatur

1. *Antonovsky, A.:* Health, stress, coping. Jossey-Bass, San Francisco 1979
2. *Bundesarbeitsgemeinschaft für Rehabilitation* (Hrsg.): Rehabilitation Behinderter. 2., neubearb. Aufl. Deutscher Ärzte Verlag, Köln 1994
3. *Dinger-Broda, A.:* Psychotherapie bei chronischen körperlichen Erkrankungen. In: *Zielke, M. & Sturm, J.* (Hrsg.): Handbuch stationäre Verhaltenstherapie. Psychologie Verlags Union, Weinheim 1994
4. *Ford, C.V.:* The Somatizing Disorders. Elsevier Biomedical, Amsterdam 1983
5. *Lazarus, R.S. & Launier, R.:* Stress-related transactions between person and environment. In: *Pervin, L.A. & Lewis, M.* (Hrsg.): Perspectives in interactional psychology. Plenum, New York 1978
6. *Lutz, R.:* Was ist richtig: „Gesundheit“ und „Krankheit“ oder „Gesundheit“ versus „Krankheit“? In: *Lieb, H. & Lutz, R.* (Hrsg.): Verhaltenstherapie: Ihre Entwicklung – ihr Menschenbild. Verlag für angewandte Psychologie, Stuttgart 1992
7. *Mechanic, D. & Volkart, E.H.:* Illness Behavior and Medical Diagnosis. Journal of Health and Human Behaviour, 1, 1960, 86-94
8. *Miltner, W., Birbaumer, N. & Gerber, W.-D.:* Verhaltensmedizin. Springer, Berlin Heidelberg New York 1986
9. *Pilowsky, I.:* Abnormal Illness Behaviour. Wiley, Chichester 1997
10. *Raspe, H.H.:* Mindestanforderungen an das ärztliche Gutachten zur erwerbsbezogenen Leistungsfähigkeit von Kranken mit chronisch-unspezifischen Schmerzen. Versicherungsmedizin, 49, 1997, 118-125
11. *Schuntermann, M.F.:* Die revidierte Fassung der Internationalen Klassifikation der Impairments, Disabilities und Handicaps (ICIDH-2). Was ist neu? Deutsche Rentenversicherung, 9/10, 1997, 529-542
12. *Simonton, O.C., Mathews-Simonton, S. & Creighton, J.:* Wieder gesund werden. Rowohlt, Reinbek 1982
13. *Vandereycken, W. & Meermann, R.:* Chronisches Krankheitsverhalten und Non-Compliance. In: *Meermann, R. & Vandereycken, W.* (Hrsg.): Verhaltenstherapeutische Psychosomatik. 2. Aufl. Schattauer, Stuttgart 1996
14. *Zielke M. & Sturm, J.:* Chronisches Krankheitsverhalten. Entwicklung eines neuen Krankheitsparadigmas. In: *Zielke, M. & Sturm, J.* (Hrsg.): Handbuch stationäre Verhaltenstherapie. Psychologie Verlags Union, Weinheim 1994

34. Persönlichkeitsstörungen

M. Bohus, R.-D. Stieglitz

34.1 Einführung

Persönlichkeitszüge stellen zeitlich überdauernde Formen des Wahrnehmens, der Beziehungsgestaltung und des Denkens über die Umwelt oder über sich selbst dar. Indem sie in ihrer jeweiligen Konstellation die Reaktionen eines Individuums erklären und Vorhersagen auf sein künftiges Verhalten ermöglichen, manifestieren sie sich in einem breiten Spektrum sozialer und persönlicher Situationen. In dem Maße, da Persönlichkeitszüge unflexibel und unangepaßt sind und damit in bedeutsamer Weise zu Funktionsbeeinträchtigungen oder subjektivem Leid führen, verdichten sie sich zur *Persönlichkeitsstörung*. Das wesentliche Merkmal einer Persönlichkeitsstörung ist also ein andauerndes Muster von innerem Erleben und Verhalten, das merklich von den Erwartungen der soziokulturellen Umgebung abweicht.

Historisch gesehen, markiert Pinels Charakterisierung der "manie sans de'lire" (1908) die erste Klassifizierung gestörter Persönlichkeiten in der Geschichte der neuzeitlichen Psychiatrie. Die deutschsprachige Psychiatrie orientierte sich an Kurt Schneider. In seinem 1923 erschienenen Buch "Die psychopathischen Persönlichkeiten" finden sich Konzepte, die noch in den aktuellen Klassifikationssystemen ICD-10 und DSM-IV zu erkennen sind: "Abnorme Persönlichkeiten sind Abweichungen von einer uns vorschwebenden Durchschnittsbreite von Persönlichkeiten. Maßgebend ist also die Durchschnittsnorm, nicht etwa eine Wertnorm. Überall gehen abnorme Persönlichkeiten ohne Grenzen in die als normal zu bezeichnenden Lagen über". Psychopathische Persönlichkeiten sind diejenigen, "die an ihrer Abnormität leiden oder unter deren Abnormität die Gesellschaft leidet" (S. 9).

Die in der traditionellen psychiatrischen Nomenklatur gebräuchlichen, häufig stigmatisierenden Begriffe wie "Psychopathie" oder "Soziopathie" als Formen extrem abweichender und ins krankhafte reichender Störungen des Beziehungs- und Sozialverhaltens wurden seit den 80er Jahren durch den Begriff *Persönlichkeitsstörung* (engl. personality disorders) ersetzt. Die zunehmende Bedeutung, die Persönlichkeitsstörungen derzeit im modernen, wissenschaftlichen psychiatrisch-psychotherapeutischen Kontext gewinnen, kann u.a. auf *vier Faktoren* zurückgeführt werden:

1. Die Einführung eines *deskriptiven Störungsbegriffes*, das heißt einer weitgehend theoriefreien Beschreibung und Auflistung diagnostischer Merkmale seit dem DSM-III. Damit eröffnete sich die Möglichkeit der "Operationalisierung" an Stelle einer Diagnostik, die lange Zeit weitgehend auf klinischer Erfahrung, Intuition und entwicklungspsychologischen Konstrukten basierte.
2. Die weitgehende *Aufgabe der Jasperschen Schichtenregel* und die *Einführung des Komorbiditätsprinzips* in den aktuellen Klassifikationssystemen. Damit eröffnet sich die Möglichkeit, mehr als eine psychiatrische Diagnose zu stellen, was vor allem zu einer Zunahme von Diagnosen aus dem Bereich der Persönlichkeitsstörungen geführt hat. Zudem wurde im *multiaxialen System* des DSM-III erstmals eine separate Achse für die Persönlichkeitsstörungen eingeführt, die deren Bedeutung herausstellen sollte.
3. Weiterhin zeigen *Verlaufs- und Therapieergebnisstudien* fast aller relevanten psychiatrischen Erkrankungen, daß die Zusatzdiagnose einer Persönlichkeitsstörung die Prognose der Grunderkrankung (Behandlungserfolg, weiterer Verlauf) erheblich verschlechtert, so daß sich daraus ein ausgeprägter, klinischer und wissenschaftlicher Handlungsdruck ableitet.
4. Und schließlich wurden mittlerweile erste theoriegeleitete, manualisierte Behand-

lungskonzepte für unterschiedliche Persönlichkeitsstörungen entwickelt, die einer empirisch gesicherten Validierung standhalten. Dazu war es nötig, neben der störungsspezifischen Ausrichtung auch Dimensionen wie Schweregrad der Störung bzw. aktuelle Komorbidität zu berücksichtigen und diese dynamisch zu organisieren. So erfordert zum Beispiel ein Patient mit anankastischer Persönlichkeit, der seit einem Jahr arbeitslos ist, seither stark trinkt, so daß sich seine Frau von ihm getrennt, und er daher eine ausgeprägte Depression entwickelt hat, eine grundlegend andere Behandlungsstrategie, als ein Patient mit der gleichen Persönlichkeitsstörung, der wegen Arbeitsstörungen bei Entscheidungskonflikten therapeutische Hilfe sucht.

Auch wenn derzeit nur für einige wenige Störungsbilder entsprechende standardisierte Behandlungskonzepte vorliegen, so weisen diese doch Modellcharakter auf, so daß mit weiteren Entwicklungen in den nächsten Jahren zu rechnen ist.

Da der Schwerpunkt dieses Buches auf der kognitiv-behavioralen Therapie der Persönlichkeitsstörung liegt, wurde auf die Darstellung ätiopathogenetischer Konzepte verzichtet. Dem interessierten Leser sei für eine Gesamtübersicht das ausgezeichnete und umfassende Buch von Fiedler (1995) empfohlen.

34.2 Diagnostik

■ Kategoriale und dimensionale Modelle

Die Problematik psychiatrischer Diagnostik allgemein wird am Beispiel der Persönlichkeitsstörungen besonders deutlich. Traditionellerweise unterscheidet man kategoriale von dimensionalen Modellen. Die moderne Diagnostik entschied sich für einen Mittelweg, die Orientierung an Prototypen. Das *kategoriale Modell* postuliert eine Einteilung der Persönlichkeitsstörungen in klar unterscheidbare Typen (als Krankheitskategorien mit in der Regel einheitlicher Symptomatik, Ursache, Verlauf und Prognose). Im klinischen Alltag erscheint es bisweilen hilfreich, da es anschaulich und leicht kommunizierbar ist. Auch wenn nur einige wenige Verhaltensmuster identifiziert werden, so kann dennoch angenommen werden, daß weitere Verhaltensmuster vorliegen. Bei einem als anankastisch diagnostizierten Patienten, der durch Perfektionismus, Skrupelhaftigkeit und Sparsamkeit auffällt, wird man also potentielle Arbeitsstörungen durch Detailbesessenheit vermuten und weiterhin annehmen, daß dieser auch unter dem Andrängen von unerwünschten Gedanken und Impulsen leidet. Kategoriales Denken erleichtert und beschleunigt daher die Diagnostik, birgt jedoch die Gefahr, die jeweiligen individuellen Komponenten des Betroffenen und die Bedeutung der subjektiven Wahrnehmung des Patienten zu übergehen. Auch besteht die Tendenz, atypische Fälle oder Mischformen zu übersehen.

Dimensionale Modelle untersuchen quantitativ die Ausprägung grundlegender Faktoren, von denen angenommen wird, daß sie im Zusammenspiel das Phänomen "Persönlichkeit" beschreiben (vgl. hierzu auch Amelang & Bartussek, 1993). Faktorenanalytisch begründet gilt derzeit das *"Fünf-Faktoren-Modell"* (englisch: "big five") als aussichtsreich, störungsspezifische Profile zu erstellen. Der Vorteil dieses Ansatzes, der sich auf langjährige differenzierte klinisch-psychologische Forschung bezieht, liegt sicherlich darin, daß die fließenden Übergänge zwischen "normalen" und pathologischen Verhaltensmustern berücksichtigt werden und die individuelle Charakteristik des jeweiligen Patienten besser erfaßt wird. Derzeit handelt es sich noch weitgehend um rein deskriptive Modelle, die nicht durch eine integrierende Theorie gestützt werden. Auch bezüglich der Relevanz für den klinischen, therapeutischen Alltag steht eine Überprüfung noch aus.

Das *Modell der Prototypen* kann als Synthese dieser beiden Modelle gesehen werden. Ein Prototyp beinhaltet die häufigsten spezifischen Eigenschaften und Merkmale einer bestimmten Kategorie. Das bedeutet, daß eine Reihe von Verhaltensmerkmalen aufgelistet wird, die insgesamt ein theoretisches Ideal bzw. einen Standard beschreibt, mit dem reale Personen verglichen werden können. Um also einer bestimmten Kategorie anzugehören, ist es nicht unbedingt nötig, spezifische herausragende Merkmale oder gar alle Verhaltensweisen dieser Gruppe aufzuweisen. Vielmehr genügt es, eine gewisse Anzahl unterschiedlicher Eigenschaften einer Merkmalsgruppe abzudecken, was auch als *polythetischer Ansatz* bezeichnet wird. Je mehr Eigenschaftsmerkmale eine Person aufweist, desto eher entspricht sie dem Gesamtkonzept. Diagnostik anhand prototypischer Modelle berücksichtigt also sowohl kategoriale Ansätze, indem es Personen bestimmten Eigenschaftsclustern zuordnet als auch dimensionale Ansätze, indem es den Ausprägungsgrad berücksichtigt. Da gleichlautende Kriterien in den Merkmalslisten verschiedener Persönlichkeitsstörungen aufgeführt werden und einzelne Personen die Kriterien verschiedener Persönlichkeitsstörungen erfüllen können, entstehen Überschneidungen. Weist eine Person die geforderte Mindestzahl von Kriterien verschiedener Persönlichkeitsstörungen auf, so werden mehrere Diagnosen gestellt (Komorbidität).

Schließlich muß bereits an dieser Stelle betont werden, daß auch die präziseste operationalisierte Diagnostik eine *individuell* erstellte *Verhaltens- und Bedingungsanalyse* der jeweiligen problematischen Verhaltensmuster keinesfalls ersetzen kann.

Diagnostische Einteilung nach ICD-10

Die ICD-10 definiert die Persönlichkeitsstörungen in den klinisch-diagnostischen Leitlinien wie folgt: "Diese Störungen umfassen tief verwurzelte, anhaltende Verhaltensmuster, die sich in starren Reaktionen auf unterschiedliche persönliche und soziale Lebenslagen zeigen. Dabei findet man gegenüber der Mehrheit der betreffenden Bevölkerung deutliche Abweichungen im Wahrnehmen, Denken, Fühlen und in Beziehungen zu anderen. Solche Verhaltensmuster sind meistens stabil und beziehen sich auf vielfältige Bereiche von Verhalten und psychischen Funktionen. Häufig gehen sie mit persönlichem Leiden und gestörter sozialer Funktionsfähigkeit einher."

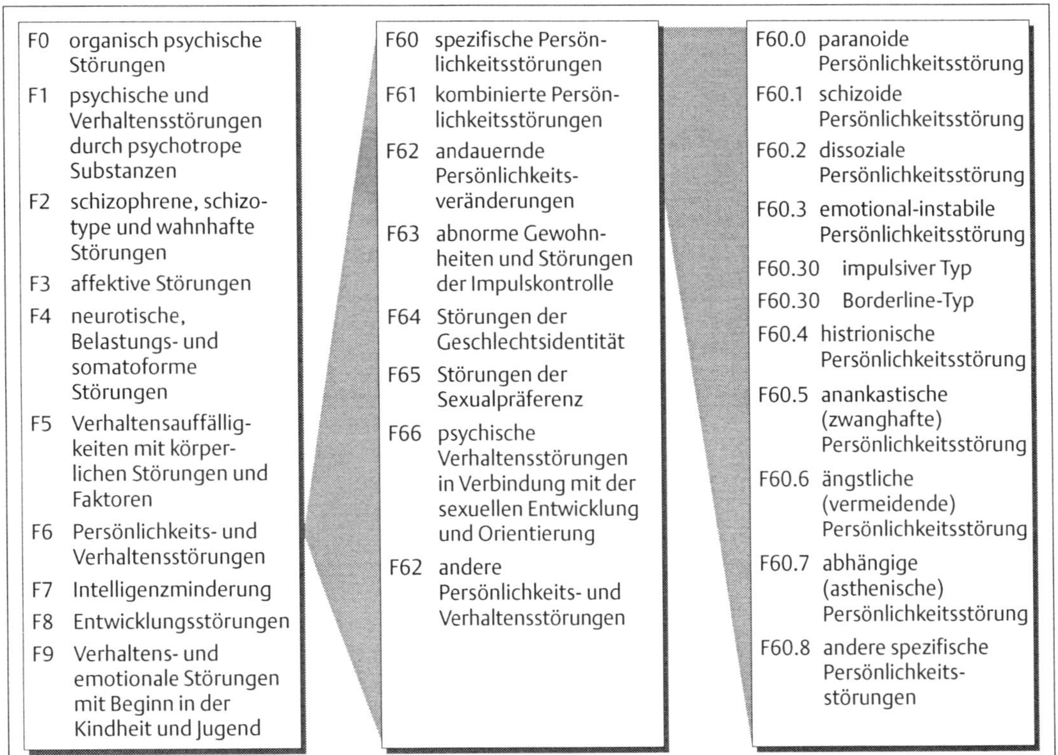

Abb. 34.1 Ausfaltungsstruktur der psychischen Syndrome und Persönlichkeitsstörungen in der ICD-10 (modifiziert nach Fiedler, 1995)

Unter dem Abschnitt *F6* "Persönlichkeits- und Verhaltensstörungen" werden neben spezifischen Persönlichkeitsstörungen und kombinierten Persönlichkeitsstörungen auch Persönlichkeitsveränderungen als Folge einer Extrembelastung oder psychischen Erkrankung, abnorme Gewohnheiten und Störungen der Impulskontrolle sowie Störungen der Geschlechtsidentität, der sexuellen Präferenz, und der sexuellen Entwicklung und Orientierung subsumiert. Die Gruppe der spezifischen Persönlichkeitsstörungen gliedert sich auf in acht prototypisch definierte Störungen und eine Untergruppe der "anderen" Persönlichkeitsstörungen (s. Abb. 34.**1**). Die spezifischen Subtypen sind, wie bereits bei K. Schneider, durch die das klinische Bild beherrschenden Eigenschaften definiert.

Von den Persönlichkeitsstörungen abgegrenzt werden sollten *Persönlichkeitsveränderungen (F62)*, die definiert werden als "eindeutige und andauernde Veränderungen im Wahrnehmen, Denken und Verhalten bezüglich der Umwelt und der eigenen Person, die sich bei Personen ohne vorbestehende Persönlichkeitsstörung nach extremer oder übermäßiger, anhaltender Belastung entwickelt haben, oder nach schwerer psychiatrischer Krankheit". "Die Belastung muß so extrem sein, daß die Vulnerabilität der betroffenen Person als Erklärung für die tiefgreifende Auswirkung auf die Persönlichkeit als Erklärung nicht ausreicht". Als Beispiele werden Erlebnisse in Konzentrationslagern, Folter oder Geiselnahme angeführt. Änderungen der Persönlichkeit nach psychiatrischen Erkrankungen sollte erst nach vollständiger Rückbildung der klinischen Symptomatik gestellt und von einem Residualzustand unterschieden werden.

Die *Diagnostik der Persönlichkeitsstörung* nach ICD-10 erfolgt auf zwei Ebenen. Auf der ersten Ebene muß geprüft werden, ob überhaupt eine solche vorliegt. In Tabelle 34.**1** sind die zu prüfenden allgemeinen Kriterien aufgeführt.

Nur wenn die *allgemeinen Kriterien* erfüllt sind, kann der Subtyp anhand einer bestimmten Anzahl von Erlebens- und Verhaltensweisen spezifiziert werden. In den nachfolgenden Abschnitten zu den *spezifischen Persönlichkeitsstörungen* wird darauf näher eingegangen. Entsprechend dem polythetischen Ansatz der Diagnostik müssen 3 oder 4 aus einer Gruppe von 5 bis 9 Kriterien erfüllt sein.

Tabelle 34.1 Allgemeine diagnostische Kriterien einer Persönlichkeitsstörung nach den ICD-10 Forschungskriterien

1.	Charakteristische und dauerhafte innere Erfahrungs- und Verhaltensmuster der Betroffenen weichen insgesamt deutlich von kulturell erwarteten und akzeptierten Vorgaben (Normen) ab; Abweichungen in mehr als einem der folgenden Bereiche: Kognition, Affektivität, Impulskontrolle und Bedürfnisbefriedigung, zwischenmenschliche Beziehungen und Art des Umgang mit ihnen
2.	Die Abweichung ist so ausgeprägt, daß das daraus resultierende Verhalten in vielen persönlichen und sozialen Situationen unflexibel, unangepaßt oder auch auf andere Weise unzweckmäßig ist
3.	Persönlicher Leidensdruck, nachteiliger Einluß auf die soziale Umwelt oder beides
4.	Nachweis, daß die Abweichung stabil, von langer Dauer ist und im späten Kindesalter oder der Adoleszenz begonnen hat
5.	Die Abweichung kann nicht durch das Vorliegen oder die Folge einer anderen psychischen Störung des Erwachsenenalters erklärt werden
6.	Eine organische Erkrankung, Verletzung oder deutliche Funktionseinschränkung des Gehirns müssen als mögliche Ursache für die Abweichung ausgeschlossen werden

Diagnostische Einteilung nach DSM-IV

Seit dem DSM-III (1980) werden die Persönlichkeitsstörungen in *drei Hauptgruppen* unterteilt, die in der Literatur oft auch als sog. *Cluster* bezeichnet werden. Dabei handelt es sich nicht mittels einer Clusteranalyse ermittelte Gruppen, sondern anhand des klinischen, im Vordergrund stehenden Erscheinungsbildes gebildete Gruppen. Tab. 34.**2** enthält die Einteilung in die drei Hauptgruppen sowie die Gemeinsamkeiten und Unterschiede beider Diagnosensysteme.

Die *Hauptgruppe A* umfaßt unter dem Stichwort "sonderbar, exzentrisch" die paranoiden, schizoiden und schizotypischen Persönlichkeitsstörungen. Die beiden letzteren Störungsbilder lösten seit 1980 die Kategorie "schizoide Persönlichkeit" der ICD-9 ab, die noch als prämorbider Vorläufer und Vulnerabilitätsfaktor für die Entwicklung einer Erkrankung des schizophrenen Spektrums galt. Diese schizophrenienahen Charakteristika werden nun allein der schizotypischen Störung zugeordnet. Folgerichtig ordnet die ICD-10 diese nicht mehr den Persönlichkeitsstörungen zu, sondern der Gruppe der Schizophrenien und wahnhaften Störungen (F2).

Die *Hauptgruppe B* faßt die histrionische, narzißtische, antisoziale und Borderline-Persönlichkeitsstörung zusammen. Die Charakteristika "dramatisch, emotional und launisch" weisen konzeptionell auf Gemeinsamkeiten im Bereich der Affektregulation hin. Während sich die histrionische Persönlichkeitsstörung im DSM-IV und ICD-10 System überschneiden, die antisoziale Persönlichkeitsstörung des DSM sich lediglich begrifflich von der dissozialen Störung der ICD-10 unterscheidet, weisen die beiden anderen Kategorien Unterschiedlichkeiten zwischen den beiden Systemen auf. Die "Borderline-Persönlichkeitsstörung" des DSM-IV ist als "Borderline-Typus" eine von zwei Unterformen der "emotional instabilen Persönlichkeitsstörung" der ICD-10. Der "impulsive Typus", die zweite Form wird im DSM-IV auf der Achse I kodiert und den "Störungen der Impulskontrolle" zugeordnet. Die Kategorie "narzißtische Persönlichkeitsstörung" findet sich im ICD-10 lediglich in der Restkategorie "andere Persönlichkeitsstörungen".

In der *Hauptgruppe C* finden sich Persönlichkeitsstörungen, die Verhaltensmerkmale aus dem Spektrum der Angststörungen aufweisen: die selbstunsicheren, dependenten und zwanghaften Persönlichkeitsstörungen.

Die "passiv-aggressive Persönlichkeitsstörung" des DSM-III-R wird im DSM-IV lediglich in der Restkategorie "andere spezifische Persönlichkeitsstörungen"aufgeführt. Damit übernehmen die Autoren die Sichtweise der ICD-10.

Diagnostische Instrumente

Das zunehmende Interesse an Persönlichkeitsstörungen in Praxis wie Forschung spiegelt sich auch in einer Vielzahl neu entwickelter Erfassungsinstrumente wider.

Die zur Diagnostik von Persönlichkeitsstörungen entwickelten Instrumente lassen sich grob in *drei Gruppen* unterteilen: *Selbstbeurteilungsverfahren, Checklisten und Interviews.*

Tabelle 34.2 Klassifikation der Persönlichkeitsstörungen in ICD-10, ICD-9, DSM-III-R und DSM-IV

Cluster	ICD-10	ICD-9	DSM-IV	DSM-III-R
A	Paranoide PS Schizoide PS	Paranoide PS Schizoide PS	Paranoide PS Schizoide PS Schizotyp. PS	Paranoide PS Schizoide PS Schizotyp. PS
B	Dissoziale PS Emotional instabile PS: Borderline Typ Impulsiver Typ Histrionische PS	Soziopath. PS Explosible PS Hysterische PS	Antisoziale PS Borderline PS Histrionische PS Narzißtische PS	Antisoziale PS Borderline PS Histrionische PS Narzißtische PS
C	Ängstliche PS Abhängige PS Anankastische PS	 Asthenische PS Anankastische PS Affektive PS	Selbstunsich. PS Abhängige PS Zwanghafte PS	Selbstunsich. PS Abhängige PS Zwanghafte PS Passiv-aggress.
NOS			Depressive PS Passiv-aggress.	

Alle drei Verfahrensgruppen lassen sich weiterhin dadurch unterscheiden, inwieweit sie versuchen, alle Störungen oder nur bestimmte Subgruppen eines Klassifikationssysteme zu erfassen (z.B. Borderline-Störungen). Ein weiteres Unterscheidungskriterium betrifft die konzeptuelle Grundlage. Die meisten Verfahren orientieren sich an ICD-10 oder DSM-III-R/DSM-IV resp. versuchen die Störungen in bezug auf beide Systeme abzubilden. Nur wenige Verfahren basieren auf eigenen theoretischen Annahmen.

Metaanalysen von *Methodenstudien*, die vorliegende Instrumente vergleichen, weisen zwar auf eine deutliche Verbesserung in der Zuverlässigkeit bei der Erfassung von Persönlichkeitsstörungen gegenüber Erhebungen hin, die am ICD-8/9 basieren, andererseits konnten jedoch zum Teil nur geringe Übereinstimmungen zwischen den Verfahren gefunden werden. Dies betrifft sowohl den Vergleich zwischen Interviewverfahren, insbesondere aber den Vergleich zwischen Interview- und Selbstbeurteilungsverfahren. Selbstbeurteilungsverfahren führen eher zu einer falsch-positiven Diagnose und sind daher auch eher im Sinn eines Screeninginstruments zu betrachten. Interviewverfahren führen zwar zu einer höheren Zuverlässigkeit der Erfassung, setzen jedoch ein umfassendes Training voraus und sind zudem oft sehr zeitaufwendig, was die Durchführung betrifft (bis zu mehreren Stunden). Checklisten nehmen hier eine Zwischenstellung ein, sind auch in der klinischen Routine einsetzbar, erfordern jedoch gründliche Kenntnisse in den jeweils zugrundeliegenden Klassifikationssystemen, sowie umfangreiche klinische Erfahrungen. Die in Tab. 34.3 enthaltenen Checklisten (IDCL-P, AMPS) wie Interviews (SKID-II; IPDE) liegen in deutschen Übersetzungen vor, mit hinreichenden Angaben zu verschiedenen Aspekten der Reliabilität und Validität. Am gegenwärtig elaboriertesten kann das *IPDE* angesehen werden, daß aus einem ICD-10 und DSM-IV-Modul besteht. Es ermöglicht neben einer kategorialen Diagnostik auch eine dimensionale Beschreibung der Patienten und ist das offizielle Instrument der WHO für Persönlichkeitsstörungen. Bisher liegt jedoch auf deutsch nur das ICD-10 Modul vor.

34.3 Prävalenz

Die *unbehandelte Prävalenz*, also die Häufigkeit von Persönlichkeitsstörungen in der deutschen Bevölkerung kann weitgehend konsistent, auch unter Berücksichtigung aller methodischen Mängel ungefährt mit 11% angegeben werden. Daraus läßt sich schließen, daß Persönlichkeitsstörungen in der Bevölkerung etwas häufiger auftreten als beispielsweise Depressionen oder Angststörungen. Allerdings sind Persönlichkeitsstörungen wegen ihres ich-syntonen Charakters weitaus seltener behandlungsbedürftig als die genannten symptomatischen Störungen. Die Geschlechterverteilung über alle Persönlichkeitsstörungen ist gleich, wobei jedoch erhebliche Geschlechtsunterschiede bei einzelnen Störungsbildern auftreten. Die Altersverteilung läßt eine Tendenz zur Abnahme im Alter erkennen, Stadtbevölkerung und sozial schwächere Schichten sind stärker betroffen.

Erwartungsgemäß liegt der Anteil von Persönlichkeitsstörungen bei klinischen Gruppen *(behandelte Prävalenz)* deutlich höher. 30 bis 40% der Poliklinikpatienten und 40 bis 50% der stationären Patienten erfüllen unter anderem die Kriterien einer Persönlichkeitsstörung.

Zahlreiche klinische Studien weisen auf die zum Teil hohe *Komorbidität* der Persönlichkeitsstörungen mit anderen psychiatrischen Störungen sowie auf die hohe innere Komorbidität der Persönlichkeitsstörungen selbst hin (Dittmann & Stieglitz, 1994).

Hinsichtlich der *Suizidhäufigkeit* unterscheiden sich die einzelnen Persönlichkeitsstörungen erheblich. Während Patienten mit Borderline-Persönlichkeitsstörungen eine Suizidrate von fast 8% aufweisen, liegt diese zum Beispiel für Patienten mit paranoiden Persönlichkeitsstörungen unter 1%. In neueren sogenannten *"psychologischen Autopsiestudien"* wird bei ca. einem Drittel der durch Suizid Verstorbenen eine Persönlichkeitsstörung zusätzlich zu einem depressiven Syndrom oder einer Alkoholabhängigkeit diagnostiziert. Auch bei Patienten mit Suizidversuchen konnte eine Häufung von Persönlichkeitsstörungen festgestellt werden.

Tabelle 34.**3** Untersuchungsinstrumente zur Erfassung von Persönlichkeitsstörungen (Nach: Dittmann & Stieglitz, 1994; Bronisch, 1992; Wittchen, 1996).
P: Patient, I: Informant, R: Rater, KG: Krankengeschichte

Kennzeichen	Verfahren (Abkürzung)	Diagnosensysteme	Datenquelle
Gesamtbereich			
1. Selbstbeurteilungsverfahren	Personality Diagnostic Questionnaire (PDQ-R)	DSM-III-R/IV	P
	Screening Test for Co-morbid Personality Disorders (STCPD)	DSM-III-R	P
2. Checklisten	Internationale Diagnosenchecklisten Persönlichkeitsstörungen (IDCL-P)	ICD-10/DSM-IV	P, I, R, KG
	ICD-10 Merkmalsliste (ICDML)	ICD-10	P, I, R, KG
	Aachener Merkmalsliste zur Erfassung von Persönlichkeitsstörungen (AMPS)	ICD-10/DSM/IV	P, I, R, KG
3. Interview	Strukturiertes Klinisches Interview für DSM-IV Persönlichkeitsstörungen (SKID-II)	DSM-IV	P, R
	Standardized Assessment of Personality (SAP)	ICD-10/DSM-III-R	I
	International Personality Disorder Examination (IPDE)	ICD-10	P, R, I
Teilbereiche			
1. Selbstbeurteilungsverfahren	Borderline Syndrome Index (BSI)	DSM-III-R	P
	Narcissism Trait Scale (NTS)	DSM-III	P
	Borderline-Persönlichkeits-Inventar (BPI)	kein	P
2. Interview	Schedules for Interviewing Borderlines (SIB)	DSM-III	P
	Diagnostic Interview for Borderline (DIB-R)	kein	P, R
	Diagnostic Interview for Narcissism (DIN)	kein	P, R

34.4 Ätiologie und Pathogenese

Zur Ätiologie und Pathogenese der Persönlichkeitsstörungen gibt es keine allgemein akzeptierten Modellvorstellungen mit überzeugender empirischer Evidenz. Vielmehr konkurrieren gegenwärtig unterschiedliche Konzepte wie tiefenpsychologische, interpersonelle, kognitiv-behaviorale, dimensionale, neurobiologische und biosoziale Sichtweisen. In diesem Lehrbuch soll primär die cognitiv-behaviorale bzw. biosoziale Sichtweise beschrieben werden.

■ Die kognitiv-behaviorale Sichtweise

Inspiriert von der interpersonellen Schule um Sullivan griffen Beck und seine Mitarbeiter die kognitiven Aspekte der Schematheorie auf und entwickelten ein umfassendes Konzept zur Analyse der Persönlichkeitsstörungen (Beck, 1989). Das *kognitive Theorem* besagt, daß die Reaktionen eines Individuums auf Umweltereignisse gesteuert werden durch die jeweilige Interpretation dieser Ereignisse. Diese Interpretation wiederum ist Bestandteil relativ stabiler Strukturen also *"Schemata"*, welche die weitere Verarbeitung der Informationen steuern.

Unter Schemata versteht man organisierte Netzwerke vergangener Reaktionen und Erfahrungen, welche eine relativ geschlossene und stabile Matrix bilden, um künftige Erfahrungen und Bewertungsprozesse zu steuern. Im Gegensatz zu rein kognitiven *Grundannahmen*, wie sie insbesondere in frühen Arbeiten von Beck beschrieben werden, handelt es sich bei Schemata also um Verknüpfungen von Gedanken, Emotionen, physiologischen Prozessen und Handlungsentwürfen. Früh erworbene Schemata werden von den jeweiligen Individuen als bedingungslose Bestandteile des Selbstsystems gesehen, das heißt, sie sind nicht relativierbar, sondern in sich stimmig und „wahr“. Sie stellen also die „innersten Überzeugungen eines Mensch über sich selbst dar“ (Beck, 1999). Schemata steuern die Auswahl der wahrgenommenen Informationen aus der Umwelt und deren Bewertung durch das Individuum. Das heißt, Schemata haben die Tendenz, sich selbst zu replizieren. Dies betrifft sowohl die Ebene der Interpretation als auch die Handlungsebene. Wahrnehmungen, die den basalen Schemata widersprechen, lösen Angst vor Kontrollverlust aus und fordern rasche Korrekturmaßnahmen. Es ist wichtig, sich zu vergegenwärtigen, daß Schemata nicht immer aktiviert sind und daß sie den Betroffenen zumeist nicht bewußt sind.

Der Begriff der „frühen dysfunktionalen Schemata“ (early maladaptive schemas) wurde von J. Young geprägt (Young, 1999). Er bezeichnet damit kognitiv-emotionale Matrizen, die in Wechselwirkung zwischen den genetisch vorgegebenen Typisierungen des betroffenen Individuums, dessen primärer sozialer Umgebung und der jeweiligen Reaktion des Individuums geprägt werden. Diese psychosozialen Anpassungsprozesse beinhalten also Bindungsstile, Selbst-werteinschätzungen, Sicherheitseinschätzungen, Kontrollkompetenz usw.

Die meisten Menschen entwickeln größtenteils relativ positive basale Schemata (z.B.: „Ich bin liebenswert.“, „Ich bin wertvoll.“, „Ich habe die Kontrolle über mein Leben.“). Negative Grundannahmen lassen sich zumeist den Kategorien „Unerwünschheit“ und „Verlassenheit“ oder Einschränkung der Autonomie und Lebensfähigkeit zuordnen.

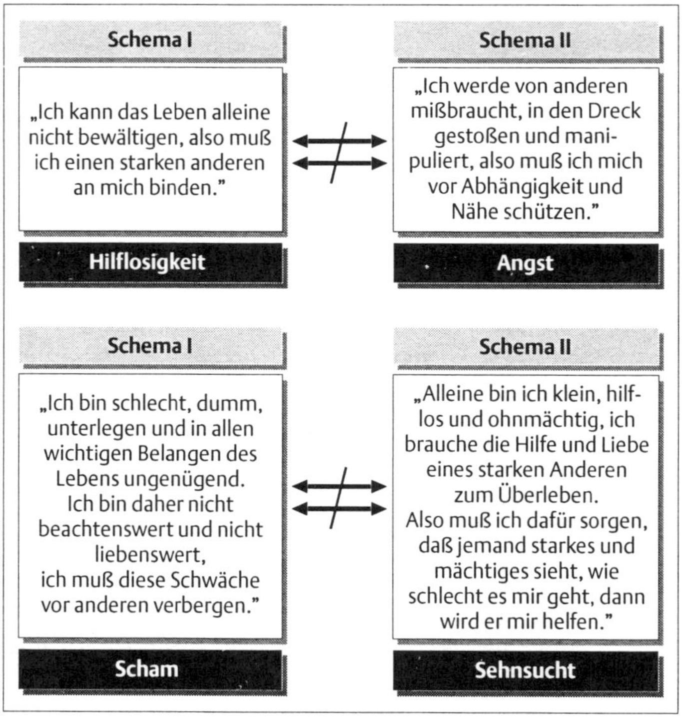

Abb. 34.**2** Beispiele inkompatibler Schemata

Im weiteren Verlauf des Lebens stellen diese früh erworbenen aversiven Grundannahmen Risikofaktoren für die Entwicklung psychischer Störungsbilder wie Depressionen, Angsterkrankungen, Zwangserkrankungen und somatoforme Störungen dar.

Menschen, deren Denken, Fühlen und Handeln vornehmlich durch dysfunktionale frühe Schemata gesteuert ist, sind in der Variabilität ihrer Reaktionsmuster auf Umweltereignisse sehr eingeschränkt. Sie erfüllen damit häufig die Kriterien einer *Persönlichkeitsstörung*.

Ist jemand zum Beispiel davon überzeugt, ohne fremde Hilfe nicht in der Lage zu sein, das Leben zu bewältigen, Entscheidungen zu treffen oder gar neue Aufgaben in Angriff zu nehmen, so wird der Betreffende sein Leben danach ausrichten, einen kompetenten, starken Anderen zu suchen und zu binden. Störungen in der Beziehung lösen sofort tiefgreifende Gefühle von Hilflosigkeit und Angst aus. Operationalisierte Diagnostik wird dieses Verhalten als Merkmal einer „Dependenten Persönlichkeitsstörung“ charakterisieren.

Um die Dynamik von Persönlichkeitsstörungen zu verstehen, ist es wichtig, sich zu vergegenwärtigen, daß die Aktivierung eines einzelnen dysfunktionalen Schemas zwar weitreichende Konsequenzen auf der Handlungsebene des Betroffenen hat, dies aber nicht unbedingt zu emotionalem Leiden führt. Gelingt es in obigem Beispiel, einen verläßlichen, verantwortungsvollen und führungskompetenten Partner zu finden, so kann sich daraus eine stabile Partnerschaft entwickeln, ohne daß das Schema „Hilflosigkeit und Inkompetenz“ aktiviert wird.

Schemaprozessierte Probleme entstehen entweder im interpersonellen Bereich, wenn die individuelle Sicht-, Erlebens- oder Handlungsweise nicht mit den kognitiv-emotionalen Feldern relevanter Anderer übereinstimmt, oder - und das ist bei Menschen mit schweren Persönlichkeitsstörungen häufig der Fall - wenn zwei oder drei *widersprüchliche* Schemata aktiviert sind.

Widersprüchliche Schemata erlauben keine lösungsorientierten Verhaltensweisen. Vielmehr gerät der Betroffene in starke intrapsychische Spannungszustände, deren Ursachen schlecht auszumachen sind.

Young (1999) definierte drei Dimensionen, in denen Schemata Erleben und Handeln beeinflussen:

1. schemakonformes Verhalten
2. Vermeidungsverhalten
3. Schema-Kompensation.

Schemakonformes Verhalten meint Interpretationen, Emotionen und Handlungsweisen, die auf ein aktiviertes Schema zurückzuführen sind. Bereits die Vorstellung, in einer öffentlichen mündliche Prüfung zu sein, kann bei manchen Menschen ein tiefgreifendes Gefühl von Unsicherheit, Versagensangst und Scham induzieren. Das Schema "Ich bin in wesentlichen Bereichen schlechter als alle relevanten anderen" führt zur schemakonformen Handlungstendenz, sich vor öffentlichen Blicken zu verbergen und daher die Prüfung möglichst zu vermeiden, wobei sich der Betroffene der Motivation in der Regel bewußt ist.

Der Begriff *Schemavermeidung* beschreibt mikroprozessuale, meist non-bewußte Antizipationsprozesse, die Handlungen steuern, um Situationen im Vorfeld zu meiden, die z.B. Scham induziern könnten. Sekundäre Lernschwierigigkeiten, neue Karriereentwürfe und Abbrüche unmittelbar vor Prüfungen, ohne daß die motivationalen Beweggründe dem Betroffenen zugänglich wären, liegen in diesem Bereich.

Eine dritte Möglichkeit, Schemata zu prozessieren, besteht in der Aktivierung konträrer, also stark *gegensätzlicher und damit stabilisierender Schemata*. In der Psychoanalyse wurde dieser Prozeß als „Reaktionsbildung“ beschrieben, auch W. Reich definiert den „Charakterpanzer“ als kompensativen Mechanismus zur Stabilisierung von Ich-Schwäche.

In obigem Beispiel hieße dies die Aktivierung überzogener Leistungsorientierung und Größenphantasien: „Nur weit überdurchschnittliche Anstrengung und Leistung wird meinem Niveau gerecht. Ich darf und werde mir keinen Fehler leisten. Eine Prüfung ist nur mit der Bestnote wirklich bestanden.“

Diese kompensatorischen Schemata wirken häufig überzogen, einer sozialen Feinabstimmung schlecht zugänglich und eignen sich nicht dazu, die primären dysfunktionalen Schemata auszubalancieren. Vielmehr handelt es sich meist um „Alles oder Nichts“-Aktivierungen.

Das heißt, entweder das dysfunktionale Schema ist aktiviert und bestimmt weitgehend die Informationsprozessierung oder das kompensatorische Schema, das stets in Gefahr schwebt, zusammenzubrechen.

Dysfunktionale kognitive Schemata haben nicht nur die Tendenz, sich im interpersonellen Kontext zu bestätigen, sondern behindern vor allem die Aktivierung anderer, adäquaterer Kognitionen und damit neue Lernprozesse. Es erscheint wichtig, darauf hinzuweisen, daß Beck sowohl die Bedeutung überentwickelter als auch unterentwickelter kognitiver Grundannahmen betont. So ist, um am obigen Beispiel zu bleiben, bei dependenten Persönlichkeiten die Annahme, von einem Anderen abhängig zu sein, zu stark ausgeprägt, während das für schizoide Persönlichkeiten typische Konzept, am besten unabhängig von allen Anderen zu überleben, zu gering manifestiert erscheint. Antisozialen Persönlichkeiten ist das kognitive Schema der sozialen Verantwortlichkeit weitgehend fremd. Auch wenn Beck bei der Frage nach der Ätiologie kognitiver Schemata über die interpersonelle Sichtweise hinausweist, indem er Wurzeln im genetischen, biologischen oder phylogenetischen Bereich sucht, so liegt die Stärke dieses Konzeptes sicherlich nicht in der Frage nach der Entstehungsgeschichte, sondern in der Praxisrelevanz. Mittlerweile liegen Beschreibungen der jeweils typischen kognitiven Schemata aller spezifischen Persönlichkeitsstörungen nach DSM-III-R vor, einschließlich der davon abhängigen interaktionellen Muster und den entsprechenden therapeutischen Basisstrategien, auf die in den jeweiligen Passagen eingegangen werden wird.

Umfassende verhaltenstheoretisch fundierte Modelle zur Entwicklung von Persönlichkeitsstörungen liegen derzeit nicht vor. Dennoch gewinnen verhaltenstherapeutische Denkansätze zunehmend Bedeutung insbesondere hinsichtlich der Fragestellung nach Faktoren, welche die Aufrechterhaltung von maladaptiven Verhaltensmustern bedingen. Die von Linehan (1993) entwickelte *"kognitiv-behaviorale Psychotherapie für Borderline-Störungen"* gilt als erste störungsspezifische Therapie für Persönlichkeitsstörungen, die dezidiert verhaltenstherapeutische Aspekte in das Zentrum der Therapie stellt. Die Autorin betont, daß dysfunktionale Verhaltensmuster erlernt sind, und daher den bekannten lerntheoretisch fundierten Gesetzmäßigkeiten unterliegen: Entweder sind sie konditioniert, das heißt, an auslösende Stimuli gekoppelt oder sie werden durch die ausgelösten Konsequenzen aufrechterhalten. Eine ausschließlich schematheoretisch orientierte Analyse neigt dazu, diejenigen Faktoren zu übersehen, die gegenwärtig als Verstärker der betreffenden Verhaltensmuster fungieren. Am obigen Beispiel der dependenten Patientin erläutert, würde eine Reduktion der Autonomiebestrebungen des Ehemannes als negativer Verstärker (Abnahme der Angst vor dem Verlassen werden) für die Demonstration von Hilflosigkeit seitens der Partnerin dienen. Bei nächster Gelegenheit wird dieses Verhalten also wiederholt, bzw. eventuell verstärkt eingesetzt werden. Vor diesem theoretischem Hintergrund lassen sich auch die individuelle biographische Aspekte lerntheoretisch entwickeln. Von einem integrativen Standpunkt aus betrachtet, erscheint die Verknüpfung kognitiver und behavioraler Aspekte als die praxisorientierte Weiterentwicklung der interpersonellen Schematheorie, wobei jedoch beide Schulen der Funktion von Emotionen nur wenig Beachtung schenken.

■ Die biosoziale Lerntheorie

Eine sinnvolle Ergänzung zum kognitiv-behavioralen Modell stellt derzeit Millons Konzept der biosozialen Lerntheorie (1996) dar. Er stellt die Bedeutung biologischer Vorgaben im Prozess des sozialen Lernens und der bidirektionalen Wirkung beider Dimensionen in den Mittelpunkt seiner Theorie. Es kann derzeit als das wohl ausgereifteste Konzept der klinischen Psychologie zum Thema allgemeine und spezielle Persönlichkeitsstörungen bezeichnet werden.

Millons Konzept liegen ***drei polare Dimensionen*** zu Grunde, die das "instrumentelle Verhalten" eines Individuums bestimmen. Dies betrifft die Art und Weise wie positive Verstärker gesucht und negative Konsequenzen vermieden werden (aktiv oder passiv), wo diese gesucht werden (im Subjekt oder im Objekt) und schließlich die Präferenz der Wahl, also was bevorzugt wird (die Suche nach Belohnung oder die Vermeidung von Strafe). Genetische Faktoren sowie frühe, das heißt auch prä- und perinatale biologische Einflüsse beeinflussen zwar die Gewichtung der drei Polaritäten, deren Entwicklung jedoch ist nach Millon an vier neuropsychologische Entwicklungsstadien gekoppelt. Im ersten

Lebensjahr ("Sensory-Attachment-Stage") steht die Sicherung des Überlebens durch die Interaktion mit der Mutter im Vordergrund. Das sich entfaltende interpersonale Netzwerk kann stimulierend oder unterstimulierend wirken, Sicherheit oder tödliche Gefahr vermitteln. In dieser Phase sieht Millon die Festschreibung der Polarität zwischen "lustsuchendem" und "angstmeidendem Verhalten". Die in der Kleinkindzeit sich herausbildende Fähigkeit, zunehmend unabhängig von elterlicher Unterstützung zu agieren ("Sensomotor-Autonomy-Stage"), bedingt eine Verschiebung des Entwicklungsschwerpunktes von der Sicherung der Existenz zur Anpassung an die sozialen Erfordernisse. In dieser Phase werden demgemäß primär die adaptiven Polaritäten geprägt, das heißt, die Tendenz, sich die jeweilige ökologische Nische aktiv zu gestalten oder sich passiv an die Gegebenheiten anzupassen. Die Adoleszenz schließlich ("Pubertal-Gender Identity-Stage") beinhaltet nicht nur die Entwicklung der Geschlechtsidentität, sondern auch der Präferenz der Bedürfnisbefriedigung bei Anderen oder bei sich selbst. Das vierte, zum Teil die anderen überlappende "Reifungsstadium" erstreckt sich nach Millon über einen Zeitraum vom 4. bis zum 18. Lebensjahr ("Intercortical-Integration") und betrifft die Ausreifung komplexerer kortikaler Hirnfunktionen. Hierdurch wird die Polarität zwischen emotionalen und rationalen Kapazitäten geprägt. Im Verlaufe dieser Entwicklung ergeben sich zahlreiche bidirektionale Beeinflussungsmöglichkeiten: So steuert ein Kind durch sein basales Temperament die Reaktionen der Bezugspersonen im Sinne einer reziproken Verstärkung, umgekehrt erweisen sich auch die biologischen Substrate als plastisch, das heißt durch Umwelteinflüsse formbar. Auf die klassischen Lernkonzepte zurückgreifend unterscheidet Millon zwischen Prozessen der klassischen Konditionierung, der operanten Konditionierung und des Lernen am Modells. Als einer der wenigen Theoretiker betont er die zusätzliche Bedeutung von fehlenden Lernerfahrungen durch ungenügende Stimulation oder Frustration (under-learning) für die Entwicklung von pathogenen Verhaltensmustern. Im Unterschied zu analytisch orientierten Modellen, die ja ebenfalls den Erwerb von persisitierenden Persönlichkeitsmerkmalen spezifischen Entwicklungsstadien zuordnet, betont Millon zudem die Bedeutung von lebensgeschichtlich späteren Faktoren für die Aufrechterhaltung, also Löschungsresistenz dieser Verhaltensmuster. Vor diesem pathogenetischem Hintergrund benennt Millon *vier Leitgedanken bzw. Grundprinzipien der integrativen Sichtweise:*

(1) Persönlichkeitsstörungen sind keine Erkrankungen per se

Damit soll zum Ausdruck gebracht werden, daß das klassische "medizinische Modell", welches externe oder interne auslösende Faktoren nur unter dem Aspekt der kausalen Verantwortlichkeit für manifeste Störungen sieht, sich für das Verständnis der Persönlichkeitsstörungen als hinderlich erwiesen hat. Vielmehr ist davon auszugehen, daß die beobachtbaren Verhaltensweisen dynamische und veränderbare Interaktionen zwischen individuellen Bewältigungsstrategien und dem sozialen Umfeld darstellen, d.h. jetzt als Störung imponierendes Verhalten in früheren Lebensabschnitten oder in einem anderen sozialen Kontext als adäquat zu beurteilen ist. Die therapeutische Arbeit kann sich also nicht auf die Aufdeckung entwicklungsgeschichtlich bedeutsamer Faktoren für die Etablierung jetzt pathologischer Verhaltensmuster beschränken, sondern sollte stets deren Funktion im früheren und gegenwärtigen psychosozialen Umfeld berücksichtigen.

(2) Die Grenze zwischen Persönlichkeit und Persönlichkeitsstörung ist fließend

Trotz vielseitiger Bemühungen können keine allgemeingültigen klaren Grenzen zwischen pathologischem und "normalen" Verhalten gezogen werden. "Normales" Verhalten könnte dahingehend definiert werden, daß es sich an die Gepflogenheiten der jeweiligen sozialen Bezugsgruppe anpaßt. Umgekehrt kann pathologisches Verhalten als störend oder abweichend von diesen Normen definiert werden. Daß diese Definition unzureichend ist, ermißt sich aus der Tatsache, daß die Normen sozialer Subgruppen oft erheblich vom größeren sozialen Kontext abweichen und bei Erweiterung des Blickwinkels gerade die hohe Normkonvergenz pathologische Formen annimmt. Ein Individuum, das in der Lage ist, auf verändernde Anforderungen der Umgebung ***flexibel*** zu reagieren und dabei eine Balance zwischen Autonomie und sozialer Integration aufrecht erhält, kann jedoch kontrastiert werden zu jemandem, der gezwungen ist, *starr* und repitiv die gleichen Verhaltensmuster zu wiederholen. Die Unfähigkeit, kontinuierliche soziale Lernprozesse zu verinnerlichen, führt bei letzterem zu Diskrepanzen zwischen den Anforderungen an die eigene Autonomie und denen des sozialen Umfeldes. Die Grenzen zwischen diesen beiden Extremen sind jedoch fließend.

(3) Persönlichkeitsstörungen basieren auf internalisierten funktionellen und strukturellen Systemen

Die intrapsychische Struktur des Systems "Persönlichkeit" repräsentiert ein relativ fest verwurzeltes Muster von Erinnerungen, Affekten, Wünschen, Einstellungen und Konflikten. Also Schemata, die dem jeweiligen Individuum die Orientierung im sozialen Umfeld erleichtern. Obgleich Assimilations- und Adaptationsprozesse eine Angleichung und Revision dieser Strukturen an ein sich änderndes soziales System erleichtern, beeinflussen diese intrapsychischen Strukturen doch lebenslang die individuelle Sichtweise und Interpretation der Außenwelt. Je traumatisierender, rigider oder eingeschränkter die Lernerfahrungen waren, desto starrer und inflexibler wird an diesen Schemata festgehalten.

(4) Persönlichkeitsstörungen sind dynamische Systeme

Gerade kategorisierende diagnostische Systeme bergen die Gefahr, Persönlichkeitsstörungen als situativ unabhängige, in der Vergangenheit begründete Verhaltensauffälligkeiten zu betrachten. Die funktionelle Sichtweise fordert jedoch die Berücksichtigung der Interaktion zwischen intrapsychischen und zwischenmenschlichen Strukturen. Ein dynamisches System ist gehalten, seine Sinnhaftigkeit fortwährend zu überprüfen und zu bestätigen. Da systemnonkonforme Informationen negative Emotionen auslösen, herrscht ein hoher Anpassungsdruck hinsichtlich der Wahrnehmung bzw. Interpretation intrapsychischer oder zwischenmenschlicher Ereignisse. Strukturen, die sich zur Vermeidung eines hohen Leidensdrucks entwikkelt haben, besitzen eine ausgeprägte Tendenz, sich permanent zu "verifizieren", um die Gefahr erneuten Leidensdrucks abzuwenden. Kognitive Verzerrungen oder Manipulation der Umgebung können in diesem Sinne verstanden werden.

Diese systemische Konzeption birgt nach Millon weitreichende Konsequenzen für Psychotherapie und Psychotherapieforschung. Optimistisch formuliert eröffnet jede Veränderung, sei es auf der kognitiven, der neurobiologischen oder der Verhaltensebene die Möglichkeit einer Beeinflussung des gesamten Systems. Pessimistisch formuliert tendieren Systeme, wie ausgeführt, zur Homöostase. Beeinflussungen auf einer Ebene können jederzeit Regulationsmechanismen in Gang setzen, die das gesamte System stabilisieren und sich Veränderungsprozessen widersetzen.

34.5 Allgemeine psychotherapeutische Leitlinien

Nach wie vor gilt die psychotherapeutische Behandlung von Persönlichkeitsstörungen als schwierig, langwierig und häufig frustran. Dieses weitverbreitete Vorurteil basiert zum einen auf der Annahme, daß therapeutische Hilfe bei dieser Störungsgruppe grundsätzlich mit "Strukturveränderung" gleichzusetzen ist, andererseits liegen bis heute tatsächlich nur ***wenige ausgearbeitete therapeutische Konzepte*** vor, die einer wissenschaftlichen Evaluation standhalten. So sind zwar in den letzten Jahren eine Vielzahl störungsspezifischer, manualgesteuerter Therapien für klar abgrenzbare einzelne psychiatrische Krankheitsbilder, z.B. Depressionen, Angst- oder Zwangserkrankungen entwickelt worden, die Behandlung komplexerer, mehrdimensionaler Störungen erfordert jedoch mehr als die schlichte Aneinanderreihung dieser Therapieprotokolle. So wird zum Beispiel die Behandlung der suizidalen Krise einer Frau mit dependenter Persönlichkeitsstörung, die zwei kleine Kinder zu betreuen hat, dabei immer wieder von ihrem Ehemann mißhandelt wird, zudem die Diagnose einer Panikstörung und Alkoholmißbrauch aufweist, Interventionen erfordern, die sich an der momentanen Bedrohlichkeit und daher an rasch wechselnden ***Behandlungszielen*** orientieren. Die Organisation dieser Behandlungsziele, also die Frage, welches Problem zu welchem Zeitpunkt und mit welchen Mitteln bearbeitet wird, sollte sich an klaren Regeln orientieren. Linehan schlägt vor, die jeweiligen Erkrankung in ***Stadien*** einzuteilen, um so den aktuellen Schweregrad als Leitlinie einer störungsspezifischen Behandlung zu berücksichtigen:

Stadium I: Schwere, selbst- oder fremdgefährdende Probleme auf der Verhaltensebene

Hierzu zählen z.B. Suizidalität, Fremdgefährdung, drohende Stoffwechselentgleisung bei Anorexie, Drogen-Überdosierung, sexuelle Gefährdung. Häufig weisen die Patienten neben der Persönlichkeitsstörung in diesem Stadium also eine oder mehrere Erkrankungen der Achse I oder III nach DSM auf.

In diesem Stadium ist zunächst unter allen Umständen darauf zu achten, daß der Patient möglichst rasch die *Kontrolle über seine Verhaltenssteuerung* wiedererlangt. Höchste Priorität hat immer die Therapie der Suizidalität bzw. der Fremdgefährdung. An zweiter Stelle steht die Entwicklung einer Allianz mit dem Helfenden, an dritter Stelle die Etablierung grundlegender psychosozialer stabilisierender Faktoren. Sind die Ressourcen des Patienten zur Problemlösung in diesem Stadium nicht ausreichend, so ist der Therapeut gehalten, aktiv einzugreifen. Nach einer fundierten Problem- und Bedingungsanalyse, die insbesondere die aufrechterhaltenden Faktoren für unkontrolliertes Verhalten erfaßt, reicht das Spektrum der Hilfestellung von der stationären Aufnahme des Patienten bis zur einschneidenden Einflußnahme auf sein psychosoziales Netzwerk.

Stadium II: Schweres, traumatisierendes und emotionales Leid

In diesem Stadium ist der Patient zwar in der Lage, seine Handlungen zu kontrollieren, leidet jedoch in hohem Maße an starken negativen Emotionen. Die Regulation der Affekte selbst ist gestört, was zusätzlich als traumatisierend erlebt wird. Eine Posttraumatische Belastungsstörung (PTBS) gilt als prototypisch für dieses Stadium. Der therapeutische Schwerpunkt in diesem Stadium liegt in der Vermittlung von Fähigkeiten zur Emotionsregulation. In einem zweiten Schritt erfolgt die Identifikation von auslösenden Faktoren, von Fehlinterpretationen, kognitiven Schemata und dysfunktionalen Handlungen und schließlich die Integration des emotionalen Erlebens in ein neu formiertes kognitives Bewertungssystem.

Stadium III: Probleme in der Lebensführung verbunden mit negativen Emotionen

Auch wenn die Probleme in diesem Stadium, wie zum Beispiel eine schwerwiegende Partnerschaftsproblematik, als sehr belastend erlebt werden, so unterscheiden sie sich doch von Stadium I und II, indem zum einen das Verhalten adäquat gesteuert werden kann, andererseits die emotionale Problematik nicht als eigenständiges, traumatisierendes Problem erlebt wird. Der Großteil des therapeutischen Prozesses während der Behandlung von Persönlichkeitsstörungen findet in diesem Stadium statt und sollte in aller Regel ambulant durchgeführt werden. Es ist darauf zu achten, daß sich Verschlechterungen während der therapeutischen Arbeit häufig in Sprüngen in andere Stadien abbilden, die in aller Regel eine Änderung der spezifischen therapeutischen Strategien erfordern.

Stadium IV: Gefühle der Unzufriedenheit und Unerfülltheit

Die meisten Therapien im ambulanten Sektor dürften dieses Stadium betreffen. Aber auch viele Encounter- und spirituellen Praktiken zielen auf das Bedürfnis nach innerer Wahrnehmung, und einem tieferem Verständnis der eigenen Geschichte und der Bezogenheit zu anderen. Therapeutische Strategien werden also primär auf eine Verbesserung des "Selbstgefühles" und Sinngebung der Lebensführung zielen.

Wie bereits ausgeführt, können Patienten mit Persönlichkeitsstörungen durchaus im Stadium IV eine Therapie beginnen und niemals in Problemzonen der Stadien I, II oder III geraten. Andererseits beobachtet man häufig eine Reorganisation von Verhalten und Erleben von Stadium I zu Stadium III. Auch mit Verschlechterungen während der Therapie ist zu rechnen. Übersieht der Therapeut Verschlechterungen und fährt zum Beispiel trotz Suizidalität oder Selbstschädigung mit der Bearbeitung traumatisierender Erfahrungen in der Kindheit fort, so ist dies als therapeutischer Fehler zu erachten. Zu warnen ist an dieser Stelle auch vor der weit verbreiteten Ansicht, daß eine Bearbeitung und Aufklärung ätiopathogenetischer Zusammenhänge oder der Ursachen von psychischem Leiden notwendig auch Veränderungen auf der Erlebens- oder Verhaltensebene mit sich bringt. Vielmehr ist grundsätzlich bei einer therapiebedingten Irritation eingefahrener kognitiv-emotionaler Schemata mit einer Destabilisierung zu rechnen, die sich auch auf der Handlungsebene niederschlagen kann. Entstehende zwischenmenschliche Konflikte können dann einen Teufelskreis initiieren, der durch therapeutische Interventionen, die die Verhaltensebene betreffen, abgefangen werden müssen.

Die Psychotherapie der Persönlichkeitsstörung sollte daher verschiedene Dimensionen integrieren (Tab. 34.**4**).

Tabelle 34.4 Strukturmerkmale einer Therapie bei Persönlichkeitsstörungen

• Diagnostik und Therapievereinbarung
• Aufbau einer therapeutischen Beziehung
• Verbesserung der psychosozialen Kompetenzen
• Strukturierung des sozialen Umfeldes
• Bearbeitung dysfunktionaler Ziele oder Verhaltensmuster
• Generalisierung des Erlernten im sozialen Umfeld
• Supervision des Therapeuten

Diagnostik und Therapievereinbarung

In aller Regel suchen Patienten mit Persönlichkeitsstörungen die psychiatrische Praxis oder Klinik nicht mit der Bitte um Veränderung ihrer Persönlichkeitsstruktur auf. Vielmehr führen klinisch abgrenzbare Störungsbilder wie affektive Erkrankungen, Angsterkrankungen oder somatoforme Störungen den Patienten zur Behandlung. Nicht selten sind diese Störungsbilder durch krisenförmige Zuspitzung im psychosozialen Umfeld bedingt, welche die Bewältigungsstrategien und -ressourcen des Patienten gegenwärtig überfordern. Nicht immer ergibt sich der Verdacht auf das Vorliegen einer Persönlichkeitsstörung schon beim Erstkontakt; eventuell führt erst die Fremdanamnese oder ein therapierefraktärer Krankheitsverlauf auf die Spur. Spätestens dann sollten zumindest die Kriterien nach ICD-10 oder DSM-IV überprüft werden. Fakultativ können spezifischere Instrumente herangezogen werden (siehe Abschnitt 2). Neben der Abklärung anderweitiger klinisch relevanter psychiatrischer Syndrome sollten Erkrankungen aus dem schizophrenen Spektrum ausgeschlossen werden. Weiterhin dient eine gründliche *internistische und neurologische Befunderhebung* zur Erfassung von Komponenten, die eventuell Hinweise auf organisch bedingte Persönlichkeitsänderungen geben könnten. Eine möglichst sorgfältige Erhebung des sozialen Umfeldes und Identifizierung gegenwärtig relevanter Stressoren rundet die Diagnostik ab. Unabhängig vom Stadium der Störung sollte jede Therapie auf klaren *Therapievereinbarungen* basieren. Dies schließt die Reihenfolge der Behandlungsziele, die Behandlungsmethodik sowie die Dauer, Frequenz und Finanzierung der Therapie ein. Die Bedeutung dieser Behandlungsvorbereitung wird gerade im Falle krisenhafter Dekompensationen bei Persönlichkeitsstörungen häufig unterschätzt, stellt aber bei manchen Störungen, wie etwa bei Borderline-oder narzißtischen Störungen ein substanzielles Problem dar, das spezifische therapeutische Strategien erfordert.

Aufbau einer therapeutischen Beziehung

Alle therapeutischen Schulen betonen die Bedeutung der Vertrauen herstellenden, von Expertise und Zuversicht geprägten Grundhaltung des Therapeuten. Im Rahmen der Behandlung von Patienten mit Persönlichkeitsstörungen kommt der therapeutischen Beziehung jedoch eine *besondere Funktion* zu. Im Gegensatz zu den meisten psychischen Störungen erleben die betroffenen Patienten ihr Verhalten in weiten Bereichen nicht als ich-dyston, also nicht als unsinnig oder behandlungsbedürftig, sondern als in sich stimmig und logisch. Sie erwarten zunächst vom Therapeuten, daß dieser ihre Wahrnehmung bestätigt und sich "schemakonform" verhält. Therapieabbrüche in einem frühen Stadium der Behandlung sind sehr häufig auf Irritationen dieser Erwartung zurück zu führen. Es bedarf daher eines hohen Maßes an Flexibilität seitens des Therapeuten, in der Anfangsphase der Therapie der Erwartungshaltung des jeweiligen Patienten zu entsprechen. So sollte zum Beispiel einer dependenten Patientin zunächst das Gefühl von Sicherheit, Stützung und Umsorgung vermittelt werden, während die Kontaktaufnahmen mit schizoiden Patienten Distanz und klare Vereinbarungen fordert. Die Fähigkeit, sich in die spezifischen und jeweils einzigartigen Denk- und Handlungsweisen seines Patienten zu versetzen, ermöglicht einem guten Therapeuten, diese Anpassungsleistung zu vollziehen, ohne zu "schauspielern". Es sollte gelingen, ein Klima der Authentizität zu schaffen, welches als unabdingbare Voraussetzung für nachfolgende Veränderungsprozesse gelten darf.

Verbesserung der psychosozialen Kompetenzen

Die Verbesserung der *Problemlösekompetenz* des Patienten gilt als empirisch gesicherter Wirkfaktor psychotherapeutischer Prozesse. Je nach Stadium der Erkrankung stehen daher Methoden der Beratung, der Instruktion, des modellhaften Lernens, der Psychoedukation im Zentrum der Therapie. Aber auch bei Therapien, die sich in Stadium III oder IV nach Linehan (s.o.) abspielen, sollten diese Methoden nicht vernachlässigt werden. Wie oben ausgeführt, können die Entstehungsbedingungen von Persönlichkeitsstörungen sowohl in einer früheren Überforderung durch altersentsprechende psychosoziale Stressoren gesehen werden, als auch in einer Unterforderung, die nicht zur Ausbildung entsprechender Fähigkeiten geführt hatte. Während tiefenpsychologisch orientierte Therapeuten dazu tendieren, die mangelhaften Handlungskompetenzen ihrer Klienten zu übersehen, laufen rein verhaltenstherapeutisch ausgebildete Therapeuten Gefahr, diejenigen Faktoren zu unterschätzen, die eine Anwendung vorhandener adäquater Fertigkeiten blockieren. Als *Leitlinie* gilt, daß die Bereitschaft zur Aufgabe etablierter, pathologischer Verhaltensmuster mit dem Erwerb neuer Fertigkeiten steigt. Der Therapeut sollte seine Behandlungsstrategie also daran orientieren, ob der Patient über entsprechende adäquate Fertigkeiten gar nicht verfügt, oder ob intra- bzw interpersonelle Faktoren die Anwendung vorhandener Fertigkeiten blockieren. Es liegen mittlerweile gut ausgearbeitete Manuale zum psychosozialen Fertigkeitentraining vor, die jedoch nach störungsspezifischen Kriterien selegiert werden sollten.

Strukturierung des psychosozialen Umfeldes

Wie bereits ausgeführt, sollte zu Beginn der Therapie aber auch bei Wechseln der jeweiligen Erkrankungsstadien eine Verhaltens- und Bedingungsanalyse erstellt werden, die Aufschluß über das jeweilige Problemverhalten und die auslösenden bzw. aufrechterhaltenden Faktoren gibt. Nicht selten erweist sich das psychosoziale Umfeld, und nicht ausschließlich die intrapsychischen Schemata des Patienten, als pathogenetisch bedeutsam. Das Spektrum kann von dominierenden Verhalten des Partners einer dependenten Persönlichkeit bis zum fortgesetzten Mißbrauch bei Borderline-Patienten reichen. Je nach Kompetenz des Patienten und Dringlichkeit der Problematik variieren auch die Behandlungsstrategien von der beraterischen Tätigkeit, dem Einsatz von Sozialarbeitern bis zum Einschalten der Justiz.

Nicht nur zu Beginn der Behandlung, auch während der angestrebten Veränderungsprozesse, sollte das psychosoziale Umfeld berücksichtigt werden, da nicht selten die Beibehaltung dysfunktionaler Verhaltensmuster zum Beispiel durch Eltern oder Partner, aber auch am Arbeitsplatz positiv verstärkt wird.

Bearbeitung dysfunktionaler Ziele oder Verhaltensmuster Identifikation dysfunktionaler Schemata

Unter dieser Kategorie subsummiert man alle therapeutischen Methoden, die zur Klärung und Abgrenzung von vernetzten dysfunktionalen kognitiv/emotionalen Reaktionsmustern führen, ohne diese zu verändern. Bereits dieser Prozeß ist schwierig, da der Patient ja fest davon überzeugt ist, daß seine Sichtweise der Dinge die einzig wahre ist. Jede Relativierung durch den Therapeuten bedroht die Kontrollkompetenz des Patienten, so daß immer wieder die subjektive Stimmigkeit betont werden muß (Validierungstechniken). Eine detaillierte Beschreibung der diversen Methoden würde den Rahmen dieses Kapitels sprengen, Zielsetzung ist es jedoch in jedem Fall, den Patienten über seine Grundannahmen und Schemata weitreichend zu informieren. Nach J. Beck (1999) sollte der Patient folgendes wissen:

„Jede Grundannahme ist eine **Annahme.** Sie muß nicht unbedingt **wahr sein.** Sie kann ganz oder weitgehend **falsch sein,** obwohl der Patient sehr davon **überzeugt** ist und „sein Gefühl" ihm sagt, daß sie stimmt.
Da es sich um eine Annahme handelt, kann man sie überprüfen.
Sie hat ihre Wurzeln in der Kindheit. Als der Patient anfing, daran zu glauben, war sie möglicherweise richtig.
Sie wird durch Schemata aufrechterhalten, die dafür sorgen, daß der Patient Informationen, welche die Grundannahme stützen, sofort akzeptiert, während er widersprüchliche Information ignoriert und abwertet.
Patient und Therapeut können im Laufe der Zeit gemeinsam diverse Strategien einsetzen, um die Annahme zu verändern, so daß der Patient sie realistischer sehen kann."

Dysfunktionale Muster oder Schemata können sich intrapsychisch oder im sozialen Umfeld manifestieren. Während psychoanalytische und tiefenpsychologisch orientierte Theorien davon ausgehen, daß sich diese dysfunktionalen Schemata grundsätzlich in der therapeutischen Beziehung abbilden, daher ein geschulter Therapeut sein Augenmerk auf pathologische Muster in Übertragung und Gegenübertragung legt, sehen kognitiv - behaviorale oder interpersonelle Therapeuten den Schwerpunkt der Behandlung außerhalb der therapeutischen Beziehung. Das heißt, es müssen vorrangig möglichst viele Informationen über *Verhaltensmuster im psychosozialen Umfeld* erhoben werden. Dies kann mittels Protokollen, Rollenspielen oder Fremdanamnesen erfolgen. Auch die Einbeziehung relevanter Bezugspersonen ist möglich. Ob der Schwerpunkt auf eine Analyse der Bedingungsfaktoren, der handlungsbestimmenden Kognitionen, der aufrechterhaltenden Verstärker oder der lerngeschichtlichen und damit biographischen Bedeutungen gelegt wird, ist abhängig vom jeweiligen theoretischen Konzept des Therapeuten. Es sollte jedoch versucht werden, möglichst viele Determinanten zu erfassen und die jeweiligen Blickwinkel zu variieren. Schemakonforme Verhaltensweisen werden als in sich stimmig und sinnvoll erlebt. Desweiteren zeichnen sich Schemata durch die Tendenz zur Replikation aus, das heißt, die handlungsbestimmende Wahrnehmung des Selbsts und der Welt orientiert sich an diesen Mustern, bestätigt und verstärkt diese.

Tabelle 34.5 Schemaidentifikation

Fragebögen
Kognitive Techniken
Imaginationsübungen
Verhaltensanalysen
Sondentechnik
Deutung von Übertragungs- / Gegenübertragungsprozessen
Bücher / Filme
Gestalttechniken
Traumarbeit
u.v.m.

Schemamodifikation

Grundsätzlich ist an dieser Stelle noch einmal anzuführen, daß Psychotherapie grundsätzlich darauf zielt, dem Patienten zu helfen, *seine individuellen Werte* und Ziele umzusetzen. Bevor man sich also zu Veränderungen der „sog. Persönlichkeitsstruktur" entschließt, was in unseren Augen ein Ding der Unmöglichkeit ist, sollte man zunächst überprüfen, ob es nicht wesentlich einfacher ist, einige *Umgebungsvariablen* zu verändern, um dem Patienten so zu ermöglichen, sich „schemakonform" zu entwickeln. Ein ängstlich-unsicherer Mensch, der von seiner ehrgeizigen Ehefrau zu Karriereschritten getrieben wird, die stark angstbesetzte öffentliche Auftritte nötig machen, sollte sich zumindest überlegen, ob er sich nicht eine passendere Beziehung sucht, statt an seinen Grundannahmen zu arbeiten.

Voraussetzung für die *Veränderung* von Schemata ist, daß diese aktiviert sind. Klärungsprozesse zu deren Entstehungsgeschichte oder rationale Reflexionen über den Inhalt dieser Schemata bereiten den Boden für Umstrukturierung, verbessern die Motivation sowie Vertrauen in die Kompetenz des Therapeuten.

Tabelle 34.6 Schemamodifikation

Kognitive Umstrukturierung
Reizexposition
Imaginierte Dialoge
Karthartische Erfahrungen
Interpersonale Erfahrungen
Verhaltensexperimente

Kognitive Umstrukturierung

Für viele Patienten ist die kognitive Umstrukturierung Mittel der Wahl. Der Vorteil liegt in einer dosierten Affektaktivierung und damit guten Steuerbarkeit durch den Therapeuten. Dieser beginnt in aller Regel damit, daß die kognitiven Anteile der Schemata, also die Grundannahmen, möglichst genau benannt werden: *„Ich bin zutiefst schlecht, es geschieht mir recht, was mir widerfahren ist, ich bin selbst Schuld daran."* Anschließend sollte der Therapeut die sich daraus ableitenden schemagesteuerten Regeln und automatischen Gedanken identifizieren: *„Ich habe kein Recht auf anständige Behandlung durch Mitmenschen." „Ich darf am Arbeitsplatz keine Forderung stellen, es ist vielmehr eine Gnade, daß man mich arbeiten läßt." „Ich darf mich meinem Partner nicht sexuell verweigern ..."* Im nächsten Schritt werden alle Argumente gesammelt, die *für* diese Grundannahmen sprechen: *„Ich bin bereits zweimal von meinem Partner verlassen worden." „Mein jetziger Partner vergewaltigt mich und schlägt mich, wenn er betrunken ist." „Auf der Straße sehen mir die Leute an, daß ich wie eine Nutte bin." „Manchmal habe ich Lust daran, sexuell erniedrigt zu werden." „Ich habe seit Jahren keine Gehaltserhöhung bekommen." „Jetzt habe ich Knoten in der Brust, das wird Brustkrebs sein."* Dies sind nur einige Beispiele. Der Therapeut sollte sich viel Zeit damit lassen, ein möglichst vollständiges Inventar von Evidenzen für die Stimmigkeit der Grundannahmen zu erstellen. Es ist durchaus wirkungsvoll, auf seine eigenen Emotionen zu achten, die bei der Auflistung dieser oft erschlagenden Argumente entstehen. Sie sollten frei verbalisiert werden. *„Wenn ich mir das alles anhöre, zieht es mir den Boden unter den Füßen weg, das müssen Sie Tag für Tag aushalten?"* Nun beginnt der Therapeut vorsichtig, die Argumente kritisch zu hinterfragen. Er sollte sich hüten, direkt mit Zweifeln zu konfrontieren, statt dessen der Patientin helfen, die apodiktische Sicherheit der Argumente zu hinterfragen (geführte Entdeckung).

„Sie sind sich also sicher, daß Sie es verdient haben, wenn Ihr Mann Sie schlägt"
„Ja, sicher."
„Schlägt er Sie denn jeden Tag?"
„Nein, nur wenn er betrunken ist"
„Also ist es Ihre Schuld, wenn er sich betrinkt."
„Vielleicht."
„Könnte es noch einen anderen Grund geben, daß er sich betrinkt?"
„Ja, immer wenn er mit seinem Kegelverein weg ist."
„Sind Sie schuld, daß er mit seinem Kegelverein weggeht?" ...

„Sie sind sich also sicher, daß die Leute auf der Straße Ihnen ansehen, daß Sie eine Schlampe sind?"
„Ja, das merke ich, es gibt Tage, da traue ich mich gar nicht aus dem Hause ..."
„Wer sieht Ihnen denn das an, alle Leute?"
„Manche kucken so komisch."
„Also manche kucken komisch und andere nicht? Und Sie wissen genau, was die sich denken?"
„Ja, die sehen mir das an ..."
„Könnte es vielleicht noch andere Gründe haben, daß die komisch kucken?"
„Ja, vielleicht."
„Was könnten denn das für Gründe sein?"
„Hmm, weiß nicht ..."
„Könnten Sie das nächste mal genau aufpassen, von wievielen Leuten auf der Straße Sie die Gedanken lesen können?"

Eine weitere Methode besteht darin, die Entstehungsgeschichte der Schemata in die Kindheit zu verfolgen, um mit dem Patienten anschließend zu bearbeiten, welche Gesetzmäßigkeiten aus dieser Zeit auch heute noch zählen.

Imaginative Dialoge mit dem „Kind von damals aus der Perspektive der heutigen Erwachsenen" können hier helfen.

Der Therapeut sollte nun versuchen, mit dem Patienten reale Argumente zu finden, die gegen die Kognitionen des frühen Schemas sprechen: *„An meinem Arbeitsplatz bin ich beliebt, die letzte Kündigungswelle habe ich überstanden, es gibt einen sehr netten Kollegen, der mich manchmal auf einen Wein einlädt ..."*

Jetzt eröffnet sich die Möglichkeit einer Art Rollenspiel "Verteidige das Schema": Der Therapeut bringt reale Gegenargumente, der Patient darf mit allen Argumenten, die er findet, das Schema verteidigen. Anschließend werden die Rollen getauscht. Schließlich entwirft der Patient mit Hilfe des Therapeuten ein realistisches, der Gegenwart entsprechendes „Gegenschema": *„Ich bin ein wertvoller Mensch mit guten und schlechten Seiten."* *„Ich habe Stärken und Schwächen wie jeder Mensch."*

In wöchentlichen Hausaufgaben und Verhaltensexperimenten werden Argumente für die neue und gegen die alte Grundannahmen gesammelt und besprochen. Wann immer sich innerhalb der therapeutischen Beziehung Interaktionsmuster entwickeln, die von alten Schemata gesteuert sind, sollten diese sofort aufgegriffen werden.

Die Auswahl der therapeutischen Methode sollte sich dabei nach der Persönlichkeitsstruktur des Patienten richten. Daher sollte der Therapeut über ein möglichst ***breites Spektrum*** von Techniken verfügen, um gezielt und rasch Emotionen induzieren und die aktivierten Prozesse steuern zu können. Die Irritation etablierter Schemata induziert in der Regel zunächst negative Emotionen wie Angst, Wut, Schuld oder Scham aber auch Neid und Eifersucht. Die passagere Toleranz dieser negativen Emotionen ist Voraussetzung für die Revision der emotionsauslösenden, basalen Wahrnehmungen und Interpretationen des Patienten. Hier kommt die Bedeutung der therapeutischen Beziehung zum Tragen. Die Qualität der therapeutischen Arbeit ermißt sich auch an der Fähigkeit, gerade während der oft als schwierig erlebten Irritationsprozesse gezielt die jeweiligen positiven Ressourcen des Patienten zu aktivieren. Während jeder einzelnen Therapiestunde sollte der Patient sich vergegenwärtigen können, daß die angestrebten Veränderungsprozesse seinen Freiheitsgrad im Erleben und Verhalten erweitern, daß er selbst über Fähigkeiten verfügt, die er bislang zu wenig nutzte. Das Gefühl der wachsenden Kompetenz gilt als "Positivverstärker" für weitere Veränderungsprozesse.

Generalisierung des Erlernten im sozialen Umfeld

Die im therapeutischen Prozeß erworbenen neuen Erfahrungen bedürfen einer ***Verankerung im sozialen Alltag*** des Patienten. Die angestrebte Generalisierung sollte nicht am Ende der Therapie stehen, sondern immanenter Bestandteil sein. Nicht selten stellt sich heraus, daß das Umfeld des Patienten die Aufrechterhaltung der dysfunktionalen Verhaltensweisen verstärkt, bzw. von Veränderungen, die sich abzeichnen, irritiert ist. Bisweilen ist die Einbeziehung der nahen Bezugspersonen daher unumgänglich. Immer aber sollte der Patient angehalten werden, die Erfahrungen ***außerhalb*** des therapeutischen Rahmens in die Therapie mit einzubeziehen, nicht zuletzt, um die Sichtweise des Therapeuten auf dysfunktionale, das heißt sozial schlecht verträgliche Ziele zu lenken, die einer sorgfältigen Analyse und Revision bedürfen.

Zur Bedeutung der Supervision

Der veränderungsrelevante Prozeß bei der Behandlung der Persönlichkeitsstörung organisiert sich um eine therapeutische Grundhaltung, die sich als Balance zwischen Akzeptanz dysfunktionaler Verhaltensweisen und dem Drängen auf deren Veränderung beschreiben läßt. Ausschließlich schemakonformes, also akzeptierendes Verhalten seitens des Therapeuten führt zwar zu Sympathie und Wohlbehagen beim Patienten, wird dabei jedoch kaum Veränderungen induzieren. Die einseitige Betonung der Pathologie und der Behandlungsnotwendigkeit führt rasch zu starken Irritationen und damit zum Abbruch der Therapie. Die Fähigkeit, diese Balance zu gestalten, erfordert ein reiches Maß an klinischem Wissen und Erfahrung. Einzel- oder Gruppensupervision haben sich für Therapeuten in den ersten Jahren ihrer Tätigkeit als hilfreich, wenn nicht als notwendig erwiesen. Audio- oder Videotechnik eröffnen heute die Möglichkeit einer detaillierte Verhaltensbeobachtung und -korrektur des Therapeuten und sollte der auf meist undifferenzierten Mitschriften basierenden Fallberichterstattung unbedingt vorgezogen werden.

34.6 Spezifische Persönlichkeitsstörungen

■ Abhängige (asthenische) Persönlichkeitsstörung

Typische Verhaltensmuster und Grundannahmen

Patienten mit abhängigen Persönlichkeitsstörungen sind charakterisiert durch weitgehendes Fehlen von Selbstvertrauen. Einzig in der Bindung an einen als stark und versorgend erlebten Partner erscheint es ihnen möglich, die Schwierigkeiten dieser Welt zu meistern, und sei es um den Preis der Unterwerfung. Benjamin (1993) beschreibt die zwischenmenschlichen Interaktionsmuster: "Die primäre Position ist eine fundamentale Abhängigkeit von einer dominierenden Person, die als fortwährend versorgend und schutzgewährend idealisiert wird. Alle Bestrebungen zielen auf die Aufrechterhaltung dieser Beziehung, selbst wenn dafür Mißbrauch in Kauf genommen werden muß. Vom klinischen Aspekt betrachtet imponieren dependente Patienten vor allem durch ihr mangelhaftes Selbstvertrauen. Dies drückt sich in Körpersprache, Stimmbildung und sozialen Interaktionsmustern aus: betont freundlich, kooperativ, niemals fordernd oder aggressiv. Entferntere Bekannte bewundern nicht selten deren Sanftheit, Großzügigkeit und Herzlichkeit - eine sozialkompetente Strategie, um Anerkennung und Verbindlichkeiten zu sichern. Unter Belastung verfügen dependente Persönlichkeitsstrukturen über ein äußerst eingeschränktes, jedoch sehr wirkungsvolles Bewältigungsrepertoire: Die Signalisierung von Hilflosigkeit - Stimmgebung, Mimik und Körperhaltung können einen flehenden, ja kindhaften Ausdruck annehmen, der durch Klagen und Lamentieren verstärkt wird. In der Regel ist gerade der Einsatz dieser passiven Bewältigungsmuster kurzfristig sehr erfolgreich, da er beim Gegenüber nicht nur Besorgnis, sondern meist aktive Hilfeleistungen aktiviert, wodurch die Strategien der Patienten positiv verstärkt und das Erlernen handlungsorientierter Bewältigungsstrategien verhindert wird. Vergegenwärtigt man sich diese Interaktionsmuster, so wird leicht ersichtlich, daß die Frage einer klinisch manifesten Dekompensation dieser Persönlichkeitsstruktur in hohem Maße von der Partnerwahl abhängt. Findet sich ein solch fürsorglicher, sozial kompetenter Mitmensch, so kann sich durchaus eine liebevolle, harmonische und gut kompensierte Beziehung entwickeln, die jedoch vor allem von Trennung oder Tod des Partners bedroht ist. Abhängige Persönlichkeiten sind sehr gut in der Lage, ihrem "überlegenen" Partner ein Gefühl der Wichtigkeit und Bedeutung, der Stärke und Kompetenz zu vermitteln, also genau derjenigen Eigenschaften, die der Dependente so sehr vermißt und so sehr sucht. Problematisch gestalten sich jedoch einseitige Veränderungen oder Autonomiebestrebungen des Partners, da abhängige Persönlichkeiten häufig ausgezeichnete Sensoren für Distanzbewegungen besitzen und sofort mit einer Aggravierung von Hilflosigkeit und anklammerndem Verhalten reagieren. Werden dadurch die Abgrenzungsbedürfnisse des Gegenübers verstärkt, so ist dies mit der Aktivierung eines interaktionellen Teufelskreises gleichzusetzen, der potentiell zum Abbruch der Beziehung und damit, aus Sicht der Patientin, zur "größten anzunehmenden Katastrophe" führt.

Die klinische Erfahrung zeigt, daß dependente Persönlichkeiten eine Präferenz für pseudokompetente, nur vordergründig stark wirkende Charaktere, wie paranoide Persönlichkeitsstörungen aufweisen, welche die Abhängigkeit von Dependenten bisweilen sadistisch ausnutzen und mißbrauchen.

Therapie

Aufbau der Beziehung

Dependente Menschen wirken in der Regel freundlich, kooperativ und Kontakt suchend. Je mehr Expertise und Struktur ein Therapeut aufweist, desto wohler werden sie sich fühlen. Benjamin (1993) beschreibt die ***prototypischen Interaktionsmuster***: "Die Medikamente werden genommen, die Hausaufgaben gemacht, alle Formulare ausgefüllt, Termine eingehalten und die Rechnungen gezahlt. Trotz aller guten Hoffnung bleiben die Verhaltensmuster des Patienten jedoch bestehen und dieser vertraut darauf, daß der Therapeut es schon schaffen wird. Patient und Therapeut laufen Gefahr, eine Art Ko-Abhängigkeit zu entwickeln und dabei den status quo aufrecht zu erhalten. Die Patienten trauen dem Therapeuten, bewundern ihn und kooperieren, die Therapeuten sorgen sich und bieten wohlige Wärme. Diese Arrangements können sich ins Unendliche prolongieren, bis die finanziellen Mittel ausgehen, oder die Geduld des Therapeuten, oder beides." Auch Beck weist darauf hin, daß von Anfang an Zielanalysen das therapeutische Vorgehen leiten sollten und in strukturierten Untereinheiten erreichbare Teilziele erarbeitet werden sollten. Da abhängige Persönlichkeiten häufig von der Vorstellung geleitet sind, daß die Aufrechterhaltung der Symptomatik eine mögliche Prolongierung der Therapie zur Folge hat, sollte man diese Kognition konsequent löschen: Therapievereinbarungen werden lediglich für die Dauer von drei Monaten geschlossen, eine Verlängerung ist von Fortschritten auf der Verhaltensebene abhängig.

Verbesserung psychosozialer Kompetenz
Getragen von der Grundannahme, für die Anforderungen des Lebens nur mangelhaft gerüstet und daher auf die Akzeptanz starker Mitmenschen angewiesen zu sein, entwickeln abhängige Persönlichkeiten häufig ein hohes Maß an Fähigkeiten, Beziehungen durch unterwürfiges Verhalten zu stabilisieren. Die *zielgerichtete Handlungskompetenz*, das heißt die Wahrnehmung, Planung und Durchführung autonomer Bedürfnisse oder auch die Abgrenzung gegenüber Grenzverletzungen duch Andere ist dementsprechend häufig unterentwickelt. Es reicht sicherlich nicht aus, dem Patienten Zugang und Einsicht in die biographisch bedingte Entwicklung seiner Grundannahmen zu ermöglichen. Vielmehr kommt der Vermittlung *zwischenmenschlicher Fertigkeiten*, also dem Training sozialer Kompetenz, ein hoher Stellenwert in der Psychotherapie abhängiger Persönlichkeiten zu. Gruppen, die nicht unbedingt vom gleichzeitigen Einzeltherapeuten geleitet werden müssen, sind aus zwei Gründen sehr hilfreich: Zum einen ist der Lerneffekt größer, da der Patient die Möglichkeit hat, ihm bekannte Verhaltensmuster und deren Auswirkungen im zwischenmenschlichen Bereich an anderen wahrzunehmen und gemeinsam Alternativen zu trainieren, zum anderen können Fortschritte besser intern attribuiert und nicht der Allmacht des Therapeuten angelastet werden.

Strukturierung des psychosozialen Umfeldes
Nicht selten gehen dependente Persönlichkeiten Beziehungen mit antisozialen, impulsiven oder anderweitig übergriffigen Partnern ein. Unterwürfiges Verhalten wird durch diese Partner häufig verstärkt. Dies bezieht auch die Toleranz von Mißhandlungen ein. Die Abhängigkeit vom "starken" Partner andererseits verhindert Trennungen und Autonomieentwicklungen. Nicht selten verstehen es mißhandelnde Partner auf therapeutisch gestützte Trennungsbestrebungen mit Gewalt- oder Suiziddrohungen zu reagieren, bzw. der Patientin "das Blaue vom Himmel" zu versprechen, so daß intendierte Veränderungsprozesse verhindert werden. Die *Einbeziehung des Partners* sollte daher bei gegebener Konstellation in Erwägung gezogen werden. In gefährdeten psychosozialen Milieus sollte auch auf die Erziehungskompetenz der Betroffenen geachtet werden, in schwierigen Fällen ist sozialarbeiterische Unterstützung indiziert.

Bearbeitung dysfunktionaler Ziele und Verhaltensmuster
Das Lernfeld für die Wahrnehmung von dependenten Verhaltensmustern ist zum einen die therapeutische Beziehung selbst, zum anderen auch die Familien- oder Arbeitsplatzsituation. Beck (1993) betont, daß diese Patienten von stark dichotomen Kognitionen, die Unabhängigkeit betreffend geprägt sind: Entweder man ist vollständig abhängig oder vollständig allein und verlassen. Es erscheint wichtig, dem Patienten zu vermitteln, daß das Therapieziel nicht ein Zustand der Verlassenheit ist, sondern die Aneignung von Graduationen. Vor der Anwendung *verhaltenstherapeutischer Methoden* sollte eine funktionale Analyse der dependenten Verhaltensmuster zunächst Klarheit bringen über spezifische oder generalisierte Auslöser und aufrechterhaltende Konsequenzen dependenten Verhaltens. Die Differenzierung kurzfristiger und langfristiger Folgen, nämlich daß kurzfristige Erleichterung nicht selten langfristig die Beziehung gefährdet, kann häufig die Therapiemotivation steigern. Eine Angsthierarchie bezüglich selbstbewußtem Verhalten kann aufgestellt und zur graduellen Implementierung dienen. Es empfiehlt sich, nach Identifizierung der wichtigsten dependenten Verhaltensmuster, diese durch den Patienten protokollieren zu lassen. Wann immer spezifische Kognitionen oder Interaktionen auftreten, sollten diese vordringlich bearbeitet werden. Mikroverhaltensanalysen dysfunktionalen Verhaltens und die Fokussierung auf sinnvollere Alternativen bilden die struktu-

relle Grundlage der Einzeltherapie. Es sollte fortwährend darauf geachtet werden, daß der Patient adäquate Verhaltensmuster, die im Bereich der sozialen Kompetenz (Gruppe) erlernt wurden, im täglichen Leben einsetzt und trainiert. Kompetentes Verhalten sollte durch den Therapeuten sofort positiv verstärkt, dependentes Verhalten vorsichtig aversiv bewertet werden. Treten im Rahmen der therapeutischen Situation dependente Muster auf, die dem Problemverhalten im sozialen Umfeld entsprechen, so sind diese vordringlich zu bearbeiten. Rollenspiele und Lernen am Modell sind sicherlich unentbehrliche Methoden, um dem Patienten die wichtigsten Fertigkeiten des neuen Verhaltensrepertoires zu vermitteln. Techniken aus dem Bereich der *Gestalttherapie oder des Psychodramas* eröffnen die Möglichkeit der Veränderung von Schemata unter Aktivierung starker Affekte und gleichzeitigem Erlernen neuer sozial kompetenter Verhaltensmuster. Vor allem *aggressive Affekte*, die von Dependenten häufig vermieden werden, zur Etablierung zielgesteuerten Handelns aber unabdingbar erscheinen, lassen sich mit diesen Techniken leichter aktivieren und dem Erlebens- und Handlungsbereich zugänglich machen. Unter der Vielzahl von *kognitiven Techniken* sollte der Therapeut diejenigen wählen, die zur Verbesserung des dependenten Selbstwertgefühles führen und den Patienten ermutigen, aktive Problemlösetechniken im täglichen Leben anzuwenden. Da dependente Patienten häufig dazu tendieren, vom Therapeuten Ratschläge einzuholen, sollte der sokratische Dialog helfen, dem Patienten eigenständige Entschlußfähigkeit zu vermitteln.

Generalisierung des Erlernten im sozialen Umfeld

Wie bereits ausgeführt, birgt die Therapie mit dependenten Persönlichkeiten die Gefahr, zwischen Therapeut und Patienten ein wohlwollendes, unterstützendes Binnenklima zu kreieren, das die Bedeutung des psychosozialen Umfeldes für die Aufrechterhaltung der Verhaltensmuster übersieht. Von Beginn an sollte die Therapieplanung die Notwendigkeit der graduellen Generalisierung von erlernten Verhaltensmustern berücksichtigen. Der Weg führt Woche für Woche von der Therapiesitzung in die Paarbeziehung, an den Arbeitsplatz oder in den Freizeitbereich. Die therapeutische Beziehung kann anfangs dazu genutzt werden, zielkongruentes Verhalten im sozialen Umfeld durch Lob und Zuwendung zu verstärken. Im weiteren Verlauf sollte der Patient lernen, weitgehend unabhängig vom Therapeuten sich für neue, autonomiefördernde Verhaltensweisen zu belohnen.

Auf lange Sicht erscheinen die therapeutischen Prognosen bei dependenten Persönlichkeitsstörungen günstig. Veränderungsprozesse hängen jedoch in hohem Maße von der Kompetenz und Disziplin des Therapeuten ab, die Balance zwischen emotionaler Wärme und hoher Anforderung an die Autonomieentwicklung des Patienten zu trainieren.

■ Ängstliche (vermeidende) Persönlichkeitsstörung

Typische Verhaltensmuster und Grundannahmen

Patienten mit ängstlich-vermeidenden Persönlichkeitsstörungen sind in hohem Maße empfindsam für Geringschätzung oder Demütigungen. Da sie ein feines Gespür für ihre schmerzhafte Einsamkeit und emotionale Isolation haben, sind sie gezeichnet durch eine ausgeprägte, starke Sehnsucht nach Zugehörigkeit und Akzeptanz. Doch diese wird kontrastiert von starker Angst vor emotionaler Nähe und Verbindlichkeit. Gefangen im Konflikt zwischen Bindungsbedürfnis und Angst vor Abhängigkeit legen diese Patienten großen Wert auf sichere Distanz. Obwohl sie also unter ihrer sozialen Zurückgezogenheit und Einsamkeit oft sehr leiden, wenden sie sich nur selten anderen zu, da sie mit Zurückweisung und Kränkung rechnen. Die mangelhafte Ausdrucksfähigkeit ihrer ausgeprägten, oft hypersensitiven emotionalen Wahrnehmung mündet nicht selten in Phantasien und Tagträumen und bilden zuweilen die Matrix für künstlerische Aktivitäten.

Im sozialen Kontakt wirken die Betroffenen häufig unzufrieden, gequält und distanziert, auf Außenstehende manchmal kühl, ja arrogant. Die Sprachmodulation wird bisweilen als zäh oder stockend beschrieben. Potentielle Partner durchlaufen oft jahrelange subtile "Testmanöver", bis wirkliche Intimität zugelassen werden kann. Beziehungen gestalten sich daher häufig sehr konfliktbeladen. Gebunden im Spannungsfeld zwischen Sehnsucht nach Liebe einerseits und Mißtrauen andererseits, lösen bei den Patienten gerade Wahrnehmungen von Verbundenheit und Abhängigkeit starke Angst vor Enttäuschung und Zurückweisung aus. Die eingeleiteten Rückzugsmanöver provozieren nicht selten Beziehungsabbrüche und damit die Wiederholung der gefürchteten Erfahrung. Der kognitive Stil ist geprägt durch ein ausgesprochen hohes Aufmerksamkeitsniveau für potentielle Gefahren im sozialen Bereich. Diese Vigilanz wird nicht selten gestört durch Tagträume oder dissoziative Momente, die bisweilen erhebliche Störfaktoren darstellen können. Manche Autoren betonen die Funktion der Phantasie als regulatives Moment, wobei vor allem eine Verleugnung, Vernebelung und Diffusion der Wahrnehmungen von emotionalen Befindlichkeiten von Bedeutung zu sein scheint. Ein diffuses Gefühl des Unbehagens und des Leidens scheint für ängstlich-vermeidende Persönlichkeiten leichter erträglich zu sein als das reale Ausmaß ihrer intrapsychischen und interpersonellen Situation. Auch die Funktion der Verleugnung von Demütigung oder aggressiven Impulsen wird den Tagträumen zugewiesen. Die Diskrepanz zwischen Phantasie und Realität ist jedoch häufig erschreckend und führt zur Aggravierung der Störung. Das Selbstbild könnte als sozial inadäquat und unterlegen bezeichnet werden. Leitsätze wie "Ich bin nichts wert," "andere Menschen sind mir überlegen und werden mich ablehnen oder kritisch über mich denken, wenn sie mich kennenlernen", "es ist kein Wunder, wenn ich so alleine bin," dominieren als kognitive Schemata. Auf der Handlungsebene zeigen sich Defizite in handlungsorientierter Problemlösekompetenz. Konflikthafte oder angstbesetzte Situationen werden entweder gemieden, delegiert oder durch Rückzug in die Phantasie "gemeistert". Es ist naheliegend, daß diese Patienten nicht zur Gruppe der "erlebnishungrigen Freizeitgestalter" gehören, sondern ihre Zeit möglichst in kleinen, vertrauten und "sicheren" Kreisen verbringen.

Therapeutische Leitlinien

Aufbau der therapeutischen Beziehung

Im Umgang mit selbstunsicheren Patienten sollte man sich stets vergegenwärtigen, daß sie von einem extrem schlechten Selbstwertgefühl bei hoher Erwartungsangst vor Zurückweisung oder Demütigung bestimmt sind. Der Aufbau der therapeutischen Beziehung wird sich häufig langsam und zögerlich gestalten. Die Befürchtung, "daß der Therapeut bemerkt, wie lächerlich ich eigentlich bin", lähmt die Selbstexploration. Ähnlich wie in der Gestaltung von Paarbeziehungen haben Therapeuten in der Anfangsphase fortwährend mit "Testsituationen" zu rechnen. Provokative, paradoxe oder konfrontative Techniken sind in der Anfangsphase am besten zu unterlassen. Empathie, freundliche Zugewandheit und Sicherheit sollten das therapeutische Klima auszeichnen. Hat der Patient Vertrauen gefaßt und erlebt, daß auch die Selbstexploration von als minderwertig konnotierten Schemata nicht der Lächerlichkeit preisgegeben wird, so sind die Beziehungen häufig sehr tragfähig und fruchtbar. Ist diese vertrauende therapeutische Beziehung auch als conditio sine qua non aufzufassen, so sollte der Therapeut dennoch gewahr sein, daß diese Beziehung nicht zum Selbstzweck der Therapie wird. Ohne veränderungsorientierte Arbeit an den spezifischen dysfunktionalen Mustern ist mit therapeutischem Stillstand und zeitlich schlecht begrenzbaren Behandlungen zu rechnen.

Verbesserung der psychosozialen Kompetenzen

Viele ängstliche (vermeidende) Persönlichkeiten leiden unter sozialen Ängsten. Auch wenn sie nicht immer das Ausmaß einer sozialen Phobie erreichen, so haben sich doch störungsspezifische Verfahren zur Behandlung sozialer Phobien auch bei dieser Patientengruppe als hilfreich erwiesen. Die Verbesserung der sozialen Kompetenz kann in Form von etablierten Gruppentherapieprogrammen geschehen, die Rangreihung der Exposition sollte jedoch sehr sorgsam, wenn möglich vom Einzeltherapeuten durchgeführt werden, da besonders in der Anfangsphase Erfolgserlebnisse wichtig sind. Es sollte stets versucht werden, die gesamten individuellen Problemsituationen (Angst vor Kritik, Angst vor Ablehnung und negatives Selbstbild) zu fokussieren. Renneberg (1996) betont die Vorzüge der Exposition in der Gruppenbehandlung, die Bedeutung von Rollenspielen und den Einsatz von Video-Technik. Die eigentliche Durchführung der systematischen Desensibilisierung erfolgt zwar in der Gruppe, aber in einem sehr individualisierten Format. Für viele Teilnehmer ist die Betrachtung des Videos von entscheidender

Bedeutung, weil es eine objektive Art der Rückmeldung ermöglicht.

Stukturierung des psychosozialen Umfeldes

Die ausgeprägte Ambivalenz zwischen Sehnsucht nach Nähe und Geborgenheit einerseits und der Angst vor Zurückweisung andererseits führt häufig dazu, daß wichtige Bezugspartner demütigend oder zurückweisend reagieren. Nicht selten suchen sich selbstunsichere Patienten "triangulierte" Partnerschaften: Eine Geliebte, die ihre Ehe nicht aufgeben wird, homosexuelle oder anderweitig letztlich unerreichbare Wunschpartner (Pfarrer), aber auch Alkohol- oder arbeitssüchtige Freunde, so daß ein Arrangement zwischen Sehnsucht und Distanz etabliert bleibt. Nach sorgfältiger Analyse der aufrechterhaltenden Bedingungen mag es sinnvoll erscheinen, Veränderungen im sozialen Kontext anzustreben. Bisweilen ist es sinnvoll, Partner mit einzubeziehen, da diese beschriebenen Triangulierungen Veränderungsprozesse häufig blockieren.

Bearbeitung dysfunktionaler Ziele oder Verhaltensmuster

Die Therapie sollte dem Patienten den Teufelskreis zwischen allgemeiner Ängstlichkeit, Angst vor Zurückweisung, sozialem Rückzug, sozialer Isolation, Bestätigung negativer Schemata, Sehnsucht nach Nähe und Flucht in die Phantasie verständlich machen. Gerade der soziale Rückzug als Schutzmechanismus vor Zurückweisung verhindert neue positive Erfahrungen. Um das Therapieziel einer Balance zwischen Genuß- und Leidensfähigkeit sowie zwischen Aktivität und Passivität zu erreichen, sollte während des gesamten therapeutischen Prozesses jede Möglichkeit genutzt werden, positiv erlebte Sozialkontakte zu stärken und die aktive Meidung ängstigender Ereignisse abzuschwächen. Verhaltensbeobachtungen und Aufzeichnung von Rückzugsverhalten, von selbstabwertenden Kognitionen oder auch physiologischen Erregungszuständen können als Ausgangsbasis für ein individuell zugeschnittenes kognitives Training vor der sozialen Exposition dienen. Die therapeutischen Interventionen sollten dem Patienten ermöglichen, sich kognitive Schemata zu erarbeiten, die ein gewisses Maß an Unabhängigkeit gegenüber dem Urteil anderer ermöglichen. Verhaltenstherapeutische Strategien haben sich als hilfreich erwiesen, effektiver mit bedrohlichen Situationen umzugehen. Grundsätzlich sollte dabei die in-vivo Exposition der kognitiven Desensibilisierung vorgezogen werden. Auf kognitiver Ebene kann die therapeutische Beziehung als Modell für die Aktivierung, Aufdeckung und Reorganisation kognitiver Schemata dienen. Beck schlägt vor, vor allem mit Befürchtungen bezüglich Zurückweisung durch den Therapeuten zu experimentieren und den Realitätsgehalt der Kognitionen fortwährend zu überprüfen. Auch positive Selbstverbalisation im Sinne eines kognitiven Expositionstrainings hat sich als hilfreich erwiesen.

Benjamin betont die therapeutischen Möglichkeiten von "geführten" Gruppen. Das heißt, der Therapeut sollte versuchen, Mißerfolge und Abwertungen im Gruppenkontext zu verhindern, statt dessen lernzielorientiert an Verbesserungen der Kompetenzen zu arbeiten, so daß die Nähe und Unterstützung, die sich der selbstunsichere Patient wünscht, auch von ihm in dieser Situation erlebt werden kann.

Generalisierung des Erlernten im sozialen Umfeld

Wie bereits beschrieben, sollte die Verankerung der neu erworbenen sozialen Erfahrungen und Fertigkeiten nicht am Ende der Therapie stehen, sondern in die fortlaufende Behandlung integriert werden. Die positive Verstärkung, die der Patient durch selbstsicheres Auftreten, durch Bewältigung seiner Angst vor Zurückweisung und daher aktive soziale Kontaktaufnahme erfährt, kann als wertvoller Bestandteil des therapeutischen Prozesses genützt werden.

■ Emotional instabile Persönlichkeitsstörung, Borderline Typus

Typische Verhaltensmuster und kognitive Grundannahmen

Im Zentrum der Borderline-Persönlichkeitsstörungen scheint eine *Störung der Affektregulation* zu stehen. Diese kennzeichnet sich durch eine niedrige Reizschwelle für interne oder externe emotionsinduzierende Ereignisse, durch einen hohen Erregungsgrad und prolongierte Angleichung an das emotionale Ausgangsniveau. Die Wahrnehmung distinkter, kategorialer Emotionen wie Wut, Schuld oder Angst scheint gestört und wird ersetzt durch undifferenzierte äußerst quälende, aversive Spannungszustände. Hiermit in Zusammenhang werden Körperwahrnehmungsstörungen, Reduktion der Schmerzwahrnehmung und dissoziative Phänomene beschrieben. Selbstschädigende Verhaltensmuster wie Schneiden, Brennen oder Blutabnehmen, aber auch aggressive Durchbrüche werden zur Reduktion dieser Spannungszustände eingesetzt. Ausgeprägte Schlafstörungen, Alpträume und sogenannte "flash-backs", d.h. szenisches Wiedererleben traumatisierender Erfahrungen mit hohem Realitätsgehalt werden von den Betroffenen häufig als nicht beeinflußbar erlebt. Im zwischenmenschlichen Bereich dominieren Schwierigkeiten in der Regulation von Nähe und Distanz. So fühlen sich Borderline-Patienten einerseits existentiell abhängig von der Gegenwart anderer, jedoch induziert gerade die Wahrnehmung von Nähe und Geborgenheit gleichzeitig ein hohes Maß an Angst. Langwierige, schwierige Beziehungen mit häufigen Trennungs- und Wiederannäherungsprozessen sind die Folge. Die Tendenz, durch Demonstration von Hilflosigkeit und Leid Kontakte aufzunehmen und Unterstützung zu erlangen, ist häufig von der Kognition bestimmt: "Wenn mein Gegenüber tatsächlich wahrnehmen würde, wie es mir geht, dann würde er alles tun, damit sich mein Befinden verbessert". Aktive Kontaktaufnahme oder kompetente Suche nach adäquater Unterstützung stellen eher die Ausnahme dar. Auf der *kognitiven Ebene* dominieren handlungssteuernde negative Grundannahmen wie: "Ich bin nichts wert, ich bin der letzte Dreck, bin schuldig und verdammenswert." Auch die Inhalte magischer Größenideen sind häufig negativ, d.h. mit Vorstellungen übernatürlich destruktiver Macht ausgestattet zu sein. Während dissoziativer Phasen oder starken Erregungszuständen erscheint das Denken bisweilen fragmentiert und psychosenah. Das innere Erleben ist gekennzeichnet durch ausgeprägte Störungen der Identität wie auch Unsicherheiten hinsichtlich der sexuellen Präferenz. Einschießende Gefühle der Leere, eines diffusen, stark angstbesetzten Grauens werden beschrieben. Prognostisch muß aufgrund von Metaanalysen von retrospektiven Studien der Krankheitsverlauf als ungünstig bezeichnet werden. Persistierende schwerwiegende psychopathologische Auffälligkeit sind trotz oft jahrelanger psychotherapeutischer Behandlung eher die Regel. 70-75% aller Patienten vollziehen regelmäßig selbstschädigende Handlungen, die Suizidrate liegt je nach Studie zwischen 5 und 10%. Auch die hohe Rate an stationären Aufenthalten und Therapieabbrüchen (75%), weist auf die Schwierigkeiten der ambulanten Versorgung hin. Wenn man berücksichtigt, daß bei der Frage nach generellen Belastungsfaktoren für Psychotherapeuten an erster Stelle Suizidversuche von Patienten, an zweiter Stelle Suiziddrohungen und an dritter Stelle aggressives Verhalten der Patienten genannt werden, so erscheint es verständlich, daß selbstschädigende und suizidale Borderline-Patienten häufig die Kapazität ihrer Therapeuten überfordern.

Therapeutische Leitlinien

Aufbau der therapeutischen Beziehung

Auch wenn die funktionale Bedeutung der therapeutischen Beziehung aus der psychodynamischen und der verhaltenstherapeutischen Sichtweise unterschiedlich gewertet wird, so besteht doch Übereinstimmung, daß die Etablierung eines tragfähigen Arbeitsbündnisses hohe Anforderungen an Patient und Therapeut stellt. Ob die vielfach beschriebenen Muster der Nähe-Distanzregulierung, die stark fluktuierenden Idealisierung und Abwertung, oder die Tendenz, den therapeutischen Rahmen zu sprengen nun als Manifestation archaischer fragmentierter Objektrepräsentanzen gesehen wird, oder als Ergebnis jetzt dysfunktionaler Bewältigungsprozesse, der Therapeut sollte eine Reihe von Richtlinien berücksichtigen: Wie bereits beschrieben, nehmen Patienten mit Persönlichkeitsstörungen ihre Verhaltensmuster als ich-synton wahr. Dies trifft in besonderem Maße für Borderline-Patienten zu. Bei zu starker Betonung der pathologischen Dimension fühlt der Patient seine eigene Wahrnehmung bedroht, wodurch das peinigende Gefühl, "anders zu sein als alle anderen" verstärkt wird. Erhebliche Turbulenzen oder Abbrüche der Therapie sind häufig die Folge.

Zu Beginn der Therapie sollte der Patient über die bei ihm diagnostizierte Erkrankung genau aufgeklärt werden. Dauer und Anzahl der Behandlungsstunden sollten festgelegt und klare Behandlungsziele abgesprochen werden. Auch die grundlegenden Rahmenbedingungen bezüglich Konsequenzen von Suizidankündigungen oder schwerem selbstschädigenden Verhalten sollten von Beginn an transparent gemacht werden. Die psychodynamisch orientierten Schulen gehen davon aus, daß sich die wichtigsten dysfunktionalen Muster im interpersonellen Kontext, also in der therapeutischen Beziehung widerspiegeln. Folgerichtig wird das Augenmerk auf die fortwährende Analyse und Korrektur pathologischer Übertragungs- und Gegenübertragungsprozesse gelegt. Die Verhaltenstherapie mißt der therapeutischen Beziehung eher die Funktion des "coachings" zu, also der gemeinsamen Analyse und Bearbeitung von repetitiven Mustern im sozialen Alltag. Dies erfordert zum einen ein höheres Maß an Flexibilität, um nicht fortwährend nur Beziehungsaspekte zu bearbeiten, zum anderen mehr Informationen über das Verhalten des Patienten in der psychosozialen Umgebung.

Verbesserung der psychosozialen Kompetenz

Da Borderline-Patienten nicht selten gerade im therapeutischen Setting scheinbar selbstsicher, fordernd, anklagend und durchsetzungsstark wirken, werden Kompetenzdefizite im zwischenmenschlichen Bereich häufig in der Behandlung der Borderline-Störung unterschätzt. Getragen von einem sehr gering ausgeprägtem Selbstwertgefühl scheint die Balance zwischen Zielorientierung und Beziehungsbelastung häufig gestört. Schwierigkeiten, sich abzugrenzen, "nein" zu sagen oder sich diplomatisch durchzusetzen, finden sich so häufig wie Komplikationen in der Nähe-Distanz-Regulation oder in der Fähigkeit, wichtige Beziehungen "reparieren" zu können. Soziale Signale wie "Hilflosigkeit" oder "schweres Leid" führen meist zu kurzfristiger Zuwendung, langfristig aber zu Hilflosigkeit, Aggression und Abwendung beim anderen.

Die Verbesserung der Stresstoleranz, der Emotionsregulation und die Fokussierung des Bewußtseinszustandes im "Hier und Jetzt", um drohende dissoziative Zustände zu kompensieren, sollten integrale Bestandteile jeder Borderline-Therapie darstellen. Diese Fertigkeiten können in der Gruppe erlernt, im sozialen Umfeld trainiert und in die Einzeltherapie integriert werden.

Strukturierung des psychosozialen Umfeldes

Bei der Therapie der Borderline-Störung sieht sich der Therapeut immer wieder mit einer Vielzahl psychosozialer Problemstellungen, wie Arbeitslosigkeit, Obdachlosigkeit, Kontakt mit Drogenszenen oder mißhandelnden Partnern, konfrontiert, die nicht nur Folge maladaptiver Verhaltensmuster des Patienten darstellen, sondern auch als aufrechterhaltende Faktoren gewertet werden müssen. In Abhängigkeit von der Dringlichkeit der Situation und der gegenwärtigen Problemlösekompetenz sollte sich das Repertoir der Behandlungsstrategien von der Beratung über den Einsatz von Sozialarbeitern oder dem aktiven Eingreifen des Therapeuten bis hin zur stationären Aufnahme erstrecken.

Bearbeitung dysfunktionaler Ziele oder Verhaltensmuster

Da die Dialektisch-Behaviorale Therapie (DBT) nach Linehan derzeit als einziges kognitiv-behaviorales Therapiekonzept für Persönlichkeitsstörungen in manualisierter und empirisch überprüfter Form vorliegt, soll an dieser Stelle etwas ausführlicher darauf eingegangen werden.

Die DBT wurde von Linehan als störungsspezifische Behandlung von chronisch suizidalen Patientinnen mit Borderline-Persönlichkeitsstörungen entwickelt (Linehan, 1993). Auch wenn es sich bei der DBT prinzipiell um eine kognitive Verhaltenstherapie handelt, so waren doch grundlegende Modifikationen notwendig, um den Anforderungen gerecht zu werden, die an eine Psychotherapie für Borderline-Patientinnen gestellt werden. So muß z.B. die Dauer der Therapie auf mindestens zwei Jahre veranschlagt werden. Die vielfältigen Defizite im Bereich der Spannungstoleranz, der Emotionsregulation oder der zwischenmenschlichen Kompetenz erfordern von den Patientinnen zusätzlich zur Einzeltherapie die Teilnahme am Fertigkeitentraining in der Gruppe. Die starke Tendenz zur Meidung affektiver Belastung durch Dissoziation benötigt Konzentrationsübungen und das Erlernen von Techniken der Aufmerksamkeitsfokussierung im Hier und Jetzt, die der Zen-Meditation entliehen wurden. Die bekannten Schwierigkeiten der Nähe-Distanz-Regulation erfordern Leitlinien zur Beziehungsgestaltung für den Therapeuten, die sicherlich über die gängigen Empfehlungen für Verhaltenstherapeuten hinausweisen. Schließlich bedarf es einer dynamischen Hierarchisierung der jeweiligen Behandlungsziele in Abhängigkeit von den dominierenden Verhaltensmustern des Patienten und eines breiten Repertoires an therapeutischen Methoden aus dem Bereich der Gestalttherapie, der Hypnotherapie, der kognitiv-behavioralen Schulen und der Körpertherapie, um nur einige zu nennen. Das therapeutische Procedere ist durch abgrenzbare Therapiephasen, durch hierarchisch geordnete Behandlungsziele bis hin zur Gestaltung der einzelnen Therapiestunden klar strukturiert. Dabei bietet die DBT ausreichend Raum, um flexibel auf die häufig rasch wechselnden Erfordernisse zu reagieren.

Die DBT basiert auf der Theorie, daß die typischen Borderline-Verhaltensmuster entweder funktionell in Zusammenhang mit einer grundlegenden Störung der Emotionsregulation stehen oder Konsequenzen fehlgesteuerter Emotionen sind. Diese Defizite verhindern zum einen adäquate Problemlösungen und werden andererseits zur Quelle vielfältiger Probleme. Maladaptive Verhaltensweisen wie Selbstschädigung, Suizidphantasien, Dissoziationen oder Beziehungsabbrüche können verstanden werden als Versuche, unerträgliche Spannungszustände zu regulieren. Die Konsequenz der subjektiv empfundenen Erleichterung verstärkt die beschriebenen Verhaltensmuster und verhindert das Erlernen neuer, situationsadäquater Strategien. Die Motivation, diese kurzfristig so erfolgreichen "Problemlösungsstrategien" aufzugeben, erwächst bei Borderline-Patientinnen primär aus einer guten therapeutischen Beziehung und der konsequenten Vermittlung adäquater Verhaltensfertigkeiten. Im Kern organisiert sich der therapeutische Prozeß um eine therapeutische Grundhaltung, welche von Linehan als "dialektisch" bezeichnet wird. Damit betont sie, daß die treibende Kraft für Veränderungen aus Widersprüchen erwächst. Der Therapeut ist also gehalten, diese fortwährend herauszuarbeiten und auszubalancieren, um die entstehenden Spannungen für die Modifikation eingefahrener Verhaltensmuster zu nutzen. Lerntheoretisch formuliert geht die DBT davon aus, daß auch dysfunktionale Verhaltensmuster wie Selbstverletzungen entweder an Auslöser gekoppelt oder durch die jeweiligen Konsequenzen aufrechterhalten werden, also aus Sicht der Patienten in sich stimmig erscheinen. Die einseitige Betonung des pathologischen Charakters dieser Handlungen und zu forciertes Drängen auf Veränderung läuft Gefahr, daß die Patienten ihre subjektive Wahrnehmung negiert sehen. Dies führt jedoch in der Regel zur Zunahme dysfunktionaler Verhaltensmuster oder zum Abbruch der Therapie. Erst die sorgfältige Analyse der aufrechterhaltenden Bedingungen mißt diesen Verhaltensmustern ihre Bedeutung als Problemlösestrategien zu und eröffnet den Patienten die Möglichkeit, Alternativen zu erarbeiten. Hinzu kommt, daß Borderline-Patienten häufig ausgeprägte Defizite auf der Ebene der psychosozialen Fertigkeiten aufweisen, die neu erlernt werden müssen.

Die DBT trägt diesen Anforderungen Rechnung, indem die Aufgaben sowohl verteilt als auch integriert werden: In der wöchentlich stattfindenden ***Gruppentherapie*** lernen die Patienten Fertigkeiten zur Verbesserung der Spannungstoleranz, zur Emotionsregulation und der sozialen Kompetenz sowie die Fokussierung der Aufmerksamkeit auf das momentane innere Erleben. Im Rahmen der ***ambulanten Einzeltherapie*** (zweimal wöchentlich) arbeiten Patient und Therapeut an der Motivation zur Veränderung, indem spezifische Muster wie automatisierte Kognitionen oder basale kognitive Schemata identifiziert werden, die in Verbindung mit dysfunktionalem Verhalten stehen (kognitive Umstrukturierung). Hoher Wert wird gelegt auf die Analyse verstärkender Konsequenzen (Kontingenzmanagement), und der fortwährenden Verbesserung der Habituationsfähigkeit unangenehmer Affekte (Emotions-Exposition). Wann immer es möglich erscheint, sollten die Fähigkeiten zur Problemlösekompetenz verbessert werden (Problemlösen). Um zu gewährleisten, daß die automatisierten dysfunktionalen Verhaltensmuster auch im realen sozialen Umfeld aufgegeben und durch adäquate Kompetenzen ersetzt werden, steht der Therapeut auch für ***Telefonberatung*** zur Verfügung bzw. fördert jede Form der in-vivo-Therapie (Hausaufgaben). Zur Strukturierung des sozialen Umfeldes steht ein Sozialarbeiter beratend zur Seite. Die wöchentliche ***Supervisionsgruppe*** integriert alle Therapeuten und sollte den notwendigen emotionalen und fachlichen Rückhalt bieten, der für die effektive Durchführung der Therapie unumgänglich ist (Video-Supervision).

Der Ablauf der ambulanten Therapie gliedert sich in folgende Behandlungsphasen:

Die Vorbereitungsphase dient der Diagnostik und Informationsvermittlung über das Krankheitsbild, die Grundzüge der DBT sowie der Zielanalyse und Motivationsklärung. Anschließend folgt die *erste Therapiephase*, in der diejenigen Problembereiche bearbeitet werden, die in direktem Zusammenhang mit Verhaltensweisen wie Suizidalität und Selbstdestruktion, Gefährdung der Therapie oder schwerwiegende Beeinträchtigung der Lebensqualität stehen. In dieser Phase sollte vor allem die emotionale Belastbarkeit erhöht und damit die Voraussetzung für die *zweite Therapiephase* geschaffen werden. Hier steht dann die Bearbeitung traumatischer Erfahrungen und der bisher meist blockierten Trauer im Mittelpunkt. Methodisch orientiert sich die DBT in dieser Phase an der von Foa entwickelten Expositionsbehandlung (Foa, 1995). Die Reaktivierung traumatisierender Ereignisse und der damit verbundenen Emotionen aktiviert die gelernten dysfunktionalen Bewältigungsstrategien der Patienten. Wurden diese während der ersten Behandlungsphase nicht gelöscht bzw. durch adäquate Muster ersetzt, so resultieren daraus zwei Problembereiche: Zum einen führt die hohe emotionale Belastung zur Aggravierung der pathologischen Muster und damit nicht selten zur vitalen Gefährdung der Patienten. Zum zweiten verunmöglichen dissoziative Muster oder kognitive Meidungen die Erfahrung der Habituation, das heißt der Abnahme peinigender Emotionen durch autoregulative Prozesse.

Auf einen Punkt gebracht, könnte man formulieren, daß die Kunst in der Behandlung der Borderline-Störung darin liegt, die Expositionsbehandlung vorzubereiten und unter Verhinderung von dissoziativen oder kognitiven Meidungsverhalten durchzuführen. Die Reihenfolge der Therapiephasen sollte unbedingt berücksichtigt werden.

Generalisierung des Erlernten im sozialen Umfeld

Wohl an keinem Punkt kristallisiert sich der unterschiedliche Blickwinkel zwischen der tiefenpsychologisch orientierten Behandlung und der DBT so klar heraus, wie bei der Bedeutung, die dem realen sozialen Umfeld zugemessen wird. Während erstere den Fokus der Behandlung primär in die therapeutischen Beziehung legt, sieht sich der DBT-Therapeut eher als Begleiter, der dem Patienten bei der Bewältigung intrapsychischer *und* zwischenmenschlicher Problemsituationen hilft. Demgemäß orientiert sich die Auswahl der jeweils thematisierten Problematik im Rahmen der DBT Stunde für Stunde an einem von den Patienten geführten Wochenprotokoll. Verhaltensanalysen auf Mikro-Ebene schlüsseln die jeweiligen Auslöser, situationsspezifischen Emotionen und Kognitionen auf und untersuchen aufrechterhaltende Bedingungen für dysfunktionales Verhalten. Von Beginn an wird Wert gelegt auf die Umsetzung neu erlernter Verhaltensweisen im Alltag. Ausschließliche Fokussierung auf die therapeutische Beziehung gilt als therapiegefährdendes Verhalten.

■ Dissoziale Persönlichkeitsstörung

Typische Verhaltensmuster und kognitive Grundannahmen

Prototypisch für dissoziale Persönlichkeitsstörungen ist eine *geringe Frustrationstoleranz*, ungestümes, manchmal planlos erscheinendes Handeln, das von kurzfristig zu erreichenden Vorteilen oder Vergnügungen gesteuert wird. Das impulsive Verhalten wirkt auf andere häufig ruhelos und unvorsichtig, dabei wenig um langfristige Konsequenzen oder Alternativen bedacht. Da alltägliche Routine im Beruf oder in der Partnerschaft bei den Betroffenen leicht Langeweile, und damit ein tiefes Gefühl des Unbehagens auslöst, wird ihre Sprunghaftigkeit, die Suche nach Aufregung, Abenteuern und Gefahr verständlich. Im *zwischenmenschlichen Bereich* dominiert eine ausgeprägte Unzuverlässigkeit. Dies betrifft die Partnerschaften, ihre Rolle als Eltern und finanzielle Belange. Zudem besteht die Tendenz, persönliche Grenzen anderer zu verletzen, diese zu manipulieren und zu mißbrauchen. Viele dissoziale Persönlichkeiten haben ein ausgesprochenes Vergnügen daran, andere zu übervorteilen. Betrug und Schwindel wird subjektiv höher gewertet, als der Lohn harter Arbeit. Davon überzeugt, lediglich sich selbst vertrauen zu können, ist ihnen das Gefühl der Loyalität gegenüber Autoritäten oder Gesetzen fremd. Die Anpassung an soziale Normen wird vielmehr als individuelle Schwäche gesehen. Dennoch sind auch dissoziale Persönlichkeiten häufig in der Lage, sich vordergründig anzupassen. Millon spricht von "sozialen Masken". Ungetrübt von Schuldgefühlen entwickeln sie nicht selten ein hohes Talent zu täuschen und die Umgebung durch Vorspiegelung von Kompetenz und Grandiosität zu fesseln. Dabei kommt ihnen oft ein gewisses Maß an Charme und Eloquenz zugute. Die kognitive Struktur wird übereinstimmend als klar beschrieben, jedoch scheinen insbesondere moralische Kategorien lediglich abstrakt wahrnehmbar und nicht handlungssteuernd zu wirken. Die Selbstwahrnehmung ist geprägt durch die Vorstellung, etwas Besonderes, und damit von den Regeln der anderen entbunden zu sein. Bewunderung wird daher weniger im sozialen Kontext als vielmehr bei sich selbst gesucht. Fiedler betrachtet die beschriebenen Verhaltensmuster unter dem Blickwinkel der *Kompetenz*: "Nimmt man die unstete Lebensführung, das ständige Suchen nach neuen Reizen und Herausforderungen, nach Sensationen und Risiken hinzu, und denkt man in diesem Zusammenhang einmal über die Merkmale der Devianz und Kriminalität hinaus, dann läßt sich feststellen, daß diese Merkmale nicht nur für sozial deviante Menschen kennzeichnend sind, sondern daß sie sich gelegentlich auch bei besonders erfolgreichen Sportlern, Entdeckern, Abenteurern und Hasardeuren finden lassen, wenn es ihnen nur gelingt, die gefährlichsten Situationen zu meiden." Oder - wie Saß (1987) dazu mit Verweis auf Lykken aphoristisch formuliert - es ist genau diese Furchtlosigkeit ein "besonderer Stoff, aus dem die Helden und die antisozialen Persönlichkeiten sind".

Therapie

Aufbau der therapeutischen Beziehung

Das Motiv, sich in psychotherapeutische Behandlung zu begeben, ist bei dissozialen Persönlichkeitsstörungen sehr häufig fremdbestimmt. Auflagen des Gerichts, des Strafvollzuges, des Jugendamtes oder finale Drohungen des Partners motivieren zu diesem Schritt. Der Therapeut sieht sich daher rasch mit zwei Alternativen konfrontiert: Entweder wird der Patient versuchen, den Therapeuten als Verbündeten gegen diejenigen zu gewinnen, die diese Therapie erzwungen haben, oder dieser sieht sich beeindruckt von einem Übermaß an rascher Einsicht, Veränderungsmotivation und bisweilen devoten Verhaltensmustern, die ebenfalls eine Parteinahme des Therapeuten (evtl. vor Gericht) erwirken sollen. Die Entwicklung einer tragfähigen Arbeitsbeziehung ist unter diesen Umständen sicherlich eine Herausforderung an das therapeutische Geschick. Benjamin betont, daß es kaum möglich ist, eine sinnvolle Beziehung aufzubauen, ohne zumindest zeitweise auf die manipulativen Angebote des Patienten einzugehen. Machtkämpfe sollten unbedingt vermieden werden, da der Patient sonst Gefahr läuft, sich in Lügengebäude und phantastische Konstrukte zurückzuziehen. Die manipulativen Fähigkeiten des Patienten sollten in Hinblick auf Gefährdung des therapeutischen Setting und der Therapieziele rasch angesprochen werden. Andererseits ist der Therapeut gehalten, das pathologische Verhalten des Patienten nicht etwa durch Bewunderung seiner "Heldentaten" zu verstärken. Beck et al. (1989) nennen "Selbstbewußtsein", "Realitätssinn", "ein sicheres Gefühl für die eigenen Grenzen" und einen "ausgeprägten Humor" als wichtigste Eigenschaften eines Therapeuten im Umgang mit diesem Klientel.

Verbesserung der psychosozialen Kompetenzen

Die Fähigkeit, kurzfristige Ziele zu Gunsten längerfristiger Pläne zurückzustellen, erfordert ein gewisses Maß an Frustrations- und Spannungstoleranz, das trainiert werden sollte. Auch die Angst vor Langeweile, das sprunghafte Denken und die getriebene Suche nach neuen Herausforderungen bedarf spezieller Fertigkeiten. Achtsamkeitsübungen, Teil der DBT von Borderline-Patienten, also das stete Training von Aufmerksamkeitsfokussierung im Hier und Jetzt können empfohlen werden. Änlich wie bei körpereinbeziehenden Entspannungsübungen sollte jedoch auf tägliches Training Wert gelegt werden. Hypnotherapeuten arbeiten mit Induktionen von inneren Ruhebildern, die bei Spannungszuständen aktiviert werden können. Gezielt trainiert werden sollte auch die Fähigkeit zur "Rollenübernahme", also die Kompetenz, sich in die Wahrnehmung und das Erleben von Anderen hineinzuversetzen.

Strukturierung des psychosozialen Umfeldes

Nicht selten befinden sich dissoziale Patienten in einem Gewirr von sozialen Verstrickungen, Verbindlichkeiten, Schulden, Halbwahrheiten und Lügen, die sich zu einem selbstperpetuierenden System entwickelt haben. Es bereitet häufig außerordentliche Mühe, Klarheit zu gewinnen und Fakten von Vermutungen zu trennen. Deshalb erscheint es insbesonders zu Beginn der Therapie oder während akuter Verstrickungen angeraten, den Realitätsgehalt von Angaben präzise herauszuarbeiten. Die fakultative Einbeziehung wichtiger Bezugspersonen ist manchmal unumgänglich. Weiterhin zu berücksichtigen sind die Eigengesetze der kulturellen Subgruppen, in denen sich dissoziale Patienten bewegen. Häufig wird dissoziales Verhalten innerhalb dieser Subgruppen positiv verstärkt und löst nur langfristig negative Konsequenzen aus. Ohne Veränderungen auf der Ebene der Kontingenzen verlaufen Therapien häufig frustran.

Bearbeitung dysfunktionaler Ziele oder Verhaltensmuster

Es erscheint hilfreich, dem Patienten die Abweichung seiner prototypischen Verhaltensmuster von der sozial akzeptablen Norm sehr früh klar vor Augen zu führen. Der Patient sollte wissen, daß er Defizite im Bereich der Wahrnehmung von Schuld aufweist, daß sein Vergnügen an der Übervorteilung anderer zumeist einseitiger Art ist und daß er Schwierigkeiten bei der Differenzierung von moralischen Grundkategorien und damit bei der Trennung von wahr und falsch hat. Auf die Gefahr dieser Unschärfe, der pseudologischen Verstrickungen sollte von Anfang an hingewiesen werden.

Gerade weil die intrinsische Motivation häufig nur sehr gering ausgeprägt erscheint, sollte im Rahmen der Zielbestimmung vor allem darauf hingearbeitet werden, daß dem Patienten die Einschränkung seiner Handlungs- und Denkweisen gewahr wird. Seine Abhängigkeit von kurzfristig zu erreichenden Zielen macht ihn anfällig für Manipulation von Außen. Dies aber widerspricht der kognitiven Grundannahme dissozialer Persönlichkeiten. Das Therapieziel als gemeinsame Arbeitsbasis sollte daher in der Verbesserung der langfristigen Planung, Entwicklung, Beibehaltung von Plänen und realer Kompetenz liegen. Schemakongruent steht daher die Entwicklung einer sozial akzeptablen Autonomie an Stelle der sozial gebundenen Pseudoautonomie im Zentrum. Versucht der Patient, "sich selbst auf die Schliche" zu kommen, so können zahlreiche Verhaltensmuster identifiziert werden, die allesamt durch kurzfristige Verstärker aufrechterhalten werden. Nicht selten wird sich die Kognition, "schlauer, gerissener oder ausgebuffter zu sein" als der Geschädigte, als wichtiger Verstärker erweisen.

Die Erkenntnis, daß seine favorisierten Verhaltensmuster, die ja in aller Regel durch seine eigene Bewunderung verstärkt werden, bei genauer Betrachtung sich als untauglich erweisen, daß sie vielmehr in fortwährende Verstrickungen und Abhängigkeiten führen, daß schließlich der Patient derjenige ist, der durch diese, von ihm gesteuertern Verhaltensweisen manipuliert wird, anstelle der außenstehenden Personen, diese Erkenntnis treibt den therapeutischen Prozeß voran und bedient sich der basalen Grundannahmen des Patienten. Auch Beck et al. (1989) betonen, daß nicht die Verstärkung von moralischen Instanzen wie Scham oder Schuld der therapeutische Grundgedanken ist, sondern die Verbesserung der kognitiven Fähigkeit, von der konkreten Operation zur abstrakten Planung zu gelangen. Erst im zweiten Schritt sollte eventuell versucht werden, Grundannahmen zu irritieren oder korrigieren.

Generalisierung des Erlernten im sozialen Feld

Auch wenn die Einzeltherapie den Grundstein legt, so ist der Erwerb von Vertrauen in andere, die Erfahrung, daß man nicht grundsätzlich von anderen manipuliert oder mißbraucht wird, essentiell. Auf dieser Annahme basieren Therapien, die soziales Überleben unter Extrembedingungen (wilderness therapy) trainieren. Die Ergebnisse bei jugendlichen Delinquenten erscheinen zum Teil widersprüchlich.

■ Schizoide Persönlichkeitsstörung

Typische Verhaltensmuster und kognitive Grundannahmen

Menschen mit schizoiden Persönlichkeitsstörungen leben in aller Regel sozial zurückgezogen, ohne ausgeprägte Ängste oder Wünsche gegenüber anderen. Ihre grundlegende Position kann mit dem Begriff der ***Autonomie*** beschrieben werden. Jede Form der Expressivität, des Demonstrativen oder Vitalen erscheint ihnen fremd. Der bisweilen mechanisch anmutende Habitus, nicht selten durch eine monotone, nur schwach modulierte Stimmgestaltung sowie auffallend unrhythmische oder lethargische Motorik unterstrichen, löst beim Gegenüber das Gefühl von Fremdheit und Distanz aus. Dabei scheint nicht

Unfreundlichkeit zu dominieren, sondern eher eine ausgeprägte Tangentialität und Unberührtheit von den emotionalen Belangen dieser Welt. Millon und andere Autoren sehen in der Unempfindlichkeit gegenüber emotionsauslösenden Reizen, in der gedämpften emotionalen Auslenkung und der raschen Habituierung das zentrale Organisationsprinzip der schizoiden Störung. Aktivierung und zielorientierte Motivierung sind in aller Regel an intellektuelle Aufgaben gekoppelt. Der *zwischenmenschliche Bereich* ist mit Indifferenz und Desinteresse zu beschreiben. In Gruppenverbänden tendieren sie unweigerlich dazu, sich in der Peripherie anzusiedeln. Es scheint nicht soziale Angst zu sein oder Furcht vor Bloßstellung und Kränkung, sondern mangelhaft ausgeprägte Energie und ein weitreichendes Defizit im Bereich der Genußfähigkeit, so daß intensive soziale Beziehungen eher Unverständnis denn Furcht auslösen. Auch das genuine *Interesse an Sexualität* ist nicht stark ausgeprägt, wird subjektiv eher im Bereich der sozialen Belästigung angesiedelt. Es braucht nicht ausgeführt werden, daß das verschrobene, manchmal linkische Verhalten, ohne Gefühl und Verständnis für soziale Regeln, ihnen bisweilen zum Nachteil gereicht. Der *kommunikative Stil* wird als unfokussiert beschrieben. Lexikalisches Wissen, gepaart mit der Tendenz zirkulär, ja weitschweifig zu denken, ermüdet den anderen und leitet häufig Kommunikationsabbrüche ein. Manche Autoren erwähnen eine Unterentwicklung der sensorischen Wahrnehmung emotionaler Qualitäten. So neigen schizoide Persönlichkeiten dazu, ausschließlich die semantische Bedeutung des Gesprochenen wahrzunehmen, dabei jedoch die Dimension des nonverbal Mitschwingenden auszublenden. Auch die Introspektionsfähigkeit, also die Neugierde auf eigene handlungssteuernde und motivationale Mechanismen, ist häufig unterentwickelt.

Therapeutische Leitlinien

Aufbau der therapeutischen Beziehung

Nur sehr selten suchen Patienten mit schizoiden Persönlichkeitsstörungen therapeutische Hilfe mit der Intention, ihre schizoiden Muster zu bearbeiten. In aller Regel führen Komorbiditäten wie Depressionen, Angsterkrankungen oder psychosomatische Störungen zur Behandlung. Die Therapie dieser Erkrankungen steht zunächst im Vordergrund und kann über die Vermittlung von Expertise zum Aufbau der therapeutischen Beziehung genutzt werden. Die Entwicklung einer vertrauensvollen Beziehung mit schizoiden Patienten nimmt sehr viel Zeit in Anspruch und erfordert gerade wegen der wie abgestorben wirkenden Affekte ein hohes Maß an Geduld und menschlicher Wärme. Schizoide Patienten zeichnen sich durch ein ausgeprägtes Desinteresse an Bindung und Abhängigkeit aus. Jeder Versuch, sie manipulativ in die therapeutische Beziehung einzubinden, ist vom Scheitern bedroht. Vielmehr gilt es in stärkerem Maße als bei allen anderen Persönlichkeitsstörungen, dem Patienten zunächst die Kontrolle der Nähe-Distanz-Regulation zu überlassen. Da Schizoide häufig über ausgeprägte kognitive Fähigkeiten verfügen, bietet sich in der Regel diese Ebene an, um Kongruenz herzustellen. Im weiteren Verlauf ist jedoch dringend darauf zu achten, nicht nur "schemakongruent" zu arbeiten und mit dem Patienten zu diskutieren. Ist es gelungen, eine vertrauensvolle Beziehung aufzubauen, so erweisen sich schizoide Patienten häufig als sehr konstant und tolerant auch gegenüber therapeutischen Fehlern.

Verbesserung der psychosozialen Kompetenzen

Störungen der Emotionswahrnehmung, der Emotionsinduktion und Emotionsintensität prägen das affektive Spektrum schizoider Persönlichkeitsstörungen. Das Training der Sensorik, der Körperwahrnehmung, der emotionalen Differenzierung sollte im Zentrum der Therapie stehen. Gelingt es dem Patienten, Graduierungen wahrzunehmen, empfiehlt es sich, diese kurzfristig zu verstärken. Bisweilen gelingt es, Unterschiede im Erleben herauszuarbeiten, auslösende Bedingungen für Modifikationen und Modulierungen zu entdecken und diese zu verstärken. Therapeutische Methoden aus dem Spektrum der Hypnotherapie, Gestalttherapie oder insbesonders körperorientierter Psychotherapieformen vermögen rasch und gezielt Affekte zu induzieren. Sie sollten in der Therapie schizoder Persönlichkeiten auf keinen Fall fehlen. Stützend und daher hilfreich für die Entwicklung affektiver Wahrnehmungsfähigkeit sind grundsätzlich alle Erfahrungen auf kinästhetischem Gebiet: berühren, sehen, riechen, schmecken. Zur Verbesserung der Körperwahrnehmung tragen Atemübungen und Entspannungsübungen bei. Auch die Sorgfalt gegenüber Angelegenheiten und Dingen des täglichen Lebens sollte nicht vernachlässigt werden: die Wohnung, die Körperpflege usw. Auch der bewußte Umgang mit Fehlern, die Reduktion von "Katastrophen-Kaskaden", sollte geschult werden. Eventuell ist es nötig, ganz reale Lern- und Arbeitstechniken zu vermitteln, da nicht selten der übertriebene Perfektionismus die Aneignung adäquater Techniken verhindert.

Strukturierung des psychosozialen Umfeldes

Schizoide Personen sind häufig sozial isoliert. Ihr mangelhaft ausgeprägtes Gespür für andere läßt sie skuril, linkisch oder einfach nur fremdartig erscheinen.

Es erscheint daher hilfreich, darauf zu achten, daß der Patient sein Engagement in kleinen Gruppen oder überschaubaren Gemeinschaften verstärkt. "Training sozialer Kompetenz" ist sicherlich hilfreich, wird jedoch nicht immer akzeptiert werden. Bisweilen hilft die detaillierte Analyse von repetitiven Interaktionsmustern, das Training von einfachen Kommunikationstechniken (Augenkontakt, Lächeln, das Zeigen und Verbalisieren von Gefühlen usw.), manchmal ist auch zur Teilnahme an scheinbar banalen sozialen Veranstaltungen wie Fußballspielen, Faschingsveranstaltungen oder Tanzabenden zu raten. Da sich schizoide Patienten in der Regel aus sozialen Zusammenhängen zurückziehen, ist auf die auslösenden Faktoren von Rückzugsverhalten zu achten. Bisweilen finden sich auch passiv-aggressive Verhaltensmuster, die häufig zur Legitimation des Rückzugsverhaltens dienen.

Bearbeitung dysfunktionaler Ziele oder Verhaltensmuster

Da schizoide Patienten oft sehr stark kognitiv gesteuert sind, dürfte es nicht schwerfallen, auf dieser Ebene die individuellen Schemata herauszuarbeiten. Häufige finden sich Muster wie: "Ich bin anders als alle anderen. Nur durch Leistung habe ich ein Recht auf Existenz. Die Nähe eines anderen ist bedrohlich. Die Dinge des alltäglichen Lebens bedürfen keiner Aufmerksamkeit."

Der therapeutische Prozeß jedoch kommt in Gang, wenn es dem Therapeuten gelingt, dem Patienten zu helfen, emotionales Erleben wahrzunehmen. Wie bereits erwähnt, eignen sich alle therapeutischen Techniken, die auf *Affektinduktion* zielen. Ausschließliche Verwendung von kognitiven Techniken dürfte zu Schwierigkeiten führen, da die Patienten es gelernt haben, durch Phantasieproduktion oder Rationalisierung Affekte abzuwehren. Selbiges gilt für ein streng analytisches Setting, da freies Assoziieren bei schizoiden Patienten zur Affektmeidung eingesetzt wird. Die therapeutische Induktion von Affekten erweist sich als sinnlos, wenn es nicht gelingt, die gelernten Reaktionsmuster zu blokkieren: "Flucht in die Phantasie, Dissoziation oder Rationalisierung" sollte vom Therapeuten unterbunden werden. Nur so werden Affekte erlebbar und vom Patienten als Bereicherung empfunden. Im Zentrum der problematischen Affekte stehen häufig Wut und Trauer. Johnson nimmt an, daß die oft als "grauenvoll" und äußerst wuchtig erlebte Wut gespeist ist von den frühen Erfahrungen des "vernichtenden" Beziehungsabbruches. Das Erleben dieser essentiellen Wut, deren Akzeptanz und Wiederaneignung führt schließlich zum einen zu einer Verbesserung des zielgerichteten Handelns, andererseits zur Einleitung eines Trauerprozesses, der Akzeptanz der Sehnsucht nach "dem Anderen" und damit zur Beziehungsfähigkeit. Um an der Revision der kognitiven Schemata zu arbeiten, ist es unabdinglich, daß der Patient deren Funktion für die Affektabwehr erkennt. Erst dann wird er in der Lage sein, seine häufig überaus strengen Maßstäbe zu modifizieren, sich Fehler und Mittelmäßigkeit zuzugestehen. Ein Weg zur Blockierung der kognitiven Automatismen könnte der Humor sein. Viele schizoide Patienten besitzen eine beeindruckende Selbstironie und tolerieren therapeutische Interventionen, die mit einem gewissen "Augenzwinkern" vorgebracht werden.

Generalisierung des Erlernten im sozialen Umfeld

Dient zunächst die therapeutische Beziehung als "soziales Übungsfeld", innerhalb dessen gerade an der Reduktion von Rückzugsverhalten gearbeitet wird, so sollte der Patient nach und nach angehalten werden, diese Erfahrungen in den offenen sozialen Raum zu transferieren. Das gesamte Spektrum der Sexualität ist längerfristig sorgfältig zu erschließen. Auch hier bedarf es sicherlich einiger Instruktionen hinsichtlich Sensitivitätstraining, Akzeptanz von Passivität und Hingabe. Die Einbeziehung des Partners wäre in diesem Stadium der Therapie eventuell sinnvoll.

Anankastische (zwanghafte) Persönlichkeitsstörung

Typische Verhaltensmuster und kognitive Grundannahmen

Ausdauernd, zuverlässig und ordnungsliebend, dabei oft pedantisch bis ins Detail, verinnerlichen zwanghafte Persönlichkeiten die Anforderungen hierarchisch organisierter Systeme. Von Vorgesetzten geschätzt, von Mitarbeitern häufig isoliert, widmen sie ihr Leben der Arbeit und der Pflege von Struktur und Ordnung. Gerade diese Abhängigkeit von klaren Positionen im sozialen Gefüge erwirkt jedoch eine hohe Anfälligkeit in Phasen der Veränderung und Umstrukturierung. Die Schwierigkeiten, Entscheidungen zu treffen bzw. Wichtiges von Unwichtigem zu unterscheiden, manifestieren sich charakteristischerweise in ausgeprägten Arbeitsstörungen, die wiederum auslösend für Depressionen sein können.

Schon im Auftreten geben sich anankastische Persönlichkeiten geordnet. Sie wirken kontrolliert, die Bewegungen nicht selten etwas gespannt bis eckig. Es wird Wert gelegt auf akurate, passende Kleidung ohne modische Finessen. Auch im Sozialverhalten imponiert eine hohe Bereitschaft, sich an Normen und Konventionen anzupassen bzw. diese zu verinnerlichen. So steuern häufig soziale Strukturen und Regeln die zwischenmenschlichen Beziehungen, während emotionale Anteile eher eine untergeordnete Rolle spielen. Dies spiegelt sich wider in sehr unterschiedlichem Verhalten gegenüber Vorgesetzten oder untergeordneten Mitarbeitern. Anankastische Persönlichkeiten erscheinen in hohem Maße abhängig von der Akzeptanz, Aufmerksamkeit und Belohnung durch Vorgesetzte. In der Hoffnung, diese zu beeindrucken, entwikkeln sie überdurchschnittliche Arbeitsleistungen und Genauigkeit in der Einhaltung bürokratischer Normen. Der häufig beschriebene Perfektionismus, die bisweilen zwanghafte Bestrebung, "alles richtig" zu machen, keine Schwächen zu zeigen, keine Fehler zu übersehen, prädisponiert diese Persönlichkeiten für Organisations- und Verwaltungsaufgaben. Ihre hohe, nicht selten überfordernde Leistungsbereitschaft wird nicht nur gespeist durch die starke Identifikation mit den jeweiligen Systemen, sondern auch durch die permanente Angst, "nicht zu genügen" bzw. "in Ungnade zu fallen". Unsicherheiten bezüglich der eigenen Position, aber auch Phasen der Umstruktruierung und Veränderungen wirken angstauslösend. Dieses Verhalten kontrastiert mit der Einstellung gegenüber untergeordneten Mitarbeitern. Hier imponiert häufig ein sehr rigider, autokratischer bis autoritärer Führungsstil, wobei typischerweise die aggressiven Impulse durch die Bezugnahme auf einzuhaltende Regeln kaschiert werden. Anankastische Persönlichkeiten reagieren selbst häufig ausgesprochen sensitiv und empfindlich auf Zurückweisungen oder Kritik. Dies schützt sie nicht davor, gegenüber Mitarbeitern bisweilen verletzend, sarkastisch und denunziant aufzutreten.

Der *kognitive Stil* darf als formalistisch und strukturiert bezeichnet werden. Das inhaltliche Denken organisiert sich um Konventionen, Regeln, Zeitpläne und hierarchische Strukturen. Diese bestimmen zumeist auch individuelle Handlungsentwürfe, so daß zum einen emotionsgesteuerte Handlungen, zum anderen aber auch "strategisches Handeln", das heißt, die Fähigkeit zur intuitiven Erfassung sich rasch ändernder Situationen häufig schlecht ausgeprägt sind.

Beck (1990) formuliert charakteristische kognitive Strukturen: zum einen dichotome Muster, das heißt, die Tendenz, Phänomene entweder ausschließlich und allumfassend als "gut" oder als "schlecht", bzw. "richtig" oder "falsch" einzustufen. Die Fähigkeit, in der Beurteilung Nuancen oder gar Widersprüchlichkeiten zu akzeptieren ist dementsprechend gering ausgeprägt. Die häufig beschriebene Ambivalenz, die Unfähigkeit zur Entscheidungsbildung zwanghafter Menschen, kann vor dem Hindergrund dieser kognitiven Störung verstanden werden. Urteile werden also typischerweise "bis zur letzten Minute" aufgeschoben oder höheren Autoritäten überlassen. Auch die Tendenz, zur "Generalisierung und Katastrophisierung" gilt als typisch für anankastische Persönlichkeiten. Kleinigkeiten oder vernachlässigbare Details erlangen so im Denken zwanghafter Menschen bisweilen hohe Wichtigkeit und drängen in den Vordergrund. Im Gespräch bildet sich diese Fokussierungsschwierigkeit ab durch Weitschweifigkeit und ermüdendes Fehlen spannungserzeugender Modulation. Das Dilemma, Wesentliches von Unwesentlichem zu unterscheiden, begünstigt die Tendenz, sich zu "verzetteln". Die Schwierigkeiten, strukturiert zu arbeiten bildet zusammen mit der beschriebenen Ambivalenz die Voraussetzung für ausgeprägte, oft in hohem Maße quälende Arbeitsstörungen. Imperative wie: "Ich muß mich kontrollieren", "Ich darf keine Fehler machen", "Ich weiß, was korrekt ist", "Jedes Detail ist wichtig", "Ich muß mich und andere beständig fordern", können laut Beck als "kognitive Leitsätze" formuliert werden.

Nach akzeptablen Merkmalen gefragt, die im Sinne eines *Selbstbildes* anankastische Persönlichkeiten charakterisieren, werden häufig Eigenschaften wie "Fleiß", "Verantwortungsbewußtsein", "Loyalität", "Gerechtigkeit" und "Konstanz" angegeben. Einsichten in intrapsychische Prozesse, in handlungssteuernde und motivationsbildende Emotionen sind zwanghaften Persönlichkeiten hingegen in der Regel nur schwer zugänglich.

Therapie

Aufbau der therapeutischen Beziehung

In aller Regel werden zwanghafte Patienten nicht eine psychiatrisch-psychotherapeutische Behandlung aufsuchen, um ihre Kognitionen, Emotionen oder Handlungsmuster zu verändern. Vielmehr stehen Angsterkrankungen, affektive Erkrankungen oder psychosomatische und sexuelle Störungen im Vordergrund. Da die Vorstellung, an einer "psychischen" Erkrankung zu leiden, gerade für anankastische Patienten in hohem Maße beunruhigend und angstbesetzt ist, ist der Therapeut gehalten, zu Beginn der Therapie ein möglichst rational begründetes, auch empirisch abgesichertes, "medizinisches" Erklärungsmodell der jeweiligen Erkrankung anzubieten. Dieses Erklärungsmodell eröffnet dem Therapeuten zum einen die Möglichkeit, auf der rationalen, logischen Ebene einen Zugang zum Patienten zu gewinnen, andererseits eine gewisse "Expertise" anzubieten, die es dem Patienten ermöglichen sollte, dem Therapeuten die Expertenrolle zu übertragen. Dies erscheint von Bedeutung, da anankastische Patienten in hohem Maße von der Angst besetzt sind, die Kontrolle zu verlieren. Zur Reduktion dieser Angst ist große Sorgfalt darauf zu verwenden, daß sämtliche Interventionen und Veränderungsvorschläge für den Patienten logisch nachvollziehbar erscheinen. Der therapeutische Rahmen sollte gewissenhaft und klar strukturiert sein, spontane Lockerheit des Therapeuten zumindest in der Anfangsphase unterbleiben. Da der Patient gelernt hat, ein ordentlicher und zuverlässiger Mensch zu sein, wird er sich auch bemühen, nicht nur ein "guter", sondern ein "perfekter" Patient zu sein. Solange es sich um symptomorientierte Behandlung handelt, kann dieses Phänomen vom Therapeuten genutzt werden. Schwierigkeiten drohen immer dann, wenn der Patient gehalten ist, eigene Emotionen wahrzunehmen oder wenn therapeutische Fehler beim Patienten Ärger oder Aggression auslösen. Gerade in der Anfangsphase werden diese Emotionen vom Patienten nicht wahrgenommen, sondern kommen in detailorientiertem Denken oder weitschweifenden Rationalisierungen zum Ausdruck. Nicht selten spürt der Therapeut diese Aggression in Form von Gegenübertragung. Eine frühe Interpretation der Aggression kann heftige Schuldgefühle beim Patienten auslösen, die nicht selten zum Therapieabbruch führen. Die Wahrnehmung der Mißbilligung durch den Therapeuten wird die Beziehung nicht unbedingt gefährden, die Vorstellung des Patienten, daß Fehlverhalten bestraft wird, jedoch bestärken. Am ehesten empfiehlt sich, auf einer rational logischen Erklärungsebene den Fehler beim Therapeuten zu suchen und sich damit als Modell für spätere Veränderungsprozesse zu installieren. Die therapeutische Arbeit mit zwanghaften Patienten gilt als anstrengend. Lange, detaillierte Rationalisierungen, die Schwierigkeiten des Patienten, emotionale Einsichten zu gewinnen, die Tendenz, sich in Machtkämpfe zu verwickeln führen nicht selten zu vorzeitiger Resignation beim Therapeuten. Es bedarf einer hoch entwickelten Sensitivität, hinter den rigiden Strukturen die Konfusion, Hilflosigkeit und Angst wahrzunehmen, mit der die Patienten gerade dann konfrontiert werden, wenn sie beginnen, eigenen Wünsche und Sehnsüchte zu entdecken. Die therapeutische Aufgabe besteht darin, den Wechsel der therapeutischen Rolle vom "nüchternen Experten" zum "wohlwollend unterstützenden Objekt" an die kognitiven und emotionalen Veränderungen des Patienten anzupassen.

Verbesserungen der psychosozialen Kompetenz

Anankastische Patienten erleben sich selbst häufig als angespannt, quasi in ständiger Bereitschaftshaltung. Das Erlernen von Entspannungstechniken nach Jacobson oder autogenes

Training ist sicherlich gerade bei Patienten mit somatoformen Störungen oder Angsterkrankungen hilfreich. Gezieltes Training erfordert bisweilen auch die ausgeprägte Entscheidungsunfähigkeit, die Schwierigkeit, Wichtiges von Unwichtigem zu differenzieren und kognitiv zu abstrahieren.

Strukturierung des sozialen Umfeldes

Die Einbeziehung des Partners gilt allgemein als hilfreich, nicht nur, weil sich auf dem Gebiet der Sexualität viele Symptome zwanghafter Personen niederschlagen. (Bei Frauen steht die Anorgasmie, bei Männern eine Ejaculatio praecox im Vordergrund), häufig verstärken die jeweiligen Partner dysfunktionale Verhaltensmuster, indem sie Entscheidungen abnehmen oder dysfunktionale Kognitionen wie die Angst vor Normüberschreitung teilen. Rollenwechsel bergen häufig Krisenmomente in sich. Eine differenzierte Analyse sinnvoller oder dysfunktionaler Verhaltensmuster in der neuen Rolle erscheint wichtig und steht während akuter Krisen häufig an erster Stelle. Ist der Patient vor allem bei Führungsaufgaben oder in Positionen, die hohe Flexibilität bedingen, überfordert, so ist gegebenenfalls eine Veränderung in klarer strukturierte Positionen anzuraten.

Als schwierig und häufig frustran haben sich Gruppentherapien mit zwanghaften Patienten erwiesen. Die Patienten tendieren dazu, sich dauerhaft mit dem Therapeuten zu identifizieren. Die Angst und Unsicherheit bezüglich emotionaler Wahrnehmung ist im öffentlichen Raum sicherlich größer als in der Einzeltherapie.

Bearbeitung dysfunktionaler Ziele und Verhaltensmuster

Zwanghafte Menschen haben in besonderem Maße gelernt, daß ihre eigenen Bedürfnisse falsch und daher zu bestrafen sind. Da die Wahrnehmung systemnonkonformer Wünsche als Kind zu Aggressionen und damit Schuldgefühlen führte, war es eine Frage des psychischen Überlebens, auf die Wahrnehmung dieser individuellen Bedürfnisse zu Gunsten der Anerkennung von Regeln zu verzichten. Da jedoch gerade die schrittweise Annäherung an diese Bedürfnisse während des therapeutischen Prozesses starke schuld- und aggressionsbesetzte Schemata auslösen wird, welche häufig Therapieabbruch induzieren, erscheint es ratsam, den Schwerpunkt bei Therapiebeginn auf die Bearbeitung der *kognitiven Schemata* zu legen.

Beck et al. (1989) betonen dabei vor allem die emotions- und handlungssteuernden Komponenten von kognitiven Automatismen, welche für anankastische Personen in der Regel gut verständlich sind, da sie sich selbst als kognitionsgesteuert erleben. Dies betrifft insbesondere Annahmen wie: "es gibt immer richtige und falsche Verhaltensmuster, Emotionen und Entscheidungen", "ein Fehler bedeutet eine Verfehlung", "ich muß ständig mich selbst und meine Umgebung unter Kontrolle haben", "der Verlust von Kontrolle bedeutet Gefahr", "ohne Regeln und Riten bricht alles zusammen". Im Zentrum der Psychotherapie anankastischer Persönlichkeiten steht eine Relativierung externer Normen sowie die Entwicklung und Wahrnehmung individueller Bedürfnisse und Ziele.

Der *interpersonelle* Ansatz eröffnet die Möglichkeit, die frustranen Perspektiven eines lebenslangen Strebens nach Perfektion und absoluter Kontrolle zu erfahren. Es gilt, motivationssteuernde Schemata und Lernerfahrungen herauszuarbeiten. Die Identifizierung der strengen Selbstkritik als Folge einer kritiklosen Übernahme elterlicher Regeln ist häufig gepaart mit dem Wiedererleben emotionaler Zurückweisung und einer Reaktivierung von Trauer und aggressiven Impulsen. Benjamin betont: "Der erste Schritt zur emotionalen Heilung liegt darin, dem Patienten zu ermöglichen, die Art und Weise seiner frühen Lernerfahrungen nachzuvollziehen und Empathie, wenn nicht Mitleid für das Kind zu entwickeln, das er einmal war. Erst dann wird es möglich, realisierbarere und weniger frustrierende Standards zu entwickeln. Vor allem sollte die unvermeidliche Angst bearbeitet werden, die auftritt, wenn die ersten Schritte in diese Richtung gemacht werden."

Generalisierung des Erlernten im sozialen Umfeld

Ob Arbeitsplatzstrukturen oder Partnerschaften, es ist davon auszugehen, daß anankastische Patienten durch ihr Umfeld in ihren Verhaltensmustern Verstärkung erfahren. Sei es der Chef, der die uneingeschränkte Leistungsbereitschaft und Identifikation mit der Firma hoch schätzt, sei es die Ehefrau, die in den Dingen des täglichen Lebens längst die Entscheidungen trägt, da sie die zeitkonsumierenden Ambivalenzen des

Gatten nicht länger erträgt. Veränderungen des Verhaltens werden also Irritationen auslösen, für Unruhe sorgen. Da anankastische Menschen jedoch gerade Anzeichen von Unsicherheit und Umbruch aufs höchste irritiert, sind diese Auswirkungen im therapeutischen Rahmen genau vorzubesprechen. Es empfiehlt sich, gemeinsame „Experimente" zu planen, um so dem Patienten das Gefühl der steuernden Kontrollinstanz zu vermitteln.

■ Histrionische Persönlichkeitsstörung

Typische Verhaltensmuster und Grundannahmen

Getrieben vom fast suchtartigen Verlangen nach Aufmerksamkeit, nach Akzeptanz und Bewunderung bewegen sich histrionische Persönlichkeiten auf realen oder imaginierten Bühnen. Extravertiert, häufig charmant und attraktiv, bisweilen sehr erfolgreich und beliebt, sorgen sie für Flair, Tempo und Abwechslung. In der Nähe jedoch scheint ihr Glanz sich zu verlieren. Sie wirken unecht, bisweilen diffus oder stumpf, um sich im nächsten Moment neuen Reizen zuzuwenden. Als charakteristisch für histronische Persönlichkeiten gelten Verhaltensmerkmale, die auf einen sehr expressiven, theatralischen, kapriziösen und sexualisierenden Stil hinweisen. Bei geringer Spannungs- und Frustrationstoleranz besteht eine ausgeprägte Tendenz zu kurzfristigen Abwechslungen und Vergnügungen. Der erste Eindruck ist häufig impressiv. Im Gegensatz zu dependenten Persönlichkeiten, die primär passiv agieren, verfügen histrionische Persönlichkeiten über ein weites Repertoire, ihr Bedürfnis nach Zuneigung und Aufmerksamkeit aktiv umzusetzen. Frauen wirken häufig charmant, bisweilen kokett und sexuell aufreizend, Männer großzügig, eloquent und verführerisch. Als „Meister des ersten Eindrucks" verstehen sie es häufig ausgezeichnet, "sich zu verkaufen", haben aber enorme Schwierigkeiten, tiefergehende und dauerhafte Beziehungen zu gestalten. Zwischenmenschliche Signale, die Unzufriedenheit oder Enttäuschung des Gegenübers andeuten, lösen rasch Reaktionen aus, die darauf zielen, die Bedürfnisse des anderen zu befriedigen. Diese hohe "soziale Vigilanz", das Gespür für Stimmungen und Trends befähigt histrionische Menschen im besonderen Maße zur Führung von Gruppen. Sie erleben sich dabei jedoch häufig als "außengesteuert", wenig lebendig; wie "leere Organismen ohne Kern, die auf Außenreize reagieren". Ausgeprägte Ablenkbarkeit, Sprunghaftigkeit im Denken und Suggestibilität führen zu einem typischen kognitiven Stil, der durch eine gewisse Flüchtigkeit, Diffusität und Ungenauigkeit auffällt. Abstrakte, logische kognitive Prozesse fallen häufig schwer, impressionistisches, wolkiges Denken wird bevorzugt. Viele Menschen suchen Außenreize, Aufmerksamkeit und Beachtung, histrionische Persönlichkeiten aber sind geprägt von einem schier unersättlichen Bedürfnis danach. Es scheint ein tiefgreifendes Gefühl des Mangels, der fehlenden Authentizität, der inneren Leere vorzuherrschen, die durch Außenreize kompensiert werden soll. Fatalerweise scheinen histrionische Persönlichkeiten jedoch sehr wohl zu spüren, welch artifiziellen Charakter ihre kognitiven und sozialen Simulationen haben. Das Gefühl, sich selbst und anderen etwas "vorzuspielen", am "wirklichen" Leben vorbeizuleben, die "wahre" Liebe zu versäumen, die "echte Berufung" zu übersehen, führt jedoch nicht dazu, innezuhalten und eigene, Ich-gesteuerte Entschlüsse reifen zulassen. Statt dessen wird die Intensität der Inszenierung erhöht. Mentzos (1980) prägte den Aphorismus: "Das Über-Ich sitzt in der ersten Reihe, das Publikum im Parkett" und beschreibt damit die Rollenverteilung im verzweifelten Bemühen der histrionischen Persönlichkeit um Lebendigkeit und Berührtheit. So wird der Partner gewechselt, eine neue Ausbildung begonnen, ein neues Instrument gelernt, der Therapeut ausgetauscht. Wie bei allen Persönlichkeitsstörungen sollte davon ausgegangen werden, daß die etablierten Verhaltensmuster sich selbst aufrechterhalten, das heißt, neues Lernen verunmöglichen.

Therapeutische Leitlinien

Das Ziel therapeutischer Interventionen oder Behandlungen sollte darin liegen, die exklusive Außenorientierung histrionischer Patienten zugunsten eines verbesserten und stabileren Selbstwertgefühls zu relativieren.

Aufbau der therapeutischen Beziehung

Viele histrionische Persönlichkeiten tendieren ihren kognitiven Schemata entsprechend dazu, den jeweiligen Therapeuten zu glorifizieren, ihm die Rolle eines omnipotenten Helfers zuzuordnen. Dieser will umworben, unterhalten, ja gefesselt sein. Es besteht sicherlich kein Problem darin, eine therapeutische Beziehung zu beginnen - schwieriger gestaltet sich der Umgang mit Enttäuschungen und Zurückweisungen. Übernimmt der Therapeut, den Wünschen des Patienten entsprechend, weitgehend die Verantwortung für Entscheidungen oder Planungen, so wird der Patient wenig neue Lernerfahrung machen. Hält er sich diesbezüglich zu stark zurück, so werden sich zunächst hilfesuchende, histrionische Verhaltensmuster verstärken und gegebenenfalls die Aufrechterhaltung der Therapie bedrohen. Wie stets bei der therapeutischen Arbeit mit Persönlichkeitsstörungen liegt die Kunst in der Balance zwischen Akzeptanz der Bedürftigkeit und dem Drängen auf Aneignung eigener Kompetenz.

Es empfiehlt sich, bereits zu Beginn der Therapie die Behandlungsziele klar festzulegen, da diese häufig irrational und universalistisch erscheinen. Auch ist die potentielle Gefahr des Therapieabbruches bei drohender Enttäuschung durch den Therapeuten früh anzusprechen.

Verbesserung der psychosozialen Kompetenz

Die Hysterie-spezifischen psychosozialen Defizite betreffen mehrere Dimensionen. Zum einen die *kognitive Ebene*: Der typische impressionistische Denkstil mit tangetialem, das heißt schlecht fokussiertem und unpräzisem Denken kann sich als schwere Behinderung in der beruflichen Entwicklung erweisen. Spezifisches kognitives Training gilt als hilfreich, aber auch der Einzeltherapeut sollte fortwährend präzisieren, assoziativen Lockerungen und Weitschweifigkeiten Einhalt gebieten und auf klare, rationale Sprachgebung achten. Klar strukturierte Modelle, wie z.B. "Problemlösen", eine Methodik aus dem Feld der kognitiven Therapie, sollten erlernt und zunächst unter Anleitung ("guided discovery") später im Selbstmanagement so häufig wie möglich angewandt werden.

Auf der *Handlungsebene* imponiert Sprunghaftigkeit und Inkohärenz. Hier gilt es, Langeweile zu tolerieren, angefangene Projekte zu Ende zu bringen, den Verlockungen und Reizen neuer Ideen zu widerstehen. Die Kunst des "Weglassens", der Minimierung und Konzentration aufs Wesentliche sollte gelernt werden. Achtsamkeitsübungen aus dem Bereich der ZEN-Meditation bieten sich als ideales Training zur Fokussierung und Hemmung dissoziativer Zustände an. Auf der Ebene der Emotionswahrnehmung verfällt der histrionische Patient immer wieder in Inszenierungen und simulative Prozesse. Diffuse Gefühle der Leere können durch starke Affekte zumindest zeitweise kupiert werden. Differenzierte Wahrnehmung "stimmiger", das heißt situationsadäquater und inszenierter Emotionen bedarf einer sorgfältigen therapeutischen Führung. Entspannungsverfahren, Verbesserung der Problemlösekompetenz und die Teilnahme am Sozialen-Kompetenz-Training sollten den Abbau manipulativer Strategien zu Gunsten der Verbesserung adäquater Kommunikationsmuster zum Ziel haben.

Strukturierung des psychosozialen Umfeldes

Sicherlich suchen histrionische Persönlichkeiten Umgebungen, die auf ihre Denk- und Verhaltensmuster positiv reagieren. Vom expressionistischen, exaltierten Auftreten der Stars in Film, Theater und Modebusiness leben ganze Branchen. Bisweilen führen erst Veränderungen im sozialen Umfeld zur Krise. Nicht selten lösen Alterungsprozesse, das heißt der Verlust körperlicher und sexueller Attraktivität, depressive Episoden aus. Alterungsbedingte Rollenwechsel implizieren bisweilen den Wechsel des sozialen Umfeldes und bedürfen einer sorgfältigen Klärung.

Bearbeitung dysfunktionaler Ziele oder Verhaltensmuster

Tiefenpsychologisch orientierte Theoretiker differenzieren zwischen konfliktpsychologischen und ich-strukturellen Dimensionen, deren Zusammenwirken die histrionische Persönlichkeit gestaltet. *Kognitiv-behaviorale Therapeuten* fokussieren zum einen den globalen, impressionistischen Denkstil und daraus resultierenden Problemfelder, zum anderen das fast suchtartige Verlangen nach Aufmerksamkeit und kurzfristig wirksamen Positivverstärkern. Der Therapeut ist zunächst gehalten, pro Sitzung möglichst nur einen Problembereich herauszuarbeiten, diesen genau zu benennen, Abschweifungen zu verhindern und die Patienten anzuhalten, aktiv konkrete Lösungsmöglichkeiten zu entwickeln. Bisweilen erscheint es hilfreich, Grundannahmen und automatisierte kognitive Muster zu identifizieren und im täglichen Alltag zu bestimmen. Der Einsatz von Hausaufgaben ist gerade bei histrionischen Patienten günstig, da die Erfahrung, selbst etwas zum Gelingen der Therapie beizutragen, die phantasierte Omnipotenz des Therapeuten reduziert. Je knapper und präziser die Hausaufgaben erledigt werden, um so besser. Die bewußte Lenkung und Überprüfung handlungsleitender Kognitionen sollte auch zur Reduktion impulsiver Handlungen führen. Im Sinne eines Selbstinstruktionstrainings sollten hierarchisch gestufte Kontrollmuster erlernt und trainiert werden, um so schon im Anfangsstadium sprunghafter, impulsgesteuerter Reaktionen innezuhalten. Die Vor- und Nachteile alternativer Optionen können dann untersucht und die Konsequenzen des Handelns abgeschätzt werden. Die Steuerung der Emotionen, die Aneignung von Planungskompetenz sowie die Toleranz "langweiliger" Alltagssituationen sind weitere Therapieschritte. Defizite im Bereich des Selbstwertgefühls und des Identitätssinnes steuern die Grundannahmen, auf die Hilfe anderer angewiesen zu sein. Es erscheint hilfreich, wenn der Therapeut nicht in ähnliche globale und mystische Annahmen verfällt, wie der histrionische Patient, für den häufig Unabhängigkeit und Identität schwer verständlich und unerreichbar erscheint. Die kognitiv-behaviorale Therapie verfügt mittlerweile über ausgearbeitete Konzepte zur Stärkung von Identität und Wahrnehmung der individuellen Stärken.

Generalisierung des Erlernten im sozialen Umfeld

Wie häufig bei der Therapie von Persönlichkeitsstörungen sollten reale Lernerfahrungen außerhalb der therapeutischen Beziehung nicht an das Ende der Behandlung gestellt werden, sondern integraler Bestandteil sein. Das Selbstinstruktionstraining zur Kontrolle emotionsgesteuerter, impulsiver sprunghafter Handlungen etwa, erfolgt stufenweise: Didaktische Vermittlung des Konzepts, Entwicklung individuell wirksamer kognitiver Items, Training im Rollenspiel während der Therapie, gezielte Anwendung im Sinne von gesteuerten Übungen im sozialen Umfeld und schließlich die Automatisierung der Anwendung bei zufällig auftretenden Ereignissen durch positive Verstärkung (shaping).

■ Paranoide Persönlichkeitsstörung

Typische Verhaltensmuster und Grundannahmen

„Ist es nicht schrecklich, allein unter lauter Feinden zu sitzen?" .... „Überhaupt nicht schrecklich. Ich habe mein Leben lang Feinde gehabt. Und sie haben mir weitergeholfen, statt mir zu schaden. Und wenn ich einmal sterbe, kann ich sagen: Ich bin keinem etwas schuldig, und ich habe nichts geschenkt bekommen. Alles hab ich mir selbst erkämpft."'

(Strindberg, Der Todestanz)

Als Hauptmerkmal der paranoiden Persönlichkeitsstörung wird die durchgehende Tendenz beschrieben, neutralen oder freundlichen Handlungen zu mißtrauen und diese als feindselig oder kränkend zu interpretieren. Millon und Davis (1996) betonen die hohe Vigilanz dieser Patienten und beschreiben die Körperhaltung als gespannt, in ständiger Abwehrbereitschaft und weitgehend unfähig, zu relaxieren. Geprägt von tiefem Groll und der Unfähigkeit, zu verzeihen, werden vergangene Beziehungskrisen nicht beigelegt. Auch die gegenwärtigen Beziehungen zeichnen sich häufig durch provokantes Verhalten und die beständige Angst aus, übervorteilt zu werden. Grundsätzlich sehen sich paranoide Persönlichkeiten in Konkurrenz zu gleich- oder höhergestellten Kollegen. Nur selten gelingt es ihnen, fremde Leistungen anzuerkennen. Vielmehr herrscht ständig das Gefühl vor, benachteiligt und ungerecht behandelt zu werden und betrogen, um die ihnen zustehenden hohen Positionen.

Benjamin beschreibt die handlungsleitenden kognitiven Grundmuster: Paranoide Persönlichkeiten gehen davon aus, daß sie jederzeit unerwartet angegriffen werden können, ohne triftigen Grund, selbst von nahestehenden Freunden. Häufig fühlen sie sich zutiefst und dauerhaft gekränkt von Personen, von denen sie manchmal nicht einmal wahrgenommen werden. Gerade Freunde oder Kollegen, die Loyalität versichern, sind ihnen häufig verdächtig. Die Vorstellung, bei Bedürftigkeit oder gar in Notsituationen Hilfe zu erlangen, erscheint weitgehend fremd. Da sie häufig erwarten, daß Informationen gegen sie gewendet werden, haben sie große Schwierigkeiten, jemanden ins Vertrauen zu ziehen. Die Vorstellung, daß andere jederzeit bereit sind, sie zu kränken oder zu attackieren, führt dazu, daß auch neutrale oder freundliche Bemerkungen bzw. Handlungen fehlinterpretiert werden. Beim Gegenüber entsteht häufig das Gefühl, nichts richtig machen zu können. Diese Patienten tendieren dazu, kleinere Fehler ihrer Mitmenschen rücksichtslos auszunutzen und anhaltend zu ahnden. Auch die Diffamierung von Kollegen wird als gerechtfertigte Maßnahme gesehen. Gelingt es, eine Partnerschaft einzugehen, so besteht auch hier die Tendenz, über Lebenspartner bedingungslose Kontrolle zu erlangen, geplagt von Eifersucht und der zehrenden Angst davor, daß ihnen jemand den Partner streitig macht. Die Partnerwahl fällt daher oft auf schwächere, dependente Persönlichkeiten, von denen bedingungslose Loyalität erwartet wird.

Diese Auflistung der interaktionellen Muster sowie kognitiven Grundannahmen läßt unschwer auf die Auswirkungen im zwischenmenschlichen Bereich schließen. Patienten mit paranoiden Persönlichkeitsstörungen sind in der Regel sozial isoliert. Basierend auf empirischen Untersuchungen formuliert Lemert (1962) das soziale Milieu:

Außenstehende charakterisieren Personen mit ausgeprägten paranoiden Persönlichkeitszügen konsistent als unfähig, die Werte und Normen der Primärgruppe zu achten. Dabei wird häufig auf der verbalen Ebene Loyalität versichert, während vor allem die impliziten Regeln ständig verletzt werden. Vertrauen wird mit Mißachtung gestraft, insbesondere Personen in schwächeren Positionen gedemütigt und verfolgt. Die Unfähigkeit, soziale Strukturen einzuhalten, zeigt sich vor allem in Situationen, wenn Gruppenmitglieder Privilegien erhalten, die vermeintlich ihm zustehen. Grundsätzlich wird jede Gelegenheit genutzt, sich Vorteile zu verschaffen.

Die Gruppenmitglieder reagieren meist sehr konform: Der Betroffene wird häufig als unberechenbar, ja bedrohlich und gefährlich erlebt, da von ihm eine beständige Mißachtung der informellen Strukturen des Systems ausgeht. Häufig wird er in die Position des Außenseiters gedrängt, über den man Witze macht, den man jedoch nicht ins Vertrauen zieht und tatsächlich jede Gelegenheit wahrnimmt, um kleine Racheakte zu vollziehen. Diese fast stereotypen Reaktionsmuster der sozialen Gruppe bestätigen de facto die Befürchtungen des Betroffenen, der seine Verhaltensmuster daher gerechtfertigt sieht und diese verstärkt. Bisweilen gelingt es jedoch vor allem charismatischen und fanatischen Persönlichkeiten, eine Gruppe von Anhängern um sich zu scharen. Die Etablierung eines paranoiden Systems, in welchem jede Form der Kritik als Angriff auf das Gesamtsystem definiert wird, stabilisiert sich gerade unter starkem sozialen Druck. Im Extremfall kann von paranoiden Sektenführern der Angriff auf die Gesellschaft bzw. der Massenselbstmord gefordert werden. Häufiger jedoch dürfte die Dekompensation das sozial isolierte Individuum betreffen, das sich gegebenenfalls in kurzen, rauschhaften Ausbrüchen von unkontrollierbarer Aggression hingerissen sieht und dabei im Extremfall auch zu Morden fähig ist.

Therapeutische Leitlinien

Die wesentlichen Einschränkungen paranoider Persönlichkeiten betreffen den interpersonellen Sektor. So fühlen sich denn Partner, Kollegen oder Nachbarn häufiger in Mitleidenschaft gezogen als der Betroffene selbst. Gerade weil die Gründe subjektiv wahrgenommener Spannung ja in der Bedrohung von außen gesehen werden, suchen die Betroffenen ausgesprochen selten therapeutische Hilfe. Wenn, dann führen häufig somatoforme Störungen, Schwierigkeiten in der Stressbewältigung, Konflikte mit Ehepartnern, Substanzmißbrauch oder depressive Verstimmungen in die Behandlung. Turkat (1996) weist darauf hin, daß paranoide Persönlichkeitsstörungen in der Praxis häufig nicht diagnostiziert werden und zu frühem Therapieabbruch führen.

Aufbau der therapeutischen Beziehung

Das Hauptproblem bei der Behandlung von Patienten mit paranoiden Persönlichkeitsstörungen ist die Etablierung einer vertrauensvollen, kooperativen Beziehung. Daran gewöhnt, von nahen Bezugspersonen verletzt und gedemütigt zu werden, wird der Patient dazu tendieren, den Therapeuten als überkritisch und aburteilend zu erleben, als einen, der nur darauf wartet, Fehler und Schwächen von ihm aufzudecken und sich darüber lächerlich zu machen. Zudem ist es häufig schwierig, familiengeschichtlich bedingte Begründungszusammenhänge aufzudecken, da Patienten mit paranoiden Störungen gelernt haben, unter keinen Umständen Familienangelegenheiten nach außen zu tragen. Die Entwicklung der therapeutischen Beziehung aktiviert daher zum einen Ängste vor einer Offenlegung tiefgreifender Insuffizienzgefühle und andererseits einen starken Loyalitätskonflikt gegenüber der Herkunftsfamilie. Die therapeutische Basis ist daher freundliche, geduldige, raumgebende Zugewandtheit, die Fähigkeit, auch sehr aggressive Attacken zu ertragen, ohne seinerseits aggressiv zu werden, und das Wissen, daß geringste Unregelmäßigkeiten ausreichen, gerade in der Phase des Beziehungsaufbaus paranoide Kognitionen zu aktivieren, die nicht selten zum Abbruch der Beziehung führen.

Verbesserung der psychosozialen Kompetenz

Da sich Patienten mit paranoiden Persönlichkeitsstörungen in ständiger Abwehrbereitschaft sehen, leiden sie häufig unter ausgeprägten körperlichen Spannungszuständen und deren Folgen. Somatoforme Störungen, aber auch hartnäkkige muskuläre Verspannungen oder Migräne werden beschrieben. Gerade zu Beginn der Therapie ermöglicht das Erlernen von Entspannungstechniken einen ausgezeichneten Zugang zum Patienten. Es bietet sich in diesem Falle an, die Entspannungsverfahren nicht in eine Gruppe auszulagern, sondern als integrativen Bestandteil der Einzeltherapie anzusetzen. Gerade wenn paranoide Kognitionen den Entspannungszustand stören, kann ein gemeinsames Interesse an deren Bearbeitung entwickelt werden. Im weiteren Verlauf der Therapie wird der Patient lernen müssen, seine paranoiden Kognitionen zu identifizieren und fortwährend im Alltag zu überprüfen. Die gezielte Schulung von Rollenübernahmen, das heißt der Fähigkeit, sich passager und spielerisch in die Gedanken- und Erlebnisweise eines anderen hineinzuversetzen, gilt als hilfreich und kann im Rahmen von Gruppentherapien geschult werden. Erfahrungsgemäß stellen Gruppentherapien das beste Lernfeld für diese Persönlichkeitsstörung dar. Aufgrund der spezifischen Grundannahmen ist die Abbruchquote jedoch gerade zu Beginn einer Therapie als sehr hoch einzuschätzen. Daher sollte diese Form der Therapie erst im Anschluß oder zu einem fortgeschrittenen Verlauf der Einzeltherapie angeregt werden.

Strukturierung des psychosozialen Umfeldes

Paranoide Persönlichkeiten sehen sich umgeben von Feinden. Im Sinne maladaptiver interpersoneller Zirkel sorgen sie auch dafür, daß sich diese Befürchtungen bewahrheiten. Da also in den Klagen der Patienten sehr häufig ein "Körnchen Wahrheit" steckt, ist der Therapeut gehalten, sorgfältig zwischen Realitätsgehalt und paranoiden Inhalten zu differenzieren. Weiterhin ist darauf zu achten, daß sich das unmittelbare Umfeld bisweilen erlebniskongruent verhält. Ehepartner oder einzelne Freunde, bisweilen ganze Gruppen bestätigen sich dann jeweils in der Wahrnehmung äußerer Bedrohung und schaffen veränderungsresistente Binnensysteme. Gelingt es nicht, diese Bezugssysteme in die Behandlung zu integrieren oder den Patienten aus diesem System herauszulösen, so wird der Therapie wenig Erfolg beschieden sein.

Bearbeitung dysfunktionaler Ziele und Verhaltensmuster

Bezieht man die Vorstellungen und Absichten ein, die paranoide Menschen in psychotherapeutische Behandlung führen, so findet man häufig das Anliegen, entweder einen Begleiter zu finden im Kampf gegen Außenstehende oder den Wunsch, seine Fähigkeiten zur Wahrnehmung und Zerstörung von Bedrohendem zu verbessern. Es besteht also eine klare Diskrepanz zwischen den Zielen des Patienten und den Zielen einer adäquaten Psychotherapie. Im Gegensatz zu Psychotherapien, bei denen Zielkongruenz vorliegt und gemeinsam an einer Verbesserung der Verhaltensfertigkeiten gearbeitet werden kann, droht bei Zielinkongruenz immer der vorzeitige Abbruch. Metaphorisch läßt sich dieses Verhältnis beschreiben wie die Situation des Bürgermeisters einer belagerten Stadt, der sich mit der Bitte um Hilfe beim Ausbau der Befestigungsanlagen an einen erfahrenen Militär wendet. Statt der erhofften Unterstützung erhält er jedoch Vorschläge, wie er den Feind an seiner Lebensmittel- und Trinkwasserversorgung teilhaben lassen kann, um diesen so längerfristig in das Alltagsleben seiner Stadt zu integrieren. Es bedarf also einer sorgfältigen Balance zwischen Validierung der Patientenwahrnehmung und der Einleitung kognitiver Veränderungen.

"Ich bekämpfe Dich, also mußt Du mich respektieren. Wenn du mich respektierst, mußt du mich mögen. Wenn du mich nicht magst, wenn ich Dich bekämpfe, so ist das ein Zeichen dafür, daß Du mich bedrohst." Dieser von Benjamin beschriebene logische Zirkelschluß charakterisiert ein typisches paranoides kognitives Schema.

Diese Patienten müssen lernen, daß ihre Furcht vor Angriffen und übergriffiger Kontrolle entwicklungsgeschichtlich zwar verständlich ist, daß diese Wahrnehmungsmuster unter veränderten sozialen Bedingungen jedoch nicht mehr unbedingt adäquat sind. Sie müssen vor allem lernen, daß feindseliges und kompetitives Verhalten wiederum feindseliges Verhalten induziert. Besonders schwierig, weil zutiefst verunsichernd, ist der Lernschritt, daß die eigene Wahrnehmung von Verletztheit oder Bedrohtheit nicht als Beweis zu werten ist, daß vom konkreten Umfeld, also dem Therapeuten, der Ehefrau oder den Kollegen tatsächlich Bedrohung ausgeht.

Voraussetzung für die Bereitschaft, die repetitiven paranoiden Muster aufzugeben, ist die Entwicklung eines Grundgefühles an Sicherheit im interpersonalen Kontext. Das beste Übungsfeld hierfür ist die therapeutische Beziehung. Aber auch die Einbeziehung des Partners oder, zu einem späteren Zeitpunkt, eine Gruppentherapie, hat sich häufig als hilfreich erwiesen. Sind die dysfunktionalen kognitiven und interaktionellen Schemata erkannt, so kann der Patient beginnen, systematisch neue Erfahrungen zu machen. In aller Regel sind diesbezüglich rasch soziale Lernprozesse zu erwarten, da die Umwelt auf freundliche Signale positiv reagieren wird. Dies schützt den Patienten jedoch nicht vor tiefgreifenden, zum Teil sehr schmerzhaften intrapsychischen Erfahrungen, da gerade die Aufgabe der paranoiden Größenvorstellung die abgewehrten Insuffizienzgefühle aktiviert. Die Wahrnehmung der eigenen Gehässigkeit und Feindseligkeit kann sorgsam gemiedene Aggressionen gegenüber den als sadistisch erlebten Elternteilen wachrufen. Hierbei sollte der Therapeut unbedingt das hohe Maß an Loyalität des Patienten gegenüber den Eltern beachten, da er sonst Gefahr läuft, infolge eines Übertragungsprozesses als familienstörender Aggressor identifiziert zu werden, was zum Abbruch der Therapie führen würde.

Verhaltenstherapeutische Interventionen sollten sich in der Regel zunächst auf das Einüben von Entspannungsverfahren und eventuell einem Training in sozialer Kompetenz beschränken. Insbesonders Maßnahmen zum Kontingenzmanagement sind in der Regel kontraindiziert, da sie das Bestreben des Patienten, Kontrolle zu erlangen, verstärken und dysfunktionale Kognitionen aktivieren. Eine Bedingungs- und Funktionsanalyse sollte jedoch Bestandteil jeder Therapie sein, schon um eventuelle realistische Bedrohungen im sozialen Umfeld auszumachen und diese gegebenenfalls zu berücksichtigen. Turkat (1996) beschrieb die erweiterte verhaltenstherapeutische Exposition gegenüber Angst vor Kritik und Erniedrigung.

Auf der kognitiven Ebene betonen Beck et al. (1989), daß eine zu rasche Bearbeitung der kognitiven Grundannahmen vom Patienten häufig als Verharmlosung realer Bedrohung gesehen wird. Vielmehr sollte im Auge behalten werden, daß es Zeit erfordert, Vertrauen bei paranoiden Menschen aufzubauen, und daß die Patienten nicht gedrängt werden sollten, über heikle Gedanken und Gefühle zu sprechen, bevor eine ausreichende Vertrauensbeziehung gewährleistet ist. Zu Beginn scheint es förderlich, die Eigeneffizienz des Patienten bezüglich Problemsituationen zu verbessern, so daß die Einschätzung der Bedrohung von außen sich zunehmend relativiert. Erst dann sollte begonnen werden, die Tendenz zur Generalisierung und dichotomen Denken zu bearbeiten. Wenn es dem Patienten gelingt, seine eigenen Denkstrukturen zu relativieren und den Vorteil zu erahnen, der im kollegialen Miteinander liegt, so ist ein erster Schritt erreicht.

Generalisierung des Erlernten im sozialen Umfeld

Nicht immer ist davon auszugehen, daß Veränderungen im zwischenmenschlichen Bereich sofort positive Verstärkung erfahren. Vielmehr sollte der Therapeut wissen, daß sich paranoide Persönlichkeiten auf Grund der beschriebenen Besonderheiten tatsächlich viele Feinde im sozialen Umfeld schaffen, die die negativen Grundannahmen des Patienten verstärken und aufkeimende Veränderungsprozesse behindern. Darauf sollte der Patient hingewiesen werden, um sozial kompetent reagieren zu können.

34.7 Literatur

1. Amelang, M., Bartussek, D.: Differentielle Psychologie und Persönlichkeitsforschung, (3.Auflage). Kohlhammer, Stuttgart, 1990.
2. Beck, A. T., A. Freeman et al.: Cognitive therapy of personality disorders. Guilford Press, New York 1989. (Dt.: Kognitive Therapie der Persönlichkeitsstörungen. Psychologie Verlagsunion, Weinheim 1993.)
3. Beck JS.: Praxis der kognitiven Therapie. Weinheim: Psychologie Verlagsunion 1999. Original: Cognitive Therapy: Basics and Beyond. Guilford Press 1995.
4. Benjamin, L. S.: Interpersonal diagnosis in treatment of personality disorders. Guilford Press New York 1993.
5. Bronisch, Th.: Diagnostik von Persönlichkeitsstörungen nach den Kriterien aktueller internationaler Klassifikationssysteme. Verhaltenstherapie 2 (1992) 140-156.
6. Dittmann, V., R.-D. Stieglitz: Diagnostik von Persönlichkeitsstörungen. In: Stieglitz, R.-D., U. Baumann (Hrsg.): Psychodiagnostik psychischer Störungen (S. 230-244). Enke, Stuttgart 1994.
7. Fiedler, P.: Persönlichkeitsstörungen (2. Auflage). Psychologie Verlagsunion, Weinheim 1995.
8. Lemert, E. M.: Paranoia and the dynamics of execution. Sociometry 25 (1962) 2-20.
9. Linehan, M.: Cognitive-behavioral treatment of borderline-personality disorder. Guilford, New York 1993. (Dt.: Dialektisch-behaviorale Psychotherapie der Borderline-Störung. CIP-Medien, München 1996.)
10. Mentzos, S.: Hysterie. Zur Psychodynamik unbewußter Inszenierungen. Kindler, München 1980. Seit 1986 Fischer, Frankfurt am Main.
11. Millon, T. H., R. D. Davis: Disorders of personality DSM-IV and beyond (2nd Edition). Wiley New York 1996.
12. Pinel, P.: Traité Médico. Philosophie sur l'Alienation Méntale (2. Edn.). Brosson, Paris.
13. Renneberg, B., A. J. Goldstein, D. Philips, D. L. Chamblers: Intensive behavioral group treatment of avoidant personality disorders. Behavioral Therapy 21 (1990) 363-377.
14. Renneberg, B.: Verhaltenstherapeutische Gruppentherapie bei Patienten mit selbstunsicherer Persönlichkeitsstörung. In: Schmitz, B., Fydrich, Th., Limbacher, K. (Hrsg): Persönlichkeitsstörungen: Diagnostik und Psychotherapie. Psychologie Verlagsunion, München 1996.
15. Sass, H.: Psychopathie-Soziopathie-Dissoziation: Zur Differentialtypologie der Persönlichkeitsstörungen. Springer, Berlin 1987.
16. Schneider, K.: Die psychopathischen Persönlichkeiten. Deuticke, Leipzig 1923. (2. wesentlich veränderte Auflage 1928, 9. Auflage: Deuticke, Wien 1950.)
17. Turkat, J. D.: Die Persönlichkeitsstörungen. Huber, Bern 1996.
18. Wittchen, H.-U.: Klassifikation und Diagnostik von Persönlichkeitsstörungen. In: Schmitz, B., Fydrich, Th., Limbacher, K. (Hrsg): Persönlichkeitsstörungen: Diagnostik und Psychotherapie (S. 27-41). Psychologie Verlagsunion, München 1996.
19. Young J.E.: Cognitive therapy for personality disorders: A schema-focused approach. Professional Resource Press 1999.

35. Gutachten und Dokumentation

E.-J. Borgart, R. Meermann, E. Okon

35.1 Antragsverfahren im Rahmen ambulanter Verhaltenstherapie

Einleitung der Behandlung

Die Durchführung einer ambulanten Verhaltenstherapie im Rahmen der Gesetzlichen Krankenversicherung erfolgt auf Antrag des Patienten, dem der ärztliche oder psychologische Psychotherapeut entsprechende Formblätter beifügt. Die Feststellung der Leistungspflicht für Psychotherapie erfolgt dann durch die Krankenkasse (Faber et al. 1999).

Zu Beginn der Behandlung steht eine ausführliche differenzierte Diagnostik und Indikationsstellung durch den ärztlichen oder psychologischen Verhaltenstherapeuten mit dem Ziel, eine Richtlinienpsychotherapie einzuleiten. Hierzu stehen dem behandelnden Therapeuten neben der Erhebung der biographischen Anamnese unter verhaltensanalytischen Gesichtspunkten fünf probatorische Sitzungen zur Verfügung. Die Diagnosestellung unter verhaltensanalytischen Gesichtspunkten und die Indikationsstellung (nach Nr. 860 bzw. 861 BMÄ/E-GO) müssen schriftlich niedergelegt werden.

Die probatorischen Sitzungen dienen neben der Prüfung, welche Form der Verhaltenstherapie indiziert ist, auch der Frage, ob eine therapeutische Arbeitsbeziehung ("Bündnis") zwischen Patient und Therapeut herstellbar ist. Diese Stunden werden nicht auf die genehmigten Behandlungsstunden angerechnet. Nach Abschluß der probatorischen Sitzungen kann der Patient mit Formblatt PTV 1 (s. Abb. 35.**1** S. 397) sodann einen Antrag auf Psychotherapie stellen. Wird die Therapie durch einen psychologischen Psychotherapeuten durchgeführt, muß der Patient spätestens nach Beendigung der probatorischen Sitzungen und vor Beginn der Psychotherapie an einen Konsiliararzt überwiesen werden, der einen entsprechenden Konsiliarbericht anfertigt.

Für die Durchführung von Verhaltenstherapie gibt es bestimmte Leistungsobergrenzen:

- Kurzzeittherapie: bis zu 25 Sitzungen
- Langzeittherapie: bis zu 45 Sitzungen
- besonderer Fall: bis zu 60 Sitzungen
- Höchstgrenze im Ausnahmefall: 80 Sitzungen

Antrag auf Kurzzeittherapie

Soll eine Kurzzeittherapie (bis zu 25 Sitzungen) durchgeführt werden, muß dem Antrag des Versicherten das Formblatt PTV 2 (s. Abb. 35.**2** S. 398) beigefügt werden. Hier muß der Therapeut in der oberen Hälfte eintragen, wieviel Sitzungen Verhaltenstherapie nach Nummer 881 BMÄ/E-GO beantragt werden und ob die Behandlungsstunden voraussichtlich ausreichen oder ob die Indikation für eine Langzeittherapie noch geprüft wird. Die Diagnose sollte nach ICD 10 verschlüsselt werden.

In dem Feld "Begründung des Behandlungsplans" soll kurz die Krankheitsvorgeschichte mit der Indikation für Verhaltenstherapie dargestellt und die geplanten Behandlungsmethoden skizziert werden. Wichtig ist eine Stellungnahme zur Prognose, d.h. warum bei Anwendung einer Kurzzeittherapie mit einem Therapieerfolg gerechnet werden kann. Hierzu können Aussagen über Therapiemotivation, aktive Veränderungsbereitschaft, Krankheitseinsicht, spezifisches Psychogeneseverständnis oder auch vorhergehende ambulante bzw. stationäre psychotherapeutische Behandlungen dienen. Bei der Begründung des Behandlungsplanes ist zu berücksichtigen, daß die Kurzzeittherapie gutachterpflichtig ist und durch die Krankenkasse genehmigt wird. Es ist somit darauf zu achten, daß die Schweigepflicht gegenüber der Kasse gewahrt bleibt und aus den Formulierungen möglichst konkret und verständlich die Indikationsstellung für Verhaltenstherapie deutlich wird.

Beispiel: Bei der Erkrankung der Patientin handelt es sich um eine Panikstörung mit Agoraphobie. Seit ca. 4 Jahren treten Angstanfälle auf, woraus sich agoraphobische Ängste mit Vermeidungsverhalten entwikkelt haben. Bisher erfolgte keine psychotherapeutische Behandlung. Mit Hilfe von Expositionsübungen in-vivo und kognitiver Umstrukturierung angstauslösender Gedanken soll eine Angstreduktion erreicht werden. Aufgrund der hohen Therapiemotivation und Krankheitseinsicht ist mit einem Therapieerfolg bei Kurzzeittherapie zu rechnen.

Daneben ist anzukreuzen, ob innerhalb der letzten zwei Jahre bereits eine Psychotherapie durchgeführt wurde. Üblicherweise gilt eine Zweijahresfrist, bis eine erneute Therapie beantragt werden kann. Wird innerhalb dieses Zeitraumes eine Kurzzeittherapie beantragt, ist auch diese gutachterpflichtig.

Antrag auf Langzeittherapie

Soll ein Antrag auf Langzeittherapie (bis zu 45 Sitzungen) gestellt werden, so ist dem Antrag des Versicherten ebenfalls das Formblatt PTV 2 (s. Abb. 35.**2**) beizufügen. Hier ist auf der unteren Hälfte anzukreuzen, ob es sich um einen Erstantrag, einen Umwandlungsantrag (von Kurzzeit- auf Langzeittherapie) oder einen Fortführungsantrag (von 45 auf 60 Sitzungen oder von 60 auf 80 Sitzungen) handelt. Es ist dann einzutragen, wieviel Behandlungsstunden nach Nummer 882 BMÄ/E-GO beantragt werden und ob ggf. bisher schon Leistungen genehmigt wurden, die auf die Gesamtbehandlungsstunden angerechnet werden.

Die Durchführung einer Langzeittherapie ist gutachterpflichtig und erfordert einen Bericht an den Gutachter, der mit dem Formblatt VT 3a zum Erstantrag (siehe Abb. 35.**3** S. 399) beginnt.

Zur inhaltlichen Formulierung des Erstantrages gibt es ein "Informationsblatt für Verhaltenstherapie" (s. Abb. 35.**4**) mit den einzelnen Punkten, die in dem Antrag dargestellt und diskutiert werden sollten. Der Bericht kann in freier Form geschrieben werden, sollte entsprechend der vorgegebenen Abschnitte numeriert sein und insgesamt nicht mehr als 3 Seiten (einzeilig) umfassen.

In dem Informationsblatt sind zahlreiche Punkte und Stichworte aufgeführt, die als Hilfestellung bei der Abfassung dienen sollen. Es sollten aber nicht alle Aspekte routinemäßig abgehandelt werden, sondern nur diejenigen Informationen dargestellt werden, die für den jeweiligen Patienten und den individuellen Behandlungsplan relevant sind. Insgesamt geht es also darum, daß sich für den Gutachter ein einheitliches Bild aus den Beschwerden des Patienten, der Diagnosestellung, dem verhaltensanalytischen Bedingungsmodell und dem daraus abgeleiteten Behandlungsplan ergibt.

Im Einzelnen noch einige Anmerkungen und Beispiele zur Formulierung des Erstantrages. Die Beispiele zur Formulierung des Erstantrages wurden weitgehend einem Ausbildungsfall entnommen, der im KBV-anerkannten Fortbildungsinstitut für Klinische Verhaltenstherapie e.V. (FIKV) in Bad Pyrmont durchgeführt wurde.

ad 1: Angaben zur spontan berichteten und erfragten Symptomatik. Es sollte deutlich werden, mit welchen Beschwerden der Patient in die Behandlung kommt und warum zum jetzigen Zeitpunkt. Die Symptomatik sollte sich auch in der Diagnosestellung (Punkt 6) wiederfinden lassen.

Beispiel: Die Patientin berichtet, seit mehr als 3 J. mit ihrem Leben "nicht klar zu kommen". Sie wache morgens häufig in einer bedrückten Stimmung auf, weine an solchen Tagen bei ärgerlichen oder kränkenden Lappalien, zum Abend hin würde ihr Zustand nicht besser. Entsprechende Verstimmungen würden ohne erkennbaren Anlaß auftreten, hielten meist 2 - 3 Tage, manchmal auch einige Wochen an. Zu ihrem Lebensgefühl gehöre das Grübeln über negative Zukunftsaspekte und eine negative Selbsteinschätzung. In solchen Phasen würden auch "Eßanfälle" auftreten. Sie esse weiter, obwohl sie sich schon satt fühle. Ein anschließendes Erbrechen trete nicht auf. Vor 2 J. habe sie von 62 kg auf 48 kg bei einer Körpergröße von 167 cm abgenommen. Z.Z. wiege sie konstant ca. 50 kg. Sie ziehe sich zunehmend aus ihrer sozialen Umgebung zurück, habe im Moment kein Interesse an intensiven zwischenmenschlichen Beziehungen, was ihr selbst Angst mache.

ad 2: Lebensgeschichtliche Entwicklung und Krankheitsanamnese. Unter diesem Punkt sollte keine komplette krankheitsbezogene, familiäre, soziale und berufliche Anamnese dargestellt werden, sondern es sollten primär die lebensgeschichtlichen Bedingungen aufgeführt werden, die für die lerngeschichtliche Entwicklung der Symptomatik relevant sind.

Informationsblatt für Verhaltenstherapie

Der Fragenkatalog für den Erst- und Fortführungsantrag wie auch für den Ergänzungsbericht des Therapeuten ist als Hilfsmittel zur Abfassung der Berichte an den Gutachter erstellt worden. Der Therapeut kann daher in seinem Bericht unter den aufgeführten Hinweisen seine fallbezogene Auswahl treffen. Die Berichte sollen sich auf die Angaben beschränken, die für das Verständnis der psychischen Erkrankung, ihrer ätiologischen Begründung, ihrer Prognose und ihrer Behandlung erforderlich sind.

Bericht zum Erstantrag – VT 3a bzw. VT 3a E

1. **Angaben zur spontan berichteten und erfragten Symptomatik**
Schilderung der Klagen des Patienten und der Symptomatik zu Beginn der Behandlung – möglichst mit wörtlichen Zitaten ggf. auch Bericht der Angehörigen/Beziehungspersonen des Patienten. (Warum kommt der Patient zu eben diesem Zeitpunkt und durch wen veranlaßt?)

2. **Lebensgeschichtliche Entwicklung des Patienten und Krankheitsanamnese**
a) Darstellung der lerngeschichtlichen Entwicklung, die zur Symptomatik geführt hat und für die Verhaltenstherapie relevant ist.
b) Angaben zur psychischen und körperlichen Entwicklung unter Berücksichtigung der familiären Situation, des Bildungsgangs und der beruflichen Situation.
c) Darstellung der besonderen Belastungen und Auffälligkeiten in der individuellen Entwicklung und der familiären Situation (Schwellensituation), besondere Auslösebedingungen.
d) Beschreibung der aktuellen sozialen Situation (familiäre, ökonomische, Arbeits- und Lebensverhältnisse), die für die Aufrechterhaltung und Veränderung des Krankheitsverhaltens bedeutsam ist. (Bereits früher durchgeführte psychotherapeutische Behandlungen (ambulant/stationär) und möglichst alle wesentlichen Erkrankungen, die ärztlicher Behandlung bedürfen, sollen erwähnt werden.)

Bei Verhaltenstherapie von Kindern sind möglichst auch Angaben zur lerngeschichtlichen Entwicklung der Beziehungspersonen, soweit sie für die Verhaltensanalyse relevant sind, zu machen.

3. **Psychischer Befund zum Zeitpunkt der Antragstellung**
(Testbefunde, sofern sie für die Entwicklung des Behandlungsplans und für die Therapieverlaufskontrolle relevant sind)
a) Aktuelles Interaktionsverhalten in der Untersuchungssituation, emotionaler Kontakt.
b) Intellektuelle Leistungsfähigkeit und Differenziertheit der Persönlichkeit.
c) Psychopathologischer Befund (z. B. Bewußtseinsstörungen, Störungen der Stimmungslage und der Affektivität, Störungen der mnestischen Funktionen, Wahnsymptomatik, suizidale Tendenzen).

4. **Somatischer Befund bzw. Konsiliarbericht**
Das Ergebnis der körperlichen Untersuchung, bezogen auf das psychische und das somatische Krankheitsgeschehen, ist mitzuteilen. Der somatische Befund soll nicht älter als 3 Monate sein. Die Mitteilung des körperlichen Befundes ist grundsätzlich erforderlich. Falls die körperliche Untersuchung nicht vom ärztlichen Psychotherapeuten selbst durchgeführt wird, müssen Angaben zum somatischen Befund eines anderen Arztes, evtl. auch zu dessen Therapie (ggf. gebietsbezogen) beigefügt werden.
Bei Psychologischen Psychotherapeuten oder Kinder– und Jugendlichenpsychotherapeuten muß der Konsiliarbericht eines Arztes beigefügt werden.

5. **Verhaltensanalyse**
Beschreibung der Krankheitsphänomene, möglichst in den vier Verhaltenskategorien: Motorik, Kognitionen, Emotionen und Physiologie. Unterscheidung zwischen Verhaltensexzessen, Verhaltensdefiziten und qualitativ neuer spezifischer Symptomatik in der Beschreibung von Verhaltensstörungen. Funktions- und Bedingungsanalyse der für die geplante Verhaltenstherapie relevanten Verhaltensstörungen in Anlehnung an das S-O-R-K-C-Modell mit Berücksichtigung der zeitlichen Entwicklung der Symptomatik. Beschreibung von Verhaltensaktiva und bereits entwickelten Selbsthilfemöglichkeiten und Bewältigungsfähigkeiten. Wird die Symptomatik des Patienten durch pathogene Interaktionsprozesse aufrechterhalten, ist die Verhaltensanalyse auch der Beziehungspersonen zu berücksichtigen.

6. **Diagnose zum Zeitpunkt der Antragstellung**
Darstellung der Diagnose aufgrund der Symptomatik und der Verhaltensanalyse. Differentialdiagnostische Abgrenzung unter Berücksichtigung auch anderer Befunde, ggf. unter Beifügung der anonymisierten Befundberichte.

7. **Therapieziele und Prognose**
Darstellung der konkreten Therapieziele mit ggf. gestufter prognostischer Einschätzung (dabei ist zu begründen, warum eine gegebene Symptomatik direkt oder indirekt verändert werden soll);
Motivierbarkeit, Krankheitseinsicht und Umstellungsfähigkeit; ggf. Einschätzung der Mitarbeit der Beziehungspersonen, deren Umstellungsfähigkeit und Belastbarkeit.

8. **Behandlungsplan**
Darstellung der Behandlungsstrategie in der Kombination bzw. Reihenfolge verschiedener Interventionsverfahren, mit denen die definierten Therapieziele erreicht werden sollen. Angaben zur geplanten Behandlungsfrequenz und zur Sitzungsdauer (25 Minuten, 50 Minuten, 100 Minuten). Begründung der Kombination von Einzel- und Gruppenbehandlung auch ihres zahlenmäßigen Verhältnisses zueinander mit Angabe der Gruppenzusammensetzung und Darstellung der therapeutischen Ziele, die mit der Gruppenbehandlung erreicht werden sollen. Bei Verhaltenstherapie mit Kindern: Soll bei einer begleitenden Behandlung der Bezugspersonen vom Regelverhältnis 1 : 4 abgewichen werden, muß dies hier begründet werden. Begründung der begleitenden Behandlung der Bezugspersonen in Einzel- oder Gruppensitzungen sowie zur Gruppengröße und Zusammensetzung. Andere Verfahren als die in den Psychotherapie-Richtlinien genannten therapeutischen Interventionen (B I 1,2) können nicht Bestandteil des Behandlungsplans sein.

9. **Dient der Erstantrag der Umwandlung von Kurzzeittherapie in Langzeittherapie,** sind im Bericht zusätzlich folgende **Fragen** zu beantworten und die Antworten im Bericht voranzustellen:
a) Womit wurde die Kurzzeittherapie begründet?
b) Welches sind die Gründe für die Änderung der Indikation und Umwandlung in Langzeittherapie?
c) Welchen Verlauf hatte die bisherige Therapie?

Abb. 35.**4** Informationsblatt für Verhaltenstherapie

Auch die Darstellung der aktuellen sozialen Situation sollte sich primär auf die Faktoren beziehen, die als mögliche Bedingungsfaktoren zur Auslösung und Aufrechterhaltung oder ggf. auch Selbstkontrolle der Symptomatik beitragen.

Beispiel: Prädisponierende Faktoren für die Genese und Aufrechterhaltung der Symptomatik lassen sich z. T. aus der frühen Lerngeschichte der Pat. herleiten. Sie sei mit ihren beiden Brüdern (+ 10 J., + 2 J.) bei den leiblichen Eltern aufgewachsen. Ihre 54jährige Mutter sei Hausfrau, hilfsbereit, aufopfernd und versuche, jeden Konflikt zu vermeiden. Ihr Vater, Postbusfahrer, sei 1986 61jährig an Herzinfarkt verstorben. Er habe sich aus der Erziehung meist völlig heraus gehalten. Die Pat. berichtet, sie habe wenig Freiheiten gehabt, kaum mit Gleichaltrigen spielen dürfen. In der Pubertät habe ihr Vater sie unter Druck gesetzt, sich zunächst um die Schule und anschließend die Ausbildung zu kümmern, sich nicht mit "Jungen abzugeben, die nur das Eine wollten". Das Thema Sexualität sei in der Familie "absolut tabu" gewesen, davor habe sie auch heute Angst. Nach der mittleren Reife 1985 Ausbildung zur Rechtsanwalt- und Notargehilfin bis 1988. Anschließend 1jähriger Au-pair-Aufenthalt in den USA. Seit Anfang 1990 sei sie als Versicherungssachbearbeiterin oder kaufmännische Angestellte in verschiedenen Unternehmen tätig gewesen, habe mehrmals nach kurzer Zeit aufgrund Problemen mit den Mitarbeitern die Stelle gewechselt. Seit Juni 1992 sei sie in einer Wohnungsbaugesellschaft tätig, dort meist zufrieden, obwohl dort die Arbeitsbelastung sehr hoch sei.

Sie lebe allein in einer eigenen Wohnung. Aufgrund des Straßenlärms finde sie dort nicht die dringend benötigte Ruhe, wolle Anfang 1993 umziehen. Sie habe bislang nur kurze und nicht sehr intensive Freundschaften zu Männern gehabt. Auf der einen Seite vermisse sie einen festen Partner, könne sich andererseits jedoch nicht vorstellen, wie sie eine feste Beziehung aufbauen könne.

1991 habe sie eine Gesprächspsychotherapie über ½ Jahr durchgeführt. Durch Ortswechsel der Therapeutin sei diese beendet worden. Ihr seien damals die Zusammenhänge ihrer Beschwerden etwas deutlicher geworden.

ad 3: Psychischer Befund. Die Erstellung des psychischen Befundes bezieht sich auf den Zustand zum Zeitpunkt der Antragstellung. Ggf. sind auch Testbefunde mit einzubeziehen, sofern sie für die Behandlung relevant sind. Als Hilfestellung für die Erstellung des psychischen Befundes verweisen wir auf folgende Literaturangaben: Kind (1990), Scharfetter (1996).

ad 4: Somatischer Befund bzw. Konsiliarbericht. Der somatische Befund bzw. Konsiliarbericht bezieht sich auf den Ausschluß bzw. die

Berücksichtigung organischer Befunde, die psychopathologische Diagnose bzw. Differentialdiagnose sowie ggf. notwendige begleitende somatomedizinische Untersuchungen oder Behandlungen. Der Konsiliarbericht, der auf einem eigenen Formblatt (Muster 22 a) niedergelegt wird, umfaßt folgende Punkte:

- Aktuelle Beschwerden, psychischer und somatischer Befund
- Für die aktuellen Beschwerden relevante anamnestische Daten
- Medizinische Diagnosen, Differential-, Verdachtsdiagnosen
- Relevante stationäre und/oder ambulante Vor- und Parallelbehandlungen (z.B. laufende Medikation)
- Befunde, die eine ärztliche/ärztlich-veranlaßte Begleitbehandlung erforderlich machen
- Befunde, die eine psychiatrische Untersuchung erforderlich machen
- Notwendige ärztliche / ärztlich veranlaßte Maßnahmen bzw. Untersuchungen
- Bereits veranlaßte ärztliche Maßnahmen bzw. Untersuchungen
- Eventuelle Kontraindikationen für eine psychotherapeutische Behandlung aufgrund ärztlicher Befunde

ad 5: Verhaltensanalyse. In der Verhaltensanalyse sollte für die Hauptsymptomatik ein hypothetisches Bedingungsmodell dargestellt werden, das die wesentlichen auslösenden und aufrechterhaltenden Bedingungsfaktoren umfaßt. Weitere Symptome sollten in dieses Bedingungsmodell, z.B. als Vorläufer- oder nachfolgende Probleme, eingeordnet werden oder, falls dies nicht möglich ist, ein eigenes Bedingungsmodell erstellt werden. In dem Bedingungsmodell sollten sowohl aufrechterhaltende Faktoren auf Mikroebene als auch die Funktionalität der Störung auf Makroebene dargestellt werden.

Beispiel: Vor dem Hintergrund der familiären Lerngeschichte zeigt sich, daß die Pat. keine stabile Selbstwertschätzung entwickelte. So hatte sie das Gefühl, u.a. ihrem Vater nie etwas recht machen zu können. Daraus entwickelte sie folgende kognitive Grundeinstellung: "Ich bin als Mensch wenig wert, nur wenn ich Außergewöhnliches leiste, werde ich Anerkennung erhalten." Dieses Insuffizienzerleben versuchte die Pat. durch überhöhte Leistungsansprüche v. a. im schulischen Bereich zu kompensieren. So entwickelte sie sich zwar zur guten Schülerin, erlernte aber keine ausreichenden sozialen Kompetenzen im Kontakt mit Gleichaltrigen. Auslösende Bedingungen für die depressive Symptomatik der Pat. sind u.a. Situationen, in denen eine soziale Kontaktaufnahme, meist zu Männern, gescheitert ist. Hierauf reagiert die Pat. auf der kognitiven Ebene mit Gedanken wie "Was bin ich für ein schrecklicher Mensch, mit dem es niemand zu tun haben will". Auf der physiologischen Ebene stellten sich innere Unruhe, Magenbeschwerden und erhöhte Anspannung ein. Auf der Verhaltensebene reagiert die Pat. mit verstärktem sozialen Rückzug, Hyperaktivität, z.B. stundenlangem Putzen der Wohnung, Eßanfällen oder aber selbstschädigenden Verhaltenstendenzen, z.B. Manipulation an Mitessern, bis diese wirklich entzündet sind. Aufrechterhaltend i S. des operanten Konditionierens wirken folgende Faktoren: Der verstärkte soziale Rückzug wirkt kurzfristig erleichternd, da er der Pat. weitere Mißerfolge erspart, langfristig führt er jedoch zu einem weiteren Verstärkerverlust und damit zu einer Verstärkung depressiver Tendenzen. Eßanfälle und selbstschädigende Verhaltensweisen sind v.a. als inadäquate Bewältigungsstrategien zur Spannungsreduktion zu sehen. Das anschließende schlechte Gewissen über den subjektiv erlebten Kontrollverlust bewirken wiederum exzessives Grübeln, Selbstabwertung der eigenen Person und damit weiter soziale Isolierungstendenzen, so daß die Symptomatik der Pat. in diesem Kreislauf aufrechterhalten wird.

ad 6: Diagnosen. Die Diagnose sollte sich auf die anfangs beschriebene Symptomatik und die in der Verhaltensanalyse beschriebenen Störungsbilder beziehen.

Beispiel:

Dysthymia (ICD 10 F 34.1)
Psychogene Eßstörung (ICD 10 F 50.8)
und schizoide Persönlichkeitsstörung
(ICD 10 F 60.1)

Für die Diagnose der Dysthymia sind alle Kriterien erfüllt. Die psychogene Eßstörung ist so weit ausgeprägt, daß sie nicht mehr als Symptom der Dysthymia betrachtet werden kann. Bei dem anamnestisch bekannten deutlichen Gewichtsverlust ist an eine anorektische Phase zu denken, wobei aber z.Z. sowohl keine Körperschemastörung als auch keine Angst vor Gewichtszunahme festzustellen ist. Für die Diagnose der schizoiden Persönlichkeitsstörung ist die geforderte Anzahl der Kriterien erfüllt.

Differentialdiagnostisch wäre aufgrund sowohl der emotionalen Instabilität als auch der Instabilität bzgl. des eigenen Selbstbildes und der selbstschädigenden Handlungen an eine emotional instabile Persönlichkeitsstörung, Borderline-Typus, zu denken, wobei diese Symptome nicht dauerhaft auftreten und daher nicht in die Diagnose aufgenommen werden.

ad 7: Therapieziele und Prognose. Ausgehend von der Verhaltensanalyse und den Bedingungsfaktoren, sollten die entsprechenden Therapieziele und therapeutischen Ansatzpunkte dargestellt und beschrieben werden, mit welchen therapeutischen Prinzipien diese Ziele erreicht werden sollen. Therapeutische Ansatzpunkte können Verhaltensweisen des Patienten bzw. aufrechterhaltende Bedingungen sein. Daneben ist eine Aussage zur Prognose der geplanten Therapie zu geben.

Beispiel: Auf der Grundlage der o. g. Verhaltensanalyse und nach einer eingehenden Motivationsklärung wurden mit der Patientin folgende Therapieziele abgesprochen:

1. Schrittweise Erweiterung sozial positiv erlebter Aktivitäten, insbesondere im Bereich der Aufnahme und Aufrechterhaltung zwischenmenschlicher: Beziehungen.
2. Umstrukturierung der irrationalen Leistungsansprüche an die eigene Person, realistischere Einschätzung eigener Fähigkeiten, schrittweise Steigerung des Selbstwertgefühls.
3. Aufbau eines geregelten, stabilen Eßverhaltens.
4. Förderung der sozialen Kompetenz, u.a. des Ausdrucks eigener Emotionen gegenüber engeren Bezugspersonen.
5. Erlernen von Strategien zum Umgang mit impulsiven Handlungen wie Eßanfällen oder selbstschädigenden Verhaltensmustern.

Die Patientin steht unter erheblichem Leidensdruck und ist für die Therapie hochmotiviert und veränderungsbereit. Zu Beginn der Therapie ist jedoch angesichts des Ausmaßes der bestehenden Defizite und der Probleme im Herstellen einer tragfähigen therapeutischen Beziehung nur mit langsamen Fortschritten zu rechnen. Günstig für die langfristige Prognose erscheinen zum einen die subjektiv guten Erfahrungen der Pat. mit ambulanter Psychotherapie, die hohe Introspektionsfähigkeit sowie die hohe Therapie- und Änderungsmotivation.

ad 8: Behandlungsplan. Ausgehend von den geplanten Therapiezielen und Veränderungsprinzipien, sind die konkreten therapeutischen Behandlungsmaßnahmen und -methoden unter Bezug auf die Informationen aus der Verhaltensanalyse darzustellen, ebenso die Reihenfolge der Maßnahmen und die voraussichtliche Dauer der einzelnen geplanten Schritte. An dieser Stelle ist der Ablauf der gesamten Therapie grob zu skizzieren, was einige Voraussicht erfordert, andererseits aber auch die Möglichkeit zur Modifikation des Behandlungsplans enthalten sollte.

Beispiel: Der Behandlungsplan sieht nach der Anamneseerhebung sowie der konkreten Formulierung kurzfristig erreichbarer Zwischenziele eine schrittweise Ausweitung der sozialen Aktivitäten im Rahmen von explizit formulierten Verhaltensübungen in vivo vor. Dadurch soll neben dem Aufbau antidepressiven Verhaltens eine Aufwertung des eigenen Selbstwertgefühls erreicht werden. Mit Hilfe kognitiver Umstrukturierungsmethoden (nach Ellis und Beck) soll eine realistische Bewertung dieser sozialen Situationen erreicht werden. Daneben soll mit Hilfe von gezielter Information, Aufstellen von Essensplänen sowie dem Einsatz von Stimuluskontrolltechniken ein stabiles Eßverhalten verbunden mit einer schrittweisen Gewichtszunahme erreicht werden. Bzgl. des Umgangs mit impulsiven Handlungen sollen Techniken der Selbstkontrolle zum Einsatz kommen. Im 2. Teil der Therapie soll, basierend auf den neuen Erfahrungen der Pat., u.a. die intensivere Aufnahme zwischenmenschlicher Beziehungen gefördert werden. Hierbei soll zum einen durch Rollenspielübungen im Rahmen der Therapiesitzung als auch durch konkret formulierte Verhaltensübungen in vivo ein verstärkter Ausdruck eigener Gefühle sowie das Äußern eigener Bedürfnisse gefördert und die bestehenden Ängste vor engeren Kontakten reduziert werden. Im letzten Therapieabschnitt soll vor dem Hintergrund erworbener Kompetenzen u.a. die Übernahme von mehr Eigenverantwortung bezüglich eigener Veränderungswünsche bearbeitet werden. Neben den o.g. Therapieschritten ist nach dem Aufbau einer tragfähigen therapeutischen Beziehung aufgrund der Komorbidität sowie der deutlichen Beeinträchtigung auch daran zu denken, die Pat. ggf. für eine stationäre Behandlung in einer psychosomatischen Fachklinik zu motivieren, wobei die Pat. dieser Möglichkeit z.Z. noch ablehnend gegenübersteht.

Der Bericht an den Gutachter mit Formblatt VT 3a ist zusammen mit einem Durchschlag des Formblattes PTV 2 in einen Briefumschlag VT 8 zu stecken. Der Briefumschlag wird verschlossen an die Krankenkasse zur Weiterleitung an den Gutachter geschickt, zusammen mit dem Antrag des Versicherten PTV 1 und dem Original des Antrages des Arztes PTV 2.

Umwandlungsantrag

Wurde zunächst ein Antrag auf Kurzzeittherapie gestellt und stellt sich im Verlauf der Therapie heraus, daß eine Langzeittherapie notwendig ist, kann ein Umwandlungsantrag bis zur 20. Sitzung der Kurzzeittherapie gestellt werden. Hierzu sind die gleichen Formulare wie beim Erstantrag auf Langzeittherapie auszufüllen, wobei der Bericht an den Gutachter wie beim Erstantrag zu gliedern ist und zusätzlich unter Punkt 9 die Umwandlung in Langzeittherapie begründet werden muß.

Fortführungsantrag

Ist eine Langzeittherapie bis 45 Sitzungen nicht ausreichend, um einen Therapieerfolg zu erreichen, kann ein Fortführungsantrag bis auf 60 Sitzungen gestellt werden. Hierzu sind die gleichen Formulare wie bei dem Erstantrag auszufüllen (PTV 1, PTV 2 und VT 3b). Der Bericht zum Fortführungsantrag an den Gutachter ist in drei Punkte gegliedert (s. Abb. 35.**5**):

1. wichtige Ergänzungen in einzelnen Punkten zum Erstantrag
2. Zusammenfassung des bisherigen Therapieverlaufs
3. Beschreibung der Therapieziele für den jetzt beantragten Behandlungsabschnitt

Die Fortführungsanträge werden in der Regel von den Gutachtern des Erstberichtes bewertet, d.h. es sind vor allem die neuen Informationen gegenüber dem Erstantrag darzustellen. Insbesondere ist der bisherige Therapieverlauf und die durchgeführten therapeutischen Interventionen darzustellen, um die Begründung für die Fortführung der Behandlung nachvollziehen zu können.

Ergänzungsbericht

Ist der in besonderen Fällen mögliche Leistungsumfang bis 60 Sitzungen zur Erzielung eines Behandlungserfolges auch noch nicht ausreichend, kann auf Antrag des Versicherten ausnahmsweise (!) eine Behandlung bis zur Höchstgrenze bis zu 80 Sitzungen beantragt werden. Hierzu sind die gleichen Formulare wie beim Erstantrag auszufüllen (PTV 1, PTV 2 und VT 3c) auszufüllen. Der Bericht an den Gutachter ist wie der Bericht zum Fortführungsantrag zu gestalten, ergänzt noch um einige Fragen, mit dem die Überschreitung der Höchstgrenzen begründet wird (s. Abb. 35.**6**).

Bericht zum Fortführungsantrag – VT 3b bzw. VT 3b EK

1. **Wichtige Ergänzungen zu den Angaben in den Abschnitten 1.-3. und 5. des Berichtes zum Erstantrag auf VT 3a**
   Lebensgeschichtliche Entwicklung und Krankheitsanamnese, psychischer Befund und Bericht der Angehörigen des Patienten, Befundberichte aus ambulanten oder stationären Behandlungen, ggf. testpsychologische Befunde. Ergänzungen zur Diagnose bzw. Differentialdiagnose.
2. **Zusammenfassung des bisherigen Therapieverlaufs**
   Ergänzungen oder Veränderungen der Verhaltensanalyse, angewandte Methoden, Angaben über die bislang erreichte Veränderung der Symptomatik, ggf. neu hinzugetretene Symptomatik, Mitarbeit des Patienten und ggf. der Beziehungspersonen.
3. **Beschreibung der Therapieziele für den jetzt beantragten Behandlungsabschnitt und ggf. Änderung des Therapieplanes**
   Prognose nach dem bisherigen Behandlungsverlauf und Begründung der noch wahrscheinlich notwendigen Therapiedauer mit Bezug auf die Veränderungsmöglichkeiten der Verhaltensstörungen des Patienten.

Abb. 35.**5** Bericht zum Fortführungsantrag

Spezialfälle

Wenn innerhalb der 2-Jahresfrist nach Abschluß einer Kurzzeit- oder Langzeittherapie eine erneute Kurzzeittherapie beantragt wird, ist dies gutachterpflichtig.

Bei einem Wechsel des Therapeuten oder Wechsel des Therapieverfahrens steht dem neuen Therapeuten das volle jeweils bewilligte Therapiekontingent zur Verfügung, ohne daß die bereits erfolgte Behandlung in der vorausgegangenen Kurzzeittherapie angerechnet wird.

Sollen im Rahmen der Therapie Behandlungsblöcke im Umfang von 3 - 5 Sitzungen, z.B. bei Expositionsbehandlung, durchgeführt werden, muß dies vorher angezeigt und vom Gutachter genehmigt werden.

Wir gehen an dieser Stelle nicht auf die Besonderheiten im Rahmen des Beauftragungsverfahrens an Ausbildungsinstituten, das noch bis Ende 1999 läuft, sowie auf die Regelungen im Rahmen der Ambulanzen der zukünftigen Ausbildungsstätten nach dem Psychotherapeutengesetz ein.

Zu weiteren Details und ausführlicher Darstellung des Antragsverfahrens verweisen wir auf den Kommentar von Faber et al. (1999).

Epikrise

Für alle psychotherapeutischen Maßnahmen besteht Dokumentationspflicht, d.h. die einzelnen Sitzungen sind zu dokumentieren.

Ein Behandlungsabbruch ist der zuständigen Krankenkasse unverzüglich bekanntzumachen.

Nach Beendigung der Behandlung ist ein Abschlußbericht sinnvoll. Hier sollte der Therapieverlauf kurz geschildert werden, das Behandlungsergebnis und die Anzahl der Therapiesitzungen dargestellt werden.

Gruppentherapie

Eine Gruppentherapie kann nur in Kombination mit einer Einzeltherapie durchgeführt und beantragt werden. Gruppentherapie kann sowohl als Kurzzeit- oder Langzeittherapie beantragt werden, wobei jede Doppelstunde Gruppentherapie im Gesamttherapiekontingent als Einzelstunde gezählt wird.

Ergänzungsbericht – VT 3c

Die Inanspruchnahme der Behandlung im Rahmen der Höchstgrenzen nach E 1.2.8 der Psychotherapie-Richtlinien erfordert einen Antrag des Versicherten (des Patienten, ggf. seines gesetzlichen Vertreters) auf Fortführung der Behandlung (Formblatt PTV1 bzw. PTV1 EK), dem ein aktueller Bericht nach VT 3b bzw. VT 3b EK und zusätzlich ein Ergänzungsbericht (VT 3c bzw. VT 3c EK) beizufügen ist.
Im zusätzlichen Ergänzungsbericht ist die Fortführung der Behandlung über den Leistungsumfang hinaus, der in den Psychotherapie-Richtlinien unter EK 1.2.1 -1.2.7 festgelegt wurde, zu begründen und zur beabsichtigten Überschreitung des Behandlungsumfanges Stellung zu nehmen. Dabei sollen folgende Fragen beantwortet werden:

1. Welche Erwartungen knüpft der Patient an die Fortführung der Behandlung? Was möchte er noch erreichen?
2. Welche besonderen Ereignisse sind eingetreten, die eine Fortführung der Behandlung in diesem Umfang notwendig machen?
3. Wie schätzt der Therapeut die Möglichkeiten zur Selbsthilfe und zur eigenverantwortlichen Bewältigung der Verhaltensstörungen ein?
4. Welche Stundenzahl wird für die Abschlußphase der verhaltenstherapeutischen Behandlung unbedingt noch für erforderlich gehalten? Welche Sitzungsfrequenz und welche Behandlungsdauer bis zur Beendigung der Therapie ist vorgesehen?

Abb. 35.**6** Ergänzungsbericht

35.2 Therapiedokumentation im Rahmen ambulanter Verhaltenstherapie

■ Abschlußbericht

Nach den Psychotherapierichtlinien besteht für alle psychotherapeutischen Maßnahmen Dokumentationspflicht, wobei allerdings z.Z. noch keine genauen Dokumentationsleitlinien vorgegeben werden. Es empfiehlt sich, die Inhalte der einzelnen Sitzungen handschriftlich kurz zu notieren. Nach Beendigung der Behandlung ist ein Abschlußbericht sinnvoll, der dem zuweisenden Arzt oder späteren Weiterbehandlern zugänglich gemacht werden kann. In diesem Bericht sollte der Therapieverlauf kurz geschildert werden, das Behandlungsergebnis und die Anzahl der Therapiesitzungen dargestellt werden.

Der Bericht sollte zwei Aspekte enthalten:

1. Darstellung von Therapie und Verlauf
   Hier sollen der Behandlungsverlauf, die eingesetzten therapeutischen Methoden, die Veränderungsprozesse beim Patienten, die Therapeut/Patient-Interaktion sowie Schwierigkeiten im Verlauf dargestellt werden.
2. Therapieergebnis und Prognose
   Hier erfolgt die Darstellung der Behandlungsergebnisse und eine prognostische Stellungnahme sowie Vorschläge für nachfolgende Maßnahmen.

Der Umfang des Abschlußberichtes sollte ein bis zwei Seiten umfassen.

Beispiel: In den ersten Therapiestunden konnten gemeinsam mit der Patientin im Rahmen einer systematischen Verhaltensanalyse anhand immer wieder auftretender Alltagssituationen ihre typischen Handlungsmuster im sozialen Kontakt herausgearbeitet werden. Im Zusammenhang mit der Familienanamnese wurde der Patientin deutlich, daß rigide Erziehungsmuster, ein von ihr negativ erlebtes Modellverhalten ihres Vaters sowie einige unangenehme Erfahrungen in der Pubertät dazu beitrugen, daß sie vor allem den Kontakt zu Männern versuchte zu meiden.

Begünstigt durch ihre überdurchschnittliche Intelligenz und die hohe Introspektionsfähigkeit, konnte die Patientin relativ schnell eigene verhaltenssteuernde kognitive Oberpläne erkennen, die bislang zwar kurzfristig zu positiven, langfristig jedoch zu negativen Konsequenzen führten. Im weiteren Verlauf wurde mit Hilfe kognitiver Therapiemethoden (Beck) eine Veränderung der dysfunktionalen Kognitionen angestrebt. Gleichzeitig wurden auf der Verhaltensebene kurzfristig erreichbare Zwischenziele bzgl. der Aufnahme und Aufrechterhaltung zwischenmenschlicher Beziehungen festgelegt. Es gelang der Patientin, unterstützt durch übende Rollenspiele, wieder den Kontakt zu einer Gruppe früherer Freundinnen aufzunehmen und so teilweise die doch sehr ausgeprägte soziale Isolation etwas zu verlassen. Kleine Fortschritte machte die Patientin auch in der Kontaktaufnahme gegenüber Männern, ohne daß sich jedoch eine längerfristige Beziehung daraus entwickelte. Hierbei zeigte sich, daß die Patientin zwar ansatzweise eigene negative Kognitionen selbständig umstrukturieren konnte, jedoch nur selten in der Lage war, veränderte Einstellungen auch in verändertes Verhalten umzusetzen. Bzgl der depressiven Störung der Patientin wurde mit Hilfe eines Verstärkerplans ein Aktivitätsaufbau besonders im Rahmen der Freizeitgestaltung angeregt. Die Patientin entschloß sich, wieder regelmäßig zu einem Fitneßstudio zu gehen, wo sie auch wieder soziale Kontakte herstellen konnte. In diesem Zusammenhang ergab sich das Problem, daß die Patientin Schwierigkeiten bekam, die aufgrund der vorhandenen Eßstörung ausgearbeiteten regelmäßigen Mahlzeitenpläne einzuhalten. So fühlte sie sich zwar stimmungsmäßig deutlich wohler, nahm aber ca. 3 kg an Körpergewicht in etwa 4 Wochen ab, was bei dem niedrigen Ausgangsgewicht Bedenken von Seiten des Therapeuten hervorriefen. Die Patientin teilte zwar nach außen die geäußerten Bedenken, meinte aber, dies Problem selbständig lösen zu können. Eine Sitzung später (20. Sitzung) teilte sie mit, daß sie aufgrund des langen Anfahrtsweges und vermehrter Auslastung ihrer Freizeit die ambulante Therapie nicht weiter fortführen wolle.

In einem abschließenden Gespräch etwa drei Monate später äußerte sie sich insgesamt positiv über die Therapie. So träten soziale Rückzugstendenzen seltener auf, die Stimmung sei stabiler und ausgeglichener. Das Körpergewicht wirkte vom äußeren Eindruck nicht weiter reduziert.

Therapieerfolgs- und Verlaufskontrolle

Neben dem Abschlußbericht besteht die Möglichkeit, eine individuelle Therapieerfolgs- und Verlaufskontrolle durchzuführen. Hierzu können psychometrische Testverfahren, Selbsteinschätzungs-Fragebogen, Verhaltenstests, Fremdeinschätzungen oder ähnliches eingesetzt werden. Zur Erfolgsmessung sind Vorher-Nachher-Messungen mit demselben Meßinstrument oder einmalige Einschätzungen des Patienten am Ende der Therapie, zum Beispiel mit dem Veränderungsfragebogen des Erlebens und Verhaltens (VEV), möglich. Zur Verlaufskontrolle sind Selbsteinschätzungsskalen oder Stunden-Beurteilungsbogen möglich, die mehrmals zwischendurch oder auch nach jeder Stunde ausgefüllt werden können. Sinnvoll sind auch Zielerreichungsskalierungen (Goal Attainment Scaling, GAS), wobei die Patienten ihre Behandlungsfortschritte selbst bewerten.

Psy-BaDo als Dokumentationsinstrument

Vor dem Hintergrund der notwendigen Qualitätssicherung im Bereich der Fachpsychotherapie wurde in der Arbeitsgemeinschaft wissenschaftlich-medizinischer Fachgesellschaften (AWMF) eine therapieschulen-übergreifende Psychotherapiedokumentation entwickelt. Die Psy-BaDo stellt das Kernmodul dieser Basisdokumentation dar (siehe Heuft & Senf 1998). Die Psy-BaDo, die komplett oder partiell sowohl im ambulanten als auch im stationären Bereich eingesetzt werden kann, besteht aus folgenden Teilen:

- *Patientenangaben zu Behandlungsbeginn*
  Hier werden vor allem soziodemographische Variablen (Alter, Geschlecht, Familienstand, Schulabschluß etc.) sowie sozialmedizinische Variablen (Arbeitsunfähigkeit, Rentenverfahren etc.) erfaßt.
- *Therapeutenangaben zu Behandlungsbeginn*
  Hier werden vor allem die Diagnosen und Einschätzungen des Schweregrades sowie Vorbehandlungen und Zuweisungsmodus erfaßt.
- *Therapeutenangaben am Behandlungsende*
  Hier werden die Diagnosen bei Entlassung sowie die Einschätzung des Schweregrades zum Therapieende und empfohlene weitere Maßnahmen erfaßt.
- *Allgemeine Veränderungsdokumentation*
  Sowohl Therapeuten als auch Patienten schätzen hier zu Beginn der Behandlung ein, welche Bedeutung sie der Veränderung bestimmter Befindensstörungen/Problembereiche, zum Beispiel körperliche oder psychische Befindensstörungen, Selbstwerterleben, soziale Probleme, Beziehungen zu anderen Personen, Zukunftsorientierung etc., durch die aktuelle psychotherapeutische Behandlung beimessen. Zusätzlich wird die Medikation bei Therapiebeginn erfaßt. Am Ende der Therapie wird sowohl von den Therapeuten als auch den Patienten eingeschätzt, welche Veränderungen sich im Laufe der Therapie in den anfangs genannten unterschiedlichen Befindensstörungen/Problembereichen ergeben haben. Ausschlaggebend sind hier die Problembereiche, die für den Behandlungsauftrag wesentlich waren.
- *Qualitative Erfolgsmessung*
  Sowohl Therapeut als auch Patient definieren hier zu Beginn der Behandlung bis zu fünf relevante Ziele und legen Kriterien fest, an denen die Zielerreichung festgestellt werden soll. Am Ende der Behandlung schätzen sowohl Therapeut als auch Patient ein, inwieweit die anfangs aufgestellten Therapieziele erreicht wurden.
- *Klassifikation therapeutischer Leistungen*
  In einem Übersichtsblatt werden die einzelnen durchgeführten therapeutischen Maßnahmen festgehalten und dokumentiert.

35.3 Therapiedokumentation im Rahmen stationärer Verhaltenstherapie

Entlassungsbericht

Der Entlassungsbericht nach einer stationären verhaltenstherapeutischen Behandlung sollte in der Gliederung orientiert sein an dem Bericht zum Erstantrag im Rahmen ambulanter Verhaltenstherapie. Zusätzlich sollte Therapie und Verlauf, sozialmedizinische Beurteilung, Prognose und weitere therapeutische Empfehlungen dargestellt werden, ähnlich wie dies auch im ambulanten Abschlußbericht erfolgt.

Im Bereich der medizinischen Rehabilitation der gesetzlichen Rentenversicherung wurde vor kurzem ein einheitlicher Entlassungsbericht vorgelegt, der auch im Rahmen stationärer Verhaltenstherapie - ggf. mit kleinen Änderungen - eingesetzt werden kann. Dieser Bericht enthält folgende Gliederungspunkte:

1. Allgemeine und klinische Anamnese
2. Aktuelle Beschwerden
3. Gegenwärtige Therapie und behandelnde Ärzte
4. Sozialanamnese
5. Arbeits- und Berufsanamnese
6. Aufnahmebefund, Vorbefunde und ergänzende Diagnostik
7. Behandlungsdiagnosen und Therapieziele
8. Therapieverlauf
9. Therapieergebnis
10. Sozialmedizinische Epikrise

■ Therapieerfolgs- und Verlaufskontrolle

Analog wie im ambulanten Rahmen können auch im stationären Setting Erfolgs- und Verlaufskontrollen mit Hilfe psychometrischer Tests, Einschätzungsskalen, Fragebogen etc. erfolgen.

■ Basisdokumentation

Im Bereich der stationären Verhaltenstherapie existieren verschiedene Basisdokumentations-Systeme. Eine der ersten und umfassendsten ist die vom Wissenschaftsrat der AHG entwickelte Basisdokumentation (Fachausschuß Psychosomatik des Wissenschaftsrates der AHG 1994, Meermann 1993, Zielke 1993). Die "Basisdokumentation Verhaltenstherapeutische Psychosomatik" wird vom Therapeuten am Ende der Behandlung ausgefüllt und enthält Angaben zu soziodemographischen Variablen des Patienten, Anzahl und Art der Vorbehandlungen, Art und Anzahl der durchgeführten therapeutischen Maßnahmen, Medikation, Behandlungsdiagnosen, Einschätzungen der Veränderungen, sozialmedizinische Variablen, wie Arbeits- und Leistungsfähigkeit, sowie empfohlene weitere Maßnahmen.

Daneben gibt es einen auch vom Fachausschuß Psychosomatik des AHG-Wissenschaftsrates entwickelten Entlassungsfragebogen (Dehmlow et al. 1999), der von den Patienten am Ende der Behandlung ausgefüllt wird. Die Patienten geben hier ihre Einschätzungen zum Therapieerfolg, zum Ausmaß der Veränderungen in unterschiedlichen Verhaltens- und Erlebensbereichen, z.B. Stimmungslage, Entspannungsfähigkeit, Selbstsicherheit, Problemlösefähigkeit etc. an. Diese Einschätzungen der Patienten können zur Therapieerfolgskontrolle eingesetzt werden und können auch Hinweise auf relevante Aspekte des therapeutischen Veränderungsprozesses geben (Borgart 1999). Daneben schätzen die Patienten ihre Zufriedenheit mit einzelnen therapeutischen Maßnahmen und Serviceleistungen der Klinik ein, machen Aussagen zu ihren Erfahrungen mit dem Therapiekonzept und dem Therapieprogramm und können in freier Form weitere Anregungen und Kritik für die Behandler formulieren.

35.4 Literatur

1. *Borgart, E.-J.*: Therapieerfolg aus Sicht der Therapeuten und der Patienten im Rahmen stationärer Verhaltenstherapie. Praxis klinische Verhaltensmedizin und Rehabilitation, 11 (45), 1999, 35-39
2. *Dehmlow, A., Zielke, M. & Limbacher, K.*: Konzeptionelle Gestaltung und Ergebnisse eines Entlassungsfragebogens nach stationärer Verhaltenstherapie. Praxis klinische Verhaltensmedizin und Rehabilitation, 11 (45), 1999, 28-34
3. *Fachausschuß Psychosomatik* (Hrsg.): Basisdokumentation Psychosomatik in der Verhaltensmedizin. 10 Jahre Qualitätssicherung in der medizinischen Rehabilitation auf der Grundlage klinischer Behandlungsdaten. Verhaltensmedizin Heute, 2, 1994, 11-71
4. *Faber, F. R.., Dahm, A. & Kallinke, D.*: Faber / Haarstrick: Kommentar Psychotherapie – Richtlinien (5. Aufl.). Urban und Fischer Verlag, München 1999
5. *Heuft, G.& Senf, W. (Hrsg.) :* Praxis der Qualitätssicherung in der Psychotherapie: Das Manual zur Psy – BaDo. Georg Thieme Verlag, Stuttgart 1998
6. *Kind, H.:* Psychiatrische Untersuchung (4. Aufl.). Springer, Berlin 1990
7. *Meermann,R.:* Verhaltenstherapie in der Klinik. Versorgungssituation, Behandlungsergebnisse, Wirksamkeit. Nervenheilkunde, 12, 1993, 451-457
8. *Meermann, R. & Borgart, E.J.:* Zehn-Jahresbericht (1987-1997) der Psychosomatischen Fachklinik Bad Pyrmont. Schriftenreihe der Psychosomatischen Fachklinik Bad Pyrmont, Bd. 8, 1997
9. *Scharfetter, C.*: Allgemeine Psychopathologie (4. Aufl.). Thieme, Stuttgart 1996
10. *Zielke, M.:* Basisdokumentation in der stationären Psychosomatik. Praxis der Klinischen Verhaltensmedizin und Rehabilitation, 6, 1993, 218-226

AOK	LKK	BKK	IKK	VdAK	AEV	Knappschaft

Name, Vorname des Versicherten

geb. am

Kassen-Nr. Versicherten-Nr. Status

Vertragsarzt-Nr. VK gültig bis Datum

Antrag
des Versicherten auf Psychotherapie

Nicht zur Weiterleitung an den Gutachter bestimmt

Name und Anschrift der Krankenkasse

Chiffre des Patienten

Anfangsbuchstabe des Familiennamens | Geburtsdatum 6stellig

Die Angaben der persönlichen Daten sind aufgrund § 60 Sozialgesetzbuch (SGB I) notwendig. Ist der Patient nicht selbst Mitglied der Krankenkasse, sind auch die Angaben zum Mitglied erforderlich.

Angaben zum Patienten

Name, Vorname

Geburtsdatum

Anschrift

Angaben zum Mitglied

Name, Vorname

Geburtsdatum

Anschrift

Mitgliedsnummer

Ich beantrage die Feststellung der Leistungspflicht für Psychotherapie

- ☐ Erstantrag
- ☐ Fortführung der Behandlung

Vor der jetzigen Behandlung wurde bereits Psychotherapie durchgeführt

- ☐ ambulant
- ☐ stationär

Dauer der Behandlung von bis

☐ keine

Behandler/Klinik (Name, Anschrift)

Kostenträger

Ist ein Rentenantrag gestellt? ☐ ja ☐ nein

ggf. wann und bei wem

Ich erkläre mich damit einverstanden, daß der Therapeut die zur Prüfung des Antrages notwendigen Angaben, insbesondere zur Feststellung der Erkrankung, vorangegangenen Behandlungen und Begutachtungen und zur Wahl des Behandlungsverfahrens, der Krankenkasse und ggf. der begutachtenden Stelle erteilen.

Datum *Unterschrift des Patienten, ggf. seines gesetzlichen Vertreters*

1.99 Formblatt **PTV 1** Antrag des Versicherten an die Krankenkasse

Bitte zusammen mit den Angaben des Therapeuten (Formblatt PTV 2) der Krankenkasse einreichen!

Abb. 35.**1** Formblatt PTV 1, Antrag des Versicherten an die Krankenkasse

Name und Anschrift der Krankenkasse

Angaben des Therapeuten
zum Antrag des Versicherten

Chiffre ☐ ☐☐☐☐☐☐ des Patienten
Anfangsbuchstabe des Familiennamens | Geburtsdatum 6stellig

☐ **AUF KURZZEITTHERAPIE (KZT)** ☐ **Erstantrag** ☐ **erneuter Antrag**
KZT mit maximal 25 Stunden als ☐ tiefenpsychologisch fundierte Psychotherapie ☐ Verhaltenstherapie

Leistungen ☐ nach Nummer ☐ BMÄ-Einzelbehandlungen (50/25 Min.)
Leistungen ☐ nach Nummer ☐ BMÄ-Gruppenbehandlungen (100/50 Min.) und ☐ Teilnehmern in der Gruppe
Leistungen ☐ nach Nummer ☐ BMÄ-Begleitende Behandlungen der Bezugsperson(en)

Die Behandlung soll beginnen am | Diagnose

Die KZT wird durchgeführt
☐ als Behandlungsverfahren mit voraussichtlich ausreichendem Behandlungserfolg
☐ zur Überprüfung einer Indikationsstellung für Langzeittherapie
☐ als Sofortmaßnahme zur Krisenintervention
Begründung des Behandlungsplans: (kurze Hinweise zur Indikation, zu vorausgegangenen Behandlungen und zur Wahl des Behandlungsverfahrens. Die Hinweise müssen die Schweigepflicht gegenüber der Kasse berücksichtigen!)

☐ **AUF LANGZEITTHERAPIE (LZT)** ☐ **Erstantrag** ☐ **Umwandlungsantrag** ☐ **Fortführungsantrag Nr.** ☐
Bei jeder Antragstellung ist das Formblatt PTV 2 neu auszufüllen. Bei Fortführungs- und Umwandlungsanträgen sind der Erstantrag und ggf. weitere Anträge auf PTV 2 beizufügen.

LZT mit voraussichtlich insgesamt ☐ Stunden einer
☐ tiefenpsychologisch fundierten Psychotherapie ☐ analytischen Psychotherapie ☐ Verhaltenstherapie

Für den jetzigen Bewilligungsschritt werden beantragt
Leistungen ☐ nach Nummer ☐ BMÄ-Einzelbehandlungen (50/25 Min.) ☐ Sitzungen in der Woche
Leistungen ☐ nach Nummer ☐ BMÄ-Gruppenbehandlungen (100/50 Min.) ☐ Sitzungen in der Woche

Für begleitende Behandlung der Bezugsperson(en)
Leistungen ☐ nach Nummer ☐ BMÄ-Einzelbehandlungen
Leistungen ☐ nach Nummer ☐ BMÄ-Gruppenbehandlungen

Die Behandlung soll beginnen am oder läuft seit | Diagnose

Bei Fortführung der Behandlung
Datum der Vorgutachten | Name des Gutachters

Bisheriger Behandlungsumfang im laufenden Verfahren
Kurzzeittherapie als ☐ Einzel- ☐ Gruppenbehandlung mit ☐ Sitzungen nach Nr. ☐ BMÄ
Langzeittherapie als ☐ Einzel- ☐ Gruppenbehandlung mit ☐ Sitzungen nach Nr. ☐ BMÄ

Erklärung des Therapeuten
☐ Innerhalb der letzten 2 Jahre wurde bereits eine Psychotherapie durchgeführt.
☐ Ich führe die beantragte Psychotherapie nach den jeweils geltenden Bestimmungen der vertragsärztlichen Versorgung durch.

Stempel (KV-Abrechnungsnummer) und Unterschrift des Therapeuten

1.99 Formblatt **PTV 2** Angaben des Therapeuten zum Antrag des Versicherten an die Krankenkasse — *Original und ein Durchschlag zur Weiterleitung an den Gutachter.*

Abb. 35.**2** Formblatt PTV 2, Angaben des Therapeuten zum Antrag des Versicherten an die Krankenkasse

Stempel des Therapeuten mit KV-Abrechnungsnummer

Name und Anschrift der Krankenkasse

Bericht an den Gutachter

zum Antrag des Versicherten auf Verhaltenstherapie

☐ zum Erstantrag (VT 3a)
☐ zum Fortführungsantrag (VT 3b)
☐ Ergänzungsbericht (VT 3c)

Bei Fortführungs- und Umwandlungs-Anträgen sind der Erstantrag VT 3a und ggf. weitere Anträge auf VT 3b beizufügen.

Chiffre ☐ | ☐☐☐☐☐☐ des Patienten
Anfangsbuchstabe des Familiennamens | Geburtsdatum 6stellig

Angaben über den Patienten

a) Erwachsene

Alter Jahre | Geschlecht ☐ M ☐ W | Familienstand ☐ ledig ☐ verheiratet ☐ verwitwet ☐ geschieden ☐ wieder verh. ☐ getrennt lebend | Kinderzahl

erlernter Beruf

zuletzt ausgeübte Tätigkeit

b) Kinder und Jugendliche

Alter Jahre | Monate | Geschlecht ☐ M ☐ W | Schulart, Klasse, ggf. Schulabschluß

Geschwisterzahl und Position | lebt bei/in (Eltern, Großeltern, Internat)

erlernter Beruf | Alter und Beruf der Eltern

zuletzt ausgeübte Tätigkeit

Es werden ☐ Sitzungen bei einer Behandlungsfrequenz von ☐ pro Woche beantragt für eine

Verhaltenstherapie
☐ als Einzeltherapie
☐ als Gruppentherapie Teilnehmerzahl ☐

Hinweise zum Erstellen des Berichtes

1. Der Therapeut erstattet seinen Bericht an den Gutachter in freier Form, gliedert ihn in numerierte Abschnitte und fügt ihn, mit Datum und Unterschrift versehen, diesem ebenfalls unterschriebenen Formblatt bei.
Die inhaltliche Gestaltung des Berichtes ist in einem Informationsblatt vorgegeben, das auf Anforderung von der KV zur Verfügung gestellt wird.

2. Die Überschriften der Abschnitte des Informationsblattes sollen im Bericht nicht jeweils wiederholt werden, die Angabe der Abschnitts-Nummer genügt. Der Umfang des Berichtes soll 3 DIN A 4-Seiten nicht überschreiten und nur solche Angaben enthalten, die therapie- und entscheidungsrelevant sind. Der Gutachter ist gehalten, bei wesentlicher Überschreitung dieses Umfangs den Bericht zur sachlichen Verdichtung an den Verfasser zurückzugeben.

3. Weiterhin ist bei der Durchführung der Behandlung durch Psychologische Psychotherapeuten oder Kinder- und Jugendlichenpsychotherapeuten der Konsiliarbericht des Arztes beizufügen.

1.99 | Formblatt **VT 3a/b/c** Bericht an den Gutachter | *Das Original ist zusammen mit dem Bericht im verschlossenen gelben Umschlag der Krankenkasse zur Weiterleitung an den Gutachter einzureichen. Die Durchschrift ist für die Akten des Therapeuten bestimmt.*

Abb. 35.3 Formblatt VT 3a/b/c, Bericht an den Gutachter

Sachverzeichnis

F

G

H

I

K

Q

R